中国海事史籍丛书

# 南京海事史

南京海事局　编

人民交通出版社股份有限公司
北　京

## 内 容 提 要

《南京海事史》全面系统地记载南京海事从远古至2020年底的萌芽、兴起、发展的历史过程,所取得的成就和经验,特别是1949年至2020年南京海事所发生的重大事件、重要管理活动、重要管理工作,以及海事发展的特点与规律,探讨其在南京地区经济、政治、文化,尤其在港、航与造船、航道发展进程中的水上安全保障作用。

该书资料翔实,内容丰富,是在采用大量的档案、文献、图书资料的基础上编撰而成的。可供从事海事管理人员与交通行业广大干部、职工借鉴。

### 图书在版编目(CIP)数据

南京海事史 / 南京海事局编. — 北京:人民交通出版社股份有限公司,2021.6
ISBN 978-7-114-17386-8

Ⅰ. ①南… Ⅱ. ①南… Ⅲ. ①海上运输—交通运输史—南京 Ⅳ. ①F552.9

中国版本图书馆CIP数据核字(2021)第110667号

Nanjing Haishi Shi

| | |
|---|---|
| 书　　名: | 南京海事史 |
| 著 作 者: | 南京海事局 |
| 责任编辑: | 赵瑞琴 |
| 责任校对: | 刘　芹 |
| 责任印制: | 张　凯 |
| 出版发行: | 人民交通出版社股份有限公司 |
| 地　　址: | (100011)北京市朝阳区安定门外外馆斜街3号 |
| 网　　址: | http://www.ccpcl.com.cn |
| 销售电话: | (010)59757973 |
| 总 经 销: | 人民交通出版社股份有限公司发行部 |
| 经　　销: | 各地新华书店 |
| 印　　刷: | 北京印匠彩色印刷有限公司 |
| 开　　本: | 880×1230　1/16 |
| 印　　张: | 22.25 |
| 字　　数: | 573千 |
| 版　　次: | 2021年6月　第1版 |
| 印　　次: | 2021年6月　第1次印刷 |
| 书　　号: | ISBN 978-7-114-17386-8 |
| 定　　价: | 150.00元 |

(有印刷、装订质量问题的图书由本公司负责调换)

▶ 1958年出土的武进独木舟（南京历史博物馆）

▲ 战国鄂君启金节（右为舟节、左为车节）

▲ 鄂君启节的舟节下半部分文字

◀ 明代，南京龙江宝船厂遗址

◀ 郑和下西洋指挥船——宝船（复制品）

▲ 1842年，不平等《南京条约》签订现场

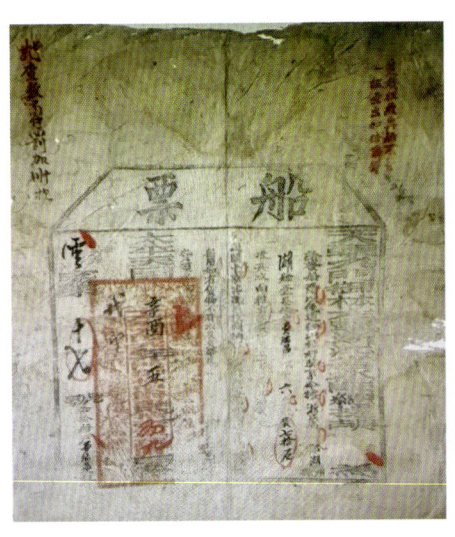

▲ 太平天国船舶进出港凭证　　▲ 南京国民政府交通部航政局

▲ 几经修缮而位于江边的瞭望塔，为监控南京长江大桥水上安全而于1966年底建成

▲ 1983年5月7日，新中国成立后进入长江第一艘外轮——日本籍"日本商人"

▲ 1986年3月23日，新中国成立之后进入南京港的第一艘外轮——巴拿马籍"星辉"轮

◀ 20世纪80年代南京航政分局召开拆船与围油栏会议

◀ 20世纪90年代对外轮检查

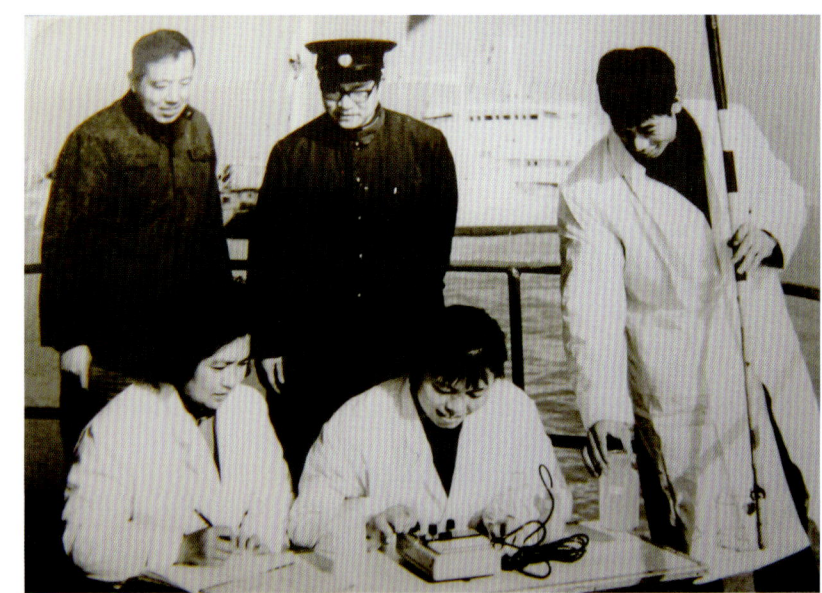
▶ 20世纪90年代检测危险货物

◀ 1994年南京水上搜救中心成立

▲ 1997年建成的江边路3号港监（交管）大楼

▲ 20世纪90年代交管人员在值班

▶ 20世纪70—80年代南京航政分局监督艇

◀ 20世纪80—90年代南京航政（港监）队伍中的年轻人

▲ 20世纪90年代培训执法人员

▲ 2000年12月南京海事局成立暨揭牌仪式

◀ 2003年执法管理模式改革实施誓师大会

▶ 2003年7月之后实行船舶分道通航

▲ 2003年10月在长江仪征水域进行水上演习

▲ 2003年之后统一标识的海事执法车

▲ 2004年12月全国海事系统第一张船舶IC卡在南京首发

▲ 2006年7月15日，南京海事局实施第二次立体巡航

▶ 2006年11月——首届海事一家人·南京艺术节隆重开幕

▲ 2008年送海事法规到船头

▲ 21世纪之后地方海事巡航库区

▲ 地方海事完成3.2万吨近海散货船检验，单船检验突破3万吨

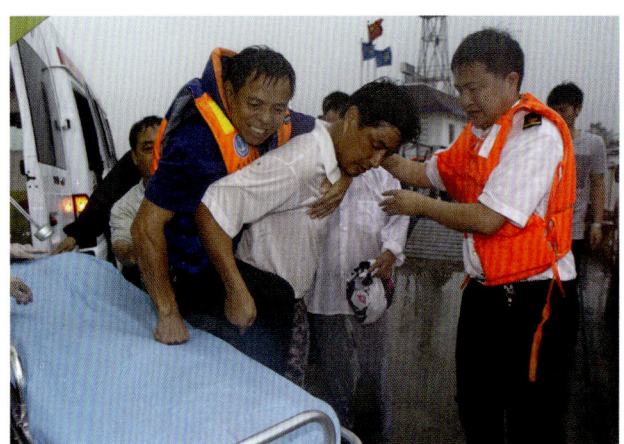
▲ 2012年9月26日救助船员

▲ 2012年10月31日进行年防污染应急演练

▲ 2014年8月国际奥委会主席巴赫感谢海事对青奥会的支持

▲ 自21世纪以来，局规费征收逐年上升，列江苏海事局前茅

▶ 2014年中国首个水上LNG（液化天燃气）加注站在南京投产试运行

◀ 2019年维护长江五桥桥面组合梁水上运输及吊装

◀ 2017年建成船舶生活污水上岸接收处理站

▲ 南京海事局推动建成的长江江苏段首座、长江全线规模最大的长江汇兴隆洲水上绿色综合服务区

▲ 南京海事局 新业务大楼

▲ 南京市水上搜救中心，南京海事局交管中心、指挥中心

# 《南京海事史》编纂委员会

主 任 委 员：张奇南

副主任委员：邓振钢　薛　海　周志元　吴云锦　胡　斐

顾　　　问：杨锡裕　王曾博　张炳泉　何志中　沈贵平
　　　　　　扈国庆　彭祖康

委　　　员：陆仕兴　吴云鹏　陆　祥　黄永华　刘铭如
　　　　　　高　路　刘　杨　刘　辉　徐　建　朱庆智
　　　　　　王　鑫　曹　鑫　任文俊　陈小昕　刘　锋
　　　　　　胡　娴　陈　卉　徐　斌　计恩佳　王建强
　　　　　　黄金山　黄　健　汤　悦　张　俊

主　　　编：吴克彪

主要撰稿人：孙政权　杨鹤松　于传海　许　娟　朱陶慧

参与编写人员：吴　辉　张媛媛　王　蕾　郭逊卓　万　芳
　　　　　　李府民　田薰菁

# 前　言

在隆重庆祝中国共产党成立 100 周年之际,《南京海事史》与大家见面了。这是南京海事人向党的百年华诞献上的一份厚礼。

《南京海事史》是记载南京海事从远古到 2020 年的萌发、发展与进步的历史过程,特别是 1949 年新中国成立至 2020 年底所取得的辉煌成就和宏伟业绩,总结海事监管的经验和教训。对影响南京海事发展的外部条件,诸如经济、政治、文化,以及自然、地理及其他交通运输方式等做了较详细的记述,揭示了南京海事在"三江首府、十代名都"的南京地区社会经济、政治、文化发展,特别航运、港口、造船、航道发展和服务社会经济发展中的水上安全保障作用。

《南京海事史》按照史书详今略古的要求,重点着墨于现代部分,现代部分又以 21 世纪以来海事飞速发展为重点,且以长江干线为主,内河支流为辅。在编撰上,史论结合,以史为主;在编排上,以时为经,以事为纬,纵贯横分。详海事业务、机构、管理制度、管理队伍、基本建设,略行政、党建、后勤,又以海事监管和服务为主。总的要求是要编成一部比较全面、系统准确、资料翔实且具时代特点、海事特色的史书。

《南京海事史》是由南京海事局组织编撰的,以大量档案、文献、图书资料为依据。在编撰过程中,得到南京海事局领导悉心关怀与大力支持。局机关各部门提供大量的资料和数据。特别形成征求意见稿和送审稿后,新老领导与专家进行了系统地审核,为完善史稿和成书作出了贡献。办公室、党工部等部门提供了大量档案、资料、图片。南京市地方海事局提供了大量南京地区长江干线以外的内河海事监管与服务的文献、资料、数据,并参与征求意见稿的审核,提出许多宝贵的修改意见。《南京海事史》的出版,是南京海事人共同努力的结晶。在此,对该史书作出贡献的南京海事的新老领导、专家及有关的朋友、同志,一并致以谢意。

《南京海事史》时间跨度长,涉及范围广,涵盖内容多,加上编者水平有限,难免疏漏与差错,敬请读者批评指正。

编　者

2020 年 12 月 30 日

# 凡 例

一、本书为《南京海事史》,时限上至远古海事萌发起,下至2020年12月31日。

二、本书共9章,内容以时为经,以事为纬。

三、本书海事名称、名词等中英文对照,是采用《海事实用英语大全》(第二版)大连海事大学出版社2000年4月版。

四、本书古、近代部分一律采用页下注,以方便读者阅读和查对原文。

五、书中的纪年方法,1911年以前采用帝王年号纪年,并加注相应公元纪年。从1912年开始,一律采用公元纪年。

六、书中各种名称、专有名词的书写,一般首次使用全称或规范简称,若名称过长或需要重复时加括号注明简称。

七、书中所提及地名、名称、沿革,均采用当时称谓,并择其必要者加括号注明简称。

八、本书正文后附有附录等。

# 目　　录

绪论 ………………………………………………………………………………（ 1 ）

**第一章　南京海事的形成与发展**（远古—1840 年）……………………………（ 12 ）

　第一节　南京水运肇始与海事起源（远古—隋代）………………………………（ 12 ）

　　一、独木舟出现与南京最早的航运活动 ……………………………………（ 12 ）

　　二、南京早期水运活动与港口形成 …………………………………………（ 13 ）

　　三、南京海事的起源与演进 …………………………………………………（ 14 ）

　第二节　南京海事的长足发展（唐—宋）…………………………………………（ 16 ）

　　一、漕运空前兴盛推进海事发展 ……………………………………………（ 16 ）

　　二、漕运、海事管理机构与职官 ……………………………………………（ 18 ）

　　三、海事开始立法与船舶检验 ………………………………………………（ 18 ）

　第三节　南京海事的进一步规范（元代—清前期）………………………………（ 21 ）

　　一、海事在漕运发展中进一步规范 …………………………………………（ 21 ）

　　二、外舶监管与强制引航的肇始 ……………………………………………（ 22 ）

　　三、郑和下西洋中的海事管理 ………………………………………………（ 23 ）

　　四、津渡与渡船、渡运安全管理 ……………………………………………（ 26 ）

　　五、水上护航与救生活动 ……………………………………………………（ 26 ）

**第二章　南京海事殖民化与艰难发展**（1840—1949 年）………………………（ 29 ）

　第一节　西方列强假手海关操控南京航政 ………………………………………（ 29 ）

　　一、《天津条约》与南京航政管理权丧失之始 ………………………………（ 29 ）

　　二、南京口岸被迫对外开放 …………………………………………………（ 30 ）

　　三、金陵关理船厅独揽南京航政 ……………………………………………（ 31 ）

　　四、外轮强行出入民船停泊区 ………………………………………………（ 32 ）

　　五、打上半殖民地烙印的航政规定 …………………………………………（ 33 ）

　第二节　太平天国时期的南京航政 ………………………………………………（ 34 ）

　　一、军事性质的航政管理机构 ………………………………………………（ 34 ）

　　二、对中外船舶的航政管理 …………………………………………………（ 35 ）

　第三节　收回部分航政管理权后的南京航政 ……………………………………（ 36 ）

　　一、收回部分航政管理事权 …………………………………………………（ 36 ）

　　二、半自主的航政管理机构建立 ……………………………………………（ 37 ）

　　三、船舶检丈、登记等管理工作艰难开展 …………………………………（ 38 ）

　第四节　南京航政的沦陷与日军管制 ……………………………………………（ 39 ）

　　一、抗战初期南京航政沦陷 …………………………………………………（ 39 ）

二、日本军事管制南京航政 …………………………………………………（40）
　　三、汪伪傀儡政权下的南京航政 ………………………………………（41）
　第五节　战后南京航政的恢复与衰落 ………………………………………（42）
　　一、航权、航政管理权的收回与维护 …………………………………（42）
　　二、南京航政特别办事处建立前后 ……………………………………（43）
　　三、航政管理工作战后恢复与开展 ……………………………………（44）
　　四、南京"太古趸船"移泊的交涉 ……………………………………（49）

## 第三章　南京海事的恢复发展（1949—1965年）…………………………（50）
　第一节　解放军接管和沿用南京旧航政 ……………………………………（50）
　　一、南京军事管制委员会接管旧航政 …………………………………（50）
　　二、对南京旧航政的暂时沿用 …………………………………………（50）
　第二节　南京新航政机构的建立与演变 ……………………………………（52）
　　一、航政机构为港务局职能部门及其演变 ……………………………（52）
　　二、航政部门对外始称"港务监督" …………………………………（55）
　　三、航政部门管辖水域初步分工 ………………………………………（55）
　第三节　南京航政监管制度开始制定与充实 ………………………………（56）
　　一、制定适应水上安全特点的管理制度 ………………………………（56）
　　二、长江大桥水上监管规定上升为地方法规 …………………………（57）
　第四节　南京航政管理工作恢复与规范 ……………………………………（57）
　　一、船舶进出港口签证恢复和木帆船管理 ……………………………（57）
　　二、保障南京长江大桥水上施工安全 …………………………………（58）
　　三、船舶建造质量检验渐趋规范 ………………………………………（59）
　　四、分期分批开展船员培训与考试 ……………………………………（59）
　　五、港区通航维护与危险品监管起步 …………………………………（60）
　　六、侧重港区水上交通事故的处理 ……………………………………（60）
　第五节　航政管理人员与水上巡航监督艇 …………………………………（61）
　　一、专职航政管理人员基本情况 ………………………………………（61）
　　二、用于水上现场巡航监督艇 …………………………………………（61）

## 第四章　南京海事的曲折发展（1966—1976年）…………………………（63）
　第一节　南京长江航政管理统一与理顺 ……………………………………（63）
　　一、南京航政分局成立的缘由 …………………………………………（63）
　　二、"南京航政分局"成立和管理关系理顺 …………………………（64）
　　三、南京航政监管职责与管辖水域分工 ………………………………（67）
　第二节　航政管理制度废除与渐趋恢复 ……………………………………（69）
　　一、航政管理制度废除与逐渐恢复 ……………………………………（69）
　　二、大桥水上监管规定由警备区公布 …………………………………（70）
　第三节　航政管理工作的艰难开展 …………………………………………（71）

一、继续维护长江大桥施工水域安全 ……………………………………………………（71）
二、保证首次进出长江万吨级油轮安全 …………………………………………………（72）
三、通航监管恢复与全面展开 ……………………………………………………………（73）
四、船舶监管范围扩大与监管恢复 ………………………………………………………（75）
五、船员监管全面恢复与开展 ……………………………………………………………（76）
六、船舶污染水域监管的起步 ……………………………………………………………（76）
七、船舶检验推进与全面开展 ……………………………………………………………（77）
八、出台水上事故防范措施与重大案例 …………………………………………………（78）

第四节　管理人员增加与设施(备)增添 ………………………………………………………（78）
一、管理人员逐渐增加与文化教育 ………………………………………………………（78）
二、监管业务用房翻新与船艇增加 ………………………………………………………（78）

# 第五章　南京海事的初步发展(1977—1982年) ……………………………………………（80）

第一节　航政管理机构充实与新建 ……………………………………………………………（80）
一、确定航政分局级别与机构全面充实 …………………………………………………（80）
二、"中华人民共和国南京港务监督"开始对外 …………………………………………（82）

第二节　完善航政管理制度与初定涉外制度 …………………………………………………（83）
一、航政管理制度恢复和完善 ……………………………………………………………（83）
二、国际航行船舶管理制度初步确定 ……………………………………………………（85）

第三节　开办长江船舶引航业务 ………………………………………………………………（85）
一、旅游客轮"耀华"号试引成功 …………………………………………………………（85）
二、进出长江船舶引航服务开始 …………………………………………………………（86）
三、长江引航员始聘和着力培养 …………………………………………………………（88）

第四节　航政管理工作的规范与加强 …………………………………………………………（89）
一、通航监管规范和现场维护 ……………………………………………………………（89）
二、船舶监管的规范与加强 ………………………………………………………………（90）
三、船员监管的规范与加强 ………………………………………………………………（93）
四、船舶检验监管规范与统一管理 ………………………………………………………（94）
五、载运危险品和防污染监管全面开展 …………………………………………………（96）
六、加强水上交通事故处理与事故案例 …………………………………………………（97）

第五节　航政监管队伍建设的全面加强 ………………………………………………………（97）
一、航政队伍不断充实与技术职称评审 …………………………………………………（97）
二、航政监管人员技术培训与文化教育 …………………………………………………（98）
三、港务监督外勤人员开始统一着装 ……………………………………………………（99）

第六节　航政监管设施(备)建设加快 …………………………………………………………（100）
一、水上交通安全现场维护船艇增添 ……………………………………………………（100）
二、航政通信设备——甚高频无线电话启用 ……………………………………………（100）
三、航政业务用房增加和职工福利房始建 ………………………………………………（101）

## 第六章　南京海事的全面发展(1983—1990年) ……………………………… (102)

### 第一节　对进入长江外轮监管准备与开展 ……………………………… (102)
一、张家港、南通开港与对外轮监管准备 ………………………………… (102)
二、进江第一艘外轮"日本商人"号监管成功 …………………………… (103)
三、南京开港和对外轮监管的准备 ………………………………………… (103)
四、4个开放港口外轮监管制度初建 ……………………………………… (105)
五、4个开放港口外轮监管工作开展 ……………………………………… (106)
六、处理涉外事件维护国家尊严 …………………………………………… (107)

### 第二节　长江船舶引航业务的全面展开 ………………………………… (108)
一、进出长江外国籍船舶强制引航 ………………………………………… (108)
二、引航队伍建设与人才引进 ……………………………………………… (109)
三、完善引航与调度管理制度 ……………………………………………… (110)
四、及时安全引领中外船舶 ………………………………………………… (110)
五、处置外国船员违规行为 ………………………………………………… (114)

### 第三节　健全适应港口开放的航政机构 ………………………………… (115)
一、充实领导班子和加强涉外机构 ………………………………………… (115)
二、航政处(站)和内设科室进一步健全 ………………………………… (116)

### 第四节　根据水上安全特点实施航政管理 ……………………………… (117)
一、完善船舶航行与停泊管理制度 ………………………………………… (117)
二、通航环境与秩序监管的推进 …………………………………………… (119)
三、船舶监管的进一步推进 ………………………………………………… (121)
四、船员考试监管全面加强 ………………………………………………… (124)
五、对载运危险货物和防污染监管的加强 ………………………………… (125)
六、船舶检验进一步加强与分出单立 ……………………………………… (128)
七、总结水上事故处理经验与事故案例 …………………………………… (128)

### 第五节　航政监管队伍素质提高及文明创建开始 ……………………… (129)
一、航政监管队伍建设的进一步加快 ……………………………………… (129)
二、航政管理人员技术知识继续更新 ……………………………………… (130)
三、涉外管理人员着装的更换 ……………………………………………… (130)
四、文明创建工作开始并取得实效 ………………………………………… (131)

### 第六节　航政监管设施(备)建设加快与通信能力加强 ………………… (131)
一、水上巡航船艇更新与添置 ……………………………………………… (131)
二、航政监管通信能力的加强 ……………………………………………… (132)
三、新业务用房建成与职工福利房改善 …………………………………… (132)

## 第七章　南京海事的迅速发展(1991—2000年) ………………………… (134)

### 第一节　南京航政管理机构更名与调整 ………………………………… (134)
一、南京航政分局更名南京长江港航监督局 ……………………………… (134)

二、港监职能科室重新设置与调整 (134)
三、港监基层监督机构管辖水域调整 (135)

第二节 航政监管工作全面推进与强化 (136)
一、把握水上安全特点开展通航管理 (136)
二、船舶管理进一步规范与强化 (140)
三、船员管理进一步规范与强化 (150)
四、船舶载运危险货物和防污染监管的强化 (153)
五、船公司管理工作的起步与发展 (157)
六、水上事故处理全面加强及事故案例 (158)
七、全力征收水上交通安全监督规费 (159)
八、引航进一步发展与长江引航统一管理 (159)

第三节 开始由监管型向监管服务型的转变 (162)
一、监管型向监管服务型转变的起因 (162)
二、出台服务大中型企业的十大措施 (163)
三、为大中型企业提供优质服务 (163)

第四节 水上搜救中心始建与开展工作 (165)
一、南京水上搜救中心成立的起因 (165)
二、水上搜救中心成立与救助及更名 (166)

第五节 航政监管设施(备)建设初具规模 (166)
一、建成20世纪世界前列的交管系统(VTS) (166)
二、用于现场巡航的监督艇配备齐全 (168)
三、水上安全监管信息化试行与全面推进 (168)
四、业务用房和职工福利房进一步改善 (169)

第六节 港监管理队伍行政执法与培训教育 (169)
一、港监队伍行政执法进一步规范 (169)
二、港航监管队伍培训教育进一步深入 (170)

第七节 党的建设和文明创建全面推进 (172)
一、党委班子和基层组织建设加强 (172)
二、开展时事政治教育活动 (172)
三、廉政与文明建设进一步加强 (172)

# 第八章 南京海事的科学发展(2001—2010年) (174)

第一节 南京海事局与南京市地方海事局分别组建 (174)
一、南京水上安全监管体制的改革 (174)
二、中华人民共和国南京海事局的组建 (176)
三、南京市地方海事局的组建 (179)

第二节 海事发展规划(计划)及年度工作目标 (181)
一、《南京海事局发展规划(2005—2020)》编制 (181)

二、两个五年发展规划及地方海事规划 ……………………………………（182）
　　三、一年一度海事工作会议及目标 …………………………………………（182）
　　四、一年一度海事实施工作绩效考核 ………………………………………（184）
第三节　协助新(修)订涉及海事法规及规范执法 ………………………………（184）
　　一、协助南京市新订与修订涉及海事法规 …………………………………（184）
　　二、协助南京市制订与发布应急计划和预案 ………………………………（185）
　　三、海事法制学习与执法进一步规范 ………………………………………（185）
第四节　有的放矢开展海事监管工作 ……………………………………………（187）
　　一、开展以现场为主的通航管理 ……………………………………………（187）
　　二、有重点地开展船舶监督管理 ……………………………………………（195）
　　三、船员管理关系调整与恢复开展管理 ……………………………………（204）
　　四、船舶载运危险货物与防污染监管形成制度 ……………………………（205）
　　五、船公司安全管理进展与有序开展 ………………………………………（209）
　　六、水上交通事故处理的进一步规范 ………………………………………（210）
　　七、海事征收船舶港务费的连年增长 ………………………………………（211）
第五节　全力服务南京经济社会发展 ……………………………………………（211）
　　一、全力服务南京经济发展和市民生活 ……………………………………（211）
　　二、推动南京港向国际海港区转变 …………………………………………（214）
　　三、帮助解决行政相对人实际问题 …………………………………………（216）
第六节　推进水上搜救工作不断发展 ……………………………………………（217）
　　一、水上搜救体制健全与设立一体化基站 …………………………………（217）
　　二、水上监管搜救一体化管理制度建立 ……………………………………（218）
　　三、水上搜救能力逐步提升与队伍成形 ……………………………………（219）
　　四、多层次开展水上搜救演习演练 …………………………………………（219）
　　五、开展有影响的水上搜救活动 ……………………………………………（220）
第七节　海事监管设施(备)建设进入快车道 ……………………………………（221）
　　一、海事业务用房建设进一步加快 …………………………………………（221）
　　二、海巡艇建造加快与结构升级 ……………………………………………（222）
　　三、海巡艇管用养修工作成效明显 …………………………………………（224）
第八节　海事信息化加快建设与网络全覆盖 ……………………………………（224）
　　一、船舶交管(VTS)扩建成"八站一中心" …………………………………（224）
　　二、基层实现CCTV为主的监控系统覆盖 …………………………………（226）
　　三、海事办公信息系统建设步伐加快 ………………………………………（227）
　　四、海事其他网络系统建设和应用 …………………………………………（228）
　　五、海事内网与外网网站全面开通 …………………………………………（228）
第九节　海事队伍建设全面推进与人才分类培养 ………………………………（228）
　　一、加快执法队伍建设与"凡进必考" ………………………………………（228）

二、海事各类人才定向培养 …… (231)

第十节　党的建设常态化与文明创建成效明显 …… (231)
　　一、南京海事局党委与党支部建立 …… (231)
　　二、局党委与基层党支部进一步规范运作 …… (232)
　　三、海事系列主题教育活动的开展 …… (233)
　　四、海事精神文明创建取得明显成效 …… (233)
　　五、落实海事党风廉政建设责任制 …… (233)

# 第九章　南京海事的跨越发展（2011—2020年） …… (235)

第一节　南京海事管理体制改革进一步深化 …… (235)
　　一、"离事归政"与实现公务员管理 …… (235)
　　二、公务员管理后内设机构首次设置 …… (236)
　　三、公务员管理后海事监管职责调整 …… (236)
　　四、南京市地方海事局改为第五执法支队 …… (237)

第二节　海事发展规划和计划的制定及年度目标 …… (237)
　　一、制定"十二五"和"十三五"发展规划 …… (237)
　　二、制定"三化"建设工作实施方案 …… (238)
　　三、海事发展战略实施纲要相继出台 …… (239)
　　四、海事年度工作会议与目标任务 …… (239)
　　五、推进年度目标实施绩效考核工作 …… (241)

第三节　推进新（修）订地方法规与持续规范执法 …… (241)
　　一、参与协助南京市政府新（修）地方法规 …… (241)
　　二、调整海事行政执法事权层级与施行 …… (242)
　　三、推行长江干线水上综合执法改革 …… (243)
　　四、海事诚信管理的全面推进 …… (244)
　　五、进一步规范行政执法及查考一体督察 …… (245)
　　六、建立公职律师制度和行政诉讼 …… (246)

第四节　海事监管工作转向海事全面治理 …… (246)
　　一、深化通航环境与秩序的综合治理 …… (246)
　　二、推进船舶监管各环节源头治理 …… (254)
　　三、进一步推进船员适任链式治理 …… (260)
　　四、船舶载运危险货物与防污染的系统治理 …… (263)
　　五、船公司管理进一步发展与强化 …… (269)
　　六、水上事故调查处理进一步规范 …… (270)
　　七、水上交通安全双重预防机制的建立 …… (270)
　　八、港口建设费征收与取消7项事业性收费 …… (271)

第五节　服务重大活动和助推南京经济发展 …… (273)
　　一、保障重大活动的水上安全 …… (273)

二、积极参与长江经济带高质量发展 ………………………………………………（275）
　　三、成立港航协调指挥中心与启用全天候政务服务区 ………………………………（277）

第六节　水上搜救应急体系进一步健全 ………………………………………………（279）
　　一、水上搜救应急管理机构健全 ………………………………………………（279）
　　二、水上搜救应急体系预案制（修）订 ………………………………………………（280）
　　三、水上搜救应急装备的充实 ………………………………………………（281）
　　四、着力建设现代化水上搜救队伍 ………………………………………………（281）
　　五、开展水上搜救应急演练 ………………………………………………（281）
　　六、水上搜救成效进一步向好 ………………………………………………（282）

第七节　海事设施（备）建设标准化与船艇升级换代 ………………………………（283）
　　一、海事业务用房的进一步改善 ………………………………………………（283）
　　二、海事船艇再次升级换代与新建 ………………………………………………（284）
　　三、基础设施（备）建设与管理规范化 ………………………………………（286）

第八节　海事信息化全面快速发展 ……………………………………………………（287）
　　一、海事信息化服务平台提档升级 ………………………………………………（287）
　　二、CCTV视频系统实现辖区全覆盖 ……………………………………………（287）
　　三、信息化再次推进并趋向智能化 ………………………………………………（288）
　　四、海事数据交换平台初步应用 ………………………………………………（289）
　　五、海事单兵执法终端配备与应用 ………………………………………………（290）

第九节　依照公务员管理推进海事队伍建设 …………………………………………（290）
　　一、稳妥推进队伍过渡公务员管理 ………………………………………………（290）
　　二、海事队伍年龄与知识结构趋向平衡 …………………………………………（290）
　　三、新进人员培养与执法人员再教育 ……………………………………………（291）
　　四、海事人才培养规划与定向教育 ………………………………………………（292）

第十节　进一步推进党建工作与文明创建 ……………………………………………（293）
　　一、党的组织进一步发展与优化 ………………………………………………（293）
　　二、党委（组）建设的加强与渐趋标准化 ………………………………………（294）
　　三、系列主题教育实践活动的开展 ………………………………………………（295）
　　四、推行廉政风险全方位防控措施 ………………………………………………（296）
　　五、海事文化建设全面推进与成效明显 …………………………………………（297）

**大事记** ………………………………………………………………………………（302）

**附件一　长江南京段水域发生水上交通安全事故统计** …………………………（326）

**附件二　南京海事获得南京市人民政府以上荣誉称号一览表** …………………（328）

**后记** …………………………………………………………………………………（330）

# 绪　　论

## 一

南京,地处长江下游中部,东距入海口仅347公里,濒江临海,是"长江下游两岸最丰富区域之中心",有98公里长的长江主航道,从城中穿过,江宽、水深、流缓,是天然的优良航道,通航里程约150公里,并有308公里长的沿江岸线,辖区内水深条件良好,燕子矶以下设标水域水深-12.5米,满载5万吨级海轮可常年通航,减载10万吨级海轮可直达。南京长江大桥以上水域河势稳定,受风流潮影响较小,5000吨级海轮可常年通航。优良的航运条件使南京与长江上、中、下游的沿江各地沟通便利,并可远航到美洲、欧洲、大洋洲、非洲诸地,有着"北跨中原,瓜连数省,五方辐辏,万国灌输"之誉。长江支流秦淮河、滁河两大水系,多条地区性河流在此蜿蜒交错,合计内河航道63条,通航里程619公里,可通苏南、苏北、皖南和皖北的主要市县,组成脉络通贯的水运网络。

南京,是我国古老文化发祥地之一。优越的自然水域环境,良好岸线条件,使其自古以来就是东西水运之口岸、南北交通之要冲,并逐渐发展成三江首府、十代名都。依江而建的南京港,早在公元前333年就已具雏形,并迅速崛起,发展至今已成为承西接东、辐射内陆、集吞吐疏运于一体的我国华东地区和长江流域对外开放的多功能、综合性江海中转枢纽港口。港区两岸,国家、省市等大中型企业临江而建,工业园区、厂区密布,码头鳞次栉比,构成长江三角洲独特的风景线。尤其2004年起港口货物吞吐量均在亿吨以上(全国内河第一个突破亿吨港口),成为我国内河吞吐量最大的港口和万吨以上海轮入江终端。

南京,得天独厚的自然条件和优越的地理环境,尤其多次作为首都和首府的政治地位,为自古以来南京地区的航道、造船、航运、港埠等四大要素发展提供广阔的空间,创造了令世人赞叹不已的光辉业绩。与这些发展密不可分的南京海事,正是伴随这四大要素发展而发展,消长而消长,起到重要的水上安全保障作用。

海事,广义上泛指航运及一切与航运相关的事项,如航运、造船、验船、水上法规、海损事故、港口建设及营运、航道疏浚测量与航标设置、水域开发利用与防污染、涉水教育与培训、与水域相关的气象观测及预报等。而现在所说的海事,为这一广义海事(也称"大海事")重要组成部分,是狭义海事,主要是根据国家法律、法规的授权,侧重水上交通安全,船舶污染水域,维护国家主权等事项的监督管理,又以水上交通安全监管为中心。《南京海事史》就是记载98公里长的长江南京段及其支流水域范围内的这一狭义海事的兴起、进步、发展的历史演变进程。南京海事,分中央、地方两个管理系统,均为国家行政管理机关。现代南京海事,具有监督、执法、保障、服务四大功能,肩负着保障南京长江干线及其支流的水上交通安全监管和服务南京经济发展等重大使命。海事,古、近、现代职责、职能、职权和任务不尽相同,故冠名也不同。古代,海事寓于航运、水利等,未形成专业而没有专门名称;近代,列强引进西方管理模式,称之为"航政";现代,继续沿袭"航政"名称,直到1998年后改称"海事"至今。

## 二

南京海事,作为中国海事的一部分,历史悠久,源远流长。可以说,南京航运出现,就有海事萌发。

1957年，安徽省出土"鄂君启节"铜质铸件4块，表明早在公元前323年（楚怀王六年），楚怀王为支持鄂君启进行经商活动，颁给鄂地封君行船特许证明（相当于现今的船舶签证），规定以鄂城（今湖北鄂城）为起点的长江中下游行船航线、货物装载的限制、免税办法以及沿途停泊管理等事项。这是目前所见的我国最早有关航运安全管理的记载。其所涉及的行船航线循江东下，经安徽、江苏，行至扬州入邗沟，抵终点淮安。这也标志着南京海事肇始于战国时代。

南京海事发轫后，因南京位于长江下游中部水陆交汇地带，造船、漕运兴盛。历代统治者重视南京水运与水上安全监管，派遣官吏前往监督造船，监管舟船航行安全。秦代漕运肇始，"国家大计，莫过于漕"，政府专设"都水长"和"都水使者"等职官，专司南京及各地漕运、海事事务。229年三国孙吴定都建业（今南京），此后东晋及南朝宋、齐、梁、陈相继在此建都，前后360余年。都城地位对南京漕运、海事发展有着重要影响和推进作用。三国时期，建业"商旅方舟万计"。六朝时，南京及长江下游成为江南水陆交通中心，相继设立水运、海事管理职官。东晋定都建业，改称建康，在建康长江各重要津关设置征收船税的机构，并设立两大"津关"（即石头津和方山津），"各置津主一人，贼曹一人，直水五人，以检查禁物及叛者"……其津主为关卡负责人，征收船税及检查船舶是否装载禁物和夹带逃犯。此为长江港口最早的海事管理职官。

隋唐时期，随着我国经济重心南移，朝廷贡赋无不仰仗江南。朝廷重视海事建设，创设一套较完整漕运、海事管理法规。海事，作为国家权力已具备法律权威。这是我国历史上将海事以法律形式颁布施行的第一个王朝。唐开元年间，水陆发运使、诸道转运使管理交通和漕运、海事事务。南京一直是转运漕运的中转地，设立河运职官，处理河漕与海事管理事务。

宋元以迄明清，南京成为长江下游商品经济发展重心，以及商业航运发达的集散地之一，水运、海事监管受到重视。大抵在唐律基础上，各项海事管理制度不断完善，并由地方官吏及各地税关实施管理。明初，建都建康，南京首次成为统一帝国首都，改称"应天"（或京都），一时间"缡毂两畿，辐辏四海"，成了全国交通运输中心。朱棣时期，南京是郑和下西洋的始发港（也称"基地港"）与归泊地（港），全国规模最大造船基地，设有为郑和下西洋修造宝船的龙江船厂，造船技术达到当时世界先进水平。这一切促使新的船舶检验、船舶通信导航、船舶引航等海事管理应运而生。其中，强制引领外舶至京都，开我国为维护国家主权而引航之先河。这些都表明，那时的南京不光是全国政治中心和交通运输中心，也是全国海事中心。明中叶以后，资本主义萌芽出现，南京海事在航运嬗变中日趋充实，管理范围亦较以前扩大。清代前期，在前代基础上续有进展，南京又出现护航救生、津渡等海事管理。清代晚期，随着漕运规模的缩小和消失，特别是西方列强入侵，南京海事历史翻开黯淡一页。

1840年爆发的鸦片战争，揭开我国半殖民地半封建社会的近代历史。1842年，清朝政府被迫与英国在南京签订不平等的《南京条约》。南京成为中华民族的悲恸之地。之后，列强凭借坚船利炮劫夺我国沿海领海航权和海事管理权，并将侵略魔爪伸入长江，先后攫取南京与长江航权和海事管理权。列强引进西方模式，将水上安全监管称"航政"。1858年，不平等的《天津条约》规定，南京与镇江为长江首批对外开放港口。不过，那时南京一带长江水域为太平天国控制，南京开埠之事遂被搁置。1864年太平天国失败后，因遭遇战争破坏，南京无通商价值，开埠再次被搁置。1899年5月，南京被迫开埠，设金陵海关，由英国人安格联充任税务司，设立理船厅统揽南京航政事务，并制定《南京口理船厅章程》19款，规定：金陵关理船厅辖区为"下游自草鞋峡江口一直抵浦口为止"。理船厅对进出南京港商船，负责"指定泊所、检查出入船只、勘量船舶吨位、指示航路等"，并管理港口码头驳岸的建筑、货物储藏等航政监管事务。

1930年，在中国人民舆论压力下，外国列强不得不作出让步，放弃由海关控制的船舶检丈和船员考核等部分航政管理权。1930年底,国民政府公布《交通部航政局组织法》,就航政机构设置和人员配置、职掌范围、管辖区域做了规定。次年,以重要港埠为中心,分设广州、上海、武汉、天津、哈尔滨5个区域性的航政局。上海航政局设在上海,兼辖江苏、浙江、安徽三省沿海沿江及内河各埠的海事管理事务,在"航业繁盛各埠分设办事处。办事处下分设登记所"。1931年11月,上海航政局在南京及南通、镇江3个港口分设"航政办事处"。南京航政办事处与金陵关形成分治南京水上安全的两个监管机构。1933年1月,为统一航政,一省设一个航政机构,长江江苏段所有航政办事处和登记所归并于"镇江办事处",直辖江阴至苏皖交界的长江水域航政。国民政府首次独立于海关以外建立的半自主航政管理机构,主要是负责船舶出入查验和证书核发、船舶登记与发给牌照、船舶检验与丈量、船员及引航员考核监督、造船事项、载重线标、航路疏浚、航路标识监督等八大项航政管理事务。

1937年8月,日军入侵长江下游,国民政府在南京设置的半自主航政机构随之自行解体。日军占领南京期间,汪伪政府在南京、扬州成立"船舶登记所",对船舶和港务部分航政事务进行管理。但因日方航运业自行发放航行许可证,汪伪政府被迫撤销船舶登记所。汪伪政府建立的航政机构本是傀儡组织,一切只能俯首听命于日本。

1945年抗战胜利以后,南京作为首都,"接收工作至为重要"。国民政府将芜湖航政办事处暂迁移南京,改名"上海航政局南京办事处",掌管南京和安徽长江段的航政管理事务,并于1945年10月17日正式对外办公。1946年3月,为统一长江航政管理,上海航政局所属的南京、镇江航政处划归长江区航政局,南京航政办事处管理芜湖至瓜洲长江段及安徽长江支流(淮河)航政事务。12月2日,国民政府行政院批准恢复芜湖航政办事处建制,并增设南京航政办事处。19日,国民政府交通部电令长江区航政局,按当时规模最大的重庆航政办事处模式,将南京航政办事处扩编为特别办事处。1949年4月23日,南京解放,南京市军事管制委员会航运部接管国民政府南京航政办事处。7月,南京航政办事处与招商局南京分局合并成立"南京市航政局",隶属南京市政府建设局。

## 三

1949年10月,伴随着中华人民共和国成立,南京海事揭开了新的篇章。至2020年,南京海事已与新中国一起走过71年。71年来,南京海事紧扣时代脉搏,风雨兼程,一路求"变",经历了由"企"到"事"转"公"的身份之变,由依靠经验监管到科学监管再到共建共治共享的监管模式之变,由以服务港口为主到服务行业再到服务社会公共事业的服务对象之变……"变"成为南京海事紧跟南京经济社会发展步伐,着力打造绿色、安全、便捷水上运输环境的发力点。而南京海事始终未变的是监管为基、服务为民的初心。南京海事在改革中前进,在创新中发展,逐渐成长壮大,成为南京地区水上安全不可或缺的重要经济执法力量,并表现出很强的经济性、技术性、涉外性、公益性的特征。其中,南京海事局已被中国海事局列为全国海事系统中内河唯一的较大分支机构,并在长江乃至全国海事系统创造多个"第一":对外轮监管、船舶引航、外轮强制引航、进江油轮安全保障、港口国管理(PSC)、内河船员培训"基地"、进江海船船员考试、保障南京亚青会和青奥会期间水上交通安全、长江大桥(隧道)水上作业期间施工与通航安全两不误、综合治理"三无船"和非法浮吊船并实现历史性双清零、成立港航协调指挥中心、建成24小时自动政务服务系统、建成水上交通事故"一站式"解纷中心、建成水上绿色综合服务区集聚区、建成"桥卫士"系统与抓拍系统等。南京海事在这71年所取得的辉煌成就和总结出的经验教训,是过去任何时期无法比拟的。

第一,建成了适应水上交通安全和社会公共事业需要的监管体制

南京海事管理体制,新中国成立后效仿苏联管理模式,由独立全能机构变为港航合一的港航体制下

的职能部门。南京长江干线海事变为南京港务局下的航政科(1963年对外始称"南京港务监督")。1965年,在此基础上成立统一管理380公里的长江江苏段水上交通安全的"南京航政分局"(1980年始称"中华人民共和国南京港务监督",至2000年)。1989年,更名"南京长江港监局"。2000年,组建南京海事局。长江以外地方海事主管机关为南京市港航企业中的一个职能部门。1987年5月,该职能部门从港航企业中分离,成为独立机构,之后几经演变,2001年6月更名"南京市地方海事局"。

1949年新中国刚成立,"南京市航政局"(沿用国民政府"航政"名称)成为开展南京水上安全监管的航政机构。1950年3月起,政务院在全国实行航政、航务、航运统一,航政由独立全能机构变为政企合一、港航合一的港航体制下的职能部门,南京市航政局变为南京港务局下属职能科室,称"航政科"。这是新中国成立后南京第一个主管航政的职能科室,主要服务南京港区长江水域、部分中央港航企业与船舶。1963年4月,根据交通部对外统一"港务监督"要求,南京港务局航政科改为安全监管科,对外始称"港务监督",实为"一个机构,两块牌子"。1965年9月,国务院以"国经字332号"同意成立长江航政管理局,由交通部直接领导。随后,交通部规定在南京设置长江航政管理局南京分局(简称"南京航政分局"),"统一领导,分级管理"长江江苏段的镇江、南通航政处和江阴、高港航政站。这标志着长江江苏段航政进入集中统一管理轨道。1966年4月15日,南京航政分局和镇江、南通航政处,江阴、高港航政站,与长江航政管理局正式成立,对外办公。4月30日,南京航政分局选举产生。"文革"初期,南京航政机构与全国各地航政机构一样因遭受冲击而瘫痪。1971年起,国家各方面工作有了明显起色,南京航政分局恢复建置。特别1974年7月,相继接收了南京及镇江、南通、江阴、高港航政处、站各所在地港务局移交的人事、财务、劳动工资、基建等管理职权,南京航政分局所辖区域的机构管理关系全部理顺。1976年4月,南京航政分局党支部通过选举改为党总支。1980年2月,南京与南通、张家港成为长江开办对外贸易的首批港口,航政职权增加了对国际航行船舶的监管与引航。4月26日,南京航政分局第一个涉外机构,称"中华人民共和国南京港务监督"。南通港、张家港港航政部门随后也相继涉外称"中华人民共和国南通港务监督""中华人民共和国张家港港务监督"。1981年6月8日,中国港监局批准在南京、南通、武汉成立引航站。这是长江航政(港监)系统成立的首批引航机构。1983年起,南京等4个港口在开办对外贸易基础上又对外轮开放,航政监管范围再一次扩大,增加对外轮监管与强制引航职权。1984年12月31日,首届中国共产党南京航政分局委员会选举产生。1987年3月,"中华人民共和国镇江港务监督"成立。1987—1989年,南通、张家港、镇江航政处相继升格,改由长江航政局直接领导,南京航政分局结束管理长江江苏段航政的历史。1989年8月1日,根据交通部统一规定的时间,南京航政分局改为"交通部南京长江港航监督局"(简称"南京港监局"),涉外名称未变。开始以长江南京段为中心,谋划局和基层处、站的管理机构架构,调整机关科室职能,重新明确职责、分工。1998年,全国水监体制改革全面展开。2000年12月18日,"中华人民共和国南京海事局"(简称"南京海事局")成立。2001年3月,首届"中国共产党南京海事局委员会"选举产生。南京海事局成立之初,作为全国海事系统首批执法模式改革试点分支机构之一,率先在江苏海事局系统进行以动态管理为主的"三分离""三分开"的执法管理模式改革,实现执法重心下移,执法人力资源向基层倾斜,建成现代化动态监管系统。2006年12月25日,南京海事局被交通部海事局列为较大分支机构。2013年起,根据交通运输部海事局统一部署"离事归政",其人员转入国家公务员序列,完善新的职能定位,进一步理顺政事分离关系。至2020年底,机关13个部门、6个海事处、11个执法大队、1个水上监管救助基地及1个溢油应急设备库和10个应急待命点的管理体系架构形成,基层执法资源配置得到优化。此外,还建立以海巡执法大队为基本单元的现场监管模式,进一步强化基层战斗力。

南京除长江以外的内河水上安全监管,是由南京市港航机构职能部门负责的。从1953年成立交通航务科起,主管南京内河航政部门几经演变或更名。1987年5月,南京市港航监督处(船舶检验处)成立。2001年6月27日,更名"南京市地方海事局",下辖城区、江宁区、高淳县、溧水县、六合县5个地方海事处,主要管理长江之外的内河、湖泊、水库及风景旅游区水域。

第二,建成了符合南京水上安全实际并覆盖多方面的监管制度

南京长江海事管理制度,从新中国成立初期制定以港区为主的临时性管理规定开始,逐渐发展到制定出专业性管理制度。特别1986年我国第一部《中华人民共和国内河交通安全管理条例》颁布后,以此为龙头又相继制定各类管理制度,至1990年达100多种。长江以外的地方海事管理制度也初步形成。

新中国成立之初,南京港务局航政部门以南京港区水上交通安全为核心,制定出多个监管规定、措施。这些规范性文件多数是临时性的,或针对某一个特定水上安全问题而制定的。1959年,由南京港务局航政部门制定的《南京港火车轮渡与过往船舶避让暂行规则》,由南京市人民政府批准公布实施。1964年,南京港务局航政部门为20世纪60年代国家特大建设工程——南京长江大桥水上施工安全而制定的《南京长江大桥施工期间水上安全管理办法》,由南京市人民政府批准公布实施。这两个水上安全管理措施均上升到地方性管理法规层面,对保障大桥、轮渡监管产生深远影响。1965—1990年统一管理长江江苏段的25年间,南京航政分局依据辖区水上安全特点,制定大桥水上安全管理、长江渔船避让规定。1980年长江对外开办贸易和1983年对外开放之后,涉及航行国际航线国轮与引航、对外轮监管与强制引航等一系列安全监管和引航管理制度相继出台。特别1986年12月颁布、次年1月1日实施的新中国第一个《内河交通安全管理条例》问世后,南京航政分局依据这一龙头管理法规,针对长江江苏段水上安全实际,先后分门别类地建立和健全一批航政管理制度,到1986年底已形成对长江港航企业与船舶、船员考试与发证、三区(港区、油区、桥区)监管、通航环境和秩序现场维护与监管、危险品审批与监管、引航管理等的各类监管规章制度100多件。

2001年以来,南京海事局根据2000年3月《中华人民共和国立法法》取消基层行政机构拟定监管规定,在积极协助南京市政府、人大立法机关完成长江南京段有关海事地方性法规立法的同时,改用具有规范性、业务性、广泛性等特点的"通告",下发港航企业、有关单位,向社会公布应遵守或周知的水上安全监管服务方面的行政事项。2010年遴选2006—2010年有关通航管理、船舶管理、船员管理、危防管理、应急处置、行政管理、纪检监察等海事业务和规范执法"通告"71件,汇编成《南京海事局通知类文件汇编(2006—2010年)》。2003年,又在收集、整理、总汇、筛选自2000年南京海事局成立以来的90多件规章制度基础上,编印《南京海事局规章制度汇编》。2005年开始,对已有148件规章管理制度进行梳理,修改44件,废止12件,新建39件。2007年,重新设计管理制度框架,废止管理制度77件,精简至36件。尤其2006年起,为使执法人员系统掌握和了解我国与海事相关法律、法规、规章及规范性文件,还系统地整理、汇集新中国成立以来与海事相关的法律、法规、规章及规范性文件,共出版8本《水上安全监管法规汇编》。自2006年起,每年出版一本《南京海事局年度发展报告》。

南京市地方港航监督机构,也围绕长江以外的内河水上交通安全特点,有针对性地制定实施各种监管制度,有效保障内河水上安全。

第三,已形成多层次、全方位、全覆盖辖区的监管服务体系

南京长江海事监管,从起初以港口为主的监管服务,到1980年起监管服务行业和外籍船舶,再到2000年全面监管服务社会公共事业。其中从20世纪80年代起随着外向型经济发展,海事管理向管理服务转变,南京长江海事既是保障南京水上交通安全"主力军",又是助推南京社会经济发展的重要力量。长江以外内河安全监管效能明显,监管服务体系业已形成。就监管服务整体而言,则分为三大阶段:第一阶段,1949年新中国成立至1965年的南京港务局航政部门阶段;第二阶段,1966年至2000年的南京航

政分局(其中1990—2000年更名为"南京长江港监局")阶段;第三阶段,2001年至2020年底的南京海事局阶段。

第一阶段。新中国成立之后,面对南京地区船舶80%~90%为木帆船(民船)的实际状况,南京港务局航政科以木帆船监管为主,从预防着力,安全宣传入手,开展通航、船舶、船员、船检等航政监管工作。

在通航管理上,清除航道沉船,整治港区航行秩序,开展联合检查。特别是1960年南京长江大桥水上施工全面开始后,维护施工水域安全作为重中之重,并积累一定维护经验,创造1960—1968年间9座桥墩水上施工无重大事故发生的新纪录。

在船舶管理上,1950年之后,针对木帆船登记,重点水域建立船舶签证站,对进出南京港船舶签证,并开展船舶专项整治,把好船舶适航关。同时,对船舶技术检验,起初只检验营运船、木帆船修造质量。1959年新中国成立以来第一个船舶建造检验规范公布后,开始增加检验审核定型成批建造船舶图纸、重要工艺、重要工序。1962年,开始派检验师进驻造船厂,与船厂共同把好船舶建造质量关。

在船员管理上,南京港务局航政科成立"船员考试委员会",分批对船员开展培训和技术讲座,对南京籍船舶船员进行技术考试,1951年,对安庆至镇江的217名驾驶、轮机船员开展新中国成立后的长江上第一次船员考试,1955年、1964年又进行第二、三次考试。整理编写《长江船员轮机教材题解》《驾驶技能培训》等辅导教材,编印"驾驶问答"与"轮机问答",供船员学习。

在危防管理上,从1955年成立港口危险品装载监督检查小组,开始对进出南京港载运危险货物船舶实行监管。

在水上交通事故处理上,成立"海事处理委员会",到实地了解情况,查清事实真相后进行调解,明确责任,提出处理方案。

第二阶段。1966年,在南京港务局管理航政事务职能科室基础上成立独立航政机构——南京航政分局。30多年里,分局航政监管工作取得很大的成就。特别是20世纪80年代交通部突破所有制束缚,提出"有水大家走船"开放政策,以及90年代起国民经济加快由计划经济向市场经济过渡,南京航政监管把握水上安全监管规律与特点,坚持业已形成的行之有效监管办法、方式、措施,以通航、船舶、船员、危防、水上事故处理为主的监管工作取得前所未有的成就,保证南京水上安全形势持续稳定。

在通航管理上,面对1966年万吨油轮进江航政监管压力增大的局面,逐渐摸索出辖区重点航段、水域、船舶的监管规律,着重"四区"(港、桥、油、渔)现场监管与巡逻艇监护,从中找出普遍性、特殊性问题,有针对性开展监管。1970年,在国家提出"预防为主,宣传优先"安全监管方针后,率先在长江航政系统第一个运用经济手段制裁违章船舶。开放南京长江大桥第6孔,缓解第8孔下水航道船舶拥挤紧张现象。研究南京地区水上安全特点与安全对策。如1992年集中9艘监督艇,为期10天,昼夜保障西江水道500千伏跨江电缆水上铺设现场安全。

在船舶管理上,自1980年起长江江苏段先后对外开办贸易后,南京航政分局总结出国际航行船舶监管与船舶引航服务等监管新经验,与南通、张家港对外贸易港的港务监督共同研究解决,做好严格把关,搞好服务,简化手续,做好外轮监管工作。1983年起长江江苏段外轮开放后,又做好外轮监管和强制引航等。1991年7月,南京港务监督成为全国内河第一个被授权开展港口国监督(PSC)业务的分支机构,开始外轮港口国监督(PSC)检查工作,对国际航线国轮简化申报手续,改外轮代理代办有关手续,缩短了时间,方便了船舶。1997年,开始接受长江片区第一家申请公司——南京长江油运公司安全管理证书审核,标志着长江区港务监督开始对航行国际航线船舶和公司进行审核。同时,对进出南京港的吨位最大、水面最高、长度最长等的超大型营运船舶、废钢船(指"三超船"),简化进出口岸申报手续办理,采用多种安全措施,保障"三超船"安全进出港口。

在船员管理上,1980年起开始对福建、浙江、上海、山东等沿海省市进江船舶船员延伸长江航线的船员进行考试,首次向14名航行国际航线国内船员发证。至1982年,共完成240名进江海船船员考试与发证。1985年9月首次对江苏、安徽两省远洋及沿海海运、长航、沿海港口的电台报务员进行考试。特别是当年10月筹建了南京船员考试基地,开全国内河船员"基地化"培训先河。

在危防管理上,1975年成立"防污染组",开始船舶污染水域监管工作,先后调查南京地区化工厂与长江船舶排污情况。1977年,在"防污染组"基础上成立"环保组",制定长江下游第一个防止船舶污染管理规定,即《长江南京段防止船舶污染水域暂行规定》。1981年起配备监测设备、建立水质化验室,到油港码头、船上调查取样,以防止油类跑、冒、滴、漏和有毒物质排放。

这一期间,南京长江以外的地方航政主要是根据内河水上交通安全特点与实际制定管理办法,完善管理机构,以渡口安全管理和船舶、船检、船员、防污染等为主开展南京地区内河安全监管工作。

第三阶段。2001—2020年,随着国家外向型经济深入发展、经济区域政策实施、长江经济带高质量发展,特别南京市政府实施"跨江发展"战略和建设国际航运物流中心,很多大型企业临江而建,原油中转、石油化工产品、集装箱运输"大进大出、快进快出",2004年南京港货物吞吐量首次突破亿吨,2010年达1.58亿吨,2016年达1.85亿吨,2017—2020年连续4年超2.5亿吨。其中进出港危险货物占35%以上,且石油、化工等危险货物具易燃易爆和有毒等特性,监管难度大、安全风险高。至2020年底已建成的大桥、二桥、三桥、四桥、五桥及大胜关京沪高速铁路桥、长江和扬子过江隧道等10座桥梁(隧道)横跨长江两岸。

面对上述长江南京段水域和港口发展变化,南京海事局根据监管对象多元化,以服务社会公共事业为重点,以海港管理模式为导向,按海事分支机构"以业务管理为主"的定位,以"船—环境—人—公司"为监管重点环节,将底线思维和红线意识始终贯穿监管中,更加注重风险防控、隐患排查和应急处置,积极参与多元治理格局的社会各种水上安全治理,从事前监管向事中、事后监管转变,从"签证+巡航"向"智能化监管+精确打击"转变,实现海事监管全过程控制、全要素治理。因此南京口岸20年来在船舶流量、货物吞吐量持续增长的前提下,水上交通事故4项指标却呈现全面下降趋势,从而构建成船舶适航、船员适任、船舶适载、环境适宜、管理适度的良好水运交通安全格局。"十二五"小事故和水上险情较"十一五"下降14.28%,一般以上等级事故率在0.003%以下;"十三五"水上交通事故件数、死亡失踪人数、沉船艘数、直接经济损失等4项指标又较"十二五"分别下降61.7%、38.8%、25%、5.9%。南京市地方海事局辖区2000—2008年实现水上事故、沉船、死亡、经济损失为零。南京海事在推进海事治理体系和治理能力现代化的进程中,实现南京水上交通安全的长治久安。

在通航管理上,形成对"四季七节""五区一线"监管举措体系,在江苏海事局系统率先制定长江南京段定线制实施方案;建立"四位一体"巡航机制,完成10座建成的大桥(隧道)监管任务和在建大桥水上施工期通航、施工两不误现场护航及-12.5米深水航道现场维护,率先在全国海事系统实行网格化管理;整治碍航船舶和非法采砂船、捕捞碍航顽症,集中"打非治违",整治"六小船"、超载船,根除"三无船",解决长期影响南京长江水域安全"灰犀牛"现象(此为长江流域首次)。

在船舶管理上,实施重点船舶跟踪、安全信誉船舶管理等,把住源头、强化监管。优化港口国监督(PSC)检查选船标准和流程,建立船舶防治长效机制,健全事故隐患排查机制,使船舶PSC、FSC及国际航行船舶安全检查更加规范,并推进船舶监管"红、黑、黄"名单诚信管理,基本实现辖区出港船舶无超载。加强超载、冒雾航行等违法行为治理区域联动,建立向始发港、船籍港通报机制和船舶选船机制,以确保船舶适航。在全国海事系统第一个开通一卡通(IC)签证。

在船员管理上,2001—2009年船舶船员管理移交江苏海事局。2010年1月,中断10年的船员考试工作恢复,由中国海事局授权重新负责内河船员管理主考官培训授课职能。按照职责范围规范船员培训发证流程、培训机构监管,加强船员履职检查和船员任职工作监督,推行违法船员记分制,以确保船员适任。实现辖区内河船员适任考试、特殊培训考试无纸化。

在危防管理上,就南京为长江流域最大危化品集散地,进出港口危化品运输量大幅增长,35%以上为危险货物,南京海事局严把危险货物载运和船舶污染防治的"三关"(审批关、监督关、查验关),完善溢油应急体系,推行小型液货船检查证明制度,完善危险货物装卸作业监管机制,推行液货船选船检查机制,落实国内首家水上LNG加注站监管措施。建立信息互通、执法联动的船舶污染物接收、转移、处置"联单"机制与联合监管机制。推进非航行船舶生活污水"零排放"治理。加强治理船舶生活、污水垃圾,在江苏省内率先建成船舶洗舱水岸上公共接收设施,实现辖区内河船舶"一零二全四免费"机制。帮助危化品生产、销售企业建立"危化品船舶选船机制",开启辖区主要危化品企业、港口码头单位(货主)共担安全与环境保护责任的先例。特别是船舶洗舱水处理相关建议,被列入南京市政府工作报告。

在船公司监管上,以"严格管理"为目标,加大安全管理体系建设。建立航运公司定点联系人制度,覆盖辖区所有68家体系内航运公司和7家重点非体系航运公司。制定航运公司安全管理体系综合评价办法,实行末位约谈淘汰制度。

这一期间,地方海事加强对内河水上游览船舶检验、风景园林游览船监管等。2007年6月以后,地方海事先后配置围油栏、消油剂、收油机等船舶防污设备,相继开展船舶防污染应急处置演练活动。

与海事监管一样有着鲜明特征的是,南京海事按照国家赋予的管理职能、职责、职权,融入和服务南京社会经济发展,助推港航单位发展的特征更加明显。2001年以来,南京海事局在自20世纪80年代起由监管型转向监管服务型,为南京港航企业提供优质服务的基础上,扩大服务范围,努力服务社会公共事业。一是为南京社会经济发展和民生多出主意,多献计策。2003年,出台23条方便港航企业与船舶的"便民措施"。2016年,向南京市政府推出落实长江经济带高质量发展各项措施,长江港区作业码头污染防治办法,牵头研讨南京邮轮经济发展课题。二是急企业所急,想企业所想。2004年,推动南京港向国际海港区转变,开辟"绿色通道",保障电煤运输。参照国际化船舶管理标准和要求,帮助危化品生产、销售企业建立"危化品船舶选船机制"。2006年,帮助解决民营修造船舶企业困难。三是完成国家水上重大工程与民生工程的安全保障任务。2001年,保证"西气东输"管线穿越长江勘探任务的完成。2003年,保证南京市政府急需的"航工桩4号"通过长江大桥。2005年,做好近700万市民饮水水源地大胜关水道禁航工作。四是保障水上大型活动现场维护与安全监控。2013—2014年,先后牵头保障南京青奥会、南京亚青会、南京大屠杀遇难者首个国家公祭日等重大活动水上安保工作,以及国际奥委会主席游览长江的最高层级保障工作与重要外事活动任务。2019年8月,成立江苏首家长江港航综合协调指挥中心,启用24小时海事政务自助服务区,极大方便监管与服务相对人。江苏省、南京市政府领导多次赞扬南京海事局在服务南京地方经济发展中的表现,南京市历届政府领导多次指示、批示给予肯定。鉴于南京海事局在服务地方经济发展中所做出的贡献,2006年7月10日南京市委、市政府批复同意南京海事局列入南京市委、市政府发文单位和参加会议单位。7月18日,又批复同意南京海事局接入"南京政务网",可接收电子文件和信息。

针对长江南京段水上搜救应急处置工作,南京海事自1994年11月15日成立"南京海难救助指挥部"起,就将该项工作纳入正常海事监管中并作为一项重要工作办理。1998年8月7日,南京海滩救助指挥部更名为"南京长江水上搜救中心"。2001年起,建立水上搜救管理制度,健全水上搜救应急体系,建设现代化水上搜救队伍,多层次开展水上搜救演习演练。并根据中国海上搜救中心2000年启用

"12395"（取"123救我"之谐音）专用电话，开通这一全国性统一、简单、易记的水上搜救特别服务号。2003年，举办了当时全国内河规模最大的水上搜救防污染综合演习。2006年，南京长江水上搜救中心更名为"南京市水上搜救中心"，下设"南京市内河水上搜救中心"。2007年，南京海事局开始承担南京市水上搜救中心办公室日常工作。12个监管救助一体化基站均衡布设，24小时无假日值班；15艘海巡艇均衡配置，全天候应急待命；水上搜救应急到达时间控制在30分钟以内。2011—2015年，水上搜救人命成功率保持在99%以上。

第四，建成了适应海事监管和服务所需要的监管队伍

南京长江海事管理队伍在编人员，从1950年的5人、1965年的30人、1991年的260人，到2020年的320人，渐趋发展壮大并已具规模，队伍整体素质不断提升，政治保障水平也持续提高，成为全国、江苏、南京"文明单位"和交通运输部、中国海事局系统的先进单位（集体）。长江以外的地方海事队伍也成为南京内河安全监管的"主力军"。

新中国成立之后，作为"政企合一"港口体制中一个科室，南京港务局航政科（海事科、航行监督科、港监科）正常编制为3~5人。1966年4月15日，成立南京航政分局，开始集中统一管理长江江苏段时，分局本部为30人。1972年达65人，1978年达112人，1986年达276人。1990年，分局职工（含镇江局）518人，其中专业管理人员208人。2001年，南京海事局成立，编制为336人。2003年7月，在编293人，其中执法与管理人员208人，大专以上学历占47%。2015年12月，形成包括8个专业类别、9名专家级人才、23名骨干人才的专业人才队伍。2019年，在编330人，其中大学以上学历282人（博士生2人），占总人数92.7%。至2020年底，在编320人，其中执法人员占86%，海事处35周岁以下年轻人超过39%。"十三五"较"十二五"一线执法人员数增长7%。同时有5人被选送世界海事大学深造。特别是2003年起按照国家公务员标准通过统一招考录用海事管理人员共228人。仅2011—2020年就招考录用134人。

南京海事局队伍整体素质全面提升，离不开党的建设、文明创建等政治、组织保障。特别是2001—2020年，持续开展党的群众路线教育实践活动和"三严三实"专题教育，结合"查研定改评"工作法，深入整改存在的问题。强化"五好领导班子"建设，开展党支部标准化建设、党员"亮身份、亮业绩"活动。加强党建带团建工作，营造关心青年成长成才的环境和氛围。文明创建成果丰硕，仅2001—2020年，南京海事局先后多次被评为"全国文明单位""江苏省文明单位""南京市文明单位"，以及全国交通系统、海事系统的"先进单位""先进集体""文化建设卓越单位""文化建设优秀单位""文明执法达标单位"等。同时，深化海事文化建设，打造特色文化品牌。2011—2015年，大力培树社会主义核心价值观和南京海事核心价值观，开展"守航百里·船行如歌"文化品牌体系创建，编制《南京海事局文化手册》和《江南可采莲》廉政文化手册。推进基层文化阵地建设，开展"一处一品牌"海事处文化建设，基层各单位打造各具特色文化品牌。行风建设成绩显著，至2018年底政风满意度连续15年达90%以上。地方海事党的建设、文明创建成绩突出。

第五，建成了海事监管设施与保障体系及信息化系统

南京长江海事监管主力设施监督艇由少变多，信息化从弱变强，业务办公用房由小变大。长江以外的地方海事监管设施和信息化已完全适应内河安全监管需要。

（1）监督（执法）船艇由少变多。1960年1月，南京长江大桥水上施工作业后，仅有一艘木船用作水上现场安全维护。1965年，有监督艇3艘钢质船。1982年增至7艘监督艇，2005年增至14艘，2010年增至15艘，2015年增至18艘。2020年底，为16艘，并配备北斗单模块AIS。地方海事监督（执法）船艇达20艘，完全适应水上交通安全监管的需要。

（2）信息化管理系统由弱变强。1985年之前，南京海事的海事监管信息获取往往凭经验，靠肉眼观察。1985年之后，南京海事局开始在部分监督艇上装备甚高频无线电话（VHF）。1997年12月，建成南京交管系统（VTS）"四站一中心"，标志着南京海事局监管开始向现代化迈进。2016年12月，历时9年，VTS扩建成"八站一中心"。至2015年底，已建成规模化的CCTV视频监控系统，单兵、海事通等移动装备应用普及，执法全程信息化建设加快推进。至2020年，依托"智慧海事"建设，建成并全面上线国产VTS系统、CCTC视频监控系统、高铁桥抓拍系统、桥卫士系统、行政检查系统、4G终端、北斗导航系统、无人机巡航等。海事监管服务能力和水平大幅度提升。地方海事局信息化建设亦初具规模，实现重点水域CCTV、VHF、AIS监控系统全覆盖。

（3）海事办公业务用房由小变大。1950年起，南京港务局航政科与港务局机关合署办公。1966年4月15日南京航政分局成立，搬进江边路3号原长江航运上海分公司驻南京办事处使用的680多平方米旧楼。1974年7月，江边路旧楼改扩建为1375平方米。1991年6月，建成热河南路71号（6层，3206平方米）引航业务用房。1996年，建成交管中心（7层，4318平方米）。2018年，机关业务大楼完成置换（8893多平方米），并于当年搬迁，多年渴望改善局机关业务用房变为现实。南京航政分局1966年成立，特别是20世纪80年代南京对外开放后，基层机构业务用房建设和改造加快。21世纪以来，建设质量与速度均发生新的变化，"十二五"达10705平方米，"十三五"增至20407平方米。连同局机关办公用房，"十三五"结束时，全局共建成办公业务用房29300平方米，较"十二五"增长95%。地方海事办公业务用房得到进一步改善。

## 四

南京海事，从远古走到今天已历数千年，有过失误，遭受过挫折，在曲折中行进。新中国成立以来，特别近20年，发展可谓是跨越式的。这是南京海事和南京海事人的骄傲。纵观现代南京海事发展历史轨迹，既有海事人的主观努力，也有客观条件的加持。

其一，南京地区生产力发展是推动南京海事发展的根本动力。人类的运输活动是伴随生产活动的产生而出现的。南京地区发展早期生产力低下，对水上运输管理也极为粗糙。后来伴随着生产力发展和城市的出现，造船和航运业日趋繁盛，航运安全保障作用日益凸显，南京海事重要性不断提升。特别是新中国成立以来，伴随南京地区社会经济繁荣和港航生产力发展，南京海事地位更加突出。

其二，南京在国家政治经济地位是影响南京海事发展的重要因素。南京作为古代六朝首都，经济发展，航运业兴盛，海事监管随之发展。近代一度沉沦，1912年孙中山在此建立中华民国又有转机。1931年，民国政府在南京成立统领全国的航政局。新中国成立以后，南京为江苏省会，南京海事成为全国内河重要分支，尤其1966—1990年南京航政分局统一管理长江江苏段水上安全监管事务。

其三，南京航运、港口、造船、航道发展是助推南京海事前进的基本条件。南京地理条件优越，水路交通发达。尤其到了现代，南京在我国重要物资主通道中已形成枢纽地位，对我国国民经济的发展有着举足轻重的作用。港口、航道建设加速进行，多个港区开辟使用，造船业、航运业发达。在此背景下，海事监管压力也空前加重。为适应经济社会发展需求，南京海事从立法、执法、监督、保障、服务，到专业执法队伍和基础设施建设，已成为一支管理手段全面优化，完全适应南京地区水上交通安全需要的经济执法力量。

其四，南京口岸社会经济进步与演变是南京海事职能转变的重要动力。作为生产关系的海事，直接为港航发展服务。南京口岸，尤其港航进步与发展都与海事发展紧密相连，起重要的导向作用。因此，海事必须依据南京社会经济和港航单位发展需求，从职能型向公共服务型转变，推出相适应的监管服务措施,进一步稳定水上安全形势,实现海事监管工作与经济社会发展的良性互动。

历史的辉煌给我们以前进的信心,历史的经验则提供我们前进的力量。记录和整理南京海事发展历程,以文献形式流传后世,以史为鉴,启迪来者,是我们不懈的追求。我们将南京海事自古迄今重要历史展现出来,从比较中认识价值,从总结中找出经验,从探索中引出规律,为当前和未来南京海事发展提供借鉴,以期创造更加辉煌的篇章。作为南京地区水上交通安全重要保障的执法机关,善于从人民所想所盼中寻找方向、汲取智慧,敢于担当,必然会把握南京水上交通安全规律,继续创新理念,优化模式,强化监管,尽力服务,实现南京海事新突破、新跨越。我们相信,南京海事一定会振翅扬帆,砥砺前行,创造更加辉煌灿烂的明天。

# 第一章　南京海事的形成与发展(远古—1840年)

南京海事历史悠久,远古先民在从事水上渔猎、舟楫运输中,出于本能就出现与舟船安全相关的监管萌芽。战国时,楚国舟船顺江而下必经南京,并注意舟船航行监管,标志着南京海事管理正式肇始。秦以后,南京随着漕运兴起和发展一度成为漕运中转地,朝廷所设包括海事在内的漕运机构均在此设专官。东晋,南京设津关,除征税外还实行海事管理。唐朝政府对水上安全监管立法,在南京建立兼理海事的漕运机构。宋、元沿袭旧制。明朝,南京一跃成为全国官、商货物和旅客的水运中心,并是郑和下西洋的基地,首次出现我国对外国船舶强制引航,以水上交通安全为主的海事管理得以加强,范围扩大。入清后,南京港埠设置钞关、津渡,管理水上护航、救助,海事管理进一步推进。

## 第一节　南京水运肇始与海事起源(远古—隋代)

### 一、独木舟出现与南京最早的航运活动

万里长江是一条天然的河流,自古以来与人类活动息息相关。远古时期,长江奔腾不息,一泻千里,在江苏境内流经南京、镇江(扬州),蜿蜒入海,形成了许多天然的河川。约在6000—7000年前,扬州、镇江以东为大海。随着长江每年约有一万亿立方米的水夹着约5亿吨泥沙入海,大量泥沙沉淀,江口随之向东推移,沧海变桑田,形成富饶的长江三角洲。

南京,位于"长江下游两岸最丰富区域之中心"①,"北跨中原,瓜连数省,五方辐辏,万国灌输"②,历来是东西水运之口岸、南北交通之要冲。距今大约7000年前,居住在南京及江淮一带的先民们依山傍水,从事渔猎活动。在长期的水上活动中,每当洪水为灾时,许多人葬身水中,但也有一些人意外地抓住漂浮的树干侥幸得救。这种现象的多次出现,便启发人们认识到树木可以在水上漂流不沉,了解到木质物体具有浮性。有了这种认识后,人们便试着附木渡水,进而又把许多根木头捆扎在一起,于是最早的筏便产生了。《易经》中所说的"乘木有功也"③,说明当时的筏已被用于涉水航渡,是对筏的历史功绩的肯定。

然而,富于追求的原始先民不满足于筏的成功,在采用筏航渡的实战基础上,不断探索,终于在利用树木制造航渡工具的认识上又发生了一次飞跃。《世本》说:"古者观落叶以为舟。"④这反映上古先民,模拟树叶的形状相似。他们对木质物体浮性进一步认识,同时又产生了造舟的整体思考。又《淮南子》称,古人"见窾木浮而知为舟"⑤,由此启迪他们"刳木为舟,剡木为楫"⑥。1958年,江苏武进县淹城乡的一条河中掘出1只春秋战国时期的独木舟,长11米,宽90厘米,深约42厘米。1965年又陆续出土3只春秋

---

① 孙中山《建国方略》之二《实业计划》。
② [明]张翰《松窗梦语》卷四。
③ 《易经·下经》,见《周易》中华书局2006年版第309页。
④ 《世本·作篇》"共鼓货狄作舟"条,见《世本八种》中华书局2008年版第79页。
⑤ 《淮南子》卷十六《说山训》,见《淮南子集释》中华书局1998年第1133页。
⑥ 《易经·系辞下》,见《周易》中华书局2006年版第82页。

战国后期的独木舟。① 在这些遗物上明显有着刳挖的痕迹,证明"刳木为舟"记载是可信的。最原始的船舶——独木舟产生了。

独木舟的出现,在各种书籍上有不同的记载。最早记载独木舟问世的是《周易》。之后,《资治通鉴·前编外纪》《世本·作篇》《墨子·非儒》《山海经·海内经》等均有记载,各执一说。不过,这些记载反映一个重要的事实,即上古时代的独木舟并非一人一地的独创。尤其长江下游一带许多江河湖泊之滨的部落,大约都有过造舟的经历。可以说,独木舟是上古原始先民集体的伟大创造。

独木舟的出现,给南京一带的先民们带来舟楫之便,促使捕渔业迅速发展和部落间联系逐渐扩大。由此,南京地区航运肇始,并逐步发展起来。

## 二、南京早期水运活动与港口形成

进入文明社会以后,诸侯朝贡,商贾贸易,行旅往来,多赖舟楫。随着社会分工扩大,生产力发展,航运活动在南京及长江下游和沿海一带有了进一步发展。到了春秋战国时期,航运成为诸侯纷争、列国兼并的军事斗争手段,南京一带不仅有战船行驶和靠泊,甚至还发生过水战。

春秋时,南京地处吴、楚两国边境,楚之重镇棠邑即位于今南京六合区。鲁襄公三年(前570年)春,"楚子重伐吴,为简之师。克鸠兹,至于衡山"②。楚平王七年(前522年),伍子胥离楚奔吴,逃出昭关(即今南京市江北新区乌江附近),由渔父驾舟渡江③。公元前486年,吴国为北上伐齐,开凿邗沟(江),入江口在扬州。从此,长江与淮河相通。当时的南京、镇江、扬州一带江面上的航船进出频繁,较多的为军事活动的战船。前333年,周显王打败越军后,在石头山置金陵邑,为南京城区建置之始。

秦汉时,南京及长江下游区域航运活动仍十分重要。秦始皇三十七年(前210年),秦始皇南巡途经金陵,改金陵邑为秣陵县,并增设江乘县。他从会稽(今浙江绍兴)返回时,从江乘(今南京市郊栖霞山附近,有的说镇江北)渡江北上④。东汉永初元年(107年),南京地区开始出现漕运。朝廷调丹阳(今南京有5个区县属该郡)等郡粮食,"赈给东郡、济阴、陈留、梁国、下邳、山阳。"永初七年(113年),调丹阳等郡租米,"赈给南阳、广陵、下邳、彭城、山阳、庐江、九江饥民"⑤。这一时期的丹阳郡包括今南京。之后,南京地区航运活动更加兴旺发达,但仍以军事活动为主,战船下驶经扬州,再转淮河及其他水系。

东汉建安十七年(212年),孙权将统治中心从京口移至秣陵,改秣陵为建业⑥。黄龙元年(229年),又从武昌(今湖北鄂州市)将都城迁回建业,并控制长江下游,以建业为中心长江下游水运网逐渐形成。嗣后,东晋和南朝的宋、齐、梁、陈均在此设立都城,以致后代称南京"六朝古都"。后来又有南唐、明初、太平天国、中华民国等在南京建都。以上9个朝代或政权,再加上东吴,共是"十朝",于是人们戏称南京"十朝都会"。各朝之所以择此建都,除"虎踞龙盘"险要地形之外,再一个重要因素就是南京地处江南各重要产粮区中心,水陆运输便捷,"国家大计,莫过于漕"。正如东晋丞相王导所说:"经营四方,此为根本。盖舟车便利则无艰阻之虞,田野沃饶则有转输之藉。"又有史书载东晋安帝元兴三年(404年),"贡使商旅,方舟万计"。⑦ 六朝时期,南京地区既是江南漕运和贡运的中心,又是商货交易集散地,成为"水浮

---

① 南京历史博物馆:《武进独木舟》。
② 《春秋左氏传注(修订本)》,中华书局1990年版第925页。
③ 《史记》卷六十六《伍子胥列传》,中华书局1959版第2173页。
④ 《史记》卷六《秦始皇本纪》中华书局1959年版第260、263页;《景定建康志》卷十六。
⑤ 《后汉书》卷五《孝安帝纪》,中华书局1965年版第208、220页。
⑥ 《三国志》卷四十七《吴主传第二》,中华书局1959年版第1118页。
⑦ 《读史方舆纪要》,卷二十《南直一》,中华书局2005年版921页;《宋书》卷三十三《五行四》,中华书局1974年版第956页。

陆行,方舟结驷,唱棹转毂,昧旦昶日"的繁忙港湾①。漕运、贡运、军运、商货水运等航运均得到发展,并与海外有航运往来。特别是海外诸国遣使者前来南京朝贡的贡运,已有百济、倭国、林邑、扶南、婆罗洲、丹丹、狮子、天竺、波斯等数十个国家与地区的使者来到都城。他们从海外带来各种贡品,朝廷回赠本国珍稀。这些交换的物资一部分直接由海船装运,使南京港口成为一座"江道万里,通涉五州,朝贡商旅之所往来"②的通海港口。除贡船外,海外商船也常来都城贸易。南京,当时与罗马城并称为"世界古典文明两大中心"。南齐时,有"度丝锦与昆仑舶营货"③的记载。昆仑舶是马来西亚一带的航海商船。

隋灭陈后,建康失去都城地位,昔日的盛况不复存在,港口与海外贡船联系中断。以建康为中心的国内水运航线还有4条:长江破冈渎、江南运河;江北运河;长江向西南通往皖、赣、湘、鄂、蜀等地;向东出海往浙、闽、粤、台湾等地。由此可见,这时南京地区对内水上运输仍然频繁。五代十国时期,南唐建都金陵,最盛时"其地东暨衢、婺,南及五岭,西至湖湘,北据长淮,凡三十余州,广袤数千里,尽为其所有"④,在十国中最盛。朝廷所需的粮、盐、茶、丝、帛等物,皆由属地逐年水运至都城。

南京地区水运兴起,促使港口的产生。这一时期,吴王阖闾命伍子胥开凿南京的胥河运粮。公元前333年,楚威王设金陵邑时,秦淮河入江口一带已具港口雏形。之后经过数百年的发展和建设,到东吴建邺时,南京港口迅速崛起,成为南北交通的重要通道,以及江南地区客运中心港,号称"商旅方舟万计"⑤。孙吴赤乌八年(245年),开凿句容中道,把秦淮河与江南运河接通,江河码头经常泊有万千艘江海船舶。西晋至南朝期间,南京港口的中心在秦淮河下游两岸。长干(今中华门一带)、横塘(今莫愁湖一带,又称南塘)、石头津(今清凉山附近)都是舟船辐辏的繁荣市镇,都城东南郊的方山津是破冈渎的咽喉,也是秦淮河上的重要码头。在长江岸边,还分布有白石步(今老虎山附近)、新亭(今安德门附近)、新林(今大胜关附近)、板桥等几处官船码头⑥。其间,南京地区开始有漕运码头、军运码头、官船码头、商用客货码头的分工。直至清代,木帆船大多利用自然岸坡靠泊,也有稍加改造的石砌岸和木桩夹土码头。

## 三、南京海事的起源与演进

春秋战国,各诸侯国相互征战,军事性质的航运在南京及长江流域展开。各国为了争霸,努力建立强大的舟师,兴建各种战舰,并注重培训水军,彼此之间进行争夺地盘的战争。其中建造的船舰均根据不同用途来设计大小、型制及长宽比例等。虽然兼并战争等人为因素阻碍交通往来,但是这种分割并没有阻遏各河流航路区域航运的发展。到战国早期,随着邗沟、菏水、鸿沟的开凿,长江与黄河两大水系实现了相互的沟通,长江流域舟船商贾贩运活动日渐兴盛,其中占据长江中下游的楚国依据优越的地理条件,发展商业贸易和航运,共开辟5条固定的货运航线。其中东路航线,专门经营安徽、江苏及东南沿海的贸易运输。⑦

公元前323年(楚怀王六年),楚怀王为了舟船的航行安全,支持鄂君启[字子皙,楚怀王的儿子,受封于鄂(今湖北省鄂州市)]的经商活动,鄂君启颁发了"舟节",作为行船的特许凭证(如同今天的船舶航行签证)。这是迄今我国所见的最早的水上安全管理中对船舶管理的记载。"鄂君启节"为一组铸造的铜节,规定了以鄂城为起点的长江中下游船舶水运线路、舟船数量及编队方法、货物装载限制、免税办法,

---

① [晋]左思《吴都赋》,《全晋文》卷七十四,中华书局1999年版第782页。
② 《晋书》卷六十八《贺循传》,中华书局1974年版第1827页。
③ 《南齐书》卷三十一《荀伯玉传》,中华书局1972年版第573页。
④ 《旧五代史》卷一百三十四《僭伪列传一》,中华书局1976版第1787页。
⑤ 《晋书》卷二十七《五行上》,中华书局1974年版第817页。
⑥ 《南京交通志》,海天出版社1994年版第13页。
⑦ 《长江水利史略》,水利电力出版社1979年版第27—29页。

以及沿途停靠管理规定等①。"鄂君启节"铭文明确记载了航运目的和水上安全管理的相关内容,具体规定是:"屯三舟为舿,五十舿……"(即并3舟为1艘大船)。将150只船并为50艘大船,一年之内返航。一个船队5路运货,一年之内很难按时返航。同时,为策航行安全,鄂君启航驾人员创造了"屯三舟为舿"的船舶编队运输方式,以避免发生事故。运输货物的船队,经过关邑时,出示持有的舟节,可以免征船税,否则需缴纳税金。这种水上运输方式,在当时是很先进的。从舟船航行安全来说,增加溯水与顺水之航速,使船舶具有较好的稳性,能抗击水上的风浪,在很大程度上保障了航行安全②。鄂城至淮安的东路航线的舟船,顺江而下,经南京至扬州,然后入邗沟(江)抵达终点淮安。作为舟船东下必经之路的南京,出现对船舶航行的监管活动。这标志着南京海事的起源。

公元前221年,秦始皇建立统一的中央集权制国家后,一种利用水道(河道和海道)调运粮食(主要是公粮)的漕运肇始。南京地区漕运则始于东汉。有记载称,东汉永初元年(107年)从秣陵(今南京)运米至今山东、苏北、河北等灾区。

三国时期,南京地区航运主要为战争所利用,海事管理大量体现在军事上。由于长江流域是南北对峙政权的前沿,各方均以通漕积谷为要务,指派名将兼职统理漕运事务。如魏国曹操特设"监运谏议大夫"一职,专理漕粮运输。蜀国名将邓艾亦兼管漕运。这是我国海事管理设专官管理之始。虽以管理漕运为主,但也兼理海事、河道方面的事务,尤其掌管航运和水上安全政策的制定和执行。后来,尽管历代水运职官名称不一,管理范围有异,但水运和海事方面都设有专职官吏负责。尤其魏晋南北朝时期,除西晋有过短暂的统一外,长期处于分裂状态。地方政权各据一方,相互混战,水上交通运输成为军事斗争的重要手段。六朝作为政治经济中心的首都建康,是长江下游的大埠。"京口(今镇江)东通吴、会,南接江、湖,西连都邑(指南京),亦一都会也。"③立都建业(今南京)的孙吴,以水军立国,凭舟固疆,专设典船都尉,统一管理舟船修造事宜。当时最大的造船基地在建安(今福州、霞浦一带),而建业(南京)亦有建造船舶的地方。《三国志·孙綝传》载:"帝(即孙亮)于宫中作小船三百余艘,成以金银,师工昼夜不息。"④同时,造船技术上有新发展,多帆技术的运用,使舟船的航速提高。

吴国水军对战船的航行、编队与入港停泊等均有规定。战船按船队阵形航行,左右前后严禁串位。航行前要发鼓令3次,每次为一个战斗程序,分为准备、进入战斗岗位和进发3个阶段。这一用于军事斗争的海事管理,一直沿用到南北朝。据记载,南北朝在沿用三国战船航行规定基础上,还创建舰队泊港信号,规定在战船停泊营地水边高竖旗帜标志,船队开航与停泊以旗帜依次进行。若夜航,则燃火炬,同旗帜标志一样,按顺序开航或入港停泊。这为后来长江及中国船舶水上航行及导航方式提供了经验⑤。

两晋南北朝时期,南京地区的海事管理沿袭前代。西晋时,一度改建业为建邺,后因避讳,改建邺为建康。建康之名一直沿用至隋代。⑥东晋和南朝各代,均建都于建康(今南京),不断疏浚江南的内河河道,作为漕运干线。为漕运和水上安全,西晋沿江地方镇使经常派水军对商业航运和舟船进行治安维护,保持江上通航安全。东晋设都水台,置使者一人,统理漕运和水上安全。南朝宋、齐均设都水使者,梁代设大舟卿,主要管理漕运和水上安全等事务。同时,随着长江中下游民间商业性航运和船户的逐渐发展,朝廷在长江干支流各主要津关设置征收船税的机构,同时间接对民船进行监督管理。

值得一提的是,南朝宋、齐时的著名数学家、天文学家和机械制造家祖冲之(429—500年)发明了轮

---

① 罗传栋:《长江航运史》(古代部分),人民交通出版社1991年版第62—63页。
② 郭沫若:《关于鄂君启节的研究》,载《文物参考资料》1958年第4期。
③ 《隋书》卷三十一《地理志下》,中华书局1973年版第887页。
④ 《三国志》卷六十四《孙綝传》,中华书局1959年版第1449页。
⑤ 《三国会要》卷十七《兵·舟师》。
⑥ 《长江史话》,社会科学出版社2011年7月,第145页。

桨。采用轮桨的船称为"车船"。轮桨代替帆、橹,驱动舟船前进,使车船航速比一般的船要快得多。这种利用人力脚踏车轮推动前进的船,曾在建康(今南京)附近的新亭(今安德门一带)江中试航,一天能航行一百多里,所谓"又造千里船,于新亭江试之,日行百余里"。① 祖冲之所造"千里船"是世界轮船的始祖。这虽然没有风帆利用自然力那样经济,但也是一项伟大发明,为后来船舶动力的改进提供了新的思路,在造船史上占有重要地位,也为后来唐、宋舟船建造提供了借鉴。

东晋建武元年(317年),东晋定都建康(也称"秣陵"),南京城市商业逐渐繁荣,商市林立,百货辐辏,朝廷度支组织的运粮漕船,富贾的货运商船及民间个体船户的舟船往来如织,对外交往和进出口贸易随之发展。当时的百济、倭国、林邑、扶南、狮子、波斯等国,分别向中国输出象牙、犀角、珠玑、琉璃、吉贝和香料等货物,同时从中国购买绫绢丝锦等物品。城区的秦淮河是四方舻舳出入都城的咽喉要道,进出长江与秦淮河的商舶辐辏,经常云集成千上万艘商舶。为此,东晋朝廷设置关卡,检查违禁品和亡叛者,对过境货物从价征税。所谓"西有石头津,东有方山津",分扼淮水(秦淮河)上下游。西关设在石头城,称作石头津;东关置于秦淮河下游的方山埭(今南京市江宁区东南),叫方山津。两处分别设有津主等官吏,管理船税的征收,兼及检查船只安全等,成为船舶从长江和破岗渎进入南京的监管关卡。当时以征收货税为主,炭、鱼、薪之类也都在征税之列。税率重于汉时实行的"船五丈以上一算"制律,为十分抽一,客商船户无不叫苦②。除南朝宋大明八年(464年)曾有短暂停止外,均照前例征收,没有停止。据《隋书》记载:两津"各置津主一人,贼曹一人,直水五人,以检察禁物及亡叛者。其获炭鱼薪之类过津者,并十分税一以入官。其东路无禁货,故方山津检察甚简。淮水北有大市百余,小市十余所。大市备置官司,税敛既重,时甚苦之。"③这种设在要津的机构,除征收贩运商货的实物税之外,还有维持码头治安、进行水上交通安全检查的职责。津主是关卡负责人,贼曹是缉拿港区盗贼的官员,直水是关卡属员。检查的禁物,是朝廷禁止的民间私自买卖和贩运的物资。当时各种禁物主要来自长江沿岸,由破岗渎运的很少,因此有"其东路无禁货,故方山津检查甚简"之说。两津关一直沿用到南朝陈代。后世各个王朝在各地设关征税都与此有一定的继承关系。

隋代,全国统一,南京地区的航运和海事职官和海事管理措施与全国其他地区一样,基本沿袭前代。隋大业六年(610年),炀帝东巡会稽(今绍兴),大兴河工,沟通江南运河,南京为漕运要道。朝廷设置专门的机构主管航运和海事,漕运、货运、贡运等航运都由设置的转运使统一管理,海事管理均由都水监下设的舟楫署主管。此时,南京海事管理与其他各地的海事管理一样,仍孕育在以漕运等为主的航运行政管理之中。直到唐代,海事才以法律形式确定下来,并逐渐发展和形成国家层面的一种管理制度。

## 第二节 南京海事的长足发展(唐—宋)

### 一、漕运空前兴盛推进海事发展

隋大业十三年(617年),唐朝建都长安(今西安)以后,京师和北方所需粮食和盐铁等物资,仰赖于江南各地供给。建康(南京)政治地位由郡降为州,再降为县,兴废无常,名称多变。

唐开元二十一年(733年),为江宁及全国各地的漕运航行周期的缩短和航行安全,唐玄宗任命裴耀卿兼任江淮、河南转运使,主持漕运的整顿和改革。次年,裴耀卿鉴于以前漕运的弊端,将长运法改为分

---
① 《南齐书》卷五十二《文学》,中华书局1972年版第906页。
② 《通典》卷十一《食货十一·杂税》,中华书局1988年版第250页。
③ 《隋书》卷二十四《食货》,中华书局1973年版第689页。

段运输法(亦称转运法),即在途中设立中转点,设置粮仓,分段转运。这一改革缩短漕船航行周期,又使船夫熟悉河道,有利于安全航行。宝应二年(764年),刘晏就任江淮、河南转运使。鉴于安史之乱后河道沿途治安不稳,漕船常遭抢劫,物资被夺,船只破沉等,刘晏针对漕运与漕运航行安全制定相应管理措施:一是漕运所用船只,分不同水情而建造,不惜以每艘优给千缗的代价①,保证漕船的质量;二是在南京、扬州等组建精悍的官运队伍,"以为江、汴、河、渭,水力不同",训练漕卒(船夫),使之"人人习河险";三是在漕运沿途设军护卫,每两驿置防援三百人,并把漕船以"十船为纲"的编制组编成船队,"每纲三百人,篙工五十"②,由兵卒护送;四是根据各水系特性,规定"江船不入汴,汴船不入河,河船不入渭"的航行线路。

五代十国时,杨吴天祚三年(937年),南唐在金陵(南京)建都,改金陵为江宁,因都城的缘故,军运、贡运数量较多,南京成为漕运的重要节点之一。

两宋时期,为航行船舶的安全,朝廷除承袭前代的规章外,并针对漕运(纲运)、漕船(纲船),还制定了一套航运条规,把海事管理水平提升到新的高度。后周时,金陵等地"岁贡地征数十万"运抵汴京③。北宋开宝八年(975年),宋灭南唐,改金陵为升州,任命升州知州兼水陆计度转运使事,负责这一带的漕粮转运。后来又将升州升为江宁府,将此地成为朝廷备战储粮之地。北宋大中祥符九年(1016年),朝廷对纲船进行合理组织,每10只船组成1纲,由1人为监主,2人协助,"使更相司察"④。熙宁二年(1069年),江淮等路发运使薛向,又实行客船、官船分运,互相督察,解决"侵盗贸易"的积弊,保证漕船航行安全。崇宁三年(1104年),蔡京为相后,废弃三百多年漕运的转搬法(分段运输法)改行直达法,无形加长航行时间,给漕船带来不安全因素,"吏卒并缘为奸",⑤盗卖粮物。同时,"应章往来"漕船频繁过往,使堰闸"启闭无节",起不到蓄、排水的作用。南宋初年,为军事的需要,高宗赵构以行都临安(今杭州)为中心,恢复漕运,调整管理体制,建立新的漕运管理制度。

南宋高宗建炎三年(1129年),江宁又改为建康。绍兴八年(1138年)定建康为留都。随着建康及长江下游流域商品经济发展,民运空前兴盛,南京地区又成为官卖货物集散地和漕粮存贮、转运地,"岁之经入,无虑数十万斛,漕江而下者,舳舻数千里"⑥。鉴于来港客商增多,朝廷在这里设置江东转运司、户部提领酒库、建康榷货务等官署,管理漕运和商业贸易运输。绍兴二十六年(1156年),朝廷在建康建丰储仓,"储二百万斛于镇江及建康"⑦,建康成为官卖货物集散地和漕粮存贮、转运地。朝廷在那里设置江东转运司、户部提领酒库、提领江淮茶盐所、建康榷货务等官置署,既含漕运机构,又有商业贸易机构,都与水运有关。如江淮盐茶所,负责办理一切装运官卖物资舟船的提货、纳税、验证、领照、丈量等手续,已具备部分海事管理职能⑧。淳熙六年(1179年),在建康置转搬仓,每年运进运出的粮食达200万石左右。当时的港口也是官卖物资的集散中心之一。《庆元条法事类》的中"职制门""榷禁门""财用门"就漕运航行安全的管理做出规定,纲船在差役期间,押纲官吏要认真作好航行及装运情况记载,监督航运的官员要"严禁借离"⑨。主管部门在押纲人任职期间对其作详细的工作成绩与过失的记载,以便评定功过。

这一时期,南京还是长江下游重要的渡口区,著名渡口有烈山渡、大城堙渡(今大胜关)、龙江渡(今

---

① 《资治通鉴》卷二百二十六《唐纪四十二》,中华书局1956年版第7287页。
② 《资治通鉴》卷二百二十六《唐纪四十二》,中华书局1956年版第7286页;《新唐书》卷五十三《食货三》,中华书局1975年版第1368页。
③ 《旧五代史》卷一百三十四《僭伪列传一》,中华书局1976年版第1788页。
④ 《宋史》卷二百九十九《李溥传》,中华书局1977年版第9938页。
⑤ 同上,卷三百七十七《卢知原传》,第11650页。
⑥ 《景定建康志》卷二十三《城阙志·诸仓》。
⑦ 《建炎以来朝野杂记》甲集卷十七《丰储仓》,中华书局2000年版第389页。
⑧ 《南京交通志》,海天出版社1994年版第80页;《南宋后期提领江淮茶盐所若干问题考论》,载《盐业史研究》2020年第2期。
⑨ 《庆元条法事类》,燕京大学图书馆1948年10月影印本。

## 二、漕运、海事管理机构与职官

唐代,北方所需粮食和盐铁等物资,仰赖江南各地供给,南京是当时漕运的中转地,并设立粮仓。五代十国时,杨吴和南唐在建康建都,先后构筑和扩建金陵城,将秦淮河的一段围入城内,港区重心开始向长江沿岸转移,漕运、军运、贡运众多,南京为漕运重要节点之一。

为加强漕粮运输,唐朝专设水运发运使、诸道转运使,管理交通运输及漕运。漕运和水上安全的海事管理属于漕运专设的机构管理,商运的水上安全则主要归税关管理。水运职官及其职掌大抵继承隋制。水部设水部郎中1人、员外郎1人。天宝十一年(752年),水部改为司水。水部郎中、员外郎及令史、书令史,主掌河川、池塘之修治、舟楫(含水上安全管理)、灌溉之建设等,涵盖与水有关联的水运、水利等方面的行政管理事务①。

唐武德初,朝廷将沿用隋代具体负责水利、水运管理的"都水监"改为"都水署"。贞观六年(632年),复改为"监"。龙朔二年(662年),都水监改为"司津监"。咸亨元年(670年),复为"都水监"。武后垂拱元年(685年),改称"水衡监"。名称几经改动,但主掌全国的水运和水利事业未有改变。主事官称"都水使者"和"都尉"。都水监下设舟楫署、河渠署。署的主事官为令、丞。舟楫署主要管理漕运与水上安全、船舶等,河渠署管理水利和渔业②。在各重要渡口、桥梁及水运要冲,设诸津令1人、丞2人,负责管理各渡口、桥梁。开元年间,废舟楫署,都水监不再管理水运,改设"转运使"职官,专理全国水运和水上安全等事务。当时,由于唐时扬州成为著名的江海合一国际通商大港,为全国的航运与海事管理中心,有"扬一益二"之称。转运使常驻扬州,为事实上的全国水运与海事管理的最高官员。自开元二十一年(733年)裴耀卿任江淮、河南转运使起,至天祐元年(904年),计有24人先后供职。安史之乱以后,刘晏任户部侍郎,将盐铁使与水陆转运使合二为一,负责盐铁米粮、钱币及其他货物的转运、储存、出纳。后又设诸道转运使,中心仍在扬州,形成精干的独立于行政系统之外的转运管理系统。

上述专业转运管理机构和职官,虽为官方的粮、盐、铁等运输而设置,但对商运和水上安全等海事行政事务同样予以管理。

两宋时期,水运职官承袭唐制。朝廷设水部,水部设郎中及员外郎各1人,掌管河渠、塘、堰、桥梁、船舶、漕运及水上安全之事。同时,中央政府设三司使总领漕政,各路设转运司(漕司)负责征解,发运司负责运输,行唐之转般法。《宋史·职官志》载:宋代设有都转运吏、转运史、副使、判官等,负责掌管财赋、运输、漕运及水上安全之事。北宋神宗熙宁年间,朝廷"以州郡之事,委漕运之臣",但其基本职责仍是掌管财赋、漕运及水上安全管理。以后转运使的职责逐渐演化发展,督察一路军民政事。在江淮六路另有专司漕运重务的发运使,并监察内河海事有关法令的执行。

南宋时,南京地区是官卖货物的集散地和漕粮存贮、转运地,朝廷在这里设置江东转运司、户部提领酒库、提领江淮茶盐所、建康榷货务等官署,既有漕运机构,又有商业贸易机构,都与水运有关。

## 三、海事开始立法与船舶检验

唐初,漕运系政府的命脉,漕粮大量北运,南京为漕运的中转地。为保证漕运的航行安全,朝廷针对

---

① 《新唐书》卷四十六《百工一》,中华书局1975年第1201页;《旧唐书》卷四十三《职官二》,中华书局1975年第1841页。
② 《唐会要》卷六十六,中华书局1955年第1164页;《新唐书》卷四十八《百官一》,中华书局1975年版第1276页;《旧唐书》卷四十四《职官三》,中华书局1975年版第1897页。

漕船航行、津渡(运)安全等,通过立法制定了一系列管理法规和规定。这些海事管理法规与规定主要有:

### (一) 船舶检查、停泊、避让和航速的规定

1. 船舶检查和靠泊的规定

依照规定,无论是官方纲舟的驾驶者,还是私营的个体船户,驾船航行都必须对船体安全状况进行检查。如"茹船,谓茹塞船缝;泻漏,谓泻去漏水"①,要求船家行船前或航行中必须随时对船只进行安全检查,保证船体密不渗水。如有渗水,应即时排除,避免中途沉船,造成海事,确保船只维持良好的适航状态。舟船停泊后,必须安设标志,以资来往船只及旅客识别。如果"茹船泻漏,安标宿止不如法",以故损失官私财物者,"坐赃论减五等",属犯罪行为,要受到"杖六十"或"杖一百",甚至判处一年半至二年半徒刑。在行船极难的急流滩岛处发生损害,"又减二等";骤遇暴风失物伤人,则不论罪②。

2. 船舶航速的规定

《唐会要》载:"旧制……水行之程:舟之重者,溯河日三十里,江四十里,余水四十五里;空舟溯河四十里,江五十里,余水六十里。沿流之舟,即轻重同制:河日一百五十里,江一百里,余水七十里。"此项表明对船舶航速的要求比较合理,轻重有别,顺溯有异。而且在航行中驶至艰险之处,"其如底柱之类,不拘此限。若遇风水浅不得行者,即于随近官司中牒检印记,听折半"③。从最后一款看,似乎主要针对官办航运,但实际上凡运输官物的公私船只都必须遵守,无故违期者,按情节轻重处以笞刑。

3. 船舶相遇避让的规定

《唐律疏议》载:"……行船之法,各相回避。若湍碛之处,即溯上者避沿流之类,违者各笞五十。"这是说:船只和竹筏在航行途中,要相互避让;在急流和险滩处,如上下两船相遇,上水船要主动避让下水船。"诸船人行船……若船筏应回避而不回避者,笞五十"。这是说:违者要受到杖笞五十的惩罚④。由此可见,早在1400多年前,我国对内河船只的水上航行已开始有了较为严格的管理。

4. 船舶限制超载的规定

《唐律疏议》载:"诸应乘官船者,听载衣粮二百斤。违限私载,若受寄及寄之者,五十斤及一人,各笞五十;一百斤及二人,各杖一百(但载即坐,若家人随从者勿论)。每一百斤及二人,各加一等,罪止徒二年。"对于乘官船外出的人员,只能带随身衣粮物品至多200斤,超重违例,则根据情节轻重及超载数量,要受到笞、杖直至判徒刑二年的惩治。对于从军征讨者乘坐官船超载,各加二等。监官知情不制止者,同罪。《唐律疏议》说:"监船官司知乘船人私载,受寄者与寄之者罪同……若是空船……不用此律。"⑤此条律令特别对政府官员和从军征讨的将士尤为严厉,违犯者最高可判处3年徒刑。这一规定对民间也起到警戒的作用。限制船舶超载,无疑对水上航行安全大有裨益。

### (二) 河流津渡的管理规定

《唐六典》载:"其大津无梁,皆给船人,量其大小难易,以定其差等。"尚书省工部所属水部,指令长江

---

① 《行船茹船不如法》,见《唐律疏议》卷第二十七《杂律》,中华书局1983年第507页。
② 《行船茹船不如法》,见《唐律疏议》卷第二十七《杂律》,中华书局1983年第507—508页。
③ 《唐会要》卷八十七,中华书局1955年版第1595页。
④ 《行船茹船不如法》,见《唐律疏议》卷第二十七《杂律》,中华书局1983年第507—508页。
⑤ 《乘官船违限私载》,见《唐律疏议》卷第二十七《杂律》,中华书局1983年第507页。

流域各州县设置多座津渡,如"薪州江津渡,荆州洪亭、松滋渡,江州马颊、檀关渡,船各一艘,船别六人"。①《唐律疏议》载:"其津济之处,应造桥、航及应置船、筏,而不造置及擅移桥济者杖七十,停废行人者杖一百。"②这是说,凡指定的津渡处所,不造桥梁,不设渡船者,或未经允许擅自移动桥梁及渡口者,津主(即津令、津丞)要受到杖打七十的惩处,由此而影响交通的则要被杖打一百。为策水上安全,朝廷对津渡加强管理,颁布津渡法,派兵防守,严格渡口管理,严加督促逻卒巡察,维护渡运秩序。

### (三)相关的水上安全管理规定

唐律规定,在向舟车贩运的商人征收税金的同时,要对其进行安全管理。武则天时,朝廷采纳崔融建议,对乘坐舟车的旅行人员亦征税金。唐上元年间(760—761年),肃宗李亨为解决财政困难,下诏向通过运河船闸的商人征税,"江淮堰塘商旅牵船过处,准斛斗纳钱,谓之埭程"。③ 朝廷在堰埭船闸设关建卡,令航行于此的船只,在航行途中接受征税检查、丈量船舶。此外,《新唐书》载:"诸州堤堰,刺史、县令以时检行而涖其决筑。"④元和三年(808年),从李异奏,江淮堰埭归转运使管理,此即转运使管河渠的事例。其内容主要包括河渠通舟水源及斗门的管理、灌溉用水的管理和堤防管理等。漕运河渠中的水资源先要保证舟船通航,再是用于灌溉等。水部规定:"凡水有溉灌者,碾磑不得与争其利"。为了保证行舟,"自季夏及于仲春皆闭斗门,有余乃得听用之"⑤。由此看出,此时的漕运舟船的通航安全高于水利灌溉。

以上针对漕船航行、津渡(运)等水上安全所制定的管理法规与规定,不仅对船舶航行安全作出明确的规定,而且对与船舶安全相关的管理也有具体要求,均以立法的形式颁布实施,对后世历代制定与颁布的水上安全管理法律、法规及各种制度也产生了很大的影响。唐朝是我国对海事管理立法的第一个王朝。

### (四)关于造船的管理制定

在海事立法的同时,南京地区进入唐代,因水运勃兴,造船业进一步兴盛起来,能够建造适合各流域水文的舟船,对舟船建造质量进行检验,为舟船航行安全打下基础。

1. 按水性造船

唐时,全国官营造船场大多集中在东南地区,金陵(今南京)船场为中心之一。唐中期,刘晏改革漕运后,认识到"江、汴、河、渭水力不同",必须统一建造适合各水流特性的漕船。为保证舟船建造质量,南京设专知官,监督造船。两宋时,"古龙湾"(今南京中保村一带)为船场,称"都船场",既造新船,也修旧船⑥。还根据官府颁发的船舶标准,按"船样"图本进行造船,从而保证了船舶质量。

2. 材料的选用

唐时,南京造船注意材料选用,"樟木,江东人多取为船……"⑦榫合钉接,船体防腐(桐油调灰捻合船身板缝,并涂船身表层)技术取得重大突破。创造"披水板",亦称"浮板",挂在两舷腰部,起辅助平衡作用。船底设有纵向龙骨,增加船底强度。到宋代,造船用料多为楠木,"楠木,今江南等路造船场,皆此木

---

① 《唐六典》卷七,四库全书版。
② 《唐律疏议》卷二十七《杂律》,《唐律疏议笺解》中华书局1996年第1878页。
③ 《通典》卷第十一《食货十一》,中华书局1988年版第250页。
④ 《新唐书》卷四十六《百官一》,中华书局1975年版第1202页。
⑤ 《唐六典》卷七《尚书工部》,四库全书版。
⑥ 《金陵通纪》卷八下。
⑦ 《酉阳杂俎》卷十八,中华书局1981年版第173页;《太平广记》卷第四百七《斗蛟船木》,中华书局1961年版第3291页。

也。缘木性坚而善居水。"①

3. 重视技术工艺

唐宋时，南京造船与全国其他地方造船一样，重视造船技术工艺，表现在榫合钉接技术和防腐技术，目的是为既令船舶外形美观，又保证船的"抗沉性能"。宋时，还创造了修船坞。宋人张择端《清明上河图》中所画的船型，以及船上排钉设计合理、船型光顺等，都说明唐宋时期造船的技术工艺，主要是提高船舶建造质量，保证安全航行。

## 第三节　南京海事的进一步规范（元代—清前期）

### 一、海事在漕运发展中进一步规范

1272年元朝定都北京后，政治中心在北方，经济中心在长江以南地区，"百司庶府之繁，卫士编民之众，无不仰给于江南"②，南粮必须大批北运。至元十九年（1282年）始，朝廷命朱清、张萱等组织海上运漕，漕粮运输转向以海运为主，经海道至京师，内河漕运为辅。这时，建康港是海运漕粮的始发港和中转港，在港口设有漕粮转运仓库，总称集庆路仓。至治元年（1321年）位于龙湾（今下关）长江岸边，共有仓40座，计屋200间，主要"收受江西、湖广二省饶州路并本路州县官民财赋等粮，逐年都漕运万户府装运，由海道赴都"③。长江各地区粮米运至建康集中，然后顺江下驶，在太仓刘家港集合出海。

组织一支强大的海上运输船队（其中三分之二是民船），必须有强有力的机构来负责管理。为此，元朝廷设立都漕运万户府和都漕运司，作为管理海运和水上安全的最高机构，下设千户、万户等官④。还有专管的海上军队及防护粮船的官员，统称海道巡防官。内河漕运，由户部的漕运使负责。至元十二年（1275年）改为都漕运司，不久又改为江淮漕运司，以专管南京及江南的水陆转运和水上安全事务。元时，漕运官员对漕船出海航行安全十分重视，海上运粮的船工水手和管理人员，都要经过培训和挑选。漕运的船工主要由军人充任。如调阿八赤所领的士兵1万人，拨船1千艘，集中在南京、扬州教习水手业务，然后派赴海船上运粮。在管理人员中也要屡次淘汰冗员，选拔壮年精健，历练风涛，精纲风水，熟谙公务的人充任。

1356年，朱元璋攻占当时称为集庆的金陵，改集庆路为应天府，建立吴王政权。再以金陵为基地，兼并群雄，统一了中国。1368年，在此建都，国号为明。明代漕运承袭元制，以海运为主，河、陆兼运为辅，海运为军运，余皆民运。朱元璋称帝前，就在南京"广积粮"，各地集运的贡物多是由船装运抵达⑤。洪武年间，南京屯有禁军卫卒20余万⑥，每年要支粮饷100余万石，白粮之数每年也在20万石以上。往应天运送粮食的地区和路线："定都应天，运道通利。江西、湖广之粟，浮江直下；浙西、吴中之粟，由转运河；凤、泗之粟，浮淮；河南、山东之粟，下黄河"⑦。江西、湖广等地的木材排筏，除供龙江船厂造船和本地区使用外，还转输到下游苏松常地区。芜湖出产浆染布、苏松出产丝棉织品，也多经应天转运。以金陵为中心的发达漕运网形成。当时城西临江的上新河沿岸，是上江排筏和其他商品的主要集散地，以致有些商

---

①《本草衍义》卷十五《楠材》，人民卫生出版社1990年版第94页。
②《元史》卷九十三《食货一》，中华书局1976年版第2364页。
③《至大金陵新志》卷六上《官守志一》第二十二页，四库全书版。
④《(崇祯)太仓州志》卷九《海运志》，太仓市史志办公室2014年7月委托广陵书社线装影印本。
⑤《明史》卷七十九《食货三》，中华书局1974年版第1915页。
⑥《明史》卷八十九《兵一》，中华书局1974年版第2176页。
⑦《明史》卷八十五《河渠三》，中华书局1974年版第2079—2080页。

人在城内难以找到存放货物的地方,只得放在船上或江边,并将上新河到下关一带辟为码头,江河"樯帆如林,舳舻相连",转运和贸易兴旺,终年朝贡使节络绎不绝,全国各地漕粮、土贡源源而至。洪武二十六年(1393年),在溧水大西门外劈石开山,开凿天生桥河,使秦淮河南源上游与太湖连接,成为江南漕运至京师的要道。永乐十九年(1421年)迁都北京后,仍有大批漕粮运到留都南京储存。明中叶,南京进出港口的粮食和商品日益减少,港口也日趋萧条①。

1645年,清军攻陷南京,改称"江宁"。这时,南京不仅是两江总督、江宁织造的驻地,还是江宁将军、江南布政司、江宁布政司、安徽布政司的驻地,是江南的政治、军事、经济和文化中心。更为重要的是,清代的南京还是掌管江苏、安徽两省漕粮运输的江安督粮道署(位于今南京瞻园路126号)所在地,为江苏、安徽两省漕运的集散地。当时在今南京汉西门内设有虎贲仓,在长江边设有水次仓(又名江宁仓),用来储存各州县解来的粮食。还有龙江水驿和大胜水驿,统称江宁水驿,承担各类物资的运输任务。清朝初期吴中孚《商贾便览》记载的第一条交通线就是"江南省城由漕河进京水路程"。

为加强来往于南京的漕运管理和漕船水上安全,明袭用元制,专设管理漕运机构,以管理漕政事务,并兼管水上安全等。洪武元年(1368年)十一月,在金陵设京畿漕运司,以龚鲁祥为首任都漕运使。洪武十四年(1382年)后设废不定。永乐二年(1404年),以漕运总兵官取代漕运使。景泰二年(1451年),设漕运总督,与总兵官同理漕政。漕运总督相当于唐宋时的转运使和发运使,驻江苏淮安,各地分设漕总。漕运方法,初行支运法,各地漕粮就近运交淮、徐、临、德四仓,由运军分段接运至通州、北京,每年转运四次,又称转运法。漕运总督一直沿袭到清代中叶。

清代,因应天(今南京)为江苏、安徽两省漕粮运输的集散之地,所以朝廷格外重视,指派江安督粮道署之职官长年驻守,专掌两省漕政、漕船运输安全等海事事务。

与漕运机构同时兼管海事事务的还有设在各港埠的税关,但主要是商运和个体船户的海事管理,对过往商船检查丈量,"度梁头广狭为准,自五尺至三丈六尺有差"②。元代,建康与镇江、扬州、江阴四处设税务场。明初,朝廷在南京设抽分竹木场(又称工关)。宣德四年(1429年),"上河(上新河)尤号繁衍"③,故朝廷在上新河设钞关。钞关又称户关,除征收船钞外,还负责船舶丈量、验证、检查、注册等海事管理。嘉靖六年(1527年),上新河钞关罢撤,另设西关与新江关。清代初年,朝廷在南京设龙江关、西新关两税关,起初分别隶属工部与户部,后隶属几经变更。雍正元年(1723年),各税关均交地方督理。龙江关、西新关由江苏巡抚兼管。乾隆二十七年(1762年),两关归两江总督管理④。

明代,还在各港埠设"埠头"对民间船舶实行管理。各地埠头由政府"选有抵业人户充应。官给印信文簿"。其职责是对民船进行登记,"附写客商、船户住贯、姓名、路引字号,物货数目,每日赴官查照"⑤。这是长江上首次出现的对民船管理的海事机构。

## 二、外舶监管与强制引航的肇始

对外籍船舶的管理,是国家主权的象征,为各主权国家所注重。据史料记载,我国对外舶管理始于唐而盛于宋,而南京地区对外国籍船舶的管理始于明。

1368年,明建都金陵(今南京),金陵首次成为统一王朝的首都。金陵是政治、经济、文化中心,也是漕粮消费的中心,各地输京的漕粮、贡物多由船装运,通过水域以达京师。"太祖都金陵,四方贡赋,由江

---

① 《南京交通志》海天出版社1994年版,第54页。
② 《明史》卷八十一《食货五》,中华书局1974年版1927页。
③ (明)顾起元《客座赘语》卷一《市井》,中华书局1987年版第23页。
④ 《重刊江宁府志》卷十五《关税》,成文出版社有限公司1974年影印光绪六年刊本。
⑤ (明)应欙《大明律释义》卷十《市厘·私充牙行埠头》,国家图书馆出版社2013年翻印明嘉靖三十一年广东布政司刻本。

以达京师,道近而易"①。泊于南京的船舶蔽江而赴,溯流而聚,官船、漕船、贡船、商船云集龙江(今南京下关)②。为使各地来船有避风险和停泊之处所,朝廷特别划分了不同船舶停泊区。其中,上新河一带水域供长江上中游来的船舶停泊,"江中舟船尽泊此以避风浪";中新河一带水域专供装运贡品的"马快船"停泊;草鞋峡水域,为小船停泊区③。

自实行"朝贡制度"起,明朝廷严禁中国海船出海贸易,但允许外舶进入,且海外来华贸易船舶必须是"贡船",需严加管理。进港时,必须有朝廷事先颁发的"戡合"和所在国政府的"表文",还必须遵守朝廷指定的航路、港口、船数、日期、限量等。主要管理办法参照宋元时期市舶司对外舶的管理办法。检查外舶所在国出具的贸易凭证,并要求对前来我国的口岸和载运货物品种、件数、重量,以及在我国采购的货物,逐项逐件一一填写清楚。后因沿海一带倭寇之患屡起,朝廷为全面防止倭寇侵犯,于洪武七年(1374年)正月下令所有"市舶司暂罢,辄复严禁濒海居民及守备将卒私通海外诸国"④。永乐三年(1405年),因海外朝贡日益增加,管理外贸船舶的福建、浙江、广东三市舶司恢复。不过,随沿海形势的变动,此后三市舶司常常是开闭不定。嘉靖年间,开放海禁。为管理前来贸易的外舶,万历年间明朝廷将商船事务委托给海防同知管理,将原来建立的用于防御海盗的海防馆改名"督饷馆",使之成为事实上的全国最高"海关"机关。同时,对国内海舶颁发船引(商船出洋海外的凭证),对海外商船发放戡合(指通行证书),起到防范内外走私的作用。

为了南京的安全,明朝廷规定凡需要驶往南京的外国商船必须实行带有强制性的引航。外船进长江后,先泊于太仓的"六国码头",再由朝廷"命军卫有司封藉其数,送赴京师(南京)"。即由有关部门官吏登船检查后,选聘有航运经验的"火长"(船长)或梢工,一同监督和强制指引外船驶往南京。这一做法开我国为维护国家主权对外舶强制引航之先河。永乐三年(1405年),因太仓距南京太近,"恐生他变",从此不许外国商船再驶入南京,同时关闭供外船停泊的"六国码头",而改在浙江、福建、广东三处设市舶司,以接待外国贡使。这是我国最早记载对外国船舶的强制引航制度。

## 三、郑和下西洋中的海事管理

南京地区船舶建造业经过多个朝代的发展,到元代已具一定规模,并建立起船舶用料、船型结构、工艺等质量检验管理制度,注意船舶横向和纵向的匀称,船用好铁钉结合,船上水手配备得当,船型适合一定的航道航行。如远洋船少于200人,无风之时行船用橹,橹手4人操之。每大船各带二小船于后,每小船各有船夫四五十人,操棹而行,以助大船。船型适合一定的航道航行。

入明以后,应天(今南京)船舶建造业在前代基础上趋向专业化,船舶质量的检验更加重视,明洪武初年,朱元璋重视船舶建造,在南京专门设立船厂,"奄有四海,定鼎金陵,环都皆江也。四方往来,省车挽之劳,而乐船运之便,即于龙江关设厂造船,以省公用"⑤。龙江船厂坐落于南京西北隅,区域范围很广。该厂属于工部、分隶于都水司,是当时中国规模最大的制造官府用船(好称"宝船",可容纳千人)和战舰的专业船厂。修造的船只有黄船、战船、巡船、渔船、湖船5类,共29种。三板船和划船,是极小的战船,"往来神速,率多取胜"。沙船,是明代主要船种之一,因其建造于南京,又称"南京船",明代《兵录》说:"诸船唯此最稳"。洪武四年(1371年),朱元璋令郑遇春在南京"督金吾诸卫,造海船八十艘,运饷辽东"⑥。

---

①《明史》卷七十九《食货三》,中华书局1974年版第1915页。
②《南京港史》,人民交通出版社1989年版第57—58页。
③(明)周晖:《金陵琐事》卷之一;《明史》卷八十一《食货五·商税》。
④《明史》卷八十一《食货五》,中华书局1974年第1980页。
⑤(明)欧阳衢:《龙江船厂志》序。
⑥《明史》卷一百三十一《郑遇春传》。

海运漕船当时称遮阳船,直到洪武三十年(1397年),这种船仍派造于南京。南京还"防倭造大舰",用于海上战船,又称"备倭船"①。

船舶建造质量检验中,最突出当数南京成为郑和永乐三年(1405年)至宣德八年(1433年)七次下西洋的始发港与归舶港,并保证郑和七次远航西洋船队的船舶建造质量,明朝廷进一步加强检验质量管理,在吸取以前各代质量检验管理经验的基础上,除创立用工限额、材料验收、木价核算、量材使用制度外,对船舶建造的质量检验也较为严密。

图1-3-1　郑和下西洋的船队

郑和七次率船队远航西洋,出使亚非30多个国家和地区,远渡重洋,履险蹈危。船队由240多艘海船组成的一支联合舰队,(图1-3-1,郑和下西洋的船队)船队的主体船舶为宝船、马船、粮船、坐船和战船五类海船,因此明朝廷对郑和航海船队作出许多强制性的规定,各类船按要求给不同的船厂来建造,并进行质量检验。宝船由当时的朝廷在江苏南京官办的龙江船厂下属的宝船厂负责建造,其他种类的远征船分为江、浙、闽沿海各地造船厂建造,以使郑和七下西洋的船舶符合航行要求:

一是用料十分讲究。作为南京龙江宝船厂建造郑和下西洋船队的船舶用料,是根据船舶的载重量的大小配给一定数量用料。主要船用材以楠木、松木、榆木与杉木为多。还根据不同部位选用不同材料,俱派人到四川、湖广、江西等处购买。明政府还在重要港口设立抽竹木场,在南京设立隶属于工部的龙江关和大胜关两抽竹木场管理,凡造船用料均依照顺序和手续,"赴抽竹公司领准票,前赴该场支领"。然后查验明白,给作领用。凡抽分场局没有的船料,则"拘招商铺,照数买办。丈量秤验明白,发提举司收贮待用"。每艘船下水投入使用时,配备的属具及附件的名目、数量也都有明确的限量规定。船用的生产材料的供给,由政府派往船厂的提举官吏下设的两司吏中的一人负责,另一人管理全厂各工种工匠②。

为保持郑和下西洋船队的船舶船身坚实不透水,朝廷规定油船弥缝所需材料的数量。船场实行细密分工。龙江船厂的分工多达32种③。建造的大型"宝船"具有相当高的工艺水平。为增加船舶纵向强度,采用龙骨(俗称"龙筋")和置于船舶两舷的大楼。为保证这样大幅的横向强度,宝船宽达56米,长宽之比定为2.45倍左右,采取"船方正若一木斛"形式,"非风不能动"。采用多樯多帆,增加航行速度,"大型宝船设有九樯,张十二帆"。其"篷、帆、锚、舵非二三百人莫能举动"④。永乐二年至十七年(1403—1418年),共建造海船、宝船140艘,改造海船249艘。其中绝大部分由龙江船厂建造,为郑和出使西洋使用的庞大船队用船。

二是专设造船提举司。明正德十三年(1518年),为使郑和下西洋船队的船舶"体势巍然,性能良好",朝廷主管水运的都水司,派主事1员,监管当时在南京长江边建造"宝船"的龙江船厂造船事务,同时还设立隶属于工部的龙江关和大胜关两个抽竹木场。嘉靖九年(1530年),提举司裁并,设司吏两名,一管匠工,一管计料,"督率驾船官军(用船的军队),在厂协济小工。船之成也,上其数于府院,以听取拨焉。"⑤此外,在生产第一线设立督管造船的帮工、指挥千户与百户各一人。这些职务由兵部考选廉勤者

---

① (清)傅维麟《明书》卷六十七《土田志》。
② (明)李昭祥:《龙江船厂志》卷之一《训典志》。
③ 《龙江船厂志》卷之七《考衷志》。
④ (明)巩珍:《西洋番国志》自序。
⑤ 《龙江船厂志》卷之三《官司志》。

充任,5年一换,隶属中军都督府操江院约束。他们督率驾船官军在厂协济小工(如抬板、舂灰、搜赞之类),船成后,"上其数于府院,以听取拨焉"。依靠着这样一个精干的管理体系,有效地组织起32个工种,2000多工匠进行大规模生产和管理,把好船舶建造质量关。

三是专门技术工艺。郑和下西洋船队的船型以用途来确定和改造。如辅助船,则将平底船改为尖底船,"能破浪,不畏横风,斗风行驶便易",适合中国南海及北印度洋波涛汹涌的恶劣海况;如宝船,此船是郑和船队中的主要船舶,其地位相当于后世的舰队中的旗舰,随郑和出使的马欢在《瀛涯胜览》中载:"若舡……大者长四十四丈四尺,阔一十八丈;中者长三十七丈,阔一十五丈",设9桅张12帆,其篷、帆、锚、舵非二三百人莫能举动。据载,宝船的排水量3100吨,载重约2500吨。其他五类海船虽呈宽短,属同一类型制,但大小、长阔尺寸各有不同,长宽比都在2.5以下。这说明郑和下西洋船队的船舶建造长宽是有严格规定的①。

另外,郑和下西洋船队的船舶建造按照工序进行工种分类,然后再依此以"厢"的行政组织来管理入籍工匠。全厂有船木梭橹索匠、船木铁缆匠、念匠与棕篷匠四类,各类又分为船木作、念作、铁作、篷作、索作、油作等30多个工种。第一厢出船木梭橹索匠、第二厢出船木铁缆匠、第三厢出念匠、第四厢出棕篷匠。各厢匠人,以轮班或住坐两种形式,从事造船生产,这样除便于行政管理外,还利于加强技艺的切磋和技术质量的管理。船厂还设立志船(船舶设计)、敛财(原材料供应)、考表(造船核算)、孚革(材料与船舶验收)等各项管理制度。还根据各种船舶的大小难易等情况而确定用工定量等,形成严格工时定额及用工数量限价等管理经验,使造船生产过程秩序井然,保证各类船舶的建造质量符合长时间远洋航行的要求。由此看出,郑和下西洋乘坐的大型宝船,是十五世纪初叶世界上最大最好的海船。(图1-3-2,郑和下西洋船舶使用的铁锚)

图1-3-2 郑和下西洋船舶使用的铁锚

永乐以后,随着工匠大量北迁,郑和出使西洋活动终结,南京宝船船厂的造船业走向低谷。龙江船厂造船任务减少,厂房逐渐空闲。到嘉靖年间后期,生产宝船的厂、库已"鞠为茂草",以至只需取拨匠丁赴厂看守即可②。

作为郑和下西洋船队基地港的南京港,明朝廷在《自宝船厂开船从龙江关出水直抵外国诸番图》(即郑和航海图)中,将南京港至浏家港这段长江水道列入下西洋航线的一部分,其始发港注明是南京龙江湾(今下关)。郑和最后一次下西洋是从南京直接出发的,时间是在宣德五年十二月初六(1431年1月14日),船队从龙湾(今下关)启航,二十一日到浏家港③。以清和、惠康、长宁、安济、清远等为首的大小船只200余艘,其中大型海船63艘,人员有官校、祯军、火长、舵工、班碇手、通事(译员)、办事、书手、医士、铁锚匠、木念匠、搭材匠、水手、民梢(官员雇用的民间梢工、篙师)等27500名。同时,郑和下西洋官署在南京,船队出海及海外归来,都在南京国库领取和上缴货物。永乐三年(1405年),还疏浚和改造燕子矶以西的长江水域,作为宝船试航和操练的稳船湖,"稳船湖地近宝船厂,太监郑和下西洋试船于此",以供郑和下西洋

---

① 《郑和下西洋与我国明朝的造船业》,见《郑和研究资料选编》,人民交通出版社1985年版第417页。
② 《龙江船厂志》卷之三《官司志》。
③ (明)祝允明:《前闻记》,转引自《郑和研究资料选编》,第150页。

船队的船舶试航、编队和靠泊①。郑和,曾在南京生活,又从南京出航与任职(明洪熙元年二月,仁宗皇帝任命郑和为南京守备,在任达五六年之久)。前后在南京生活、任职近30年,最后又归葬于南京。所以南京留有郑和许多遗迹。下关仪凤门(今兴中门)外,建有纪念郑和航海平安归来的静海寺和天妃宫。

明成祖永乐五年(1407年),在南京静海寺建立天妃宫。后来多次奏称出海时屡遭波涛惊扰之险,"舟几没飓风黑浪中,赖天妃显护帖息归。"明成祖朱棣于永乐十四年亲撰碑文,立碑于天妃宫内。据说,原来在天妃的殿廊上画有许多描写海中景物的壁画,现仅余一碑,碑额上刻着"御制弘仁普济天妃宫之碑"11个篆字,最后落款时间是"永乐十四年四月六日"。碑石质地良好,雕刻精美,是明碑中的代表作。郑和还在许多地方建造天妃庙宇,如宣德五年(1430年)春,郑和第七次下西洋出发前在太仓浏家港、福建长乐太平港分别立《通番事迹记》《天妃灵应之记》碑,两碑同为姐妹碑。

郑和下西洋船队的船舶建造质量检验与试航的海事管理,不仅推动我国海事管理与船舶建造技术管理水平提高到一个新的水平,而且为后世对海事管理和船舶检验的发展,保证船舶安全提供极其珍贵的财富,为我国海事发展作出重要贡献。被孙中山赞誉"为中国超前轶后之奇举"。

### 四、津渡与渡船、渡运安全管理

南京,地处长江下游经济发达区域,南北两岸物资频繁,沿岸关键要道均设置发津渡。早在春秋楚平王七年(前522年)伍子胥离楚奔吴,逃出昭关,就是从乌江(今江北新区)附近由渔父驾舟横渡长江②。六朝代在此建都时,秣陵和建康并称"京邑二县",有多处津渡。《景定建康》载,建康的津渡有:石头津,在城西,方山津的西南;龙安津,在城西北20里与真州宣化镇相对;南津,在城西南;五马渡,在上元县西北23里幕府山;麾扇渡,在朱雀航之左;另有五城渡、竹格渡、马家渡等渡口。

南宋初年,建康府为长江下游南北交通要冲,在长江上设置渡口6处。史载"府境北据大江(即长江),是为天险,上自采石,下达瓜步(今六合东南),千有余里,共置六渡:烈山渡,籍于常平司,岁有渡河钱额;南浦渡、龙湾渡、东阳渡、大城罡渡、冈沙渡,籍于府司,亦有渡河钱额"③。这6个渡口码头与渡船由官府设置,以差役民轮流当差或雇募船工。嘉定五年(1212年),朝廷在建康设监渡官,管理渡口运费、安全和码头秩序。明初建都南京,官差、使节、应试学子、服工役者、商贩、军队等往来频繁,使南京长江与内河成为全国重要客运码头与渡口。明初,上新河与龙江(今下关)成为长江著名的码头市镇,"上河(上新河)尤号繁衍"④。

### 五、水上护航与救生活动

清代,南京江面上舟船往来频繁,南北两岸渡口众多,除下关至浦口是重要的渡口外,草鞋峡、烈山、三山营、西江口、周家山、龙潭、三江口等地也是舟船靠泊的渡口。舟船因超载或风浪而失事沉没及人亡,时有发生。嘉庆八年(1803年),本地有位名叫叶钊培的绅士,出于行善与救生的目的,在舟船往来频繁的下关捐屋数间,创立了救生会,义务进行水上救捞。由于经费不足,附属于民间慈善组织同善堂。同善堂的日常善举是通过募捐集资周济孤寡贫困之人,"施药、施衣、施米等事随时劝捐",救生会不是独立机构,后中止。嘉庆十一年(1806年)五月,江宁布政使李尧栋"初立救生总局于信府河,草鞋峡、黄天荡皆有红船。"专揽水上遇难救捞事务⑤。嘉庆十九年(1814年)开始,捐助救生会的富户大增,添置救生专用

---

①《同治上江两县志》卷四《水》。
②《金陵通纪》卷一。
③《南京交通志》,海天出版社1994年版第160页。
④(明)顾起元:《客座赘语》卷一《市井》,中华书局1987年版第23页;《金陵通纪》卷一。
⑤《道光上元县志》卷三《建置》。

设备,购置大批与救捞有关的产业,救生会规模迅速扩大,这样救生会就从同善堂中分离出来,改称港口救生局,"四方善士踵而行之,设分局不一而足"。港口救生局设总局于城内,在滨江沿河地带设7个分局,分段负责。总局及分局都由绅士自发组织,以"救人千者,子孙必昌"的积德行善思想为立局宗旨,经费由民间捐助,管理机构选派"公正殷实绅董轮流值理,每岁刊刻清册,历历可稽"。因此,港口救生局的性质属于民间慈善组织。同时,救生局又有官方背景,得到官方的大力支持,救生局的成立经过两江总督府之类高级官置批准,有官方颁发的凭证执照,救生局产业不但受官方保护,而且救生船还享有不应官差的特权。总局和分局机关不仅一般百姓不得擅入,而且"该地快甲乡保,兵头营兵不得稍纵滋扰"①。更重要的是,救生局所订条规由官方颁布,由官方执法,凡违犯救生局条规者由地方当局究办,使条规具备官方法令效力。因此,港口救生局又具有某些官方政权的权力。

救生局不仅规模扩大,机构独立,而且还有相当的权力,嘉庆二十五年(1820年),金陵地方知名人士60余人联名上书江宁府,禀报士绅捐银设立港口救生局之事,同时拟订救生局条规21款呈请批准施行。在这批呈文者中,有告老还乡的知府、翰林院编修、翰林院庶吉士、内阁中书、候补知县等,均颇有名望,所呈之事官方很重视。呈文经过逐级上报,层层审批,直至两江总督。各级主管官员都加注批示,称赞港口救生局之设"乐善可嘉",所订条规"详晰周妥",批准由官方颁发,并要求"家喻户晓",违者"立即严提究办,决不稍贷"。各官署还表示,如果港口救生局"办有成效,即请优奖,以示鼓励"。嘉庆二十五年五月(1820年6月),江宁府颁布《南京港口救生条规》,并刻石碑竖于江岸,由救生局监督执行。该《条规》,主要内容是关于在港区内失事船舶和落水人员的抢险、救捞、善后处理、奖惩等办法。

南京港口救生局其目的在打捞落水者,减少船舶翻沉事故的发生,但更重要的是21条港口救生局条规中有3条对渡船与渡运的海事管理作出详细的规定。加上救生局所订条规由官方颁布和执法,违犯条规者均由地方当局究办,使条规具备官方法令效力。

一是进行船舶登记,限定船舶载重量。救生局从船舶失事教训中,看出超载是重要原因,因他们对境内船舶逐个进行检查,在此基础上将船舶按航行区域分为江船和凉棚船两大类。江船允许在长江航行,分为大船、中船、小船3个等级。装300担以上者为大船,装200担者为中船,装150担者为小船。额定载客量分别:大船25人,中船20人,小船15人。人货混装时进行换算,一担抵一人,每匹牛、驴等大牲口各抵一人,猪羊大者抵一人;中者2口抵一人,小者3口抵一人。换算总数不得超过额定人数。凉棚船只能在小河内航行,禁止出江,分为大号凉棚船和小划子两个等级,大号船可载10人,小划子视船体宽窄分别额定载客6~8人。各类船舶都由救生局分别编上船号,登记造册,建立船舶档案,"永远存记"。为便于识别监督,救生局派员在各船两侧涂上标记,用白漆大字写上船舶编号,船主姓名,限定人数,并加红色边框,相当显眼。新造船或变更船主船户,为有编号标记都主动到救生局申报登记。为防超载航行,救生局"乃令委员不时稽查,毋须摆江多装,致虞覆溺",对违禁船舶,是否造成失事,都要"锁提船户严行惩治,枷示江岸,并将船只充公以禁玩违",惩罚其为严厉。

二是限制运价,严禁敲诈勒索。有些船户为了多捞钱,"每有载至大江中流任意勒索",在江心或制造各种种险情,威胁乘客多交般资,或与乘客争执斗殴,不仅使乘客经济受到损失,而且常常因此发生船舶翻沉事故。对此类船户,救生局"深堪痛恨",因条规中专门为此作出了规定:船户只能按例定标准收费,不得多收;收费地点必须在"渡送过江泊岸后",禁止在江心收费,留难乘客。对有敲诈勒索行为的船户,救生局为被索之人举报提供种种方便,使其"免受拖累"。一旦查实勒索横争者,即给以严惩。

三是恶劣天气,发布禁航令。在狂风大作时,有些船户趁渡运船少之机,不顾安全,冒险渡客,以图多利。为保证船舶安全航行,救生局条规中规定:"摆江渡船遇风狂浪大之时,除公文驿马相机行止外,惟行

---

① 秦岱源:《中国航政史》(未刊本)第2章,南京图书馆藏。

人当俟风平浪静过江,不得冒险抢渡。"救生局还备有大信号旗,风浪大时由救生局升竖官府颁发的"止渡旗",各渡船船户即当停泊,不得违抗。每当出现大风浪等恶劣气候影响航行安全时,沿江各救生分局将此旗高高升起,各船必须立即停航泊岸,"倘敢抗违,由局禀请拿究。"[①]

南京港口救生局的首要任务是抢救因船舶失事而落水的人。该局的救生设备是救生船3艘。救生船在长江普遍涂为红色,故又称为红船。红船有专门雇佣的水手,轮流在险要江面巡游。按官方批准颁发的救生局条规规定:"红船三只专为救生局设,自应遵守宪示,永远不得乱捉差使贻误游巡,亦不得通情借用。倘红船私装擅离江面,本局查出,即将该水手革退"。为了随时发现险情,救生局还在沿江一带建有瞭望台,时称为迎江高楼,派有专人守望,发现船舶失事,立即组织施救。这些设施和人员都是救生局进行水上救捞的专业力量。

南京地区江面宽阔,河道纵横,渡口码头众多,仅靠几艘专业救生船显然不够。为此,港口救生局还通过法令形式,依靠广大船户进行水上救助。该局颁布的条规第一条就规定:"江面遇有覆舟人口,责成摆江船户抢救;河道溺水人口,责令凉棚救护",就是说在长江上由渡江船舶施救,在秦淮河或其他支流内河,则由该河称为凉棚的小划子施救。这些船户在南京境内有固定处所,便于监督联络,可免事故发生时相互推诿,所以成为救生局能够依靠的业余救生力量。为了鼓励这些船户履行抢救义务,条规中还规定了奖惩办法:"每救一人,赴局领犒劳钱一千文,如值外江暴风加倍而千文;捞尸一口,给钱三百文;凡捞起不活,与救援者无涉,该船户等务当临时踊跃保全生命,切勿观望贻误,亦不得藉救生之名,乘间抢匿失风货物,察出定即照律治罪。"

抢捞救人有偿,也带来有些善于泅水的人,为贪图偿银,与船户等人串通,故意制造翻船沉落事故,他们救人之后赴局领钱私分。为了堵塞这个漏洞,救生局制订了严厉的打击措施,对这类人"除将得钱之人提案追罚,严加惩治,枷号游示外",对一切参与弄虚作假或知情不报的人也"一并究拿"。

对于落水被救活命者,根据不同情况,港口救生局都免费提供种种方便:局中备有衣帽鞋袜供落水者更换;有床铺房舍供落水者歇息修养;负责通知家属前来接回落水者;住在外地的可在局内修养3天,待身体恢复;对无钱回家者提供路费,等等,为落水者考虑周到,并非救活就不管了。

对落水死亡者,救生局还负责善后处理,主要是验明死者身份,登记死者性别年龄,衣着服饰,面貌特征,告示死者亲属认领;清点死者遗物,登记备查,妥善保管,以便死者亲属认领;对无住尸身,经报官验证后,有救生局提供棺材1口、殓布3幅、石灰10斤以及香烛纸钱等迷信用品,葬于局专门购置的义冢,坑深坟高都有标准,"倘有草率不坚,三年内如有坍卸者,即著原理土工赔修"。为了便于日后有人查找,义冢还立有标记,注明死者特征。除溺死者外,对路毙死者也有相应的处理办法。

港口护航救生业非营利性行业,对被救助本人及家庭,救生局不但不收取任何费用,相反却要为救助支付资金。虽然捐助者或义务经办者所崇尚的积德行善带有迷信色彩,但他们的是社会福利事业,为社会带来效益。

南京港口救生局成立以后,"二十余年来,行有成效,(落水者)全活不可枚举",为南京港区水上救捞和水上交通安全事业作出了贡献。清道光年间,由于屡次发生洪水泛滥和坍岸,救生局的各种设施遭到严重破坏,损失惨重。虽然再度集资,重整旗鼓,但终未恢复元气,加上清王朝已走向腐败,救生局也逐渐衰落下去。南京下关江边创办的救生局组织,是中国近代海事管理机构的雏形。

---

[①]《光绪续纂江宁府志》卷十五《拾补》。

# 第二章 南京海事殖民化与艰难发展
# （1840—1949年）

道光二十年（1840年），鸦片战争爆发。道光二十二年（1842年），南京成为我国近代史上第一个不平等条约《南京条约》（亦称《江宁条约》）签订之地，从此我国逐渐丧失沿海、内河与内港航权。西方列强入侵后，近代海事管理也被引入，称"航政"。南京口岸于光绪二十五年（1899年）被迫对外开放后，南京航政被纳入列强操控的金陵海关理船厅兼理。1927年，国民政府建立半自主航政机构并开展部分航政管理工作。1937年，日本发动全面侵华战争，南京失陷，航政由日军管制，并为日本侵华战争服务。1945年抗战胜利后，国民政府还都，南京成为复员中心，南京航政恢复并建立特别航政机构，开展各种航政的管理。不过，随着国民政府迅速退出大陆，南京航政由新生的人民政权接管。

## 第一节 西方列强假手海关操控南京航政

### 一、《天津条约》与南京航政管理权丧失之始

鸦片战争中，道光二十二年五月八日（1842年6月16日）英国舰队集结于长江口外，以"皋华丽"号为首开始向吴淞发起进攻。清军在腹背受敌的情况下，节节败退。英国舰队乘机溯江而上，攻占了镇江等城市。

8月4日，先遣的"皋华丽"号等12艘军舰进泊南京下关江面，在江中摆开将要轰城的架势，以胁迫清政府接受城下之盟。在"英人船坚炮利，非力所敌"的炮口威逼下，清政府被迫接受中国历史上第一个不平等条约——中英《南京条约》（亦称《江宁条约》）。南京，成为中华民族悲恸之地。条约规定，清政府除割让香港、赔款2100万元洋银等丧权辱国的条款外，还"准英国人携带家眷，寄居大清沿海之广州、福州、厦门、宁波、上海等五处港口，贸易通商无碍。派领事、管事等官……，专理商贾事宜。"[1]五口通商开创外国强迫中国开埠的先例。道光二十三年（1843年）7月，中英又签订了《中英五口通商章程》。道光二十四年（1844年）7月，中美签订了《中美五口通商章程》（即《望厦条约》）。10月，中法签订《中法五口通商章程》（即《黄埔条约》）。之后，其他西方殖民主义者根据最惠国条款相继提出要求签订不平等条约，清政府一律应允。上述一系列不平等条约的签订，从法律上开外国势力干涉我国航权与航政管理权之先例[2]。

咸丰六年（1856年），第二次鸦片战争爆发，清政府于1858年6月13日至27日被迫分别与英、美、法、俄签订《天津条约》。中英《天津条约》关于开放长江的条文规定："长江一带各口，英商船只俱可通商。惟现在长江上下游均有太平军，除镇江一年后立口通商外，其余俟地方平靖、大英钦差大臣与大清特派之大学士尚书会议，准将自汉口溯流至海各地，选择不逾三口，准为英船出货物通商之区。"中法《天津条约》中，原则提出"中国多添数港，准令通商"，具体协定"将广东之琼州、潮州，福建之台湾、淡水，山东之登州，江南之江宁（即南京）六口，……准令通商无异"。第六条款规定："……其江宁（南京）俟官兵

---

[1] 王铁崖：《中外旧约汇编》第一册，生活·读书·新知三联书店1957年版第31—32页。
[2] 《中国经济年鉴》第12章第4节，1934年5月。

将匪徒(这里指太平军)剿灭后,大法国官员方准本国人领执照前往通商"①。

至于中俄、中美两个《天津条约》,其中虽无开放长江口岸的明文规定,但在中俄《天津条约》中有一条,即"日后大清国若有重待外国通商等事,凡有利益之处,无庸再议,即与俄国一体办理施行"。中美《天津条约》中也有一条"……亦当立准大合众国官民一体均沾"。根据这类所谓最惠国待遇条文,中国对法国开放南京,就是等于英、俄、美也都"利益均沾"。同治二年(1863年),中国与丹麦签订《天津条约》,在第十一款中再次指名开放南京为通商口岸。

根据以上条约,南京与汉口、九江、镇江一样,成为长江干线上的第一批对外开放的"条约口岸"。不过,由于南京当时是太平天国的都城,条约对太平天国没有约束力,所以在条约中注明等清军攻占之后再办理开放手续,方准领照前往通商。自此,南京航政管理权与镇江、九江、汉口一块开始陷入西方列强之手。从此,南京航政走向殖民化的历程②。

## 二、南京口岸被迫对外开放

南京口岸自道光二十二年(1842年)不平等的《南京条约》签订后,就成为西方列强觊觎的目标。甚至曾国藩曾认为"只有整个内地都开放,中国就会成为……最有价值的市场"③同治三年(1864年),清军攻占太平天国的首都天京(即南京),入城后"见人即杀,见屋即烧,子女玉帛,扫数悉入于湘军"。"三日之间,毙贼(按:指天京军民)共十余万人,秦淮长河尸首如麻"④。清军的大规模烧杀抢掠,使南京城市经济遭到极大的破坏,元气大伤。天京被清军攻陷后,英法等国纷纷要求开放南京。同治四年二月(1865年3月),英、法公使分别照会清政府,以《天津条约》为依据,要求"将江宁(南京)地方安置埠头为通商之所",并通知清政府,英、法"已派员前赴江宁,察看沿河地方,择取何处便于贸易,即将该地指定,并将四址丈量明白,按立界碑"⑤。但是,英、法派出的人员到达南京后,见到的景象是:"人民之死亡转徙者不可胜计,屋宇之存者十不及三四,疮痍残败之状几于目不忍视"⑥。英、法见南京已无通商价值,便没有在南京港开辟租界和建设码头,也没有开办海关。在此以后,由于没有正式开放,中外船舶在南京港不准装运货物,只能上下乘客。光绪五年(1879年),清政府在此设立龙江关、西新关,但因南京商货稀少而"万难开征",终致"湮没于瓦砾之中"。

光绪二十一年(1895年)清政府与日本签订《马关条约》后,西方各国在长江流域加紧争夺势力范围。尤其此时即将兴建南京和浦口通往各地的铁路,南京成为水陆交通枢纽,因此它们强烈要求南京开放为通商口岸。光绪二十三年九月(1897年10月),日本政府派军船侵入南京,提出"拟出此河口江滨择地建造码头,开辟商埠"。清政府迫于各国的压力,委托海关总税务司赫德修改同治元年(1862年)议定的《长江通商统共章程》,与有关各国签订了《修改长江通商章程》,于光绪二十五年农历二月(1899年4月)批准生效执行。《修改长江通商章程》中的第二条规定:"凡有约各国之商船,准在后列之通商各口往来贸易,即镇江、南京、芜湖、九江、汉口、沙市、宜昌、重庆八处"⑦。这样,南京再次在不平等条约中成为通商口岸。赫德唯恐南京不能如期开埠,又于当年特函清政府,"准船只往来贸易通商口岸,有南京一处,……

---

①《中外旧约章汇编》第一册,第195页。
②章勃:《我国航权丧失之前因后果》,《交通杂志》第一卷第12期,1932年,第67页;《交通年鉴(航政沿革志略)》,国民政府上海航政局档案,销毁卷36号。
③《筹办夷务始末·同治四年正月》第31卷,第11页。
④《曾国藩全集》2《奏稿二》卷之二十《金陵克复全股悍贼尽数歼灭折 同治三年六月二十三日》,中华书局2018年版。
⑤《光绪三十三年通商各国各华洋贸易论略·南京口》。
⑥《筹办夷务始末(同治朝)》,第36卷。
⑦聂宝璋:《中国近代航运史资料》第二辑,中国社会科学出版社2002年版,第9页。

应同时按章程一律开办"①。

光绪二十五年三月二十日(1899年5月1日),清政府宣布南京开埠,成为对外开放通商口岸。南京设立金陵关,即所谓的洋关,由江南盐巡道兼任关督。自此,南京正式对外开放。清政府划定下关惠民河以西沿长江5华里地域为中外"通商场所",供中外商船集中靠泊。外国军舰可在口岸港区内停泊,水兵可在岸上扎营。同时,成立附属于金陵关的南京口理船厅,管理南京港区的水上安全等航政事务,并分设大胜关、划子口、救生局、浦口4个子口(相当于分局)办公处,由关监派员驻4处办公。此次划定的南京港界为:"下游自草鞋夹口一直抵浦口为止,上游自大胜关夹江口一直抵浦口为止"②。1912年,英、德等国领事又迫使浦口于当年10月26日对外开放通商③。

## 三、金陵关理船厅独揽南京航政

晚清长江航政体制具有浓厚的半殖民地特征,自咸丰八年(1858年)起航政由外国人控制的海关兼理,延续数十年之久。南京航政较其他开放口岸稍晚,于19世纪末叶随南京成为对外通商口岸,而落入列强之手。

光绪二十五年三月二十日(1899年5月1日),清政府设立金陵关,并在大胜关、划子口、救生局、浦口4个设子口(相当于分局)办公处。子口不属税务司兼管,由关监派员驻4处办公。因离金陵关不远,各子口限于查验货运单据,未有收税之责。金陵关管辖下关惠民河以西沿长江5华里区域的"中外通商场所"。按不平等条约的规定,据约开放的口岸,外商可购地置屋,开设洋行,建造码头、仓库,除经营国际贸易运销外,还可在此经营中国内河和沿海货运和客运,开辟中国国内航线。外国军舰可在口岸港区内停泊,水兵可在此岸上扎营。此后下关狮子山旁边设有德国水兵营寨。金陵关税务司按条约规定由英国人担任,语言及文件皆用英语、英文。下关成为中外通商场所后,光绪二十六年至光绪三十二年(1900—1906年)先后有英商太古、怡和和日商大阪、德商美最时等洋行设立分支机构,建筑码头、行栈,开办客货运业务。经常到南京港装运客货的有英、日、美、法、丹麦、挪威、瑞典、意大利、芬兰、荷兰等国的商船,其中以英、日船居多。

金陵关设立后,在其内设专司航政事务的行政管理机构——金陵关理船厅。税务司名义上帮办税务,事实上左右海关行政事务,并操纵金陵关理船厅。当时,金陵关在英国势力范围内,自然由英国人安格联充任金陵关税务司。外籍税务司到任后,为加强对进出南京港口商船的管理,制定了《南京口理船厅章程》共19款。章程划定了金陵关理船厅辖区为"下游自草鞋峡江口一直抵浦口止,上游自大胜关夹江一直抵浦口为止",并规定这一区域为客货轮、兵轮、危险品船舶停泊区,声明理船厅拥有指泊权、建筑码头审批权,公布对违章船舶惩处条例等。章程还规定了理船厅对进出南京港商船"提出泊所,建筑码头驳岸,稽查出入船只,管理火药及爆裂物贮藏所、防疫所、守望台、水巡等项事务"。事实上,金陵关理船厅独揽了南京航政港务监管事务④。

《南京口理船厅章程》的制定,对南京港口的船舶安全管理是一大进步。例如,外国商船和各类船只进出南京港,金陵关理船厅为保证其安全停泊,遣人到现场,根据船舶的吨位与长宽尺度,选择水位,指定泊位。尤其易燃易爆的船只,实行定点停泊,指定在"本口界限外"卸货。但因外国税务司操纵金陵关理船厅,所以在执行章程中的条文时会更加有利于列强对中国民船的控制与对外轮利益的维护。如水上锚

---

① 《交通年鉴(航政沿革志略)》。
② 《交通史·航政编》第3章 P798。
③ 中国第二历史档案馆全宗号655—25。
④ 秦岱源《中国航政史》(未刊本)第2章,南京图书馆藏。

地停泊区域,章程第4款规定:"下关江面在离各趸船一百五十丈远处,所指系大兵轮停泊处,顺序可停泊四只。如小兵轮,或于日清公司趸船上首停泊,或于怡和趸船下首停泊。中国兵轮仍照常在东炮台停泊。"就是将外国军舰和商船停泊在靠近港口中心的下关江面,而中国商船与兵轮只能停泊在离港口较远的东炮台一带江面。这一对船舶锚地的规定,是南京港区首次,且仅限于兵轮。后来,随着往来商船数量增多,码头泊位有限,各船即根据海图在港内寻找土质及水深适合的江面锚泊。至抗日战争前夕,已自然形成三汊河口、九洑洲江面等几处集中锚泊水域,但未正式划定界线,也无人管理①。再如装载易燃易爆品船舶,章程第10款规定应由理船厅指定装卸之处,而美国等石油公司未经许可,擅建油栈和靠泊之地。对此,税务司不闻不问,严重地影响民船的水上安全。"凡商轮不准在泊界内开放枪炮",而满载军火的外国军舰却泊于港口中心水域。

《南京口理船厅章程》的实施,有利于对港口的水上通航秩序与船舶进出安全的监管,但事实上在实施中故意庇护外船,方便于列强商船,而对中国商船却处处约束,压制华轮。所以,这个理船厅章程事实上在执行中偏向代表列强的利益,有损中国的利益。

## 四、外轮强行出入民船停泊区

同治三年(1864年)太平天国失败后,列强认为南京因战争破坏严重无通商价值,无意急于逼迫南京对外开放,唯驶入长江南京港区停泊的外国船舶却不断。当时,南京港区有江心洲和七里洲(现八卦洲),分居上下游,将长江航道分为一宽一窄两条航道。窄航道称草鞋峡或夹江,是民船行驶的避风水道。宽航道称外江,为长江主航道。行驶轮船后,清政府即规定轮船行驶外江,民船行驶草鞋峡航道水域。外江比夹江航程远4公里余,外轮往往图航程短,挤入中国商船(盐船)的停泊避风区长江草鞋峡航道水域,且横冲直撞,甚至将商船(盐船)撞沉。为划分航道,避免碰撞及处理好水上事故,必须制定外轮进出草鞋峡停泊水域的安全管理规章。清政府为此于同治五年十二月(1867年1月)在南京下关设下关稽查洋务局,其中有一项就是:监督过往轮船,禁止驶入草鞋峡民船航道,防止发生碰撞民船事故。虽采取了上述措施,但撞沉民船事故仍继续发生。如同治七年四月(1867年5月),美商轮船在草鞋峡水道撞沉民船多艘,致18人落水。清政府总理衙门恭亲王奕䜣就长江南京草鞋峡、大胜关或夹江屡屡发生轮船冲翻民船之事,照会英、美公使,要求议立章程,设立禁示牌,不准轮船驶入大胜关或夹江。奕䜣在给英、美公使的照会中,提出速订轮船管理的航政规章:①禁止外轮驶入南京夹江;②盐船停泊前的盐关前,外轮不得停泊;③如在夹江内撞沉民船,损失的货物照价赔偿,淹死者赔恤银每人200两,受伤者赔恤银每人100两;④外轮如抵赖拒赔,则由海关扣留船货作抵②。然而,美国复照中一方面表示同意,禁止外轮驶入夹江,另一方面又对照会中所提出各项具体内容予以否定,说"扣留船货作抵之语,殊深骇异",称外轮违章,中国无权过问。英国在复照中也不同意制定章程,声称"本国领事官已嘱明有轮船之洋行,嗣后轮船不准再行驶入夹江,各洋行业已遵照。"对撞沉中国船的外轮,中国要求予以查罚的,又百般狡辩,以"初次行走,未有人指点,事出无心",给予祖护。此后,英美等轮船仍照常在夹江行驶。同治十一年(1872年),英国兵舰和商船先后在长江草鞋峡或夹江航道水域肇事,中国政府虽凭据抗争,但结果以"从宽罚半完案"而了事③。后来外轮在南京港再违章航行造成事故时,清政府即以照会作为从长远来看凭据进行交涉。

光绪二十五年(1899年)以后,南京地区中国轮船业迅速发展。华商为客货运输,向金陵关登记申请

---

① 《交通史·航政编》第3章。
② 《总署致美副使卫廉士照会(同治六年十二月九日)》,载《中美关系资料》第532页。
③ 《交通史·航政编》总务。

执照,可税务司借口种种困难,迟迟不予批准,还以"严定限制"为由,不允许华商小轮从事客运①。由此看出,金陵关及其理船厅事实上是代表西方列强利益而侵略中国的工具。光绪二十八年(1902年),金陵关就南京草鞋峡和大胜关两夹江水道,"屡有碰船淹毙人命事情","奉前总理衙门定章,并在夹江设立禁牌,禁止中外轮行驶"等安全管理规定,但日本、英国等国的小轮船及兵轮仍经常出入。为此,金陵关致函各国驻宁领事予以禁阻。然各国领事充耳不闻,听之任之。事隔两年,金陵关又作出"为不准夹江行轮事",但依旧禁而不止,碰撞肇事时有发生②。

## 五、打上半殖民地烙印的航政规定

同治元年(1862年),美商旗昌洋行(亦称上海轮船公司)在我国成立。同治七年(1868年)该轮船公司开辟长江航线后,经营上海至汉口的客运,并在南京下关设置"洋棚",开办客运业务。该公司是南京第一个开办客运业务的外国公司。同治九年(1870年),公正轮船公司因清政府在南京设立"江南考棚",有大批考生从上海来南京,辟上海至南京客运专线,运送考生至南京应考。同治十二年(1873年),轮船招商局在下关设置客运机构,并于光绪三年(1877年)买下美商旗昌轮船公司在下关的"洋棚",在南京经营客运业务。以后,英商太古洋行、麦边洋行、怡和洋行中英合办的鸿安轮船公司、日商大阪商会社也相继在南京开办客运业务,设立分支机构。当时,由于港内没有码头,乘客上下轮船靠小划子通过江心接送,风险极大,时常发生人亡事故。光绪八年(1882年)乡试,前来南京应试的士子乘小划子登岸时溺毙多人,一时舆论大哗,各界人士要求建造码头。在舆论的压力下,一向主张在南京建码头的两江总督兼南洋大臣左宗棠,碍于清政府不准建码头的禁令,指示属员出面呈文"切勿说出码头二字",将趸船写成"功德船",随让承办单位自行建造驳岸之事一起批准,由招商局出资负责建设。1882年10月20日,码头全部完工投入使用,命名"功德船"③。光绪二十一年(1895年),两江总督张之洞在下关主持建设南京港第一座公用轮船码头,命名为"接官厅码头"。随后两江总督批准共6条的《搭客条规》,规范乘客上下轮船的安全:①乘客要自行照管好"行李等件",防止丢失;②注意防火,"客商吸食洋烟及水旱等烟,以夜十点钟为度";③船上照明用灯,要"用玻璃灯,勿许客商自点纸灯",以防不测;④轮船靠泊功德船时,客商上下要"俟搭定跳扳,从客往来,以免疏失"。在当时来说,以上规定已是客运安全方面较好的航政规章,起到一定的安全保障作用④。

光绪二十五年(1899年)5月1日,南京正式开放为通商口岸,外国轮船公司开始在下关建设码头。首座外商码头是于1900年所建的英商怡和码头。接着1901年英商太古码头建成,1902年日商大阪码头(后称日清码头)建成,1906年德商美最时码头建成。1908年津浦铁路动工后,铁路局开始在浦口建设码头⑤。与此同时,作为兼管南京港区航政的金陵关理船厅,开始围绕南京港区的水上安全,先后制定一些简单的航政管理规章制度。

1915年12月制定的《民船夜间悬灯章程》,共有3条,主要规定:民船不得靠近航道处抛锚,夜间要在桅杆悬挂白色球式灯,灯芯要有6分宽(10分为1寸),以具有一定的亮度。对于违章者大船罚1~5元,无桅船罚0.2~1元⑥。

1916年,金陵关理船厅制定《南京口民船与木排往来行驶暂行章程》,共有4条,主要规定:"民船和

---

① 国民政府上海航政局档案,销毁卷1174号。
② 《交通史·航政编》总务。
③ 《南京交通志》,海天出版社1994年版,第87页。
④ 《南京交通志》,海天出版社1994年版,第88页。
⑤ 《南京交通志》,海天出版社1994年版,第32页。
⑥ 江苏省档案全宗卷1004—2850。

木排只能沿长江北岸离岸边约 75 丈行驶",并要求"木排长 50 英尺(约合 15.24 米),宽 15 英尺(约合 4.57 米)"。民船与木排只能停泊在"浦口津浦铁路码头上下游各个地方"①。

上述两个章程有一个共同点,即中国民船在本国水域内停泊要受到制约,却为外国商船创造良好的停泊条件。由此看出,海关理船厅制定的航政管理规章制度,目的在于限制中国民船,维护外国商船利益。

## 第二节 太平天国时期的南京航政

### 一、军事性质的航政管理机构

咸丰三年(1853 年),太平军攻克南京,改南京为天京,定为太平天国首都。在太平天国控制长江中下游的 11 年里,列强玩弄"中立"的伎俩,主张"平等"贸易,劝诱太平军。太平军不反对中外通商,虽不准中国帆船通航,但允许外国船可以通行,从事商贸。这样处于战争状态下的太平天国控制水域,商船来往,航运贸易却从未间断过,有时"一日之中往往有三十余艘中外船只开到"②。

咸丰十一年(1861 年)3 月,英国海军副司令贺布受该国使节额尔金派遣,乘舰抵达天京,向太平天国发出照会,提出八点要求,其中一项要求对持有英国签发护照的英国船通过天京时,天海关不予干涉,并准许英舰"怪物"号驻泊南京,凡经过南京的每一艘英船都和该舰舰长雅龄联系,并由舰长发给护照,护照副本送交太平天国指定的官员。同时,允许带有护照的英国船舰通过太平天国控制的长江水域。由于太平天国领导人对英国侵略者的本质缺乏足够认识,天海关梁凤超请示东王杨秀清后,同意"'怪物号'在南京驻泊"。由英国自发护照,"……护照副本递送到天国海关。"5 月 4 日,美国亦提出相似的要求,太平天国亦发出照会,"经过商船即由天海关佐将验明有贵国领事执照,即便放行",准许航行于长江③。

由此,尽管西方列强尚未获得南京通商口岸开放,但其舰艇却已能在太平天国控制的长江水域通行,使《天津条约》和其他不平等条约中的规定大部分得以实现。

为了战争和外交、航运,太平军在天京设立海关,亦称"税关",征收关税和管理水上安全等。在"天京"设立的税关称"天京关",初期设提中关、提头关和提下关④。由正副佐将各一员领导,督理关务。其后改为"天海关"天海关关员属水军编制,无专门制服,和水军服装一样,为绿边黄色背心,通商旗亦为黄色。随着西征的胜利,又在芜湖、安庆、九江和宁波等处设立了海关(关卡机构)。提头、提中、提下三关四周均有营盘保护,每关设瞭望楼一座,高 5 丈余,上插正副负责人姓名的黄旗两面,昼夜均有人望楼上面值班,瞭望来往船只。

天海关设立于太平天国首都天京水路的大门,地理位置极为重要。太平天国任命驻守江岸炮台水师主将梁凤超兼管(后封为贡王)天京的税务与水上安全事务,后期改由义安爵级高级官员管理。天海关遇有涉外事件和重要问题,均上报东王杨秀清和干王洪仁玕等高级官员审核决定。天海关的主要任务是保护行商,专收外国商船及所雇华船的关税。其职责是:查货关票,查船铁印,查船尾"某关查过"字样,查毕给票,与向来关口查程无二致⑤。

---

① 中国第二历史档案馆全宗卷廿(13)—460。
②《太平天国革命新历记》,上海古籍出版社 1985 年版,第 395 页。
③ 罗尔纲:《太平天国史》卷三十四,中华书局 1991 年版,第 1318 页。
④《中国近代史资料丛刊(太平天国传)》第 4 册。
⑤《贼情汇纂》卷八,见中国史学会:《太平天国》第 3 册,神州国光社 1952 年版,第 105 页。

"天京"关的下属三关(提中关、提头关、提下关)设立的地方有区别。"提中关",设在仪凤门(今兴中门)外鲜鱼巷口河下,设官司之,正副各1员,官职是职官十一等中的三等,称之为"职同指挥"。并指挥其他二关,事实上起到"天京"关的作用。"提头关"设在上河夹江(今上新河);"提下关"设在七里洲河内。提头关和提下关官员是职官中的四等,称之为"职同将军",均受提中关管辖。各关的职官为"协理""书手""听使"等,均由水师的总制、率长、管带兼任,具体负责征税和对船舶安全等航政管理。中关设"主官一人,职同将军",统领各关职官①。

同治三年(1864)六月,清军攻陷天京,天海关及其下设的提中关、提头关和提下关也不复存在了。

## 二、对中外船舶的航政管理

太平天国期间,到达太平军控制区贸易的交通工具以船舶为主,商品主要是粮食、布匹、各种副食品等,还有武器。进出口的船舶均由太平军的水师正副将军负责管理,每船委派一管带(船长)统领。船在航行前持船牌(船舶登记证),船牌上写明所隶属的官长姓名、管带姓名和船上兵员水手的姓名。船牌悬挂于船上,以便查验。同时,船出航前,还领取"行路船票"。船票上写明船上人数、装载货物的名称,以及到达港口和地点,由"沿途巡察官照数验明,不得多少,方准放行,如数不符,情形可疑即行奴就。"船舶进出天京,由设在各地的三个关卡检查,税关中备有查货的关票和查船的铁印。船只查验完毕后,发给关票与小黄旗一面,加盖铁印。小黄旗必须插于船头,并在船尾粉书大字"某关查过"字样,然后才可放行。若发现船票与所载货物不符严加惩处。递送文报书信的船只进出关口,亦须查验给票,并发给小黄旗②。对于由上游来天京的船舶,必须持有天海关的关票,凭"行路船票"先至提头关查验,提头关官员根据单证查验货物,如不足则不准船只进口,如有多余,作为夹带私货予以没收。查验完毕后,换发给货主一张新关票,并发给一面小黄旗,约2尺见方。上首横列"太平天国"四字,其下有直行"奉令通商"四字,旗上加盖提头关铁印。货主将小黄旗插在船头后,即可通行。船只到达鲜鱼巷口提中关时,该关官员又按照提头关发给的关票查货,如果票货不符,还有多余,情节轻者将该船押送天海关负责人梁凤超,从重训斥。如果查出私藏银钱,立即将货主捆送进城,由天王洪秀全等进行审讯,或将该人斩首③。提中关查对货物之后,对于零星银两衣物牲畜,登记后由关船运到城内储存,对于成船的油、盐、米等粗重货物,则责令船主将货物运到水西门码头,由城中关员搬取存库。提中关查货完毕后,也发给关票小旗,并在船尾书写粉字"中关已经查验"字样,一切完毕才准予放行。如果下游镇江、瓜洲等处来天京船舶,先到提下关查验后发给关票,情况同提头关一样。太平天国递送文报书信的公务船只,也常常经过天海关,也必须接受查验,领取关票和小黄旗。

对于外国轮船通过南京长江水域要查验放行,"凡欲来天国通商者,准到镇江焦山下,听守镇江大员办理","贵国商船夜晚经过(天京),须于大江北岸浦口塔根湾泊,天明到关验放开行"。就是由天京关佐验明外国领事所发的官照(证明文件,相当于护照),又要由上、中、下三关检查船牌和核实货物,照章纳税。纳税以船长一丈,抽税千钱为标准,所载之货,分粗货细货,粗货船长一丈,抽税钱二千,细货则成倍征收。纳税以后,发船票一张,才准予放行。同时,还负有政治及保卫任务。所有外国人和传教士如要上岸,必须先向海关申请,由海关转禀东王杨秀清决定是否准予上岸。太平军对外籍船舶采取严密的航政管理措施,维护了国家的主权④。这期间,因军事非常时期,南京航政管理均由水师负责实施,具有军事

---

① 张寄谦:《太平天国的水营》,《舰载武器》2005年第9期。
② 《中国近代史资料丛刊(太平天国传)》第636—938页。
③ 《贼情汇纂》卷八,见中国史学会:《太平天国》第3册,第210页。
④ 中国第二历史档案馆全宗卷廿(2)—949。

性质。咸丰三年(1853年),太平天国在仪凤门外下关江边的大王庙,建立水师队伍,有木质船(含军船)万余艘。清军镇压太平天国运动,南京遭受破坏,木质船逐渐减少,江边剩下800余艘。同时,天京海关设立的上、中、下三海关均"驻有营盘(指军队)",兵力不等,上、下海关驻军在200人左右,中海关因紧靠水师大营,派兵较少,仅有80人①。

## 第三节　收回部分航政管理权后的南京航政

### 一、收回部分航政管理事权

进入近代,南京航政与全国航政一样,由外强通过不平等条约攫取我国航权与航政管理权,交由海关兼理,实为外籍税务司掌控。外人把持下的海关兼理航政根本谈不上行使维护我国主权的职能,而严重地损害中国航业和航政的利益,引起社会各界强烈反对,要求收回航权与航政管理权。

在中国人民的舆论压力下,光绪三十二年八月(1906年9月),清政府实行新政,改组中央政府机构,设置邮传部管理轮船、铁路、电、邮电四政。次年6月1日,邮传部下设五司,其中一司为船政司。船政司掌管全国航政(航政),"举凡内港、外海、各江航业,所有测量沙浅,推广码头,建设公司,营辟厂坞,以及审议运货、保险、检查灯台、浮标各事,凡有关船政者,胥掌焉"。船政司下设筹度、核计两科,"掌航务之调查,航路之开通,航业之推广及保护,船政之陈条、筹备及整理,与夫审核章程,管理船会,船舶之失险,检查灯旗、信号、码头、商埠,运军运漕,船员之试验,轮船公司之接管",以及"各公司之轮船表册、账簿、注册、给照、购买、估变、减费、与夫航务裁判等项"。但是,有关船舶进出口的检查、签证、放行以及其他船政、港政及航道管理等一切实权仍由海关的外人税务司操控,船政司的航政职权只是一个空名②。1912年4月,北洋政府改邮传部为交通部,设总务、路政、邮电3股,航政(航政)则附属于邮电股。7月,设船政司,独立于邮电股。船政司辖总务、航务、航业、港务4科。以后,几经裁并分合,到1916年8月,又恢复航政司,下设总务、管理、航业、工程4科,直至北洋政府终结。航政司职掌为管理航路及航路标识和监督造船、船舶、船员及水上运输事项。为航政事务职权收回管理,交通部及社会舆论多次提出收回外人操控的航政(航政)管理事权归交通部,并在沿海、内河沿岸各要埠设立航政(航政)管理机构,"以崇国体而重主权",进而改变航政管理"弈如乱丝"的局面,但每次海关理船厅的外籍税务司以"事关变更外人管辖职权,未敢擅自决定","应先由外交部审核"为词,借故推宕。待到咨文转到外交部时,又因北伐战争"马仓皇"而"未及议此",结果也是"迭经交涉,仍未收回"③。半殖民地半封建的清政府与北洋政府,即便有收回航权与航政管理权主观愿望,也无济于事,设置的航政管理机构仍处于无权过问的地位。清政府所设专司管理航政,实徒具管理之名。1926年,国民政府在广州设立交通部,还在其下设邮电航政处,管理航政事务。结果也是一个虚名而已。

1927年7月,国民党定都南京后,本来一个"代表国家政府""统筹及执行航业政策"的国家航政(航政)机关应当建立独立的管理体制,但因航权、航政管理权的丧失,航政仍为自1858年始的海关兼理状态,为列强所控制。为此,中国人民要求收回航权与航政管理权的呼声再度兴起,遍及社会各个阶层。朝野爱国人士和一些政府官员,一再强调南京长江段航政管理权的收回比其他水域更具重要性,认为"首都濒临长江下游,非先肃清敌国在长江之海军与航运力(包括航政管理),一旦开战难免遭敌人的炮击,所

---

① 张寄谦:《太平天国的水营》,《舰载武器》2005年第9期。
② 《交通史·航政篇》第四册,国家图书馆出版社2009年版,第87页。
③ 《交通年鉴》航政篇,第一章,1933年版。

以,收回航权即保卫国土。航权收回以后,后方根据地才能巩固。"①

在全国人民的重压下,外国强权势力不得不放弃原海关理船厅控制的中外船舶检查、丈量、登记和船员考试等部分航政(航政)管理职权,但港埠、引水等航政事权则拒不归还,致使形成国民政府建立的航政机构和列强控制的海关分治的局面,但这毕竟是主权国家首次建成独立于海关以外的半自主的航政(航政)体系。1928年5月,国民政府设立交通部航政司。1929年6月,国民政府又通过海政、航政分别由海军部、交通部管理议案。7月,交通部向中央政治会议与行政院提出了关于海关兼管航政的移交接收大纲,财政部表示"在原则上自极赞成"。自此,国民政府从外人控制的海关收回了部分航政管理职权,开展半自主的航政管理工作。

## 二、半自主的航政管理机构建立

部分航政职权收回之后,1930年12月15日,国民政府公布以分治为基础的《交通部航政局组织法》,规定航政局的隶属关系、编制及各科室职掌②。1931年9月,交通部修正公布《交通部航政局组织法》,明确规定:航政局直隶交通部,其设置及管辖区域,由行政院定之。

国民政府交通部航政局的主要职责:①关于船舶之检验及丈量事项;②关于载线标识事项;③关于船舶登记及发给牌照事项;④关于船员及引水人员考核监督事项;⑤关于造船事项;⑥关于船舶出入查验之核发事项;⑦关于航路之疏浚事项;⑧关于航路标识监督事项等。但又注明其中"第一款至第六款事项以适用海商法规定之船舶为限",即"航行海洋或二省以上之船舶事宜,由航政局处理,但总吨数不及二百吨、容量不及二千担之船不在此限"。这一修正符合当时的实际情况。同时,所规定的职掌中,第二科执掌的第二款载重线标识,当时已委托英美等国船级社办理,第六款关于船舶出入查验证,因商港条例尚未施行及其他缘故未能执行。第四款关于引水人考核监督也未能全部接管。第八款航路标识,仍由海关兼管。因此,航政局设立之初实际能行使的职权为船舶丈量、检查登记、核发船舶吨位证书、检查证书、登记证明书、管理船员、监督航业等管理事权③。

作为管理国民政府首都之地水上安全事务,南京航政管理机构经历频繁演变过程。1931年6月,国民政府根据《交通部航政局组织法》,以重要港埠为中心,决定在全国分设5个区域性航政机构,分别管辖各自周围的省、市的航政事务。7月1日,经行政院核定,先后在上海、汉口、天津、哈尔滨设立航政局,在其管辖区域的一些港埠设立航政办事处。7月22日,上海航政局在上海成立,管理上海特别市并主管江苏、浙江、安徽3省的航政事务。随后,上海航政局接管江海关移交的部分航政事务,并依照分工派员接收原江海关、镇江海关分管的长江吴淞口至江阴长江段的部分航政职权。12月,镇江航政处组建后,又接管原镇江海关和金陵海关分辖的江阴至苏皖交界的长江区域的部分航政职权。接管部分航政职权后,上海航政局、镇江航政办事处通告中外轮船公司和航业,要求今后"船舶检丈、登记、船员考验等航政管理,均由当地航政机关办理。"④然而,当时航商对这种以区域建立的航政机构,管理线面广,鞭长莫及等弊端,意见纷纷,国民政府交通部不得不同意在"航业繁盛各埠分设办事处,办事处下分设登记所"。11月,呈报行政院后,便着手组织。11月,因南京是重要港埠,加之航业较多,上海航政局在南京港口成立"南京航政办事处",管辖长江"自十二圩以西起,沿江上溯,经南京、浦口至苏皖交界点止"⑤,并管辖江宁、句容、溧水、高淳、江浦、六合等县的航政事务,委任孙抒情为南京航政办事处主任并正式对外办公。

---

① 《交通杂志》第5卷第3册,1937年3月。
② 《中国经济年鉴》第12章第4节,1934年5月。
③ 第二历史档案馆:《中华民国史档案资料汇编》第五期《财政经济(九)》,凤凰出版社1999年版,第4页。
④ 国民政府上海航政局档案,一般卷230号。
⑤ 《交通史·航政篇》第1章,第1节。

按照交通部航政组织法规定,南京航政办事处管理职责:船舶检丈、登记、发照、船员及引水员的考核监督、港务码头和趸船堆栈监督管理、港内险难救助、航道测量疏浚和航标管理等。而航政人员较少,整个镇江航政处也不过13人①。

1932年1月,上海航政局发现各地航政办事处和航政登记所"办事人员,又未尽熟悉航政法规,常发生纠纷",便决定裁撤合并部分航政办事处和航政登记所,改在航业集中的港埠和地方纺统一分设"船舶登记所"。2月,裁撤南京航政办事处,并入镇江航政办事处。随后,镇江航政办事处改为"镇江船舶登记所"。3月17日,镇江船舶登记所鉴于南京是水路、铁路要冲地带,呈报上海航政局在南京设立"南京船舶登记所"。经批准后,镇江船舶登记所于4月16日委派李应南到南京,进行船舶登记所机构成立的筹办工作,可没等筹办,旋即被交通部撤销,并入镇江船舶登记所②。从此,南京无航政机构,直到1945年抗战胜利后。

1933年1月,为统一航政,一省设一个航政机构,长江江苏段所有的航政机构并于"镇江船舶登记所"。不久,"镇江船舶登记所"改为"镇江航政办事处"。镇江航政办事处直辖江阴至苏皖交界的长江水域航政事物,江阴以下由上海航政局直辖。自此,南京航政事务归于"镇江航政办事处"管辖,但南京许多航政事务由金陵关理船厅掌控③。这时,全国各省、市政府大多设立自成体系的地方航政机构,向无定制,兴废无常,机构名称和隶属范围也不尽统一,相对独立于中央航政部门,向地方政府负责,执行管理本省范围内的航政、航业等各项行政事务。鉴于南京为国民政府的首都,地理位置与条件特殊,在南京设立地方航政机构,其名称不一,有时称"航政处",有时称"航业局",均属江苏省建设厅领导,在职责上虽未明确宣布过,但有涉及航政内容,"办理水利工程及行政与水道交通之管理事项"等,并制定航政管理章程④。如1933年3月,南京市政府颁布《南京市水上交通管理规则》共8章58款。规则的总则部分,规定市政府管理航政事务范围"凡本市区内一切水上交通事宜,……";规则中的船舶部分,规定"凡在本市江河内航行之各种船舶,其容积在二十吨以内,容量在二百担以内者,不论自用或营业,均需……领有牌照,方得航行",临时在市区航行的船舶和竹木筏也必须登记、纳税。《总则》章2条,内容为规则制定的依据和实施范围;《船舶》章14条,内容为船舶登记、纳税、领照等办法;《航行》章4条,内容为船舶在南京港区安全航行须知;《停泊》章9条,内容为船舶泊港须知,如禁泊区、夜航标志、特种船指泊处等;《装载》章5条,内容为禁止超载、禁止勒索、货物禁止伸出船外、危险品装载注意事项等;《防护》章3条,内容为设置救生设备、消防设备卫生防疫规定等;《罚则》章18条,内容为对违章者的具体处罚办法;《附则》章3条,内容为废除以往所定有关规定、修改规则办法以及规定施行日期⑤。这进一步规定地方航政管理的对象,主要是支流与内河小轮船及木帆船。

在南京建立的国民政府半自主的中央航政机构,与南京海关兼理航政的理船厅和南京地方分管航政机构,形成三者并存局面,从而使南京地区航政机构重叠,职掌难分,互相争夺又互相推诿,矛盾重重,且政出多门,船商无所依凭,一时目为秕政。

## 三、船舶检丈、登记等管理工作艰难开展

在收回部分航政权以后,南京航政所中实施的航政只是基础性的工作,主要对各航业的船舶定船型、载客量、吨位,并登记船舶建造日期、所有权等,以便发放国籍证书和航行通行证。这是代表国家对船舶行使管理的职权。但由于外籍商船的阻挠,加上自身条件的限制,即使这基础性的航政管理实施亦遇到

---

① 《交通史·航政篇》(总务)。
② 国民政府上海航政局档案,一般卷272号。
③ 国民政府上海航政局档案,销毁卷226号。
④ 《江苏航运史(近代部分)》,人民交通出版社1990年版,第154页。
⑤ 《南京交通志》,海天出版社1994年版,第88页。

重重困难。

随着海关兼管的部分航政管理权的移交,"凡海关对于中外船舶检验丈量及管理港务事项即行移交各该航政局继续办理"①。对来往南京长江水域的外国船只,必须接受镇江航政办事处的检查、丈量、登记等航政管理。然而,外国洋行却借口船舶手续已在本国办妥,不肯到当地航政机关检查、丈量、登记,同时又百般刁难不让检查。1932年5月,美孚、英国亚细亚洋油公司运油帆船进入南京、镇江港等水域,当时负责南京航政事务的镇江航政办事处要对其进行检查,而该船一再阻拦不准航政机关人员上船检查。对于进入南京的外轮不服从管理的行为,航政管理机关曾多次逐级上报,但因国民政府迫于列强的压力,态度总是暧昧。如1934年8月,上海航政局曾就英国拖船检丈一事呈报交通部。交通部复电竟称:"内河航行权未交涉收回以前,所有外籍船舶……由船籍国本国主管机关所发之检丈证书,应予暂行承认。"这样,对外轮实施检查、丈量、登记等航政管理无法实施。由此可见,外轮之所以不服管,既有恃于不平等条约的庇护的一面,也有国民政府软弱无能的一面②。

为加强南京港区的港务管理,1933年,中华民国交通部划定南京港界为"自十二圩以西起,沿江上溯,经南京浦口至苏皖交界止"③。1933年4月,经国民政府批准,南京市政府颁布《南京市码头管理工作及租赁规则》,共15款,主要内容有:港区所陆域和码头均由市政府统一管理;凡使用岸线陆域者,"须呈经工务局会同金陵关核准发给租照";建筑码头须经工务局会同金陵关核准,并由工务局指导设置;南京港区码头分为政府机关专用码头、公用码头、出租码头三类分别管理;岸线建筑物不得妨碍码头作业等④。"尽量采纳国际法之规定,俾应国际航运之需求",使其同国际公法相适应,为中国航业加入国际营运创造条件。但是,因这时半自主的航政(航政)初开,国民政府所颁布围绕收回部分航政管理事务而建立的检查、丈量、登记等航政法规与章程,一般航商不甚了解;加之许多航业仍保留过去到海关接受管理的习惯,均前往海关办理船舶检丈、登记等管理手续。同时,不少航商不遵守法规与规章,绕道行船,逃避管理手续的办理。就航政机构本身来说,资金匮乏,入不敷出,人员紧缺。负责管理南京港区以下水域的镇江航政办事处仅有13人,大都是雇员,从各航业抽调来的非专业人员,技术骨干仅有1人。这些自身条件的限制,使船舶检丈、登记等管理处于被动状态,具体措施无法执行。另外,加上航业混乱,船舶种类复杂,航政体制频繁变更,人员又配备不齐,仅了解航业状况,办理一些船舶申报检丈、登记手续。镇江航政办事处对南京港区和水域的航政管理工作,只是派员前来,或定期到南京进行检查船舶进出口,并与航业进行座谈,考察港区与水域的安全工作。由于外轮不服管,这期间又无法对外国船舶实施检查、丈量及登记航政管理⑤。

到1937年时,正当对船舶检查、丈量、登记的部分航政管理工作积累一定经验并有所发展时,因日军入侵而夭折。

## 第四节　南京航政的沦陷与日军管制

### 一、抗战初期南京航政沦陷

1937年7月7日,日本帝国主义发动卢沟桥事变,开始全面侵略中国。"八·一三"事变爆发后,日

---

① 《交通史·航政篇》(总务)。
② 国民政府上海航政局档案,销毁卷1174号。
③ 《交通年鉴·航政篇》第1—4页。
④ 《南京交通志》,海天出版社1994年版,第88页。
⑤ 国民政府上海航政局档案,销毁卷719号。

军大举进攻长江,曾从四川、江西、安徽、江苏、湖北、湖南、山东等地来此地参加运输并定居南京的大量木帆船大部分已经逃散。

为遏制日军沿江西上,国民政府军事当局全面地征用长江下游,特别是长江江苏地区轮运业的船舶和资产,包括部分军用船舶,以集中沉船,设置长江封锁线。作为主管上海、江苏、浙江、安徽地区航政机关,上海航政局受国民政府军事当局之命,先后征用招商局7艘海轮、13706吨;三北公司等民营海轮16艘、30257吨。均集结于镇江,准备沉船。同时,国民政府军事当局确定设置封锁线的位置上溯距长江吴淞口约150公里之鹅鼻嘴下的福姜沙分汊处,即长江江阴段的江阴右牌港下游长山附近,国民政府交通部密电各航业公司,速将船只驶入长江,不能入江的,驶向南方安全港口。

作为管理上海航政一部分并管理南京地区航政事务的国民政府中央航政机构,镇江航政办事处配合上海航政局一面协助海军征集组织民工、民船采运大量石方装入准备沉江的船中,另一面发布禁航通告,组织航业疏散,主要是转向与军事机关、航业联合机构,一起组织首都各种军用、民用转运物资,由船舶载运通过水路上溯西撤至武汉、重庆等上游地区。1937年8月11日,海军派出5艘军舰,将江阴以下所有的灯标、灯塔、灯桩、灯船及测量标志全部清除,并毁掉一切助航设施。12日,由海军第二舰队司令曾以鼎指挥沉船,先后下沉军舰、轮船28艘,其中公私营轮船20艘,军舰8艘。后因水湍流急,船沉后间隙过大,难以阻止日本军舰的通过,又继续征用3艘轮船。8月14日,国民政府军事当局宣布封锁江阴江面以后,为在封锁线后面再构筑一道辅助封锁线,于9月25日又能相继凿沉海军舰艇4艘。

江阴沉船显示我中华民族同仇敌忾、破釜沉舟的抗日决心,一度延缓日军水路进攻长江进程。

## 二、日本军事管制南京航政

1937年,侵略日军进攻南京,日本飞机对南京港区和船舶进行狂轰滥炸,港区与在港区的船舶损失惨重,仅招商局船舶,被炸毁、炸沉的达5万多吨,在战争中被炸毁的船舶,占原有商船的90%以上。特别部分在华的日本航业充当了日军侵华战争的急先锋。如日清公司一方面"紧跟皇军的进击步伐",动员职工返回岗位;一方面"竭尽全力为军事需要提供剩余船舶"。而日本军部也迫切需要这个公司在华工作多年的"中国通"。日清公司自编的史书披露,公司员工"一旦为军启用,均勇于服从任务,其中不少在枪林弹雨之下奋战在第一线,其活动不亚于皇军将士",他们当中"或作引水服务者,或受委托随军服务者,或受军托兼营公司工作者,通算最多时曾达65人"。其中1937年8月23日,作为侵略军的特别运输舰队的日清公司,曾派出船长、大副、轮机员等多人,参加吴淞前沿登陆战。敌军文件描述他们"在夜里复杂困难航道上,冒着猛烈的炮火,横靠吴淞铁路栈桥附近岸壁成功,同掩护队一起完成登陆目的,使第三师团得以登陆"。原来食欲念念不忘重入长江的日清公司,竟是法西斯军队水陆并进、攻入长江的直接帮凶。[①]

1939年,日军占领南京后,原有的中国民营航运业因日军破坏而殆尽,取而代之的是日本东亚海运株式会社及中支航运株式会社等日本航业。尽管当时南京长江航业还有日营、日伪合营和少数私营之分,但主要是日本航业为主,这些日本航业除经营商业轮运外,还代表日本军事当局管理航政、港务、航务等行政事务。总的来讲,无论是船舶运输组织、航政监管、港口客货进出、各式船舶修造,都处于日本军事当局的严格控制之下。日军在南京设立日本中国派遣军总司令部,南京港为日本海军长江舰队的基地港,因战略要地而受到特别控制。日军将大部分港区划为军事用地(称为碇泊场),实行军事管制。军管机关称碇泊地司令部,既管港区警卫,又管港区设施、业务。他们把沿江一带陆地域内居民全部赶走,民房店铺"不被烧尽,即被拆完,自京沪车站可望到江边"。他们在下关、浦口等处设有军用仓库,四周围以

---

[①] 江苏省档案馆卷宗1004—2850。

电网,进库作业的装卸工人都要经过严密的搜身检查,在武装人员监视下搬运,稍有可疑之处,即遭严刑或处死①。军管以后的南京码头,以军用为主,民用码头开始也只有下关和浦口两处。后来由于日商行业在南京的经营有所扩大,以及侵略者利用商轮补充军用品物资的需要,才将部分军用码头兼作民用。但乘客必须持所谓安居证申请通行证和购票后,才能在碇泊场指定的道路上通过上船;客商取送货物,都要申请搬运许可证才能进入码头,用后缴销,一次有效,限制极为严格。因此,南京在沦陷期间,除转运大量军用物资外,商业性运输始终萧条。如拟置备轮船行驶南京至九江间,须要通过日伪政府"外交部"与日本大使馆洽办,亦未得要领。甚至连已获准来九江的日伪船只,也"均有日本兵押运与护送"。对南京至九江的木船运输,须向日军当局请领航行许可证,且日军对木船的航行区域、时间、泊位都有严格限制。对南昌及其附近,限定只能在上午8时至下午6时航行,除特准者外,一律不准夜航。直到太平洋战争爆发,才对其运输限制有所放宽,规定30吨以下小型木船"均无需具领航行证,准许自由航行"。但这一规定对日军并无约束力,他们可以随时以军事需要为由而定行止。

在南京沦陷期间,南京航政无一不具有法西斯军事管制特征,航行要特准,航运、港口均处于半封闭,运输为掠夺,装卸靠奴役,贸易是垄断。日军倒行逆施的结果是商旅裹足,市场萧条,民怨沸腾。

### 三、汪伪傀儡政权下的南京航政

1938年3月,日本军国主义为了达到长期占领中国的目的,在南京扶植"中华民国维新政府"。1940年3月30日,日本一手扶植的汪精卫的伪"中华民国国民政府"在南京成立,并分别在其管辖区域各地成立地方伪政权,汪伪政权也曾设置过交通部、建设厅、船舶管理局等各级机构,还在沦陷区沿海、沿江港埠先后成立"船舶登记所"或"船舶登记店"。伪南京市政府在南京成立南京船舶管理所(又称南京航政处)。后来又改为"南京船舶登记所",以行使对驳船运输和港务事务的部分航政管理权,主要是管理港内渡船和驳船。

日军在控制汪伪政府的航政机构的同时,还让其本国航业操纵南京地区的航政事务。1940年5月,为把南京、镇江一带的因战争逃散的船舶重新汇集起来,日军规定由设在南京的日本航业——"扬州驳运公司",办理南京、镇江、扬州等港埠的驳船登记,发放营业许可证。起初,汪伪政权的"南京船舶登记所"亦进行船舶登记手续的航政管理,后来怕触犯日本航业"扬子驳运公司"实施的船舶登记等航政管理,遂被迫将"南京船舶登记所"的驳运股、港务股相继撤销,重新组成"南京船舶驳运所",主要进行民船的登记、发照、收税等事项②。木船运输必须向日军当局请领航行许可证,而且日军对木船的航行区域、时间、泊位都有严格的规定。之后,汪伪政权又将"南京船舶登记所"改为伪市工务局管辖下的"南京船舶登记处"。汪伪政权所建立的航政管理机构只不过是傀儡衣冠,装点门面,实际上未能行使管理职权,诸多航政管理事务均得俯首听命于日军当局。1945年8月15日日本宣布无条件投降,16日伪国民政府宣告解散,伪南京航政机构自然不复存在。

1941年,日军偷袭珍珠港,英、美对日宣战,太平洋战争爆发。南京及长江下游船只急剧减少,较大型的轮船几乎全被日军征用投入战争,为解决运力不足,木帆船逐渐成为重要的运输工具。从此,负责南京沦陷区航政管理的日本航业华中木帆船会社,对木帆船的航政管理更为加强,凡木帆船要取得航行许可证的,必须先加入该会社。

1944年上半年,日本侵略者灭亡已成定局,日军宣布撤销《船舶航行规程》,将"限制输送物资、输送人员的规程"改为30吨以下的民船可以自由航行长江与内河,无须请领航行许可证;30吨以上的航船,

---

① 《南京交通志》,海天出版社1994年版,第81页。
② 吕华清:《南京港史》,人民交通出版社1989年版,第133页。

其已加入华中航路协会或华中内河民船总会(汪伪政府控制)的,航行长江和内河时,原则上免领航行许可证①。这样,华中木帆船会社对木船限制放宽,规定30吨以下的小型民船,"均无需具领航行证,准许自由活动"。日军放宽对船舶管理的限制,反映了日本帝国主义穷兵黩武已到了末路。

## 第五节 战后南京航政的恢复与衰落

### 一、航权、航政管理权的收回与维护

1941年12月7日太平洋战争爆发后,英、美对日宣战,两国与中国结为同盟国,中国成为反法西斯阵线的重要成员,被称作世界五强(中、美、英、苏、法)之一。英、美等西方国家认识到,为联合中国抗击日本,必须放弃在华特权,改订新约,以争取中国人民的支持。因此,英、美于1942年10月9日同时声明放弃在华所享有的各种特权,分别宣布:"放弃在中国治外法权及有关特权",废止以往通过签订的不平等条约所取得的权益②。

1943年,英、美、法、荷等国分别与中国签订《取消在华治外法权及处理有关问题之条约与换文》(简称《平等条约》),宣布各国以往与中国签订的各项不平等条约"撤销作废",中国以公平价格收购各国在中国沿海和内河经营的一切产业。至此,西方帝国主义一百年来强加于中国人民的不平等条约正式终止。这是历史发展的必然。西方列强废除强加于中国的不平等条约,只不过是当时形势所迫,并不甘心完全放弃在中国的特权。抗战胜利后,刚刚赶走日本侵略者,又来了美、英帝国主义,特别是美国,公然干涉中国内政,并派军队进驻沿海的主要港口。1945年9月7日,美国海军上校史密斯带领先头部队进入上海港,以"军管"名义宣布对上海港实行军事管制,俨然以上海港的新主人而自居。1946年起,美、英船只以运送救济物资为名,闯进我国沿海和长江等水域,侵犯我国航权。其实,美国船舰敢于抢先侵犯我国领海与航权,一是国民党政府为发动内战,抢运急需物资到长江下游,又允许美国船舰"随时依情况出入内河港口",以帮助运送兵员军火;二是英、美航商在废止不平等条约后,仍在策划卷土重来,窥伺时机复长江。美国人李度代替英国人梅乐和出任总税务司,窃取江海关的管理权,海关专司航政、港务事权的港务长虽由中国人担任,但在海关税务司领导下的航政事务,事实上控制在海关手中,何况如引水、航标设置和管理等重大航政管理权还没有放弃。美军还以"军管"名义,掌控长江的引水管理事务。

对于美、英等违反新约而侵犯我国航权行为,国民政府不仅不予坚决斗争,反而为得到更多的外援,不惜再度出卖中国人民经过1931—1945年共14年抗击日本侵略者所取得的胜利成果,以帮助运送善后救济物资为幌子,用美国的飞机、军舰抢送军队和战争物资至"剿共"前线,并竟然于1946年3月通过行政院提案,决定开放南京、芜湖、九江、汉口四港为通商口岸。此决定遭到国内各界舆论的强烈反对,全国"掀起了澎湃的护权浪潮",航业界纷纷联名反对,展开了维护航权的运动,谴责此举是"引狼入室悔之不及",重演《天津条约》之痛史,是一种"饮鸩止渴的自杀政策,其结果使本国的航业崩溃……"在中国人民的强大压力下,国民政府不得不收回成命,撤销开放南京等长江四口岸的原议,国民政府行政院长宋子文被迫表示:"采纳舆情,准予废止"。但为了得到美援,国民政府还是出卖了中国航权,于11月在南京与美国缔结了新的不平等条约,即《中美友好通商航海条约》,美国轮船在华沿海和内河重新获得了航行权利,其他国家也是一国订约多国享受,得到同等的特权。该条约因全国人民的反对未能完成立法手续,也没有生效。

---

①彭德清:《中国航海史(近代部分)》,人民交通出版社1989年版,第330页。
②《交通建设》第1册第1期,刊1943年1月。

1948 年之后,国民党军队在解放战争中节节败退,陆运受阻,更多依赖于水运,英国政府见时机已到,于当年5月英国驻华大使发表演说,希望中国开放内河航线。国民政府终因"需要美援的迫切",决定准许载运"援华物资",对公众的强烈抗议采取高压政策,允许美国轮船驶入南京和武汉两港口,装运中国出口物资赴美,称这"与任何条约无关,其目的在使美援物资内运便利迅速而已,不能视为开放内河航权"。鉴于新约未生效,美、英等轮船进入南京、武汉两港口是没有任何立法手续的。如1946年4月,装载煤炭的英商马勒公司的"云飞摩拉"号(WI NI FRED MOLLER)货船,未经任何管理机关批准,擅自驶入长江抵达南京①。

## 二、南京航政特别办事处建立前后

1945年9月2日抗战胜利结束,因南京是国民政府还都之地与"复员运输"航线的终点,因撤退到长江上游的政府机关、学校、厂矿、团体纷纷复员,大批流亡者重归故里,大量复员人员和物资转运,同时国民党准备发动全面内战,军事运输频繁,南京及周围的长江与支流水域出现紧张的运输局面,首都"接收工作至为重要"。在这一形势下,国民政府相继恢复各地航政机构,10月17日,将原掌管安徽长江水域和长江安徽段及淮河水域航政事务的芜湖航政办事处暂迁南京,改名"上海航政局南京航政办事处",在原下关商埠街157号(原下关区政府办公院内工商局处)办公,掌管南京长江南京段和长江安徽段及淮河水域的水上安全事务,陈亦隽为办事处主任,配备技术员、技术助理员、科员、办事员、雇员共6人。主要是办理船舶检丈登记、指泊、航务管理、运价评定、海事处理、公用码头管理等②。

1946年3月16日,为统一长江全线航政管理,国民政府交通部将原隶属上海航政局的南京、镇江两航政办事处一起划归长江区航政局管理,调九江航政办事处主任王立恒任南京航政办事处代主任。5月10日,南京航政办事处进行调整,办事处下设技术、监理、港务、总务、会计五个组。辖区调整为安徽芜湖至镇江瓜江的长江段,以及长江安徽段与淮河安徽段。③

鉴于此时南京为还都后的国民政府首都,水上安全监管事务繁重。1946年4月,国民政府交通部对南京地区的航务、港务行政等管理工作提出4点要求:

(1)对南京招商分局及其他机关接收之船舶应详细查明用途,有无假公济私或逃避接收之船只;

(2)以南京港为中心行驶各线之船舶各有若干艘,应列表报告其船名、吨位、马力、吃水等,如有未按照航政法规办理各项手续者,应饬赶办;

(3)各线有无搭载逾量情事,应随时派员视察,予以纠正;

(4)下关轮渡搭客拥挤危险堪虞,应查明实际工资需要,拟具补救办法。

与此同时,原管辖安徽长江与淮河水域等航政事务的芜湖航政办事处,迁移南京改为"上海航政局南京航政办事处"后,长江安徽段及其支流就无专门的航政机构。为此,1946年12月2日,国民政府行政院批准恢复芜湖航政办事处建制,迁回芜湖办公④。并将南京航政办事处扩编为特别办事处,任命王立恒为办事处主任,下设港务、总务、技术监理、统计、会计、人事等股室,主要管理船舶检丈、登记、指派、船员考核、航线运价评定、航政处理、公用码头等航政管理事务。其辖区改为安徽省和县至镇江瓜江的长江水域⑤。

值得一提的是,1947年7月,南京航政办事处本来计划在江边路一号码头建造船舶指挥塔及办公用

---

① 中国第二历史档案馆全宗号655—25。
② 中国第二历史档案馆全宗号廿(2)—949。
③ 中国第二历史档案馆全宗号655—5。
④ 中国第二历史档案馆全宗号廿(13)—75。
⑤ 中国第二历史档案馆全宗卷655—1。

房,由新南营造厂承包。后因物价飞涨,预算超出甚巨,已计划建造船舶指挥塔及办公用房的经费款项,只能够用于建造南京航政办事处办公用房。所以,利用这一经费从11月起在位于现江边路3号之地方,建造南京航政办事处办公用房。1948年2月建成并迁入办公,共二层5间680平方米(现江边路3号交管中心业务用房的前身)。

## 三、航政管理工作战后恢复与开展

### (一)清理日伪航商产业与船舶

1945年8月15日,日本帝国主义无条件投降后,国民政府开始还都南京,导致长江沿线复员运输特别繁忙,原有的航商相继复业,同时民营航运业争相发展。这主要是国民政府1937年前后撤退到长江上游的政府机关、学校、厂矿、团体纷纷复员,大批流亡者重归故里,南京港旅客集散量聚骤增。当时南京港既是船舶"复员运输"航线的终点港,到华东地区的旅客在南京下船,再转乘其他交通工具分赴各自目的地,还是遣返日俘日侨的集中地之一,附近地区有不少日俘日侨要到南京集中,经过检查登记等手续后,再乘船离境。同时,南京港又是"复员运输"的中转港,从长江上游复员的机关、厂矿的各种物资,都通过水运到南京港起卸,然后换装火车、汽车或短途货轮转运华东各地。另外,军运物资逐渐繁忙,大批货轮及码头被征为军用,正常的民用运输受到影响。这样,清理与接管日伪产业与相关的船舶、物资,成为复员后航政(航政)机关的一项首要任务。

根据国民政府规定,凡敌伪有关水运的产业和船舶均由招商局统一接收,再由招商局与敌伪产业处理局协商分配处理。南京航政虽没有直接接收日伪产业的任务,但有参与"接收、整理、处理、清理"的责任。主要工作是进行"船舶标旧、吨位丈量、马力急算,价格评估",协助轮运业清理,负责调查、统计上报[1]。10月起,由芜湖航政办事处改名的南京航政办事处,负责了南京港区所接收的日伪产业和船舶,随后进行清理。清理内容:船舶种类、具体数目、使用情况。到年底清理与接收日伪产业和船舶告一段落。南京航政办事处共清理的接收船舶618艘,下关沿江边码头14座。

在清理过程中,发现有一部分船舶是日本侵占南京时,吞并和劫夺外国和国内航业和个人的,按规定这部分产权应归还给航商和个人,但必须由航政部门调查研究鉴定。为此,南京航政办事处对申请要求发回船舶的航商和个人进行调查和核实,并对船舶原名与现名及产权,一一进行了登记注册。经过反复核对,凡勘查属实的,向各航商所在地敌伪产业处理局提供证明,还给所有者。有差误或不符合事实的,也提出具体处理意见,让有关部门处理解决。如1946年,经南京航政办事处核实提供证明而发还航商的船舶有4艘,即大达轮、安盖轮、大丰小轮、佩记3号小轮。与事实有差错或转往其他机关再次核实的有芜通小轮、新闵南轮、永兴七号木驳、庆丰三号、华中铁道第四号木驳、第八号100吨木驳、木质驳船共7艘[2]。

### (二)整顿航业和确定航线及定价

为让经过船舶检丈、登记和船员考试的南京航业迅速恢复,尽快投入营运,开辟航线,南京航政办事处从四个方面开展这方面的管理工作的。

(1)整顿航业。1945年抗战胜利后,随南京地区沿江港埠航业复员和增加,所航行的船舶有自置船和租赁船之分,船舶种类繁多。当时具备南京船籍港的轮船公司就有20多家,上千艘船舶,航业互相争

---

[1] 中国第二历史档案馆全宗卷20—3487。
[2] 中国第二历史档案馆全宗卷655—26。

航线的矛盾越加突出。鉴于这种情况,南京航政办事处按照国民政府"扶植国营,奖励民营"的政策整顿航业,一是调查航业船舶,分出船舶使用状况,提出相应的管理措施;对航业船舶停航、失修、损毁、沉没的状况,提出补救处理办法;二是与航业协商营运事项和具体办法。1946年3月25日召开复员后的第一次航业会议,共商航业当时所面临的问题,15家航业参加会议,即招商局南京分局、民生、三北、中国内河、大陆航运、协记、强华、通安、建成、泰来、胜成、中国商轮、三兴、泰昌祥、同济,商讨了有关航运事项,总结出12条急待解决的航运问题。并就航政管理提出5项措施:①限各行业于当年3月前,办理各项航政(航政)手续,领取船舶证书;②决定四、五、六号3个码头改为公用码头;③各航商行驶航线限一个月内申请核定,凭以发给通航证书;④各轮船进出口应到航政办事处申报;⑤船员任用期先申报航政办事处考核,暂发海员手册,再定期考试①。

(2)促进航业合作。这项合作,主要实行联营,统一安排船舶,保证客船运输。从1946年起,南京航政办事处促使辖区内的航业经营,配备船只,定期航行,共同担任运输,避免了各航业争执纠纷,为航业发展提供了经验②。

(3)制定具体的航行安全措施。南京地区航业恢复后,大部分船舶因年久失修,加上经济紧张,又不能马上修理,此时复员运输任务繁重,各轮船带"病"航行。为使船舶安全航行,针对南京地区的船舶状况,南京航政办事处先后制定安全防范措施和细则。1946年9月,制定《轮船进出口须知》,共14条,主要内容:轮船要在抵港或离港24小时前,申请检定船舶到达港口日期;呈报离港申请签证;呈送各种证书予以核对(国籍证书、登记证书、检查证书、通航证书、检查簿、吨位证书、船员证书等);签证后轮船若变更时间,要重行签证手续③。

(4)确定轮船业的航线、运价和运量统计的确定。这是此时期新增加的一个航政管理内容,三方面既是独立存在的,又是相互联系的航政管理工作。

对航线的分配和管理,一般是由南京航政办事处召开各航商会议,一起研究,再根据各航线客货运输需要的船舶,统一支配,排列班次,视船只性能与水位涨落情况,指定停靠码头地点,核定航线的船舶。至1947年12月底,共有11条航线:即京和(安徽和县)、京当(安徽当涂)、京芜(安徽芜湖)、京运(运漕)、京通(大通)、京皖(安徽安庆)、京九(九里埂)、京镇(镇江)、京扬(扬州)、京口(口岸)、京六(六合)。

运价核定。1947年3月25日以前,先由国民政府交通部统一定价,之后改由全国轮船商业同业公会联合议价,再依本地区的情况,确定运价增加成数和调整次数,航政机关随时派员检查航业及轮票局出售票是否按规定定价。随物价波动货币贬值,轮船运价亦随之调整。仅1947年的一年,南京港先后调整5次运价(3月15日、6月15日、8月6日、10月1日、12月1日),最后一次调整与上年同期比较,客运上下水增加了10.1倍,货运上下水增加为10.2倍。

运量统计。这主要是对进出口轮船,客货运量的逐年逐月的统计,以及客运人数、货运数量,船舶艘数和吨位统计。据1947年统计,南京港进出口船舶艘次(进2859艘、出2868艘)、吨位数(进2109978吨、出2026587吨)、客运人数(进265786人次、出勤率75824人次)、货运吨数(进792511吨、出436361吨)。

## (三)船舶检丈、登记和船员考试

清理接管南京地区日伪产业与船舶后,首要的是恢复航业、发还的日伪船舶迅速得以修复,投入营

---

① 中国第二历史档案馆全宗卷679—14659。
② 江苏省档案全宗卷20-496。
③ 中国第二历史档案馆全宗卷655—20。

运。按照国民政府交通部的统一部署,南京航政办事处迅速恢复战前对船舶检查、丈量、登记等航政管理工作,以便做好船舶航行安全的基础管理。但此时实施这项航政管理工作事急量大,其主要原因:①接收过来的日伪船舶面广量大,都要经过检查丈量、登记注册,方能投入营运;②复员后从长江上中游返回的公私营船舶多数未办理检丈、登记和注册手续;③战前办理的船籍港船舶登记簿,在抗战中已焚失。同时,抗战后外地来南京的木帆船大量增加,并逐渐以地方籍或营运货物品种为名成帮,如山东帮、湖北帮、砂石帮、砖瓦帮、煤炭帮、杂货帮等,各帮霸据一方。如裕隆运输行,由10名船老板组成,人称10大股,有木帆船160余艘,为南京运煤霸主。

为迅速恢复南京地区船舶检查、丈量航政管理工作。南京航政办事处从1946年下半年始,一方面抽出大量的人力、物力进行突击,另一方面根据轻重缓急,对所辖区域内的轮船、拖船、帆船、码头船等各类船舶分批进行检查,核对航行期限是否届满,证书是否具备;并丈量"乘客定额多寡,装载货物重量,明了船舶吨位大小"。1947年,船舶检查丈量加快步伐,检查、丈量的船舶种类和数量有所突破。同时从这年下半年,亦开始对安徽省蚌埠一带淮河的船舶检查、丈量管理工作。到年底,整个检查丈量管理工作基本结束。据长江区航政局民国三十六年度《统计年报》载:1947年,南京航政办事处检查、丈量轮船分别为202艘、42艘;驳船分别为66艘、53艘;帆船分别为7艘、8艘。

依照当时国民政府颁发的船舶登记法,南京航政办事处对进出南京地区的不同类型的航业进行登记注册,完善所有权的证明。船舶登记注册包括9项内容:即所有权保存、所有权转移、所有权注销、附记、船籍港变更、销籍、回复注销、抵押权设定、抵押权注销。至1947年,在南京航政办事处办理登记,领到执照的轮船公司共有10家:新中国、福记、天生、友宁、兴业、楚大、联和、复原、民运、中国轮业。

通过对南京地区船舶的登记注册,了解船舶的各项用途、各类船舶的年龄,为对船舶的安全管理奠定了基础。南京航政办事处共登记轮船91艘、总计10248吨。其中客轮22艘、客货轮11艘、货轮10艘、渔捞轮1艘,大部分船龄老旧。而5年以内的登记船舶仅有18艘①。

随着航业的恢复,大量船舶投入营运,南京航政办事处开始对船员进行技术考核。起初,从数量上核定人员,之后转入注重质量的培训提高上,考核的内容:"一检定、二考核、三登记、四奖励"②。所谓检定,是对船员资格审核;考验,是对学识、经验、技术实地试验;登记,是有受雇和解雇两种登记;奖励,是对船员实绩好坏予以奖励和惩罚。1946年,南京航政办事处在办理所辖区域的船员、海员登记的同时,实行受雇和解雇船员的登记。凡经核准的发给海员手册,先在船上服务,然后接受技术考核,南京航政办事处共登记、受雇船员269人,解雇101人③。1947年,南京航政办事处对200吨位以下的轮船船员进行核定考验。每周进行一次驾驶、轮机船员的学习培训,之后进行考核。当时南京被长江4个考区点之一,经南京航政办事处受雇申请检定人数276人,参加考试的83人。考试后,及格72人,不及格11人。其中正副驾驶21人(及格20人、不及格1人);副驾驶16人(及格14人、不及格2人);正司机22人(及格21人、不及格1人);副司机24人(及格17人、不及格7人)。此次船员考试为复员后的第一次。

### (四)港口秩序的整顿与维护

由于抗战后国民政府还都南京,进出或到南京港转运的船舶众多,各类船舶数量不断增加,航运繁忙,上下旅客频繁,物资待运甚多,港口秩序混乱,严重地影响港口水上安全秩序与在港船舶安全。南京航政办事处针对港口秩序混乱状况,展开整顿,加强现场秩序的维护。

---

① 长江区航政局民国三十六年《工作总结》。
② 中国第二历史档案馆全宗卷655—26。
③ 中国第二历史档案馆全宗卷655—20。

（1）开辟公用码头。根据各类船舶频繁往来，停泊码头甚少，且为各轮船公司所垄断，南京航政办事处作出规划，建议开辟公用码头，以应急需。1946年5月10日，检查南京下关江边10个码头后，提出开辟公用码头的建议。1947年2月3日，国民政府交通部召开南京港务会议，重新分配代管码头，决议将招商局南京分局接收的第四、五、六、十一号四座码头作为公用码头，交由南京航政办事处管理，于4月10日交接完毕。南京航政办事处把接管的第四、五、六、十一号码头，分别改为一、二、三、四号码头，作为公用码头，统一调配使用。

这些码头原为招商局南京分局接收的日伪产业，码头年久失修，破烂不堪。南京航政办事处按损坏的不同程度，进行加宽、小修、换新跳板、换桥面，对桥梁维修保养后，除三号码头因其他原因未能如期启用外，其他3个公用码头于1947年4月1日正式对外启用，作为规定的船舶停靠。

（2）维护港口码头秩序。南京航政办事处就南京港口码头秩序混乱的情况，派专人到码头监督进出口船只，组织航业联合检查，每逢节假日，昼夜监督，制止轮船超额载客，或临时督促增船分载，取缔无票乘客。若发现船只违章，即刻予以制止或制裁。同时，与水运有关单位组成管理机构，对码头上下客、货物运输等秩序，实行现场维护与监督。1946年4月4日，就开辟的南京公用码头秩序维护问题，南京航政办事处组织召开由船舶调配委员会南京分会等8个单位组成的"码头管理小组"会议，成立"南京港公用码头管理处"，并由南京航政办事处负责码头行政管理及拟定船舶靠泊规定①。从这以后，南京航政办事处拟定《南京港公用码头管理实施办法》共17条。主要内容：

①凡需要停靠公用码头的航业船舶，必须按规定完备一切安全设施；

②需停靠公用码头的船舶必须在12小时前办理申请手续，再由码头管理员指定具体的码头；

③如在码头装卸易燃物品，应在2小时前通知码头管理员知晓；

④由船舶调配委员会南京分会在码头设立公共售票处，售票的数量以航政办事处限额的乘客来去发售，客票式样也由航政办事处规定，其他轮船公司的客票式样也由航政办事处统一规定；

⑤轮船离开码头前，应查明有否超载或其他不安全问题，然后由航政办事处和船舶调配委员会南京公会发布开航命令，方准启航②。

1948年之后，国民政府崩溃在即，民运船舶大部分被征军运，到这年9月南京已无船可征，在港内候船的军人及家属人数太多，难以疏运。一旦有轮船停靠，一哄而上，强行登轮者不计其数。船上军人又寻衅闹事，哄抢饭食，无人敢管。这时码头秩序更加混乱不堪。12月，因军队频繁调动，军事当局竟命令取消客轮载客人数限制，交通部也置航行安全于不顾，公然通令各航政局、处及轮船公司允许客轮超额。

这一期间，南京港区的渡运码头秩序也实施严格检查制度，制定限制改进办法。1946年底，南京航政办事处专门为下关中山码头与浦口间轮渡安全问题，制定《下关浦口间轮渡改进办法》，共两类10条。规定码头方面，上下客要分道进出，并以牌标示，加设候船室和栈桥；售票检票处要设进出口处；按航政办事处规定限额售票。轮渡渡运方面，轮船上的船员要维护乘客上下船，指示座位；做好越栏等防范措施；根据乘客多少来确定航次，人少每一个小时一班，人多可改为半个小时一班，人再多也可改为20分钟一班；还要完备一切救生设备。

由于南京航政办事处为"特别办事处"，有时被国民政府交通部指派到其他办事处辖区港口码头检查工作。1946年7月，南京航政办事处派人视察口岸（高港）码头秩序，并会同镇江航政办事处，就该港码头的情况，提出建设浮桥和整顿码头秩序的意见。

（3）审批码头建设方案。为制止各航业和轮船公司在港口随意建设码头，南京航政办事处对码头建

---

①、②中国第二历史档案馆全宗卷679—14659。

设方案加以审批。1946年1月25日,南京中国轮业公司拟在下关江边老江口处建设码头,南京航政办事处检查有关建设方案与图纸,会同南京市工务局进行审核。1948年3月25日,审核华兴打捞公司的申请,在栖霞山长江水域打捞沉没的两艘登陆艇及水厂附近的一艘驳船报告,并帮助确定了具体的打捞位置①。

### (五) 水上交通事故的处理

鉴于复员后进出南京的船只繁多,加上港口秩序混乱,导致海损事故不断发生。事故一般为碰撞、倾覆、沉没、触礁、搁浅、失火、爆炸等。作为负责南京港水上交通事故处理的航政管理机关,南京航政办事处主要是了解情况,按各自责任,拟出行政处分意见,督促船东进行善后处理,并上报"长江区航政局船舶碰撞纠纷处理委员会"审定。严重者,交当地法院审理。1947年8月15日,南京航政办事处因南京进出船舶繁多,呈报长江区航政局,成立"南京港船舶碰撞纠纷处理委员会",主任委员由本处办事处派员担任,并聘请6位资历深、对航政处理有经验的交通航运界人士担任委员②。

1947年9月16日,"海鄂"轮撞损南京浦口4号码头,又撞沉停泊码头的"国星轮"。"南京港船舶碰撞纠纷处理委员会"迅速前往调查,分析事故的经过,做出恰当的处理。同时,南京航政办事处与受损船方、当事船方,进行协调处理海损事故。

### (六) 开展淮河航政管理工作

安徽省境内的淮河流域,抗战后各类"轮船甚多,因往常在内河(淮河)行驶,均未办理航政手续",不懂航行规则,事故不断发生,蚌埠轮船业公会,多次请求在淮河设立航政机构,实施对航业和船舶的航政管理,以维护淮河水上安全。

国民政府交通部派员调查后,决定由南京航政办事处派人筹备派驻性质的航政技术员办公处,负责淮河安徽段流域的航业和船舶的安全管理事务。1947年4月25日,长江区航政局批准成立由南京航政办事处领导下的"南京航政办事处驻蚌埠技术员办公处",管理淮河安徽段流域的航政事务。随后南京航政办事处派技术员张国威前往蚌埠筹备。6月6日,"南京航政办事处驻蚌埠技术员办公处"宣布成立,开始对外办公。这是淮河上首次实施航政管理工作。

成立后的"南京航政办事处驻蚌埠技术员办公处",第一步是对进出淮河的船舶进行检查、丈量。对淮河轮船业开展调查,逐一检查了航业和船舶艘数,丈量了船只实际吨位。到1947年底,共检查轮船49艘、1285吨,驳船10艘、491吨;丈量轮船28艘、725吨,驳船10艘、491吨。之后,又督促航业登记注册,但由于淮河一带原有船舶抗战期间损失甚多,存余无几,现有轮船业大多数人为日伪船舶,是经接收处理机关标旧归还给航商的,船舶所有权问题复杂。为此,蚌埠技术员办公处一是从对熟悉航道,但技术水平较低的船员先从登记入手,核发海员手册,以凭考核,二是实行检定、考验、发证等航政管理。

第二步是确定航线。这期间因淮河水位涨落无定,不能正常通航。同时,津浦和淮南两铁路纵贯淮河流域,航业发展困难。这样,不得不分段航行,确定具体航线,先后确定了蚌正(正阳)线;田(田家港)正线,蚌怀(安徽怀远)线;临(安徽临淮关)五(安徽五河)线。

在以上两项航政管理步入正轨时,正准备于1948年以后进行其他航政管理工作时,人民解放军所进行的淮海战役胜利结束,安徽皖北大部分地区解放,国民党军队相继撤退到长江以南。在这样的形势下,1948年12月5日,国民政府长江区航政局宣布撤销"南京航政办事处驻蚌埠技术员办公处",所有人员

---
① 中国第二历史档案馆全宗卷655—21。
② 中国第二历史档案馆全宗卷655—40。

回南京,"以后有关航政事务均直接送到南京办事处办理"。至此,"南京航政办事处驻蚌埠技术员办公处"仅维持一年半多而告结束①。

到了1949年,国民党军队在战场上节节失败,国民政府溃败已成定局,设立在南京地区的国民政府的半自主的航政机构随之解体。4月23日,南京解放,南京航政办事处被人民接管,成为新中国南京航政机构建立的基础。

## 四、南京"太古趸船"移泊的交涉

日本投降后,在南京的日本码头资产等产业被中国政府没收。按1942年签订的中英《平等新约》规定,英商太古、怡和码头也应停业,英国太古洋行南京支行于1902年擅占南京下关江面一处水域与强行停泊一艘"太古"(KHEDNE)号趸船,该转售给中国或自行撤走,该水面产业应由中国招商局南京分局接收并统一编为第6号码头作业地。可英太古洋行拒不执行新约中所规定的交还于中国。

1946年2月3日,国民政府交通部决定将招商局南京分局接管没收的日本航业的第4、5、6、11号码头交由南京航政办事处管理,辟为公用码头。为修理第6号码头,南京航政办事处要使紧靠其码头的"太古趸船"向外移位。然而,仅此"太古趸船"移泊一事,因英商太古洋行南京支行处处设障与阻挠,使得南京航政办事处1947年4月始与其交涉移泊前后历经三次共18个月之久均未成功,直到新中国收回。

第一次是1947年4月初,南京航政办事处以书面形式通知太古洋行南京支行经理邹敬堂,说明第6号码头要辟为公用第3号码头,有碍码头修理的趸船必须移泊他处,同时趸船"也可管理使用"。4月7日,太古洋行南京支行复函拒不移泊,竟称"趸船停泊地,该公司以前就有产业权,有权停泊该公司船只,拒绝停泊他处。"②

第二次是1948年1月2日,三北码头至第4号码头间的码头岸线发生崩塌,码头被迫停用,许多船舶无法靠岸,南京航政办事处再次与英商太古洋行南京支行商洽,让趸船稍向外移,插入一艘船舶暂作码头之用。4月间,太古洋行南京支行表示该公司有权停泊所在地,不同意移泊他处。对于英国洋行的这种无理行为,国民政府不仅不据理力争,反而屈从于外国势力,命令南京航政办事处忍让,"趸船产权既属于外人,其原有的铁栏杆,未便任意拆除,以免引起纠纷。"

第三次是1948年7月,长江区航政局让南京航政办事处向英商洋行,提出"以公平价格承购该项趸船"的建议,并通过外交渠道与英国驻华大使迭次交涉,提出历史证据,认为英国太古洋行无水面使用权,但国民政府交涉不力。"太古趸船外移"这桩屈辱的一案直到新中国成立才解决③。

---

① 蚌埠航运局档案"航监"1号。
② 中国第二历史档案馆全宗卷655—20。
③ 中国第二历史档案馆全宗号廿(2)—3485。

# 第三章 南京海事的恢复发展(1949—1965年)

1949年4月23日,南京解放。以接管国民政府南京航政办事处为标志,南京现代海事历史揭开序幕。海事事业回到人民怀抱,走上为人民服务的道路。沿用"航政"名称,到1998年改"海事"。

新中国成立起至1965年长江干线建立集中统一管理体制的16年间,南京航政统一于南京港务局,实行对长江干线的航政监管。南京港务局设航政科之类的职能科室管理港区航政事务,制定船舶航行和停泊、船舶检验、船员考试、治理水上秩序等管理制度,开展各项安全监督管理工作。特别1960年起的9年间保障南京长江大桥水上施工作业安全。作为兼管南京长江以外的航政事务,南京市交通航政管理部门着重开展船舶签证、木帆船检验等水上交通安全监管工作,为长江以外的内河船舶航行创造良好通航条件。

## 第一节 解放军接管和沿用南京旧航政

### 一、南京军事管制委员会接管旧航政

南京解放以后,入城的中国人民解放军成立军事管制委员会(以下简称"军管会"),开始对国民政府机关和官僚资本航业的接管工作。南京军管会航运部接管南京国民政府长江航政局南京办事处。此时南京航政办事处已处于解体状态,机构徒有虚名,无人负责,职员纷纷离职。

南京军管会航运部的接管,是按照当时党中央制定的"不打乱原来企业和机构,自上而下的整套接收,逐步改造"的原则进行的。根据这一原则,南京军管会航运部派到南京航政办事处的军代表,先召开全体员工会议,宣布接管命令。然后,宣讲形势和人民政府的有关政策和纪律,以消除员工顾虑,并及时发放工资。对一些确有困难的旧航政人员,先拨借一部分粮款,以维持生活。这样一来,原来持观望态度的人打消顾虑,能积极配合接管工作。与此同时,军代表责成有关人员清点、查封、看管原来的物资和账册,整理和造具清册,等候移交。接管南京航政办事处的军代表为宋香甫,助理军代表为王秀峰。他们先后共接管南京航政办事处在册职员25人(职员13名,技术工人及勤杂工12名),监理、技术、总务、会计4个组,各类文书档案600多个卷宗,还有二层5间共680多平方米办公用房(现江边路3号办公楼的前身)。对被接管人员分别采取留用、送各学校学习、协助转业或回乡生产等措施。

接管工作,采取边接管、边恢复航政业务的方法进行。至5月7日,南京航政办事处接管工作大体结束。7月,随着军事形势发展,军管会所属的航运部撤销,航政工作改由新成立的临时人民政府接手管理。南京办事处与招商南京分局合并,组建"南京市航政局",隶属南京市政府建设局。

### 二、对南京旧航政的暂时沿用

在接管南京旧航政管理机构的同时,解放战争仍在长江以南大片土地展开,大批军需物品和生活必需品急待通过长江运往上海及东南沿海等城市。因此,恢复已解放的长江江苏段轮运业,投入军需物品的运输,成为当时军事管制委员会的首要紧迫任务。航运任务,无论是运输决策或是调配船员,主要服从战争需要。

基于这一情况,南京军管会航运部按照党中央维持"原职、原薪、原制度"的接管工作方针,结束接管工作后,立即恢复旧航政机构的运作。1949年6—7月间,南京军管会在仅改变隶属关系、不改变建制的基础上,将南京航政办事处与招商局南京分局合并,组建"南京市航政局"。该局下设监理、技术、总务、会计4个组。监理组负责航业监督、检查,技术组负责船舶管理和船员考核,总务组负责行政事务,会计组负责计划、财务核算等。7月,南京市航政局增设港务工程组,负责处理民国政府交通部南京港口工程局遗留的一部分物资,并应华东运输司令部南京办事处的委托,协助南京港工程处测量水道,为以后建设港口做准备。这些航政管理人员,除派驻的军事代表外,其余多为留用的原航政职员,少量是从其他航运单位和部门抽调的。

为了使被接管的航业与船舶迅速投入运输,服务于解放战争,刚成立的人民政府根据当时航业特点和船舶状况,针对某一项任务或某个局部问题制定临时性的航政规定和措施,视需要随时予以公布执行。因此,这一时期的航政管理措施因地制宜,因时而定。如1949年7月2日,南京地区的一些航业借口开航,私登广告,招徕旅客,发售船票,造成航行混乱。南京市航政局立即发布通告,严厉制止这一行为,规定:①经营轮船业者必须自备轮船,并向航政局申请发给轮船业设立登记执照;②客轮的等级舱位及防火、救生、卫生、饮食安全等设备须经航政局检查合格;③任何船舶均应事先向航政局领取本局发给的通行证及其他船舶文书,客船应领有乘客定额证书后,始准开航。

为使应付紧急航运而制定的临时性航运规章具有权威性,大部分有关航政管理的安全公告及规章均由航政局、处拟定,再报经军事管制委员会公布实施。1949年冬季,南京市航政局为进行南京港区沉船的打捞工作,拟定的《南京港打捞沉毁船舶暂行办法》,就是由南京市军事管制委员会核准公布的。

接管初期,具体的航政工作仍按旧航政管理规定开展。

一是对航业的登记。1949年7月南京市军管会交通接管委员会发布私营业登记布告,规定"经营轮船业者,必须自备轮船并向航政局申请发给轮船业设立登记执照……任何船舶须事先领有航政局发给之通行证书及其他有关各项船舶文书,经签证后始准航行。"随后,南京航政机构对各自辖区里的船舶进行登记,确定所有权,审议各航业船舶的适航条件,以便掌握航业动态和船舶适航情况,为确定航线的管理创造条件。并根据船舶种类、级别和各航段水深程度分配航线,核定客货载运数量,以及督促联营,动员各轮船公司参与运输。南京市航政局召集南京地区航业联席会议,调配船舶,制定短期和定期航线。当时接收过来的航运企业,除招商局南京分局外,其他都为私营轮船公司。而这些私营航运企业船舶吨位占据一定比例,但船只年久失修,运力不足,大多数处于亏损状态。为此,政府贷款给这些企业,帮助它们修理船只,恢复航行业务。1949年4—12月,由南京市航政局办理登记手续的南京地区轮船业有26家。其中,私营21家,拥有轮船35艘1865吨、趸船3艘24吨、驳船13艘794吨。鉴于私营航业占整个地区航业的82%,政府对各私营航业不同程度地予以救济,使其恢复营运。1949年5月至次年3月,督促公私营航业26家复业,恢复航线7条。

二是检查、丈量船舶。当时接管过来的船舶主要停泊在南京港口及一些内河小港。而这些船只,一类是招商局南京分局的船舶,一类是原国民政府用于军事运输、水上巡逻、测量的船舶,再一类是以前不在航政管理之列,状况不明,航政机构就对这些船舶进行检查,掌握其安全设备和机械性能状况,以便确定适航条件。同时,丈量船舶吨位,以核定客货装载数量。

三是核定录用船员。由于船只损失多,船员过剩,一部分船员等待人民政府安排,一部分人已擅自离职。当时,对这些船员主要是办理登记手续,然后确定是否录用。凡是受雇的都作为聘任而继续留用,其他都作解雇处理。

四是整治港区航行秩序。由于国民党军队的破坏,沿江港区秩序紊乱。具体表现为:①码头秩序混乱,费率规章种类繁多。②码头年久失修或被破坏严重,能停靠船舶的甚少。③港区水下残存各种障碍物。据南京航政部门1949年12月的统计,南京港区沉入江中的船只就有22艘,妨碍航行与停泊船舶有7艘。南京浦口江岸码头岸线还在坍塌,坍塌岸长达1800米,涮进宽度达120米不等。为改变这种状况,南京市航政局在原有码头水域搭建临时性的浮码头,以缓解船只停靠紧张的矛盾。该局于1949年冬制定清除辖区水下障碍措施,着手沉船和障碍物的清除打捞工作。

依照旧的航政管理制度,开展以上的这些管理工作,对当时的航运企业恢复和水上交通安全起到一定的监督管理作用。但是,旧的管理制度存在着一定局限性,与军管后的航运业恢复和发展不适应。军管会和人民政府在沿用旧的管理制度的同时,结合航业和船舶的实际状况,对旧的航政管理方法、步骤、措施进行了一些改造。特别是一些航运企业,尤其私营航运企业由于船舶破损严重,又无资金,难以维持。为使这些航运企业迅速恢复航运,南京军管会航运部军代表把单纯的对航业的航政管理,改为管理与解决困难相结合。在对缺乏经营能力的航运企业实行管理的同时,给予贷款扶助,统一调配船只,制定合理的运价和付款方式,使其摆脱困境。还针对轮船、木船及各种类型的船舶制定不同的检查、丈量等管理标准。这些对旧的航政管理制度的改造措施,促使航政管理适应航运的发展。如1949年5月,南京市军事管制委员会公布《船舶管理登记暂行办法》共9条,作出4项规定:①船舶所有人应向航政部门呈验船舶籍登记证、所有权登记证、船舶检查证书、吨位说明。②上列证书经航政部门检查认可有效后,发放航行许可证方可航行,否则一律不准航行。③持许可证之船舶在解放区各港口航行。④军用或民用船舶进出港,应填写进出口报告单,送航政部门检查登记。7月,南京市军事管制委员会公布交通接管委员会颁布的私营业登记布告,规定"经营轮船业者,必须自备轮船并向航政局申请发给轮船业设立登记执照……任何船舶须事先领有航政局发给之通行证书及其他有关各项船舶文书,经签证后始准航行。"

## 第二节 南京新航政机构的建立与演变

### 一、航政机构为港务局职能部门及其演变

1950年1月,交通部召开首届全国航务公路会议,研究全国统一航务管理问题。3月12日,政务院发布《关于1950年航务工作的决定》。按照中央统一航务的指示精神,1950年3月1日交通部设立长江区航务局,并在重点港口组建长江区航务分局,航政机构成为航务局的职能部门之一。南京为长江重点港口,成立由原招商局南京分局与南京航政局(原航政局南京办事处)合并的南京航务局。南京航务局实行航务、港务、航政、航道合一管理,辖区上起长江安徽与江苏交界处,下至江阴。南京航务局下设航政科,代管邻近尚未设立航政机构小港或作业区的航政事务。航政科成为新中国成立后主管南京长江段航政的第一个职能科室,下设行政股、文书股、技术股、船员引水股,主要负责船舶登记、丈量、检查和进出口批准、船员考试、引水及海事处理等航政监管事项。首任科长为军事助理代表王秀峰。

1951年,南京航务局内部机构合并和整顿,航政科改为监督科(亦称"海事科")。海事科职责包括:

(1)对本局所有船舶以及航行的其他机关和私人的船只划分等级,核定每船的载重量、客运定员、杆舷高度和主机、蒸汽锅炉的工作法以及规定航行区域。

(2)对于现有运输船舶及新造的预定在长江航行的船舶,无论属于何人所有,一律施行技术检查。新造的或营运的船舶,在船体主机和蒸汽锅炉、船舶机械装置、管系及技术供应方面,应符合航行安全条件,并保障可靠运转。

(3)核发航行证明给每一艘符合营运安全技术要求的运输船舶,并注明该项证明的有效期限。

(4)规定船舶定期检查的时间,以确定船舶对于今后营运工作的适用程度。

(5)监督船舶驾驶方面的航行事宜,保证航行安全的工作,监督船只保持适当的整洁,监督航道标志及信号正确的和应有的配置。

(6)检查航行船只的航行证明。

(7)监督船员是否适合其本身所担负的职责,以及船员数额是否合乎船舶定员标准。

(8)监督及检查船上是否备有规则及标准所规定的航行消防信号和救生等设备及用品,以及必要的航行指南书籍和航行值班日志。

(9)检查船舶对于航行法规的遵守,调查和分析船舶的一切事故,调查处理江难事故,查明肇事的责任者,并且制订及实现防止事故的一切措施。

(10)训练各级船员及举行检定考试,核发及格证书。

1952年7月,长江航运局设立长江航运局上海分局,撤销南京航务局,成立南京港务局,隶属上海分局。南京港务局实行港航合一、政企合一,既是生产经营企业,又是代表中央管理港口的行政机关,其中行政管理多数为航政工作。南京港务局成立后,负责航政的职能科室——监督科改为航行监督科,继续管理临近小港的航政事务。

1953年4月3日,随着长江航务管理局改称长江航运管理局,"长江区航行监督室"建立,统一管理和指导长江各港口的航政事务。在各大港港务局和航运分局内设置航行监督科。

1954年11月24日,交通部公布并实施《内河港航监督组织工作暂行章程》,规定在交通部内河航运管理总局内设置"港航监督室",各水系航运管理局和所属分局、港务局,各省内河航运管理和所属分局设置港航监督室(科、股)。各大港或航运分局里设立的"港航监督室"(简称"港航监督"或"港监"),由其航行监督科派人组成,既代表"长江区航行监督室",行使所在港口有关航政管理职权,又是所在港航体制内运输安全生产的管理职能科室,以长江区航行监督室指导为主。由此南京港务局航行监督科内设立"港航监督室",并在镇江、南通等港派驻港监监督员。其工作人员原则上是南京港务局或上海航运分局的航政人员,其中南京港务局派驻镇江港务局的港航监督员正常是2~3人,上海航运管理分局派驻南通天生港等港的港航监督员为1人。航行监督科与"港航监督室"实为一个机构,两个牌子。其职责均为保障运输生产和船舶技术管理。

1954年,长江区航行监督室在总结工作时,就以后航政工作职责作出如下规定:监督港口安全作业和航道、航标的维护;内河航政政策法令的贯彻,处理违章和海损工伤事故,确保港航安全生产,对私营航业特别是木帆船的社会主义改造等。航政管理范围事实上是各港务局的辖区,据1956年7月长江航运管理局公布的各港辖区,南京港务局辖段指长江乌江至十二圩段。

1958年7月1日,长江港口下放地方,航政机构和人员随之下放。为加强运输生产安全,将此时管理航政事务的航行监督科及下属航政股改为安全监督科或港航监督科,各港名称不一。1959年,南京港务局鉴于航政管理与生产安全发生矛盾,将安全监督科和调度室合并办公,航政管理人员由原来的5人裁减到2人。1961年,对安全监督科任务作了以下规定:贯彻执行党和国家有关安全生产、劳动保护以及内河港航方面的方针、政策、法令和规章制度;办理船舶登记、签证、检验,核定船舶航行权;对所属单位及船舶执行规章制度进行监督检查;采取有效措施,促进港口及船舶安全生产。港口体制下的航政职能科室成为港口生产安全管理的主要部门。

1962年7月,交通部根据中央《关于改变部分交通运输企业、事业单位领导体制的通知》精神,将南京港口收归长江航运管理局领导。南京港务局改为港务管理局,航政机构仍归属港务管理局。12月,南京港务管理局将安全监督科改为港务监督科,主要进行船舶检验登记、进出口签证、港区水域安全维护和海事处理、船舶技术管理5个方面航政管理工作。港务监督科组成人员有科长、港务监督员、船舶检查工程师、技术员、船舶进出口签证员。

这一时期,南京长江干线航政的管辖水域事实上是南京港务局辖区范围。1956年,江苏省南京市人民政府批准公布《长江港口管理暂行规定南京港实施细则》,其中暂定南京港界为:"自有恒面粉厂(下关三汊河夹江边)向浦口岸成一线起,至四方角(八卦洲顶端)与对岸一直线止。1959年,由于厂矿自备码头绝大部分在暂定港界之外,南京港务局为便于开办厂矿码头业务,对港口秩序、船舶作业、航行安全等方面实施统一监管,向南京市人民政府申请将港界拓展为"上自棉花堤,下巴斗山,全长23公里"。虽然市政府未批准此一申请,但是南京港务局实际按此界线开展有关港务与航政活动。

1949—1965年,南京长江以外的内河水上安全监管的航政部门经历建立、撤销、恢复、加强的频繁演变过程。1953年,南京市人民政府成立交通处航务科,对木帆船进行管理。1954年7月13日,又批准成立"南京市人民政府交通运输管理局航运管理处"。7月31日,由交通运输管理局发文告示:航运管理处于1954年8月2日在中山北路460号正式对外办公,统一管理南京地方航运及水上安全监督业务。随之,航运管理处接管由南京港务局移交的木帆船航政管理业务。之后,航运管理处在中华门、水西门、老江口、三汊河、龙潭分别设立5个航运管理所,在上新河、燕子矶、栖霞设立3个航运管理站,对木帆船实行统一运价、统一货源、统一调度管理,并组织20多个集体分账的木帆船互助组。航运管理处内设航监股,专司木帆船航政管理及对上述所、站航政业务指导与检查督促。1956年6月,南京市人民委员会在构建市交通局基础上设立交通办公室,并将直属的汽车、轮船两运输公司分别改名为政企合一的公路运输局和航运管理局。市交通局挂牌保留,实际工作由公路、航运两局负责。航运管理局下设航运管理处,在南京重要港口、码头设立7个航运管理所(站)。处内设航监科,实施水上交通安全监管工作。不久,航监科与航养科合并为航监船养科,为专司南京地方航政监管的职能科室。1957年5月30日,根据南京市人民委员会的批示,公路运输局和航运管理局分别改名为汽车运输公司和轮船公司,并筹建市交通局机构。8月28日,南京市编制委员会批复市交通局编制,下设航运管理处,专司地方水上安全监督、船舶检验等航政监管事务,既是交通局职能部门,又是交通局派出机构。11月,根据南京市人民委员会的批复,市交通局将航运管理处下设的专司木帆船管理业务的航运管理所(站)分别划归所在区人民委员会领导,实行航政管理上的市、区两级分工管理。12月底,航运管理处随市交通局一起并入市城市建设局,改名"南京市城市建设局航运管理处",从南京港务局接管属于地方的港航监督、船舶检验业务。由于地方航政力量有限,船舶检验业务只能依靠南京轮船运输公司的技术支援。至此,自1953年接管木帆船管理起,南京地方航政管理机构从无到有,初步形成市、区两级管理,以非机动船航政业务为重点的航政管理格局。1958年7月,南京市航运管理处撤销,全市机动船舶管理和船舶检验业务重新委托南京港务局代管,而以木帆船为主的非机动船监理事务仍由所在区政府管理。1959年4月15日,经市人民委员会批准,南京市交通运输委员会决定自当年4月21日起,凡属南京市船舶监管与安全宣传教育工作均由南京港务局统一负责。1961年12月28日,为加强南京市车船安全监督管理,南京市人民委员会批转并下发南京市交通局《关于建立车船安全监督机构、加强车船监理工作报告》的通知。1962年初,市人民委员会批准成立"南京市交通局安全监督处"。安全监督处既是交通局职能部门,又是交通局派出机构,负责以航政监管工作为主的水陆交通安全监管业务。安全监督处从船舶登记核发船舶所有权证书开始,收回由南京港务局代办的地方航政业务,恢复水上安全监督、船舶检验、航道养护、港口装卸等管理事务,基本做到对地方航政统一归口、集中管理。1964年12月,南京市交通局安全监督处改为"南京市交通局港务管理处"。

南京地方航政管辖水域,也是随地方港口作业区在长江呈散点布局,主要分布在上新河、下关、浦口大窝子、卸甲甸、大厂镇关门桥、燕子矶、栖霞山等地；在秦淮河则呈线状布局，分布在武定门以下12.7公里长的河岸，主要港区有赛虹桥作业点、水西门码头、汉中门码头、草场门码头、晏公庙码头等。

## 二、航政部门对外始称"港务监督"

南京航政对外称"港务监督"，是南京航政管理工作统一管理方向的重要组织措施。1961年8月，长江航运管理局（以下简称"长航局"）收回"大跃进"初下放的南京港以后，加强对港航监督组织建设工作。已撤销的机构重新设立，与航管部门合并的又分开，由港务局局长专门负责航政工作。但是，多年来形成的分散管理、各自为政的弊端依然存在。

1962年11月12日至17日，交通部安全监督局和长航局在武汉联合召开"长江直属港口安全监督工作统一管理座谈会"。南京港务局局长参加会议，参与讨论长江港航监督、港务监督的性质、任务等问题。会议一致认为目前港口的安全监督管理体制不利于保证船舶安全，只有统一领导、统一认识、统一步调、统一规章才能保证船舶航行安全。会后，专门下发《关于加强长江直属港口安全监督管理工作》文件。

根据会议精神，长航局就长江沿线各直属港港航监督的名称、性质、职责等拟出具体方案，经交通部批准后，于1963年1月12日向所属分局、各港务局发出通知。规定"自1963年2月1日起，长江沿线各直属港的港务监督（航政）部门，对外统称'××港务监督'"。"港务监督对外是国家在港口行使行政监督和技术监督的权力机关，对内仍是港务管理局的一个职能部门"。"港务监督它与各企业内部的航行监督性质不同，它有权对各航运企业在港内航行和停泊的一切船舶进行行政监督和技术监督""主要职责是监督和贯彻国家有关港航安全的政策、法令、规章制度的正确执行，维护港口和船舶的安全秩序，保证在港航行、停泊和进出港一切船舶的安全"。

1963年3月4日与3月13日，交通部下发文件，明确南京港设立"港务监督"，对内仍属港务局内的一个职能部门，对外称"南京港务监督"，于4月1日挂牌启用新名称和印章。其中，下发的《交通部长江直属港口安全监督工作统一管理方案》规定了港口安全监督的"七统一"：①港口安全监督管理工作辖区的划定；②船舶进出港口签证；③船舶登记；④船员考试；⑤港内安全秩序的管理；⑥海损事故和违章事件的调查和处理；⑦船舶检验。

1963年4月1日，南京港务监督成立，对外办公，实行"一个机构，两块牌子"体制，对外称"南京港务监督"，对内仍为南京港务管理局港务监督科。"港务监督"的一切对外航政管理活动均在南京港务管理局领导下进行，其职责为港务监督科的管理内容，管理范围为港务管理局的辖区。

南京港务监督成立不到一个月，长江各港务局的辖区又有了新的变化。1963年5月，长江航运管理局公布各港务局的辖区范围，南京港务局辖区为：上起上新河，下至巴斗山，北岸包括大厂镇。1965年，长江试办托拉斯之后，南京航政管辖的长江干线辖区为南京港务局辖区，即南京板桥至龙潭（包括龙潭）。

## 三、航政部门管辖水域初步分工

南京航政的长江干支流管辖分工，国民政府时期就有规定。1950年3月起，航务、港务、航政统一于航务管理后，交通部就长江干线和支流管辖区域作出规定，即"长江沿岸各港埠之港务及长江航务之管理由长江区航务局负责，行驶长江之船只由长江区航务管理，行驶内河之船只由内河航运局管理，有关长江、内河两方面业务，如船员考试、费率之订定、航线之调配等由双方会同办理"。因此，南京长江干线航政由南京航务分局管理，支流由地方航运管理部门管辖。

1953年，随着水运体制的变化，长江干线航政对木帆船的检查、丈量、登记等航政管理工作，全部划归地方交通主管航政部门管理。

1957年12月,根据交通部港航监督局发[57]字第349号文精神,南京港务局与南京市交通局订立管理分工协议书。协议书中就长江系统和内河系统涉及海事处理、船舶进出港签证、船舶检验丈量、船员考试、短航班轮码头现场管理及船舶所有权登记等港航监督业务做出明确分工。此协议书经江苏省交通厅及长江航运局批准同意,于1958年4月1日起试行。

1962年,为明确南京长江干支流水域港航监督分工协作,南京市人民委员会以宁办字第368号文明确南京地区长江干支流分工原则。南京港务局负责长江干线,南京市交通局负责长江支流。根据这个决定,南京港务管理局和南京市交通局共同拟定"关于港航监督分工协议书"。其内容是:

(1)南京港务局管理船舶和船员考核发证范围是港区内的工矿企业;南京市交通局的考核范围则是港区以外的江苏省和南京市及其所辖的县、社系统的工矿企业。

(2)在南京港务局港区内发生的牵涉地方的海事,由南京港务监督负责处理,地方配合。

(3)长航与外省船舶发生的海事纠纷,由南京港务监督处理。

1962年,为统一长江直属港口安全监督工作,国家恢复1958年以前长江港口管理体制,下放的港口全部收回,长江干支流航政随之恢复1958年以前的监管格局。随后,南京港务局与南京市交通局就干支流航政管理分工作出新的规定:进出港或在港内航行的机动船和铁木驳船,在港区内的大厂镇及下关、浦口各码头装卸的木帆船进出口,由南京港务局统一办理签证;木帆船装卸地点不在长江干线,而在市辖区内河的则由市属交通管理部门办理进出口签证。船舶登记,凡选定南京港为船籍港的船舶,全由南京港务局办理登记,船员考试、港内安全管理、海事处理、船舶检验等按规定范围执行。

## 第三节 南京航政监管制度开始制定与充实

### 一、制定适应水上安全特点的管理制度

新中国成立初期,航政统一于航务管理,南京长江干线为南京航务分局辖区,支流为地方交通部门负责。因此,南京港务管理局、南京市交通管理部门分别制定南京地区长江干支流的水上监管规定、制度等规范性文件。1952年7月和9月,南京港务局根据辖区特点制定航政规章制度,但大多是临时性的,暂行规定,时效不长。1954年,交通部明确内河港航水上安全管理职责后,港口机构所制定的航政规章趋向切合实际,也较有条理。特别交通部1959年3月公布长江上第一个较为系统的水上安全管理法规——《长江避碰规则》后,南京港务局航政部门依照此规章制定系列航政管理规范性文件(至1966年成立南京航政分局时,已有多种)。其中较为突出的是南京长江大桥施工期间有关管理规定、措施等。

例如,南京港务局航政部门针对南京长江大桥施工区水域轮渡渡运安全,制定《南京港火车轮渡与过往船舶避让暂行规则》,共13条,并做过多次修订。1959年,南京市人民政府以宁交第250号文批准公布实施该规则。1962年、1964年又做了两次修订。这一规则主要内容为:

(1)轮渡码头"白天悬挂红色菱形物标两个、夜间环形霓虹灯三个",为轮渡导航信号,航行另行规定信号。

(2)上行船应当避让轮渡,轮渡应避让一切下行悬挂"丁"字旗或闪白光灯船舶、船队及操纵失灵船舶。

(3)明确轮渡与过往船舶,根据避让规定采取避免碰撞的措施。不得两个船队同时尾随过轮渡区。下水排筏或木帆船驶入轮渡区,不得徘徊不前。

以上适应南京港区水域而制定的各种具体的航政管理措施及方法,使南京港区水上交通安全监管开始有法可依。

## 二、长江大桥水上监管规定上升为地方法规

南京长江大桥1959年开工,1966年4月竣工。为保证大桥施工期间水上安全,南京港务局航政部门就大桥水上施工特点,制定了具体的安全监管规定、办法、措施,并根据施工进度不断充实和调整。到1964年已形成较为详细的《南京长江大桥施工期间水上安全管理办法》,由南京人民政府于11月12日以宁办陈字第375号公布施行。这是南京长江第一个桥区管理规定,由南京市人民政府公布,上升到地方水上安全管理法规的层面,对保证大桥安全和维护通航秩序有着重要的作用和意义。这也是新中国成立后南京航政水上安全管理规定第一个上升到地方性法规。

《南京长江大桥施工期间水上安全管理办法》共有20条,重点内容为:

(1)明确划定大桥水上施工区域,上至火车轮渡栈桥,下至金陵船厂。

(2)规定桥区设置航标,机动船、帆船航道"下行机动船、船队,应从一号码头起显示调头信号"。通过大桥航道时,"不得齐头并驶或追越"。遇有雨雾等视线不清天气,禁止过桥。装危险品船舶禁止夜间过桥。

(3)船舶过桥前,严格检查舵系装置是否正常,船队系缆是否牢固,并由船长亲自指挥、操作船舶过桥。

(4)"各类船舶通过大桥,必须服从监督艇指挥,如有碍航行安全时,不得通过大桥,并应将情况及时向港务监督报告"。

除《南京长江大桥施工期间水上安全管理办法》之外,南京港务局航政部门还就大桥施工期间水上安全变化情况制定监管规定、措施。仅1962—1964年就有:各类船舶、排筏安全通过长江大桥水上工地暂行管理办法(1962年)、大桥航道航标改移等事项(1963年)、大桥水域航道与航标管理暂行办法(1963年)、大桥水域安全秩序管理方案(1964年)、水上施工期间有关现场维护船协议书(1964年)、船舶通过南京长江大桥航道暂行规定补充规定(1964年)等。

# 第四节　南京航政管理工作恢复与规范

## 一、船舶进出港口签证恢复和木帆船管理

船舶进出港办理签证手续,是把好船舶适航关基础性的监管措施。1949年4月南京解放时,南京地区木帆船业登记,共有2327艘木船、3.26万吨位,从业人员1.16万人。到1951年5月,南京港已登记木帆船有2328户,在港船舶1924艘、3.08万吨位。这些木帆船沿秦淮河分布在通济门、中华门、水西门、石头城、三汊河等地,沿长江边主要分布在上新河、浦口、下关、南北老江口、燕子矶、龙潭一带。它们仍为南京解放初期一支重要运输力量,大多船籍为南京港。

为把好这些木帆船进出港适航关,南京港务局航政部门从1955年起对进出南京地区船舶开展签证工作。1958年8月15日,因受"大跃进"浮夸风影响,船舶签证工作一度中断。1961年3月22日交通部下文恢复沿海和内河航行船舶进出港口签证制度后,南京港务局航政部门于7月1日开始恢复办理进出港口船舶签证管理。为便于船舶船员签证,除在下关南京港务局安全监督科设点进行船舶签证外,还在浦口、大厂镇增设签证站,由安全监督科派员昼夜办理签证。随着船舶进出港口签证制度不断完善,小港

也开始办理签证手续。1966年2月,长江航运公司公布《长江机动船舶进出港口签证办法》,规定南京及南京以下长江的镇江、高港、江阴、南通5个港为船舶签证起讫港口。

这一期间,南京市交通航政部门逐步开展内河船舶签证工作。1953年,为加强对小型非机动船管理,南京市政府交通处航务科按当时全国执行船舶签证统一规定,在一些小型非机动船舶适当集中地点,分区设立船舶进出口签证点,施行签证。签证主要是检查船舶证书有效期,是否处于适航状态、船员是否合格、船舶载重量及救生设备是否符合规定标准等。1954年8月,南京市交通运输局航运管理处成立后,根据内河船舶流动特点,在中华门、水西门、老江口、三汊河、龙潭分别设立5个航运管理所(签证站),实施船舶签证工作。后又在上新河、燕子矶、栖霞设立3个签证点。1958年起,停止船舶签证工作。1961年3月,为吸取"跃进"海轮沉没事故的教训,在交通部恢复沿海和内河船舶签证制度后,南京市航运管理处恢复南京地区内河船舶签证制度,在三汊河、草场门、汉中门、水西门、上新河、栖霞山设立签证站(点),对内河船舶办理进出口签证。

此外,1953年南京市交通处航务科成立后,南京港务局将长江木帆船(1572艘、34474吨)监管业务移交南京地方政府,由市政府交通处航务科具体管理。接管后对木帆船所有权登记统计,在册营运船舶计1905艘、35990.8吨。当时地方航政管理基本上还是以航运业务为主,兼理水上安全监管、船舶检验监管事务,主要是:在组织船民、船工对船舶质量开展民主评议基础上,对修船进行船舶检验发证;在船舶适当集中区设点办理木帆船进出港口签证;组织船员制定安全航行公约,开展安全宣传教育,并及时传递风讯、雨情等气象信息;对船舶买卖、报废实行申请与审批制度。

南京轮渡始于1910年,第一艘轮渡(机动渡轮)渡运由木帆船经营,航线为浦口—下关。新中国成立初期,轮渡长江航线仍旧,其他内河渡口均以木质帆船为主。1958年以后,轮渡航线增加南京—九里埂的宁九线、燕子矶—沙洲桥的燕沙线。之后乡镇渡口数量逐年增加。1961年,国务院颁布《渡口守则》,明确渡运管理由有船单位负责。

## 二、保障南京长江大桥水上施工安全

南京长江大桥,是长江上第一座由我国自行设计建造的大型桥梁,在国家经济建设中具有特殊的意义。

在南京长江大桥水上施工期间,为保障大桥建设施工水域安全,南京港务局航政部门抽调专人组成安全维护组,到现场负责指挥船舶、排筏通过施工水域,对施工区域实施水上安全监督管理,不断总结监管经验,提高监管实际水平。1962年起,长航局抽调长航系统老船长和技术人员,组成试航工作组,协助航政部门做好大桥施工期间安全监管。大桥现场维护组会同试航工作组和航道部门研究航标设置方案与改进意见,使航标设置更加符合实际需要。同时,经过反复过桥试行实践,安全维护组总结出一套安全过桥航法,初步掌握施工期间船队、排筏通过大桥的操作方法,供过往船队、排筏的驾驶船员参考执行。随后举办"通过长江大桥船舶驾驶操作短期学习班",具体指导船舶安全通过大桥桥区水域,提高驾驶人员熟悉和掌握通过长江大桥施工水域的能力。

1964年初,大桥9座桥墩全部施工,频繁改移通航航道,航道宽度也由建桥之初1000米缩窄为130米,最小时只有60米(之后维持了相当长一段时间)。加上航道中常有小船阻扰,大型船舶易发生碰撞事故,急需加强现场维护力量。为此,南京港务局向长航局、交通部申请添置巡逻艇,并从内部调剂船舶,增强现场维护力量。1964年4月,交通部从上海港机厂抽调一艘木质船"飞岗轮",按照长江监督艇顺序号改编为"监督3"号。同时,将武汉军区后勤部调用的一艘150马力小拖轮,改编为"监督6"号;从芜湖轮船公司抽调的一艘木壳小拖轮,改编为"监督7"号;大桥管理处调派的一艘拖轮,改编为"监督23"号。

以上4艘监督艇负责大桥施工水域通航秩序。其中除武汉军区抽调的小拖轮尚好外,其他3艘船艇设备简陋、年久失修,功率小、航速慢。由于监督艇船员严重紧张,参加现场水上安全维护组的17名人员,时常放弃休息,连班转工作,掌握洪水期水位和流向变化,及时改变大型船队、排筏队形,加宽排筏的过桥尺度,使船筏疏散或分批过桥。枯水期则采取缩小排筏尺度等措施,以减少桥区通航水域意外事故的发生。他们总结大桥施工间的安全监管经验,较为详细地制定出《大桥水上施工期间水上安全管理办法》。

### 三、船舶建造质量检验渐趋规范

船舶检验一直是航政管理工作一个重要组成部分。新中国成立以后,南京港务局在航政科下设船检组负责此项工作。1956年8月1日,中国船舶检验局成立,船舶检验机构归口统一管理,但南京港务局航政部门管理的格局没有变化。1960年,中国船舶检验局决定在武汉设立国家船舶检验局长江区办事处,在南京、宜昌、芜湖、重庆各港航政机构中设立船舶检验站。1964年9月1日,南京船舶检验站成立,行政上仍归南京港务局航政部门管理,业务归国家船检局长江区办事处,负责南京、镇江、江阴、芜湖地区的船舶检验工作。

起初,船舶检验侧重于对营运船舶的技术检查及各种救生消防设备配备的监管上。1950年,南京港务局航政船检组主要负责对新建、改建船舶及私营船进行检验,检验合格后核定适宜航线和航行期限。3月,开始对分散流动木帆船进行巡回检查、丈量,以确定船籍港。1954年起,检查修船和造船。此时还没有完整检验规范,只检查长航船舶的修造质量,积累了一些实践经验。1956—1957年,开始实行船舶设计图纸审批和驻厂制度,加强船舶建造检验工作。后因"大跃进"影响,船检人员调作它用,制度亦受冲击,检验工作基本处于应付状态。1959年中国船舶检验局首次公布《船舶检验规则》后,南京港务局航政船检部门增加对定型成批建造的船舶图纸、重要工艺审核,主要材料试验,重要工序逐一质量检验工作。船检工作不再只是外观检验,而注重检验船舶稳性、强度、杆舷等关键部分。焊接中出现漏焊、凹坑、沙眼等质量问题,南京港务局航政船检部门督促当场纠正,并与船厂共同进行密封试验,制订具体质量防范措施,把紧建造流程关。1962年,开始派出船检人员进驻金陵船厂及其他船厂,与厂检验部门共同协作,把好船舶修造过程中的质量关。这一检验办法一直沿用至20世纪末。1964年起,南京港务局航政船检部门在南京地区开始开展救生设备、电焊条、分油机和空压机等产品检验业务。

这一时期,为保证南京市内河船舶修造质量检验,南京市交通运输管理局航运管理处对50吨位以下的木帆船进行简易检验,仅1953—1958年共检验非机动船8719艘、16.9万吨位。1964年起,南京市港航监督机构和人员逐步加强,负责对市内专业运输船舶和市属企业所属的船舶进行检验。

### 四、分期分批开展船员培训与考试

新中国成立以后,南京(航务)港务局航政部门只对直属于交通部的各港航企业的船舶船员进行技术培训与考试,对船员技术考试沿用旧的航政船员考试方式方法。1953年,就内河驾驶、轮机两部分船员技术考试,交通部公布第一部《内河轮船船员考试暂行办法》《小型轮船船员考试暂行办法》,交通部内河总局公布《内河船舶船员职务规则》等,详细规定了各种船舶船员考试职能与责任、考试具体科目、实际操作方法等,以保证船员技术考试正常开展,集中培训,分期分批技术讲座,经过培训后再实行考核。具体的船舶船员培训分为驾驶、轮机两部分。课程内容大体分为政治常识、船艺、船员职务等科目。1955年,在1951年船员学习培训课程原有船艺、船员职务等十多项科目基础上,又增加救生消防、安全操作等科目。到1964年,船员培训按照考试科目内容有较大幅度增加。其中,驾驶部分有船艺、内河规章、船员职务、引航航道图、适航与轮机大意、河运法规、货物装卸,轮机部分有蒸汽机、锅炉、内燃机、蒸汽机机舱管理、内燃机副机、电工学、度量仪表、机械制图、造船大意。

这一时期，南京长江干线船舶船员考试，先由南京航务机构及后来的港务局负责，具体为港务局主管航政的职能科室统一组织实施船员考试监管工作。1951年，由南京航务局对南京、镇江及当时兼管的芜湖、安庆地区共217名船员进行统一考试。这是长江航政新中国成立后对船员的首次技术考试，为后来全面开展长江船员技术考试提供了经验。1955年，上海区第一届船员检定考试，也就是长江下游的安徽、江苏段的船舶船员统考，由各港航机构航政部门实施。1964年，由南京港务局负责对长江下游中央航运企业及南京地区的船员的考试。这3次较大规模的长江下游地区船舶船员考试中，南京港务局航政部门聘请当地有驾驶、轮机学识、经验丰富的人士，拟定船员考试大纲，组成"船员考试委员会"，由南京港务局航政部门负责人担任"船员考试委员会"主任委员。

南京长江以外内河船舶船员考试是南京市交通部安全监督处负责。从1962年起，南京地区内河船舶船员，每年举办一次船员检定考试，考试分不同情况，采取以笔试技术理论考试为主、以抽测现场操作考核为辅的办法进行。

### 五、港区通航维护与危险品监管起步

新中国成立之后，由于过去长期战争，大量船舶被炸沉在长江航道上，严重影响船舶航行。因此，南京航务分局航政部门所做的第一件事情，就是清除港区航道沉船，为此于1950年11月成立了沉船勘察队。根据上年冬制定的《南京港打捞沉毁船舶暂行办法》，调查南京至安庆长江水域内的沉船情况，测定障碍物的具体位置，制订具体打捞方案，逐段打捞。到1951年12月共打捞沉船9艘，修理恢复使用2艘。同时，突击修复加固南京港内破旧的码头、栈桥、浮船等。一时无法修复的码头，临时性维持使用。如尚无力修复的三民码头，就地临时设置一座趸船做浮码头，以供货船短期停泊之用，缓和泊位紧张状态。南京航务分局航政部门所做的第二件事情，就是取缔扰乱港区航行秩序的投机经营轮运业，促进航运企业联合经营。派员到码头现场维护旅客上下船秩序，监督船舶装卸货物，对重要客货船随船护航。1951年，南京航务分局航政部门组成"调研小组"，到沿江各港口了解掌握航线、航业状况，船舶码头等机械设备情况，找出相应对策，以便对港口航行秩序进行监督管理。1952年7月，南京航务分局改为南京港务局后，南京港务局航政部门设立联合检查站，开展港区船舶航行、水上秩序的检查，掌握船舶进出口情况，防止船舶超载，定期开展安全大检查，消除事故隐患，对重点船舶进行随船维护。还总结安全经验，制订安全操作措施，督促船员执行。对行驶申(上海)汉(武汉)线客轮把好安全关。

从1953年起，南京长江段经过3年整治，港区航行秩序混乱状况有所改善，但超载运输仍然存在。为此，南京港务局航政部门除按船舶客位、吨位核定装载数额外，还负责现场监督超载，对屡次超载的失职人员予以教育处分。同时，成立联合检查站，对港区船舶航行和港区水上安全秩序进行检查与管理，及时掌握船舶进出港口情况，防止船舶超载，并定期对船舶进行安全大检查，消除事故隐患，并选择重点船舶，开展随船监督指导，总结安全航行经验，制订安全操作措施等。

随着南京地区石油、化工等易燃易爆危险货物运输量的增加，1955年南京港务局成立"港口危险品装载监督检查小组"，开始监管危险品装载安全，逐渐形成管理制度。1962年，就装运硝酸铵安全运输，作出《南京港船舶装运硝酸铵的几项规定》。这一年，交通部公布《水上危险货物运输规则》，作为船舶装运危险货物的规章。1965年之后，南京港务局航政部门到现场有重点检查船舶装载烈性危险品，特别对南京化学公司、南京炼油厂码头进行防火、防爆安全工作检查。

### 六、侧重港区水上交通事故的处理

新中国成立之后，南京长江干支流水上发生的事故，主要为船舶碰撞、搁浅、风灾、机械损坏、触损、浪

损、爆炸、沉没等类。这些不同类型的海损事故又分为责任事故以及自然灾害、船舶周转损失等非责任事故。遭受直接损失程度分严重、一般、轻微三种衡量等级。

为加强南京长江干线水上事故处理，长江区航务局1951年8月成立"海事处理委员会"，并在南京航务分局成立"海事处理委员会"。1952年，长江航运管理局改组"海事处理委员会"，负责对长江上中下游3个航段重大事故的指导与处理，其他海事处理由各港务局或航运分局实施，南京港务局随后改组"海事处理委员会"。1955年4月，长江航运管理局调整海事处理分工的管辖范围和职权，南京长江干线所发生重大水上事故改由长江航运局港航监督处负责处理，一般海损事故处理仍由南京港务局航政部门处理。

南京地区水上事故处理，起初由南京港务局航政部门沿用旧航政的处理办法施行，所谓"明白真相，审定责任，处理善后"，主要是到实地了解事故发生的经过情况，查清事实，然后从各个方面调查研究责任所在，以调解方法加以解决，协商不行，就加以裁决。1950年8月长江《海事处理暂行规则》被批准后，采取新办法试行处理水上事故。1952年5月20日，政务院批准交通部拟订的《海事处理暂行办法》《海事处理规定委员会暂行章程》等规章。从此，南京港务局航政部门按上述办法对发生海事船舶进行现场调查处理，对双方争议较大的，加大督促、协商和调解力度，明确双方责任后，提出具体处理方案。如1971年，"苏六2001"轮与"八一壹号"驳船发生碰撞，导致驳船船长死亡。事故发生后，航政人员通过现场调查情况，取得人证、物证的第一手资料后，认定主要责任在"八一壹号"驳船。

这一时期，南京长江段发生较有影响海损事故有：

1957年9月8日，在下关江面发生徐兆发私自摆渡翻船，溺死9人的恶性事故。

1959年5月28日，六合县玉带人民公社和平大队邹家有驾驶的粪便船，因触撞正在施工的南京长江大桥1号钻探船，导致船沉人亡。

1960年7月6日，"长江711"船与"宁关1"号船队在下关1号码头下发生碰撞，导致船沉，3人溺死。

## 第五节　航政管理人员与水上巡航监督艇

### 一、专职航政管理人员基本情况

新中国成立以后，南京长江航政机构设置在南京港务局，作为其履行航政职责的一个职能科室。当时长江区航务局及后来的长江航运管理局规定所属的大港航政科为6~7人，中等港航政股为2~3人，小港派驻代表1~2人。后来因航政部门名称多变，管理人员逐渐减少。1959年，南京港务局航政部门的安全监督科与港调度室时常为生产"大干快上"，往往为生产在先还是安全在先而发生矛盾。就此，南京港务局索性将安全监督科合并到调度室里。安全监督科原有从事航政工作的5人裁减到2人。由于人员少，管理水平低，航政工作主要限于处理海事及结关等。

1960年之后，南京长江大桥开工建设，为保障桥墩施工水域航行安全维护工作，南京港务局从从事作业的港作船抽调人员组成临时大桥施工现场维护队伍（亦称大桥监督站），一般在20人左右，直到1966年4月南京航政分局成立。1965年，交通部批准建造南京长江大桥监督站信号台。

### 二、用于水上现场巡航监督艇

南京航政分局成立前，水上安全监管工作没有专门的巡逻之类的船艇。航政人员需要乘船（艇）进行水上安全监管活动，一般由港务局调度室临时调派港作船前往。1960年，南京长江大桥水上施工开始,南京港务局临时抽调一艘木船用于维护水上施工水域安全。1964年初9座桥墩同时施工后,通航航道因施工改移频繁,航道宽度也由建桥之初的1000米缩小为130米,最窄的60米。加上航道中常有小船阻扰,大型船舶易发生碰撞事故,急需加强现场维护力量。为此,南京港务局向长航局、交通部申请添置巡逻艇增强现场维护力量。4月,交通部从上海港机厂调来一艘木质船,名为"飞岗轮",按照长江监督艇顺序改称"监督3"号;之后又从武汉军区后勤部调用一艘150匹马力小拖轮改称"监督6"号;同时从芜湖轮船公司抽调一艘木壳小拖轮改称"监督7"号;南京大桥管理处调派一艘拖轮改称"监督23"号。之后,靠这4艘监督艇负责大桥水上施工安全的现场维护。

# 第四章 南京海事的曲折发展(1966—1976年)

1965年9月,国务院批准建立长江干线集中统一航政管理体制,在南京港务局航政部门基础上成立南京航政分局,对长江江苏段航政实行"统一领导,分段管理"。刚成立不久的南京航政分局随即进入十年内乱。在内乱时期南京航政广大干部职工排除干扰,艰难行进,适时开展航政监管工作,尤其1966年保证油轮首航南京成功。1974年7月,在理顺干线体制关系,统一长江江苏段航政的人、财及劳动工资、基本建设管理的同时,有针对性地开展航政监管工作。特别是总结长江江苏段桥、油、港、渔及锚地水域的监管经验,逐渐扩大监管辐射面,开始负责进江海轮监管。长江干线以外航政,由南京市港务管理处航政科专理,重点是船舶检验签证、水上现场安全管理。

## 第一节 南京长江航政管理统一与理顺

### 一、南京航政分局成立的缘由

南京航政分局成立,源于长江干线水上交通安全管理体制实现集中统一。与长江干线各港建立"港务监督"一样,南京港务监督成立后多头管理、机构不健全、职责不明等问题依然存在,并引起交通部的重视。1963年9月28日,国家经委批准交通部《关于改进长江干线运输管理的报告》,决定开始进行托拉斯试点筹备工作。同时,国家经委交通局史堪一行调查组,在武汉及湖北省就统一长江干线航运管理后干线航政管理问题进行实地调查。

1964年6月13日,调查组向国家经委副主任郭洪涛作了书面报告,对长江干线航政管理存在严重影响航行安全提出4个方面问题:①多头管理,各自为政。港务(航)监督机构不能起到代表国家监督和管理安全运输的作用。②机构不健全,管理流于形式。各港监督检验人员大多只1~2人,很少深入现场,有时竟将签证印章交给监督艇的船员代盖。③对船舶违章航行管理不力。由于各种原因,对违章船舶大多马虎了事。加上港航监督在企业内部也不能得到其他部门的尊重;④管理范围不明确。该管而未管,如岸线管理,农副业船舶的安全监督都无人过问。为解决上述问题,1964年11月13日交通部以陶字第80号文向国家经委报送《关于建立长江航政局实施方案的报告》。

1965年1月1日,根据国务院《关于长江干线运输实行统一管理的决定》,长江航运试办托拉斯,正式成立长江航运公司,并撤销长江航运管理局。8月23—28日,交通部在北京召开由沿江6省、市交通厅及国家经委交通局、长江航运公司代表参加的座谈会,对建立集中统一的长江航政管理体制的问题取得一致意见。9月11日,交通部以交港监〔65〕陶字第210号文就建立长江航政管理机构的隶属关系、基本任务、组织机构和编制、经费等上报国务院。这份调查报告由郭洪涛转送国务院薄一波副总理和谷牧同志阅后转交交通部有关领导同志。中央有关领导同志对长江航政管理不统一的现象"十分关注",一致认为:"需要交通部迅速拿出办法,尽早解决","建议交通部提出集中统一管理的方案"。

1965年9月24日,国务院以〔65〕国经字第332号文,作出《关于同意交通部建立长江航政管理局的批复》:"同意成立长江航政管理局,由交通部直接领导,统一管理长江干线以及长江航运公司经营的几条支线的航政工作。但木帆船的检验、签证、海事处理、驾长考评等仍由各有关省航政机构办理。长江航运公司和沿江六省原有的有关航政管理人员及其编制,应随同工作一并划归长江航政管理局。长江航政管理局的编制,在不增加现有航政人员的原则下,由交通部拟定后,报国家编委审定。长江航政管理局为事业单位,所需经费,除以船舶检验费等收入抵支外,不足部分,在交通部事业费内调剂解决。望交通部立即根据上述原则,同有关省商定具体实施方案,贯彻执行。"

根据国务院(65)"国经字第332"文的规定,1965年12月15日,交通部以交港(65)字第223号文转发长江航运公司,就长江航政管理局单位性质、职工福利待遇作出规定,明确成立的长江航政管理局为事业单位。职工福利待遇与所在地港务局职工所享受的福利待遇相同,因系事业单位,按规定不发综合奖金。所需经费以收抵支按差额预算管理办法进行管理。年度支出预算,从1966年1月1日起实行。

与此同时,根据国务院(65)"国经字第332号"文精神,长江航运公司在加快长江航政管理局筹建的同时,1965年11月12日向交通部报送《关于建立长江航政局的实施方案》。1966年4月4日,交通部批准公布《关于长江航政管理局实施方案》。

该实施方案,主要就长江航政管理局管辖范围、机构设置、性质和任务、与有关省航政机构分工、协作问题、镇江港与涪陵港的航政管理问题分别作出规定。

该实施方案,明确长江航政管理局管辖范围为长江干线上自重庆大渡口下至吴淞宝山咀,并包括长江航运公司经营几条支线以及干、支线上的大小港口。

长江航政管理局设在武汉,在重庆、芜湖、南京设立分局;在万县、宜昌、武汉、九江、安庆、马鞍山、镇江、南通设立航政管理处;在涪陵、沙市、城陵矶、黄石、裕溪口、高港、江阴设立航政管理站。

长江航政管理局为交通部直接领导下的一个行政管理和船舶技术监督部门。

长江航政管理局的基本任务:①统一管理一切机动船舶(包括铁、木驳船)的航政工作。具体为统一制定长江航政规章制度和船舶规范;办理船舶登记;管理船员考试;处理违章和海事纠纷案件;对修造、营运的船舶进行监督检验。②对木帆船的航行、停泊实行监督管理。具体为统一制定安全规章制度;管理停泊区域;处理轮船木船海事纠纷和违章事件。③统一管理机动船舶进出港口的签证工作;并对港区岸线使用实行监督管理。④对影响港口水域和航道航行条件的基建工程等进行监督。这是新中国成立以来首次较为具体、系统的明确长江航政管理职责,为后来长江航政管理工作与后来进一步规范长江海事监管工作提供了重要依据。

经过一段时间筹备,1966年4月15日,长江航政管理局宣布成立。5月6日,长江航政管理局党组成立。从此,长江航政初步形成政企分开的管理体制,步入集中统一管理征程。

## 二、"南京航政分局"成立和管理关系理顺

### (一)"长江航政管理局南京分局"成立

1966年4月4日,交通部下发由长江航运公司1965年11月12日上报的《关于长江航政管理局实施方案》,明确在南京设置长江航政管理局南京分局(以下简称南京航政分局),分管江苏省境内长江航段(包括南京、镇江、高港、江阴、南通以及所属的小港)航政事务。其下辖镇江、南通航政处和江阴、高港航政站。

对于长江航政管理局基层管理机构的筹建,长江航运公司党委1965年11月17日以党发[65]067号文下发《关于长江航政局机构的设置和编制的通知》,规定拟在南京港设置长江航政管理局南京分局,主管南京港航政工作,在中小港站派驻航政监督员。南京航政分局管理在镇江港、南通港设置的镇江、南通航政管理处,在高港、江阴港设置的高港、江阴航政管理站。航政分局正、副局长、政治教导员按副处

级、正科级配备,各航政管理处正、副主任按正、副科级配备,各站站长按副科级配备。

1966年初,筹建中的南京航政分局组织相关航政人员讨论交通部和六省、市交通厅(局)商定公布的《长江航政管理实施方案》。2月21—23日,分别召集镇江、江阴、南通各港航政人员,结合长江江苏段航政管理情况,逐条逐项地讨论实施方案,提出具体实施意见。

与此同时,长江航运公司就设置长江航政管理局分支机构,督促南京港务局,调配技术骨干、政工人员,充实筹建中的南京航政分局,移交人员、财产、物品等。随后,根据长江航运公司要求,南京港务局选派副局长童鸿江带队,一方面着手筹建南京航政分局,另一方面到镇江、南通、高港、江阴等地港务局联系,协商筹建航政处、站相关事宜,接受各港务局移交的人员、资产、物品等。

1966年4月15日,经过4个多月紧张筹备,南京航政分局,镇江、南通航政处,江阴、高港航政站,与长江航政管理局同一天成立,正式对外办公。南京航政分局编制共47人(其中分局本部30人,镇江处8人,南通处、高港站、江阴站各3人)。4月30日,南京港务局同意成立"中国共产党南京航政分局党支部"。从此,南京航政分局开始对长江江苏段航政实行"统一领导,分级管理"。南京长江干线航政步入集中统一管理的轨道。

南京航政分局首次成立的党支部由南京港务局党委领导。各所属的航政处、站因党员人数少,由所在地港务局决定与其内部科室或相邻单位联合成立党支部。分局机关下设港务监督科、船舶检验科、综合办公室。航政分局与各航政处、站所在地港务局,就各航政处、站的人选配备进行协商。

南京航政分局成立后,按照以"航政管理局为主,各分公司、港为辅的双重管理"原则,对所属航政处、站的人、财、物、基建进行协商或接收。但因"文革"影响,加之利益驱动,南京航政分局除航政管理工作对所属航政处、站实现统一领导外,其他人、财、物、基建仍由所在地港务局管理,且开展有关航政管理工作还要征得所在地港务局同意。同时,南京航政分局与江苏省交通厅就《长江航政管理局实施方案》中长江江苏段干支流航政管理分工进行讨论,并取得统一意见。6月11日,南京航政分局联合江苏省交通厅向江苏省内沿江各中央和地方港口与航运企业及水运交通主管部门下发通知。

1968年1月4日,长江航运公司军事管制委员会成立。长江航政局和各分支机构随着长江航运公司及其所属单位由各地驻军实行军事管制。9月11日,"长江航运公司革命委员会"成立。9月,"南京航政分局革命委员会"成立,航政分局内机关科室由"科"改为"组",即航政组、船舶检验组、办事组、专职政工干事1人。处、站未设专职科室,仅为专人兼职。

1969年初,南京航政分局就南京及长江江苏段内的一些船舶无证航行,不懂航章擅自出入,严重威胁海轮进江和长江江苏段航行安全,航运单位和船舶强烈要求南京航政分局及其处、站治理水上混乱的通航秩序,汇总上报长江航运公司军管会、革委会及长江航政管理局,均获航政"机构及工作还是维持原状"答复。5月26日,交通部军管会生产指挥部以交军港第19号文,公布《关于长江航政机构改革问题的意见》,同意"撤销长江航政管理局,沿江各航政分支机构归各分公司(港)革委会统一领导"。之后,根据上级部署,长江航政管理机构大部分人员下放劳动,"南京航政分局革命委员会"机关管理人员下放劳动或改行从事其他临时性的工作。分局机关20多名管理人员被组成劳动队,下放到南京港务局第三作业区劳动,或打杂。南通、江阴、高港航政处、站机关也是如此,经常仅留一人看守,大多管理人员分配到港务局作业区劳动。即令有时增配人员,也是为了某项突击性的有关航政管理任务而临时抽调。至此,南京航政分局机构撤销,人员锐减,航政管理工作中断,基本上陷入瘫痪。所属航政处、站机构基本上也是处于停滞状态。

南京航政分局及长江江苏段其他航政机构停摆,导致长江水上安全秩序混乱,重大事故频繁发生,严重威胁长江船舶航行安全,影响长江运输生产和经济发展。为此,1970年6月15日交通部军管会决定

"恢复长江航政……对外仍用长江航政管理局及其分支机构的名义"。之后,南京航政分局行政名义仍为"南京航政分局革命委员会",党的组织为"中共南京航政分局党支部",分别归南京港务局革委会、党委会领导。8月7日,长江航运公司军管会派出军代表,进驻长江航政管理局,并决定从8月15日起恢复长江航政局及分支机构的航政管理工作。

### (二)南京航政分局管理关系的理顺

1970年11月,党中央颁发《关于加强安全生产的通知》之后,交通部就该通知精神,组织学习,制订具体防范措施,要求加强水上交通安全监管工作。1972年11月25日,长江航政管理局向交通部水运组提交《关于组织机构情况和今后意见的报告》,建议长江航政管理局隶属关系、运行机制等恢复到其成立之初的状况。1973年10月24日,长江航运公司党委下发《关于航政管理机构暂行编制的通知》,明确在"长江航政体制没有新的规定前,仍暂按1966年的编制不变","长江航政设党委,党的关系由长航党委领导,航政业务受交通部领导"。依据以上通知精神,南京航政分局将下放到南京港务局作业区劳动的机关人员相继调回,改行的亦开始恢复原岗位或原工作。各航政人员陆续到岗,但仍然达不到所需要编制和岗位人员的要求。同时,1973年4月12日,南京航政分局将分局机关职能部门由"组"改"科":即航政管理科、船舶检验科、办公室,各科室领导为负责人。同年,还成立由5人组成的南京航政分局工会委员会。

以上举措,并没有解决长江干线体制管理关系仍"存在上下领导关系不清,职责不明以及各级领导力量薄弱等方面的问题"。管理机构是双重领导,人、财、劳动工资、基本建设仍由所在地港务局管理。

1974年2月8日,交通部以[74]交船监字242号文,下发《关于加强长江航政管理局工作的通知》,重申长江航政体制编制和航政业务仍按1965年国务院《关于同意交通部建立长江航政管理局的批复》规定办理。"有关长江航政管理局、分局、处、站的体制编制和航政业务工作,请仍按照国务院(65)经字332号和交港监(65)陶字210号文指示精神办理"。为对出口船用产品检验方便起见,仍保留"中华人民共和国船舶检验局长江区办事处"的名义。中共长江航政管理局党委由长航党委领导。各航政分局、处、站航政业务由长江航政管理局统一领导。长江航政管理局为事业单位,事业经费仍按交财基(65)于字第673号文办理,各分局、处、站的人事、财务、基建、劳动工资等工作均由长江航政管理局负责统一管理。请:长江航运公司抓紧健全长江航政管理局、分局、处、站等各级领导班子,选派具有一定政策思想水平的干部担任各级领导。长江航政管理局配局级,分局配处级,处、站配科级。

1974年4月5日,长江航运公司革命委员会转发交通部《关于加强长江航政管理局工作的通知》,决定从7月1日起恢复长江航政局为事业单位,并将其分支机构的人事、财务、劳动工资、基建,从沿江港航企业中划出,由长江航政管理局统一管理。

根据以上交通部、长江航运公司有关加强长江航政管理局工作的通知,南京航政分局从1974年3月1日起与南京港务局协商接受港务局划转移交的人事、财务、劳动工资、基建等的手续,准备在完成移交手续的基础上,建立航政固定资产档案和职工档案。依照航政编制规定,南京航政分局设立相应的专职人事干部1名、财务管理干部1名,负责分局及下属航政处、站的人事、财务、劳动工资、基建工作。同时,按照统一管理要求,理顺业务、政工、后勤的相互管理关系,重新成立职能科室,配备管理干部。6月17日,长江航政管理局下发《关于长江全线航政体制和领导关系的通知》,其中规定南京航政分局管辖镇江、南通航政处,江阴、高港航政站,南京长江大桥监督站、板桥水上监督站、栖霞山水上监督站。

经过一段时间准备,1974年7月1日南京航政分局正式对外办公。南京航政分局机关设航政监督科、船舶检验科、办公室。自此,"南京航政分局革命委员会"名称停止使用。8月,南京航政分局正式接受南京港务局移交的其人事、财务、劳动工资、基健等有关资料、档案。11月20日,南京航政分局启用新印章,旧印章"南京航政分局"作废。这标志南京航政分局理顺管理关系工作结束。

长江干线航政管理关系理顺后,南京航政分局组织专人,赴镇江、南通航政处,江阴、高港航政站的所在地,分别与当地的港务局(处)协商,联系地方组织部门,接管港务局划转移交的人事、财务、劳动工资、基建,建立、健全各地航政处、站组织架构。1975年9月,航政分局机关增设综合科,充实监督科、船舶检验科、办公室力量。在本部的栖霞山、长江大桥、下关3个重点水域设立监督站。至1976年10月"文革"结束,南京航政分局机关内有航政管理科、船舶检验科、办公室、综合科,并设置长江大桥、栖霞、板桥3个监督站。该分局拥有5、10、11号3艘监督艇,主要负责维护南京港港区、长江大桥桥区、栖霞山油区的水上交通安全监管工作。

与此同时,南京航政分局党的组织、党的组织隶属关系发生改变,党支部改为党总支。1974年7月15日,经南京市组织部批准,南京航政分局党支部从南京港务局党委划出,改由"南京市革命委员会交通局党的核心小组"领导。1975年6月18日,南京航政分局向"南京市交通局党的核心小组"报告,请求建立南京航政分局党总支委员会。此时,航政分局所辖长江江苏段航政机构共有职工118人,其中党员54人。分局本部81人,其中党员37人。1975年下半年,南京市交通局党的核心小组批准上述建立党总支的报告。1976年4月,在充分酝酿协商基础上,以老、中、青三结合原则,由7名委员组成的"中国共产党南京航政分局党总支委员会"选举产生。同时选举产生的还有机关党支部和5号、10号、11号艇党支部。1976年5月22日,镇江航政处选举产生首届党支部。这一时期,党的思想、组织建设重点是上党课,党内开展批评与自我批评,对党员积极分子进行培养教育。

南京市地方航政机构这一时期也发生变化。1971年,"南京市交通局港务管理处"与公路养护段合并,改称"南京市公路、港务管理处"。1972年8月,又将公路养护职能划出,单独成立"南京市港务管理处",隶属于南京市交通局。港务管理处下设航政科,为市交通局专司南京地区内河航政监管的机构,主要管理船舶检验、签证和船舶停泊秩序维护等。

## 三、南京航政监管职责与管辖水域分工

### (一)南京航政分局管理职责

1966年,南京航政分局成立后的管理职责,主要是照搬国务院批转建立长江航政管理局职责中所规定的内容:

(1)统一管理一切机动船舶(包括铁、木驳船)的航政工作。具体为:统一制定长江航政规章制度和船舶规范,办理船舶登记,管理船员考试,处理违章和海事纠纷案件,对修造、营运的船舶进行监督检验。

(2)对木帆船的航行、停泊实行监督管理。具体为:统一制定安全规章制度;管理停泊区域;处理轮船、木船海事纠纷和违章事件。

(3)统一管理港口的航政工作。管理所有船舶的停泊区域,维护港口秩序;统一管理机动船舶进出港口的签证工作;对港区岸线使用实行监督管理。

(4)对影响港口水域和航道航行条件的基建工程等进行监督。

此外,南京航政分局及航政处、站1966年分段管辖区分别为:

南京航政分局直辖救济洲至龙潭航段;

镇江航政处直辖龙潭至河口与新桥连线(不含河口、新桥);

高港航政站直辖河口与新桥连线至夹港与利港线航段；

江阴航政站直辖夹港与利港连线（不包括夹港、利港）至张家港与东介港连线航段；

南通航政处直辖张黄港与东介港连线（不含张黄港、东介港）至宝山咀（左岸至九坪）航段。

1974年上半年，长江航政管理局调整分支机构辖区，南京航政分局直辖苏皖交界处的救济洲—仪征；镇江处直辖仪征—三江营；高港站直辖三江营—利港；江阴站直辖利港—张黄港；南通处直辖张黄港—宝山嘴。

### （二）航政管辖水域具体分工与细则

新中国成立至今，南京长江干支流水上交通安全监管一直实行的干线与支流分管。其中，1966年国务院批准并由交通部下发的《关于建立长江航政局的实施方案》，更加明确交通部统一管理长江干线和长江航运公司经营的几条支线的航政工作，各有关省航政机构办理木帆船的检验、签证、海事处理、驾长考评等。

依据上述实施方案，南京航政分局及其所属的处、站与当地政府、港航单位通过协商后，确定了管理职责与分工细则。如南京航政分局与江苏省交通厅于1966年5月24日协商后，确定7个分工细则：

（1）关于港口的航政管理。江苏省境内长江干线上的大小港口的航政工作，由长江航政机构统一管理。沿江专（区）、市、县交通、航运部门在上述港口不再另设相同的管理港口水上安全秩序的航政机构。有关港区岸线的使用、码头的设置和锚地、木帆船、竹木排筏停泊区的划分等，由长江航政机构统一安排。各有关单位已设置的码头，锚地，木帆船和竹木排筏停泊区，一般保持已有状况不变。个别确实妨碍安全必须调整的，将会同有关单位研究解决。凡今后需要增设或移动的，可向长江航政机构申请。

（2）关于机动船舶（包括铁、木驳船）的航政管理。

①船舶登记：一切机动船舶凡船籍港选在长江干线大小港口的，登记工作由长江航政机构办理。

②船舶进出港口签证：一切机动船舶凡进出长江干线18个主要港口时，其签证工作由长江航政机构办理。办理签证时，对省航政机构所核发的各种证书应予承认有效。

③船舶检验：长江航运公司的、长江干线航区和港口上的工矿企业、事业单位的机动船舶的检验，由长江航政机构办理。

省航运局直属的、以航行省辖支线为主的机动船舶，进入长江干线港口，如遇航行有效期满或其他原因需要检验时，可由长江航政机构办理；如在省境内干线港口进行修造，可由省航政机构派员驻厂检验。

集体所有制单位的机动船舶的检验，部、省厅考虑仍行自办或交由长江航政机构办理。

④船员考试：长江航运公司和省航运局的船员考试，拟由长江航运公司和省航运局自行办理；长江干线航区和港口上的工矿企业、事业单位的船员考试，由长江航政机构办理；集体所有制单位的船员考试，请省厅航政机构考虑仍行自办或交由长江航政机构办理。

（3）关于木帆船的航政管理。凡行驶长江干线的一切木帆船（包括专业运输和农、副、渔、渡木帆船）的检验、签证、海事处理、驾长考评等航政工作，由省航政机构办理。木帆船在长江干线港口装运9种烈性危险货物和放射性物品时，也由省航政机构负责签证和监督管理。长江航政机构所经营的部分木帆船的签证等航政工作，拟交由省航政机构管理。

（4）关于水上安全秩序的管理。长江干线航区和港口的水上安全秩序，由长江航政机构统一管理。一切机动船、木帆船和竹木排筏，进入长江干线航区和港口，都必须遵守长江航政规章制度。同时在沿江设立的各级航运部门和省航政机构，对所辖的轮、木船的船员应加强安全思想教育和检查。长江航政管理机构也应经常深入现场或召开船员会议，广泛进行安全宣传教育。

长江干线上目前尚未设立长江航政机构的小港站,除岸线的使用、码头的设置和锚地、木帆船、竹木排筏停泊区的划分,由管辖该段的长江航政机构统一安排管理外,有关船舶在港站的停泊和装卸客货的安全秩序以及防止违章超载的管理,暂按下列办法管理:

①机动船舶:在设有港务站的小港站,委托当地港务站代管;没设港务站的,委托当地省航政机构代管。

②木帆船:委托当地省航政机构代管。

长江航政机构应经常或定期派员深入上述港站进行巡回了解和监督检查,并在航政业务上对沿江港务站加强领导和帮助,对省在沿江设立的航政机构给予指导和帮助。港务站和省航政机构也应经常地及时地向长江航政机构反映有关航政管理的情况和意见。

(5)关于海损事故的处理。凡在长江干线发生的省与省,或与长江航运公司,或与工矿企业、事业单位之间的轮船与轮船或轮船与铁木驳船及木帆船之间的纠纷海事,由长江航政机构调解处理。省与省之间的木帆船的纠纷海事,先由省航政机构调解处理,如果意见不一致,最后可由长江航政机构调解复议。省辖船舶之间在长江干线发生的纠纷海事或单独海事,都由省航政机构自行调解处理,但这类海事统计报表须抄送一份给长江航政机构,俾使全面掌握海事规律,及时采取预防措施。

(6)关于长江干线与支线相通河口的安全管理。江苏省境内长江干线与支线交界处的航政工作一般问题不大,但其中有几处(如南通、高港、江阴等港)又涉及港区管辖范围问题,为做好港区航政管理工作,参照以往习惯管辖范围,拟将南通船闸以外、高港、江阴第一座浮桥以外区域仍由长江航政机构统一管理。至于把口工作,如教育和管理技术状况不良、不熟悉长江航道以及不懂得长江避碰规则的船舶,尤其是农、副、渔、渡木帆船不能随便进入长江,仍由省航政机构管理。

(7)关于镇江港的航政管理。根据实施方案的规定,镇江港的航政工作由长江航政机构统一管理。其港区水上安全管理规则(即港章),岸线的使用、码头的设置和锚地、木帆船、竹木排筏停泊区的划分,机动船舶、木帆船进出港口的签证和进出港口顺序的安排以及在港航行和停泊秩序的维护等,统一由长江航政机构管理。港务局和省航政机构原有的有关港务监督和船舶检验人员应随同工作一并划归长江航政机构。

这次长江干支流航政分工,比起20世纪50年代初次分工有3点不同:①初步摆脱政企合一体制的影响,按照航政管理的正常程序实行分工;②有了统一分工标准,打破标准不一、为我所需的界限;③管理体制统一,分工责任明确,任务具体,改变多头领导、相互推诿的现象。长江航政首次实行政企分开、统一管理,改变多头领导、分散管理的固有模式,是一个很大进步,是内河港航监督机构走向集中统一管理的一种尝试。

## 第二节 航政管理制度废除与渐趋恢复

### 一、航政管理制度废除与逐渐恢复

新中国成立以来,南京港务局航政部门就管辖水域水上交通安全,已相继制定了一些航政管理制度。南京航政分局随长江航政管理体制集中统一而成立不久,一场史无前例的"文化大革命"就开始了。南京航政分局不明真相的职工将航政管理制度视为"管、卡、压",加以批判后基本上全部废除。仅1966年8月至12月,南京航政分局及所属的航政处、站共废除航政规章制度达18种,包括:轮船船员考试办法,船舶进出港口签证办法的通告,南京港船舶试车、试航几点规定,汽车过江随带自用汽油的几点规定,关于汽车过江随带自用汽油的补充规定,船舶在港装卸危险货物办理申请签证手续,关于执行海损事故调查处理收费规定的通知,船舶违章罚款,镇江港船舶进出港签证制度,船舶登记收费规定,船舶装运危险物品审批手续,镇江港机动船舶及船队各级风力发航规定,镇江港口船舶的航行暂行规定,镇江港非机动船行驶焦南航道注意事项,镇江港小型机动船行驶焦南航道十不准,镇江港非机动船行驶焦南航道十不准,关于焦山西侧水道禁止船舶通行的通知,机动船舶驾、机人员评审、考试制度等。废除这些港航安全规章后,江苏段的航政管理工作基本上已失去应有的权威,难以开展。

1971年,随着《中共中央关于加强安全生产的通知》(简称"中央71号文件")的下发,航政统一体制的进一步明确、各种管理的统一实施,长江航政以前那种"领导不明,职责不清"局面开始扭转,逐渐按照统一管理的要求,制定独立于企业的航政管理安全规章制度。南京航政分局针对各自辖区的水上安全情况,制定一些急需的管理规定和措施。如1971年12月7日公布《南京港枯水时期船舶安全注意事项》,1972年9月20日公布《南京栖霞山油运船舶锚地暂行规定》《南京原油中转栖霞山锚地暂行规定》等。这些就当时水上安全某一问题而制定的规范性文件,因受极左思潮影响,并未得到较好执行。

1974年下半年起,南京航政分局调查辖区水域船舶密度,检查航行和停泊秩序,剖析水上发生事故的前因后果,以掌握第一手情况。次年,针对不同航区和港区、油区、桥区、锚地等重点区域,制定相应的安全监督措施。1975年初,航政分局就南京港区冬季枯水期的船舶安全,重新充实《南京港区枯水期船舶安全注意事项》,主要内容为:介绍港区寒潮时的风向、雨雪天气和航道水位等变化情况,以及航标具体位置;规定进出港区的船舶操作、避让、信号使用、防险等安全防范措施;船舶遇恶劣气候,有雾和雪或视线不清时,必须停航,拉响雾中停航声号;凡过长江大桥的船舶,应减速慢行,"加强瞭望,静听四周声号";港区各码头、趸船的水手,每天测量、标明趸船周围的水深,检查安全设施;港区船舶安全设备要定期检查,做好一切防冻防滑的材料铺设。

## 二、大桥水上监管规定由警备区公布

"文革"致使南京长江干支流水域航政管理工作受到冲击、遇到阻力,机构瘫痪,规章制度遭到破坏,但南京航政员工排除种种干扰,针对各自辖区的水上安全情况,制定了一些急需的管理规定和措施。其中最突出是已成南京地方性法规的大桥水上安全监管规定,经过修改后由中国人民解放军南京警备区公布实施。

1965年之后,南京长江大桥进入水上南北引桥架设的施工阶段(集中于1965年10月—1967年底)。为继续确保大桥水上施工和通航的安全,南京航政分局在《大桥水上施工期间水上安全管理办法》基础上,经过修改完善,于1967年4月1日形成《南京长江大桥水上安全管理暂行规定》,由中国人民解放军南京警备区公布实施。

1968年9月,南京长江大桥正式通车,被作为军事设施对待。大桥水上安全重点转到以水上交通为主,重点保障船舶安全通过大桥桥区。经过修改的管理规定《南京长江大桥水上交通安全管理暂行规定》,增加了"交通"二字,于1969年6月28日由解放军南京警备区以〔69〕宁警字第1号文公布并实施。该暂时规定共有大桥水域、大桥通航桥孔、船舶通过大桥等十条。其中规定大桥管理水域,南京、浦口两岸火车轮渡码头的连线为上游界限;大桥以下900米南北两岸的连线为下游界限。这一规定一直使用至1986年3月。

除上述有关南京长江大桥水上安全监管的地方性法规外,南京航政分局在"文革"十年中还制定了一些针对大桥水上安全监管的配套措施与规定,如大桥上水新航道枯水期引航操作方法(1966年)、大桥航道调整规定(1966年)、大桥安全管理规定(1966年)、试行船队通过桥区的尺度及试航经验(1966

年)、江苏省境内长江干线轮船与渔船安全避让规定(1966年)、加强大桥水域秩序管理意见(1967年)、船过大桥的安全措施及下水通过八孔的引航操作方法(1971年)等。

## 第三节　航政管理工作的艰难开展

### 一、继续维护长江大桥施工水域安全

"文革"十年南京航政管理工作大体上分为两个阶段,主要以1970年《中共中央关于加强安全生产的通知》的发出为分水岭。不过,因处于内乱期间,南京航政管理工作的开展始终步履维艰。1966—1970年,由于极左思潮影响,航政管理工作大多处于停滞状态;1971—1976年通过整顿与调整措施,情况稍有改观,但受无政府主义思潮的影响,航政管理工作的开展阻力重重。在周恩来等老一辈无产阶级革命家领导下,南京航政分局干部和职工在逆境中顶住压力,排除干扰,努力扭转南京地区水上交通安全被动态势。

为确保南京长江大桥施工水域安全,1966年9月4日南京航政分局经与位于江边的解放军海军学院协商,购买南京港务局1号码头下宁港一区与原国民政府海军医院交界临江处一角的长25米、宽8米的一块土地,作为建设南京大桥监督站使用。在与解放军海军学院院务部管理处办理相关手续后,便加紧筹集资金和开工建设。到1966年底,在南京港务局1号码头处一个混合结构4层共200多平方米的炮楼式瞭望塔(包括瞭望、信号及附设设备等)建成。1967年初,南京大桥红卫(监督)站正式成立,负责南京长江大桥水域现场维护工作。大桥站成立之后,全站17名人员继续发扬甘于奉献、忠于职守的"大桥精神","一天三班倒",做好大桥水上施工、船舶通航的安全保障工作。瞭望塔上值班人员24小时用望远镜观察过往大桥施工区的船舶,一旦发现异常,就用高音喇叭喊话,或派监督艇前往现场处置。为纪念这段历史,至今这个瞭望塔还矗立在扬子江畔。图4-3-1为20世纪70—80年代的南京长江大桥监督站与"监督5"号艇。

图4-3-1　20世纪70—80年代的南京长江大桥监督站与"监督5"号艇

1966年统一长江航政管理以后,南京长江大桥水上9座桥墩竣工,并转入桥梁架设阶段。长江航运公司决定自1966年7月14日起尝试船队通过大桥施工区。南京航政分局与大桥施工单位、南京港务局、航道部门、大桥试航工作组、南京市交通主管单位一起组成"大桥试航工作组",共同研究最佳方案,引领协助拖驳船队安全通过大桥,避免过去拖轮船队过桥先在大桥上下锚地抛锚解队,然后分批组织船队过大桥,缩短船舶在桥区停泊周期。大桥监督(红卫)站,充分发挥巡逻艇和红卫站的瞭望、监控作用,总结过大桥施工水域的安全操作经验,制订"船队通过桥区的方案""拖驳船队拖带方式和队形试验方案",提出过桥的6个关键:助航设备、通航秩序、过桥船舶与火车轮渡避让、雾中过桥、大风中过桥、危险品过桥。1966年,南京航政分局还指定专人整理出一套在不同季节、不同风压、流压,不同桥孔的引航操作办法。还经常选派航政人员到现场听取船员反映,与船员共同研究船舶安全航行问题,提高巡逻艇维护水平。这些维护大桥管理经验,保障大桥1959年开工至1968年12月29日全面建成通车的9年施工期间,在人员少、装备差(较长时间仅有一艘小艇)情况下创造"全天候不断航"记录。

1969年10月1日,南京长江大桥建成通车。南京航政分局对大桥的水上安全监管转入以过桥船舶、

排筏现场维护为主。1972年起,大桥监督站与现场巡逻艇分开管理改为统一管理,由大桥监督站负责桥区水域现场维护和巡逻艇船员的值班与管理,改原来1艘巡逻艇专职值班维护,为3艘巡逻艇船员轮流值班维护,桥区、油区、港区航行秩序巡逻艇轮流维护,从第3季度起实行站艇合一的工作模式,进一步摸索出桥区、油区、港区航行秩序的经验。1973年之后,大桥监督站实行桥区维护统一管理,原来3艘巡逻艇船员轮流值班,带来流动范围大、管理上的混乱,从第三季度起改为船、站合一,由大桥监督站负责维护桥区巡逻艇船员值班和管理,其他各巡逻艇也定人定岗位,从而扭转了上述状况。仅7—12月,纠正各种违章367起,抢救遇险17起。

1975年起,南京航政分局大桥监督站,根据大桥现场监管特点,加强现场维护力度,并把注意力转到摸索加强现场管理规律方面。特别5—6月洪峰期,面对长航船队在大桥桥区水域连续发生的6次险情,南京航政分局召开港务局、长航安全调度、船管部门及在南京的船员参加的座谈会,讨论险情,制订出有针对性过桥措施。这一措施在对船队队形、排筏尺度做专门研究的基础上,就船队、排筏尺度作了相应调整,从原40米×60米改为50米×70米,适当放宽,增大稳性,以保证安全过桥。这一年,大桥监督站共维护大型船队通过桥区1535艘次,纠正违章1108起,进行施工维护40多起。1976年,大桥监督站巡逻艇共出航3892航次,航行1700多小时,维护船队、排筏3971艘次,纠正违章作业1029次,抢救险情66次,其中避免事故与化险36次。

1976年,大桥监督站抓住长江大桥桥区过往船舶频繁的特点,坚持出船早、出船快,及时维护,并总结出桥区现场维护"四掌握""四及时"管理经验(即:掌握桥区水位变化,及时进行现场维护;掌握各种船舶类型,及时采取不同护航办法;掌握船舶违章规律,及时开展宣传教育;掌握遇险船舶动态,及时出航抢救),化险为夷。随后,长江航政局及时推广了南京航政分局大桥监督站现场保证长江大桥安全监管经验。

## 二、保证首次进出长江万吨级油轮安全

20世纪60年代初大庆油田建成投产,我国甩掉"贫油国"帽子。长江沿江100多个大小城市用油,亦从过去依赖进口逐步实现自给有余。国家在南京长江大桥下游24公里处建成年加工量达100万吨的南京炼油厂。交通部1966年10月决定建设南京港海进江石油中转港区,称海进江石油过驳装卸区。随后,南京市政府通过论证,选择在位于南京炼油厂对岸下游2公里的栖霞山江面建设过驳锚地,在南京炼油厂区江边建设工作码头及其他陆上设施。

为保证大庆油田原油通过水路转运到南京炼油厂,交通部于1964年秋抽调北方区海运管理局、长江航运局、长江航政局、上海轮船公司有关人员,组成"深水油轮进江办公室",下设两个大组,筹备万吨级油轮进江试航准备工作。其中,一个组专门负责解决万吨轮进江技术操作问题,一个组负责解决安全问题。随即,南京航政分局调查了南京以下的通航环境和航道情况,协助航道部门清除长江口至南京491公里航道障碍物,测量与增设助航标志,制定《万吨级油轮进江避让暂行规定》,绘制"航行指南图"。1966年3月7日,交通部决定万吨油轮进江试航日期后,南京航政分局又根据"深水油轮进江办公室"有关油轮进江水上交通安全监管要求,向油轮通过航道的沿江地方(江苏省)政府及南京军区做出汇报和通报,提请支持,请求部队在油轮通过时派人在各河口协助控制小船随意进江而影响油轮航行安全,请南京以下各港务局临时派港作船现场协助维护。南京航政分局先后两次前往长江江苏段的4个地区、5个市、7个县、13个乡镇及船舶停泊站点,宣传海轮通过各水域的安全避让与相关注意事项。同时,要求其下属的镇江、江阴、南通航政处在油轮通过的丹徒、福姜沙、通州水道时各派一艘监督艇,实行临时单行控制,并在江阴渔区、镇江焦山附近水域各派一艘监督艇,控制下行船队。另外,对南京炼油厂码头实施重点维护

和泊位实行管制,确保油轮航行安全。

由于多方支持,精心维护,"建设 17"号(后改为"大庆 17"号)于 1966 年 3 月 21 日从大连载原油 10888 吨启航,25 日进入长江,26 日抵达南京炼油厂码头,29 日卸完,30 日返航。此次海运油船安全进出长江。开创了万吨级船舶安全进江直达南京港口的先例,为后来海轮及外轮进江的安全维护提供了宝贵经验。从此,南京港海运进江后再中转出口的原油逐年增长,进江的油轮日益增多,到 1981 年达 2100 艘次,且船舶吨位逐渐增大,最大达 5 万吨。南京航政分局选派巡逻艇维护"大庆 17"号油轮进出南京炼油厂和栖霞山锚地,仅 1976 年就达 79 艘次。

为提供进江油轮及其他船舶航行指南,1966 年南京航政分局组成 6 人编写组,在掌握长江下游航道变化特点,摸清港航企业船舶情况基础上,于 1973 年 8 月编成《长江下游航行参考(南京—吴淞口)》一书。这一航行参考图文并茂,系统地介绍了各类型船舶航法及航行规律和注意事项,包括港区概况、航道标志、水流变化规律、船舶上下水航行具体方法、避风锚地位置、过江电缆数量、风讯信号杆、障碍物等 12 个方面。这是一本较为翔实的航行指南。

此外,随着长江石油运量大增,原南京港石油中转区能力不足,国家计委 1971 年批准在南京建原油中转二期工程,并选址于南京长江大桥以下的新生圩处建设进江原油中转码头,至 1975 年完成码头 4 座及相关工程项目。同年,国家石油工业部又筹建鲁宁输油管道,穿过长江终端至新生圩。后因油田原油不足和管道过江工程复杂、施工周期长,最后终端设于长江北岸仪征赵庄沟。1976 年 8 月,在赵庄沟建设石油中转码头,命名为"南京中转油港",年通过能力达 1500 万吨。从此,随着中转油港运输量的增加,南京航政分局进一步加大投入,做好油区水上安全监管工作。

## 三、通航监管恢复与全面展开

### (一)开展有特色的水上交通安全大宣传

面对这一时期长江江苏段不同航段存在的不同水上交通安全状况,南京航政分局全面了解水域航运企业、港口码头分布情况,水上安全环境与航行秩序,采用录音广播,以及召开船舶单位、船员座谈等形式,宣传国家水上安全法规和长江船舶避碰规则等。

1970 年底党中央下发《中共中央关于加强安全生产的通知》之后,南京航政分局及下属航政处、站组织力量进行宣传。1973 年,坚持"宣传在先,预防为主"原则,加大水上安全监督力度,先后 3 次组织工作组,到沿江及江苏省 36 个县(市)和船舶集中地,以中央安全生产通知为主要内容,结合长江航行安全各项规章和海损事故案例,先后宣传 40 余场,听众 3900 多人次,发放宣传材料 28500 份。1974 年,南京航政分局在南京以下的长江干支流水域开展安全宣传,以逐船宣传和检查相结合,采取一听(听船舶或码头安全情况汇报)、二看(看安全设备)、三宣传(宣传安全生产的重要意义)、四建立(建立有关规章制度),先后开展 4 次水上安全宣传与监督活动,宣传船舶 3000 多艘次,听取宣传的船员与相关人员 15000 多人次。巡逻艇共现场维护 5600 多航次,纠正违章 1800 多件,抢救险情 90 余次,维护大型船队、排筏 1778 个,纠正违章 367 起,抢救遇险船舶 17 起。1976 年 6 月 10—30 日,南京航政分局深入南京地区水域,现场宣传和检查共 2814 人,发放宣传资料 1200 多份。11 月 14 日至 12 月 20 日,南京航政分局又组织所属航政处、站人员,到镇江、扬中、丹阳、常熟、沙洲等沿江 12 个县(市)进行以长江避碰规则为主的安全宣传,听取宣传、讲座、座谈会人员 914 人,并编写宣传材料 8 份,油印发放安全资料 1340 多份。

为取得更好的宣传效果,南京航政分局根据不同航段和问题,编写长江船舶安全宣传材料,绘制成各种形式的张贴画。1975 年 6 月下旬起,南京航政分局联合南京水上公安分局、市港务管理处等单位,开展安全知识宣传,首次举办图片展览和录音广播,并上船检查宣传教育活动。在这次活动中,仅用一个月时间就完成图片展览和录音广播素材的准备工作,包括从素材的收集整理、摄影、绘画、录音到配词,复制了57幅图版。接着抽调5号监督艇对过往船舶进行宣传,8—12月到船舶集中区巡回展出共计78场次,参观者达3500人次,还印发"长江轮木船避让信号简图"1500份。1976年,又到长江江苏段沿江县、市和船舶单位巡回展出与播放录音。这种以图片展览和录音广播相结合的方式形象化地宣传航政法规,新中国成立后在南京水上还是第一次。同时,南京航政分局还编制《船舶安全宣传画册》。这一画册结合南京师范学院美术系开门办学机会,请师生绘画,既支持师生开门办学,又解决航政部门绘画困难。

### (二)镇江处向全国介绍渔区整治经验

这一时期,南京以下长江干线水域,尤其瓜洲至江阴段,每逢渔汛季节,渔船布满江面,拥挤在大港、瓜洲一带狭窄、弯曲航道中。负责瓜洲至江阴段现场管理的镇江航政处,努力了解渔民捕鱼情况,针对渔民不懂轮船信号、声号、航路及各类船舶操作特点,以及轮船船员不熟悉渔民捕捞生产规律的状况,向渔民介绍不同类型轮船的航行状况、操作性能和信号使用情况,还以宣传画予以说明,结合实际编写"长江下游渔汛及避让注意事项",向轮船船员作宣传。

1972年9月,交通部召开全国安全生产会议。镇江航政处在会议上介绍上述渔区管理经验。其要点有:①帮助渔民了解各类轮船的灯号、信号、声号,以及航路变化规律;②通过多种方法向过往船舶介绍渔民捕鱼下网深度、起网时间、具体标志等捕鱼活动规律和情况;③结合航道实际制定《长江下游渔讯避让注意事项》;④加强现场安全监督和延长维护时间。12月15日,长江航政局下发通知,要求长江全线航政系统学习镇江航政处整治渔区水上秩序的经验。

1975年8月10—30日,南京航政分局抽调巡逻艇,两次深入南京长江干支流渔业社、渔船,宣传安全知识,纠正违章渔船,共宣传、检查渔船528艘次,宣传2500人次,发放宣传资料800多份。

### (三)分局直辖段实行针对性重点监管

"文革"期间,南京一带梅山冶金公司、化学工业公司、炼油厂等联合钢铁、石油化工工业群体兴起。1971年,南京建成栖霞山石油中转装卸区(一期工程),石油开始成为南京港的大宗货源。之后由于长江石油运量大增,南京港口已建的石油中转区能力不适应,国家计委批准在南京开工建设原油中转港二期工程,选址于新生圩,以分担海进江原油中转装卸任务。到1975年,共建成油码头4座、临时变电所1座。旋因石油工业部筹建鲁宁输油管道,终端暂设南京长江北岸仪征赵庄沟,以及国民经济调整,新生圩原油中转港二期工程暂缓。后为落实周恩来总理关于三年改变港口面貌的指示,全国港口会议决定在长江下游选择适当港口建设深水泊位,以接待外贸海轮。1976年3月上报新生圩深水泊位建设任务书。6月,国务院为紧急疏港,决定南京港为海港分流,准许装卸南京进口物资的中国籍远洋货轮到南京港装卸。

就南京水上交通安全特点,南京航政分局自1973年起进一步加强现场监管,充分发挥巡逻艇现场维护与航行秩序治理作用,重点放在违章船舶及时纠正,载运危险货物船舶遇险及时抢救方面。1973年8月,及时抢救各种险情和纠正违章航行船舶52艘。但好景不长,1974年批林批孔、反击右倾翻案风政治运动兴起,航政管理工作开展再次受阻。在这一背景下,南京航政分局注重从实践中摸索监管经验,寻找突破口,把握重点,攻克难点。如栖霞监督站对油区的现场安全维护,重点放在寻找船舶易发生火灾、出现污染的安全隐患,制定"坚持防火、防污安全检查,坚持严禁过往船舶闯入油区,严格督促油船遵章守纪"的油区管理办法,保证油轮进出港区和锚地停泊安全。

### (四)船舶锚地安全隐患的整治

就长江江苏段船舶锚地安全隐患,南京航政分局采取一系列管理措施:走访具有拖带能力的航运单位,向它们介绍船舶停泊的位置和水深情况,并出示锚地停泊的具体位置示意图。护送船舶或船队进出锚地(每次船队或海轮、油轮进出锚地前,巡逻艇出航护送,并监督停泊)。发现抛锚不当的船舶,督促船方纠正;对来不及纠正的船舶,除监督艇协助纠正外,发出违章通知,要求船方今后改正。

1966年,南京航政分局加强对栖霞油区"防火、防污染"的监管工作,督促油轮遵守装卸的有关规定,并首次对油轮、海轮、分节驳船的锚地停泊秩序采取具体管理措施,确定停泊水域,纠正小型船舶抛锚不当行为。

### (五)做好水上水下施工工程审批

对水上水下施工的管理工作,主要是审查施工图纸、方案、安全措施,到现场实地查看,及时发布航行通告、通电,督促施工单位落实安全措施。如1975年南京长江干支流水上水下施工工程有水上测量、钻探、电缆敷设、打桩、修建码头等。尤其张子港鲁沪输液油管线钻探施工,工程为期半年,改移航道十多次。为此,南京航政分局制订安全措施,加强巡逻艇现场维护。航道改移时,发布航行通电、通告。全年共审批水上水下施工工程28起。

## 四、船舶监管范围扩大与监管恢复

自20世纪60年代长江航政统一管理体制形成起,南京航政分局就积极摸索针对港、桥、油、渔区域各自特点的管理经验。

1974年之后进出南京长江航段船舶密度逐年上升,船舶吨位增大。大型油轮进江,远洋货轮直达南京,江苏水网地带的农、副挂机船50余万艘中的大多数也进入长江。农、副挂机船多数设备较差,船工不懂航行规章,事故多为与大型船队及小型船之间发生。

面对如此多的船舶进出长江江苏段,南京航政分局根据油轮、海轮进出口量增加,停泊锚地增设而开展有针对性监管工作。1971年4月,南京栖霞山原油中转区建成投产,栖霞山油轮锚地同时设立。1974年之后,南京港区原油运输量逐渐增加,海轮、油轮进江量增大,分节驳船亦开始推广使用。为解决大量进江船舶的停泊问题,南京栖霞、仪征、新生圩,以及燕子矶、上元门、梅子洲、南通狼山等水域,先后经审批而开辟油轮、海轮、分节驳停泊锚地。

这一时期,位于张家港处的长江福姜沙南水道(以下简称福南水道),为适应海轮进江而开放。1972年前,海轮进江都是走福姜沙北水道。后来此航道淤浅,海轮受吃水限制,无法通过。1972年3月,交通部指示上海海运局、南京航政分局等单位组成试航工作组,用万吨海轮试航福南水道。1973年10月,上海海运局上报交通部,要求开放福南水道。1974年初,交通部明确规定,"进江万吨轮自当年5月1日起,在福南水道试航三个月"。自试航后,因水深条件良好,海轮均改由福南水道通过。1978年7月3日,交通部正式下达开放福南水道的通知。

南京地方的船舶签证,"文革"一开始便告中断。1970年,江苏省交通厅下发《关于在江湖、河口地区恢复船舶签证通知》,规定南京市港监部门在外秦淮河的三汊河口恢复签证工作,依据交通部的签证办法,对原有船舶签证制度进行整顿,加强管理,严格把关。进出该辖区水域的本港籍和外港籍船舶签证分为3类:①进出港签证,即对外港船舶实行以出港为主签证;②航次签证,即对客班轮、专线货轮及固定航线的拖轮船队实行航次签证;③定期签证,即对短途班轮、港内渡轮、港口辅助工作船、航道工作船、航标船等实行间隔期一个月的签证。

## 五、船员监管全面恢复与开展

1966年"文革"开始后,航政管理规章被废除,组织机构瘫痪,安全工作无人问津,船员的技术考核和证书的办理一盘散沙,船员技术水平标准考核均以"革命精神"来衡量。原来航政机关代表国家所实施的船员理论和技术操作实际考试,改由船舶单位"群众评议,领导推荐",然后报送航政部门发证。1966年9月23日,长江航政管理局下发通知:"长江航运公司所属船舶船员交通部已经同意由本企业自行考试,发给职务证书任命书。"就是这样不经考核、自行评议的所谓船员考试,在当时也被视为"修正主义"的东西,要纳入批判范围,一再要求予以砸烂。因此,航运单位自行制定对船员考核的评议规定及办法,事实上处于有章不循、无章可行的状态,以致船舶无证照常航行,安全设施因缺少专人管理、维修损坏严重,船舶往往带病作业,违章航行司空见惯。

1971年10月29日起,南京航政分局开始换发中央和长航所属的厂矿和企事业单位的轮船船员证书。仅这一年11月、12月两个月就换发证书1000多份。1972年上半年,根据船舶单位和船员考试缺乏学习材料的要求,南京航政分局抽调4人编写"长江船舶驾驶辅导学习材料",共印刷发放50000多册。其内容包括船舶操纵、长江水路图、船艺、内河航章、船用气象和潮汐、油船安全工作、装运危险品注意事项、船舶装载、船舶消防救生等。1972年,采用理论与实际相结合、笔试与现场考试(看操作、提问题、了解平时操作情况)相结合,考试小组评定的办法,对中央和长航所属的厂矿和企事业单位轮船船员进行了4期理论考试,应考人员达170人。这是受"文革"冲击中断后首次恢复船员考试。11月4日,南京航政分局下发《关于船员证书及船员考试的通知》,规定凡持有原中央及地方所发轮船船员证书,根据换证条件,经群众评议(自我鉴定,小组评议),船舶单位领导审定鉴定,由航政局核定换发。换证和考试时间是1972年11月14日至12月31日。

1974年,南京航政分局在9月、10月共40多天船员宣传中,组织人员深入航运公司船队,与船员共同生活,询问与检查安全情况。同时成立由航运企业干部、工人、技术人员参加的"三结合"船员考试小组,考前举办学习班,考中结合生产任务,以现场操作为主、理论为辅,考后由群众、船考小组、领导评议。仅南京地区就进行2期船员考试,参加考试的船员为114人,通过考试取得合格证的103人,发放船员临时代职证书78份。1976年,南京航政分局对南京港作船与长航上海分公司所属船舶分3次5批进行船员考试,共换发临时证书和发证570份。

"文革"之初,南京市内河船员考试被取消,改由航运单位自行评定。1973年之后,南京市港口航政部门恢复船员考试制度,对原有船员考试制度进行补充和完善,举办船员考前业务、技术学习班,考试采取现场考试和笔试同步进行(以现场操作为主),现场考试不及格者不予录用。

## 六、船舶污染水域监管的起步

长江江苏段开展船舶防污染监管工作始于"文革"后期。1972年,交通部重新公布《危险货物运输规则》(简称"72年危规"),于1月1日起实施。1973年,交通部规定:我国150总吨以上的油船和400总吨以上的其他船舶均应配备油水分离器、排油监控或报警装置、粪便和垃圾处理装置。1974年1月22日,交通部下发《关于加强防止港区水域油污染的紧急通知》,要求各港务监督加强防油污宣传教育,制定操作规章制度。其中,南京港港区防污染问题成为全国内河唯一要求予以重视的一个。1974年1月30日,交通部公布的《防止沿海水域油污暂行规定》试行,规定港务监督是"港口防污染主管机关"。从这以后南京航政分局开始筹建专门的监管机构,进行船舶污染防止工作。1975年5月,交通部要求各港监(航政)加强防污染工作,尤其抓好船舶污染港口水域的防止工作,建立专业机构。在这一背景下,1975年之后南京航政分局被长江航政局列为防污染工作的试点单位,在局机关港航监督科内成立"防污染组",增加 3 名专职人员,派出 2 人到南京市防疫站和青岛港务监督学习专业知识,学习水质防污染化验工作,并调查江面水质受污染和沿江化学工厂排污情况,还抽查油船压舱水、洗舱水的去向。这标志着南京航政分局对船舶防污染监管工作的开始。南京航政分局还组织人员了解辖区水域污染情况,与长江江苏段内的当地市、县有关环保管理人员配合宣传防污染政策。1976 年,南京航政分局加大检查与整顿油船、油区及油码头防火、防污染等安全设施力度,制定"坚持防火、防污染安全检查,坚持严禁过往船舶闯入油区,严格督促油船遵章守纪"的油区管理办法,保证油轮进出港区和锚地停泊安全。

## 七、船舶检验推进与全面开展

"文革"初期,南京航政分局船舶检验工作由船厂工人、技术人员、干部的"三结合"检验组代替。由于当时航运单位处于混乱状态,所谓"三结合"检验组的船检工作只是做做门面,没有具体的规范,往往凭某些人的主观判断。更有甚者,船舶建造完工后,船厂自行签署合格证书出厂,因质量不合标准而造成严重损失。如 1970 年有家船厂建造的 6 艘 1500 吨甲板驳,出厂不到半年就发现焊缝漏水、中舵脱落的严重质量事故,被迫返厂修理。

1970 年 12 月 11 日,党中央下发《中共中央关于加强安全生产的通知》(简称"中央 71 号文")后,船舶检验改由航政部门配合生产企业"共同把关"。为了发挥航政对船舶检验的监督作用,处于"配角"的航政分局的船舶检验人员,排除干扰,深入调查各船厂和船用产品单位状况,针对修造船和船用产品质量,协助厂家开展正常船舶检验工作,宣传船舶建造质量好的典型,与船厂共同订立船检工作制度。1971 年之后,南京航政分局船舶检验科与金陵船厂协商拟订 6 条验船验收制度,达成"关于 1000 吨油驳的交验协议书",并向其他船厂(如新华船厂等)推广这一验船办法,从多方面保证船舶修造质量。还召开由 16 个单位 130 多人参加的现场经验交流会。1972 年 1—10 月,共检验船舶 210 艘,其中机动船 87 艘、驳船 123 艘(包括南京以外的镇江等船厂)。1973 年夏季,江苏省新华船厂接受一项援外汽车渡轮船舶的建造任务,且时间紧迫,从熟悉图纸到交船时间仅有 20 天。为此,南京航政分局检验部门的人员就吃住在船厂,与工人、技术人员一起,昼夜在现场边建造边检验,发现问题及时研究解决,注重把好质量关,在规定时间内保质保量完成了建造和检验任务。全年,南京航政分局共检验各种船舶 323 艘(92945 吨),比 1972 年提高 21.7%。

1975 年,南京航政分局船舶检验科执行船检规范与条例,严把船舶建造质量关。如在金陵船厂建造长江下游客轮"东方红 411"号等船舶中,验船人员主动与船厂配合,时常工作到深夜,仔细观察分析建造过程中质量工序,保证船舶建造质量。1976 年,南京航政分局船舶检验科驻金陵船厂小组继续按"一宣(宣传质量的重要意义)、二依靠(依靠船厂党委、工人群众)、三结合"(领导、工人、技术人员三结合)的工作方法,推进船舶检验工作的开展。5 月,南京航政分局将张家港、江阴、南通的船检业务划归江阴管理,并成立江阴船舶检验组。9 月 20 日,南京航政分局船检部门召开船舶和船用产品质量经验交流会,35 个单位 70 人与会,交流经验,互通情况,并推广金陵船厂开展工厂、车间、班组三级检验制度,保证"华山"号浮船坞、"东方红 411"客轮质量的经验。之后,南京地区 80% 以上船厂建立三级检验制度。

这一时期,南京市港口航政部门根据 1962 年中国船检局公布的《船舶检验规则》中有关船舶建造检验规定和要求,统一规范南京市地方船舶检验的项目和要求,包括设计图纸审查、材料选用、工艺、船舶稳性、强度、干弦计算公式和方法等。1973 年之后,对南京市属和陆续划归南京管辖的江宁、江浦、六合、溧水、高淳五县的船舶检验进行合理分工,原则上 40 马力或 50 总吨以上机动船属市检验范围,县属航运企业、40 马力或 50 总吨以下船舶由县检验部门检验。

## 八、出台水上事故防范措施与重大案例

海事处理,除沿用海事处理程序和处理方法外,1974年后南京航政分局加强调查研究,防患于未然。1976年11月19日至12月12日,组成5人的海事调查小组,分析研究南京至吴淞口间的长江江苏段发生的水上事故,先后8次与航运单位座谈,走访船舶(尤其万吨级以上海轮)船员,征求他们对发生海事原因和加强水上安全管理的意见,从中找到了多数水上事故发生的主要原因是浪损,具体原因有:管理不严,有章不循,海轮功率大,冲击波大,小船本身抗浪能力差。为此,采取3项相应措施广为宣传和实施监管:①严守"长江避碰规则",规定海轮遇小船减速行驶;②小船遇大船主动让出深水航道,走浅水航道;③禁止小船超高超载。

虽然当时针对海事发生采取了一些防范管理措施,但由于受"文革"的影响,水上秩序混乱的局面未能从根本上得到扭转,水上交通事故仍不断发生。仅1976年南京港区水上就发生事故32起,沉船10艘,死亡8人,造成经济损失246504元,比1975年分别增加146%、100%、300%、116862元。其中,影响较大的水上交通事故有:

1976年10月6日5时,江苏省江都县周西公社李沈大队一艘15吨驳船,行至南京龙潭水道与"东方红8"号轮相碰后沉没,致5人落水、4人死亡。

1976年12月30日19时,在南京凡家矶水道,安徽省当涂县湖阳公社塘沟大队一艘农机船,与"长江720"拖轮船队相碰而沉没,4人落水而亡。

## 第四节 管理人员增加与设施(备)增添

### 一、管理人员逐渐增加与文化教育

1966年4月,南京航政分局建立时,共有47人(其中航政分局本部30人,镇江航政处8人,南通航政处、高港、江阴航政站均为3人)。

到1972年10月,航政分局及各航政处、站人员(包括技术人员、行政人员、船员)总数为87人,其中南京航政分局65人(详情见表4-4-1)。

**1972年南京航政分局及处、站人员一览表**　　　　表4-4-1

| 合计 | 南京分局 | | | | | | 镇 江 处 | | | 南通处 | 高港站 | 江阴站 |
|---|---|---|---|---|---|---|---|---|---|---|---|---|
| | 小计 | 航政 | 船检 | 办事 | 政工 | 船员 | 领导人 | 小计 | 航政 | 船员 | 航政 | 航政 | 航政 |
| 87人 | 65 | 11 | 10 | 2 | 1 | 40 | 1 | 14 | 3 | 11 | 4 | 2 | 2 |
| 负责人 | | | | | | 宋武德 | | 王怀增 | | | 陈学礼 | | 沈忠耀 |

与此同时,南京航政分局机关科室、基层监督与人员也发生变化。1972年,南京航政分局本部65人,其中干部25人,船员40人。1974年12月,南京航政分局为94人,镇江处24人,高港站2人,江阴站3人,南通处4人。1975年6月18日,南京航政分局为81人,其中党员37人。从7月起,从武汉、九江、宜昌等港航企业调进6名技术人员和7名船员,以缓解巡逻艇船员紧张矛盾。

这一时期,南京市港口航政部门管理人员也得到逐步加强。至1976年,从事南京市港口航政管理和船舶检验的人员增至21人。

### 二、监管业务用房翻新与船艇增加

南京航政分局1966年4月成立后,南京港务局移交了位于南京江边3号长江航运公司上海分公司

驻南京办事处办公的用房(此房是1949年南京解放时接管的国民政府南京航政办事处用房,共2层5间约680平方米)。

上述办公房年久失修,设施简陋。1975年,南京航政分局筹集资金对其进行改造装修。装修施工期间,分局机关3个科室(港监科、检验科、综合科)分散办公。港监科在江边的趸船上办公,检验科挤在8平方米小屋办公。1975年12月,办公用房装修完成,增加了2层,总面积共1375平方米。随后,分局机关科室全部搬进去办公。12月2日,分局机关办公用房改造装修结束,就分局机关仅有一部自动外线电话,满足不了对外通信的需求,南京航政分局向电信部门申请再安装一部外线自动电话。自此,航政分局机关拥有两部自动外线电话。

这一时期,南京航政分局用于现场巡逻和维护的船艇几经改名。1966年初称"监督艇",按长江航政局统一编号,5艘编号分别为3、4、5、8、9号,其中3、4、5号供分局本部使用,8、9号为镇江航政处使用。其他航政处、站未配船艇,发生水上影响安全情况,需要去现场进行检查,就由港务局调度临时调派港作船前往。对锚泊的船舶,则利用船员上岸办事,询问锚地安全情况。9月,长江航政管理局下发"破旧立新"通知,南京长江大桥监督站改为"南京大桥红卫站",验船师改为"船舶检验员",监督员改为"航政员",监督艇改为"红卫艇"(顺序号相应为5、6、7、8、9号,数量和使用单位没有改变)。1970年,"红卫艇"改为"巡逻艇",船艇数量和使用单位仍未改变。1971年,这些巡逻艇中,一艘为240马力,2艘为120马力,2艘为80马力。1972年,长江航政局公布并实施巡逻艇和航政员职责,此时南京航政分局仍有5、8、9、10、11号5艘巡逻艇,使用单位没有变化,即:航政分局本部3艘(5、10、11号艇)、镇江航政处2艘(即8、9号艇),南通航政处和江阴、高港航政站仍无船艇配备。1975年,"巡逻艇"改为"江监巡"。3年后,又改称"监督艇"。

# 第五章　南京海事的初步发展(1977—1982年)

1977年起,"文革"结束后的南京航政全面恢复航政监管工作。特别是1978年起我国实行改革开放,长江江苏段航政建设和发展步伐加快,南京航政分局充实与新建管理机构,完善与新建管理制度,进一步扩展航政监管工作。1980年起,国家决定长江沿江8个港口对外开办贸易,其中包括长江江苏段的南京等4个港口。自此,长江江苏段开始增加对航行国际航线国轮的监管和引航服务,推动航政管理体制、监管工作新的变化,监管职责、范围扩大,监管队伍、基础设施建设加速,整体监管能力迈上新台阶。南京地方港航监督部门从市港务管理处划出单立,以渡口安全管理为主开展南京地区内河安全监管工作。

## 第一节　航政管理机构充实与新建

### 一、确定航政分局级别与机构全面充实

"文革"结束之后,南京航政分局将恢复、充实航政机构和加强组织建设,作为首要考虑的问题,并多次向上级主管部门和地方政府反映情况。

南京航政分局1966年成立时,交通部、长江航运局就规定行政级别为处级单位,但没有确定下来。1974年2月8日,交通部下发的《关于加强长江航政管理分局工作的通知》中,再一次明确航政分局为县(团)级单位。之后,南京航政分局及各航政处、站与所在地地方港务机构磋商,明确航政分局及航政处、站的行政级别,但由于多种原因仍未落实。1982年6月25日,交通部以[82]交人字1341号文再次行文重申了1974年《关于加强长江航政管理工作的通知》中所明确的"南京、重庆、芜湖航政分局和武汉、九江航政处为处级(县团)级单位"。至此,南京航政分局行政级别正式确定下来,本部下设下关、大桥、栖霞、仪征4个监督站。1978年1月,南京航政分局将"港航监督科"改为"航政科"。5月,江阴航政站改"江阴航政处"。为满足张家港港外贸港口管理需要,成立"张家港航政站",暂由江阴航政处代管。与此同时,1977年1月4日南京航政分局使用新印章,原印章停止使用。1978年6月15日,就使用新印章作出"关于用印的审批规定",实行专人保管。

1979年4月25日,南京航政分局党总支从南京市交通局党委划出,改由南京港务局党委领导。8月22日,南京航政分局党总支向南京港务局党委报告,按《中国共产党党章》规定,曾于1976年3月成立的(5、10、11号)3艘监督艇党支部(任期3年)已超过时间,请求改选。之后增加的19号、37号两艘监督艇分别成立党小组,归于机关支部。随后,通过选举产生3艘监督艇党支部。至1979年底,南京地区有监督艇5艘(5、10、11、19、37号),船员65人,党员19人。至1982年12月8日,南京航政分局党总支相继改选6个党支部,即5号、10号、11号监督艇支部和船队、机关、镇江航政处支部。航政分局有党员79人,其中南京45人、镇江10人、江阴6人、张家港5人、高港2人、南通11人。同时,1979年11月13日下发召开"南京航政分局工会首届代表大会通知"。

在不断充实长江干线航政队伍的同时,南京航政分局为局内港航监督科、船舶检验科主要科室重新配备骨干力量,选调具有一定专业和经验丰富工程技术人员担任正、副科长。1978年4月8日,南京航政

分局进一步规范局内机关科室职责,第一次建立职能科室岗位责任制,明确办公室、船舶检验科、港航监督科、综合科的职责和分工范围,要求各科室工作分工到人,各科室对航政处、站进行业务指导。其中,主要业务科室职责有:

(1)港航监督科。认真贯彻执行党的安全方针、政策、法令,并监督船舶执行。积极贯彻"宣传在前,预防为主"的方针,根据节日、季节等不同特点,有计划、经常性开展检查宣传。依靠地方各级航政机构、依靠船舶单位、依靠广大船员,采取措施,防止发生重大沉船死亡事故,减少一般事故。办理船舶签证,船员考核发证,船舶登记。防止船舶污染水域环境,重点监督船舶油污染。对岸线水域使用实施监督管理,对水上水下施工项目办理审批,并督促采取安全措施。受理船舶海损事故调查处理,追究责任;发现船舶违章作业,按艇、站、科分工权限认真严肃教育处理;对重大违章作业,影响较大的要追究责任。根据国家水上安全法规,订立安全管理、防污染规章。领导大桥监督站、南京其他监督站,领导、管理和调配巡逻艇,开展现场航政管理,搞好巡逻艇的自身安全,安排巡逻艇船员的业务学习,维护好现场航行安全秩序。指导处、站开展航政管理工作。按时统计分析分局范围内海损事故及其他报表。航政人员必须认真学习,做到又红又专,深入现场,作风正派,处理问题严肃认真,耐心细致,摆正安全与生产的关系,全心全意为船舶安全运输服务。

(2)船舶检验科。认真贯彻执行有关船舶检验的规范和条例,促使船舶具备安全航行的技术条件。根据船舶检验工作条例,对船舶进行各类检验(制造、初次、定期、年度和临时检验)。根据"关于船用产品检验的暂行规定",参加各种船用产品的鉴定、定型和开展船用产品检验工作。根据规范要求,对送审图纸及时组织力量进行认真审查,提出具体意见。参加船舶的重大缺陷、重大海损和机损事故的分析研究工作。有计划有重点地深入船舶进行调查研究,了解船舶和船用产品的实际使用情况,以便修改规范,改进设计和提高产品质量。组织业务学习,及时交流工作经验,不断提高技术业务水平。定期总结上报,按时填报船舶检验统计表。在业务上负责指导处、站的船舶检验工作。

1981年10月20日,南京航政分局(直属航政处)设置船队,统一管理直辖范围内的船艇,以充分发挥监督艇的现场维护监督作用。船队是负责管理监督艇、囤船的基层单位。其现场监督管理业务及使用由港航监督部门直接负责。处、站所属监督艇、囤船除机务工作由船队统一管理外,其他工作皆由处、站负责。派驻监督站的船艇必须听从监督站的指挥。船队配备专职管理人员3~4人,即指导员、队长、机务员各1人。船队职责共10条,主要内容是:①定期开展安全检查活动,促进船艇自身安全,督促维护保养,使艇、囤、码头设施处于良好状态;②督促、检查监督艇开展现场监督管理工作,保证工作正常开展;③组织船员技术业务学习,不断提高船员的技能操作水平和现场监督管理能力;④协助人事部门对船员进行考核,提出对船员进行提升、选拔、任免、奖惩的建议,负责对分局(直属处)直辖的船艇人员进行调配;⑤组织日常零修工程;⑥发现船舶遇难、人员落水等事故时,应立即派艇驶往现场施救。1982年4月15日,船队支工会成立。

随着改革开放的深入,1979年10月25日交通部决定将上海港务监督辖区延伸至长江浏河口。次年1月12日,上海港务监督正式行使延伸后水域的航政管理职权。这样,南京航政分局的辖区随之由宝山嘴上移至浏河口,缩短24公里。1982年4月10日,中国港监再次明确,以长江浏河口下游的浏黑屋为界,以下由上海港务监督管理,以上干线水域由长江航政管理局管理。

1980年之后,长江部分港口对外开办贸易,航行国际航线船舶开始进出长江,长江干线航政机构的管辖区域划分已不适应新形势发展的需要,在临界处出现职责不清、协调不紧的现象。为明确职责,更好地协调,长江航政管理局于1979年11月14日重新划定各航政分局处、站的管理区域,发布《长江航政分支机构管辖范围》。南京航政分局及航政处、站划定区域(以北岸岸线为界)为:

南京航政分局直辖:驻马河口以下至十二圩上口红浮,91公里。
镇江航政处:十二圩上口红浮至三江营,60公里。
高港航政站:三江营至夹港以下,62公里。
江阴航政站:夹港以下至30号浮(老海坝),51公里。
南通航政处:30号浮(老海坝)至浏河口,92公里。

## 二、"中华人民共和国南京港务监督"开始对外

20世纪80年代,随着改革开放的深入,长江流域对外贸易逐年增加。国家对长江沿线一批港口加大投资建设,使其已具备对外开放条件。随即决定长江港口由下游至上游逐步对外开放,并提出分步实施策略,即"目前第一步先对我国轮船办理外贸运输业务。至于对外开放问题,待条件成熟时再进行研究审批"。1980年2月14日,国务院正式批准国家经委、交通部等6部委《关于开办长江对外贸易运输港口的报告》,同意包括南京在内的长江沿线8个港口(其他港口还有张家港、南通、芜湖、九江、武汉、城陵矶、重庆)对外开办外贸运输业务,其中南京港具体开放时间为1980年3月,并要求南京、南通、张家港3港创造条件对外轮开放。为此,还要求在南京港设立中华人民共和国南京港务监督、中华人民共和国中国船检局南京办事处,归长江区港务监督局(对内称"长江航政管理局")统一领导,履行对航行国际航线船舶的监督和检验职责。

为保证以上8个长江港口对外开办贸易业务,1980年1月5日交通部下发《关于长江港口开放后港务监督和船舶检验工作安排的通知》,就对外开办外贸运输业务后涉外管理机构名称、职权及范围均做出明确规定。其中职权及范围是:

(1)管理名称。港务监督经国务院批准统一机构名称是"中华人民共和国港务监督局""中华人民共和国中国船检局"。该名义所签发证书已得到公认。长江对外开放港口,将长江航政管理局在各港机构统一改为"中华人民共和国××港务监督"和"中华人民共和国船舶检验局××办事处",对航行国际航线的船舶进行监督和检验。

(2)管理职权。港务监督对外是代表国家对船舶行使航务行政管理的主管机关;船检是我国政府授权的代表国家对航行国际航线船舶进行船舶检验的部门。凡进出长江的航行国际航线的船舶,一律由我部设在长江各对外开放港口的"中华人民共和国××港务监督"和"中华人民共和国船检局××办事处","统一行使监督管理和检验职权,其他的监督和检验机构不得对航行国际航线的船舶办理上述工作。"

1980年2月,中国港监局在南京召开长江开港会议,就长江凡涉外管理机构的名称问题做了明确规定:"今后对国际航线船舶的港务监督工作,一律使用中华人民共和国××港务监督,对国内船舶监督管理工作仍用原来的港务(航)监督机构名称"。1980年5月20日,交通部决定:长江航政管理局对外称"中华人民共和国长江区港务监督局"。

根据以上规定,南京航政分局于1980年3月8日呈报长江航政管理局,要求先成立南京、南通两个涉外监管机构。4月26日、29日经长江航政局批准,南京航政分局对外称"中华人民共和国南京港务监督"、南通航政处对外称"中华人民共和国南通港务监督",即日开始对外办公,并启用"中华人民共和国南京港务监督""中华人民共和国南通港务监督"印章。随后通知各港航单位今后航行国际航线船舶监管工作,一律使用"中华人民共和国南京港务监督"名称;国内船舶监管工作,仍用"交通部长江航政局南京分局"名称。涉外监管机构与航政机构是"两块牌子,一个机构"。1981年5月23日,为适应张家港港口对外开放需要,在张家港航政站基础上成立"中华人民共和国张家港港务监督",开始对航行国际航线船舶实施监管工作。至此,南京航政机构率先在长江江苏段设立涉外监管机构,也成为长江干线首批设

立涉外监管的航政机构之一。这也是南京航政对航行国际航线船舶行使监管职权的开始,标志南京航政由国内监管转到国内外并举的新领域。

这一时期,南京地方港航监督管理机制也从政企合一向政企分离衍化。1977年6月2日,南京市编委同意市交通局建立南京市交通局港航监理所,所下设三汊河、汉中门、上新河、大厂镇、龙潭港航监理站,江宁、江浦、六合3县建立交通安全管理站(负有水陆交通安全监管职能)。港航监理所与南京港务管理处航政部分合署办公,负责全市港航安全监理及船舶检验工作,并对3县交通安全管理站的水上安监工作进行指导。11月24日,市交通局将市港务管理处的航政管理业务划出,单独成立"南京市港航监理所",从事南京市内河交通安全监督管理及渡口安全管理工作,12月1日正式启用印章。办公地点设于下关三汊河口(石梁柱大街47号)。至此,南京市地方港航监理体制迈出政企分离关键性一步,进入独立行使港航监理职能时代。1978年8月28日,为加强全市渡口安全管理工作,经南京市编委批复同意,南京市渡口管理所建立,与南京市港航监理所合署办公,江宁、江浦、六合三县渡口管理所与三县交通安全管理站合署办公。至此,南京市地方航政的政企分离又向前迈出了重要的一步。

## 第二节 完善航政管理制度与初定涉外制度

### 一、航政管理制度恢复和完善

1977年,国民经济开始恢复,航政工作得到重视,在新的航政管理规章尚未制定的情况下,迅速恢复十年内乱期间被废除的管理制度,加强水上安全监督管理,是南京航政分局及其下属处、站首先要考虑的紧迫问题。因此,航政分局及处、站,结合当时实际情况,先对原有的船舶航行和停泊的监督维护、船舶登记等规章不同程度地予以恢复和沿用,之后就边恢复边修订边实施。到1978年,被废除的20个多航政管理规定大致上得以恢复和沿用,有的通过多次修订完善,一直沿用至今。恢复和沿用的主要管理制度有《镇江港船舶进出港签证制度》《船舶登记收费规定》《船舶装运危险物品审批手续》《镇江港口船舶航行暂行规定》《镇江港非机动船行驶焦南航道注意事项》《镇江港小型机动船行驶焦南航道"十不准"》《关于焦山西测水道禁止船舶通行的通知》等。

与此同时,南京航政分局及下属航政处、站针对辖区的水上安全特点,完善以往制定的管理规定。1978年5月,江阴航政站就渔民在江阴长江水域捕捞时注意避让航行船舶等问题,下发《长江江阴段捕捞安全生产的通知》,对渔民在长江捕鱼作了7条规定,其要点有:①凡在长江捕捞的船舶,必须有各地政府签发的捕捞证书;②捕捞时,应按规定悬挂信号灯,"白天在最易见处挂篮子,夜间挂一盏白光照明灯",与船相遇用手电筒闪光;③按划定的区域捕捞,服从现场安全人员监督管理。1978年,南京航政分局根据南京港区污染情况,出台长江江苏段第一个防止船舶污染的规定——《南京港船舶防止污染水域管理规定》。这也是长江下游第一个防止船舶污染水域管理规定,为后来对江苏段的船舶防污管理奠定基础。1979年10月,南京航政分局就南京上元门、仪征、栖霞等锚地秩序混乱状况,向锚地调度单位提出10点安全管理意见,主要是3条:

(1)增加锚地管理人员,"充实业务干部及锚地水手长",调派港作船维护锚地秩序。

(2)建立锚地管理制度,安排好锚地使用计划,加强"现场调度指挥系统",禁止船舶乱抛锚。

(3)监督船舶执行锚地规定,对违章船舶"不听指挥乱抛锚者"按有关规定给予严肃处理。

南京、张家港、南通3个港口成为对外贸易港口,使长江江苏段航政管理格局、范围、工作量均发生了变化。为适应这一变化,南京航政分局及下属处在贯彻执行国家水上安全法规,进一步完善已往建立起来的管理制度的基础上,针对各自辖区桥区、油区、渔区、港区等重点水域航运的具体状况,又相继制定了一些新的规章。

1980年1月,镇江航政处为加强镇江长江焦南航道的安全管理,制定《镇江港恢复枯水季节控制船队和竹木排进出镇江焦南航道》规定。这一规定就焦南航道枯水期,水枯漕狭,不能适应大小船会让等情况,作了如下规定:

(1)长江客货船舶通过航道进出港口的时间,为半夜0时30分—2时30分和上午6—8时。竹木排"在8时后发航,夜间11时以后禁止通行"。

(2)进出航道的船舶,必须单线行驶,控制航速。

(3)外省及沿海地方船舶,限白天通过航道进出港口。指派监督艇到现场,指挥一切进出航道的船舶。

1980年2月1日,由南京港务监督制定、经长江航政局批准的《船舶违章罚款暂行办法》开始实施,共有10项16条。这是长江航政首次将经济手段运用到航政管理中。办法规定对以下几种违章船舶和个人给予船主20~200元经济制裁。

(1)无证和超载的;

(2)违反有关规定航行的;

(3)不执行港区停泊和防止污染规定的;

(4)擅自承包装卸货物的;

(5)未经允许而进行水上水下施工,妨碍航行的单位。

1980年12月,南京港务监督依照交通部1971年公布的《海损事故调查和处理规则》,结合辖区特点,制定《关于海损事故处理程序及注意事项的意见》,作为内部执行规定。意见共分三大部分,即处理程序部分、现场调查内容及方法部分、注意事项部分。

1982年1月,南京港务监督根据国家有关危险货物管理规定,制定和公布《南京港船舶装载危险货物办理审批手续》。其主要内容有:

(1)在长江水域南京港区装载一级危险货物、易燃液体的船舶,必须办理船舶装载危险货物准单。由船方或代理提前3天向港务监督申报,经核准后,方能装船。

(2)各船舶单位装载二级危险货物,由单位商务部门办理审批手续,报港务监督备案。

(3)申请监装监卸的手续。

(4)客货轮船载运危险货物,要按"限额表"装运,船方或代理将所载品名、数量报港务监督检查。

这一时期,南京航政部门还出台了一些临时性的管理措施和建议。如1980年7月,南京港务监督制定《关于防治长江船舶污染建议》;1981年1月,镇江航政处下发《班轮进出镇江港时禁止木排、船队航行的通知》;2月,南京港务监督与地方航政部门共同制定《小河口小机船严禁夜航长江》;1982年4月,张家港港务监督制定《船舶进出福南水道航速的暂行规定》;5月28日,镇江航政处发出《关于镇江管辖区航政概况及航行注意事项》《镇江焦南航道安全航行与会让》等。以上这些航政监管措施、规定,多数是就某一具体安全隐患而制定的,再通过宣传或航行通告等形式发布,用于督促港航单位和船舶执行,推动南京水上交通安全形势的稳定。

此外,为保障渡口渡运安全,1978年南京市革命委员会批准市交通局、公安局制定的《南京渡口管理办法》,共18条,对渡口设置和撤销的审批、渡口应配备的安全设施、严禁无证驾驶、渡船航行水域范围和停泊等作出明确规定。

## 二、国际航行船舶管理制度初步确定

自20世纪60年代中期第一艘万吨级油轮直航南京炼油厂卸载起,南京航政分局及航政处、站对我国远洋海轮的监管就没有间断过,并相继制定一些管理制度。

1979年3月,国家为对外开放和扩大长江沿江省市对外贸易,减少沿江省市外贸物资运往上海中转的环节,把开放长江港口,直接对外开办贸易的问题提到议事日程,由国家经委、国家计委、国家外贸部、交通部、国家物资总局联合组成"开放长江口岸调查组",对长江港口进行实地了解。4月14—27日,对长江江苏段沿江的南京港、镇江港、江阴港、张家港港、南通港进行实地考察,听取沿江有关市、县及港口领导与船舶单位的意见。认为自1966年3月,"建设17号"万吨油轮装载原油直抵南京炼油厂卸载试航成功以来,国家对南通狼山水域泊位,镇江大港码头、南京栖霞中转港、新生圩深水码头的投资建设,此时已见规模,部分已经或可以投入使用。

鉴于南京、张家港、南通港水域的优越条件,以及江苏省对开放这些港口的迫切要求,开放长江口岸调查组于1979年5月3日向国务院建议,从1980年3月始可将南京港,张家港港、南通港及芜湖港、九江港、武汉港、城陵矶港、重庆港作为长江首批对外贸易的港口。国务院批准包括南京港在内的8个港口作为长江首批对外开展贸易的港口。

为适应对进出南京、张家港、南通3个对外开办贸易港口的中国籍航行国际航线船舶监管的需要,自1980年起,南京港务监督着手准备,抽调12人组成港监、船检两个组,两次赴上海港务监督,进一步学习有关对中国籍国际航线船舶监管经验。赴上海学习取经人员回南京后,就航行国际航线船舶的监管有关法律法令、规章、进出口签证和办理进出口联检手续、危险品监装监卸办法以及船舶技术检验文书、法定证书签发办法等港监、船检管理内容,编写了《进江外轮管理手册》《海船船员考试管理规定》《长江江苏段海船航路指南》等4册学习材料,供内部人员培训学习。其中《长江江苏段海船航路指南》一书向社会投放3万册。同时,南京航政分局还印制20多种证书、文书、表格,以作备用。突击组织涉外管理、引航人员学习外语,汇编《船舶名词术语》《引航员常用英语》等,使部分人员短期内通过船舶引航操作"外语关"。

与此同时,作为对航行国际航线中国籍船舶实行监管的联检组组长单位,南京港务监督会同海关、边防、卫生检疫等联检单位,成立"联检工作筹备小组",就开展联检工作基本要求、工作内容、联系制度等,多次协商,统一意见,形成共同遵守准则,并汇编成手册,发给每个参加联检的工作人员。

1980年5月1日,南京港务监督制定"办理海轮申报手续和到港停泊规定",参照有关单位对外管理经验制定"关于建立国际航线船舶进出港口报告制度"。南京、南通两港务监督分别于11月25日、12月5日,就航行国际航线船舶进出港的申报方面的问题,作出内容基本相似的5条规定:

(1)进出口签证为一次性办理;
(2)配备"轮船航行签证簿";
(3)办理危险品装卸手续的办法;
(4)直达国外港口船舶,应在上海吴淞口办理出口手续;
(5)1981年1月1日为执行日期。

尽管这些对航行国际航线船舶的管理措施还不够完善,但为后来系统制定对航行国际航线船舶及外轮管理措施奠定了基础。

# 第三节 开办长江船舶引航业务

## 一、旅游客轮"耀华"号试引成功

按照国际惯例,外轮进入主权国家水域,主权国要派引航员实行强制引航,以维护国家主权。

1982年初,由瑞典西林公司租用我国广州远洋公司11600吨旅游客轮"耀华"轮,准备进入长江经营香港至南京航线。交通部决定该轮引航任务交由长江航政局南京分局引航站完成。但此时长江尚未对外开放,外国公司租用的客轮交由刚成立不到一年的引航站负责,对长江航政引航机构是一次引航能力的考验。

引领"耀华"轮,对长江航政的引航员来说也是一种无形的压力。万一引领不成功,不仅对上级不好交代,而且会给外轮强制引航带来负面作用。长江航政管理局内部也感到技术力量薄弱,担心胜任不了。为此,南京航政分局针对要不要引领"耀华"轮的问题展开讨论,组织引航员进行"引航站是坚持上马还是散伙下马"的专题讨论。经过讨论,大家表示知难而上,紧密团结,细心操作,确保引领"耀华"轮安全进江入港,坚决完成这一任务。

负责引领"耀华"轮的3名引航员接受任务后,认真查阅航行图,反复测算潮汐,考虑可能发生的意外,分析内因和外因,多方面准备。为保证万无一失,中国港监局指示上海港务监督指派引航员协助,配合长江引航员引领"耀华"轮进江。1982年6月5日,"耀华"轮从上海锚地启航。根据中国港监局指示,由南京港务监督与上海港务监督协作,长江引航员和上海引航员紧密配合、通力协作,成功引领"耀华"轮于6日上午安全抵达南京新生圩码头,隔日出江。

"耀华"轮引领成功以后,长江引航员又与上海引航员相继安全引领该轮18个航次。后来又安全引领"华江""红旗""平阴"等我国航行国际航线的船舶。1982年6月21日,南京港务监督与上海港监局又签订为期一年的"国际航线船舶进江引航工作协作协议书"。

"耀华"轮的试引成功,标志着长江航政引航员已具备引领多类型船舶,尤其引领多种航行国际航线船舶的能力,为长江港口对外轮开放作了必要的准备。

## 二、进出长江船舶引航服务开始

新中国成立以来,长江下游进出长江船舶需要引航服务,是由长江航运公司、上海长江航运分公司分别负责,实行驾引合一。引水作为一项机动性工作,有船需要进江引领,选派航运企业具有长江航行证书的船长或大副担任。1976年10月6日,交通部以〔76〕交船监字1171号文,下发《关于统一使用"引航"一词的通知》,明确提出:"我国航运业习惯使用'引水'一词,其含义既不确切,又不易被理解……为统一起见,'引水'一词改为'引航'。"从此,船舶引水改为船舶引航。

"文革"结束之后,全国范围内拨乱反正,落实"改革、开放、搞活"政策,长江航运业迅速发展起来。长江江苏段百舸争流,江河、江海直达运输繁荣兴旺,沿海的辽、鲁、浙、闽等沿海省(市)进入长江的船舶与日俱增,云南、贵州、四川、湖北、湖南等省上游驶往长江下游船舶量日益增加,不仅种类增多,而且吨位明显加大。不少驾驶人员不熟悉长江江苏段航道,社会上部分退休或证书不完备的船舶驾驶人员就自行承接引航业务,以致引航无组织机构管理、引航技术未经考核、引航经费亦没有标准,从而造成运输市场和水上航行秩序的混乱。出于维护长江江苏段水上安全考虑,南京航政分局开始酝酿筹建引航机构,开展引航业务。

1980年初国家决定开辟长江对外贸易港口后,交通部在1月5日下发的《关于长江开放后港务监督和船舶检验工作安排的通知》中规定:"进出长江港口的我国航行国际航线船舶及沿海各省进江船舶的引航工作,由长江航政局负责。"这是交通部第一次以正式文件认可长江航政具有实施长江引航业务的资格,为后来引航体制改革打下基础。

根据以上交通部通知精神,南京航政分局着手组建引航队伍,办理引航业务。1980年5月,聘用部分退休船长、驾驶员充当引航员,先在长江南通航段试引船舶进江入港。起初,引领船舶吨位均在500吨以下,通过航道也不复杂,里程一般在 50~100 公里之间。经过一段时期试引,取得一些经验,决定组建引航队伍,开展进出长江船舶的引航业务。1981 年 1 月 6 日,南京航政分局拟定在南京、南通两地招聘退休驾驶人员成立引航组,并拟出"筹办引航组方案",就组织建制、人员来源及要求、工作的具体步骤等,提出建议:①先在南京、南通两地建立引航机构,从分局监督科抽调曾任过船长的柏乐鹏担任南京引航站总调度,中层干部蒋富国任副站长,朱炎武工程师任常驻上海南京港务监督代表,负责联系引航工作。同时,南通、镇江、张家港航政处派专人负责引航工作,使引航调度工作形成联系网络。②在南京、南通两地"招聘具备证书、身体符合条件的退休驾驶人员",南京为 6~8 人,南通为 4~5 人。③由南京航政分局向符合条件的应聘驾驶人员"发给相应等级航线临时引航员证书",组成引航组,先承担进出长江各类船舶的引航任务。④先限于"白天引航",短途船只的引航,"12 小时以内"的引航。⑤按照引航要求,建立引航工作签证、引航员调派业务、安全管理、引航费结算等管理制度,以便指导引航业务的开展。

在长江航政筹建船舶引航组织、人员时,尤其在长江南通段试引,先后引领福建、浙江等沿海船舶进江并取得一些经验之后,1981 年 6 月 8 日中国港监局以[81]港监字 037 号文发布《同意成立长江航政管理局引航站的批复》,称:"暂先在南京局和南通、武汉航政处设立引航站","由所在地航政分局、处领导","不增加管理人员编制",并明确长江航政管理局引航任务"为沿江各省和沿海进江船舶提供引航服务","坚决制止各单位(航运单位)高价雇用私人引航员的混乱状况"。从此,南京航政分局在南京、南通两地建立引航组,开展对进出长江的远洋船舶、长江船舶、航行沿海及各省市地方船舶的引航业务。从此,长江引航开始由航政部门负责。

为安全、及时引领进出长江船舶,南京航政分局在开展引领沿海和地方船舶进出长江的同时,总结经验,外出学习,摸索规律,着手引领吨位较大、吃水较深的船舶,并试引万吨级的大型船舶,引领艘次亦有所增长,如先后成功地连续引领了"华江""红旗""平阴"3 艘远洋海轮进出长江。到 1982 年初,引领艘数已由 1980 年的每月 4 艘,增加到 40 艘,增长 10 倍。这一时期,南京航政分局对船舶引航业务,不论是航行国际航线的我国远洋船舶,还是沿海、地方的船舶,均坚持办理手续简便,采取"就地申请、分别结算、上门结账"的办法,得到各港外轮代理公司的欢迎。此时,南京航政分局引航员人少。为了船舶能随到随引,调度人员经常深入码头,了解船舶装卸进度,掌握发航时间。引航员也服从分配,连续引领。1982 年 6—12 月,引领沿海进江船舶 430 艘次,大型远洋船舶共 36 艘 72 个航次,没有因引航而压船压港的,也没因引航员登离船的交通问题给船舶单位带来麻烦。同时,为保证超大型、吃水深远洋海轮安全进江入港,通过浅区的白茆沙、福姜沙等水道,引航员经常事先到该水域,了解水深、潮高,研究最佳引航方案。在航行中,主动协助船长采取安全措施,正确引领船舶通过浅区和复杂航道,安全航行和靠离码头。

1982 年之后,为迎接张家港、南通、南京、镇江港即将对外开放和开放外轮进入长江,南京航政分局自 7 月 6 日在对国内船舶引航服务的同时,着手筹备外轮进江引航工作。为此,在原引航组实施方案基础上,成立以引航站副站长纪穑浩为组长,张超武、吴明华、陈守德为组员的"筹备外轮进江引航工作领导小组",拟定"引航工作程序及注意事项",就外轮进江的引航业务做了系统的规定。

(1)规定引航机构分工负责的范围。由南京引航站(组)统一"负责领导驻上海引航工作组以及张家港、南通的引航工作",组织引航人员的调派和政治、技术业务学习等。上海引航组主要负责进江外轮和进江船舶的动态,外轮申请手续办理和进江引航员的调派。

(2)规定各引航组织和人员的联系地点、无线电联系频率、电话号码,以便相互沟通。

(3)规定引航员接受任务时,应了解进出长江船舶的长宽、吨位、吃水等情况,考虑是否符合进江条件,再根据航道和潮汐变化确定最佳引航方案。

（4）规定引领船舶的费用结算方法和报销制度。

1982年12月18日，国务院、中央军委在发布的《关于南通港、张家港港对外国籍船舶开放的通知》中，规定进江外轮的"引航工作交由交通部长江区港务监督负责"。这进一步明确了长江航政局引航员在已对中国籍船舶引航服务的同时，又肩负起具有主权性质对外国籍船舶强制引航的使命。

按照以上通知精神，南京港务监督加强对外轮引航组织建设与管理制度制定。尽管此时引航管理措施不尽完善，但引航规定、引航工作程序、引航工作联系、引航申请手续、费用结算、引航员报销和考勤等管理制度已开始建立，并对引航站、调度、引航员的职责范围作出规定，还实行引航员航次领航日记、积累进江船舶技术状况和航速、潮汐测算、事故记录等资料及引航员工作情况汇报和经验交流制度，保证了对外轮强制引航工作的开展。

此外，为便于各港船舶代理的引航申请，更好地开展引航工作，南京航政分局引航站1981年6月8日成立后，南京航政分局下属的各航政处相继设置专职或兼职调度员，负责受理本港船舶代理的引航申请，办理相关引航业务手续，每日向南京引航站调度报告船舶开航计划动态信息，并为引航员提供通信联系、交通接送等后勤保障工作。

## 三、长江引航员始聘和着力培养

1980年开始聘用退休船长、驾驶员在南通长江水域试引船舶以后，为迅速适应不断增长的引航业务的需要，南京航政分局又陆续在南京、镇江、南通3个地区7个航运单位聘用22名退休船长、驾驶员，其中南京13人、镇江3人、南通6人。对这些已退休的驾引人员，根据原持有不同等级的驾驶员、船长、引水员证书，进行体检、审核，然后择优聘用，订立合同，付给一定的报酬。这对当时在职引航员严重缺乏而引航任务繁重的情况起到了一定的缓解作用。

为不断增加在职引航员，培养自己的引航队伍，1982年3月15日至5月12日，南京航政分局从外单位调进和抽调监督艇船长及驾驶员共7人（南京航政分局4人，镇江航政处、江阴航政站、南通航政处各1人），举办首批引航员培训班，分3个阶段实施。

第一阶段，学习引航基础理论。以39号监督艇为教练船，选派具有一定引航理论和实践经验的大引水员吴民华为辅导老师，集中5天时间，辅导引航员学习有关航道引航操作、航行避让、基础理论，加深对引航理论的掌握。并用监督艇现场教学，边讲技术理论，边轮流操作，学习避让航道中的障碍物、沉船、礁石、过江电缆等。经过连续4个航次的往返南京到江阴的现场学习和实践，引航员的引航理论和实际操作水平均得到提高。

第二阶段，上长江客班轮见习。南京航政分局与上海航运分公司联系，把培训的引航员分配到申通（上海—南通）、申高（上海—高港）的客轮上跟班锻炼，让当班船长或驾驶员作辅导老师。在船长、驾驶员的陪班下，结合学习过的"引航航道""实习驾驶""避碰规则"等引航理论，进行具体实践，尝试引领。

第三阶段，跟班引船。在理论学习和实际锻炼的基础上，让部分经考核合格持证的引航员单独当班，引领一些设备技术条件好、航程又短的小型船舶，以逐渐提高引航员的理论和实际操作水平。

经过近两个月的集中培训和锻炼，培养出第一批在职引航员，壮大了引航队伍。

自此，对引航员的培训学习，总是定期或不定期地进行，并作为一个制度坚持了下来。到1982年11月19日南通港、张家港港宣布对外国籍船舶开放时，已培训的在职引航员有11人，其中长江引航员5人、远洋海轮见习引航员4人、实习引航员2人，加上聘用的引航员11人，共计22人。南京航政分局经过培训学习，已形成有一定力量的引航队伍，基本上能适应当时进江船舶引航任务的需要。

## 第四节 航政管理工作的规范与加强

### 一、通航监管规范和现场维护

长期以来,南京长江干支流及以下长江通航水域环境复杂,船舶航行、停泊密度大。因此,南京航政分局把对重点水域和航道的安全维护及秩序整顿作为航政监管主攻点。

#### (一)加强监督艇的现场维护

为维护港口和大型船舶通过桥区的航行秩序,监督艇坚持提前出航,及时清理航道障碍,护送或引导大型船舶进出港和桥区。根据油区易燃易爆的特点,在督促船舶配齐消防设施,严格落实油类、危险品装卸规定的基础上,监督艇昼夜巡航检查,维护现场秩序。对在锚地不按规定锚泊的船只,及时纠正。渔汛时节,为船舶航行和捕鱼安全,及早做好安全宣传和防范措施。在汛前,走访渔业单位,摸清捕鱼和下网地点。1981年4月17日起,南京航政分局与镇江、高港、江阴、南通航政处、站一起,走访扬中县2个渔业公社,12个捕捞大队。1981年5月11日,南京航政分局与南京市水产局渔政部门召开了南京市所属江宁、六合、浦口3县渔业单位管理会议。捕捞时,派专人专艇到现场进行巡逻和督查,一边监督渔船有秩作业,一边指挥过往船舶安全通过渔区。对大型船舶或船队、木排过南京长江大桥,客班轮靠离码头,坚持艘艘维护。表5-4-1为1980—1982年监督艇现场检查和安全维护的数字统计情况。

**1980—1982年监督艇现场检查和安全维护一览表** 表5-4-1

| 年份 | 维护过大桥 | | 维护船队（个） | 维护班轮（艘次） | 维护大型海轮（艘次） | 检查宣传船舶（艘次） | 纠正违章（艘次） | 巡查锚地（次数） | 现场救护（人） |
|---|---|---|---|---|---|---|---|---|---|
| | 船队(个) | 木排(个) | | | | | | | |
| 1980 | 3320 | 202 | 1252 | 1907 | 747 | 6926 | 4579 | 2824 | 83 |
| 1981 | 3970 | 213 | 1021 | 900 | 713 | 4527 | 6971 | 2865 | 不祥 |
| 1982 | 2489 | 134 | 822 | 3717 | 1019 | 18533 | 7049 | 3426 | 125 |

#### (二)增开南京长江大桥六孔航道

南京长江大桥自1969年正式通车以来,机动船舶下水一般通过第八桥孔。1979年之后,进入长江江苏段的船舶与日俱增,船舶过桥孔拥挤的矛盾越来越突出。为改善南京长江大桥水上交通秩序,解决大桥第八孔航道交通拥挤状况,南京航政分局决定增开第六孔下水航道。为此,1980年10月8日成立由航政、航运部门参加的试航工作组,负责增开第六孔航道的组织工作。其后,实地考察,摸索桥区水位变化和船舶通过的基本规律,制定开放第六孔有关通航规定,确定设置航标方案。试航工作组还先后组织单船、空船、重载船队19次下水试航。在试航取得成功后,1981年10月15日零时,南京航政分局正式宣布开放南京长江大桥第六孔航道。为加强新航道航行的管理,南京航政分局编写开放南京长江大桥第六孔的有关问答,刊登在《长江航运报》上。同时在《新华日报》上公布《关于南京长江大桥增设第六孔为下行机动船通航桥孔的通告》,并印制了2000多份有关通过大桥第六孔的规定,进行广泛宣传。南京航政分局征求试航工作组的意见后,一起拟定通过南京长江大桥第六孔3个方面的规定:①航标设置。在六孔桥区航道配备航标两对半。第一对距桥墩201米处,设红、白浮标,间距为140米;第二对距桥墩600米处,设红、白浮标,间距为160米;第三个航标距桥墩1350处,设一个双槽浮,六孔、八孔共用。②信号规定。凡通过第六孔的船舶应显示信号,日间显示"T"字旗,下加挂数字旗"6"一面;夜间显示白闪灯一盏和绿色光灯一盏,桥涵灯、桥柱灯按《内河航标规范》设置。③航行规定。只允许400马力以上船舶通过。凡船舶下行通过第六孔的,应在南京长江大桥上游约3000米处调准船头进入航道。驶出六孔的船舶禁止在桥区进行收、放缆或改变队形等作业。驶出桥孔后,方准队形继续行驶。同时,南京航政分局将此规定电告沿江有关船舶单位和船舶,以进一步保证船舶安全通过桥区。

与此同时,1982年1—3月南京航政分局就长航6000马力推轮船队通过南京长江大桥,分别向南京市政府、江苏省交通厅汇报并征求意见,同时提出4项船队安全过桥建议。

### (三)及时发布航行通告

这一时期,南京航政分局针对长江江苏段内锚地新辟和范围扩大,新的规章颁布和实施,以及水上水下施工作业频繁,及时发布通告,告知有船单位和在航船舶,使其掌握水域变化情况,采取对策。对设置在港口、码头、锚地、水上水下障碍物的标志,监督艇经常进行现场监督检查,以保障其处于良好的状态。南京航政分局栖霞监督站,担负着长江上第一个新辟的油港安全监督任务。该站人员认真把好签证关,及时纠正违章,严格落实防火防爆制度,防止船舶污染水域。该站所辖的8座油码头和1个油运锚地水域,从1978年至1981年间未发生一次意外事故。

与此同时,南京航政分局及处、站及时收集整理有关水上施工码头资料,借以促进水上安全管理。1981年,南京航政分局及处、站对各自辖区内的历年来水上施工资料加以收集整理,并绘制成南京航政辖区里的码头、岸线分布的概况图,从中进行论证,为后来的水上水下施工方案手续的审批严格把关提供了可靠依据。这既为改善港区安全、维护航行秩序创造了条件,又使沿江两岸的码头、水上水下工程布局得到统一规划和长江岸线获得合理使用。据统计,1980—1982年南京航政分局共审批水上水下施工方案159件。

## 二、船舶监管的规范与加强

"文革"以后,随着改革开放政策全面实施,大量沿海和沿江各省船舶涌入南京干支流及以下长江通航水域。为此,南京航政分局就南京干支流及以下长江通航水域的各类船舶实际,开展了有针对性的监管。

### (一)恢复和完善船舶进出港签证

1978年3月1日,"文革"中中断的船舶进出口签证监管工作得以恢复。南京航政分局及处、站开始恢复船舶进出港口签证工作。首先设立签证机构,并选派专业人员,先后在栖霞、下关设立签证站。镇江、南通两航政处,江阴与高港两航政站,均抽出专业人员,健全签证组织。在此基础上,南京航政分局及处、站按照船舶营运情况,分别采取航次签证、定期签证,为船舶航行安全把好第一关。1979年3月22日,交通部公布《船舶进出口签证管理办法》。7月1日上述办法实施之后,南京航政分局实施9个月,并进行签证工作经验总结,进一步完善签证管理制度,总结出"一看证书、二听船员反映船舶安全状况、三问船舶有关常识、四查船舶签证和宣传安全事项"的管理经验,并建立起一套签证统计制度。对于证书不齐全,不符合要求的船舶,不予签证,监督补办手续。对于具体的、航行有效期、航区、乘(载)定额,以及船员证件,安全设施,规定的拖带定额等适航条件,详细询问、检查,严格把关,消除不安全因素。通过签证抽问,考核驾驶人员学习掌握安全航行法规的情况,宣传安全知识。并坚持24小时值班制度,做到随到随签。还坚持签证与现场检查相结合,对查出船舶不适航,船舶、船员证书不齐全或不符合要求的,及时适当处理。南京航政分局仅1980年办理船舶进出口签证20569艘次。1981年办理船舶进出口签证

27343 艘次,其中国际航线船舶 109 艘次。

与此同时,南京地方港航监理部门这一时期逐步强化市管地方船舶及其航行秩序的监督管理。根据个体挂桨机船迅猛发展的实际,依据《江苏省挂桨机船管理办法(试行)》要求,对全市载重吨不大于 15 吨、发动机功率不大于 15 马力的、用船尾挂桨推动的挂桨机船舶进行检验登记,合格后颁发"挂桨机船航行证",无证者不得航行;由市港航监理所、县交通安全管理站分别对本管辖区域内的挂桨机驾驶员申请人进行技术考核,及格者核发"挂桨机船船员驾驶证",无证者不得驾驶挂桨机船。在 1979 年 3 月交通部公布《船舶进出港口签证管理办法》之后,进一步完善签证管理制度,先后在草场门、三汊河、大厂、栖霞山、浦口等地设点办理船舶进出港签证。江宁、六合、江浦 3 县交通安全管理站均在各自的行政辖区内设立了船舶签证点。

## (二) 开展船舶安全航行检查

1977 年 8 月 3 日,南京港务监督下发《海轮进江安全避让宣传讲话》,其要点有:海轮进江航行特点;小型船队、农村渔船的航行特点;海轮进江航行的注意事项;小型船舶、农村渔船航行注意事项。1978 年,南京航政分局聘请南京师范学院(现南京师范大学)美术系毕业班师生,编绘宣传水上安全的彩色张贴画、《长江船舶安全航行画册》,分别印刷 2 万多套、4000 多本,分发给江苏段沿江市县航运的单位及过往船舶,宣传《长江避碰规则》及防止水域污染的有关常识,深受港航单位的欢迎。同时,对于船舶安全航行的先进典型及时加以宣传,以相互促进。1980 年 5 月间,南京港务监督和镇江航政处分别召集南京地区和镇江地区共 39 个船舶单位 85 名负责人和船长参加的经验交流会,介绍船舶安全航行经验和教训,进行水上交通典型事故的分析和图解说明。这相当于是对国家水上安全法规进行了一次理论和实际结合的再教育。其后,南京港务监督还将宣传船舶安全航行的先进典型作为航政管理工作一项内容坚持下来,及时表彰和鼓励。1981 年 5 月间,南通航政处对当时上海航运分公司所属的"东方红 21"号轮英勇抢救遇难船员事迹予以表彰,通报有船单位,以促进船舶航行安全。为使航行经验交流不流于形式,南京港务监督及各处、站组织船舶单位开展互学活动。1981 年,南京港务监督、南通航政处及江阴航政处分别邀请各自管辖段的地方水上交通管理部门、船舶单位交流安全航行经验,针对桥区、港区、油区、锚地等重点航段水上航行秩序、停泊秩序、重要施工管理的状况,征求航运单位意见,提出下一阶段船舶航行的安全注意事项,并组织船舶单位开展安全航行竞赛活动,努力维持长江江苏段良好的船舶安全航行秩序。同时还开展"五月安全月""九月安全质量月""枯水期结合春运安全宣传检查"活动。南京港务监督全年发放安全宣传资料 2934 册,提供船员考试复习提纲 4950 册,与地方航政部门联合发放宣传资料 6000 多册,举办技术讲座、座谈会 53 次(参与船员共 1412 人)。此外,开展集中检查。如 1979 年之后,南京航政分局联合南京市公安、航运单位组成安全检查组,定期或不定期对港口、码头、锚地、渡口等进行安全检查,以及进行节假日集中检查。

## (三) 整顿农副业船航行秩序

从 1979 年起,水运运输活跃,航行长江干线的小型机动船大增。其中大批农、副、渔、渡船功率小,安全设备简陋,适航条件差,驾驶人员不懂航章,不熟悉航道,严重干扰长江干线航行秩序,极易导致水上交通事故,特别是碰撞和浪损事故时有发生。据南京航政分局水上事故分析,这类事故率占当时长江江苏段事故 75% 以上。为此,南京港务监督决定整顿农副业船的航行秩序。航政人员坚持贯彻宣传在先、预防为主的方针,针对农副船和小型船舶事故多发的情况,深入现场和船头进行宣传,采取"一问(问安全生产情况)、二看(看安全设备)、三检查(检查安全措施落实情况)、四建设(建设管理规章制度)"的方法,仅1979年5月份即逐条宣传400多艘、6月录音广播宣传30多艘。整顿秩序分几步进行：

第一步，调查摸底，弄清原因。1979年2月8日，南京港务监督抽调专人，会同当时的江苏省交通局组成工作组，开始对江苏境内的农副业船、专业运输船舶进行安全宣传和调查。至3月13日，前后共34天，先后调查了六个市（南京、镇江、苏州、南通、靖江、扬州）、六个地区（镇江、苏州、南通、盐城、淮阴、扬州）、八个县（扬中、丹徒、沙洲、江阴、吴县、淮安、邗江、盐城），并查看了南京、江阴、镇江、南通4个港口的锚地、港区航道、十一圩、六圩两地水上船舶航行现场。同时，分别召集这些市县的航政、监理人员，有船单位及安全管理人员，召开座谈会30次。通过调查研究，分析出江苏省农副业船在长江江苏段航行秩序混乱、发生水上交通事故多的4个主要原因：一是船舶建造质量不符合要求，安全设施差。这些船舶大多数是水泥结构，吨位在2.5~120吨之间，且建造时多数未经检验部门审核图纸，没有航行信号、声号等。二是驾驶人员技术操作水平低，人员也不固定。有些农副业船的驾驶人员是没有经过训练的公社社员，不懂航章，对航道也不熟悉，纯系进入长江冒险航行。三是船只数量多，涉及面广，由多头管理。这些迅猛发展的自办运输业，有的由农业部门管理，有的由交通部门管理。管理要求也有差异，监督检查措施未能正常实施，大量船只无证无照航行长江。四是对农副业船的管理办法没有抓紧贯彻落实。虽然建立一些管理措施，逢年过节也进行集中安全检查，但监督机构人员未落实，制度未形成。为此，南京航政分局向江苏省交通主管部门建议在长江支流河口建立监督站，以严禁无证、无照或不适合行驶长江的农副业船进江；建议必须对这类船舶限定航区，对人员技术水平和安全设备建立考核制度等。

第二步，严格检查，及时纠正违章。在完成第一步查清原因和提出防范措施后，从1980年开始，南京港务监督及航政处、站在各自辖区里增加监督艇现场巡逻次数，突击检查过往的农副业船，对无证、无照、无灯号的予以及时纠正，对不具备手续的不予放行，督促补办手续。在遭遇恶劣天气、突如其来的外界情况发生时，主动与地方航政部门联系，控制挂机船进江。

第三步，提高农副业船航行长江技术水平。1981年，利用多种形式，加强对农副业船船员的安全法规知识的宣传，使他们了解各种避让及有关信号、灯号、声号，熟悉和掌握长江江苏段不同航道的特点。1982年5月，南京港务监督制定长江航行"九条注意事项""六条遵守规则"等安全规定。"九条注意事项"的主要内容有：航行前或途中，注意收听天气预报，及早做好安全防范措施，遇恶劣气候应就近靠泊；认真操作，注意来船信号，注意航道及标志变化；要避让吃水深的大型船舶，会让时注意保持一定的距离，防止浪损。"六条遵守规则"的主要内容有：进入长江须经当地交通监督管理部门批准；完备各种证书；若夜间航行，要配备灯号；遵守防火、防爆规定；严格遵守各种安全规定，配齐安全设备。

此外，南京港务监督与地方港航监督部门紧密配合，分口"把关"，以通往长江的主要河口和船闸为分界线，闸（河）内由地方航政部门负责，闸（河）外的长江水域由南京航政分局及航政处、站负责，共同检查农副业船，纠正违章。高港航政站在分口"把关"整顿和管理农副业船安全航行方面取得突出成效。他们与江苏省泰兴县交通局交通管理部门共同研究分工，凡支流进入长江的船只由地方派监督管理人员检查，长江进入内河航行的农副业船由高港航政站"把口"，双方密切配合，检查、纠正违章，做到"违章不过闸，过闸不违章"。高港航政站的这一"守口把关"经验，在《航政简报》第41期上刊登，在长江全线得以推广。1979年第二季度渔讯期间，南京航政分局就南通白茆沙航道、十一圩等航道附近渔区，加强对渔民捕捞间安全宣传，走访渔业大队，巡航南通附近渔区，宣传渔船300多艘次。7月11—14日，派出监督艇夜间集中对捕捞的渔船进行现场安全宣传，纠正违章行为。1980年5—6月，南京航政分局还与地方航政部门联合检查全省99道渡口和地方机动渡船68艘、帆渡船31条。7月，又检查沿江各种水库20多个。

1978年，因管理不善，南京长江以外内河发生2起渡船翻沉事故，落水63人，死亡1人。为此，1978

年4月为强化渡口监管,南京市革命委员会审议公布由市交通局、市公安局联合制定的《南京地区渡口管理办法》,明确南京地区渡口的设置、渡船及人员的配备、渡船安全航行、乘客上下渡船等规定。8月,经南京市编委批复,在南京市和江宁、江浦、六合等3县建立渡口管理所,其中市渡口管理所与市港航监理所合署办公,江宁、江浦、六合3县渡口管理所与3县交通安全管理站合署办公,统一对辖区渡口安全进行监督管理。

### (四)运用经济制裁手段处罚违章船舶

1979年6月起,南京港务监督在长江系统率先制定《船舶违章罚款暂行办法》,并试行实施。当时进出长江江苏段航行的船舶,农副业船只占据较大的比例。据江苏省交通厅1980年工作总结称:江苏省的这类船舶就有44万艘,其中挂机船有10多万艘。驾驶上述船只的绝大多数船员是丢下锄头的农民,许多不懂长江航章,违章航行甚多且成为导致海事的"祸手"。南京航政分局实行"三定"(人员定位、任务定时、消耗定量),加强对农副业船只的检查。为维护航政规章严肃性,南京航政分局决定采取经济制裁措施,以确保长江江苏段水上安全。经过一段时期准备,1979年6月初公布《船舶违章罚款暂行办法》,共6条14款。随后,先在局部地区试行。11月,在取得经验的基础上又重新修改为10条16款,正式报批。12月7日,长江航政管理局批准了这一经济制裁办法,从1980年2月1日开始引入到航政监管中。这是长江航政系统第一次把经济制裁引入到航政监管中。

运用经济手段制裁违章船舶以后,南京港务监督于1980年通过舆论宣传违章船舶罚款的意义,以争取船舶单位和船员的支持。铅印罚款办法4000份,通电和分发有船单位;召开有船单位管理安全的领导及干部会议,宣传罚款的目的;和地方航政管理部门联系,共同研究执行的办法;主动与外省的船舶单位联系,通报对违章船舶罚款的规定。港务监督坚持"以教育为主,罚款为辅"方针,正确处理管理与罚款的关系。一般是处罚当事人,让其单位和船员从中吸取教训,防止再度发生违章;慎重掌握罚款分寸,由专人予以负责处理;注重现场教育,纠正违章,不轻易处罚;加强与船舶单位联系,做好罚款工作。经济制裁措施实施的目的在于约束违章航行船舶,促使农副业船走上安全航行轨道,促进锚地停泊秩序好转,提高航政管理人员监管积极性。仅1980年,就处理违章船舶6971艘,罚款24514元。

## 三、船员监管的规范与加强

1976年下半年,长江航政管理局着手恢复船员考试规章,组织专门力量收集整理资料,广泛征求船舶单位意见。经过大量征求意见和调查研究,重新充实《长江轮船船员考试办法》《长江机动船舶进出港签证办法》,并于9月6日上报。10月初,长江航运管理局批准公布上述充实后的两个办法。

为较好地贯彻落实这两个办法,长江航政管理局于10月17—23日在九江召开长江干线航政工作会议,讨论研究具体实施方案。1978年1月10日、3月1日,长江航政管理局再次公布《长江轮船船员考试办法》《长江机动船舶进出港口签证办法》。1978年1月,南京港务监督及航政处、站在各自辖区内,抽调船舶单位有经验的船长,成立船舶考核领导小组,组织对船员培训,并进行船员考试。据统计,南京航政分局、南通航政处与江阴、高港航政站举办了驾驶、轮机两类船员考试共有156人参加。并发放船员证书及临时证书750份。

为使管理范围的船舶船员考试前系统地学习理论,1978年初南京港务监督将船员历次考试的试题,分别整理汇编成《驾驶问答》《轮机问答》两本书。5—7月,在补充和修改1973年出版的《长江下游航行参考》基础上,重新出版了《长江下游航行参考》。参考出版后,分局还派人到船舶单位、船舶、航道部门征求意见,对其进一步完善。到12月,重新出版"驾驶"和"轮机"问答题参考书,印刷了10000册。这些参考书对船员掌握长江航行条件、熟悉操作要点起到一定的促进作用。

1979年6月13日交通部公布《中华人民共和国轮船船员考试发证办法》后,南京航政分局于1980年5月28日成立由12个船舶单位共81人组成的首届"南京轮船船员考试委员会",下设4个专业组,即河船驾驶组、海船驾驶组、轮机组、报务报话组,由南京航政分局局长任主任委员,以统一海船、长江船员考试。5月5—8日、26—28日,长航及中央所属船舶单位的驾驶、轮机船员考试分两批在上海、南通、江阴、高港、镇江、南京6个地区举办,947人应考。1980年8月,由分局"统一命题、统一时间、统一标准"完成2批780人次的船员考试。1982年2月20日,通过改选,第二届"南京轮船船员考试委员会"成立。

这一时期,根据交通部的《长江港口开放后港务、船检安排通知》"航行国际航线的我国船舶、干部船员考试和颁发证书,集中在南京、武汉两地港务监督办理"的规定,南京港务监督被赋予对航行国际航线中国籍船舶船员考试和发证职权。1980年,南京港务监督首次考核14名航行长江的国际航线中国籍船舶船员,并举办福建、浙江、上海、山东等省市进江船舶的船员延伸长江航线的船员考试。1981年,考试次数和考场相继增加及扩大,共分9批8个考场[南京、镇江、江阴、南通、上海、福州、象山(浙江)],应考船员和补考人数共1340人。同时,根据中国港监局公布的《船员考试大纲》,南京港务监督结合船舶航行实际编写"长江船员考试复习题",共2050题,分两册,印刷3000套,其中驾驶部分950题、轮机部分1100题。1982年9月,又编写"长江船员考试复习参考题解",分驾驶、轮机两部分,同时出版。驾驶部分包括实习驾驶、内河避碰规则、船艺、河运法规、引航;轮机部分包括造船轮机大意、现场操作考核等。这为船员考前培训提供了一份较好的教材。1981年,南京港务监督分别到福州、象山、上海、南通等7处分9批进行船员考试,参加考试的船员887人、报务员42人、近海船员28人。

这一时期,对进江航行国际航线中国籍船舶船员的考试,主要是按照中国港务监督"三定"(定航线、定船、定主考)规定的考试方法进行。如1981年,选定几条固定航线的船舶作为考试船(定航线),根据考员所报的航线,到"定船"上参加考试,再根据考员船种、等级选定相应数量考试船舶"定主考"。考试船的主考相对稳定,由具有一定理论和实践水平的船长担任。

此外,南京港务监督还努力做好船员证书颁发工作。1979年6月13日起,全国船舶船员过期或临时证书开始全部换发新证书。南京港务监督对考试合格船员换发新证书。1980年,换发418份,办理20多人的出国海员证。1981年,换发962份,其中海员证书188份、报务员证书32份、近海船员证书37份,签发进江航线证书85份、船员职务签证221份。1982年,完成240名航行国际航线中国籍船员考试与发证,换发证书3195份,建立船员技术档案3758份。船员技术考试制度得到进一步规范。

1978年,南京市港监部门受江苏省交通厅委托,首次举办海船船员技术培训班,并进行考试。自此,市港监部门的船员培训、考试工作既含组织培训,又负责考试,且不仅有内河船员,而且还有海船船员。至1982年,共考试、核发船员证书4040份,其中驾驶员证书2823份、轮机员证书1204份、报务员证书13份。

## 四、船舶检验监管规范与统一管理

"文革"结束后,南京航政分局重点恢复船舶检验部门,调整岗位和充实船检技术人员。1980年之后,随着长江江苏段主要港口对外开放,船检部门开始受政府委托代表国家对航行国际航线船舶进行船舶检验,称为"中华人民共和国船舶检验局××办事处"。之后,着手船检办事处筹备工作。1980年4月26日,"中华人民共和国船舶检验局南京办事处"成立。4月29日,南通航政处船检部门称"中华人民共和国船舶检验局南通办事处",开始对外办公。镇江航政处船检部门称"中华人民共和国南京办事处镇江验船组",江阴航政站船检部门称"中华人民共和国南通办事处江阴验船组"。1981年5月,"中华人民共和国船舶检验局张家港办事处"与"中华人民共和国张家港港务监督"同时成立。11月30日,交通部下发《关于改革船舶检验管理体制的通知》,规定"在适当时机,长江区船舶检验办事处与长江航政管理局分别管理"。

与此同时,南京航政分局船检部门根据实际恢复船检管理制度,开展船检工作,并逐渐趋向规范。1977年9月20—23日,南京航政分局在南京主持召开"船舶和使用船用产品的质量经验交流会",金陵船厂、南京船厂等35家船厂以及泰州电焊条厂、镇江锚链厂等船用产品生产厂家的70名代表参加。这是"文革"结束后长江江苏段首次召开船检工作会议。会议除由各生产单位自行总结船舶产品质量检验经验和教训外,重申国家有关船舶检验规范,对船舶质量检验提出具体要求和步骤。到1980年,船检范围从1979年14个厂扩大到35个厂,产品项目达50个。船检人员还深入到船厂的车间、班组及船舶,宣传船舶检验法规;参加工厂内的生产会议,与厂方一起分析问题;监督厂方改进重大的船舶质量问题。主要工作方法是一宣(宣传质量重要意义)、二靠(依靠船厂党委、工人、群众)、三结合(领导、工人、技术人员)。这一工作方法得到交通部船检港监局和长江航政局的首肯,并得到船厂的支持。同时,驻金陵船厂小组协助工厂建立起工厂、车间、班组的三级检验制度。1977年,驻金陵船厂验船小组的验船师,与船厂工人、技术人员、领导一起发现和解决修造船过程中的质量问题,提高了船舶建造质量。仅1977年5月就检验船舶138艘。辖区30多个单位300多艘营运船的各船技术状况、航行期限等被分别编号,列成卡片,方便检验时查考。此外,每年均要根据检验工作的状况,不断采取措施予以整顿,使船检工作逐渐走向正轨。

对船用产品的检验,是航政机关检验部门当时新增加的一项技术性较强的质量检验工作。1978年7月,交通部在天津召开的全国验船工作会议上,决定长江航政除对部属船厂和船用产品厂质量检验外,还分管沿江9个省的船用产品检验。从此,对船用产品的检验工作全面铺开。根据全国验船工作会议的明确分工,南京航政分局船检部门除对江苏省境内中央船用产品厂的产品进行检验外,还对无锡、苏州两地区以外的江苏省船用产品实施检验,共计检验船用产品厂达35个。为保证船用产品和修造船的质量,南京航政分局船检部门先后恢复和建立验船制度,证书、图纸审报签发制度,船舶申请检验制度,资料、图纸登记与收发制度等。并根据交通部船检局《船舶技术档案管理办法》,清理各种船舶技术资料,分类逐一登记,立卷编号。仅1980年建立档案船舶507艘,清理入图纸盒90多件,清理出外港船舶档案150件。

船舶检验制度的进一步完善,使船检工作有法可依,促进了船检工作深入发展。1980年,针对检验的船用产品厂增加到35个,产品项目达50个,检验工作量成倍增长的情况,南京航政分局船检科在总结过去产品检验工作的基础上,实行3种检验方法:抓好初始工作,新产品先鉴定后检验;对尚未鉴定的已在产的船用产品,一般要求组织用户,与厂方、验船师共同检验认可;对长期生产虽未鉴定但经检验质量尚好的,立即予以检验发证。1981年,全面分析检验工作质量和检验对象,对个别质量下降和存在问题的厂家,一个厂一个厂地解决。在船用产品厂增加到55个、58个项目,工作量骤增的基础上,南京航政分局船检部门还根据国家规范、标准和国际船级社、英国劳氏规范的要求,首次对厂标进行修订补充,与厂方成立认可小组,协助厂方完成申请认可的有关技术文件,对产品做了大量的抽样鉴定,取得可靠数据,以加强对船用产品的质量检验。此外,受江苏省经委的委托,对一些船用优质产品进行检验,提高对档次较高产品的检验能力。1982年,为使船用产品打入国际市场,南京航政分局船检部门按照国际一级船级社规范,对泰州电焊条厂、镇江锚链厂、徐州船用阀门厂的产品实施严格检验,进行可行性的型式认可。船检部门检验船舶艘数逐年增加,船舶检验数量由1978年261艘增加到1982年540艘,其中新造船118艘、营运船354艘、远洋船27艘、油轮测爆船41艘。对70个工厂、29个船用产品项目共检验400多批次,3个工厂进行认可,2个工厂进行型式认可,其中较大部分产品远销国外。

这一时期，内河运输船舶不仅数量呈快速增长趋势，而且在船舶材质、船舶种类、船舶吨位方面也发生变化。钢质船舶替代木质船、水泥船，机动船替代木帆船、驳船。油船、化学品船等各类新型船舶也实现"零"的突破。船舶吨位也从过去几十吨级、几百吨级发展到上千吨级。地方船舶建造检验、营运检验和船用产品检验的需求量不断增加。为此，南京地方港航监理部门多方协调，增加船检人员，强化船舶检验。1979—1982年的4年间，就检验营运机动船1861艘次、营运非机动船2795艘次。

## 五、载运危险品和防污染监管全面开展

1977年，交通部根据1973年国务院召开全国第一次环境保护会议，颁布环境保护工作各种条例，1974年10月国务院成立环境保护领导小组，下设办公室作为办事机构。下发《关于加强港监（航政）工作的通知》，指出"港口水域防污染工作，……由港监负责，设立防污机构或设专人负责防污工作"，南京港务监督依据国家和交通部有关防污染文件精神，在整合1975年成立的"防污染组"基础上，专门设立由3人组成的专职"环保组"，负责防止港口水域船舶污染和保护环境等工作。各航政处、站明确专职监督员，具体负责防止水域污染与环境保护工作。监管主要工作是了解辖区水域污染情况，与市、县有关防污管理机关配合宣传防污政策。1980年，南京港务监督在总结前几年的防污染工作基础上，深入沿江厂矿企业和有船单位，调查研究，掌握第一手资料，共调查450艘船舶的污染情况。1981年，配备监测设备，建设水质化验室，由防污人员到油港码头、船上调查取样，以防止油类跑、冒、滴、漏和有毒物质排放。并开始确立防止船舶污染长江的管理措施，深入现场调查研究，发现问题及时处理。当年，长江航政局推广南京港务监督上述防止船舶污染长江水域的监管经验。自此，防止船舶污染管理工作逐步成为航政监管中的一项重要内容。

1978年1月30日，根据交通部〔75〕交增字793号及江苏省委〔77〕56号文的指示精神，为防止船舶油类及其他有害物质污染长江，确保港区环境清洁，结合长江南京段船舶污染水域状况，南京航政分局制定公布《长江南京段防止船舶污染水域暂行规定》。这是长江下游第一个防止船舶污染管理规定。其主要内容是：①油船（包括油码头趸船）在装卸作业时，应积极采取防范措施，防止油类跑、冒、滴、漏、污染水域。②禁止船舶将废油、油污棉纱、油漆等含油物质任意倒入水域，上述污染物应交给所属单位回收部门综合利用。③发生跑、冒、滴、漏、溢油的事故，应立即采取措施，并及时书面向航政部门报告。④油船应建立油类记录簿，认真记载油类、压舱水等操作活动，以备查询。⑤装卸危险品和有害物时，必须采取严密防范措施，防止污染水域。⑥凡对水域造成污染的肇事者，应追究责任，视情节之轻重，分别给予行政纪律处理及罚款。1982年，南京航政分局公布《南京港船舶装载危险货物办理审批手续》。

这一时期，南京港务监督加强防止船舶污染监管工作。工作内容主要是调查摸底，认真处理污染事故，建立油类记录簿，按规定对航行国内航线的22艘装运2000吨以上散装货油船办理油污信用证书，配合长航物资供应站调查各种客货轮机舱污水接收管系的改装情况，协助长航物资供应站提前做好船舶含油污水的接收处理工作，解决了船舶排污出路的问题。同时，通过采样分析、检验油水分离器、筹建水质分析室、培训专人等，加强监测。1979年，"大庆422"轮在栖霞油区3号码头装油，栈桥上输油管爆裂跑油，致使5吨多原油泄漏，污染长江。事故发生后，南京港务监督到现场深入调查，认定系油管内壁老化，内橡皮脱落堵塞油轮进口管道所致。南京炼油厂承认过错，接受处罚。1980年，南京港务监督与江苏省环保局共同制定《长江江苏段防治水域污染暂行规定》。1982年，对装载成品油出口的远洋海轮实施签证制度，严格油轮装载油类等级，发现问题及时纠正和处理。对不按照规定装载危险品的船舶，不予签证，直到采取一切安全措施，方准放行。1982年后，了解和掌握远洋海轮进出港口和在港活动情况，做好资料整理工作。张家港港务监督，对进出港口的远洋海轮逐艘建立船舶档案，记录进出港的时间、装卸

## 六、加强水上交通事故处理与事故案例

"文革"之后,长江下游虽然航运业迅速兴起,但是一些船舶质量差,船员违章航行,水上秩序混乱,导致水上事故不断。1977—1982年,长江江苏段每年发生的船舶碰撞、搁浅、浪损、沉没等水上交通事故件数在整个长江航段占较大比例。特别位于长江与京杭运河交汇处的长江镇江都天庙至三江营7.5公里长的江面,所发生的事故在长江全线航段中又居第一,被行船人称为"老虎口"。由于镇江航段发生的水上交通事故件数多,处理工作量很大,有2名监督员常年忙于此事。处理这些水上事故,沉没的船舶和物资一般是组织各方面力量施救和打捞,并实地调查、取证,分析事故发生的主客体原因,然后加以调解。

这一时期,在长江江苏段发生的各类水上交通事故中,"江峡"轮与"东方红3号"轮碰撞造成"江峡"轮沉没的事故是新中国成立以来长江上发生的一起特大水上交通事故。

1979年1月30日22时40分许,"江峡"轮载客78人上行至南京草鞋峡捷水道燕子矶红浮上游200米处,与载客1412人下驶的"东方红3号"轮相遇,因没有明白鸣笛避让意图,临近左舵避让,造成双方快速同向碰撞,"东方红3号"轮船首部插入"江峡"轮机舱左舷,撞伤船员3名。被撞后半分钟内,"江峡"轮灯光熄灭,主、副机停转,机舱进水。后虽施救,但因"江峡"轮被顶在陡岸边,无法控制船体下沉。为确保"东方红3号"轮不被"江峡"轮拖压下沉,割除"江峡"轮破口处船板。31日8时许,船板割完,"东方红3号"轮脱险。10时,"江峡"轮完全沉没。事故发生后,交通部、江苏省及南京市、长航局等领导相继到现场慰问并展开事故调查。最后确定这起重大事故系严重责任事故,事故责任为"东方红3号"轮。

其他有影响的海损事故有以下几起:

1977年2月26日14时,在镇江焦山水道,"芜湖货60号"船与"苏油2号"相碰,"芜湖货60号"船当即翻沉,5人落水,4人死亡。

1978年5月5日19时,"人民18号"船队与"江苏025号"轮,在镇江定易洲水域发生碰撞,"江苏025号"轮当即沉没,13人落水,5人遇难。

1980年3月28日11时35分,"长江470号"轮拖带浮吊1519号下水,通过南京长江大桥时碰撞大桥钢梁。这是大桥建造以来首次发生的碰撞大桥事故。

1981年12月25日10时零5分,"长江2046号"轮在南通大白茆沙水道夹口和安徽无为县挂机船发生碰撞,17人落水,7人失踪。

# 第五节 航政监管队伍建设的全面加强

## 一、航政队伍不断充实与技术职称评审

### (一)航政队伍充实与不断增加

"文革"之后,南京航政分局恢复落实各项政策,在恢复航政机构与调回人员的同时,不断充实和加强航政队伍,提高航政监管水平。1977年10月,就江苏省计委和人事局分配来的大、中专毕业生35人,南京航政分局根据局本部与所属航政处、站人员构成情况,分配分局本部9人、镇江航政处11人、南通航政处5人、江阴航政站5人、高港航政站5人。这批大、中专毕业生通过技术培训,迅速走上工作岗位。其后,又陆续从其他单位调进一批行政、技术人员和监督艇船员。到1978年底,南京航政分局共有215

人,其中分局本部122人、镇江处38人、高港站8人、江阴站26人、南通处21人。至1982年12月,南京航政分局及航政处、站共计326人,其中分局本部193人、镇江处45人、高港站9人、江阴处32人、张家港站12人、南通处35人。全局共有工程技术人员47人,其中高级工程师2人、中级工程师21人、助理工程师24人。至年底,上级同意进入34人,交通部批准进入人员指标70人。从而,南京航政分局形成了有一定管理能力的航政队伍。

### (二)政策落实、技术职称评审与工资调整

"文革"结束后,全国各级港务(航政)监督本着"实事求是,有错必纠"的原则,对"文革"中遗留的问题进行复查、清理,落实政策。为此,南京航政分局1980年为2名同志恢复名誉与职务。

1981年8月29日,交通部、国务院科学技术干部局下发《关于颁发港务(航政)监督和交通监理技术干部技术职称考核、晋升业务标准的通知》,明确"港务(航政)监督和交通监理属于技术管理工作。"从事港务(航)监督和交通监理工作的技术干部,应按国务院《工程技术干部技术职称暂行规定》和国务院科技干部局〔80〕国科干字第199号文《关于确定和晋升科技管理干部技术职称的意见》考核评定相应的技术职称。随后,全国港务(航政)监督系统开始技术职称评审工作。根据以上技术职称评审要求,1981年南京航政分局根据国家职称评审要求,套改晋升高级工程师2人、工程师18人、助理工程师20人、技术员2人。

根据交通部〔77〕交人字1447号文批复的《长江航政管理局职工工资调整方案》精神,南京航政分局1977年12月3日对全局165人中符合政策调资范围111人,按40%调整工资44人。1980年6月,完成35名技术人员与技术干部调资套改晋升工作,236人考评升级,调整工资的为209人,分配升级91人,占43.6%。1981年,考试选拔巡逻艇船长、轮机长,经过理论和实际操作考试,共选拔监督艇船长3人、代船长1人、轮机长2人、代轮机长1人、驾驶员3人、轮机员2人。

## 二、航政监管人员技术培训与文化教育

"文革"结束后,全国港务(航)监督系统普遍存在着"三低一少"问题(即文化水平低、技术等级低、管理水平低,技术管理人员少),一些没有经过专门培训、缺少专业知识的人员进入航政队伍,影响航政监管工作质量、效率。

1977年,交通部要求全国港务(航)监督系统加强队伍建设,开展"遵章守纪,加强法制,消除隐患,整顿交通秩序,整顿劳动纪律"活动。1979年10月,交通部在召开的"文革"结束后第一次全国地方水上交通安全工作会议上指出:"当前专职交通安全机构还不够健全,管理人员不足、不强,必须切实加强。"随着对外开放步伐不断加快,航运业加速发展,全国港务(航)监督系统开始重视队伍整体水平的提高,从实际出发,开展业务培训,学历深造,文化再教育活动。为此,南京航政分局从以下两方面加强航政管理人员技术学习和培训。

### (一)航政管理人员的再学习、再教育

自1978年起,南京航政分局开始选送专业人员,通过各种航政技术培训、自主培训和组织自学等途径,采取脱产、半脱产、业余学习等形式,开展岗位适任、知识更新和理想信念等教育培训。1978年4—11月,安排2人到南通河运学校开办的首期船检短训班学习,学制一年。1980年6—8月,又安排6名航政管理人员参加由长江航运管理局举办的3期培训班,这是"文革"结束后第一期航政专业技术培训。9月20日,江苏省交通厅下发《关于举办船检人员培训班的通知》,决定当年10月13日至11月13日在南京

举办在职船检人员轮训班,南京航政分局决定让全部船检人员参加。其间,南京航政分局还重点对低于初中文化程度的青、壮年职工进行文化补习和专业技术补课。补习和补课采取两种形式,一是与有关单位挂钩培训学习,另一是南京分局本部职工参加南京市下关区政府举办的业余补习班。通过文化补习和专业技术补课,60%~80%青、壮年职工达到初中毕业文化水平,已有职工中1/3达到相当于高中或中专毕业文化水平。

1981年2月20日,中共中央、国务院颁发《关于加强职工教育工作的决定》。为全面落实执行这一职工文化教育决定,南京航政分局依据全局不同年龄层次、不同文化结构情况,安排职工进行职工再教育,先后有271人接受各种不同的教育,占航政分局职工总数的50%。35岁以下青年职工共135人接受职工教育。表5-5-1为南京航政分局35岁以下135名青年职工文化结构情况。

南京航政分局35岁以下135名青年职工文化结构一览表　　　　表5-5-1

| 单　位 | 总　数 | 大学学历 | 高中学历 | 初中学历 | 小学学历 |
| --- | --- | --- | --- | --- | --- |
| 南京 | 33 | 2 | 18 | 13 |  |
| 南京分局机关船队 | 51 |  | 18 | 28 | 5 |
| 镇江 | 18 |  | 5 | 8 | 5 |
| 江阴 | 15 | 1 | 4 | 9 | 1 |
| 南通 | 13 |  | 8 | 5 |  |
| 高港 | 5 |  | 3 | 1 | 1 |

### (二)航政监督艇船员技术理论与实际操作的再培训

1979年9月12日,长江航政局下发《关于搞好航政船员技术培训工作的通知》,规定监督艇船员脱产培训由长江航政管理局负责,现场培训岗位练兵由各分局负责。并采用传、帮、带方法,制定包教包学合同,定期检查合同执行情况,合同期满组织验收。此外,业余学校、电视教育、函授等学习,具体由各级工会负责。通知还要求航政监督艇船员利用业余时间,参加所在分局组织的业余政治、技术、文化学习。

依据以上规定,南京航政分局进行重点培训与一般培训。①重点培训:抽调一艘监督艇作为教练艇,选定专业老师,安排教学日程,一年举办两期5个月轮训。②一般培训,主要安排教员15天上课一次,每课2小时。另外,结合日常巡航,开展岗位练兵、安全与消防救生演习,使监督艇船员技术理论和实际操作水平达到同等级应知会知要求。1980年4月16—29日,南京航政分局对监督艇船员进行调资升级考试,应考船员123人,实考船员116人。其中船长7人,水手45人;轮机长7人,轮机员16人,加油工20人。到1982年底,通过8期现场岗位练兵培训,培训监督艇船员58名。

### 三、港务监督外勤人员开始统一着装

"文革"结束后,水上交通管理任务日益繁重,港务监督人员身穿便服,对国内船舶进行执法检查时,由于身份不明,船员不予积极配合,遇到很多困难,影响执法正常进行。为便于港航监督人员执行航政管理任务,统一执法服装已显得十分必要和紧迫。1978年7月24日,交通部、商业部和全国供销合作总社经国务院批准联合下发《关于统一港航监督(航政管理、船检)外勤人员服装、帽徽和臂章式样的通知》,对服装的式样、颜色、布料、供应标准和服装发放范围做了明确的规定,对帽徽(圆形国徽图案)、臂章(海蓝色,菱形,对外开放港口印"中华人民共和国港务监督",非对外开放港口印"港务监督",字体颜色为金黄色,四边为黄边)的样式做了统一。1980年,又对港务监督和船舶检验的制服在用料、颜色等方面进行差异化调理。

1978年12月29日,长江航运管理局下发《关于港监、船检人员制服着装的通知》称:港监人员制服涉及国家尊严,是加强航政管理,维护法制的标志,是港监人员执行任务的需要,不是劳保福利方面的待

遇。通知规定发放范围：航政站正副站长、航政处正副主任，分局局长、分局主管港监业务工作的副局长配备制服；专职正副书记，主管政工行政、后勤业务工作的正副局长不发制服；港监的业务技术干部（含组长、正副科长、正副处长）和以工代干并从事技术工作的人员发制服；在此部门工作的各工种工人不发制服，享受工人劳保福利。

根据上述通知要求，南京航政分局上报应着制服的人员名册、数量，按时发放了制服，并严格执行着装规定，按规定于1979年2月1日正式开始着装。

## 第六节 航政监管设施（备）建设加快

### 一、水上交通安全现场维护船艇增添

1978年底，南京航政分局用于现场巡航的船艇为8艘，即"江监巡"5、8、10、11、19、34、35、36号。其中，分局本部有5、8、10、11、19、35号6艘，镇江航政处为34、36号2艘，其他航政处、站未配备监督艇。11月8日，根据长江航政管理局《关于"江监巡"改名"监督艇"的决定》（〔78〕航政监字第251号文），南京航政分局于1979年1月1日将"江监巡"改为"监督艇"。1980年4月25日，又接收新建成的"监督艇39号"。至此，南京航政分局监督艇增至9艘，除镇江航政处为34、36号监督艇外，其他均为分局本部使用。

以上9艘监督艇主要职责是巡逻辖区内客班轮靠离码头港区、桥区、油区等船舶集中、复杂航段或易发生事故水域。其中，分局本部监督艇负责水域包括大桥维护艇巡逻区（宁港1号码头—南京长江大桥下1000米）、锚地与客轮维护艇巡逻区（梅子洲锚地—上元门锚地）、栖霞维护艇巡逻区（乌龙庙—龙潭3号浮）、仪征维护艇巡逻区（龙潭3号浮—仪征河口）、港监科专用监督艇巡逻区（棉花堤—乌龙庙）、机动监督艇巡逻区（梅山9424厂—燕子矶）。

### 二、航政通信设备——甚高频无线电话启用

1980年起，为适应南京等长江8个港口对外开办贸易，长江航运管理局从美国引进设备在长江干线汉（武汉）沪（上海）线设立2个单边带无线电台岸台和17个甚高频无线电话基地台。该项目边建设边使用，1983年全部投入运行。甚高频无线电话属于近距离通信方式，为长江船岸无线电话通信系统。甚高频电话台有江岸、港口、专用、船舶4类。船舶类是主要从事水上移动业务的船舶无线电话台，为船舶通信服务。按交通部公布《水上无线通信规则》规定，第6频道（156.3兆赫）是船舶之间安全会让专用频率，第16频道（156.8兆赫）是国际遇险、安全和呼叫专用频率。船舶与江岸话台联络可在各岸台工作频道上呼叫和工作，船舶航行、待令时应实行双重守候，开机守听第16频道和第6频道；不具备双重守候功能设备的船舶只守听第6频道，但要注意守听通话；抛锚、停泊的船舶只守听第16频道。

1981年10月13日，长江航运管理局下发《关于同意南京航政分局在大桥监督站、航政分局机关设置甚高频话台的批复》，同意航政分局机关、大桥监督站设置甚高频话台（工作频道为第9频道156~450兆赫），甚高频无线电话机10~15W主要通信对象是过大桥的船舶，并向南京市无线电委员会申请办理电台执照。批复还指出：在1982年长江汉沪甚高频无线电话网络正式实施之前，这些只作过渡使用。自此，南京航政分局开始配置甚高频电话，加强与通过大桥船舶的联系，以保障通过南京长江大桥船舶的航行安全。

1982年7月19日，南京航政分局下发《关于进江海轮、大型油轮航行长江下游（南京—浏河）禁止和避免会船、追越地段及使用甚高频无线电话的规定的通知》，其中要求凡在长江下游南京凡家矶水道至浏

河口段,包括经过各港口航行的进江海轮、大型油轮及航行国际航线的船舶,航行中一律要打开甚高频电话(第6频道)。发现来船或在雷达荧光屏上发现来船,均应及时做好呼叫通话工作,商定会让办法。这一规定,适用于船长超过80米的进江海轮、大型油轮及航行国际航线的船舶,从8月1日起执行。

### 三、航政业务用房增加和职工福利房始建

"文革"结束之后,国家对长江航政投资有限,南京航政分局及各航政处、站办公用房仍十分紧张。分局本部集中在江边路3号(1975年改造后的四层共1375平方米)业务楼内办公;所属南通、镇江、江阴、高港航政处和张家港航政站及直辖的下关、大桥、栖霞监督站,不是继续借住在所在地港务局办公楼内,就是在当地码头及水上囤船上办公。

1977年,南京航政分局成立临时"基建组",具体负责管辖的长江江苏段航政的基本建设工作。为适应长江江苏段港航业发展的水上安全监管需要,8月15日南京航政分局向长江航政管理局报送了1978年基建任务:镇江处无办公室,需建400平方米办公用房及一座浮码头、24米囤船一艘;江阴站需建800平方米的办公用房,以及职工住房;高港站需建400平方米办公用房,以及职工住房。南京航政分局在长江航政局批准基建计划后,1978年就分别开工建成江阴、高港航政机构的办公用房。1980年12月23日,完成张家港监督站400平方米办公用房、江阴航政处1000平方米职工住房,另有正在建设中的镇江处650平方米办公用房。

这一时期,主管南京市地方航政事务的南京市港航监理所1977年成立之初尚无自己的办公用房。办公地点在下关三汊河河口,办公用房仅有几十平方米,是租用南京市轮船公司船舶调度站的。基层设立的港监站和船舶签证站、点均无独立办公用房,均靠租房开展监管工作。1981年12月28日南京市交通局港航监理所位于下关石梁柱1000平方米的职工宿舍工程正式破土动工。

1977—1982年,随着国家对南京新生圩、仪征港口基础设施建设规划的下达,南京航分局于1977年7月27日向南京港口建设指挥部呈递《关于新生圩建造深水码头同时建造航政设施的函》,就其中航政设施(备)配套计划,提出具体要求:建设200平方米监督站办公用房,配备300瓦扩大器、通信电话、办公设施,配置管理人员8人;新建一艘巡逻艇(交通部定型产品),配消防、抽水等抢救设施,配置船员22人;建造一艘40米钢筋水泥囤船(码头),配栈桥,配置船员2人;建造职工宿舍800平方米。1978年6月22日,长江航政局向交通部上报《关于长江下游新建仪征油港投产急需解决航政监督设施的报告》,要求将仪征油港航政监督机构列入建港基建计划,进行设计和施工。同时建议应尽早把航政监督机构及必要的生活设施列入新生圩新建港口建港规划,统筹安排。7月19日,长江航政局在向交通部规划局、水基局上报的《关于长江下游新生圩、仪征、大港、南通等四个新建港口建立航政监督设施的计划书的报告》中,提出新生圩监督站建设计划:建造各200平方米方监督站;航政专用码头各一座;职工宿舍1000平方米。站址选择应考虑便于航政部门开展工作,由南京航政分局提出具体设计要求,南京港建港指挥部负责设计和施工。以上新生圩、仪征两新建港口建设的配套航政设施(备),经交通部统一规划和安排后,南京港建港指挥部于1980年2月将新生圩、仪征监督站基建工程纳入建设计划,以保证在新建港口投产时考虑到航政建设工程。

自1978年之后,在交通部统一规划和相关部门支持下,南京航政分局开始加快基本建设速度,解决办公用房、职工住房多年"欠账"。1978年,南京航政分局开始建设本部的第一幢职工住房,即位于南京市热河南路39号1800多平方米的职工福利住房。因地址为水塘,基础差,加上经费限制,本部机关职工就自己拖来200多吨石子填塘,围土500立方米,拖运水泥100多吨,砖头6万多块围墙,建设大门、室外排水设施和道路等。1981年,江阴航政处建成1400平方米的职工住房、办公用房,镇江航政处也建成办公用房690平方米,南通航政处800平方米职工住房完成"三通一平"基础建设。

# 第六章 南京海事的全面发展(1983—1990年)

1983年起,长江江苏段南通、张家港、南京、镇江相继开始对外开放,南京航政分局被赋予对外国籍船舶监管职权。这是我国改革开放深入发展的重要标志,更是南京航政发展史上的新起点。

从1983年外轮开始进江入港至1990年的7年里,南京航政分局面对日益增多的国内外船舶,监管职权、职责、职能发生根本性改变,以对外轮监管和对外轮强制引航、国内船舶服务为重点,全面开展长江江苏段安全监管,建立涉外管理机构,加强监管队伍建设,加大监管工作力度,加速监管设施建设及后勤保障等,为长江江苏段创造良好通航条件。南京地方港航监理机构由政企分离发展到法规授权、独立法人行使水上交通安全监管职能的新阶段,工作侧重点放在健全机构、完善职能和细化规则上,日常工作则侧重于现场监管、船舶整治和船舶检验等方面。

## 第一节 对进入长江外轮监管准备与开展

### 一、张家港、南通开港与对外轮监管准备

20世纪70年代,随着国家改革开放政策启动,国家着手长江江苏段主要港口先期对外开放。1979年12月24日,国家经济委员会、交通部、对外贸易部、公安部、卫生部、农业部组成调查组,在调查长江沿江港口后写出报告,上报国务院,建议南京、南通,张家港、武汉、重庆等沿江8个港口对外开办直达贸易运输,并提出南京、南通、张家港3个长江江苏段港口创造条件对外轮开放。1980年2月1日,国务院批复同意,要求"目前第一步先对我国轮船办理外贸运输业务,至于对外开放问题,待条件成熟时再进行研究审批"。之后,南京航政分局着手全面熟悉国内外对外轮监督的国际公约和我国法律法规及大政方针,以及对外轮监管规定,总结1980年以来对航行国际航线我国国轮监管经验。

1982年11月19日,第五届全国人民代表大会常务委员会第25次会议作出决定:"批准南通港、张家港港对外国籍船舶开放。"12月18日,国务院、中央军委就南通港、张家港港对外轮开放的航政管理、引航、物资供应、服务等有关问题,向有关省、市及军事部门发文,作出具体规定。南通港、张家港港是长江首批对外国籍商船开放的两个港口。1983年4月20日,交通部公布由国务院批准的《中华人民共和国外籍船舶航行长江水域的管理规定》,赋予航政机关对外轮5个方面的管理内容。

(1)外轮进入长江水域及其港口,必须经中华人民共和国港务监督批准,"向所要到达的长江港口港务监督办理进口申请批准手续"。

(2)外轮在长江水域及其港口航行或移泊,"必须向中华人民共和国长江港口港务监督申请指派引航员引航"。

(3)外轮抵港后,"应即呈报进口报告书及其他有关报表,同时交验船舶证书及有关文件,并接受检查。外轮离港前,应当通过外轮代理公司向港务监督预报开航时间、驶往港口等情况,并办理出口手续,取得出口许可证后,方可出港"。

(4)外轮在港口停泊期间,危急情况下准许使用无线电进行通信和发布信号,但"使用后必须向港务监督报告"。

(5)外轮在长江水域航行,如遇恶劣气候等特殊情况需要停泊,"应及时向就近港务监督报告抛锚时间、位置和驶离时间"。

根据以上长江对外开放所颁发的法律、法规,南京航政分局开始对外轮监管工作和强制引航的准备工作。首先,培训外轮管理人员。1982年起,南京港务监督(南京航政分局涉外名称)抓紧外轮管理人员培训,采取"走出去,请进来",举办各种类型外轮培训班,组织外轮管理人员去上海等海港港务监督机构,学习外轮联合检查管理经验、海事处理、危险货物管理、防污染工作。同时请上海港务监督的外轮管理人员前来讲课,传授外轮管理等业务经验。

其次,开始加强基础建设工作。在培训人员的同时,建立健全外轮管理制度。先后制定"联检工作例会制度""船舶装卸危险货物申报制度""船舶污染水域处理办法""内部管理工作制度"等。《外轮管理手册》《引航员、外检员英语汇编》《防污规章制度汇编》及《港航人员学习材料》1~4本。张家港、南通港务监督还与相关联检单位牵头抓好联检锚地选址工作,选择联检锚地、浏河引航交接锚地、进江大型船舶宿夜锚地。各航政处、站配备甚高频无线电话,还设置浏河至南京的单边带。

第三,抓好横向联检工作。为有效地开展联检工作,南京航政分局牵头拟定《联检工作细则》,明确各联检单位职责,进出口船舶审批手续,联检联系办法,以及登轮纪律,使联检单位统一思想、统一行动。严格按照有关规章制度开展工作,主要严格执行国家经委、交通部、外贸部、公安部公布的《国际航行船舶进出口联合检查进行程序与注意事项》等规章及有关国际公约。

以上大量的前期准备工作,保证了1983年5月张家港港、南通港分别进出的第一艘外轮监管任务的完成,也为1986年、1987年南京港、镇江港分别开始对外轮监管积累了经验。

## 二、进江第一艘外轮"日本商人"号监管成功

1983年5月7日6时40分,长133米、宽20.04米、吃水7.9米、总吨7183吨的巴拿马籍"日本商人"号,作为进入长江的第一艘外轮,满载11024立方米木材,从长江吴淞锚地起航,开始进江航行。在南京航政分局陈守德、吴民华、施歧元3名引航员引领和沿江各航政处派出的监督艇护航下,该轮顺利地通过南通长江浅区白茆南水道,15时40分安全抵达张家港港一号泊位。

该轮靠抵泊位后,张家港港务监督作为联合检查组组长,立即会同海关、边防、卫生检疫联合检查单位,开始检查工作。按照航政管理有关规定,港监人员查核该轮进口申请报告书和其他有关报表,逐一检查了船舶证书和船员证件。5月20日,该轮离开张家港港时,张家港港务监督的涉外管理人员,又对该轮的离港申报手续进行检查核对。在一切符合国家有关出口规定后,签发了出口许可证书。

第一艘进入长江的外轮监管成功后,5月24日南通港务监督又成功地完成了对进入南通港的第一艘外轮巴拿马籍"格林兰海"号的监管任务。

1986年12月15日,国务院受全国人大常委会委托,批准镇江港对外开放。1987年3月14日,"中华人民共和国镇江港务监督"成立。3月17日,巴拿马籍"大连商人"号靠泊镇江大港。镇江港务监督完成进入该港的第一艘外轮监管任务。

## 三、南京开港和对外轮监管的准备

作为长江下游重点港口,南京港早在20世纪70年代就被国家确定海港上海港的分流港,计划让部分中国远洋货轮到南京港卸货。1976年5月,"风驰"号海轮试航南京港卸货成功。1977年初,国务院正式批准南京港为海港分流,准许装运南京进出口物资的中国籍外贸海轮在上海办妥关封等手续后,直接驶到南京港卸货。海轮在南京港卸货以江中过驳为主。

由于南京港为海港分流并不具备口岸性质,中国籍远洋货轮只能在此卸货,不能载运外贸物资出口国外。这些海轮到南京港前必须在上海港办理各种手续,等待引水,耽搁时间较长,影响船舶周期。1979年6月,江苏省政府上报国务院报告中称:"南京港是中转内地进出外贸物资的主要港口。"12月,国家经委、交通部、外贸部、公安部、农业部联合向国务院报送《关于开办长江对外贸易运输港口的报告》,认为国家决定的长江外贸港口初步具备了开办外贸运输业务的条件。1984年之后,就南京港1980年开办贸易、接待海轮数量、进出外贸物资吞吐量逐渐增加,江苏省政府向国务院口岸办公室转报南京港申报对外开放的报告。1985年1月全国口岸会议决定南京港次年对外开放后,南京市开始全力准备南京港开放。8月,江苏省批准成立南京口岸委员会,负责组织、协调、管理南京港对外开放工作。

作为对进入南京港外轮监督主管机关,南京港务监督加快南京对外开放和外轮监管准备工作,一方面总结1983—1985年张家港港、南通港开放和外轮监管经验,进一步加强涉外人员培训。1983年,南京港务监督邀请南京市旅游局有关人员前来作涉外纪律的专题报告,结合一些违章涉外纪律典型事例教育对外监督管理人员和引航人员,提高其涉外监管水平和增强遵守涉外纪律的意识。另一方面,1985年下半年抽调机关大中专学历的人到长江大班轮上实习,以增加实践经验。把分配来的8名大学生安排到航政处、站工作,让他们到基层锻炼,并分批分期到局机关各业务科室学习业务。为培训涉外监管人员,南京港务监督于1985年12月12日就南京港开放、对外轮联合检查(联检)和待泊锚地及标志等问题,会同南京港务局、南京航道区等和南京市口岸相关联检单位,实地研究、勘察和选择南京港开放后外轮联检和待泊锚地问题。

1986年1月20日,第六届全国人民代表大会常务委员会第十四次会议批准南京港对外国籍船舶开放。2月14日,国务院、中央军委批准南京港正式对外开放。2月14日,交通部以〔86〕交水监字90号,下发《关于抓紧南京港对外国籍船舶开放准备工作的通知》,就南京港开放前的有关问题提出要求,并要求外轮不得在军事水域停泊,军事码头停靠或附近锚泊。"望长江航政局及其南京分局迅速与南京军区联系,根据军事、船舶航行安全和对外监督管理需要,研究出具体意见和管理措施报部审批"。"由南京航政分局与南京港务局共同研究落实联检锚地,并与海关、边防和卫检协商制定联检方案等"。2月20日,南京港务监督拟将长江仪征水道泗源沟南岸水域作为外轮入港后的联检和待泊的锚地(称为"大年联检锚地"),并公布水域范围长3000米、宽400米。2月26日,南京航政分局新生圩监督站(对外称"中华人民共和国南京港务监督新生圩监督站")正式成立,对外办公。

1986年3月5日,国务院口岸领导小组验收包括南京港务监督在内的南京港相关单位就对外开放的有关准备工作,认为南京港各项对外开放准备工作已经就绪,决定3月20日南京港正式对外开放。3月19日,交通部公布南京港按国务院口岸领导小组确定的时间如期正式对外开港。3月23日,长186.90米、宽22.86米,总吨15814吨(净吨9322吨)的巴拿马籍"星辉"号货轮,装载朝鲜1.7万吨矿砂从长江吴淞口起航,在南京港务监督引航站阮国兴、朱宏源、张中才3名引航员引领下进入长江。3月25日,抵达南京港新生圩装卸作业区。这是新中国成立以来南京港接待的第一艘外国籍船舶,也标志着南京港成为对外国籍船舶开放的国家一类口岸。3月26日,南京市人民政府在南京新生圩外贸港区举行隆重仍开放剪彩仪式。3月28日,"星辉"号轮离港。到1986年底,南京港共接待外轮47艘、国际航线国轮115艘。

这一时期,进入南京港的外国籍船舶航行长江水域,是1983年4月20日由国务院批准、交通部以〔83〕交水监字802号公布的《中华人民共和国外国籍船舶航行长江水域管理规定》中规定的水域:自浏河口下游的浏黑屋与崇明岛施翘尾河口下游的施信杆连线江向上至南京港中山码头上端与三十七码头上端的连线之间的干线水域。

## 四、4个开放港口外轮监管制度初建

自1983年第一艘外轮进入长江起,不同国籍外国商船相继进江。为使进出长江江苏段的外轮自觉执行国际公约和我国法律、法规规定,南京港务监督牵头南通、张家港、镇江3港口的港务监督,根据国家颁布的进入长江外轮管理法规,参照海港管理模式,结合长江江苏段水域交通安全特点,建立健全外轮监管制度。第一是"联检工作例会制度",规定各港口联检单位至少一个季度召开一次例会,与联检单位互通信息,解决存在的问题。第二是"船舶装卸危险货物申报制度",规定托运人递交危险货物申报单,商检部门出具包装证明,外代办理"准单",有些要船舶检验部门提供检验报告等。第三是"船舶污染水域处理办法",规定对违章污染船舶罚款细则、揭发船舶污染事故奖惩办法等。

除以上外轮监管制度外,4个开放港口的港务监督也相应制定进出各自辖区外轮监管办法。1983年5月,张家港港务监督就外轮停泊该港区范围和管理办法,制定《张家港船舶靠离泊管理办法》,规定:①船舶驶靠离码头,应听从码头管理人员指挥,统一安排。②船舶系泊码头或浮筒,应系牢缆绳,并要求船方严格按规定检查。8月,南通、张家港两地港务监督分别就受理外轮监装、卸载申请,有关危险货物配备装载图,以及危险货物的性质(包装容器、数量)、积载位置均做了规定。1984年,南京港务监督编印《外轮管理工作手册》,对外轮有关业务问题做了具体规定:①对无国籍证书的外轮,通过审查船舶证书来确认其国籍,再决定办理具体手续,在不影响国家主权利益的情况下尽量"给船方提供各种方便"。②严格国家水运防污法规,加强监督管理,对排放污染物和污水的外轮,掌握实据,给予经济制裁,以维护国家主权。③认真检查装载出口危险货物的外轮,签发装载"准单",办理监装监卸手续,并采取安全防范措施。1985年,南通港务监督会同南通海关、边防、卫生检疫等联合检查单位,制定《南通港港口联检工作细则》,规定港务监督在联检工作中作为牵头单位的几条原则:负责召集其他联检单位;组织联检单位研究检查办法,并"互通情况,密切协作";主持集中联检单位意见,确定处理方案,与船方交涉。8月,南通港务监督针对外轮靠泊码头、浮筒的安全制定并实施《南通港船舶并靠码头、浮筒停泊规定》:港口调度在水域情况许可下,指定船舶泊位;靠泊的船舶必须在规定的泊区范围内;停靠码头的船舶,应注意水位变化,随时调正,加牢系缆绳,以免危及靠泊安全。12月,还向南通地区有船单位和来往船舶发出《关于重申白茆航道航行规定的通告》,重申白茆沙南水道为深水海轮航道,旨在给外轮通过时创造良好的航行环境,并要求:"4.5米及总长80米以下的船舶走中水道,以上的走南水道";通过南通水道的海轮,上水船让下水船,逆水船让顺水船;海轮通过时,用无线电话联系。同时,南京港务监督就福南水道航行、停泊秩序整顿方案和南通港锚地停泊秩序、白茆沙水道航行秩序等管理措施等制订工作做了布置,以保证外轮在其辖区里航行和停泊安全。1986年10月15日,南京港务监督在贯彻执行国家《中华人民共和国水污染环境法》的同时,依照长江江苏段水域污染状况,下发《关于严格执行国家水污染防治法的通知》,强调航行国际航线的货、油轮应具备"防止油污证书""油类记录簿"。1990年9月15日,南京港务监督与海关、卫检等联检单位作出决定:①在南京港监设立"联检调度组",专门负责南京港船舶进口审批及联检组织工作;②建立联检例会制度及联检工作考核制度;③为加强廉政建设,制定"南京港联检工作人员守则",以及"联络员活动制度""实施联检工作考核记录"等,并进行定量定性分析,针对问题提出解决办法。联检时间基本上控制在30分钟和20分钟以内。1992年,日本东京海运株式会社顾问松浦光利先生称赞南京港联检工作效率。其间,为理顺国际航行船舶监管内外关系,南京港务监督于1990年9月30日下发《关于加强国际航行船舶监督管理的通知》,规定"原由新生圩监督站受理的国际航行船舶运输危险货物无论出口进口或过境的申报审批、联检申请及监装、监卸,各监督站办理的外贸危险货物的申报审批等工作自10月15日起改由机关监督科直接办理,各监督站不再办理"。并明确了"南京港船舶装载外贸危险货物申报程序"。由此,原由新生圩监督站负责的外轮进出口审批和国际航线船舶联检组织工作,集中到局机关监督科统一管理。10月11日,南京港务监督制定《南京港监联检工作内部程序》,进一步规范外轮联合检查内部程序。至1990年底,长江江苏段开放港口外轮监管工作已建立系列监管、涉外纪律等制度,全面规范外轮进出口船舶证件审查、危险品监督装卸、违章处罚等监管活动。

### 五、4个开放港口外轮监管工作开展

自1983年第一艘外轮进江,随着不同国籍的外国商船进江的增多,南京港务监督促南通、张家港两地港务监督严格执行对外轮监管法律法规,严格监管,推进外轮监管工作上水平。1984年6月14—16日,为总结外轮监管经验教训,南京港务监督在南通召开张家港、南通两港外轮管理工作座谈会,邀请中国港监局、长江区港务监督局及长江各航政机构领导与会,总结一年多来张家港港、南通港两港务监督对外开放和外轮监管经验,统一明确对外轮一些具体监督管理办法,对查出"前方港口无出口许可证""无明确船员职务"的外轮,通过与外轮代理公司联系,让船方提供书面说明和证明,并有理有节处理一些涉外问题等。制定"港监船检验工作人员登外轮纪律"12条,包括:遵守有关涉外纪律,不卑不亢,有礼貌地与外国船员相处;严格国家各项法律法令,认真"审核检查船舶各种证书";慎重处事,与联合检查单位"积极协作,一致对外"。至1984年5月,一年内两港务监督共接待17个国家101艘外轮,办理外轮进出口联检174艘次,同时研究解决了外轮监管工作上存在的一些问题,建立各项业务管理制度。

1985年5月30日至6月2日,在长江江苏段开港和外轮监管两周年之际,南京港务监督在张家港召开外轮管理座谈会,就外轮管理工作成绩和存在问题,今后开展外轮管理工作进行了研究,提出具体意见,并总结一些对外轮监管经验。两年共实施监管272艘外轮(张家港港103艘、南通港169艘),办理外轮进出口联检手续503艘次。监管工作主要是办理外轮在港作业申请审批,监督外轮在港排污等。各港务监督与联检单位一起"把关",共处理船舶违章排污19起,调查处理外轮事故6件。

1986年11月,南京港务监督召开第三次外轮监管工作会议,重点总结3年多来外轮监管主要成绩。自1983年第一艘外轮进入长江至1986年11月的3年多时间内,南京、南通、张家港3个开放港口港务监督共接待34个国家和地区不同国籍的外轮1496艘次,航行国际航线国轮1390艘次。其中,1983年188艘次,外轮82艘次;1984年500艘次,外轮290艘次,比1983年分别增长166%、253%;1985年942艘次,外轮542艘次,分别比1984年增长88.4%、86.9%,比1983年增长401.1%、561%。1986年1—11月1256艘次,外轮582艘次。

1983—1990年,南京、南通、张家港3港务监督坚持"探索总结,边干边学"原则,不断在工作中积累外轮监管经验,提高监管水平,并履行外轮监管的联检组长职责,当好联检组组长。在外轮联检中及时召集联检单位,严格联检规定,简化联检手续,做好外轮进出口把关,使进口联检发现问题在出口联检前解决。拟定《港口联检工作细则》,明确各联检单位职责、进出口船舶审批手续、联检联系办法,以及登轮纪律。严格按照有关规章制度开展工作。在1983年5月至1986年11月的3年多时间共办理联检2438艘次,做到进口联检认真审查船舶各项证书,出口联检时把好出口许可证签发关,无一港口许可证出现问题。南京港开放点分散,各联检单位人手少,交通不便,外代又难以准确提供预报时间,南京港务监督以大局为重,与各联检查单位及时地完成联检工作,从未发生过因联检等待办理联检手续而延误装卸作业或影响船舶离港开航现象。1986年,停泊在南京港的巴拿马籍"三光胜利"轮原定7月14日上午办理出口联检,因港方卸货完工时间一再拖延,致使联检时间多次更改。为该轮次日能及早开航,以便乘高潮时通过张家港白茆沙水道,作为外轮联检组组长,南京港务监督与海关、边防、卫检单位的联检人员一起等到晚上11时,及时登轮办理出口手续,使外轮准时起航出港。1987年,南京港务监督在接待日本帆船

"宾特7号"来南京访问中,从省外办申请开始,不推不拖,积极主动,为该帆船成功首航南京做出贡献。1988年起,南京、南通、张家港、镇江4港口的港务监督对航行国际航线船舶实行24小时联合检查制度,做到人等船,每次联检基本控制20分钟之内。

对航行长江水域的外轮监管,主要是对外轮进江入港的申请手续的审查,查验船舶质量、防污等各类证件,核验船长、船员证书,办理装载危险品的外轮的申请手续,发放准许卸载证书。如1985年9月,一艘日本旅游船"向日葵七号"轮来南京,南京港务监督分段实行全程维护,确保外轮安全。又如1990年4月,南京港务监督就南京以下长江航道特点,以及南京港开放以来进江海轮航行和靠离作业的实际情况,明确进江海轮技术标准和审批程序,即:进江海轮的最大尺寸、靠泊负荷、浮筒系泊、锚地过驳、进江海轮的航速限制。特殊船舶进江报长江区港务监督局批准,必要时报交通部批准。至1990年底,南京港务监督共接待40多个国家和地区不同国籍的外轮2814艘次。

这一时期,4个开放港口进出港的外轮与外轮泊位快速增长。以南京为例,1986年可供停靠国际航线船舶作业点仅3个,不到10个泊位,到港船舶163艘次。1989年,有外贸作业点10个、万吨级泊位20个。到1990年底,可停靠国际航线船舶作业点达10多个,泊位增加到40多个,分散在南京长江大桥以下长江南北的60余公里范围内,到港船舶达465艘次。为此,4个开放港口的港务监督通过各种渠道招揽、培训及采用多种方式锻炼外轮监管人员,扩大涉外管理队伍。如南京港务监督1986年安排7人到上海港务监督学习涉外海事处理,8人到上海跟班轮实习。至1990年底,长江江苏段4个开放港口外轮监管人员由1983年底12人增加至100余人,基本满足外轮监管的需要。

## 六、处理涉外事件维护国家尊严

1983—1990年,长江江苏段南京、张家港、南通、镇江4个港口相继开港和对外轮进行开放,4地港务监督依照我国对进出长江外轮管理和强制引航的规定,妥善处理违章外国籍船舶。

### (一)坚持立场,严肃纠错

对来自不同国籍商船进出长江或在长江水域停泊,必须进行具体的行为检查。对初次进出长江的外轮,无意中违反我国有关管理的规定,督促其立即改正;对那些知错不改的外轮,除敦促改正错误外,还予以责询,对无理要求加以驳斥。1983年9月,张家港港务监督派员登上停泊在港区锚地的巴拿马籍"海运胜利"轮,通知该轮在我国国庆期间按我国规定悬挂满旗。该轮大副态度怠慢,迟迟不执行。就此,张家港港务监督当即严厉责询,严正指出船方必须遵守我国外轮管理法规、规定。大副不得不承认错误,随即悬挂满旗。

### (二)认真查处违章事件

对违反我国航行、停泊管理规定的外轮,南通、张家港、镇江、南京港务监督通过涉外管理程序交涉,发出警告,责令立即答复。1984年,苏联籍"顶推5号"驳轮在货物清单上填写"中华民国"字样。该轮入南通港联检时,南通港务监督发现后立即宣布中止对该轮联合检查,向船长严肃查询。船长当即声明,该"舱单"不是他亲手打印,也未过目,对发生这一不幸事件表示歉意,并经查实属漏打字母,不属故意。后督促其重新提交货物清单,经联检单位同意重新办理进口手续。对情节严重造成经济损失的违章事件,港务监督会同地方法院,给予经济处罚。1986年,巴拿马籍"风来"轮,在南京港违章排放污水。南京港务监督会同南京市外事管理部门和法院,予以1000美元罚款。1989年6月18日,巴拿马籍"宇宙"轮未办理危险品准单在扬子石化公司码头擅自装载一级危险品。南京港务监督在对该轮处罚的同时,专门召开扬子石化公司有关部门会议,分析原因,找出管理上薄弱环节,提出防范措施。

对外轮在我国水域发生海损事故,按照国际惯例与我国有关法律法规要进行现场调查、取证,掌握确凿证据,并要求外轮在离港前提供经济担保,方准离港。1984年9月24日,巴拿马籍"海运胜利"轮在张家港港区作业时,发生两名中国装卸工死亡事故。张家港港务监督人员接到报告后,立即赶赴现场,做初步调查。在与卫生检疫部门联合调查装卸工死亡原因时,经气体化验和尸体解剖,结论是船舱通风条件差,二氧化碳窒息死亡。之后对该轮责任作出结论,责成其提供5万美元经济担保。该船东委托中国保险公司办理担保手续后,该轮方获准放行。1986年12月,巴拿马籍"太阳联"轮在南通港区撞坏我国"大鹏"海轮,南通港务监督对此海损事故作出处理。该轮向我方提供10万美元押金后才获准离港。

南京港务监督与张家港、南通、镇江开放港口的港务监督,在1983—1990年间,严格执行国家外轮监管法律法规与规定、国际管理公约惯例,依照监管程序办理外轮进出长江开放港口申请手续,对违章的外轮按规定处理,有理有节处理海事事故,共对50多个国家和地区不同国籍的2804艘外轮实行监管,没有发生一次涉外事件,也没出现因等待办理联检手续而影响外轮离港开航的现象。

## 第二节 长江船舶引航业务的全面展开

### 一、进出长江外国籍船舶强制引航

新中国成立后,长江开展船舶引航业务始于1980年。经过两年多建设和发展,到1983年外轮开始进江,长江船舶引航业务已卓有成效,在职引航员18人,能胜任万吨级以上船舶进出长江的引领任务。随着改革开放进一步深入,进江外轮与日俱增,1983年4月20日经国务院批准,交通部公布《外国籍船舶航行长江水域管理规定》,明确"外轮在长江水域及其港口航行或移泊,必须向中华人民共和国长江港口港务监督申请指派引航员引航"。自此,南京引航站与南通、张家港引航站在对国内船舶引航服务的同时,开始肩负起对进出长江的外国籍船舶实施强制引航的使命,且引航任务日趋繁重。为适应即将进入长江的大批量外轮强制引航,1983年2月10日长江航政管理局下发《关于引航工作有关问题的通知》,明确南京航政分局引航站对外称"中华人民共和国南京港务监督引航站","一门两牌",对内仍为"南京航政分局引航站"。这是长江对外开放港口中率先成立的涉外引航机构。1985年4月12日,"中华人民共和国张家港港务监督引航站"成立,对内称引航组,负责长江张家港、江阴段的引航业务。

这一时期,按照交通部的分工原则,进江船舶的引航,实行江海分管,凡航行国际航线的外轮和国轮进出长江各港口,在长江口宝山锚地由上海港务监督引航员与长江引航员办理交接手续。在没有设驻上海引航办事处之前,长江引航员主要在上海吴淞口交接,水陆通信方便,船舶进江动态信息掌握及时。凡进江急需引航的船舶,无论外轮还是国轮均要通过上海外轮代理公司和上海地方船舶代理公司办理引航手续。为减少中间环节,1984年8月15日长江航务管理局向上海市人民政府交通办公室转呈报告,提出:"南京港监在上海没有正式办事处,也没有固定的办公处所,给进江引航工作带来了很大困难。如因双方联络不上耽误船期,将给船方、货主造成经济损失。"9月24日,上海市政府交通办公室批准在上海成立引航办事处。12月26日,"中华人民共和国南京港务监督驻上海长江引航办事处"在上海市中山东一路8号挂牌成立,负责受理上海地区和沿海船公司的引航申请,及时掌握上报船舶进江动态信息,并为引航员提供通信联系、交通接送、住宿安排和差旅费报销等后勤保障。至此,南京港务监督引航站在长江江苏段各主要港口及上海地区初步建立引航业生产组织的调度网络和工作机制。这标志着进入长江中外船舶由上海外代代替办理手续时代的结束。1985年11月27日,"南京港务监督驻上海长江引航办事处"由长江航政局收回自管。1986年,长江航政管理局又分别在浏河、镇江设立引航办事处。

## 二、引航队伍建设与人才引进

面对进江中外船舶增多,引航服务与对外轮强制引航任务的加重,南京港务监督把引航员队伍的建设作为航政建设的重要工作,就提高引航员自身素质,培训引航技术和英语。1983年3月,组织在职引航员分两批进行为期两个月的引航常用英语的培训,调用监督37号艇进行靠离码头英语会话实践训练,让老引航员交流经验和现场示范。4月9日,又举办以提高引航员技术为目的的轮训班。1984年对分配来的驾驶专业8名大中专毕业生集中组织实践锻炼,分配到南京至上海客轮上实习,两个月后又到南京油运公司和上海轮船公司的油船与货船上实习,尽量接触和掌握油船、货船、客船等各类船舶的驾驶和引航操作规程,扩大知识面。1986年,南京港对外开放后,引领外轮任务加重,引航员少,懂外语的引航员数量不多,为此又选派外语基础好的引航员和具有一定外语基础的毕业生共8人,参加南京市科协举办的外语培训班,进行英语口语培训,迅速满足引航急需。3—5月,对引航员分期分批进行英语培训,以便尽早熟悉掌握引航操作技术。还结合引航中一些难题和困难,组织大家分析研究,献计献策。洪水期南京新生圩系船浮筒处水深流急,浮筒间距小,如按常规操作进行系离浮筒作业,就会发生海轮碰压系船浮筒,或者海轮艏部缆绳受力过大,系船浮筒埋入水中,容易发生系缆人员落水的情况。针对上述情况,南京航政分局引航员经过多次研究和探索,摸索出将系解缆作业放在浮筒连线外操作,有效地解决碰压浮筒、解缆人员容易落水的难题。

对于引航员,南京港务监督坚持成熟一个,提拔一个。1985年5月,南京航政分局制定"加强引航工作的指示":①强调各引航组或站,注意引航员力量的充实,发挥现有引航员的积极性;②集中统一调度,强调调度工作的权威性;③对引航员进行涉外纪律的再教育,正确处理涉外方面的工作。1987年,提拔一级引航员7人,二级引航员13人。为给不同等级的引航员创造锻炼学习的机会,南京航政分局让二、三级引航员单独引领不同等级中外船舶。1988年,将引航小型船舶由3人改为2人。下半年,南京港务监督首次有计划地让部分二级引航员单独带班,引领以前由一级引航员引领的110米以下的中外船舶。1989年上半年,又先后将10名三级引航员提升为二级引航员,让二级引航员全部单独引领110米长以下的船舶。1990年,又让4名新提拔的二级引航员,引领135米长以下的大型船舶。1991年,让二级引航员全部引领130米长以下船舶,并把长度小于180米、吃水小于9.5米的船舶,由2名一级引航员改为1名一级引航员引领,为二级引航员引领大型船舶或特殊船舶创造条件。

培养引航员的另一个举措就是以老带新、新老搭配,放手锻炼新手。1984—1990年,南京港务监督在细致分析、全面衡量新老引航员理论和实践操作水平的基础上,从带出新手的目的出发,慎重安排计划,调派人员,做到一老一新互相搭配。在布置引航任务时,就交代"老引航员大胆地教,新引航员虚心地学",在保证安全前提下,放手让新引航员独立操作,学一段时间,练一段时间,再学一段时间,再练一段时间,以学带练,以练促学,从而使引航员传、帮、带风气日益浓厚。1984年5月18日,制定长江航政引航系统第一个《引航员考试、考核、晋级暂行办法》,作为提高引航员技术水平和促进自觉学习的过渡办法,以大胆地选拔使用引航员。这一方法后来为各引航站所效仿,促进了引航员自觉学习和大胆实践。至1986年底,先后有18名实习及各等级引航员得到提升,其中1人升大引水,4人升二引水,3人升三引水。此时分局共有在职引航员62人、聘用7人、聘用退休驾引人员43人。至1990年,长江江苏段有在职引航员31人。

1983年以前,广州海运局进入长江船舶由上海长江轮船公司引航站负责引航。1983年长江航运体制改革后,上海长江轮船公司引航站撤销,交通部水上安全监督局、海运局、内河局协商后,规定"从7月

24日起,广州海运局进江船舶,由南京港务监督引航站负责安排引领"。针对引航力量不足问题,南京港务监督与上海长江轮船公司协商,签订了借用8名引航员的协作合同,缓解引航员紧缺的矛盾。1986年之后,为解决引航员短缺问题,南京港务监督决定打破过去地区性调度框框,从内部挖掘潜力,一改由南京港务监督引航站统一调度江苏段各引航站引航员,集中引航资源,并经长江航政局同意,将武汉、九江、芜湖3个引航站人员相继调派到长江江苏段参加引航,缓解长江江苏段港口压船压港现象。1988年10月,长江区港务监督局发文重申,南京港务监督引航站为一级调度,其他江苏段各引航站为二级调度。1989年4月6日,长江全线引航工作会议决议中再次明确:"南京引航站仍为一级调度,统筹安排申、浏(浏河)地区始发船和协调江苏段内的引航调度工作,其他引航站调度负责其隶属分局管辖段内的调度工作。"

### 三、完善引航与调度管理制度

1983年,长江部分港口对外轮开放时,南京港务监督开办引航业务还不到两年,各项工作处于起步阶段,系统的引航管理制度尚未形成。随着进江的外轮逐年增加和国内船舶大量涌入长江,申请引航的工作量越来越大。1985年5月,南京港务监督根据长江航政管理局《长江航政局引航站十项制度规定》,结合进入长江江苏段中外船舶申请引航任务,制定《加强引航工作的指南》。1987年12月,南京、南通两港务监督引航站共同制定《引航员调派原则》《引航员在港排班和调度顺序的规定》《各级调度的分工与权限》《引航员的劳动纪律》《浏河航政处接送引航员规定》《关于引航费结算、引航员报销的暂行规定》等6个引航管理规章制度。这些管理规定,就中外不同种类船舶的接受条件、具体尺度、到离港时间等均做出了具体规定,是开办引航业务以来引航管理制度的一次系统性整理,在以后相当长的时间里一直被其他引航站所效仿。1988年,4个开放港口港务监督引航站根据自身特点,分门别类地整理和制定了10多个引航管理规章,进一步充实了长江引航制度。同时,根据水位、气候、季节等自然条件的直接影响,各港务监督引航站在每年枯水或洪水、台风季节之际,确定不同时节引航工作重点,严格执行有关引航安全措施,及时把握气候规律,将"特殊船舶"做特殊问题来处理,有的放矢地制订引航措施,保证特种船和重点船引航任务的完成。

经过不断制定、修改、完善,到20世纪80年代末长江引航系列管理制度已建立起来,主要有引航工作条例、引航调度规程与若干规定、引航通信联络办法、锚地水上交通接送规定、季节性引航规章制度、进江海轮夜航试行细则、引航津贴办法,以及枯水或台风季节防范措施等。其中许多制度、规定、方法等的制定是长江航政开办引航业务以来的第一次。

### 四、及时安全引领中外船舶

南京港务监督引航站自1983年对进入长江的外籍船舶实施强制引航起,为便于引航管理,除航行国际航线的船舶的引航调度由其统一安排外,其他由南通港务监督引航站负责。为保证第一批开放港之一张家港港的进出外轮强制引航的顺利开展,长江航政局批准南京港务监督在张家港航政处基础上成立"张家港港务监督引航站",开展对外轮强制引航业务。1986年12月15日,国务院受全国人大委托,批准镇江港对外开放。1990年3月21日,镇江引航站开始对外称"中华人民共和国镇江港务监督引航站"。至此,长江上4个开放港口都有涉外引航机构,保证对外国籍船舶的强制引航。1990年,南京港务监督根据长江航政局《江苏段引航调度工作若干规定》,开始实行"24小时调度在岗值班,24小时接受引航、移泊申请,引航员24小时服从调度命令"引航制度,随时把握船舶动态,及时地调派引航员,满足船舶引航需求。至1990年底共引领航行国际航线的船舶5695艘次,其中外轮2814艘次、国轮2881艘次(详见表6-2-1)。

1983—1990年引领国际航线船舶进出口一览表（艘次）　　　表6-2-1

| 年份 | 国　轮 | | | | | 外　轮 | | | | |
|---|---|---|---|---|---|---|---|---|---|---|
| | 南通 | 张家港 | 南京 | 镇江 | 合计 | 南通 | 张家港 | 南京 | 镇江 | 合计 |
| 1983 | 12 | 41 | — | — | 53 | 22 | 19 | — | — | 41 |
| 1984 | 23 | 82 | — | — | 105 | 87 | 58 | — | — | 145 |
| 1985 | 70 | 126 | 139 | 5 | 340 | 186 | 80 | — | — | 266 |
| 1986 | 91 | 155 | 115 | 2 | 363 | 180 | 89 | 48 | — | 317 |
| 1987 | 101 | 183 | 144 | 23 | 451 | 200 | 96 | 96 | 11 | 403 |
| 1988 | 100 | 139 | 111 | 32 | 382 | 213 | 122 | 166 | 39 | 540 |
| 1989 | 83 | 253 | 150 | 44 | 530 | 170 | 112 | 223 | 28 | 533 |
| 1990 | 95 | 307 | 220 | 35 | 657 | 147 | 148 | 245 | 29 | 569 |

为及时安全引领船舶安全航行与停泊，4个开放港口港务监督引航站在这一时期采取的主要措施如下：

## （一）合理调派引航员

引航员的合理调派，是充分利用引航资源，开展引航工作的重要条件。为此，4个开放港口充分利用现有的引航资源和力量开展长江引航业务，合理调派引航员。引航部门定期分析引航员的思想和技术动态，把握每个引航员的个性、技术等情况。对引航员反映的各种情况，分类进行整理，找出带普遍性的问题。及时与港口、船舶代理公司联系，掌握船舶动态、开航时间。针对变动信息，及时订具体对策。与长江水文测报站、气象部门、航道部门联系，了解水情、天气及潮汐变化，列出时间表。各引航站领导和调度员一起，根据船舶引航申请计划，加强人员调派，尽量使进出港口引航衔接，加快引航员周转，统筹安排，物色人选，精心搭配每一组引航员。

## （二）加强引航员操作规程

人是诸种因素中的首要因素。4个开放港口港务监督引航站要求引航员严格执行操作规程。引航员接受任务后，领会调度的全部意图，对接受引领船舶作全面了解（包括船舶长度、宽度、吃水、载荷货物等），再核实航行所具备的水位、潮汐、气象等条件，研究现有江图，做好引航前准备工作。登轮后，引航员及时向船长详细询问船舶机械性能、操作特点、安全设施，并叙述长江航道、码头、泊位、岸形、主要航段的条件和潮汐变化，与船长共商航行过程中的应急措施。引领过程中，引航员与船长、驾驶人员紧密合作，精心操作，正确使用各种信号，避让过往船舶，随时观察岸形、航道变异，修正航向，及时把握各种船舶运行规律，尤其小型船舶的活动范围，及早掌握动向，采取有效避让措施。引航员在执行任务中相互督促（每个航次为2~3人一组），相互帮助，取长补短。每个航次结束，及时将执行安全操作程序情况向调度汇报。1986年以后，以上措施作为考核引航员的一个制度被确定下来，也成为每个航次的参考依据。1989年后，南通港务监督引航站坚持要求引航员记录航道变迁，以及水下设施、水流变化和各种特殊情况下的船舶操作方法，定期交流经验，以改进引航操作。

## （三）全力引领重点船舶

在长江每引一个航次，船从上海长江口上溯到南通、张家港、镇江、南京，要航行几十公里、几百公里。为迅速总结出进出长江船舶引航经验，南京港务监督一开始就要求引航员进入引航岗位如同上战场，彼此各负其责，不论航程是远是近，相互配合，协同一致，集中精力注视航道导航信号，细心观察来往船舶，适时做好避让,及时发现问题,采取应急措施。另一方面要求引航员准点,按时到达港口。引航员不分节假日,天气如何,不问白天黑夜、赶车赶船,奔波于上海至南京沿江各港口之间,认真执行引航计划。并细心推算潮汐时间,趁潮高通过长江浅区航道。还要求引航员认真学习先进经验,不断摸索总结规律,试引吨位较大、吃水较深的大型船舶。1983年起,南京港务监督对申报引航的船舶,在确定进港预报后,要求引航站调度人员首先了解船舶概况,然后选派合适的引航员共同制订引航方案。这一制度的实施,对引航员安全引领起到明显的促进作用。如1983年8月,南京新华船厂为上海宝山钢铁公司制造的大型沉井底座(直径43米,高7米,重800多吨)要引领下水通过南京长江大桥,运往上海宝钢。南京港务监督引航站调度事先与引航员一起参加沉井运输协作会议,到现场会同有关协作单位研究拖带方法,然后挑选拖带技术过硬、经验丰富的引航员。引航站领导亲自上沉井,指挥引航员引领。由于准备充分,安排得当,此次引领巨大沉井成功通过南京长江大桥,安全抵达上海宝钢。1986年8月,一艘10万吨废钢船申请引航上行过南京长江大桥,到马鞍山拆船厂。为使这艘巨轮首次过桥成功,南京港务监督引航站也是反复论证。派引航员事先到浅水区域了解水深、潮高,研究制订最佳引航方案,圆满完成引航任务。

1982年,南通港务监督引航站调度员,专门派人到白茆河测潮站给引航员报潮,使引航员对此潮位有准确的了解,之后,南通港务监督引航站引航员在引领船舶中,主动协助被引领的船舶船长采取多种安全措施,引领船舶安全通过浅区和复杂航道以及靠离码头。先后成功引领总吨8万吨的"太湖"轮和12万吨的"马利潘拉"及15万吨废钢船直航江阴港,载重6万吨的"菱湖"轮顺利靠离南通港码头,均为当时长江航运史上进江较大船舶。

这一时期,4个开放港口港务监督引航员全力引领"三超船"。对外轮开放后,进入长江的超长、超吃水、超过码头设计负荷的"三超船"及装载油类、散装化学品、包装危险货物、液化气等特种船舶日益增多,且要求时间紧、难度大,引领风险高。长江滩多、水浅,航道弯曲、狭窄,渔汛期较长,码头泊位条件有限,引领上述"三超船"和特种船舶进江时稍有不慎,便会造成不堪设想的后果。为国家利益、区域经济发展以及船方需求,各港务监督引航站对申请进江"三超船"和特种船舶,认真审核把关,要求船舶、船舶代理、港方提供或采取切实可行的安全措施,并要求引航员到实地勘察水文、码头泊位等有关自然条件和设施,制订出最佳引航方案,保证进江入港安全。从1989年起,南通港务监督引航站邀请有关专家,成立引航安全技术论证小组,对超大型船舶和特殊困难作业船的航行和靠泊进行可行性论证,细心周密制订最佳方案,经批准后实施。站领导还和调度人员一起,根据"三超船"和特种船舶的特点及相关的航道、码头等条件,制订引航方案。最后精心挑选和搭配经验丰富、技术好的引航员,一块研究引领中的每个细节和具体防范措施,以求万无一失。对于吃水8米以上的外轮,经过浅区和狭窄航道,引航员与外轮途径的航政处联系,派监督艇到现场维护。吃水超过9米的大型船舶,则做到艘艘维护。对吨位大、吃水特别深的外轮,全线分段护航,清除航道障碍(特别是经过长江南通段的白茆沙浅区时都会派监督艇提前抵达,清除浅区的航行障碍),确保"三超船"安全通过复杂航区。各港务监督引航站根据随时可能发生变化的因素,想尽办法,准备多套应急预案,保证把"三超船"引进领出长江,安全靠离码头泊位。1986年上半年,南京炼油厂3号泊位要停靠万吨以上油轮。当时泊位前沿100米宽航槽系人工开挖,槽长1000多米,枯水期仅能满足2万~3万吨级空船靠泊。航槽又窄又长,受风影响大,船位难以控制,重载靠泊,要倒退才能掉头下驶,操作难度大。南京港务监督引航员根据航道特点、海轮操作性能、风和水流对船舶的影响,试行操作,经过多次反复实践,终于摸索出万吨级油船进出南京炼油厂狭窄航道泊位的引航操作方法,解决了多年来因航道狭窄不能靠大船的难题。1987年6月9日,首次沿鉴真东渡航线来华的日本帆船"宾特7号"被安全引领抵达南京,开创13.6米无动力帆船引进南京的纪录(见图6-2-1)。

1988年12月,又先后有"龙湖""镜泊湖"两轮被引领安全出江,保证了江苏省外贸油出口任务的完成。1989年4月4日,英国"海国明珠"(原名"海洋宝珠")被引至南京。这是进入南京港的第一艘大型外国籍旅游船。1990年12月24日,南通港务监督引航员克服种种困难,运用多种方法,第一次将载有散装化肥的塞浦路斯籍"欧洲自由"货轮(吃水9.91米)安全地引领通过白茆沙水道,抵达南通港,为后来正式开辟白茆沙北水道,保证大型重载海轮通航提供论证依据。此外,为缩短船舶营运周期,提高效益,4个开放港口的港务

图6-2-1 1987年6月进入南京港的日本帆船"宾特7号"

监督引航站将原来48小时内派出引航员缩短为24小时,移泊由24小时缩短为12小时,为大型船舶及特种船舶提供更为及时的服务。

### (四)进出长江船舶夜间引航的尝试

长江航运公司经营长江引航业务期间,曾试行过夜间引航。航政统一引航之初,因多种原因,夜间引航中断。1983年长江对外轮开放后,一些外轮和国轮的代理部门为赶时间,纷纷要求实行夜间引航。长江航政管理局一方面向长航局、交通部反映航运界的要求,一方面决定在长江江苏段率先试行夜间引航,并指示南京港务监督做好夜航准备工作。1987年4月3日,南京港务监督正式向江苏省口岸办公室呈送《关于外轮进江夜航存在问题的报告》,为即将开展夜间引航做最后的准备。4月6日,南京港务监督引航站就海进江夜航船舶尺度、吃水控制、夜航安全措施、使用红绿闪光灯信号装置、引航调度管理及调派引航员、实施夜航步骤及方法一一提出具体建议。长江航政管理局收到报告后立即予以研究,统一意见后上报交通部。这为交通部做出夜间引航决定提供可靠的参考依据。

1987年4月23日,美国前总统福特私人豪华游艇"迈克拉·罗斯"号申请进江抵达南京。这艘载有美国驻华大使夫妇、驰名欧美的豪商巨贾、一批美国记者的游艇,要求全程引航白天停靠沿江城市,上岸访问旅游,晚上起锚航行。当时,长江尚未开展夜间引航,何况是引领一艘重要的旅游船。为了国家的声誉,南京港务监督引航站一方面向交通部、长江航政局汇报,陈述若不满足船方要求,将产生不良影响的意见;另一方面积极想办法,周密筹划,研究方案,准备夜间试引。在经过上级批准后,破例地实行全程夜间引航,安全将游船引抵南京港,得到外国游客的好评。

经过反复调查和论证以后1988年上半年交通部水上安全监督局下发《关于落实海轮在长江夜间航行安全措施的通知》,指出:"为适应沿海经济开发战略的需要,促进外贸运输,海轮在长江夜间航行势在必行。"并要求长江航务管理局组织有关部门和单位共同研究。6月20—22日,长江航务管理局在南通召开专题会议,制定《关于外贸海轮在长江夜航(移泊)的安全措施》,并上报交通部。8月24日,交通部批准这一报告,并指出:"应在试航半年的基础上总结经验后,再确定全面实施的日期",同时规定"先易后难,逐步开展"原则。这标志着长江夜间引航工作开始进入试行阶段。

为保证长江夜间引航试行成功,南京、张家港、南通、镇江4个港务监督1988年总结了1984年之后3次夜间安全引领美国前总统福特的豪华游艇"迈克拉·罗斯"进出长江的经验,讨论研究夜间引航试行阶段的各项措施,提出具体落实措施。南京、南通港务监督于1988年10月1日联合公布《进江海轮夜航试行细则》,共8个部分。这是根据夜航特点制定的第一个长江航政夜间引航管理规定。3年后,上述试行细则经过补充和修改,改为《进江海轮夜航实施细则》。

为掌握海轮进江夜航规律,南京港务监督自1988年8月挑选18名引航员在南京至浏河段的长江上进行夜引训练,察看夜间航道变化情况,增强感性认识,前后夜航15天。尔后又分批上宁申线客班轮夜

航培训10天，熟悉和适应夜航情况，共成功地引领20多艘海轮，每次夜航1~2小时，从中逐渐摸索经验。试引中除按规定危险品船不准夜航外，凡申请夜航，只要条件许可的，都积极想方设法、克服困难实行夜引。尤其对旅游船、赶船期的重点船、载运大中型企业急需物资的船舶，都尽量满足申请夜航的要求。同时，南京港务监督与南京航标厂联系，设计制造一批符合夜间引航要求的信号灯。至1990年底，夜间试引各类船舶440艘次，未发生一次引航事故。次年（1991年）1月，交通部正式批复：从宝山锚地至长江30号浮之间，吃水9.5米以下、船长160米及以下船舶，以及30号浮至南京以下，船长130米及以下的海轮可以实行夜航。

## 五、处置外国船员违规行为

外轮，是"流动的异国国土"。引航员引领外轮，既要保障外轮航行安全、及时，监督外轮严格遵守我国有关法令法规，又要和外国高级船员交往相处，代表主权国处置各种行为。

自1983年长江对外开放以后，进江的外轮船员态度和行为大多数是友好的，对引航能够积极配合，但也有一些来自西方国家船舶船员轻蔑和敌视我国，故意违反我国管理规定或怠慢引航员。出现这种情况，引航员们为维护国家尊严，寸步不让，给予严肃处置。1985年9月，日本"向日葵七号"旅游船首航长江。进江时，船长按规定把引航员安排在二等客舱休息。可抵达南京返航时，引航员被安排在最下层的六等舱位。引航员随后向船长严正指出其违反有关引航员与船长同等待遇的规定，严令船方改正。船长立即向引航员赔礼道歉，并说明因人多而忽视，不是故意的。引航员根据其态度未予追究，按时引船出江。

引航员强烈的爱国心和精湛的技术，保障远道而来的外国船舶进出长江安全，帮助外轮解决一些实际困难，解除后顾之忧。出于感激，有的外国船长和船员主动赠送引航员高级礼品、金钱，如美元、外汇券、高级手表等，以表谢意。对外国船长这一友好行为，引航员总是当面婉言谢绝，即使难以推脱，怕影响航行安全而暂时收下，执行任务后如数上交，无一人私自受用。1987年6月，日本帆船"宾特7号"首航长江。帆船生活设施差，天气炎热，加上引航操作全在甲板上，船长见引航员在如此条件下工作尽心尽力，感到过意不去，拿出啤酒让引航员当饮料喝。引航员为航行安全谢绝了。船长感到惊奇，有的国家引航员要吃、要喝、还要钱，长江引航员却如此敬业，一尘不染。船到南京目的地后，船方为答谢引航员准备在金陵饭店设宴招待，也被引航员再三谢绝后作罢。帆船下驶时，引航员主动采取措施，使船赶在天黑前驶出长江口。外国船长见引航员如此周到细致地为他们安全着想，十分感激地拿出一沓兑换券送给引航员，也被谢绝了。帆船船长临别时十分抱歉地说："你们在船上生活条件如此艰苦，我不能了却心愿。9月我再来南京时，一定要好好谢谢你们。"还说："如果不是我亲自到长江来，我真不相信长江会有这样的一支年轻而引航技术很熟练的引航队伍。"

在开放的西方国度里，黄色淫秽的东西较为普遍。进江的外国船上往往到处摆着黄色淫秽的画刊、杂志及裸体像等，有的外籍船员故意用这些东西引诱引航员"欣赏"，或有意把这些东西拿到引航员休息房间里，甚至有的直接送给引航员。每当遇到这类情况，引航员们都严肃地指出对方的不友好行为，严令拿走，以杜绝被淫秽肮脏的东西腐蚀。长江引航员以自己的实际行动，向外国人展示了中国人的良好形象，维护了国家的尊严。

引航员严谨的工作作风和精湛的技术，受到国内同行和外国船员、船长的赞叹。日本"宾特7号"小林船长说："要不是我亲眼看到的，我怎么也不会相信，中国长江上会有这么好的年轻引航员。我回日本后，一定向日本航海界宣扬。"3次入江到南京的美国前总统福特的豪华游艇"迈克拉·罗斯"号的船长说："中国长江引航员工作态度认真，技术精湛。如果世界上的引航员都能像他们这样就好了！"外国船长也赞扬长江引航员"品德一流,技术一流"。日本、英国等国外媒体多次报道了长江引航员的动人事迹。英国《镜头》新闻画报还特地向新华社约稿,要求提供南京引航站一组发展过程及学习、工作、生活的照片。后来一组共60幅的照片在香港各报登载。人民日报、光明日报、中国青年报、中央人民广播电台、中国交通报、中国河运报、中国水运报、新华日报和南京、镇江、无锡、苏州日报及江苏、南京广播电台、电视台等国内外数十家新闻媒体均以较大篇幅登载与播送长江引航员的光荣事迹,从而扩大了长江引航员在国内外的影响。

## 第三节 健全适应港口开放的航政机构

### 一、充实领导班子和加强涉外机构

1983年起,南京航政分局党政领导班子得到进一步加强。12月8日,南京港务局党委向中共南京市委工交部呈文,要求按照交通部通知精神,确认南京航政分局为县(处)级单位并成立党委。1984年8月,南京市委工交部予以批准。12月31日,首届"中国共产党长江航政管理局南京分局委员会"通过选举产生。

在充实领导班子的同时,南京航政分局加强涉外管理机构的调整与健全。1983年3月,经过分析南通、张家港两个开放港口管理机构状况,按照涉外管理工作要求,调整组织机构,就"张家港航政站"体制形式不适应开放港口的管理要求,将航政站改为"张家港航政处"。图6-3-1为20世纪80年代张家港航政处部分干部和职工的合影。

图6-3-1 20世纪80年代航政分局张家港航政处部分干部和职工

为便于与上海港务监督的分工管理和密切配合,1983年4月2日,南京航政分局在太仓县浏河镇建立"浏河航政站"。1984年6月23日改为"浏河航政处",以适应外轮管理的需要。同时,"高港航政站"改为"高港航政处"。1986年12月发布的《内河交通安全管理条例》将"航政"统一改名为"港航监督",当月国务院在青岛召开的港口管理体制改革会议纪要中规定:"南通港务监督和长江南通航政处合并,组建南通港航监督局,隶属长江航政管理局。"1987年1月1日,交通部批准南通航政处升格,组建交通部南通港航监督局,改由长江航政局直接领导。3月14日,交通部批准镇江航政处升为县(处)级单位,隶属长江航政局。1989年8月1日,按照交通部统一规定的时间,南京航政分局改名为"交通部南京长江港航监督局",对外仍称"中华人民共和国南京港务监督";镇江航政处改称"交通部镇江长江港航监督局"。8月10日,长江港监局规定,南京长江港航监督局暂时代管镇江港监局。1989年1月30日,交通部批准张家港航政处升格,组建交通部张家港港航监督局,改由交通部长江港航监督局直接领导。

## 二、航政处(站)和内设科室进一步健全

1983年长江对外轮开始开放之后,南京航政分局加快调整局机关科室,健全职能部门。先调查摸清航政处、站的职责,掌握具体情况。1984年,健全分局本部机关科室,上半年主要对处、站领导力量和技术管理骨干进行调整和配备。在健全和配备航政处、站领导和业务骨干以后,年底又根据航政管理的职责和组织体系,针对行政业务、党务和后勤3个系统分别健全组织。到1985年初,职能科室由原来5个增至19个,分别为业务类(港监科、航保科、船员考试科、环境保护科、引航站)5个、党群类(党委办公室、组织科、纪委、宣传科、团委、工会、航政史编辑室、老干部办公室)8个、行政类(行政管理科、计划基建科、设备供应科、财务科、办公室、人事教育科)6个。图6-3-2为20世纪80—90年代南京航政分局机关部分女职工的合影。

图6-3-2 20世纪80—90年代南京航政分局机关部分女职工

1985年起,为便于对监督艇的管理,充分发挥监督艇的作用,南京航政分局实行站艇合一、分段管理、各司其职的工作责任制。4月5日,撤销船队,实行站管艇管理体制,设立监督站。7月25日,扩大现场航政管理覆盖面,相继设立栖霞(管辖监督19号艇)、大桥(管辖监督5、11号艇)、仪征(管辖监督37号艇)、下关(管辖监督29、48号艇)、大胜关(管辖10号艇)5个现场监督站。

为适应南京港开港及水上安全管理工作的需要,1986年2月26日长江航政管理局下文同意设立长江航政管理局南京分局新生圩监督站(对外称"中华人民共和国南京港务监督新生圩监督站")。3月26日,新生圩监督站正式挂牌,对外办公。"监督66号"艇负责新生圩水域水上巡航与现场监管任务。

南京石化工业产业经过多年发展,到1986年已形成以长江宝塔水道两岸的扬子公司、南化公司、南京热电厂、南京钢铁厂等一批国家特大型的石化工业群,港口年吞吐量超600万吨。为保障石化工业危险货物装卸安全与外轮航行、停泊安全,长江航政管理局于1987年10月18日下文,同意设立长江航政管理局南京分局大厂监督站(对外称"中华人民共和国南京港务监督大厂监督站")。11月24日,大厂监督站成立并对外办公。

根据原上海市计委与江苏省1985年2月28日商定,为解决上海市炼钢生铁不足的问题,在原上海梅山冶金公司现有两座高炉的基础上扩建两座高炉和焦炉、烧结等配套系统,水路运输量因此将大大增加。同时,南京市在梅山新建热电厂,进出该厂运输煤炭的船舶也大量增加。为加强对该水域船舶航行与停泊秩序的监管,1988年7月1日长江航政管理局下文同意南京航政分局成立梅山监督站,设立在原上海梅山冶金公司运输部内。

到1990年,南京航政分局根据南京长江干线水上交通安全特点,相继在重要水域或船舶集中地设立8个监督站,划定具体管辖水域,开展以现场为主的安全监管工作。各站具体辖区如下:

梅山监督站,上界为南岸慈湖河口至北岸乌江河口连线以下水域,下界为南岸大胜关水道上口下界标至北岸下界标连线以上水域。

大胜关监督站,大胜关水道。

下关监督站,上界为南岸为大胜关水道上口下电缆标至北岸下电缆标连线以下水域,下界为南岸港务局1号码头上端至北岸浦口22号码头连线以上水域。

大桥监督站,上界为南岸港务局1号码头上端至北岸浦口22号码头连线以下水域,下界为南岸金陵船厂船台至北岸柳洲过江电缆标上界标连线以上水域。

新生圩监督站,上界为南岸金陵船厂船台至北岸柳洲过江电缆标上界标连线以下水域,下界为南岸南京港新生圩自来水厂趸船至北岸石太平圩过江电缆标上界标连线以上水域。

大厂监督站,宝塔水道。

栖霞监督站,上界南京港新生圩自来水厂趸船至北岸石太平圩过江电缆标上界标连线以下水域,下界为龙潭水道乌浮1号系船浮筒以上水域。

仪征监督站,上界为龙潭水道乌浮1号系船浮筒以下水域,下界为仪征水道南岸新河口标至北岸十二圩浮标连线以上水域。

南京市地方港航监理机构这一时期亦几经衍变。1984年2月,"南京市交通监理处"成立,针对水上交通安全监管仍保留交通局港航监理所的机构设置,作为处辖所,具体负责全市港航监理、船舶检验业务,并对市属五郊县(1983年江苏省市管县改革和区划调整,原镇江地区高淳、溧水两县划归南京市管辖)的港航监督业务进行指导。1985年2月28日,南京市交通局决定南京市航政管理处、南京市交通局港航监理所和南京市渡口管理所实行合署办公。1987年5月6日,根据国务院1986年12月16日颁布的《中华人民共和国内河交通安全管理条例》,明确各级交通管理部门设置的港航监督机构是对内河交通安全实施统一监督管理的主管机关的规定,经南京市政府批准,南京市交通局决定"南京市交通局港航监理所"更名为"南京市港航监督处",隶属南京市交通局,核定编制48名,业务上接受江苏省港航监督局指导。6月20日,"南京市港航监督处"印章正式启用。市港航监督处职责是:负责贯彻国家水上交通安全法规;指挥水上交通,维护航行秩序,发布航行通告,督促清理航障;调查处理水上交通事故,办理船舶和船用产品检验发证,开展船员业务技术培训和考试发证;办理船舶进出港口签证;按规定征收有关交通规费等。5月,南京市交通局还将市渡口管理所划归市港航监督处领导,有关渡口交通安全管理职能由市港航监督处分解到处内职能部门具体实施,以后一般不再以"渡口管理所"名义对外办公。此外,南京市交通局还将原"南京市运输管理处"拆分为"南京市公路运输管理处"和"南京市航运管理处",其中航运管理处负责水上(含港口、码头)运政管理,与港航监督处合署办公。同时,完成南京市属郊县江宁、江浦、六合、高淳、溧水等5县的县港航监督所的组建工作,核定编制为江宁10名、江浦6名、六合12名、高淳20名、溧水6名。1988年10月,省编委苏编〔88〕267号文明确县级港航监督机构的行政级别相当于副科级。到1990年,南京市属郊区雨花台、栖霞、大厂、浦口等区港航监督所也组建到位,行政隶属所在区交通局,负责本区范围内的港航监督和水上交通运输管理工作。至此,南京市港航监督系统又增加编制17个,全市地方港航监督一处九所框架正式形成,实有编制数119个。

1989年3月,省交通厅下发《关于设置港航监督站有关问题的通知》,决定在航道枢纽、港口、船闸和江河湖口门等船舶航行密集区设立港航监督站,业务归所在地港航监督处、所主管,人员编制由所在地港航监督处、所内部调剂,作为港监、航政、航道"三合一"现场联合执勤点。其具体职责为:贯彻执行国家和各级人民政府颁发的有关水上交通管理的法令、法规,疏导指挥水上交通,维护船舶秩序,保障航行畅通,办理船舶签证,协助处理水上交通事故,检查、纠正船舶、船员违章,征收交通规费和完成上级交办的其他临时任务。南京市港航监督部门分别在三汊河(市处)、栖化港池(栖霞)、马汊河(大厂)、上新河(雨花台)、秦淮新河船闸(市处)和铜井(江宁)、林山(江浦)、大河口(六合)、丁埠(高淳)、洪蓝(溧水)设置了10个港监站。

## 第四节 根据水上安全特点实施航政管理

### 一、完善船舶航行与停泊管理制度

1983年之后,南京港务监督为加强进出长江船舶航政管理,在建立一系列规章制度的同时,对原有的管理措施分门别类地加以补充完善。如 1983 年,南京港务监督按照科学方法,强化船舶管理,制定《长江南京大胜关水道船舶、竹木排航行和靠泊试行规定》,在大胜关水道实行对挂机船分道航行,划定横越区,确定停泊锚地的交通管制,制作横越、停泊禁示牌,派巡逻艇现场指挥和维护等,使交通管制更趋科学化。当年海损事故率比上年同期下降 85%。

长江镇江段尹公洲水域航道,枯水期仅有 360 米宽,狭窄弯曲,成"Z"字形,行船人称之为"老虎口"。此地船舶日流量高达 2000 多艘,高峰时每分钟有 6 艘船通过。特别是南北两岸 3 个运河闸口早晨开闸期间,大量的小机船争相抢道航行,导致尹公洲主航道更加拥挤,秩序紊乱。据统计,这里平均每 4 天就发生一次海事,事故发生数占长江干线 1/7 以上。1984 年初,针对镇江段最易发生事故的都天庙至三江营的 30 公里长的水域,南京港务监督进行实地考察,了解航道特点,船舶流量、密度,各类航行船舶的交会情况,从中分析和研究,找出事故多发的 3 个主要原因:①航段弯曲、狭窄,流量大,避让操作困难;②水流复杂,受潮水风雾影响大;③有些船舶争道航行,造成航行秩序混乱。经过半年的考察和论证后,决定对事故多发的都天庙至三江营航段实行交通管制。大、小船舶,上行下行分道航行;划定 3 个上行横驶区,两处禁止追越及会让。制定《镇江航段水上交通管制试行规定》,从 1984 年 11 月 15 日开始实施。实施强制水上交通管制,强化现场管理以后,都天庙至三江营管制航段事故率明显下降。到 1985 年 6 月,该段事故率与上年同期相比下降 90%,未发生一次沉船死人事故,经济损失下降 73%,并取得了良好的社会效果。1987 年 6 月和 12 月,南京港务监督组织上海海运学院实习的师生在船舶流量最大的镇江大沙水道口设点,准确测算通过该水道船舶流量,为制定安全监管措施提供可靠依据。

借鉴长江镇江段都天庙至三江营航段的交通管制办法,1985 年 6 月至 1986 年 9 月间,南京港务监督依照国家水上安全管理法规,分析研究长江江苏段每个航政处辖段航道特点及船舶航行规律,广泛征求航运单位及船舶驾驶、引航人员意见后,在巩固镇江、大胜关交通管制基础上,就长江江苏段先后制定《南京航政直辖段船舶、航行停泊管理》《长江南京大胜关水道船舶、竹木排航行和靠泊试行规定》《高港航政管辖段划子口至东新港船舶航行、停泊管理规定》《太平洲捷水道船舶、竹木排航行及停泊管理规定》《江阴、张家港航政管辖段利港至老海坝船舶航行、停泊管理规定》《南通航政管辖段老海坝至徐六泾船舶航行、停泊管理规定》6 个船舶航行、停泊管理规定,并印刷发放 40000 多册。1988 年,又制定了《长江江苏段维护海轮暂行规定》等。

上述规定经长江航政管理局审批,于 1986 年 11 月 1 日起统一开始实施。这些规定,对上行、下行和不同吨位、功率的船舶的航行线路,横越区范围,通信联系方法,各类船舶、竹木筏所停泊水域和锚地范围及码头靠泊宽度,进出主要通江河口信号,均做了规定。这是改革开放之后南京港务监督为长江江苏段船舶航行、停泊安全制定的第一批系统的航行规定。这些有针对性的航政监管措施、办法,有的针对不同季节和节假日及特殊情况而临时制订的,有的就某一项监管工作而制订的。

针对南京长江大桥及过往船舶航行安全,1986 年 3 月南京市人民政府授权南京港务监督制定并公布《南京长江大桥水上交通安全管理规定》,从 1986 年 5 月 1 日起施行,共有 9 条。其主要内容有大桥水域、航道及标志的规定,船舶通过大桥的安全规定,大桥水域安全秩序规定。船舶过桥前严格检查各种设备的状况,落实安全措施,并由熟悉桥区情况、技术熟练的驾引人员操作通过。对船舶最高和最宽的尺度有限定,对桥区水域航行和信号使用有具体要求。同时取消 1969 年 1 月 28 日由南京警备区公布的《南京长江大桥水上交通管理暂行规定》。新的大桥管理规定,与 1969 年的暂行规定的不同之处是规定"由南京市人民政府对外发布"和"'航行通告'因涉及通航桥孔、航标配布及过桥船舶尺度等,将随气象、水位和生产发展,相应不断进行更改,由南京航政分局发布。"

与此同时,1986 年 9 月南京港务监督将以往实施的各类航政管理规章制度加以汇总,加上长江江苏段支流河口、水下过江电缆的位置和架空电缆净空高度情况,一起汇编整理成船舶航行和停泊等规章制度。这些规章制度是交通部1979年公布的《内河避碰规则》在长江江苏段的具体化和补充。同时,通过对辖区内港航企业、各种船舶、码头渡口、锚地及水上设施调查,汇总整理出长江江苏段现场资料台账,建立航政管理资料档案。自1986年12月16日,国务院颁发《中华人民共和国内河交通安全管理条例》,自1987年1月1日起实施。自此,南京港务监督一方面抓好自身的学习与考试;另一方面进行宣讲、座谈,发放宣传小册子,对外做广泛宣传。1987年共发放《内河交通安全管理条例》12500册,走访船舶单位636家,召开船舶安全例会5次(有111个单位292人次参加)。1989年,牵头制定《长江江苏段水上防风管理规定》,经长江航政管理局公布实施后,印发1000册,发放至各船舶单位执行。1990年,随着进出口岸国际航行船舶的日益增加,为加强国际航行船舶管理,促进"联检工作"的组织实施,南京港务监督作为南京口岸对外联检组组长单位,制定《南京港监联检工作内部程序(试行)》,以明确联检工作基本程序,推进联检工作的规范化、程序化。

此外,南京港务监督还对国内外船舶的技术管理、进出口签证、船员技术考核、港区水域安全维护、危险品的检查和装卸的审批、引航等管理制度,分门别类地予以进一步建立和健全,使之臻于完善。到1990年底,就长江江苏段水上交通安全监管已形成和建立各类航政规章制度、管理措施达100多件。以上南京港务监督从长江江苏段的实际情况出发,依据水上交通安全需要,适时有针对性地制订的一些临时性规定、办法和措施,经过一段时间试行或实施,取得一定效果后,有的通过修订和充实成为长期性规定,有的随着某项管理工作结束而充实到其他相关的管理规定中,有的则废止。

这一时期,中共中央在1983年、1984年连续发布年度一号文件,鼓励农村的技术、劳力、资金、资源结合,大力发展农村水陆交通运输。南京市高淳、溧水两县的个体造船蔚然兴起,大量自造自用乡镇船舶涌入运输市场,数量成倍增长。高峰期,南京全市乡镇个体和联户拥有各类船舶14000余艘,其中乡镇非营运自操农船就有12000余艘,是正常营运船舶的5~6倍,给水上交通安全秩序管理带来重大考验。南京地处长江三角洲下游,是全国重要的水陆交通枢纽之一,决定南京水上交通运输业和船舶修造业具有一定特殊性:河网密布、湖泊众多,但内河航道等级偏低;沿江沿河企业多、货主专用码头多,但货物来源杂、聚散慢;乡镇个体造船业发达,但规模小;乡镇渡口占出行比重大,但分散、分布广。这些就决定了南京地区水上交通安全管理比较复杂,亟待制定一部既能全面反映南京内河水上交通安全管理状况、特点,又可调节因南京内河特殊性而衍生出的与现有法规交叉、矛盾的地方性法规,使其更加符合南京内河交通安全管理的实际情况和客观规律,更好地贯彻落实《内河交通安全管理条例》各项规定要求。为此,南京市港航监督处组织专门班子,调研本市水上交通安全管理状况,多次赴省内外学习水域管理经验,分析、比较南京市内河的航行特色和管理特点,归纳水上安全管理的交叉、矛盾点,牵头起草《南京市内河交通安全管理办法》。该办法经过2年时间的反复酝酿,先后几易其稿,经市政府法制办组织的专家论证后,于1989年9月14日以南京市人民政府第1号令的形式公布实施,成为南京市内河水上交通安全管理的第一部地方性政府规章(该办法于1997年6月25日由南京市人民政府第78号令修订,2007年11月废止)。为贯彻实施这一管理办法,南京市港航监督部门针对日常管理工作中遇到的热点、难点问题,陆续制定并经市交通局审查同意,发布实施《南京市内河交通安全奖惩细则》《南京市秦淮河船舶航行、停泊、作业管理暂行规定》等一批规范性文件。

## 二、通航环境与秩序监管的推进

长江江苏段按水域和河道走向,划分为21个水道,即宝山、白茆、通州沙、福姜沙南、天生港、南通、刘海沙、福姜沙北、江阴、口岸、太平洲、丹徒、焦山、仪征、宝塔、龙潭、草鞋峡、大胜关、南京、乌江、凡家矶。

这些水道分别由南京航政分局及下属的6个航政处分段管理。

为使这些不同水域保持航行、停泊的良好秩序，就必须采取不同的管理方法。南京港务监督在这一时期细致地分析和研究长江江苏段水上运输层次状况，认为江苏省得天独厚，水资丰富，乡镇船舶发展迅速，但运输的多层次中有大量船舶不适航和驾、引人员不合格的乡镇船，掺杂在密集的船舶洪流之中，使进江的中外大型船舶航行受干扰，操作困难。根据这一情况，南京港务监督将维护中外大型船舶航行安全作为航政现场管理的重点，一方面增加监督艇现场检查船舶和巡视锚地次数，及时纠正违章，要求监督艇每天宣传检查5艘船舶，巡视锚地2次，每半个月检查渡口1次，对装卸危险品的船舶在批准装卸前检查1次。特别对外轮，大型船舶及船队、排筏、班轮、海轮，实行过桥或重点水域护航制度，做好超前监督管理工作。同时，对查出的突出、紧急的事故隐患，采取特殊的紧急改进措施，加以排除。1984年，南通港务监督针对当时辖区一些农机船不具备进江条件的突出问题，严格签证制度，"不让一条有问题的船舶签证出航，不让一条不适航的船舶通过本辖段从通吕河口进入长江"。同时翻印600份江苏省挂桨机船管理办法，向船员广泛宣传。江阴航政处针对黄田港至十圩之间过江小船密集频繁，海损事故屡屡发生的状况，于1985年初与靖江县交通局、公安局联合开展领渡工作，为渡口安全管理拓出一条新路。高港航政处，就辖段不适航农机船违章进江，主动与周围的三市八县的9个交通局、11个监理站建立工作联系制度，摸清辖区内地方船舶数33000艘，以及港口、渡口、河口、渔区的情况，为现场安全管理掌握第一手材料。同时，与江阴县文林航海器械厂签订代销合同，让在现场检查出来未配齐安全设备的船舶到该厂购买，以便船舶符合安全航行条件。1985年，南京港务监督就长江江苏段水上交通安全特点，与地方航政开展航政联合大检查，共发放宣传资料7178份，召开船舶单位安全会议70次，走访船舶单位359次，现场培训讲座116次。1986年初，南通港务监督除召开水上交通安全新闻发布会外，还结合长江南通段水域安全情况，编写"长江水上交通安全专题讲座"共10讲，从6月23日开始在南通市人民广播电台播放，向港航企业和船舶宣传水上安全法规。7月，在临近长江口的浏河水道处设立水位测报站，收集和积累水位资料，研究浏河白茆沙航道间的潮差规律，为进出长江的国内外船舶掌握潮位提供依据。11月1日，南京、高港、江阴、张家港、南通5个船舶航行、停泊管理规定出台，率先在长江全线实行航行秩序监管。1990年，南京港务监督分别在下关、大胜关、大桥站对南京港船舶流量实地观测，找出船舶流量高峰期的规律，制定有针对性的维护方案，通过实施和加强维护，基本保障桥区客班轮、大型船队航行安全。图6-4-1为20世纪80—90年代巡逻艇巡航南京长江大桥水上安全的场景。

图6-4-1　20世纪80—90年代巡逻艇巡航南京长江大桥水上安全

长江干线捕鳗作业始于1984年，20世纪80年代末期到达顶峰。尤其1989年，长江江阴至南通段捕鳗船只达万艘以上，一时间船舶密布、封锁江面、竞相捕捞，形成"鳗鱼大战"，严重影响船舶通航。1990年1月22日，江苏省人民政府在南通召开捕鳗鱼苗管理会议，南京港务监督专题汇报捕鳗管理情况，提出捕鳗船须让出主航道，以保证航道畅通的要求。南京港务监督牵头组成"禁捕鳗苗协调小组"，成立"禁捕鳗苗管理现场指挥部"，组织人员赴沿江市（县）、乡镇、村调查，走访当地政府，了解捕鳗动向，制订具体治理方案。在鳗汛期间，每天出动人力艇力到现场监督检查，维护宣传。采取分段包管、互相配合方式协同作战，坚持每天涨潮之前对重点航段和船舶密集区进行巡查。为使捕鳗整顿工作更科学、更合理，建立捕鳗船舶现场工作记录簿，记录分析，有针对性地对捕捞船进行治理。1990年捕鳗鱼苗期间，共检查捕鳗鱼苗渔船300多艘，宣传检查、纠正违章、驱赶违章船舶达3500余艘次，现场维护深水海轮、船队、班轮近158艘次,配合有关部门联合行动5次,收缴、拆除非法网具350张,没收网具64张,使"鳗鱼大战"碍航行为得到一定程度的遏制。

长江干线大规模采砂始于1989年的安徽西华水道。随着市场用砂量的快速增长,采砂作业和运砂船舶急剧增多,从安徽水域进入江苏水域。由于片面追求经济效益,大量采砂船不顾安全,任意占据航道作业,致使航道堵塞、航行船舶受阻现象时有发生。南京港务监督按照"政府牵头、落实责任、综合治理、严格管理"的原则,依靠地方政府,与公安、航道等部门配合,联合打击非法采砂,取缔违章作业,保障船舶航行畅通。其间,共与公安、航道配合联合行动31次,检查、纠正违章、驱赶违章船舶达8500余艘次。

南京港务监督还根据长江江苏段水域的安全实际,于1990年5月31日完成《长江江苏段航路指南》编写任务,并审批水上水下施工方案和项目83件,办理258起水上水下作业和50艘次废钢船冲滩的手续,还审批和增辟船舶停泊锚地、浮筒,及时地发布航行通告和安全通知。

### 三、船舶监管的进一步推进

1983年以后,改革开放进一步深入,进出长江江苏段运输的中外船舶逐年增多,长江航运进入一个新的发展时期,尤其出现大量捕鳗、挖砂等乡镇船舶。其船员大部分不懂长江航行法规,不熟悉航道,甚至有的无证无照。这些船舶量大、面广、分散,难以集中管理,进江后屡屡违章航行,严重威胁着长江水上安全。为此,南京港务监督根据以往多年对船舶监管积累的许多有效管理制度、方法,进一步强化船舶安全监管工作。

#### (一)加强专项船舶检查

1986年6—7月正值防台、防洪期,又是乡镇船贩运西瓜旺季,南京港务监督加强渡口、渡船和乡镇船监管。7月下旬,开展夜间船舶安全检查活动。12月,就安徽省小型船舶在江苏境内违章航行多的情况,分赴这些小船相关的市、县,向地方政府通报情况,以引起当地政府的重视。同时,对大型船舶实施重点维护,对外轮、国轮、油轮、客班轮等实行条条维护,对吨位大、吃水深的重点船舶进行全程维护。1987年,又集中力量分别对各自辖区的船舶、港口、码头锚地及水上设施进行检查;与地方交通主管部门一起,定期或不定期地进行联合检查,找出不安全的主要因素,督促船舶单位和船舶限期改进;通过船舶进出口签证,向船方发放各种水上安全资料;通过走访和技术讲座,宣传水上安全法规和管理规章,树立预防为主的安全意识。对于检查中发现的船舶隐患,向船舶单位通报,能当场整改的立即改正,不能当场整改的限期整改,真正做到边查边改,及时消除事故隐患。对一些"老大难"船舶单位,采取签发整改通知书、安全简报等形式,促其落实整改措施,切实消除事故隐患。1987年,共检查船舶144艘次。1988年,共检查渡口渡船2368艘次。1989年,共检查18家单位77艘船舶的防污设施。1989年,与有关部门对南京地区渡口、渡船进行6次联合检查,共查渡船169艘,发出整改通报300多份。并与有关单位、部门在长江江苏段内对捕鳗鱼苗渔船采取8次禁捕行动。1990年,共检查船舶117艘,复查14艘,查出存在问题及隐患1127项,均发出整改通报。同时,4次联合检查渡口、渡船,仅检查长江干线渡口90道(艘)次,发放检查通告200多份,提出整顿要求和措施。图6-4-2为1987年对船舶安全检查的场景。

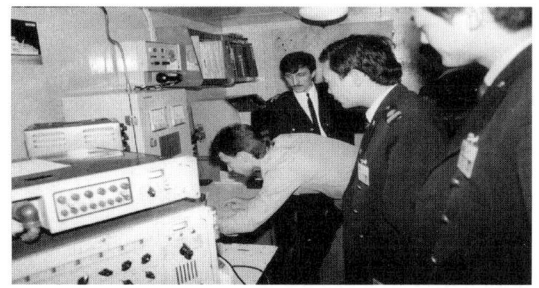

图6-4-2 1987年对船舶安全检查场景

## (二) 加强船舶始发港签证把关

1983年9月2日颁布的《中华人民共和国海上交通安全法》规定："国际航行船舶进出中华人民共和国港口，必须接受主管机关的检查；本国籍国内航行船舶进出内河港口必须办理进出港口签证。"为此，南京港务监督通过对船舶进行进出港签证，向船方发放各种水上安全资料和进行走访，宣传水上安全法规和规章制度，促使广大船员树立预防为主的安全意识。1987年1月1日国务院颁布的《中华人民共和国内河交通安全管理条例》实施后，南京港务监督通过宣讲、座谈与播放录音，到港航企业与单位走访宣传，报纸与电台舆论宣传，推进我国首部内河交通安全管理法规的全面实施和落实。仅1987年就发放该条例12500册，走访船舶单位636家，召开船舶安全例会5次（111家单位的292人次与会）。1990年，南京港务监督共办理船舶进出口签证17801航次。1983—1990年南京港务监督船舶签证和发放资料情况详见表6-4-1。

**1983—1990年南京港务监督船舶签证和发放资料一览表** 表6-4-1

| 年　份 | 签证的船舶数（艘次） | 检查船舶数（艘次） | 发放宣传资料数（份） | 走访船舶单位数（次） |
|---|---|---|---|---|
| 1983 | 2160 | 12697 | 2572 | — |
| 1984 | 3800 | 14917 | 65555 | — |
| 1985 | 30950 | 31515 | 71780 | 359 |
| 1986 | 34478 | 54057 | 113000 | 603 |
| 1987 | 36893 | 36533 | 96532 | 650 |
| 1988 | 27180 | 29746 | 112011 | 643 |
| 1989 | 24433 | 16129 | 89652 | 523 |
| 1990 | 17801 | 7354 | 81453 | 456 |

注：1988—1990年为南京港务监督本部数字。

此外，在南京市江宁、六合、江浦3县交通安全管理站的船舶签证点基础上，特别是1990年南京市5县4郊港航监督所组建后，各港监所在南京长江及内河重要港口、码头陆续设立船舶签证站点，最多时达53个。1987—1990年南京市港航监督系统船舶签证办理情况详见表6-4-2。

**1987—1990年南京市港航监督系统船舶签证办理情况一览表** 表6-4-2

| 年　份 | 船舶签证（含右边两项）（艘次） | 装运危险品船舶签证 | 准　单 |
|---|---|---|---|
| 1987 | 39941 | 1233 | 697 |
| 1988 | 48863 | 1522 | 778 |
| 1989 | 57130 | 1718 | 859 |
| 1990 | 72162 | 1332 | 626 |

## (三) 加强船舶安全标准的登记

针对航运业出现多种所有制企业（有中外合作、合资经营、公民个人所有）及联户经营船舶运输等新情况，1986年11月20日交通部在修订1960年《船舶登记章程》基础上，公布《中华人民共和国海船登记规则》，于1988年1月1日实施。1987年10月3日，中国港监局下发《关于"船舶国籍证书"统一编号以及分发的通知》，明确南京港务监督为船舶国籍证局统一编号的港航监督机关。编号采用八位数，第一、二位数为船舶登记机关和各省（区、市）港航监督代号，第三、四位数为各省（区、市）办理船舶登记的港航监督机关代号[具体由各省（区、市）交通厅（局）自行规定，报部备案]，后四位数为船舶登记号（同时也是证书号）。统一船舶国籍证书编号，使各登记船舶取得一一对应的国籍证书编号，为后续各项船舶管理工作提供便利。10月24日,中国港监局下发《关于我国海船登记机关分工问题的通知》,明确南京港务监督为授权办理船舶登记的港航监督机关。南京港务监督结合辖区授权负责船舶登记工作情况,在办理船舶登记发证时建立船舶登记簿,按一船一档建立船舶档案。1988年1月14日,中国港监局下发《关于执行海船登记规则若干问题说明等通知》,要求船舶所有人必须在1988年12月31日前到辖区各授权港监部门办理船舶登记手续。到1990年底,南京港务监督通过新发、换发、抵押、临时登记及废钢船登记,共签发811份登记证书。

### (四) 乡镇船舶的管理

1983年以后,长江航运进入一个新的发展时期,在长江上出现大量的捕鳗、挖砂等乡镇船舶,其船员大部分不懂长江航行法规,不熟悉航道,甚至有的无证无照。这些船舶量大、面广、分散,难以集中管理,进江后屡屡违章航行,严重威胁着长江水上安全。面对这种状况,南京港务监督配合江苏段沿江各市(县)地方政府或航管部门加强监督管理,设卡把关,查帮结合,实施水上航运秩序综合整顿和治理。1988年,南京港务监督对安全检查的950艘船舶资料进行列表分析、归类,选择乡镇船舶集中的皖南6县及江苏高淳县作为集中管理重地,深入县、乡、站,送还扣留违章证书,发放安全宣传资料,开展适航检查和安全教育,帮助落实整改措施,并举办培训班70多期,共计300多人次接受教育。

1985年,为杜绝大量乡镇运砂船舶进入南京外秦淮河,造成航道堵塞、停靠混乱、抢档抢卸等现象,南京市港航监督处探索实施"群管"功能,协调外秦淮河航道沿岸的23个有码头设施单位,共同组建"南京市内河安全管理委员会",合作展开航行安全宣传和水上秩序整治活动。当年架设沿河航道安全宣传牌118块,制作图片宣传栏9期,联合检查船舶6994艘次,举办违章船员学习班32期。1988年,南京市港航监督部门围绕江苏省政府发布的《关于加强水上交通安全管理的通知》精神,适时启动水路运输市场和乡镇运输船舶治理整顿工作,重点是乡镇船舶的日常安全管理,主要是对乡镇挂桨机船航行证、船员证、船名牌、载重线等"二证一牌一线"进行治理整顿。到1989年底,市港航监督部门采取定点、流动和现场检查相结合方式,共组织大型安全检查行动6次,累计检查船舶29912艘次,纠正船舶违章7699艘次,调解处理小事故21起。

### (五) 南京市渡口渡船的安全监管

1986年,南京市港航监理所与渡口管理所进行合署办公后的首次全市乡镇渡口联合普查。据普查统计,截至1986年12月31日,全市实有渡口122个。其中,长江渡口20个,其他支流、湖泊(水库)102个;市属渡口16个,县乡渡口93个,区属渡口13个。有各类客渡船131艘,其中钢质渡船28艘、木质渡船101艘、水泥渡船2艘。年渡运量3100余万人次左右。1987年南京市郊区、郊县渡口及渡运情况详见表6-4-3。

**1987年南京市郊区、郊县渡口及渡运情况一览表**　　表6-4-3

| 属地 | 渡口数(个) | 渡口分布(个) | | 渡船数(艘) | 渡船材质(艘) | | | 航线数(条) | 航线长度(米) | 年渡运量(万人次) |
|---|---|---|---|---|---|---|---|---|---|---|
| | | 长江 | 内河 | | 木质 | 水泥 | 钢质 | | | |
| 南京市 | 16 | 8 | 8 | 23 | 8 | | 15 | 16 | 35380 | 2746.6 |
| 雨花台区 | 1 | 1 | | 1 | | | 1 | 1 | 1200 | 12.0 |
| 栖霞区 | 4 | 3 | 1 | 4 | 1 | | 3 | 4 | 2080 | 8.1 |
| 大厂区 | 4 | | 4 | 4 | 3 | | 1 | 4 | 240 | 1.59 |
| 浦口区 | 4 | 4 | | 4 | 4 | | | 4 | 600 | 7.2 |

续上表

| 属地 | 渡口数（个） | 渡口分布（个） | | 渡船数（艘） | 渡船材质（艘） | | | 航线数（条） | 航线长度（米） | 年渡运量（万人次） |
|---|---|---|---|---|---|---|---|---|---|---|
| | | 长江 | 内河 | | 木质 | 水泥 | 钢质 | | | |
| 江宁县 | 18 | 4 | 14 | 19 | 16 | | 3 | 15 | 1717 | 47.96 |
| 江浦县 | 11 | 1 | 10 | 11 | 11 | | | 11 | 3819 | 2.61 |
| 六合县 | 32 | 3 | 29 | 33 | 26 | 2 | 5 | 35 | 10760 | 141.79 |
| 溧水县 | 9 | | 9 | 9 | 9 | | | 9 | 5197 | 61.0 |
| 高淳县 | 23 | | 23 | 23 | 23 | | | 23 | 3640 | 78.17 |

1987年，南京市港航监督处成立后，依据上一年度乡镇渡口普查中发现的"船舶质量差，有30%渡船不适应渡运；渡工素质差，人员不固定；渡口设施差，大部分渡口无站房栈桥，道路泥泞；安全管理差，现场安全无人问"等渡口渡船经营管理问题，专题向市政府报告实施相关整顿的意见建议，为市政府综合治理乡镇渡口提供了第一手资料。

1988年，为贯彻落实国务院《关于加强对乡镇船舶安全管理的通知》精神和南京市政府相关工作要求，南京市港航监督处在全市54个设置渡口的乡（镇）督促落实乡（镇）渡口负责人员名单，在渡口较多的乡（镇）配备了21名乡（镇）船舶管理员，力求做到乡镇渡口有领导负责、渡运安全有专人监督。与此同时，首次在高淳、溧水两县推行县人民政府与乡（镇）政府签订"乡（镇）渡口安全责任制合同书"试点，把渡口的安全管理责任以法定文书的形式确定下来。1989年，又在"乡（镇）渡口安全责任制合同书"试点成功基础上，完善补充相关条款后，在全市渡口全面推行这一做法。至此，每年年初市、县两级港监部门把督促县（区）、乡（镇）签订渡口安全责任制合同当作年度工作首要任务，确保县（区）、乡（镇）、村三级责任合同书签订率达到100%，使乡镇渡口安全管理做到了一级抓一级、考核有指标，初步健全了县、乡镇政府、村委会和渡工四级安全管理责任制。

## 四、船员考试监管全面加强

1985年1月，南京港务监督组建南京港务监督第二届考试委员会。委员由航运企业和水运学校等单位的船长、轮机长、技术人员及老师组成，共有78人，南京港务监督（航政分局）副局长任主任委员。次年，改选船员考试委员会，成立第三届船员考试委员会，下设驾驶、轮机、电机、报务4个专业组和驾驶、轮机两个现场考试组，按现场考试、理论培训考试、发证档案管理3个方面进行工作。1986年，按照交通部规定，成立全国船舶服务员南京考区办公室，9月17—20日首次进行江苏、安徽两省远洋及沿海海运、长航、沿海港口电台报务员的考试。同年，还进行对山东、上海、浙江、福建等沿海进江延伸航线的船员的考试。1988年8月，南通航政处升格为局，原南京港务监督管理的上海地区船舶单位船员考试、发证及船员服务簿签发工作，移交给南通港务监督管理。1990年12月起，南京港务监督在一等、二等内河船舶船员统考的基础上，实行集中统一评卷，实现长江干线一等、二等船舶船员考试统一教材、统一时间、统一试卷、统一评卷的"四统一"。图6-4-3为20世纪90年代船舶船员技术考试的场景。

图6-4-3　20世纪90年代船舶船员技术考试场景

按照交通部的分工原则，南京港务监督1983年起不仅对辖区有船单位的船员进行技术考试管理工作，而且对鲁、浙、闽等省进江船舶的船员进行考试。1985年10月初，为改变船员考试无场地、打游击、计划不能按期进行的被动局面，南京港务监督率先在仪征建成南京船员考试基地，开全国内河船员"基地化"培训的先河。1985年,共举办航行沿海、长江船舶船员理论培训班8期,参加理论考试的有818人,其中航行国际航线船舶电机员33人。1986年,以定船、定航线、定机种、定机型、定主考"五定"进行船员考试,还到上海和浙江舟山、台州等船员集中地进行船员分期培训与考试。全年共举办船员培训班10期1095人,签(换)发各类证书1583本。还完成《长江船员轮机教材题解》《驾驶部分培训教材》辅导材料编写任务。1987年,船员技术培训考试改革现场考试办法,延长培训时间,由原来的每期20天改为30天,共完成5期690人的培训、考试任务,现场考试278人,签(换)发各类证书3140本。6月,因发生震惊全国窃卖船员考题案件,南京港务监督船员考试仅负责三等及以下船舶船员的培训、考试,原对长江干线一等、二等船舶船员考试改由长江航政管理局负责。1989年,南京港务监督共进行船员考试6期,参考船员747人,签发毕业证书800本、船员服务簿400本、船员证书300本,用计算机贮存船员证档案2100份。1990年,南京港务监督恢复对长江干线一等、二等船舶船员考试。4月20日,南京港务监督下发船员培训考试有关规定,全年将举办两期培训统考,时间为5月30日至6月2日、10月31日至11月3日。同时要求船舶船员在办理报考、职务签证、特免证书时,需出具船员服务簿。

为加强国内船员管理,核定船员在船服务资历,1984年6月27日中国港监局下发《关于颁发和实施"船员服务簿"规定的通知》,规定于1985年1月1日起实施。从1986年1月1日起南京港务监督严格船员服务簿申领办理程序,采用统一格式的船员服务簿进行签注,在管理范围内建立起船员个人档案。1987年震惊全国的窃卖船员考题案件发生后,南京港务监督积极配合交通部调查组进行调查,公开登报,向20家船舶单位通报。并在分局机关开展自查与整顿,共查出问题16项,提出整改措施18条。

这一时期,鉴于南京内河个体(联户)运输船舶迅速发展,南京市港航监督处于1983年起,将每年举办一次的船员考试改为一年举办多次,使有船单位和有船户能在不影响运输生产的情况下,及时组织船员船户参加业务技术培训和考试。1984—1987年,南京市港监部门共举办船员培训考试学习班36期,考试录取新船员和升级船员998人,其中个体船员138人;举办船员年审学习班108期,年审船员13858人次。1988年,船舶船员143人参加考试,签发船员适任证书175本。1989年,船舶船员89人参加考试,签发船员适任证书110本。1990年,船舶船员220人参加考试,签发船员适任证书198本。

## 五、对载运危险货物和防污染监管的加强

### (一)加强对载运危险货物船舶的监管

1. 对长江载运危险货物船舶的监管

南京港是内河最大的危险品港口,危险货物吞吐量一直占港口货物吞吐量40%~60%,品种最多时达35种,主要是油类。1988年,危险货物吞吐量达2218万吨,品种30多种,其中有液化天然气。

为此,南京港务监督有针对性进行危险货物的监管。1987年,全面检查装卸液化气船舶,尤其严格审批和现场检查载运危险货物的航行国际航线船舶。地方船舶实行签证把关与现场检查相结合。同时对装卸码头的消防、电气设备、护舷保护等提出改进意见,派员派船艇到现场维护,完成长江首次船舶装运液化气监管。1988年,又联合地方环保力量,加强监督监测,调查船舶单位20家,有防污设施的16家,采样化验16个单位,限期解决无防污设备及设备不合格船舶。1989年,抓隔日检查制度贯彻落实,督促各监督站按要求进行检查,重点抓液化气装卸运输管理。液化气运输虽然量小船少,但潜在的危险较大,加上没有现成的规章可依,缺少实践经验,管理难度大,各监督站做到事前赶到现场认真检查,制定落实措施,保证液化气装卸运输的安全。1989年,南京港务监督共办理船舶危险货物签证8004艘次,办理危险品准单24份。1990年,建立群众监督网,对地方船舶装卸原油设立现场义务检查员,实施群众性监督

检查。开展现场监督检查,结合国际航线船舶装卸危险品,检查适装证书、适装状况和码头装卸安全,加强监督管理。举办集装箱装运危险货物装箱检查员培训班,25人经培训考试合格。抓散装危险品安全管理,探讨油轮装运化学品安全可靠性。全年办理船舶危险货物签证4681艘次,办理危险品准单3222份,检查油类记录1164艘次、防污文书81艘次、防污设备240艘次,签发油类记录簿及信用证书49本。

2. 加强对内河载运危险货物船舶的监管

20世纪80年代,随着水运市场的发展,南京地区(内河)油船及危险货物运输船舶逐年上升,地方船舶出现集体、个体运输船舶经营油品和危险品运输的状况,甚至还出现非钢质船载运危险货物的现象。1989年12月,为贯彻落实交通部公布的《船舶装载危险货物监督管理规则》,针对南京地方船舶装载危险品不安全状况,南京市港航监督处下发《关于加强危险货物运输管理的通知》,着手对地方危险品运输船舶实施专项治理。专项治理主要措施有:①把住船舶准运关。必须经船检检验合格、持有有效证书的船舶才准装运危险品,禁止水泥船、木质船装运易燃液体、毒害品、放射性物品等危险物品,淘汰一批不符合规定的装运油品及危险品船舶。②实行危险货物装载"准单"制。符合装载危险货物条件的船舶必须在三日前向当地港航监督机构申请办理"准单",经批准后方可装船,予以出港签证。③装卸危险货物码头实行认可制,必须经公安、港监机关认可,方可从事危险货物装卸。至1990年底,南京市港航部门共审批危险品码头11座,签发准单1250份,监装监卸危险品船舶1700余艘次、危险货物30万吨。1989年,又公布《南京市防止船舶含油污水、废残油污染水域暂行规定》,要求船舶应具备港航监督机构核发的防污文书,船舶含油污水应经处理后排放,所有机动船必须配备含油污水处理设备及污油柜或污油箱,以及废残油、含油污水必须回收处理等。

**(二)加强船舶污染南京地区水域防治的监管**

1. 加强防治船舶污染长江水域的监管

南京长江防治船舶污染水域监管工作始于1975年,之后逐渐制定管理制度,并将防船舶污染长江作为航政监管工作重要内容来抓。1980年,南京港务监督组织人员深入长江江苏段有船单位调查研究,掌握第一手资料。1981年,配备防污监测设备,并让防污人员到油港码头、船上调查取样,防止"跑、冒、漏"油事故发生,并开始制定防止船舶污染长江的措施。长江航政局推广南京港务监督防止船舶污染水域的经验,促使各分局、直属处相继开展防污监管工作。在外轮进入长江的头两年,南京港务监督对船泊排污防止监管工作,主要是调查研究,全面掌握辖区内水污染情况,仅在仪征油港、栖霞油区、南京炼油厂等局部油类作业水域开展船舶排污和油区作业现场的监管。1983年12月29日国务院颁布《防止船舶污染海域管理条例》和1984年5月全国人大常委会颁发《水污染防治法》之后,南京港务监督根据国家赋予航政机关监管船舶防污染的职权,就辖区的长江江苏段船舶排放污染物问题,制定了一些具体防范和监管规定、措施。1985年3月2日,针对长江江苏段船舶污染状况,率先制定《长江江苏段防止船舶污染违章罚款细则》,附加《揭发、报告污染事故的奖惩暂行规定》。细则主要内容有:①对造成长江水域污染的船舶当事人,视其责任情节轻重和污染损失程度,予以"警告、罚款、记录在航行签证簿或船员证书上"等处罚。被处以罚款后,单位不得报销。②对个人的罚款幅度为10~100元,对肇事者单位处以"一千元以下"的罚款。③由单位造成过失责任的,以排放或漏出含油、含毒污水量为处罚标准,"超过0.25吨或含油量超过0.1吨的罚1000元,超过1.25~2.5吨或含油量0.5~1吨罚2000元,再每多一吨加罚2000元,依次计算"。④在处罚的同时,对肇事人和单位进行水域环境保护法的教育,使其从中吸取教训。从1985年5月开始,南京港务监督重申1983年建立的"船舶油类记录簿",办理"油污损害民事责任信用证书"的规定:①凡150总吨以上的油轮和400总吨以上的非油轮,应建立油类记录簿,装卸完毕要清楚地记载,紧急未记的应"尽快地补记",由船长署名,便于"港务监督查询"。②航行国际航线,载运2000吨以上的散装货油船,须"按公约规定进行保险或取得其它财务保证",持有港务监督签发的有关油污方面的证书,方能从事油运。③从1985年5月8日起,油船进出港签证,要"携带船舶防污文书,否则按违章处理"。

此外,南京港务监督把注意力转向对船舶排污严重船舶单位的重点监管上。1985年5月24日,江阴、张家港两航政处在江阴联合召开本地区21家拆船单位的防污工作会议,研究防止拆船对长江造成污染的对策。南京港务监督先后检查长江江苏段38个航运单位、601艘船舶、64家拆船厂,从中发现与处理污染长江江苏段水域事故39起(其中船舶排污26起,码头排污3起,拆船厂排污10起),批评教育17个单位,处以罚款22个单位。这一系列举措使该地区船舶排污事件得到初步控制。1986年2月3日,就长江江苏段沿江各港务局辖区的水上污染问题,南京港务监督专门下发《港口应迅速组建防污队伍和配备防污设施的通知》,要求:①各港务机构组建"一支污染物回收队伍",并对其加以"业务训练,明确任务和职责"。②设备要保持完好,配备足够容量的污水处理接收船,以及"围油栏,吸油材料和一些消油剂等设施"。③做好对各类船舶排污数量统计工作。同时,完善防污染监管制度,建立13种防污染登记表,调查30多家船舶单位防污染情况,检查10艘客班轮防污染文书、设备,全年共调查处理污染事故41起。

这一时期,南京港务监督努力推广拆船防污经验和先进防污设备、器材。1985年9月15—16日在江阴召开拆船防污工作和围油栏试验现场会,江苏省环保局,长江航政局及各分局,江苏省和各市、县拆船公司、船厂领导与会,还特邀上海、秦皇岛、南京长江油运公司、南京港务局及新闻单位人员列席。会上除组织江阴西郊拆船厂、如皋长江拆船厂等单位介绍拆船防污工作经验外,还请秦皇岛防污设备厂用其防污设备在江阴长江水域进行围油栏现场操作试验,还就防止拆船造成长江水域污染的严重问题共同商定4条防污措施:①各拆船单位要建立和健全防污专门机构,由本单位领导亲自抓;②因地制宜,逐步使"防污设备配套成龙";③学习环境保护法,"定期举办拆船防污训练班";④各拆船厂依法办事,"按规定履行必要的申报审批手续"。南京港务监督还就拆船防污中存在的问题,深入辖区,针对拆船单位,调查研究探讨防污管理的办法,为船舶排污的监督管理掌握第一手资料。1986年,先后召开不同类型的工作会议,共171个单位427人次与会。

为扩大对船舶排污监管辐射面,1986年3月南京港务监督采取现场监督检查,以及依靠边防、海关等涉外联检人员驻船监护的有利条件,共同监督,一经发现船舶违章排污,立即报告,即刻采取措施加以制止。全年先后建立13种防污登记表格,调查30多家船舶单位防污情况,处理污染事故41起,使长江江苏段船舶排污防止管理工作迈出了坚实的第一步。为加强对易燃易爆等危险品货物装卸的安全监督管理工作,南京港务监督编写《危险货物管理手册》,抓住危险货物"准单"发放;抓紧基础工作,派员到上海港务监督学习,培训危险品管理人员;抓紧船舶装卸危险品的现场检查工作,发现问题及时纠正。1986年1月,"华盈"轮在张家港装钡化合物时,货物未贴危险品标志,船方也不知是危险货物,经现场检查后,立即督促船方补办外运的有关手续,贴好标志,重新载装。南京港务监督仅1986年共办理装载危险品签证船舶2324艘,受理危险品监督装卸28艘次,没有发生一次意外事故。

2. 加强防治船舶污染长江以外内河水域的监管

这一时期,挂桨机船舶一直是乡镇企业和个体运输的主要运输工具。挂桨机船舶,结构简单,油污水直接排放入水,直接污染水域。为防止船舶排污对南京长江以外内河水域环境造成油类污染,南京市港航监督处公布《南京市防止船舶含油污水、废残油污染水域暂行规定》,明确要求:船舶应具备港航监督机构核发的防污文书;船舶含油污水应经处理后排放;所有机动船必须配备含油污水处理设备及污油柜或污油箱;废残油、含油污水必须回收处理等。南京市26个水上加油站点全部配备油水分离器,负责接收挂桨机船舶排放的油污水。南京市港航监督处还在辖区范围内深入开展船舶防污染专项检查,进一步清理船舶污染源,查处船舶违章污染水域行为,使南京内河水域更清洁。

## 六、船舶检验进一步加强与分出单立

船舶质量检验工作,经过"文革"后的几年恢复和整顿,到1983年对外轮开放时,已走上正轨。1985年,南京港务监督继续加强对修造船检验,普遍调查南京港机动和非机动船舶,办理部分船舶换证;编写船舶建造检验报告统一格式书,开展入级社船舶建造焊工考试和工艺认可工作。按照《船舶建造检验规程》要求,实行船厂报检制度,对造船质量较差船厂实行分段分工序报验,配合工厂采取有效措施,提高造船质量。1986年,从抓基础开始,对图纸审查、试验过程检验、工厂焊工考试、工艺认可、报检制度严格要求,与江都、镇江船厂一起制定建造工艺文件及标准,认真执行建造过程中的检验规定。这是南京港务监督首次完成对入级船舶建造质量的检验工作。

船用产品的检验工作,一方面是对各类产品图纸进行认真审定,参加与产品有关的鉴定会与标准审查会,另一方面是编写锚链、防污设备、油水分离检验须知,对一些出口产品进行型式认可,参加江苏省、南京市有关创优产品检验工作。1986年,南京港务监督编写《海水淡化装置检验大纲》,考察新厂20家,检验相关生产厂6家。全年共检验船用产品厂由1984年的70家发展到82家,每家平均审图60套左右,认可系列产品20个以上,检验产品项目32个以上。对外轮质量检验工作,从1983年外轮进入长江时就着手准备。这一年南京港务监督与上海船检办事处签订协议,协助开港后的中外船舶检验。1985年,首次派出验船师到国家船检局、上海分局、大连分局学习,先后有8人学习外轮检验业务,3人学习外语口语,6人受到业务培训,为开展外轮检验工作打下基础。1986年6月9日,完成劳氏船级社的中国香港"奥登道夫"号轮的检验。这是对第一艘装卸危险品中国香港籍船舶申请的检验。到1986年底先后检验外轮及中国香港籍船舶4艘。

1981年10月,交通部下发《关于改革船舶检验管理体制的通知》,决定"在适当的时机,长江区船舶检验办事处与长江航政管理局分别管理"。为充分发挥船检部门的职能作用,1984年3月交通部决定长江船检部门与航政管理部门实行分管,从航政系统分出,自成体系。4月3日,长航局组织联席会议,就航政、船舶检验有关人、财、物的分配和管理进行磋商。4月9日,航政、船检分管协议签署。南京航政分局按照有关规定,以分局船检科及下属航政处的船检组为基础,做好人、财、物的移交工作,协助成立独立的船检机构。9月,"中华人民共和国船舶检验局南京分局"成立。1985年1月15日,正式对外挂牌。

1987年5月,南京市交通局港航监理所更名为南京市港航监督处后,为全面加强内河船舶检验发证工作,专门设置船舶检验科,定编验船师10人。至年底就完成新造船舶检验461艘、营运船舶检验2423艘,检验各类船用产品1816件,审查各类船舶图纸10套。1987—1990年南京市港航监督处船检工作情况详见表6-4-4。

1987—1990年南京市港航监督处船检工作一览表　　　　表6-4-4

| 年份 | 建造船舶检验(艘) | 营运船舶检验(艘) | 船用产品检验发证(件) | 船舶及船用产品图纸审批(套) |
| --- | --- | --- | --- | --- |
| 1987 | 461 | 2423 | 1816 | 10 |
| 1988 | 589 | 1844 | 722 | 9 |
| 1989 | 453 | 3005 | 255 | 1 |
| 1990 | 329 | 3095 | 874 | 3 |

## 七、总结水上事故处理经验与事故案例

20世纪80年代中期,长江上运输船舶日益大型化、快速化。大型船队越来越多,发展亦越来越快。

沿线大批集体所有船舶和个体船舶竞相进入长江干线从事客货运输。部分船舶缺乏有资质的技术船员和适于航行的安全设备,致使一段时间水上航行秩序混乱,海损事故不断发生。这种多层次、多形式、多渠道的运输结构和多家经营、相互竞争的复杂局面,给水上交通安全管理带来新的问题。尤为突出的是,长江江苏段水上交通事故发生率一直居长江水上交通事故率的1/6以上,海损事故上升势头得不到控制,主要表现在船舶碰撞、搁浅、浪损及船沉人亡。

1983—1990年长江江苏段发生的海损事故中,碰撞及触损事故403起,占海损事故总数81%。其中下列3起水上事故产生较大的影响。

1987年5月8日11时左右,南通市轮船公司"江苏0130号"客渡船由南通开往十一圩,行驶至江心24号浮筒上游600米处时,与武汉"长江22033号"顶推船队相撞。客渡船当即翻沉,船上乘客及船员除7人获救外,114人遇难。

1990年7月28日,"大庆412号"油轮载4424吨70号汽油,下水航行走南京长江大桥第8孔时,由于操作不当,碰撞南京长江大桥6号桥墩。这是装载危险品油轮第一次碰撞南京长江大桥。

1990年6月4日,南京炼油厂101号污水罐发生泄漏,污油漂流在江中。适逢"张家港挂176号"船在岸边明火烧饭,引发污油燃烧,殃及江中水面积达100多平方米。监督艇及时前往施救,才未酿成更为严重后果。

作为水上交通事故的主管部门,港务监督事故调查处理职责是查明原因,判明责任,以不断改进管理。交通部于1990年9月28日,公布《内河交通安全管理违章处罚规定(试行)》,于当年10月1日实施。对所发生的水上事故,南京港务监督按照法律法规、规章进行调查处理。同时,将事故调查工作重点由以民事纠纷裁定为主的海损调查转到以维护公共安全为主的行政调查和安全调查,较早地实现事故调查工作的职能转变。

为减少事故发生,实现"秩序好、事故少"的目标,从1985年起南京港务监督结合当时长江江苏段的特点,对发生海损事故进行两项有益探讨。一是观察船舶流量,摸清各个航段和港口的船舶分布情况。在南京长江大桥站、仪征站、镇江大沙站、张家港航政处趸船的4个断面,镇江处六圩河口、高港处南官河口、江阴处黄田港、南通处通吕河4个支流河口设置了观察点,测定船舶航行密度、流量、流向及变化,以弄清海损事故与船舶流量、流向的关系。特别是1987年6月与12月,南京港务监督组织上海海运学院实习的师生在船舶流量最大的镇江大沙水道口设点,准确测算通过该水道船舶流量,为制定安全监管措施提供可靠依据。二是通过学术交流,探求船舶发生海损事故内在因素。1985年初,南京港务监督与江苏省交通厅监督处共同发起成立"江苏省航海学会航政专业委员会"。2月,就长江江苏段及支流航政管理问题,召开首次航政专业委员会会议,探讨和交流学术论文16篇。

1983年3月,外轮开始进入长江江苏段后,为长江江苏段水域创造良好的船舶航行、停泊秩序与安全环境,南京港务监督会同江苏省航海学会,于10月又在南京召开由35家交通主管部门80名代表参加的"长江江苏段和京杭运河海事防范学术研讨会",就海事防范问题做了深入研讨,共交流论文35篇。同时还对《中华人民共和国内河避碰规则(1991)》的修改,做了广泛讨论。

## 第五节　航政监管队伍素质提高及文明创建开始

### 一、航政监管队伍建设的进一步加快

#### (一)职工队伍日益扩大

随着航政管理工作的变化和发展,南京航政分局及处、站在国家相继分配大中专毕业生的基础上,调整内部管理人员结构,通过多种渠道增加技术和现场管理人员。1985年,新进干部29人、工程技术人员23人、分配的大中专学生29人。1986年底,南京航政分局(含所属航政处、站)在职人员共635人,比

1982年增加94.8%。人员文化结构有较大提高,其中具有大学学历16人,大专68人,中专152人,技校13人,高中138人,初中207人,小学41人。职工队伍整体素质有一定提高。1988年,航政分局文化结构发生新的变化,具有大学学历21人,大专79人,中专131人,高中23人,初中162人,小学38人。技术职称人员也在增多,高级工程师6人,工程师42人,助理工程师68人,技术员60人。到1990年底,南京港航监督局(含镇江局)职工518人(其中,计划外用工49人,女职工45人),专业干部208人,高级职称4人,中级职称(含技师)37人。文化结构上有明显变化,大学学历18人,大专78人,中专113人。一支具有一定规模的航政管理队伍基本形成。

1986年3月8日,南京市编委、市交通局对本市水陆交通监理人员编制补充通知规定,南京市交通局港航监理所编制为38人(港监)。4月23日,南京市交通局港航监理所经省交通厅安监处批准,增设南京市秦淮新河入江口(秦淮河船闸)、高淳县水阳江与安徽省交界的费家嘴、六合县滁河入江口的大河口3处为省属港航监督站。

### (二)监督艇船员首次职称改革

1989年9月,更名一个多月的南京长江港航监督局,根据长江港航监督局《关于船舶技术职称改革工作》(长督职改〔089〕057号文)精神,历时近一年时间对船舶技术人员进行职称改革。长江江苏段共有包括监督艇船员在内的船舶技术人员196人。经审查,参加首次船舶技术人员职称复查工作的人员124人,其中监督艇船员86人,引航员38人,72人未能参加复查评审。经复查评审后,获职称的有:高级船长4名,中级技术职称40名,初级技术职称46名,初级技术职称员34名。

## 二、航政管理人员技术知识继续更新

自1983年长江江苏段4个港口对外轮开放,南京航政分局从培养具有一定涉外政策和技术业务水平的管理队伍的目的出发,由过去临时性低层次的培训转变为有计划多层次的全员培训。一方面对青壮年进行初中文化补课,先后补课合格80人,补课合格率达86.3%。另一方面根据各类管理工作的需要,选送技术骨干脱产或半脱产学习,并鼓励在职职工参加各类专业对口技术学习。1983年,先后有136人参加自学和考试,4人获取大中专毕业证书。1985年,在职职工参加与本职工作有关各类业务教育294人次,其中高等自学考试29人,职大、电大、夜大46人。初中文化补课合格率达86%,技术补课合格率达90%。1986年,脱产学习14人,其中大专1人、中专13人。在职自学117人,其中大专73人、自学考试44人。1987年,参加各种文化学习53人,其中大专以上32人、中专14人、高中7人。1988年,函授学习94人。1989年,7人获得大学学历,12人获得专业证书。5月,举办有36人参加的港监函授大专专业证书班。

1986年,国家开展全国普及法律常识教育活动,南京航政分局组织学习《宪法》《刑法》《婚姻法》《民法通则》《兵役法》《治安管理处罚条例》等"九法一例",完成550人的普法教育任务。分局分别被南京市、下关区评为"普法教育先进集体"。

图6-5-1为20世纪80年代南京航政分局举办的第一期监督艇驾驶员培训班。

图6-5-1　20世纪80年代培训监督艇船员

## 三、涉外管理人员着装的更换

1984年8月30日,国家规定"开放港口港务监督人员统一着装"。1985年10月24日,交通部下发《关于港务监督人员制服供应办法的通知》,强调港务监督是我国主管水上交通安全监督管理工作的国家行政管理机关,代表国家统一行使水上航务行政管理工作。12月15日,中国港监局下发《关于港务监督人员工作服佩戴标志的通知》,对港务监督人员制服样式、帽徽、肩章等做出规范界定。1986年2月24日,中国港监局下发《港务监督人员着装风纪规定的通知》。经国务院批准,从3月1日起,对外开放港口的港务监督人员更换新式制式服装及装具。到1986年12月,南京航政分局近600名航政管理人员穿上统一的港监制服,提高了航政人员对外形象。同时,南京航政分局加强一线职工队列、工作礼节、文明执法训练,使航政队伍逐步展现出庄重、严谨的精神面貌,航政人员形象发生新的变化。1989年,发放内河、开放港口制服6054件。

### 四、文明创建工作开始并取得实效

1983—1990年,南京航政分局注重文明创建工作,先后开展"三基(党的基本知识、党的基本路线、马克思主义的基本理论)教育""两学一树(学雷锋、学严力宾、树行业新风)教育""三学一创(单位学习青岛港、集体学习华铜海轮、个人学习包起帆、创交通行业文明)"活动,推行全面质量管理,内强管理,外树形象,建立健全职业道德规范,不断端正港航监督行业风气,使职工精神面貌得到改善,涌现出先进集体和先进个人。其中,1986年开展党风政风整顿,重点落实责任制,进行理想、道德、纪律等教育。图6-5-2为20世纪80年代南京航政分局青年们的风貌。

图6-5-2　20世纪80年代南京航政分局青年们

这一时期,在船舶流量逐年增加的形势下,镇江交管严格值班制度、严格管理、严格要求,使航行秩序得到治理、海损事故基本稳定、重大恶性事故基本避免,被誉为"中国式"的交通管制。大沙监督站于1987年荣获交通部"双文明"单位称号。大胜关监督站安全QC小组通过多次循环,先后建立设标划片管理及分道航法,制定出控制事故发生的有力措施,实施大胜关水道"间断航行"法,着手解决小机动船下水影响客班轮靠离南京港码头等问题。1987年,大胜关监督站QC小组获得"一九八七年度交通部部级优秀质量管理小组"称号,以及中国科学技术协会、共青团中央、中华总工会、中国质量管理协会"一九八七年度全国优秀质量小组"称号。1990年,获长江港航监督局"标杆单位"称号。

## 第六节　航政监管设施(备)建设加快与通信能力加强

### 一、水上巡航船艇更新与添置

监督艇是维护现场航政秩序、保证重点航段安全的重要工具。随着长江航运事业的发展,航政管理条件得以改善,监督艇得到大幅度更新和添置。南京航政分局除在船舶航行密集区、事故多发航段内设立现场管理监督站外,不断增加监督艇。1983年新增2艘,1984年新增3艘,1985年增加2艘,至此已有监督艇15艘。1986年增加3艘,1987年增加1艘,1988年增加2艘,1990年增加3艘。截至1990年底,部分监督艇淘汰后,共有监督艇17艘,扩大了现场监督管理覆盖面。

此外,为加强南京市港航监理机构辖区水域的现场巡航,1985年3月南京市港航监理部门与南京热电厂达成"南热号"资产交接协议,经改装后,命名为"苏宁监11",作为南京地方交通史上正式入列的第一艘监督艇。不过,该职工功率较小,设施简陋,承担水上巡航、搜救能力有限。1989年,南京市港航监督处先后为基层港监所建造2艘港监艇、2艘趸船,购置简易港监车10辆,构建无线通信网,配备甚高频无线话机116台,使港航监管装备建设全面起步。

## 二、航政监管通信能力的加强

为便于长江江苏段开放水域的通信联络,1983年9月南京航政分局在原有3部长航内部电话、2部市内外线电话的基础上,安装50门电话自动交换机,同时在巡逻艇开始使用甚高频。1983年9月11日,中国港务监督局下发《寄发沿海各港务监督及南通、张家港、南京港务监督关于港内无线电通信等有关规定的通知》,规定船舶进入或过境港区水域范围,禁止使用无线电发信机;甚高频无线电话6频道可以24小时运作,12频道早上7点至晚上8点运作。1984年7月,高港航政处配置甚高频无线电话(VHF)。1985年6月,南京航政分局与各航政处间,监督站与分局、处间,站与各船艇间,装备VHF甚高频无线电话接力电话网络,并在浏河航政处与南京引航站380公里间配备单边带无线电话。1986年1月9日,新生圩监督站、镇江大港监督站经长江航务通信导航管理处同意,设置甚高频无线电话台,核准配置工作频率为10频道(156~500兆赫),守听船舶监督指挥为6频道(156~300兆赫)。1986年,南京至浏河区间单边带开始试验,次年投入使用。自此,长江江苏段之间的分局与航政处、站通信联系得到进一步改善。1987年,配置并使用单边带1台。1988年,配置单边带4台、传真机3部、甚高频4部。张家港航政处配置一台40门程控自动交换机。至年底,长江江苏段全线单边带电台网建成,共有26部单边带无线电话。1989年,长江江苏段更换通信设施25台次,更换无线电使用执照20张。1990年,镇江局完成大沙雷达站建设工程和雷达设备引进、安装、调试、验收工作,成为长江上第一个建成的雷达站。至此,长江江苏段通信联络形成网络,为水上交通安全监管准确掌握情况、迅速传递信息提供了方便。

## 三、新业务用房建成与职工福利房改善

### (一)热河南路71号业务用房的建成

南京航政分局引航站自1981年5月成立以来一直无自己引航用房,一直与航政分局机关科室在江边路3号一起办公,条件十分简陋,面积不到20平方米,给引航业务工作的开展带来不便。为此,南京航政分局着手拟建引航站业务用房,并于1986年与鼓楼区房地产开发指挥部签订相关意向协议书,但最终没有得到落实。1987年,在南京市政府支持与帮助下,改与居住地的下关区政府协商,安排在热河南路南端东侧液化气站南侧,作为旧城改造片区建设项目,建设南京引航业务用房,面积约2074.25平方米。经过大量前期调查、规划、设计,1987年12月1日南京航政分局向长江航政管理局上报《关于南京航政分局引航站设施设计任务的报告》。1988年2月15日,长江航务管理局批复同意。南京航政分局在做好南京引航业务用房修改设计、工程招标等前期工作基础上,于1989年8月5日向长江港航监督局提出开工要求,12月14日获得批准。经过一年半建设,1991年6月南京引航业务用房建成,对外地址为南京市下关区热河南路71号。随后,南京港监局机关从江边路3号搬进新建成引航业务用房。

此外,1984年8月20日南京市交通局同意市交通监理处1500平方米业务用房列入其自筹基建准备项目。1987年11月11日,南京市交通局批复:同意市港航监督处购买热河南路250号楼房作为业务办公用房,面积1388.67平方米。1988年8月9日,南京市港航监督处由南京市下关区石梁柱大街47号迁至下关热河南路154号新址办公,共五层,建筑面积1394平方米。

## (二)职工福利住房条件改善及调资

这一期间,南京航政分局职工福利住房条件得到进一步改善。1984年3月22日,南京航政分局参加鼓楼区龙池庵住宅区开发,在南京市中山北路嘉乐村新建职工住房共54套、2902平方米,于1988年3月4日建成。1985年9月28日,南京市南湖统一开发住宅小区,分配职工宿舍小区住房56套、2898平方米。1985年5月,由南京新生圩港区开放配套工程设施而建设的白云亭二板桥811号职工宿舍开建,1986年7月25日建成,共分配36套、1871平方米。

南京航政分局及其航政处、站于1987年给293人增加职务工资,1989年按政策为79人调整工资。

# 第七章　南京海事的迅速发展(1991—2000年)

1991年之后,随着我国从计划经济向市场经济进一步转变,政府管理职能转变,更名后的南京长江港航监督局(以下简称"南京港监局")迅速转变观念,适应市场经济发展需要,至2000年面对辖区由监管长江江苏段改为长江南京段,监管职能转为管理服务型,进一步调整机构与改变职责,完善监管制度,注重在监管与服务上做好水上安全监管工作,并加强管理队伍、管理设施(备)建设,突出是船舶交通管理系统(VTS)建成使用,开始了监管手段现代化新征程。1998年,南京港监局成为全国海事系统第一批"全国文明单位"。南京地方港航监督各方面监管工作呈现新的气象,特别推进乡镇渡口渡船"五定三化"治理的创新得到社会的肯定,1992年被交通部授予"水上交通安全先进单位"。

## 第一节　南京航政管理机构更名与调整

### 一、南京航政分局更名南京长江港航监督局

早在1987年1月1日起开始实施、由国务院颁布的《中华人民共和国内河交通安全管理条例》就明确规定"各级交通管理部门设置的港航监督机构是对内河交通安全实施统一监督管理的主管机关",并将"航政"统一改名为"港航监督"。这是首次以法律形式将"航政"名称改为"港航监督"。为此,1988年12月19日,交通部作出《关于长江干线港航监督管理若干问题的决定》,提出:"统一港航监督名称",将"交通部长江航政管理局"更名为"交通部长江港航监督局"。1989年6月23日,交通部下发《关于长江航政系统机构更名的通知》,明确规定:交通部长江航政管理局更名为"交通部长江港航监督局"(以下简称"长江港监局"),由交通部直接管理。1989年7月11日,长江航务管理局正式下文,更名长江航政系统处级以下的基层单位名称,规定各局直属监督站更名为"××长江港航监督局××站"。1989年8月1日起,长江航政管理局南京分局更名为交通部南京长江港航监督局(以下简称"南京港监局"),对外仍称"中华人民共和国南京港务监督(以下简称"南京港务监督")。8月,长江港监局明确镇江港监局暂由南京港监局管理。1991年8月4日,收回直接管理,除船员考试仍由南京港监局负责,待条件成熟后再分开外,其他业务工作由镇江港监局独立开展工作。1992年4月17日,原南京航政分局代管的"中华人民共和国长江区港务监督局暨交通部长江港航监督局驻上海办事处"改由长江港监局管理。

1991年起,更名后的南京港监局主要职责是:根据交通部《关于长江干线港航监督管理若干问题的决定》规定,主要进行船舶登记、船员考试发证、船舶进出口签证管理、水上交通事故的调查处理、危险货物监督管理、船舶安全检查、其他港航监督业务等。监管辖区范围水域具体为:北岸上自驻马河口,下至十二圩河口;南岸上自慈湖河口,下至新河口,辖区全长98公里。此外,长江支流、内河由南京市港航监督处管辖。

### 二、港监职能科室重新设置与调整

1991年之后,由于长江江苏段水上安全监管体制改革,更名后的南京港监局管理长江南京段水域,原管理长江江苏段水域所设机构偏大,人员配备偏多。为此,南京港监局按照精简、效能、统一和

实行党政职能分开、强化港航监督管理、理顺工作关系的原则,先后进行了3次局机关职能科室设置与调整。

第一次为1991年。1991年5月,南京港监局通过考核,将19个机关科室调整为16个。其中,党群部门6个,即党委办公室、组织科、宣传科、纪委、工会、团委;行政业务部门10个,即局办公室、监察科(审计)、人事教育科(保卫)、计划财务科、港航监督建设办公室、港航监督科、航行安全保障科、船员考试科、机电设备科(供应)、行政管理科和1个附属机构——引航管理站。重点充实港航监督业务人员,使业务人员占编制总数50%左右。1992年1月,成立"港航监督指导办公室"。1993年,南京船舶交通管理系统(VTS)开建后,又成立"南京港务监督雷达交管中心"。

第二次为1995年。1995年5月,南京港监局按照造就一支"精干、高效、廉政"干部队伍要求和标准,经长江港航监督局批准,设置15个局机关科室(含特殊科室2个)。其中,党群部门3个,即党办、纪监室、工会;业务部门5个,即监督科、航保科、考试科、设备科、危管科;行政部门5个,即局办、人教科、财务科、总务科、计基科;特殊科室2个,即征稽站、交管中心。

第三次为1997年。1997年9月,南京港监局在1995年编制基础上对机关科室再精简30%,将机关15个科室减至12个,工作人员由128人精简为78人。其中,撤销组织科、宣传科,职能划归新成立的党委办公室;成立计划基建科、机关服务中心;撤销行政科,职能划归计划基建科及机关服务中心;成立二桥监督站(临时机构),交管中心改为业务系统。下发《南京港务监督机关工作人员精简及交流方案和配套措施的通知》,改委任制为聘任制。1998年4月6日,将"船员考试科"更名"船员证件管理科","监督科"更名"船舶监督科","航行保障科"更名"事故调处科","机电设备科"更名"装备科"。同时集中汇编《南京港务监督岗位职责》共114条,做到定人、定岗、定职责。1999年9月23日,交管中心部分现场保障职能归"事故调处科",将"事故调处科"更名"通航保障科"。

### 三、港监基层监督机构管辖水域调整

1991年之后,南京港监局辖区改为98公里长的长江南京段(北岸上自驻马河口,下至十二圩河口;南岸上自慈湖河口,下至新河口),水域范围分解到各现场监督站进行现场监管,主要有梅山、大胜关、下关、大桥、大厂、新生圩、栖霞、仪征等8个监督站。1991年12月4日,南京港监局以〔91〕宁长督航保字159号发文,明确了各监督站管辖范围和所配属监督艇(见表7-1-1)。

**1991年南京港监局各监督站辖区一览表** 表7-1-1

| 监督站名称 | 管辖水域(以上界为准) |
|---|---|
| 梅山 | 南岸慈湖河口至北岸乌江河口连线以下水域 |
| 大胜关 | 南岸大胜关水道上口过江电缆标下界标至北岸下界电缆标连线以下水域 |
| 下关 | 南岸大胜关水道上口下电缆标至北岸下电缆标连线以下水域 |
| 大桥 | 南岸港务局1号码头上端至北岸浦口22号码头连线以下水域 |
| 大厂 | 西方角双漕浮至北岸柳洲过江电缆标下界标连线以下水域 |
| 新生圩 | 金陵船厂船台至北岸柳洲过江电缆标上界标连线以下水域 |
| 栖霞 | 南京港务局七公司706码头下端至北岸太平圩过江电缆标上界标连线以下水域 |
| 仪征 | 龙潭水道乌浮1号系船浮筒以下水域 |

1997年10月6日,南京长江二桥正式开工建设。为维护南京长江二桥施工现场水上交通秩序,保障桥区水域水上水下施工和船舶航行安全,1997年11月4日,南京长江二桥监督站成立,全面负责桥区施工水域安全。

鉴于二桥施工水域成为当时长江南京段重要监管任务,南京港监局于1997年12月1日重新调整各

监督站管辖水域和配备的监督艇,以〔97〕长督航保字184号下文,明确各监督站管辖范围和所配属监督艇(见表7-1-2)。

1997年南京港监局各监督站辖区一览表  表7-1-2

| 监督站名称 | 管辖水域(以上界为准) |
|---|---|
| 梅山 | 慈湖河口至北岸乌江河口连线以下水域 |
| 大胜关 | 大胜关水道上口过江电缆标下界标至北岸梅子洲洲头连线以下水域 |
| 下关 | 大胜关水道上口下电缆标至北岸下电缆标连线以下水域 |
| 大桥 | 港务局1号码头上端至北岸浦口22号码头上端连线以下水域 |
| 二桥 | 南汊桥水域:二桥轴线上游1500米处南北两岸连线以下水域;<br>北汊桥水域:二桥轴线上游1000米处南北两岸连线以下水域 |
| 大厂 | 西方角双漕浮至北岸柳洲过江电缆标下界标连线以下水域 |
| 新生圩 | 金陵船厂船台至北岸柳洲过江电缆标上界标连线以下水域 |
| 栖霞 | 南京港新生圩自来水厂趸船至北岸太平圩过江电缆标上界标连线以下水域 |
| 仪征 | 龙潭水道乌浮1号系船浮筒以下水域 |

这一时期,南京市地方港监机构不断发生变化。1991年8月26日,经南京市编委同意,南京市、县交通港航监督机构分别增挂市船舶检验处、县船舶检验所的牌子,一套班子、两个牌子。10月,为理顺市、区、县渡口管理,进一步明确渡口安全监管责任,南京市委决定将市、县渡口管理所分别划归市、县港航监督处、所领导,渡口安全管理工作由市、区、县港航监督处、所负责。1992年3月23日,江苏省交通厅将全省各级船检机构名称改为"江苏省船舶检验局""江苏省××市船舶检验处""江苏省××县船舶检验所",各级船检机构与同级港航监督机构实行"二合一"建制,即对外两块牌子,对内一套班子,进一步明确了各级船检机构的职责。至此,南京地方港航监督和船检机构全面覆盖全市5县4区。1993年3月,南京市交通局决定将航运管理职能划出,单独成立航运管理处,不再与港航监督处(船舶检验处)合署办公。之后,南京市港航监督处(船舶检验处)便成为专司水上安全监督管理和船舶检验的独立机构。1996年10月11日,按照江苏省交通厅要求,经市编委批复成立"南京市交通局水上交通稽查支队",5县4区成立"××区(县)交通局水上稽查大队",新组建的市、县(区)交通局水上稽查支队、大队与同级港航监督机构合署办公,一个机构、两块牌子,分别隶属市、区、县交通局领导。交通稽查主要实施水路运政动态管理,查处船舶违反水路运输经营管理的行为;实施港现场监督管理,查处违反水上交通安全管理的行为;维护船舶航行、停泊、作业秩序,确保航行畅通;调查处理水上交通事故;查补漏交、逃交的各项水上交通规费。

## 第二节 航政监管工作全面推进与强化

### 一、把握水上安全特点开展通航管理

1991—2000年,南京港务监督继续把握南京地区水上安全规律与特点,坚持业已形成的行之有效监管办法、方式、措施,加强监管工作,加大监管力度,推进南京水上安全形势持续稳定,并继续研究水上安全特点与水上工程施工安全对策。特别20世纪90年代之后,随着长江航政监管工作重点开始转向现场,南京港务监督加强现场监管工作,重点做好安全预防工作,侧重守口把关。在渡运预防上,主要是调查渡运客流量,提前进行安全检查;在船舶适航上,重点做好签证把关,检查手续完备性;在现场检查上,每天对每艘油轮、油驳实行安全检查,要求地方载运危险品船舶进出港口签证必须到现场登记、检查、复核。

### (一)实施《长江下游分道航行规则》

长江干线,尤其南京以下长江段,因区域经济发展,大量船舶涌进,致使水上交通安全形势复杂。1994年5月15日,新华社第1228期国内动态清样以"长江干线交通形势严峻"为题,反映当时长江干线水上交通事故频发的情况。这一情况国务院副总理朱镕基等5位领导均作出重要批示。1994年6月,交通部在南京召开"长江航运发展及水上交通安全研讨会",交通部副部长刘松金正式提出在长江干线实施"长江干线水上交通安全保障应急工程",并在长江下游率先推行分道通航,从根本上缓解长江下游水上航行安全的严峻局面,改善通航环境,减少各类事故发生。1995年7月,交通部在武汉召开实施《长江下游分道航行规则》新闻发布会,宣布《长江下游分道航行规则》自1996年1月1日起施行。这是长江水上交通安全管理重大改革,为21世纪初长江江苏段实施船舶定线制打下坚实基础。

《长江下游分道航行规则》实施后,按区域共分5个片区(第一是贵州、四川,第二是湖南、湖北,第三是安徽、江西,第四是江苏,第五是上海、浙江)。作为第四片区的牵头单位,南京港务监督加强片区合作,及时通报工作中发现问题,多次与张家港、镇江港监局和江苏省港监取得联系,掌握各自实施分道航行规则进展情况,分发《分道航行图》和《长江下游分道航行指南》,召开片区工作会,交流实施规则情况。1995年7—12月,南京港务监督对港航单位船员进行培训,办培训班4期共6次,培训船员1398人,发证1252人(其中南京航运单位发证694人),发放《分道航行图》《长江下游分道航行指南》共16130份。其间,江苏省港监培训船员近8万人,发放分道航法宣传提纲1200多份。南京港务监督组织实施长江下游分道航法取得一定成效。1996年1月1日《人民日报》以《长江下游实行分道航行》为题做了报道,《南京日报》《扬子晚报》、南京电台均做了报道。1996年,南京港务监督又举办12期培训班,组织船员学习考试19次,发放资料208400套。1997年,又发放资料2822套。

与此同时,为保证分道航法进一步实施,南京港务监督在南京辖段主航道上5个横驶区、副航道上的6个横驶区,按站管辖范围,分工负责进行监护,有重点地把关。重点监护重点水域、事故多发段,每天安排10艘左右监督艇在现场巡查,重点检查靠泊船,加强在航船的检查。到1997年,分道航法实施一年后,南京港务监督所辖水域发生水上交通事故,同比碰撞事故下降26%,死亡失踪人数下降27.2%,沉船数下降15.3%。

### (二)编制发行《长江航路指南(江苏段)》与水上水下作业审批

20世纪80年代起,进入长江海船日益增加。这些海船由于对长江江苏航路和航行标识不熟悉,致使事故频发。为此,南京港务监督学习上海港务监督做法,联系南京航道局、南京河运学校、南京港务局、南京油运公司、上海长江轮船公司、南京市港航监督处等,组成由94人参加的编审委员会,决定编制《长江航路指南(江苏段)》,并以江苏省航海学会名义出面组织。在汇集大量长江江苏段航路理论和实际的基础上,1991年8月《长江航路指南(江苏段)》完成编制工作,印刷发行20000多册。其内容有:长江水道逐段航行图、航路、横越区、港口码头、河口港湾、水下过江电缆、大桥航路等。该指南发行后,得到进江船舶船员欢迎,使长江江苏段水上交通事故逐步下降。这是改革开放之后南京水上安全监管机构为船舶安全运输制定的第二部航行规定。

这一时期,南京港务监督还努力做好水上水下施工作业工程审批工作。1992年审批5件,1993年审批10件,1994年审批82件,1995年审批81件,1997年审批90件,1999年审批82件。

### (三)强化南京大桥监管与二桥施工期维护

自1968年12月29日南京长江大桥全面建成通车起,保障南京大桥水上安全是1966年成立的南京航政分局监管工作的重中之重。更名后南京港监局（对外仍称"南京港务监督"）后仍是如此。

为保障南京长江大桥水上安全，南京港务监督以1990年7月28日"大庆412"油轮碰撞长江大桥6号桥墩事件为教训，多次召开"防止船舶碰撞，保护大桥安全"安全管理工作座谈会，提出具体的防范措施，并强化日常现场监控与管理。20世纪90年代以来，长江航行船舶逐渐大型化，且船流密度增大，大桥面临安全风险越来越大。1993年6月，南京港务监督除洪水期对南京长江大桥水域实行24小时监控外，还明确提出桥区水域范围内的码头、作业点、渡口、工厂等的限制和要求，与航道部门协调确定桥区水域范围及助航标志的配布和调整，提出通过大桥水域的船舶尺度、航速、操纵能力及安全措施要求。1998年高洪水位期间，大桥第6孔封航，船舶改从第8孔通过，给第8孔通航带来一定压力。针对上述情况，南京港务监督一方面联合有关单位加大对船舶的宣传力度，另一方面桥区派监督艇加强对过往大桥船舶的巡查与维护，发现违章及时纠正。交管中心在第6孔封航前提前发布改孔信息，督导船舶有序从第8孔通过，确保高洪水位期间通过大桥无事故。1997年5月，针对南京长江大桥水上安全管理出现的问题，南京港务监督建议南京市政府修改市政府1986年3月18日公布的《南京长江大桥水上交通安全管理规定》。1997年6月5日，南京市政府通过《关于修改〈南京长江大桥水上交通安全管理规定〉的决定》，6月25日以南京市政府令第143号发布。

作为国家"九五"重点建设项目，南京长江公路桥（即南京长江第二大桥）自1997年10月开工建设。1997年7月23日，南京港务监督组织南京长江油运公司和上海、武汉长江轮船公司等17家单位，讨论《南京长江二桥施工期水上交通安全管理规定》。9月1日，该规定经南京市政府批准公布实施。为加强长江二桥施工期安全，南京港务监督走访南京市有关部门、大桥施工单位和施工船舶，及时消除通航、施工中的安全隐患。同时，桥区助航标志失常或航道变化时，及时联系航道部门采取应对措施或调整助航标志，必要时实施交通管制或临时禁航。负责二桥现场监管的二桥监督站人员24小时值班，对重点船舶实施维护，及时通报信息。特别2000年1月10日桥面钢箱梁进入吊装阶段后，局船舶交通管理中心时刻关注施工区船舶动态，定期向过往船舶发布通航信息，及时向现场监督艇传递有关信息，并安排3艘监督艇现场维护，引导指挥大、小船舶通过二桥施工作业区。仅1—7月，二桥桥面钢箱梁吊装期间就实施16次特殊现场维护。在1997年10月开工至2001年3月通车的1200多天建设中，南京港务监督二桥监督站强化水上施工作业监控，不放过任何安全隐患，未因安全维护而发生水上交通事故，受到交通部与江苏省、南京市政府的好评，被中共江苏省委、省政府评为"南京长江第二大桥建设有功单位"。

**（四）综合治理采砂与"捕鳗大战"等碍航行为**

始于1989年的安徽西华水道的长江干线大规模吸砂船无序采砂，之后逐年剧增，并从安徽长江水域蔓延到江苏长江水域。1991年10月，针对南京仪征长江水域出现大批个体吸砂船，高峰时达800余艘，占据民用电缆区水域，严重威胁水下通信电缆安全和仪征江堤，也影响船舶通航，南京港务监督规范挖砂船在批准水域内采砂，按规定显示灯号，清除仪征、南京水道内的违章采砂船。1992年1月10日，南京港务监督向上级和江苏省和扬州、仪征市政府递交《关于取缔非法采砂的紧急报告》。1月20日，派员专程到仪征市进一步落实行动计划，明确责任。1月22日，又出动7艘监督艇与执法人员46人，联合南京水上公安及仪征市航道、工商、水利、交通等部门6次开展集中打击取缔非法采砂行动，共查处违章吸砂船100余艘，没收吸砂管113根、吸砂泵38台、吸水泵8台、柴油机2台，破坏砂池13个。3月24日，与市水上公安分局联合下发《长江南京水道江砂开采暂行规定》，监督采砂船舶在批准水域内挖砂，并按规章显示灯号，落实安全措施。同时建议长江江苏段沿江有关地市（县）成立黄砂管理机构，有组织地监管与取缔乱采黄砂船。6月27日交通部、农业部、地质部、水利部、公安部联合下发《关于切实加强通航水域捕捞鳗鱼苗和开采黄砂管理的通知》后,南京港务监督多次联合南京市公安、水利、航道、护岸等部门打击非法采砂,呼吁社会各界关心和保护长江这一黄金水道。建议上级主管部门协调各方力量,组成江砂开采综合治理领导小组,把江砂开采纳入依法管理轨道。同时,南京港监局派出一艘监督艇和"引航3"号到长江江阴、张家港、南通水域组织现场安全维护。1993年11月24日,以"长江南京段非法采砂现状堪忧"为题,向南京市政府汇报,建议南京市政府从立法上解决长江采砂问题,得到支持。1995年1月6日,南京市政府公布《关于坚决取缔和打击非法开采江砂的通告》。7月26日,又公布《关于暂停在长江南京段采砂作业的通告》,8月,南京市组织有关部门成立水上执法队,对非法采砂进行打击。12月22日,召开采砂工作会议,并成立"南京市采砂管理委员会",由副市长任主任,南京港务监督局长任副主任。

### (五)完成大胜关长江大跨架线水上安保

这一时期,南京港务监督监管与维护水上工程比较突出的是做好大胜关长江大跨架线水上安保。江苏省送变电工程公司500千伏南京大胜关长江大跨越架线工程是国家重点工程项目,被列为当时南京市政府28项奋斗目标之一,是当时华东地区架线最高、跨度最长输变电工程。该工程位于南京长江大桥上游约20公里处的大胜关,全长3093米。江两岸各耸立257米高的跨越塔,跨江档距2053米,线路由2根避雷线、12根导线组成。

为完成这一工程水上施工安全保障任务,南京港务监督制订架线施工期间封航方案,划定封航线、禁航区和船舶临时锚泊地,召开有关船舶单位会议,印发航行通告等宣传材料5000多份。1992年11月6日开始封航,11月17日结束,前后共12天,共出动8艘监督艇和"公安105"号、"宁轮16"号公务船,分别对乌江水道、南京水道、凡家矶水道、大胜关水道每天9时至15时30分实施禁航。每天封航船舶约1500艘,使大跨越架线铺设期间未发生任何大小事故。

这一时期,长江南京段14道水下电缆区域所设置管线标标志外形尺寸和颜色不符合要求,许多标志锈蚀损坏,夜间不发光,有的被树丛遮挡,起不了标志作用,致使长江过往船舶驾引人员难以发现和识别,多次造成航行船舶在电缆区内发生误抛锚事故。为此,南京港务监督主动与江苏省护线领导小组和有关单位联系,要求严格按国家标准设置标志,加强维修保养,保证标志清晰可辨,保持标志、灯光完好正常,以便过往船舶(队)及时发现和正确识别电缆标志。

### (六)加强季节性整治与现场巡航

这一时期,根据国家每年开展的如"战枯水,保春运""安全生产周""反三违月""防风、防台、防汛、防雾"及联合行动等季节性与专项安全综合活动的部署,南京港务监督结合辖区水上安全重点,制订方案,确定目标,明确任务,加强现场检查,严查违章(重点放在危险品船舶、油区、油码头、水上加油站点上)。如1991年洪水期,当南京市政府提出作好撤离梅子洲、八卦洲乡民准备后,南京港务监督立即行动,向过往船舶发通电,要求船舶减速通过长江梅子洲、八卦洲江堤,并派出66号、10号两监督艇协助乡政府巡逻江堤,重点保障3次洪峰过境时江堤安全,受到南京市政府表扬。又如1991年6月17—23日,在为期一周安全生产周活动中,共现场检查船舶258艘,维护船舶131艘次,纠正违章36起,检查锚地锚泊船舶60多艘次,检查渡口20道次,检查辖区20次,发放宣传材料200多份。又如1996年,为搞好"安全生产周"和"反三违月"活动,5月8日专门召开"南京长江船舶单位安全会议",通报南京辖区水上安全隐患及船舶违章情况,并邀请江苏省电视台采访长江南京段开展"安全生产周"和"反三违月"活动情况,并由局领导发表"加强宣传教育,认真搞好'安全生产周'和'反三违月'活动,确保长江船舶航行安全"电视讲话。1999年,为期10天的"99联合行动",共检查小船108艘,查出缺陷1551项、"三无船"183艘;为期6个月进江小海船与两次"三无船"专项整治活动,共检查进江小船590艘,查出"三无船"105艘。此外,还联合地方港监、水上公安等部门4次检查渡口36道次、渡船36艘。

1991—2000年,面对南京地区水上各类活动日趋频繁,现场巡航范围从港池扩大到航道、锚地、施工现场、桥区、通航密集区、事故多发区等通航水域,南京港务监督加强桥区、油区、施工区和事故多发地段水域巡航及重点维护。如1991年先后12次完成大箭山电缆敷设、宝塔水道华能电厂电缆敷设与南京舟桥旅6艘门桥下水过桥及演习的现场维护,以及长江二桥施工、三桥水下钻探、水文地质钻探、金陵石化过江输油管道水下钻探、下关抛石护岸等一批长江水上水下工程施工作业通航方案和维护措施制订。尤其利用船艇机动灵活特点,开展全天候、全辖区覆盖的巡航,并坚持巡航与驻守、巡航与查处违章、一般巡查与重点水域巡查相结合,保证监督艇现场巡航质量,提高巡航与检查水平。1991—2000年南京港监局监督艇现场监管详情见表7-2-1。

**1991—2000年南京港监局监督艇现场监管一览表**　　　　表7-2-1

| 年份 | 监督艇出航(艘次) | 巡航时间(小时) | 检查宣传船舶(艘次) | 纠正船舶违章(艘次) | 巡查锚地船舶(艘次) | 巡查渡口(道次) | 维护船舶(艘次) | 检查辖区(次) |
|---|---|---|---|---|---|---|---|---|
| 1991 | — | 16371 | 1199 | 2115 | 2903 | 858 | 9904 | — |
| 1992 | 10080 | 10735 | 5025 | 4539 | 3087 | 919 | 7938 | 735 |
| 1993 | 12226 | 11270 | 3974 | 2960 | 2245 | 903 | 8929 | 2353 |
| 1994 | 10007 | 80010 | 223 | 287 | 2293 | 899 | 5279 | 552 |
| 1995 | 8109 | 6146 | — | 117 | 1056 | 1056 | 4861 | 851 |
| 1996 | 7949 | 6924 | — | 441 | 2759 | 1077 | 1133 | 1108 |
| 1997 | 9247 | 10654 | 11949 | 1252 | | 1267 | — | |
| 1998 | 7198 | 6968 | — | — | 3867 | 2686 | 3023 | — |
| 1999 | 9217 | 7314 | 3613 | 262 | 2413 | 1004 | — | |
| 2000 | — | 10517 | 8852 | 2421 | 3110 | 1273 | — | |

此外,随着1997年10月南京船舶交通管理系统(VTS)试运行,南京港务监督开始对进出长江南京段的船舶提供水文、气象、航标移位、船舶动态信息。仅1997年就提供各种安全信息1121次。1998年,理顺交管中心与其他业务部门和站、艇关系,开展水域巡航工作,最大限度地发挥VTS系统的整体功能。1999年,VTS监控船舶32344艘次,提供信息17523条,纠正违章船舶1003艘次,避免险情106次。

## 二、船舶管理进一步规范与强化

### (一)船舶登记实施新的规章

1991年之后,为实施交通部1986年重新公布、1988年1月1日实施的《中华人民共和国海船登记规则》,南京港务监督对管辖船舶单位及船舶情况进行摸底统计。到1995年,已统计出船舶单位36家,登记船舶117艘。1995年之后,南京港务监督又落实船舶登记有关文件精神,安排换证工作、内河船名报审、计算机安装调试、登记证书打印格式的编制设定,以及海船及内河船舶国籍证书的换发、登记费用的收取等。并经中国港监局授权,登记开展国际航线、国内航线海船,并着手船舶登记换证准备。召开管辖船舶单位会议,举办船舶登记申报人员培训班,在办理船舶登记发证的同时开始建立船舶登记簿,按一船一档建立船舶登记档案。到2000年6月底,共完成1517艘船舶登记、船名审核工作,其中船舶登记换证1400多艘。1998年5月1日交通部公布的《中华人民共和国船舶最低安全配员规则》生效后,南京港务监督督促船东及时办理"最低安全配员证书",全年共办理280份。要求各监督站在签证时加强对配员证书的检查,仅5—10月份就专项检查船舶433艘。同时,严格按规定办理船舶登记,全年共核发所有权证书151份、国籍证书174份、临时国籍证书34份、变更登记37份、抵押登记14份、租赁登记4份、注销登记14份。还协助中国港监局进行《中华人民共和国船舶登记条例》调研活动,提出许多建议供条例修改时参考。2000年7月,清理浙江、福建两省在南京登记的船舶,对发现的问题进行整改。全年共核发船舶所有权证书102份、船舶国籍证书122份、船舶临时国籍证书21份。

1996年,南京市港航监督处着手对全市地方船舶依法登记,建立"受理—审核—批准"船舶登记工作程序,制订相关责任制,在登记工作每个环节都做到有专人负责、专人办理,环环相扣。此外,还针对个体船户较集中的高淳、溧水两县,在船民春节回港停航期间,采取上门宣传、服务的方式,有效保证船舶登记工作顺利进行。1998年,将最低配员要求告知有船单位,并在船舶签证站点利用广播、传单等向个体船户广为宣传。建立船舶安全配员从受理、审核到批准的工作程序,规范行政审批行为。还对申请人提交的相关船舶资料进行认真审核,经主管领导批准后签发证书。当年就签发船舶最低安全配员证书330份。

### (二) 船舶签证管理趋于规范

船舶签证一直是船舶管理的最基本的工作。1991年3月27日,交通部公布《中华人民共和国船舶进出内河港口签证管理规则》,于1991年7月1日起施行。该规则第三条规定:船舶进出口签证工作,由各级港航监督机关及其设置的签证站(点)负责。签证工作实行"谁签证,谁负责"原则。

为执行新的船舶进出内河港口签证规则,南京港务监督从1991年起结合辖区实际,探讨改进签证工作,明确签证程序及签证工作中的要点,并对船舶实行定点划片签证办法,有效加强签证工作。1991年12月28日,根据交通部安监局《关于统一内河船舶签证有关印章制式的通知》规定,1992年1月1日启用新的船舶签证印章。交通部1993年5月公布《中华人民共和国船舶签证管理规则》(7月1日起实施)之后,南京港务监督进一步完善船舶签证,增加办理定期签证规定。同时,公布明确定期签证、驳船与船队签证、油驳船队签证、集装箱船舶中途装卸作业签证的船舶或船队,认真审查把关。此外,海进江船舶驾驶人员于1994年1月1日起由《海船船员内河航线行驶资格证明》取代《内河船员适任证书》,签证人员在办理海船进出口签证时,使船舶签证正常化。1995年,做好新签证簿换发和使用新进出口报告单系列准备工作。同时,为方便船舶签证,南京港务监督8个监督站、20个签证站点实行常白班制(8时30分至16时30分)不间断办公,个别工作站点还实行24小时办公。对安全管理基础较好、船舶安全状况稳定的船公司,南京港务监督实行"信誉认可",同时简化、免办签证或延长定期签证间隔期。从1995年5月1日起,对海船统一使用新版"船舶签证簿""船舶签证登记簿""船舶进(出)港签证报告单""船舶定期签证申请单"。内河船从10月1日起使用新版"船舶签证簿""船舶进(出)港签证报告单""船舶定期签证申请单"。从2000年11月16日零时起,接收江苏省港监局移交的部分对船舶办理的进出口签证业务。1991—2000年南京港务监督辖区船舶签证情况详见表7-2-2。

这一时期,南京市港航监督处根据交通部公布的《中华人民共和国船舶进出内河港口签证管理规则》和修订的《中华人民共和国船舶签证管理规则》等,制发《船舶签证须知》等,举办年度专题培训班,对在编在岗人员进行签证员资格测评,合格者领取签证员证,获签证员岗位任职资格,可在港航监督处、所设置的船舶签证点持证上岗,办理船舶签证业务。同时,市、区、县港航监督机构按照规则规定和工作需要,选择具备条件的乡镇交通管理部门,委托其办理乡镇船舶的签证业务。委托签证点必须按"方便船舶、有利管理、布局合理"原则设置,签证人员也必须经过培训并取得签证员证后方可上岗。此外,特别强调对于装运危险货物的船舶和申请定期签证的船舶,须在县以上港航监督部门办理签证。经过筛选审核,到1998年8月除市、区、县港航监督部门在通江河湖口门、港口和通航密集区设置的港航监督站点可办理船舶进出港口签证外,全市内河水域另设置委托船舶签证点11个,配备持证签证员28名。1991—2000年南京市港航监督系统内河船舶签证办理情况详见表7-2-3。

**1991—2000年南京港务监督辖区船舶签证一览表**　　表7-2-2

| 年　　份 | 船舶签证(含右两项)(艘次) | 装运危险品船舶签证(艘次) | 准单(份) |
| --- | --- | --- | --- |
| 1991 | 12165 | — | — |
| 1992 | 16146 | — | — |
| 1993 | 17968 | 6887 | 5008 |
| 1994 | 18827 | 8254 | 5071 |
| 1995 | 26501 | 16753 | 5698 |
| 1996 | 25199 | 13324 | 3428 |
| 1997 | 20393 | 14185 | 7731 |
| 1998 | 19527 | 14307 | 5220 |
| 1999 | 31350 | 20545 | 10805 |
| 2000 | 65166 | 23789 | — |

**1991—2000年南京市港航监督系统内河船舶签证办理情况一览表**　　表7-2-3

| 年　　份 | 船舶签证(含右两项)(艘次) | 装运危险品船舶签证(艘次) | 准单(份) |
| --- | --- | --- | --- |
| 1991 | 47805 | 1988 | 880 |
| 1992 | 83271 | 2786 | 1271 |
| 1993 | 54692 | 2600 | 1044 |
| 1994 | 44076 | 1556 | 878 |
| 1995 | 34156 | 1298 | 729 |
| 1996 | 24352 | 878 | 531 |
| 1997 | 33876 | 1246 | 781 |
| 1998 | 31773 | 872 | 669 |
| 1999 | 29607 | 491 | 437 |
| 2000 | 25379 | 267 | 255 |

### (三)进一步加强国际航行船舶口岸联合检查

1995年3月21日,国务院颁布新的《国际航行船舶进出中华人民共和国口岸检查办法》,并于颁布之日起施行。这是在总结前一阶段口岸联检制度改革经验的基础上,进一步简化口岸检查程序,规定:除对来自疫区船舶或其他特殊情形外,检查机关不登船检查;定航线、定船员并在24小时内往返一个或一个以上航次的船舶,船方或其代理人可以向港务监督机构申请办理定期进出口岸手续。1995年5月4日,中国港监局下发《关于实施<国际航行船舶进出中华人民共和国口岸检查办法>有关问题的通知》,统一明确中外船舶办理进出口岸手续的程序、所需材料及各类单证的格式,并对不予批准进入口岸和出口岸的情况予以说明。1995年5月,长江港监局在南通召开"长江区国际航行船舶监督管理工作会议",总结交流贯彻"口岸检查办法"准备工作情况,调整明确各职能部门在办理国际航行船舶进出口岸手续中的职责、权限;加强与口岸各查验单位联系,在走访有关口岸检查单位的基础上制定《国际航行船舶进出口岸检查实施细则》,保证南京以下各港监24小时值班,受理船舶申报手续做到随到随办。同时完善各类涉外业务资料、台账、档案,做到专人负责,一船一档,有据可查。1997年11月15日,交通部公布《中华人民共和国船舶安全检查规则》,次年3月1日实施。

根据以上国际航行船舶监管法规、规范性文件的规定和会议精神,南京港务监督1991—2000年在总结1983年起对进出长江江苏段,特别对进出南京港外轮监管并做好联检组组长的经验基础上,继续坚持"探索总结,边干边学"原则,每年定期或不定期地召开港口联检单位会议,交流经验,研讨问题,拟定具体实施规则。如1994年,结合南京港点多线长、泊位分散的特点,与联检单位共同拟订《南京港国际航行船舶进出口检查实施细则》《口岸检查办法》,以及联检单位职责、进出口船舶审批手续、联检联系办法以及登轮纪律等联检规定,并要求各联检单位严格执行。1995年8月24日,为改进国际航行船舶办理进出口岸检查手续,方便船舶和港口生产,南京港务监督拟订"南京港监办理国际航行船舶进出口岸检查手续和程序",主要内容为船舶进出口岸审批、船舶动态报告、进出口检查手续与其他事项,于9月1日起实施。

与此同时,南京港务监督还与联检单位共同简化联检程序,缩短联检时间,为船东、港口、货主等提供方便,使进口联检发现问题在出口联检前解决,做好进出南京港国际航行船舶的把关工作。1992年下半年,南京港务监督会同海关、边防、卫检等联检单位实现对国际航行集装箱班轮简化联检手续的目标。1993年,对抵达南京港的航行国际航线中国籍船舶采取不集中登临检查,改由外代或船方分头到各联检单位办理手续。这一监管办法由南京市口岸委员会于7月15日对外发布实施。1997年,为适应口岸发展需要,缩短船舶安全检查时间,简化有关国际航行船舶进出口岸手续,根据南京市口岸委安排,南京港务监督与其他联检单位共同成立口岸查验联合办公室,制订"港监联办工作职责"和"港监联办值班室工作程序",配备业务人员。自此,口岸安全检查工作由原来分散办理改为相对集中办理。1991—2000年南京港务监督对进出南京港国际航行船舶口岸联检情况详见表7-2-4。

**1991—2000年国际航行船舶检查情况一览表**　　　　　　　　　　　　　　　表7-2-4

| 年 份 | 国际航行船舶口岸检查情况 |
| --- | --- |
| 1991 | 办理联检手续968艘次 |
| 1992 | 审批国际航行船舶602艘次,其中外轮308艘次、国轮294艘次。办理船舶联检手续1080艘次 |
| 1993 | 审批来自33个国家与地区国际航行船舶539艘次,国轮363艘次 |
| 1994 | 审批国际航行船舶988艘次,其中审批来自40多个国家与地区船舶512艘次。办理船舶联检手续1776艘次 |
| 1995 | 审批40多个国家和地区国际航行船舶627艘次,国轮604艘次。办理船舶联检手续1339艘次 |
| 1996 | 审批来自41个国家和地区国际航行船舶449艘次,国轮483艘次。办理船舶联检手续969艘次 |
| 1997 | 审批国际航行船舶1084艘次,其中外轮611艘次 |
| 1998 | 审批国际航行船舶755艘次,国轮722艘次 |
| 1999 | 审批国际航行船舶939艘次 |
| 2000 | 审批国际航行船舶1043艘次,其中外轮712艘次 |

## (四)港口国与船旗国检查的起步与展开

1. 港口国管理(PSC)开展与维护国家主权利益

港口国监督(PSC),主要通过港口国政府的力量,强制性地对到港的其他缔约国船舶按国际公约的标准进行监督检查,并根据不予优惠原则,对到港的非缔约国船舶按同样的程序实施检查,迫使非缔约国船舶同样必须遵守国际公约的规定,从而保证所有国际航行船舶在同一标准下安全营运。因此,全世界有多个区域合作开展港口国监督。1983年,国际海事组织第12次会议通过466号决议《船舶监督程序》,主要为加强港口国监督(PSC)检查。

港口国国家港务监督机关是行使国家主权的具体体现。我国实施港口国监督(PSC)检查始于1986年。1986年,交通部决定大连、天津、青岛、上海、广州5个港务监督开展港口国监督工作,这标志着我国对外国籍船舶港口国监督(PSC)检查的开始。经过多年的实践,积累一定PSC经验,并形成整套具有中国特色的PSC检查做法。1990年3月14日,交通部公布《中华人民共和国船舶安全检查规则》,自公布之日起实施。中国港监局组成专家小组对各港开展港口国管理的人员、资料、船舶备品等方面的准备情况进行检查验收。经过验收,南京港务监督成为全国内河第一个符合对外国籍船舶港口国监督(PSC)要求的港务监督单位。

1991年7月19日,中国港监局在大连第四次全国船舶安全检查工作会议上宣布,南京港务监督与秦皇岛、海南(仅在海口港)港务监督被授权为港口国监督(PSC)单位。8月11日,中国港监局下发《关于发布〈外国籍船舶安全检查试行程序〉的通知》,南京港务监督被列为全国12个对外国籍船舶实施港口国监督(PSC)检查的港务监督单位之一。这是全国内河第一个被授权对外国籍船舶实施港口国监督(PSC)检查的港务监督。9月4日,中华人民共和国长江区港务监督局在转发《外国籍船舶安全检查试行程序》的通知中称:"南京港务监督于今年9月1日由部授权正式开展对外国籍船舶安全检查的工作。至此,对外籍船舶的安全检查工作在长江干线迈开了第一步。"

成为全国内河第一个被授权对外籍船舶实施港口国管理之后,南京港务监督为履行港口国监督(PSC)职能,从两方面开展工作:

(1)全面准备港口国监督(PSC)工作。面对涉及面广、技术性强的港口国监督(PSC)管理工作,南京港务监督1991年组织安全检查人员学习英语,进行探讨,熟悉有关国际公约。专门成立局资料室,负责定购、收集有关国际公约和资料。1992年,按照8月18日中国港监局下发的《关于实施亚太港口中国管理谅解备忘录若干问题的通知》的要求,做好外轮实施港口国监督检查中处罚、滞留程序和备忘录规定表格使用的工作。选派港口国监督检查人员参加中国港监局组织的各期"外轮安全检查培训班"。至1994年已有13人接受培训,获得中国港监局签发的船舶安全检查证的港口国检查人员,A类7人、B类6人。1994年,南京港务监督召开港监管理工作会议,草拟《(港口国管理安全报告)签发指南》和"解除船舶滞留令格式",全面开展船舶安全检查。全年港口国监督(PSC)检查,就查出船舶缺陷287项,滞留巴拿马籍船舶1艘。1月18日,南京港务监督又总结自1991年7月起被授权开展港口国监督(PSC)3年的外籍船安全检查情况,就突出重点船舶开展安全检查、履行港口国职能、存在问题和今后打算向长江区港务监督局做了专题汇报。7月15日,根据1991年中国港监局在大连召开的港口国管理工作会议精神,起草"签发东京备忘录《港口国管理检查报告》注意事项"。1996年,与开展PSC检查的兄弟单位交流学习。南通、张家港、江阴、镇江4个长江港务监督1995年着手筹备开展PSC检查工作,1996年5月通过中国港监局考核验收并得到实施PSC检查授权。南京港务监督接待来自这4个港务监督安检人员,与他们交流开展PSC检查工作经验。1997年,组织持"A"证安全检查人员进行安检知识学习,举办安检培训班,派员出国深造,参加华东片区安检研讨会,撰写论文,提高安检人员的水平。注意收集主要船舶登记国的船舶证书样本,掌握外轮安全检查相关知识。进行现场调查,摸清南京港船舶备品的供应及船舶维修能力,归档造册,建立与船检、修理、供应、代理部门的联系网络。建立外轮安全检查和联检—安检—联检的规章制度(即先由联检人员在船舶进口联检时了解该轮是否进行过PSC检查,相关港务监督有什么要求,然后将信息交给安全检查人员),节省人力、物力,提高安检工作效率。1998年,针对国际公约生效较多情况,每月组织安全检查人员学习ISM规则等新的国际公约及相关修正案,还3次派4人参加中国港监局的培训,派2人参加大连PSC检查培训及5人随船实习,及时掌握最新PSC检查动态。同时,举办1期25人的安全检查培训班,参加华东片第5次安全检查研讨会。开展实施ISM规则的七、八、九月大会战,专项检查船舶17艘,滞留3艘,以及组织人员拍摄"PSM安检示范片"。

(2)维护国家主权利益。南京港务监督多次召开外轮安全检查会议,研究制订安检工作计划,确定先在外轮相对集中的新生圩港区开展工作,重点检查对象为悬挂方便旗国家的船舶,并做好内部与外部安全检查协调工作。合理安排人员,由两名A类检查官进行检查,按照准备—检查—小结程序进行,即早做准备,准备好再实行,检查后及时总结与记录存档工作。坚持"有理、有利、有节"安全检查方针,在检查中不卑不亢,依法行事。1992年11月8日,南京港务监督首次开展外籍船舶港口国检查的对象是原苏联籍"比扬巴里"轮。安全检查人员依照国际公约规定,认真地检查了"比扬巴里"轮,鉴于该轮无反光带和引水梯而不符合要求,要求船方整改。11月13日,复查后符合规定要求,给予放行。1992年,一艘巴哈马籍的"阿娜丝塔西娅"被检查出两项缺陷,船长狡辩称,此船设备状况良好,刚在美国检查过。还争辩说:"难道你们中国船每条都好吗?我要和你一道到中国船上去检查。"南京港务监督安全检查人员严肃地说:"今天是对你船进行PSC检查。如果你要检查中国船,必须符合两个条件:你必须是被你们国家授权的船舶安全检查官;必须中国船到达你们国家的港口。""你如果对查出的缺陷有异议,可以对照公约进行查看。"外轮船长查看公约后,承认错了,向南京港务监督安检人员道歉,请求原谅。1995年8月10日,南京港务监督对日本远东船舶公司的巴拿马籍"卡斯特汽运"轮实施PSC检查,发现该轮船龄老、船况差、管理乱,经中国港监局同意并发出通报,不允许该轮再进入中国港口。这在我国PSC检查工作中还是第一次,对扩大中国PSC检查知名度,对提高我国港务监督威望起到一定的促进作用。

2. 船旗国监督(FSC)检查与开航前检查

船旗国监督(FSC)的检查工作,是海事机构依据本国法律法规对在本国港口的本国籍船舶所实施的安全检查,重点在开航前检查。与港口国监督相比,其检查性质、依据标准、宽严程度有所不同,但方法、目的是一致的。对中国籍船舶的FSC检查,主要根据《海上交通安全法》《海洋环境保护法》和《水污染防治法》《内河管理条例》等国内法律、法规,并采纳我国加入的有关国际公约中关于港口国监督(PSC)检查的规定,还有1997年11月交通部公布的《中华人民共和国船舶安全检查规则》(简称"97规则")。

自20世纪90年代初起,我国远洋船队发展较快,老旧船舶较多,加之监管不当,造成中国籍船舶在国外接受港口国监督检查时屡遭滞留,被外国PSC的主管当局列入"黑名单",作为重点检查对象。1995年3月21日,国务院颁发《国际航行船舶进出中华人民共和国口岸检查办法》之后,南京港务监督拟订《南京港国际航行船舶进出口检查实施细则》,并开始与船舶检验单位试行对中国籍国际航行船舶进行开航前的船旗国监督(FSC)检查业务。1996年,根据中国港监局和中国船检局3月25日联合发文,决定对航经欧洲、美国、澳大利亚航线的部分中国籍船舶进行开航前检查。南京港务监督与南京船检局召开会议,决定按国际惯例,以港务监督名义进行中国籍船舶开航前检查,并邀请受检船舶的船公司代表与会。1997年11月,交通部在海口召开国际航行船舶船东大会,提出"一年见成效,三年改面貌"目标,即要在1998年使我国船舶在欧洲、亚太地区和美国港口监督检查的滞留率比1997年全面降低,争取1999年从一个到两个地区中脱离"黑名单",到2000年全面脱离"黑名单"。1997年起,南京港务监督筹备与船检部门联合开展的中国籍船舶开航前检查工作。1998年,联合船检部门对10艘中国籍船舶进行开航前检查,经检查的国轮在国外无一艘被滞留。1999年,对3艘中国籍船舶进行开航前检查,受检船舶没有发生在国外被滞留问题。2000年6月2日,南京港务监督下发《南京港监中国籍国际航行船舶开航前检查工作程序》,主要内容是实施开航前检查船舶范围、实施程序、检查处理程序。南京港开航检查联络员制度、南京港监中国籍国际航行船舶开航前检查联系和服务承诺制度及"自查担保书""申请免检担保书"开始实施。这些专门针对进出南京港口的国际航行船舶的检查制度,有效地规范了国轮开航检查工作,减少国轮在国外的滞留率。2000年,南京港务监督对31艘中国籍船舶进行开航前检查,共查出缺陷302项。

与此同时,1995年南京港务监督在总结前几年国际航行船舶安全检查工作的基础上,制订发现、汇报、处理程序,避免在安全检查中失误。9月9日,召开"南京港监船舶监督管理工作会议"。1997年12月21—22日,长江港务监督局在南京召开长江片区国际航行船舶船东大会,通过《长江港口国际航行船舶开航前安全检查实施办法(试行)》,明确开航前安全检查具体工作程序。随后,南京港务监督加强对所辖船公司的宣传,使中国籍船舶开航前检查明显增加。通过开航前检查,从南京港始发的中国籍船舶在国外港口被滞留率除个别年份外,均有下降,极大地改变中国籍船舶国际形象。南京港务监督1991—2000年港口国与船旗国的检查情况详见表7-2-5。

1991—2000年港口国与船旗国的检查情况一览表　　　　表7-2-5

| 年 份 | 船舶安全检查情况 |
|---|---|
| 1991 | 外轮与国轮共123艘 |
| 1992 | 外轮31艘,国轮42艘 |
| 1993 | 外轮36艘,国轮56艘,分别比上一年上升26%、16.1% |
| 1994 | 外轮47艘,国轮59艘 |
| 1995 | 外轮72艘,查出缺陷82项,无缺陷船舶12艘。国轮90艘次,查出缺陷257项,合格船舶63艘 |
| 1996 | 外轮63艘,滞留船1艘,查出缺陷171项;国轮132艘,不合格24艘次 |
| 1997 | 外轮71艘,滞留船1艘,查出缺陷167项;国轮77艘,查出缺陷258项 |
| 1998 | 外轮76艘,滞留船1艘,查出缺陷185项;国轮80艘,查出缺陷460项。举办安全检查培训班,明确滞留船舶的有关程序。参加华东片第五次安全检查研讨会。在ISM规则七、八、九大会战专项检查中,检查船舶17艘,滞留2艘。10艘中国籍船舶开航前检查,经检查船在国外无一艘被滞留 |
| 1999 | 外轮66艘,可查数115艘;国轮101艘,可查数142艘,查出缺陷507项。3艘开航前检查船舶,无一艘在国外被滞留。组织80余人参加PSC相关知识培训 |
| 2000 | 外轮80艘,查出缺陷103项;国轮154艘,查出缺陷841项。31艘开航前检查船舶,查出缺陷302项 |

这一期间,为不断提高对国际航行船舶的检查水平,南京港务监督通过培训学习,及时掌握PSC新动态,以及参加ISM规则下的大会战。如1998年,南京港务监督针对国际公约生效较多情况,每月组织安全检查人员学习ISM规则等新的国际公约及相关修正案,派人参加中国港监局组织的3次4人数培训,及时掌握PSC新动态,选派2人参加大连PSC培训及5人随船实习。举办1期共2天有25人参加的安全检查培训班,多次到基层站解决安全检查工作问题,明确南京港务监督滞留船舶的有关程序。参加华东片第五次安全检查研讨会,完成片区的交办论文及交流材料,开展ISM规则七、八、九月大会战。组织人员拍摄"PSC安检示范片",与船检联合开展中国籍船舶开航前检查等。

### (五)继续推进"间断航行"法,解决客班轮靠离码头难题

1991—2000年,南京港务监督运用"间断航行"法,解决多年困扰南京港长江大型客班轮靠离码头难题。南京港客班轮码头紧靠南京长江大桥与大胜关水道(小船过夜、避风集中地)之间。1991—1995年春运期间,因川、赣、皖等大批南下、东进赴上海、苏南等地打工人员返乡、离乡,大批滞留各港口,并导致客班轮超载运输突出。南京港是中转港,每天有各类客班轮14艘次(最高峰时达20艘次)需停靠码头或到港,因码头不够,有些只能漂流江中。南京港务监督虽对到港客班轮实行艘艘维护,但客班轮要突破两条"水上封锁线":一是由大胜关水道下水从南京长江大桥第8孔过桥的一条龙吊拖船队、小机动船、个体

挂桨机船;另一是从长江大桥第9孔上水过桥的小型船舶、船队。为此,南京港务监督制定《大、中型客班轮靠离南京港码头暂行规定》,规定:班轮靠离码头必须提前20分钟向大桥监督站报告,以便派船维护;等靠码头的班轮只准在南京水道浦口侧等候,并主动避让过往船舶。还组织专人在大胜关、下关、大桥站连续3昼夜观测船舶流量,找出影响和干扰班轮靠离码头的流量高峰时间。派5艘监督艇专门执行客班轮维护任务,做到早出航、勤出船,加强与班轮联系配合。每天6时至8时高峰时段,以3艘艇维护班轮。限制在大胜关水道过夜小船每天早上成群结队一齐起航,让它们分散分批出航。建议长航总调度及有关部门调整班轮靠离南京港时间,避开每天6时至7时30分大胜关水道小船出航的流量高峰期。严肃查处超载客班轮。1994年2月28日16时20分(春节期间),南京港务监督值班室接芜湖港务监督报告,一艘下水的客班轮定额2602人,实载3100余人。到南京港后,经查实共载客5000多人,为严重超载。为此,南京港务监督暂时禁止该轮开航,并与有关部门协商,调派客班轮到港过驳。到3月1日4时从超载班轮上过驳2500多人旅客,保证了乘坐该客班轮旅客的旅途安全。

试行"间断航行",错开了小机动船活动高峰与班轮靠离码头时间。每天5时20分至8时,分批间断放行小型船舶下驶,使班轮利用间断安全靠离南京港码头,从而解决了客班轮靠离南京港码头难题。1993年,大胜关监督站QC小组开展QC第五循环"解决大型客渡船靠离南京港码头的困难"课题研究,被中国质量管理协会、中国科协、全国总工会、共青团中央授予1993年度国家级优秀QC小组称号。2001年10月起,因沿江公路开通,长江客运退出水上交通市场,"间断航行"法停止执行。

### (六)加强渡船渡口及电缆区管理

1991—2000年,南京港务监督辖区133.6公里(其中包括两道夹江),有3个汽渡、14个客渡。1991—2000年南京港务监督辖区渡口渡船情况详见表7-2-6。

**1991—2000年南京港务监督辖区渡口渡船一览表**  表7-2-6

| 序号 | 渡口名称 | 渡 船 船 名 | 序号 | 渡口名称 | 渡 船 船 名 |
|---|---|---|---|---|---|
| 1 | 有恒 | 宁渡客6号 | 10 | 八卦洲 | 汽渡801 |
| 2 | 铜井 | 新济渡1号 | 11 | 皇厂河 | 玉燕2号 |
| 3 | 新济洲 | 新济130号 | 12 | 沙洲桥 | 玉燕1号、玉燕3号 |
| 4 | 七坝 | 七坝渡船 | 13 | 外沙 | 洲渡1号 |
| 5 | 江心洲 | 江渡2号 | 14 | 南厂门 | 客渡3号 |
| 6 | 棉花堤 | 宁渡客8号 | 15 | 中山码头 | 中山1号、中山3号 |
| 7 | 上新河 | 宁渡客7号 | 16 | 三江口 | 栖渡1号 |
| 8 | 燕子矶 | 中山5号 | 17 | 板桥汽渡 | 板桥汽渡1、2、3、4号 |
| 9 | 划子口 | 龙栖1、2号 | 18 | 新济洲南岸(内部) | 长江湿地2号 |

这一时期,为保障辖区渡口渡船的渡运安全,南京港务监督在全面普查渡口渡船的基础上,汇编辖区渡口、渡船资料,建立渡口、渡船技术档案和安全检查记录。定期向地方政府通报渡口、渡船管理工作,组织对渡口、渡船进行安全检查,制定禁止汽渡船、客渡船冒雾航行等规定。在高洪水位或大风来临前禁止汽渡船、客渡船航行。定期走访渡口单位,交换工作情况。定期走访当地政府,汇报水上交通管理情况,征求地方政府对安全监管工作的意见和要求。每年召开一次安全表彰会,每月检查渡口、渡船2次,节假日联合地方港监、水上公安、渡口管理部门对渡口、渡船、客轮载客定额进行检查,对超载严禁放行。1996年5月31日,作为南京绕城公路重要工程的南京板桥汽渡正式开始渡运,4艘汽渡船往返于两岸码头,平均每5分钟一艘次,靠离码头十分频繁。南京港务监督密切关注客汽渡动态,发布航行通电、航行通告,明确渡区范围,以便船舶避让,确保渡运安全。2000年4月3日栖霞庙会,在板桥汽渡加强监管,保障庙

会前后11个多小时8000多人次渡运往返安然无恙。12月18—21日，先后与南京市港航监督处、市水上公安分局联合大检查，重点检查各渡船的救生、消防、灯光信号设备以及规章制度执行情况，共计检查辖区18个渡口、28艘渡船。12月22日，又召开成立海事局以来的第一次客汽渡安全会议。同时，做好南京地区建桥撤渡工作。除板桥汽渡、中山码头、燕子矶渡口、新济洲南岸渡口（内部渡口）等保留外，其他渡口、汽渡停运或退出运输市场。

这一时期，南京市港航监督处依据《南京市内河交通安全管理办法》，针对乡镇渡口普查中发现的问题，启动并推进全市乡镇渡口全面整顿工作：①核查每道渡口的审批手续，对于无审批手续的渡口则予以停渡，并督促限期补办；②检查渡口安全责任制是否真正落实到位，明确县、乡（镇）渡口安全责任人及其安全责任；③验证渡船、渡工证照，规范渡工、船员的渡运行为；④落实渡口"五定"制度，即定渡口、定渡船、定渡工、定载客定额、定安全制度；⑤查处私渡、缆渡，取缔"三无"渡船。同步实施渡口"达标"工程，要求全市乡镇渡口达到渡船钢质化、码头台阶化、操作规范化。南京地区有经营收入的乡镇渡口较少，很多是义渡或半义渡性质渡口，不收取或仅收取少量费用（渡船维修费和渡工报酬）。因此，渡口设施更新改造资金严重不足。乡镇渡船普查结果显示，80%以上为木质或水泥结构，安全救生设施短缺。针对以上问题，从1987年始，在南京市政府推动下，南京市港航监督处着力进行渡船的钢质化、码头台阶化更新改造，制订渡船、码头更新改造计划，而资金筹措则采取"四个一点"办法（即省市补助一点、县政府拨一点、乡镇政府出一点、经营单位自筹一点）。至1991年，全市共完成89艘渡船的标准化更新改造和渡口码头的台阶化，且全部配备安全救生设施。同时，针对渡工操作不规范、日常维护管理不善、安全意识薄弱的状况进行全员培训，培训考试合格的发给渡工证，并要求渡工持证上岗。每年对渡工进行一次年审考核，年审不合格，取消资格，令其重新参加培训。通过渡口"达标"工程，大大地提高船舶技术含量，增强渡船安全系数，提高渡工操作技能，为渡运安全提供有力保障。

1996—1997年，为进一步规范渡口安全管理，深化渡口"达标"质量标准，地方港航监督处首次在全市开展"文明渡口"创建活动，制订"文明渡口"标准，把落实渡口安全责任制、完善渡船和码头设施、建立健全安全规章制度、严格渡工操作规程等列入"文明渡口"考核内容。经过两年努力，经检查考核，全市105个渡口全部达到"制度健全、责任落实、设施良好、渡运规范"要求，获得文明渡口称号，并受到表彰奖励。

2000年，为认真贯彻落实《江苏省渡口管理办法》，根据江苏省、南京市有关加强乡镇渡口安全管理工作的通知与考核活动意见等，南京市地方海事局参加南京市政府成立的乡镇渡口安全管理考核领导小组（由市政府分管安全的领导任组长，市安全生产监督局和市交通局领导为副组长，市劳动局、市地方海事局为成员单位，领导小组办公室负责人由市地方海事局局长兼任），全面领导南京市的乡镇渡口安全管理考核工作。按照《江苏省乡镇渡口安全管理考核评分细则》要求，每年组织有关人员对辖区内的渡口进行一次全面检查和整顿，着重检查安全责任制是否落实、规章制度是否健全、渡船状况是否良好。并结合实际，统筹规划，进一步落实渡口和渡船的维修和改造资金。有条件的区县乡镇还结合乡村公路灰色化工程，积极推进建桥撤渡，并逐步撤并客流量少，渡口间距较短、渡船维修经费难以落实的渡口。图7-2-1为1999年地方港航监督人员检查高淳固城湖渡口渡船。

图7-2-1　1999年地方港航监督人员检查高淳固城湖渡口渡船

#### (七) 乡镇船舶管理进一步加强

随着20世纪80年代后期运输市场启动，大量无证无照、不适航乡镇船投入运输，增加水上安全监管难度。据统计，至1990年底南京地区从事内河运输的乡镇船多达2000余艘，给水上安全监管带来挑战。尤其小型船舶，发生事故概率较大，沉船和死亡人数较多。为此，南京港务监督在向江苏省交通主管部门建议监管的同时，开展"守口把关"监管：对乡镇船舶限定航区，严禁不适合航行长江的农、副、渔船进江；对人员技术、安全设施进行严格的考核和检查后，方可签证准予乡镇船航行长江；加大现场巡航力度，在遇到恶劣天气或突发情况时，与地方航管部门联系，控制农、副、渔船进江；利用多种形式对农、副、渔船船员进行操作技术培训和安全法规宣传。南京港务监督这一"守口把关"经验在长江全线得以推广。1992年5月，南京港务监督走访乡镇船舶比较集中的安徽省宣州市、芜湖县、当涂县、南陵县和江苏省高淳县，并与其交通部门成为联络单位，帮助地方政府解决好乡镇运输船舶有人管、管什么、怎么管的问题。深入乡村送安全宣传资料，帮助落实整改措施，举行培训班70多期，使300多人受到教育，效果明显。通过帮助教育、共同培训，乡镇运输船舶的管理得到加强。

这一时期，南京市港航监督系统始终保持对乡镇运输船舶、载运危险货物船舶安全运输生产的高压态势，根据不同时段船舶航行管理中存在的安全隐患，确定日常安全监管、巡查、检查的重点内容、重点船舶，采取联合行动、专项检查、专项整治等措施，先后展开"四省一市水上安全统一检查行动""取缔三无船舶、制止船舶外流""船名牌专项检查""船舶证书专项检查""99联合行动"等专项检查整治活动。1987—2000年，全市港航监督系统累计检查船舶82839艘次，纠正船舶各类违章19042次，整改隐患2344处。其中1995年4月10日至5月30日，按照省交通厅《关于进一步加强船舶证照管理，坚决制止船舶非法外流的通知》规定，南京市港航监督处联合水上公安、航道等部门，在秦淮新河船闸、三汊河口、滁河船闸、下坝船闸、城南河、马汊河等船闸和码头集中检查进出港口船舶证照，共检查船舶2879艘，其中外港籍船1959艘、"三无"船舶1065艘，发现无效船舶证书295本。通过船舶证照检查，有220艘外流船回港重新办理证书，130余艘证照过期船回港年审。1995年，清理整顿专业运输单位船舶941艘、个体船721艘，其中挂桨机船换船名牌363艘，刷写船名、船籍港船358艘。

从1992起，南京市船检部门着手清理本港籍船舶，清退在本市申请检验发证的外港籍船舶，并对申请年检的船舶在确认纠正"三无"后准于放行。船检部门还对长期不回港、流动在外地的本港籍个体乡镇运输船舶，专门组织船检人员到船舶所在港口、码头审验，统一更换船名牌，刷写船名和船籍港。1994年5月，南京市港航监督处针对全市乡镇船舶管理状况，下发《关于加强南京市内河船舶证照管理的通知》，由市交通局公布实施，明确要求港航、船检机构立即清理整顿本市辖区内"三无"（无证、无照、无船籍港）乡镇船。1994年，针对南京地区风景游览水域游览船舶日益增加且事故隐患较多的状况，南京市港航监督处通过调研，草拟《南京市风景园林水域交通安全管理办法》，经市交通局、园林局、市政公用局批准公布实施。该办法要求旅游营运船舶必须具备有效船舶技术证书和航行签证簿，按核定的载客定额载客，按规定配备持有合格职务适任证书的船长、轮机长、驾驶员、轮机员等船员，在港航监督部门批准的航行区域内按规定航速行驶，并按指定地点靠泊；必须加强对已发现安全隐患的整改；对新开发水上游览项目，开业前应严格依法办事，全面审查船舶和机驾人员资质，不符条件的一律不予批准。

南京市港航监督处（船舶检验处）加强建造船舶检验工作，取得一定成绩。1991—2000年南京市港航监督处船检工作详见表7-2-7。

**1991—2000 年南京市港航监督处船检工作一览表**　　表 7-2-7

| 年份 | 船舶建造检验发证（艘） | 船舶营运检验发证（艘） | 船用产品检验发证（件） | 船舶及船用产品图纸审批（套） |
|---|---|---|---|---|
| 1991 | 325 | 2678 | 1098 | 7 |
| 1992 | 350 | 1621 | 1123 | 5 |
| 1993 | 507 | 1903 | 1548 | 11 |
| 1994 | 968 | 2284 | 772 | 17 |
| 1995 | 308 | 1333 | 170 | 3 |
| 1996 | 94 | 1329 | 24 | 1 |
| 1997 | 121 | 2066 | 158 | 3 |
| 1998 | 38 | 1162 | 408 | 1 |
| 1999 | 43 | 1448 | 602 | 5 |
| 2000 | 41 | 1330 | 721 | 6 |

## 三、船员管理进一步规范与强化

### （一）船舶船员技术培训进一步加强

1991 年之后，南京港务监督根据国家有关船舶船员管理法规、规章及规范性文件，结合辖区港航船舶船员实际，适时开展船舶船员的申请办理各类船舶船员培训项目。1991 年 2 月 23 日，交通部安全监督局以〔91〕安监字 37 号文下发《关于同意武汉、南京港务监督办理"海员四项专业训练"项目考试发证工作的批复》，同意南京港务监督办理"船舶消防""海上急救""救生艇筏操纵""海上救生"4 项海员专业的考试发证工作，范围为南京至芜湖（含）长江干线沿岸地区。3 月，南京港务监督召开海员证工作会议，有 40 个船舶单位的 60 人参加。8 月 14 日，组织长江江苏段部分港航单位讨论《长江干线驳船船员考试办法》，之后根据各港航单位有关驳船驾长考核的要求，开始对南京长江油运公司、港务局、航道分局、三航三公司的驳船驾长进行培训、考核，并颁发适任船员证书。此外，还加强对长江干线江苏境内和沿海等市共 70 多家单位进入长江船员许可证的考前理论培训，包括长江干线各等驾驶考前理论培训、长江干线各等轮机考前理论培训、海进江船员考前理论培训。12 月 5—25 日，根据南京长江油运公司申请，对其南京地区液化气船舶船员进行培训，符合技术条件的发放船员证书。1997 年起，南京港务监督实行船员考试与培训分开，从 3 个方面加强管理：严格证书、证件发放管理程序；强化计划管理，提高考试质量和及格率；完善考试与培训分开后的基础工作，使考试更加规范化、标准化。1999 年 8 月 19 日，南京港务监督申请开展"高级消防""雷达操作和模拟器""船上医护"专业培训和"油轮船员原油洗舱""化学品船船员安全知识和安全操作""液化气船船员安全知识和安全操作"特殊培训，以及 GMDSS 通用操作员证书培训的考试、评估和发证工作。

20 世纪 90 年代末，南京港已成为全国内河散装液体货物进出大港，年吞吐量达 6000 万吨，其中石油、成品油、化学品等液体货物超过 2400 万吨。万吨级油轮入江后，成品油和液体化学品由内河船疏散运输（每月约有 4000 艘次，个体船占 70%）。其中，持散装化学危险品适装证书船舶装运液体货物量约占整个液体货物装运量的 20%，船员经特殊培训并取得合格证书并服务化学危险品运输的船舶占比仅 0.5%。为此，根据《散装液体货船员特殊培训、考试和发证办法》，1999 年 8 月 25 日南京港务监督申请授权开展长江干线散装液体货船舶船员特殊培训考试、评估和发证工作，并制定《长江干线散装液体货船船员特殊培训、考试和发证办法》。之后，南京港务监督被长江港监局授权允许开展散装液体货船船员特殊培训、考试和发证，成为长江干线第一个被授权开展散装液体货船船员管理的主管机关。

1996年3月，鉴于江苏、安徽等地船员队伍庞大，海员劳务市场活跃，方便海员证的管理，方便海员服务单位，长江港务监督委托南京港务监督在南京成立"江苏长江海事咨询服务中心"，在江苏省工商行政管理局注册，为国有企业，经营服务咨询、水上交通工程咨询、船舶安全设施技术服务、船员业务培训、船舶租赁转让咨询服务。10月3日，长江港监局下发《关于签发"船员培训许可证"的通知》，同意以长江港监局名义成立"江苏长江海事咨询服务中心"，负责签发长江船舶船员培训许可证，并要求南京港务监督对该中心实施监督管理和业务指导，做好考试、发证或办理签（证）注（册）工作。至1996年底，由南京港务监督服务的船舶单位160余家，服务的船员15000余人，其中海船单位40家、海船100余艘、船员7000余人，符合要求海员证申办单位的27家。

### (二) 船舶船员考试进一步规范

这一时期，南京港务监督全面落实交通部、中国港监局及长江港监局有关内河船舶船员（尤其长江干线一、二等船员）"四统一"（统一教材、统一时间、统一试卷、统一评卷）、适任考试等管理规章及规范性文件，更趋规范化、制度化开展辖区内的船舶船员培训、考试、发证等管理工作。2000年，南京港务监督从计划审批、计划贯彻落实、授课质量、考员管理、业务指导5个方面进一步抓好船员培训，加强船员考试管理，认真制订考试计划，加强监考人员培训，规范考场纪律，狠抓现场实际操作。提高船员证件管理质量，加紧各类证书、资格证明的自查与审查、证件申报材料归档、内河船员职务适任证书管理软件开发。

1991年2月28日，南京港务监督同意南京长江油运公司130名新职工"油轮安全管理"考试，考试时间安排在3月26日。8月24日又考试一次。1997年，南京港航监督处启用国家三、四等船员考试试题库，并建立和完善船员考试、审题、组卷及审卷工作程序。为使船员证书制作统一化和规格化，于1998年开始实施运用计算机辅助证书打印，进一步提高了证书制作质量。

### (三) 船舶船员发证管理进一步规范

1991年，南京港务监督召开由船舶单位和海员证政审单位参加的海员证工作会议。1993年10月1日，新版海员证启用。办理海员证的共有南京长江油运公司、南京港务局、芜湖长江轮船公司、华夏海运公司、南京河运学校（原中国海员培训中心）等20家。1998年，南京港务监督进一步规范船舶船员各类证书办理。明确职责，责任到人，按章办事，要求准确无误；各类船员考试发证台账做到登记清楚；船员技术资料及时归档；建立了完善的计算机制证工作；严格船舶单位各类船员证件管理要求，逐步实现对船员证件的正规化、标准化、规范化管理。

1996年7月，中国港监局在公布的《规范海员出境证件管理工作规定》中，将南京港务监督作为授权的第一批重新审核的海员证申办单位之一。1998年5月7日，南京港务监督下发通知，向有关单位通报情况，以方便有关单位和其他缔约国核查中国政府签发的海员证书有关信息。11月19日，中国海事局发布公告，开始实施《1978年海员培训、发证和值班标准国际公约（1995年修正）》（STCW 78/95公约）。1999年，南京港务监督严格船员证件办理，适任证书和海进江船员资格证明的内部审查，并按照质量体系要求，完善证件管理台账和申请材料的归档，以及计算机打印软件的开发。1991—2000年，南京港务监督船舶船员培训、考试、发证情况详见表7-2-8。

南京市港航监督处1989年进行所辖船员档案清理，主要通过清理历史留存船员档案资料，对船员档案进行收集、整理、归档。当时南京地方船舶船员数量约8000余人，经清理后的档案在册船员约有5000余人，从而使船员档案管理工作进一步规范化。1991年，又进一步研制、开发"船员档案计算机辅助管理系统",实现船员档案计算机自动检索、自动汇总等功能。1991—2001年南京市港航监督处船舶船员考试发证情况详见表7-2-9。

**1991—2000年南京港务监督船舶船员培训、考试、发证情况一览表**　　　　表7-2-8

| 年份 | 船员培训 | 船员考试 | 船员发证 |
|---|---|---|---|
| 1991 | 船员培训4期,共365人次 | 船员考试20期,共1298人次 | 办理船员证3124本,发放"四小证"470本,颁发船员证1075本 |
| 1992 | 船员培训7期,共740人次,比上年增加47.1% | 船员考试38期,共2256人次,比上年增加47.4% | 办理船员证4911本,比上年上升58.3%。其中办理海员证1385本,比上年上升28.8% |
| 1993 | 船员培训6期,共559人次 | 船员考试41期,共2286人次,比上年增加49.3% | 办理船员证9108本,其中海员证1727本,比上年分别上升85.5%、24.7% |
| 1994 | 船员培训6期,其中一、二等船驾驶和一、二等轮机各1期,三等以下船驾驶与轮机各1期,海船船员进江培训2期。参加培训人员共计481人次,其中驾驶243人次、轮机180人次、海船进江58人次 | 船员考试44期,其中船员适任证书7期、四小证28期、报务员1期、油轮安全管理5期、驳船驾长1期、协助组织海船考试2期。参加考试人数共计2790人次,其中驾驶24人次、轮机180人次、报务员37人次、四小证1230人次、油安管371人次、驳船驾长64人次、海船进江58人次、海船船员826人次 | 办理船员证4688本。其中,换发和新办理船员适任证233本,办理引航员证明书58本,办理海员证2258本,办理船员服务簿909本,办理四小证1230本 |
| 1995 | 船员培训7期,其中一、二等船驾驶和一、二等轮机各1期,三等以下船舶驾驶和轮机各1期,进江海船船员培训3期。参加培训人员共计548人次,其中驾驶279人次、轮机174人次、进江海船船员95人次 | 船员考试43期,其中船员适任证书4期、四小证29期、油轮安全管理6期、驳船驾长2期、协助海船考试2期。参加考试人员共计2523人次,其中适任证书453人次、海轮进江95人次、现场217人次、油安全管理517人次、四小证1167人次、驳船驾长74人次 | 办理船员证6396本,其中办理船员适任证234本,办理引航员证明书123本,海员证2882本,办理船员服务簿778本。办理四小证1167本,办理"油轮安全簿"517本,办理驳船驾长证书74本 |
| 1996 | 船员培训10期,参加培训人员共计639人次 | 船员考试40期,参加考试人员共计253人次 | 办理船员证5274本 |
| 1997 | 船员培训17期,参加培训人员共计1851人次 | 船员考试35期,实际操作考试参加人员为:轮机97人次,驾驶89人次 | 办理船员证3885本。办理船员服务簿签注1000余次;办理"船舶安全知识"签证214人次;办理海员值班签注124人次 |
| 1998 | 船员培训13期,参加培训人员共计1098人次 | 船员考试39期,参加考试人员共计2975人次 | 签发证书9528本 |
| 1999 | 船舶船员培训14期,参加培训人员共计818人次 | 船员考试50期,参加考试人员共计3363人次 | 办理和签发船员证12312本。建立船员考试、评估和发证工作质量管理体系,8月1日起试行 |
| 2000 | 船员培训19期,参加培训人员共计1818人次 | 船员考试198期,参加考试人员共计9498人次 | 办理与签发船员证12222本 |

1991—2001年南京市港航监督处船舶船员考试发证情况一览表　　　　表7-2-9

| 年份 | 参加船舶船员考试（人次） | 船员适任证书签发（本） | 年份 | 参加船舶船员考试（人次） | 船员适任证书签发（本） |
|---|---|---|---|---|---|
| 1991 | 278 | 263 | 1997 | 198 | 230 |
| 1992 | 243 | 219 | 1998 | 246 | 210 |
| 1993 | 296 | 254 | 1999 | 194 | 187 |
| 1994 | 174 | 190 | 2000 | 321 | 198 |
| 1995 | 320 | 230 | 2001 | 464 | 327 |
| 1996 | 210 | 174 | | | |

## 四、船舶载运危险货物和防污染监管的强化

### （一）船舶载运危险货物的加强

1. 强化危险货物运输申报

随着南京石化工业的发展，抵达南京港的油船、散化船剧增。到1999年，南京港已成为内河散装液体货进出大港，年吞吐量达6000万吨，其中石油、成品油、化学品等液体货吞吐量超过2400万吨。栖霞、大厂、仪征三大油区，有各种油品码头33座、危险品码头58座。南京及以上安庆、九江等5大炼油厂的石油均在南京中转。

面对南京港成为内河散装液体货进出大港实际，南京港务监督这一时期将防止船舶污染水域作为监管工作的重中之重，严把油船、危险品运输船作业的"三关"：一是在船舶装卸危险货物前，严把审批关。要求作业货方和船方共同制定作业方案、安全操作程序、应急联系方式办法等，上报港务监督主管机关审批，经同意后方能作业。二是在作业中，严把现场监督关。通过派监督人员到危险品库区、油码头等作业现场，检查作业双方安全措施落实情况，凡不符合安全作业条件的责令立即整改，否则不能作业，整个作业期间实行全程监装监卸。三是作业结束后，严把查验关。要求作业双方必须清理作业现场，不留任何可能导致火灾、爆炸等事故隐患。

1995年之后，南京港务监督加强对危险货物从申报到装船的一系列环节的跟踪管理，理顺货方和船方或代理方在申报制度上的关系，使危险货物从申报到装船做到有条不紊，杜绝违章事故发生。同时，走出单位给有关货主单位出谋划策，协助他们共同把好安全关。1996年，南京港务监督在交通部下发《关于加强危险货物申报管理工作的通知》，要求以申报替代准单，危险货物申报持申报员证书后，连续举办了3期危险品申报员及集装箱检查员培训班，共培训125人。1997年5月1日起，实施内贸危险货物申报规定，举办1期96人参加的危险货物申报员及集装箱培训班。1998年9月，又举办外贸危险货物申报员培训班，南京有关单位共30余名申报员参加培训，并经考试合格予以确认。至2000年，南京港务监督辖区有危险货物申报员、船舶申报员、集装箱装箱检查员231人，发放货物申报员证书156本、船舶申报员证书98本、集装箱装箱检查员证书56本。

2. 强化载运散装化工品与液化气船舶的监管

1991年之后，随长江港口陆续对外开放，沿江地区进口液体化学品由原来在上海、宁波港接卸改到南京、南通等港，再由内河船舶分流运输至各地，使长江散装化学品船、液化气船大量增加。由于散装液体危险化学品在运输、装卸、分流、监管等环节存在诸多安全隐患，威胁着港口、船舶和人命财产安全。为此，南京港务监督强化载运散装化工品与液化气船舶的监管。1993年2月，与上海、宁波海上安全监督局专题研讨船舶运输散化品安全管理，交流散化作业安全和防污管理经验，组建散化船防污管理专班，建立散化品管理信息交流网络，加强区域性联系与协作。1997年10月8日、10月20日，长江上连续发生

"赣抚州油0005"轮触礁纯苯泄漏和"南溪2号"船队触礁四氯化碳220吨入江的两起危险品落江事故。中共中央总书记江泽民亲自指示："要采取措施，防止事故危害扩大。同时要举一反三，防患于未然，加强航行管理，避免类似事故发生。"为落实总书记指示和交通部的部署，南京港务监督随即从危险货物源头抓起，层层把关，不符合要求的禁止装卸作业，杜绝违章承运危险货物，加大船舶载运化学品和液化气的监督管理的力度。

这一时期，南京市港航监督处加强装运危险货物码头规范管理。1992年，南京市交通局公布《南京市装卸危险货物码头安全管理办法》，开始实行对危险货物的监装监卸工作。南京市港航监督处分别公布《关于装运危险货物船舶技术暂行规定》《关于装运硝酸铵船舶安全管理暂行规定》，强化装卸危险货物船舶安全检查，帮助码头单位建立健全规章制度、安全措施、消防救生设施配备等，并培训和考核110名危险品码头安全管理人员，完成13家装卸危险货物码头认可审批手续。1993年，又培训200名油船及危险货物装卸作业人员的安全操作技能，轮训140名危险货物船舶机驾人员，向他们传授危险货物安全知识。1994年11月，南京市政府公布《南京市危险货物运输管理办法》，更加明确单位和个人从事危险货物运输的承运资格和危险货物运输管理的具体规定。1990—1997年，南京市港航监督处共审批危险品码头19座，签发准单3250份，监装监卸危险品船舶2700余艘次、危险货物50万吨。1997年4月，江苏省港航监督局统一部署，全面实施危险货物申报制，以取代签发船舶装运危险货物准单。1999年，为加强大厂区马汊河水域危险货物运输管理，南京市港航监督处制定《南京市马汊河水域危险货物运输和作业管理规定》，并经市交通局和大厂区政府批准实施。根据这一规定，2000年南京市港航监督处重点治理马汊河从事危险品运输的船舶违章停泊、作业。还针对六合县划子口河油船聚集违章停泊重大事故隐患，会同六合县人民政府研究、制定、发布《关于划子口河船舶航行、停泊安全管理规定》通告，并设立禁止停泊告示牌，责令停泊该处的油船限期撤离至长江专用锚地停泊，从而根治了该水域事故隐患。

3. 对装卸危险品码头安全评估和监管

1991年6月10日，南京港务监督总结以往有关危险货物运输装卸作业过程中的事故教训，做好对船舶装卸危险货物作业码头、设施的审核认定工作，实行危险品货物码头许可证制度，组织高级专业技术人员对辖区散装液体危险货物码头、设施安全技术状况调查与安全评估，把好危险货物装卸安全关。1997年3月12日，专题对从事危险货物装卸作业的码头业主进行有关手续审批办法、解答有关问题，做好实施散装液体危险货物码头、设施安全技术状况安全评估的准备工作。10月31日，对提出书面申请从事危险货物装卸作业码头，现场查勘、资料审核，公布南京炼油厂1号码头等25座码头为符合装卸危险货物要求的危险货物码头。1998年5月28日，又根据部安监局的意见及（1996）330号文要求，审批仪征、栖霞油锚地"过驳作业许可证"并进行季度审核。举办1期75人参加的危险货物申报员装箱员培训班，年审已取得证书的73人，参加长江区"长江干线危险货物监督管理规定"起草工作。1999年5月，在南京炼油厂1号码头"宁龙1008""兴宁13"船舶爆炸起火、"苏建油18号"等违法超载码头造成起火之后，南京港务监督组织自查载运危险货物船舶签证管理工作，专项检查危险货物码头、设施及载运危险货物船舶，对装卸、运输危险货物的船舶、单位及船员进行安全知识培训和责任意识教育，处罚违章行为，遏制重大危险货物运输恶性事故的发生。

4. 对危险货物规定正确标记的检查

危险货物按规定应进行正确地标记，以便正确识别危险货物，以及使人们能正确认识其所具有的危害性，在船舶装载和操作作业中采取相应安全措施，一旦发生事故时能及时采取正确的应急行动。这对危险货物安全装运和保护海洋环境有着不可忽视的作用。1990年新版《国际海运危险货物规则》第25—89套修正案于1991年1月1日生效。该规则就危险货物的标志标记做了相应的规定。1991年12月9

日,中国港监局公布《外贸危险货物标志标记监督管理规定》,自1992年1月1日起施行。

根据以上国际规则与中国港监局要求,南京港务监督针对当时辖区载运外贸危险货物较普遍存在标志标记不符合要求,常出现标志标记不全,标志显示错误和标志质量差,粘贴马虎、零乱等问题,结合落实《外贸危险货物标志标记监督管理规定》,在危险货物监管中检查标志标记情况,纠正背离国际危规规定现象。并针对不同背离国际危规规定情况,采取相应管理方式,以达到标志标记准确、牢固、完好的目的,以保证载运外贸危险货物船舶的运输安全。

### (二)防治船舶污染水域管理的加强

#### 1. 实施船上油污应急计划

1993年4月4日生效的《经1978年议定书修订的1973年国际防止船舶污染公约》附则1"防止油污规则1991年修正案",新增第26条"船上油污应急计划",规定凡150总吨及以上的油轮和400总吨及以上的非油轮船舶,均应备有经主管机关批准的并符合国际海事组织规定的"船上油污应急计划"。1994年,南京港务监督按《73/78防污公约》规定,对进出南京港载运危险货物船舶实行监管,要求:载运危险货物船舶报告期间内登船检查标准数为148;国际防止油污证书符合率100%;油类记录簿等有效文件符合率达77.7%;《73/78防污公约》设备符合率达98.65%。同时,对违章的中外载运危险货物船舶进行查处。如1991年8月13日,停泊在南京新生圩401码头的巴哈马籍"海国明珠"轮违章排放油污水,南京港务监督及时查处,罚款6000元人民币。这是南京港务监督首次与南京市下关区法院依法联合进行的涉外行政处罚,为港监涉外行政处罚积累了经验。

实施船上油污应急计划,在国际上是一项新的工作。1995年3月31日,中国港监局下发《关于国内航行船舶准备实施"船上油污应急计划"的通知》,并于1996年4月4日起实施。该通知要求:"船上油污应急计划是船舶重要防污文书之一,它将与船舶其他防污证书、防污文书同等管理……按《船上油污应急计划编制指南》制订油污应急计划,落实船员职责和油污事故的报告要求等。凡150总吨及以上的油轮和400总吨及以上的非油轮船舶,应备有经港务(航)监督批准的船上油污应急计划,由船东组织进行,报船籍港的港务(航)监督批准。应急计划应注重其实用性和可操作性。"

为指导帮助船舶单位编制船上油污应急计划,南京港务监督根据中国港监局通知的规定,注重资料收集和编制试点工作,推荐选择好范本,协助中心组(中心组由上海、大连、青岛港务监督等单位组成,上海港务监督危管防污处负责日常工作)组织好范本交流和推广工作。1994年5至1995年6月,南京港务局共审批扬州育洋海运有限公司、南京长江油运公司等14个航运公司"育洋""大庆422""大庆431"等47艘国际航行船舶的船上油污应急计划,江苏、南京远洋公司等16家航运公司国内航行船舶的船上油污应急计划。1998年起,为满足《73/78防污公约》要求,将防污染工作重点放在"船上油污应急计划"编制和审批工作上。3月,又召开贯彻编制"船上油污应急计划"工作会议,对该工作申报程序、时间安排等都提出明确要求。

此外,南京港务监督将船上油污应急计划实施情况纳入船舶安全检查重点项目,督促船员执行船上油污应急计划所要求履行的职责、船舶污染事故报告制度等。1997年,开始探索油区、油码头、危险化学品码头防污应急计划的编制工作,拟定出《长江南京段溢油应急处理方案(试行)》,填补搜救时有关防污方面的空白,保证船上油污应急计划中规定的危管工作落到实处。

#### 2. 试行与强行实施布设围油栏

随着南京石化工业的发展,每年通过南京港的油船迅速增加。油船在装卸过程中,跑、冒、滴、漏现象时有发生,致使长江水域受到污染。为此,南京港务监督于1993年决定参照国际惯例和交通部下发的

《关于试行油回收船作业费率的通知》有关规定,以及系统内其他港监试行和实施有关规定的经验,拟在南京港对中外油运装卸作业的船舶实施布放围油栏防污措施,并向长江港监局上报"南京港对中外油运装卸作业船舶实施布放围油栏防污"的请示。1993年3月,长江港监局在批复中称:"对中外油运装卸作业的船舶实施布放围油栏防污措施,在长江中具有开创性的工作。"

自1993年开始,为做好布放围油栏工作,南京港务监督组织对辖段内的情况进行调研,针对围油栏布设中存在企业不愿出资、船舶不愿申请布设等有待改进的问题,组织召开有关单位参加的围油栏布设工作协调会,研究解决措施。在航运、码头单位大力支持下,南京辖段强制布设围油栏工作取得明显进展。1997年4月,南京港务监督制定《南京港布设围油栏监督管理暂行办法》,对围油栏布设的适用范围、主管机关和围油栏铺设作业单位的资格等作出规定。其中,适用范围为:在南京港水域内从事油类和散装液态化学品作业的船舶、设施、码头,以及在此水域内的船舶修造厂、拆船厂及其所有人和经营人;主管机关为:中华人民共和国南京港务监督;围油栏铺设作业单位的资格是:从事油类和散化作业码头以及船舶修造厂、拆船厂的所有人和经营人应配备适合于南京港水文、气象条件并取得合格证明的围油栏及其附属设备,其型式及铺设方案应报经主管机关批准。经过充分论证和试验,南京港务监督5月12日下发《关于实施〈南京港布设围油栏监督管理暂行办法〉的通知》,规定在南京港水域内从事油类和散装液态化学品作业的船舶于1997年5月15日施行,锚地过驳作业船舶于1997年5月20日起施行,码头作业船舶于1997年10月1日起施行。

在局部积累经验后,南京港务监督所辖水域全面强制布设围油栏。经过一年强制执行,该措施在防治油污染中发挥了重要作用。1997年,南京港务监督又下发《南京港铺设围油栏的管理办法》,进一步落实围油栏布设(已布设2400米)。5月20日以后,在栖霞油运锚地和有条件码头布设围油栏。1998年1月8日,南京长江油运公司"油63063"驳在南京港务局610码头受载原油作业中泄漏原油9吨,通过围油栏应急处置,回收8吨,原油回收率达88.9%,未造成大面积污染。

3. 开始实施船舶垃圾计划的管理

多年以来,航行长江船舶上的垃圾基本上是直接抛入江中,沿岸生产和生活产生的固体废物、生活垃圾堆放在长江岸边或倾倒江中现象也很普遍,以致长江垃圾污染越来越严重。1993年《人民日报》刊载《长江不是垃圾箱》的署名文章,指出长江垃圾污染问题令人担忧。为此,交通部部长黄镇东做出批示,要求抓紧制定规章,加强长江防污管理。1995年11月16日,交通部收到中共中央办公厅、国务院办公厅信访局转来的反映"江渝21"轮倾倒垃圾污染长江的信件,要求采取措施予以解决。1991年11月14日,南京港务监督接到上级同意南京港务局"宁净二号"环保船投入运行的批复。该船具有接收并处理船舶油污水、生活污水、垃圾3种功能。同时,南京港务监督在参与退运韩国有害废物船舶的水上安保及维护工作中做出了贡献。1994年5月11日,国家环保局和海关总署联合发出通报:对退运韩国有害废物中贡献突出的单位予以表彰。1995年,南京港务监督又与南京港务局、南京港公安局成立联合检查组,对南京辖段内的油区、油码头的安全状况进行全面检查,共查油区4处、油码头14座,发现隐患47项,并分别提出整改意见。

1997年11月17日,交通部、建设部、国家环保局联合公布《加强长江船舶垃圾和沿岸固体废物管理的若干意见》(以下简称"17号令")。12月23日,下发《防止船舶垃圾和沿岸固体废物污染长江水域管理规定》。该规定提出:开展对防止船舶垃圾污染水域措施落实情况的监督检查,主要检查船舶防止垃圾污染的有关文书及设施设备的配备、使用情况。按照规定要求,凡400总吨及以上的船舶和经核定可载客15人及以上的船舶(不包括进江海轮),均须备有港航监督部门批准的船舶垃圾管理计划和签发的船舶垃圾记录簿;总长度为12米以上的船舶应设置规定数量、规格的港监统一监制的告示牌。航行国际航线船舶配备船舶垃圾记录簿、船舶垃圾管理计划及设置告示牌按我国加入的现已生效的国际公约要求办理,并将每次船舶垃圾处理情况如实记载于船舶垃圾记录簿。

以"17号令"为指南,南京港务监督从1998年起在船舶签证时,有针对性地对申报船舶有关文书及设备进行抽查,并组织人员随客班轮和到港船舶对其垃圾的产生数量、处理情况等进行全面检查,严防船舶在航行途中和港内向长江水域排放垃圾。1998年10月26日至11月6日,参加长江港监局组织为期10天的船舶污染专项检查,在南京设立联合检查站,重点检查客船、旅游船、小型船舶与垃圾接收单位。组织监管人员明察暗访,对未配备船舶垃圾告示牌的船舶,要求强制配备;对发现的违章行为,加大监督处罚力度,严格按规定执行处罚。同时,建立防止船舶垃圾污染水域监督网,向社会公布举报电话。定期召开辖段客船环保监督管理员座谈会,了解船舶垃圾管理中存在的困难、建议,交流好的管理办法,介绍港务监督系统在防止船舶污染水域管理方面的新动向。1998年,组织人员随客班轮暗访两次,并成立"南京港群众防污网",初步形成"船舶防污染信息网"。

此外,南京港务监督1998年主动与南京市市容管理委员会联系,就贯彻17号令中关于船舶垃圾接收单位审批达成共识,及时向4家符合条件的接收单位核发船舶垃圾接收单位作业许可证。先后开展3次较大规模检查和宣传活动,共检查船舶480艘,发放告示牌1000多块、船舶垃圾管理计划280份、船舶垃圾登记簿300余份,并按时完成船舶垃圾管理计划审批工作。1991—2000年南京港务监督载运危险品与防污染监管情况详见表7-2-10。

**1991—2000年南京港务监督载运危险品与防污染监管情况一览表**　　表7-2-10

| 年　份 | 载运危险货物与防污染管理情况 |
|---|---|
| 1991 | 办理油污染保险证书4份,处理污染事故2起 |
| 1992 | 办理危险品准单5131份,办理船舶防污染证书129份,签发记录簿74本 |
| 1993 | 办理危险品准单5008份,办理船舶防污染证书22份,签发记录簿1063本,受理危险品现场监装2次 |
| 1994 | 办理油污损害民事责任信用证书38本,签发油类记录簿、垃圾记录簿、货物记录簿45本 |
| 1995 | 审批"船上油污应急计划"国际航行船舶54艘,办理油污损害民事责任信用证书137份,残油接收证明39份,签发油类记录簿110份,垃圾记录簿39份,办理准单5698份 |
| 1996 | 办理国际航行船舶载运危险货物进口申报372艘次、载运危险货物出口申报139艘次、船上油污应急计划233份、油污损害保险证书8份、残油接收证明13份,签发油类记录簿74本、垃圾记录簿25本 |
| 1997 | 办理危险货物申报5173份,签发油类记录簿、油污损害民事责任书38本 |
| 1998 | 办理危险货物申报11841份,签发船舶垃圾记录簿300余份,办理船舶油污应急计划15份,核发油污损害民事责任或其他财务保证书5份、油污损害民事责任信用161份,编发船舶防污染检查表500份 |
| 1999 | 办理载运危险品申报船舶1422艘次,危险货物申报201份,审批新增危险品码头3座,从事危险货物作业码头54座 |
| 2000 | 办理船舶油污应急计划35份、垃圾管理计划20份,发放防污染文书130份,对6家接收残油单位发放许可证 |

## 五、船公司管理工作的起步与发展

《国际安全管理规则》(ISM规则),主要是负责接受船公司SMS(安全管理系统)审核申请,并审核申请材料是否符合有关规定,配合交通部和片区港监对船公司SMS审核。

南京港务监督开展这项监管工作,始于1995年5月交通部下发《关于做好实施〈国际安全管理规则〉准备工作的通知》。从那之后,南京港务监督抽调业务骨干参加交通部举办ISM规则审核员培训班,准备开展该项工作。1996年1月,举办由各有关船舶公司领导参加的ISM规则宣传、推动、落实工作会议,开展实施ISM规则工作。走访各有关单位,帮助、指导ISM规则的实施。1996年9月,配合长江片区港监在南京召开长江港监 ISM 规则审核与发证研讨会,推动长江全线 ISM 规则工作开展。1997 年 2 月 20 日,接受长江片区第一家申请公司——南京长江油运公司的 SMS 初步审核申请。这标志着长江片区对国际航行船舶公司的 SMS 审核管理工作揭开序幕。

此外,针对当时我国船舶在国外港口国检查(PSC)中滞留率居高不下的状况,交通部下发《关于降低我国船舶在国外滞留率原则意见的通知》,将 2002 年 7 月 1 日起适用 ISM 规则的第二批航运公司取得"符合证明"证书的最迟时间提前到 2000 年 7 月 1 日,加快实施 ISM 规则的进程。为此,南京港务监督自 1998 年起,对国内航运公司推行"安全管理新机制",走访南京地区第二批实施 ISM 规则的 7 家航运公司,初步确定 2 家航运公司独立建立 ISM 规则体系,年底完成文件编写。协助中国港监局对 ISM 规则国内化研究调研,共调查 21 家航运公司。选择南京水运股份有限公司作为"新机制"实施工作试点,多次派人到该公司推进此项工作,完成文件编写,争取年底试行后向上级申请评估。同时,还参加起草《长江干线安全管理新机制实施办法》。帮助第一批实施 ISM 规则迎接 CIC,举办有船东、船检、港监共 38 人参加的受检研讨会。2000 年,调查前来登记的 100 多家航运企业,摸清情况,对外公布。对试点建立安全管理体系的南京长江油运、江苏远洋运输、江苏冷藏运输 3 家公司给予多方支持,使这 3 家公司通过了交通部 SMS 审核,另给 6 家国际航行船舶航修单位颁发了作业许可证。

## 六、水上事故处理全面加强及事故案例

1991 年之后,南京港务监督进一步规范水上交通事故处理工作,主要是按照两个主要规则执行。一是 1990 年 8 月 1 日交通部公布的《船舶交通事故统计规则》。该规则规定纳入统计的事故为 8 类 4 级,并明确了事故统计分工、种类、时限、事故报告等程序。二是 1993 年 3 月 24 日交通部公布的《内河交通事故调查处理规则》(1993 年 7 月 1 日起施行)。该规则规定了内河交通事故报告、事故调查处理的分工、调查、处理及调解的程序等事项。

为全面执行以上两个规则,南京港务监督组织事故调查人员、执法人员学习。每年形成《南京辖区船舶交通事故统计分析》,包括辖区水上安全形势总体评估、事故特点、主要原因分析及应对措施等。1994 年,南京港务监督共调查水上事故 70 件,处理结案 60 件,形成调查报告 38 份,办理海事签证 37 件(其中涉外 4 件)。1996 年 10 月,就水上事故管理方式改革、安全对策等进行研讨,明确水上事故调查疑难问题,提高统计质量,并尝试将海事调查与调解分开。1997 年,正式将海事调查处理与调解分开。1998 年 11 月,制定《南京长江港航监督局水上交通事故调查处理指南》。1999 年,调查一般以上水上交通事故 39 件,处理 27 件,形成调查报告 23 份,调解申请 22 件,达成协议 21 件。

这一时期间辖区发生的重大事故案例有:

1995 年 7 月 26 日,宁港"拖 1004"轮与日本"三叶轮"轮在栖霞锚地发生碰撞,造成"三叶轮"艏部及右舷局部受损。经双方协商,宁港"拖 1004"轮赔付修理费 11000 美元。

1997 年 6 月 4 日 14 时,广州海运有限公司"大庆 243"轮在栖霞锚地爆炸,向左 90 度翻倾,横卧江底,造成 9 人死亡、失踪。这一事故受到国务院高度重视。

1998 年 2 月 8 日,"长江 22024"顶推船队在南京栖霞锚地 2 号界浮处发生触损事故,致 4 驳翻沉,所载矿石全部落江。

1999 年 7 月 25 日,"东方一号"下水与同向行驶的"怀远挂 0888"在南京龙潭水道下红浮 200 米处发生碰撞,致使"怀远挂 0888"翻沉,船上 6 人落水,3 人救起(其中 1 人受伤),3 人失踪。

1999 年 12 月 31 日,"江汉 21 号"客轮与试航集装箱海轮"阿哈托"冒雾航行,在南京龙潭水道张子港相碰,造成"江汉 21 号"轮较大范围船损,3 名旅客死亡,1 人失踪。

## 七、全力征收水上交通安全监督规费

1992年4月25日,国家物价局、财政部发布《交通部水上交通安全监督收费项目及标准》,规定:船舶每进港或出港一次,均以船舶净吨(拖轮按马力计算)为单位征收船舶港务费。船舶无净吨按总吨,无总吨按载重吨,无载重吨则按500吨计费;船舶有大小两组吨位的,一律按大吨位计征;进入我国领海作业的外轮,分别征收进口、出口船舶港务费;多用途船舶按到港的实际用途计征。该标准于1992年5月20日起执行。

为明确长江航务管理局经费渠道和内部财务关系,1993年交通部下发《关于长江航务管理局财务问题处理意见的通知》,将由原港口征收使用的长江港口船舶港务费,于1993年7月1日起划归长江航务管理局统一管理,作为长江航务管理局行政管理经费和港监经费,1993年9月1日起由长江港监局征收。8月27日,长江港监局下发《长江干线船舶港务费征收暂行办法》,从1993年9月1日实施。同时,要求使用"港航监督收费证"。港航监督收费证发放范围为:直接从事港监费征收工作的财务、港监业务人员及现场工作人员。

为加强船舶港务费征收和管理,确保规费征收到位,从1993年9月起南京港监局走访有关船舶单位,召开座谈会,向航运公司领导及船员讲解、宣传新办法。在此基础上,南京港监局按照"统一领导、统一管理、统收统缴、逐级负责"的要求,成立船舶港务费征稽办公室,专门负责船舶港务费的征收、管理和稽查工作。1994年3月19日,长江航务管理局同意南京港监局设立船舶港务费征稽中心站。4月1日,成立后的南京征稽中心站开始船舶港务费征收工作。同时,考试科征收船员考试发证费,监督科征收船舶国籍证书费、废钢船登记费、船舶临时登记费、船舶烟囱标志或公司旗注册费、特种船舶护航费等,通航科征收水上水下工程护航费。

南京征稽中心站建立了船舶进出港登记台账制度、定期资金活动分析制度、缴讫证管理制度、现场稽查制度、周工作碰头会制度等,制定了船舶港务费收入会计核算规定、船港费收据管理规定。为船舶港务费征收到位,征收人员及现场工作人员往往说尽"千言万语",想尽"千方百计",历尽"千辛万苦"。实行"信誉认可",按协议包干征收。对诚信度好的航运单位,测算航运单位航次,按定期结算征收;对不固定航次社会船舶,按航次"一票一结"现场征收,做到应收尽收。每年都超额完成上级下达的征收任务。1997年,南京征稽中心站因船舶港务费征收工作突出被长航局、长江港监局评为先进单位,因财务工作优秀被长江局评为先进集体。国务院2000年2月12日颁布《违反行政事业性收费和罚没收入收支两条线管理规定行政处分暂行规定》和中纪委印发《落实"收支两条线"规定的六条标准》之后,南京港监局落实上述规定及标准,及时制定《加强水上安全监督收费管理的规定》,于当年6月20日执行。之后,终止手工开票,实行电脑开票。这是规费征收方式的改革,堵塞了漏洞。

## 八、引航进一步发展与长江引航统一管理

### (一)以安全及时为主的引航进一步发展

1991年之后,南京港务监督引航站继续发扬敢打硬仗的精神,安全、及时引领申请进出南京港的中外船舶。1991年,引航站提前制定引航方案。引航员发挥主动性,在规定时间内安全准点引领"开拓者""海国明珠""复兴4号"3艘旅游船来南京6个航次。5月18日,安全引领4.8万吨"跃进丸"轮停靠南京炼油厂10号泊位。5月24日,及时引领长221米、载重5.5万吨级利比里亚籍"越洋"轮抵达南京港。1992年春节,引航站克服航道与码头前沿水深不足等困难,趁长江潮水上涨时,利用拖轮协助顶拖,引领

载运中东原油超 6 万吨"东京魂"与"普罗波建高"2 艘超大型外国油轮靠泊南京炼油厂。还就巴拿马籍"旗风"号轮船尾吃水深,艏部吃水浅,按正常习惯无法靠泊,引航站与监督科共同采取涨潮倒靠码头的方法,顶潮头下方靠泊,使船尾吃水在深水一方,保证该轮安全靠泊南京港 64 号码头。1993 年,在外贸运输加重,引航员不足情况下,引航站通过挖掘内部潜力,采取 24 小时引航调度值班与接受引航申请、24 小时调派引航员等措施,保证引航任务的完成。6 月 3 日,引领长 243 米、总吨 7.7 万吨的"爱威"号废钢船。6 月 11 日,引领长 228.6 米、总吨 6.95 万吨的新加坡籍"查理埃"号油轮。全年无一般以上引航责任事故发生,引航事故发生率为零。1996 年起,面对长江南京段洪水间、枯水期不同的水位,引航站派人去实地测量水深,精密计算船舶进出港口时间,利用潮水高峰期在确保安全前提下引领船舶靠泊码头,较好地完成了进入南京港的集装箱船、化工原料船、客班轮等各类船舶的引航任务。

### (二)南京引航业的进一步发展

随着长江引航体制改革调整和第一引航调度职能变化,南京港务监督引航站引航任务发生根本改变。引航站挖掘内部潜力,努力保证进出南京的中外船舶航行安全,及时靠离码头。1991—1996 年的 6 年间南京引航业得到了进一步发展,详情见表 7-2-11。

**1991—1996 年南京港务监督引航站船舶引航情况一览表**　　　表 7-2-11

| 年　份 | 船舶引航情况 |
| --- | --- |
| 1991 | 引领各类船舶 1734 艘次,其中外轮 678 艘次、国轮 41 艘次、地方船舶 1015 艘次 |
| 1992 | 引领各类船舶 2000 艘次,其中外轮 779 艘次、国轮 275 艘次、沿海船舶 951 艘次。全年发生引航事故 2 起,占引航航次的 1‰ |
| 1993 | 引领各类船舶 2540 艘次,其中外轮 1154 艘次、国轮 325 艘次、沿海船舶 1030 艘次。全年无一般以上主要责任事故,事故发生率为零 |
| 1994 | 引领各类船舶 2833 艘次,其中外轮 1586 艘次、国轮 419 艘次、沿海船舶 163 艘次、地方船舶 665 艘次 |
| 1995 | 引领各类船舶 2695 艘次,其中外轮 1815 艘次、国轮 612 艘次、沿海船舶 268 艘次。引航等级事故发生率 0.37‰ |
| 1996 | 引领各类船舶 2355 艘次,其中外轮 1346 艘次、国轮 390 艘次、沿海船舶 609 艘次。引航发生一般事故 1 起,事故发生率 0.42‰ |

1991 年 1 月,交通部正式批复:从宝山锚地至长江 30 号浮之间、吃水 9.5 米以下、船长 160 米及以下的海轮可实行夜航。自此,进江海轮在长江夜间引航常态化,从而保障了装载急需物质的电煤船、油轮、集装箱船和旅游船等一些重点船舶及时进出长江,得到船方和各级政府的好评。1992 年 10 月 19 日,《中国交通报》以题为《南京港监引航员将在英国画报上露面》的文章报道了长江港监引航员为祖国争光的事迹。新华社采写的稿件和拍摄的照片《活跃在长江上的一支年轻引航员队伍》于 12 月先后在《南京日报》《光明日报》《北京日报》登出。

### (三)第一引航调度职能结束与改隶"长江引航中心"

长江航政引航业始于 20 世纪 80 年代初期,起步于南京港务监督。1981 年 6 月,南京航政分局引航站率先在长江航政引航系统成立,开展引航业务,并作为长江引航第一调度,负责进出长江江苏段及长江的中国籍船舶的引航服务。1983 年之后,又对外籍船舶实施强制引航。当时,长江航政引航分散于长江航政局(长江区港监局)各分支机构,成为分支机构职能科室。如南京航政分局就设有南京航政分局引航站,对外称"中华人民共和国南京港务监督引航站",一个机构,两块牌子。该引航站的人、财、物统一由南京航政分局(对外称"南京港务监督")负责,无独立对外沟通和协调职权。同时,长江航政局设有引航总站,但对南京航政分局引航站没有实质人、财、物的处置权。南京航政分局引航站的主管单位是南京港务监督。引航总站与南京航政分局引航站最多只是业务上的指导与被指导关系。这在很大程度上造成各港引航力量分布不均。有的港船舶压港,引航员不够用;有的港船舶少,引航力量过剩。

按当时长江引航管理模式格局来看,南京港务监督引航站担负长江引航第一调度的职能,负责长江港航监督局分支机构引航站、引航业务、引航员的统一调度。随着南通、张家港港务监督引航站相继独立开展引航业务,南京港务监督引航站第一调度职能开始弱化。为此,长江港监局1991年9月在引航机构逐步健全的规定中再次重申:"南京引航中心调度负责江苏段引航业务的统筹安排,组织引航力量,合理调度引航员。"1992年1月,镇江港务监督与南京港务监督脱钩,独立开展引航业务。5月15日,南京港务监督所属的上海引航办事处改由长江港监局引航总站收回管理。这样,南京港务监督引航站第一调度职能进一步弱化。1993年12月23日,长江港航监督局引航总站浏河调度中心成立,作为引航总站下设机构,负责上海—长江引航交接全线协调,统一管理引航调度,同时兼管浏河锚地引航交接锚地管理。至此,南京港务监督引航站长江引航第一调度职能结束。

这一时期,长江引航最大的变化是将分散管理改为集中统一管理。自1980年长江航政局在长江下游开展引航业务起,长江引航有着不同于海港引航的特点。长江引航是一条线,站点众多,引航距离长,通航环境复杂,受客观因素影响较大,一直实行按行政区域划分、异地交接、分段引航,导致管理分散,信息不畅,指挥不灵,计划不准,调派方式繁杂,缺乏统一协调的机制。同时,上海港引航站要同时面对长江10多家引航机构,引航计划经常出错,影响船舶顺利进出江,在航交接一度出现混乱。为此,1995年长江港监局就加强长江干线引航行业管理向交通部做专题汇报和建议。核心是阐述长江引航实行集中统一管理的必要性,并建议今后管理模式,重点是采取分级管理模式,且只能有一个甲类引航机构,对乙类引航机构实行集中统一管理。1996年5月,交通部副部长刘松金在长江调研时指出,长江引航"应尽量创造条件,实行在航交接,完全与国际惯例接轨","要冲破习惯势力,不能哪个港口的引航员只引哪个港口的船,引航员涉及国家的国际形象,要打破行政区划,不能画地为牢,要适应船舶运行的自然规律"。长江航务管理局1996年工作会议上将长江引航统一管理问题作为当年一项工作任务提出。1996年6月,长江港航监局启动深化引航改革工作,7月召开长江引航协调会,就在航交接、开展夜航、建设上海宝山引航基地等进行研究,形成在航交接和南京至武汉段开展夜航的初步方案。同时,长江港航监督局组成工作专班,深入到南京以下各引航站现场办公,就在航交接调度职责、引航员调派接送等工作研究布置。

特别是1996年10月1日,宝山引航基地正式运转,试行在航交接,在试行一周时间里成功实行46艘船舶在航交接。在此基础上,长江港监局先后制定引航调度联系制度、考核监督办法、引航交接中心值班(调度)操作规定等。并针对部分年轻引航员不熟悉浏河至宝山水域状况,采取以老带新的办法,安排有经验的引航员授课,介绍航道情况和操作要领,分批组织引航员乘监督艇现场熟悉情况,使引航员迅速适应在航交接需要,确保在航交接的顺利实施。10月18日,上海—长江引航在宝山实现在航交接。长江引航交接方式改变,加快船舶周转,缩短船舶营运周期,避免船舶非生产停泊时间,在国内外航运界都引起强烈反响。

与此同时,长江港监局决定打破行政区划,将其所属各分支机构中的引航站分出,实行政事分开,组建长江引航中心,实行长江引航业务工作及人、财、物统一集中管理。1996年10月,长江港监局组建长江引航中心筹备组。12月12日,长江引航中心临时筹备组开始运作。1997年5月13—15日,南京港务监督与长江引航中心完成南京港务监督引航站的交接工作。这标志着南京港务监督引航站自1981年6月成立至1997年的17年作为第一调度负责长江江苏段引航及长江引航调度角色的结束。6月18日,长江引航中心在太仓浏河镇正式挂牌成立。

## 第三节 开始由监管型向监管服务型的转变

### 一、监管型向监管服务型转变的起因

20世纪90年代之后,我国国民经济由计划经济加快向市场经济过渡,政府职能由管理型转向管理服务型。早在1986年6月23日,中共中央书记处在听取交通部党组汇报交通部工作时,对交通部1983年突破所有制的束缚,在水运交通运输方面,提出"有水大家走船"放开政策改革方针表示支持。明确指示:"加强行业管理,改善宏观控制,打破部门所有、地区分割、封闭的局面,使交通运输业多种经济成分、多种经营方式并存,各部门、各地区、各企业一起上,国营、集体、个体一起干"。1988年6月4—7日,国务院在北京召开新中国建立以来首次全国交通安全工作会议。会议提出总的奋斗目标:"……,以对国家和人民高度负责的精神,认真贯彻安全第一,预防为主的方针,……,坚决杜绝重大恶性事故,最大限度地减少一般事故,安全、优质、高效地为社会主义现代化建设服务。"要求从服务社会主义现代化建设高度充分认识交通运输安全管理的重要性。1989年2月,交通部副部长林祖乙在1989年全国地方水上交通安全工作会议的讲话中,首次对港航监督部门"要大力提倡服务精神,寓管理于服务之中"。

根据国务院、交通部提出的水上安全监管机构要做好服务港航企业的精神,1989年南京航政分局更名为南京长江港航监督局(以下简称"南京港监局"),并自此开始思考逐渐转变监管理念,从监管型向监管服务型转变。在南京地区港航企业发生安全与服务矛盾时,南京港监局在保证水上安全的前提下,灵活机动处置南京地区港航企业提出的任何事关水上交通安全要求,采取特殊事件特别处理的方式,寓监督于服务之中。

1. 对特殊需要监管事件特事特办

1987年,日本帆船"宾特7号"准备访问南京。当时的南京航政分局从省外办得到申请起,积极主动,不推不拖,迅速为日本帆船"宾特7号"办理了进口的相关手续,并指示沿江航政处、站派出监督艇做好维护工作。1988年5月,南京市政府需要进口一批轻柴油,准备在南京长航燃料供应站684基地码头卸货。当时该基地码头尚未对外开放,不具备装卸进出口货物的条件。南京航政分局向市政府提出对该基地码头加强安全监管措施建议,以确保码头安全。批准有关审报手续,准许"雅强"等4艘船舶装载20000多吨轻柴油靠泊南京长航燃料供应站684基地码头卸货,受到南京市政府好评。1988年冬春交替之际,鉴于长江江苏段大量捕鳗鱼苗渔船严重影响水上通航安全,南京航政分局在投入大量人力、物力强化现场监管与维护的同时,主动调查了解捕鳗鱼苗渔船情况,向江苏省政府写出专题报告,提出具体整治意见与措施,引起省政府的重视,争取相关市、县政府与航政部门的支持整治工作。

2. 从方便船舶出发解决实际问题

20世纪80年代末,交通部要求水上交通监管从监管型向监管服务型转变。南京航政分局及下属的南通、张家港、镇江航政处注意为港航企业着想,考虑通航船舶航行、停泊安全,注意做好服务,寓管理于服务之中。如吨位大、吃水深的大型船舶通过长江张家港处白茆沙浅区水道只能趁潮水通行,为此南京、镇江两涉外的港务监督在对抵达南京、张家港、镇江的吨位大、吃水深的大型船舶进行联检时,注意掌握船舶利用涨潮时通过白茆沙浅区水道的开航时间,及时与各联检单位沟通,预留出时间提前量。如驶入张家港的船舶,上午从吴淞锚地起航进江要到傍晚抵达,船靠泊后及时办理进入联检,保证当晚卸货作业,次日凌晨再办理好出口联检,以保证船舶在预定涨潮时间安全通过白茆沙浅区水道。1988年前后,

进出南京港的外轮一段时间垃圾没有船舶接收而堆集在码头,南京港监局就利用"梅清1号"船共接收外轮垃圾、污水等1070吨,彻底解决外轮垃圾无接收船舶的问题。

## 二、出台服务大中型企业的十大措施

1991年9月,党中央召开工作会议,专门就搞好国营大中型企业作出决定,明确指示要把增强国营大中型企业活力和提高企业效益的问题提到突出位置上来。从1991年起,交通部一再要求水上安全监管的港航监督部门"既要监督、又要服务,寓监督于服务之中",为大中型企业做好服务工作。

为落实上述精神,1991年12月4日南京港监局下发《关于贯彻〈交通部南京港监局为大中型企业服务十条措施〉的通知》,围绕为搞好大中型企业提供优质服务和良好保障这一主题,提出十条措施:

(1)改进工作作风和工作方法,定期走访大中型企业,征询意见,服务上门,提供技术咨询,帮助企业解决生产和营运中的困难。

(2)加强重点水域的航行秩序维护,保障大型船舶的航行和靠离泊安全。

(3)对国营大中型企业船舶优先办理联检、进出口签证、危货准单、登记、防污及水上水下工程审批手续,并做好维护工作。

(4)对大中型企业的船舶违章及海事及时处理,不拖不卡。在其吸取教训和保证安全的前提下,尽量提前放行,不影响船期和营运。

(5)认真开展船舶安全检查,确保大型船舶安全航行。在安全检查工作中,采取既检又帮的方式,督促船方做好自身的安全工作。

(6)针对南京化工产品增多、国内运载化学品的特种船舶运力不足的状况,积极会同有关部门,帮助生产和承运单位利用现有运输设备,采取现场会诊等切实可行的安全措施,促进化学品运输。

(7)对进出长江的大中型企业船舶及时引航,调度实行24小时运转。船方提出申请后,在原规定48小时内派出引航员的基础上,缩短为24小时内派出。移泊申请,保证12小时内派出。在港内有引航员的情况下,紧急情况上午申请下午派出。

(8)对130米以下船舶、特种船舶和生产急需的船舶,及时研究措施,在确保安全的前提下,安排夜航。对港内夜间靠离,结合生产单位需要,尽全力安排。

(9)本着急事急办的原则,对于船员考试,只要企业急需,随时安排。做到面向现场,坚持随生产船舶进行实际操作考试。对企业投产后急需上岗的船员,采取统培统考、单培单考、随时补考等多种形式,不失时机地满足企业的紧迫需求。

(10)认真执行有关费收规定,不多收,不乱收,不对大型企业搞摊派。

## 三、为大中型企业提供优质服务

1992年,南京港监局将为大中型企业提供优质服务作为全年航政监管重点工作之一,全面落实《为大中型企业服务十条措施》,制定实施细则和服务措施。坚持"一个原则",做到"五个二十四小时""四个优先"和"一个'活'字"。"一个原则",即管理从严,手续从简,效率求高,既要把好关,又要服务好;"五个二十四小时",即服务时间上坚持24小时签证、24小时联检、24小时监督艇现场维护、24小时引航调度值班与接受引航申请、24小时调派引航员;"四个优先",即优先办理大型船舶进出口申请,优先安排引航员对特种船舶、三超船舶引领,优先调派监督艇对重点水域、重点船舶实施监督维护,优先帮助大中型企业排忧解难。"一个'活'字",指执行规章制度上,坚持在不影响安全的原则下,灵活变通,注重企业实际和效益。

## (一) 急企业所急，管而不卡

1991年10月，南京港第三作业区37号码头，因前沿水深不够，卸煤船无法停靠，眼看就要压港，急需疏浚。在暂时没有抓斗式挖泥船情况下，南京港监局破例批准用绞吸式挖泥船代替进行疏浚，使卸煤船如期安全靠离码头。12月，南化公司进口磷矿驳船无法靠卸，南京港监局与南京铁路分局协商，用两方抓斗前来为南化公司码头挖泥一周，使一度中断的卸船作业得以恢复。同月，及时为南钢装运矿石的"永丰海"轮和仪征化纤厂装运化工原料的"化运2号"引航。夜间引领旅游船"开拓者"号、集装箱船"江神"号靠港。

## (二) 保障"三超船"安全进江入港

1993年之后，随着长江港口对外开放和拆船业兴起，"三超"（超长、超宽、超吃水）船舶频繁进江。为此，南京港监局采用4个措施，保障"三超船"安全进江入港，即：召开由口岸、港监、码头、引航、代表单位参加的协调会，严格规范进江前"三超船"审批制度；加强监督艇对"三超船"现场维护；责成引航站拿出具体翔实安全措施，指派得力引航员引领；码头单位采取切实措施，确保"三超船"安全靠离码头。1996年10月，长江港监局下发《长江港监管理方式改革的指导意见》，选定南京港监局作为试点，对到达南京港船长不超过240米、淡吃水在10.5米以下及超过码头设计负荷的船舶负责审批把关。1997年，南京港监局根据长江港监局的管理方式改革指导意见，为加强审批"三超"船舶，让"三超"船按进出长江口岸审批程序和要求办理进出口岸审批手续，保障进出长江大尺度海轮的航行安全，制定出《南京港监"三超"船舶进口的审批规定》。试行4个月后，该审批规定在长江江苏段开放港口的港务监督正式推广。至1997年7月底，南京港监局共审批"三超"船舶30艘，并在原有"三超"船审批制度的基础上，制订审批工作办法和工作程序，在政策上进一步向大中型企业倾斜，得到港方、船方和代理的一致好评。

为保障进江的"三超"船安全，南京港监局从1997年8月15日起在办理进江"三超"船审批时，要求船舶、代理、港方等提供并采取切实可行的安全措施和航行操作方案，特殊情况下组织专家论证船舶航行方案和各项安全措施，确保留足余量。对没有进行结构改造的码头，根据码头单位的评估意见、码头原设计单位报告、专家评估论证报告确定该码头在各种天气、水文条件下的最大靠泊负荷，作为该码头在相关条件下船舶进港靠泊作业的审批依据。跟踪码头单位安全状况，发现安全隐患及时整改。1997年9月19日20时，菲律宾国籍"恒建"轮进入长江，吃水10.18米，航速限制在8~9公里/小时，已航行至张家港。为确保该轮安全抵达终点港南京，南京港监局先一步派出"监督34号"艇到达张家港长江水域，护送该轮向南京进发。一天后，该轮安全抵达南京新河口锚地。

## (三) 着眼港口企业生产，解企业燃眉之急

这一时期，南京港监局主动为地方政府和企业服务，适应改革开放和市场经济发展需要。1991年，金陵石化一厂的苯酐生产线所用磷二甲苯原料改国外进口为扬子石化提供。由于当时国内适装磷二甲苯化学品船舶刚起步，长江船舶更无此类化学品适装船舶。为此，南京港监局一改过去的管理办法，经多方调研，制订周密安全防范措施，利用南京油运公司一艘油船暂时替代，以缓解扬子石化生产胀库的问题，解决金陵石化一厂停工待料困难。仅这一年就安全装运10个航次近3万吨磷二甲苯。这也促进了长江散装化学品运输发展。

1991年8月11日，进江的利比里亚籍"亚海明"轮原计划装载包括1000立方救灾木材在内的2万多吨木材来南京，由于受特大洪水影响，要经过镇江五峰山电缆水域（超高约2米），船方提出改停上海港。考虑到该轮来南京有利于地方经济发展和救灾，南京港监局一方面坚持让"亚海明"轮进江，锚泊南通狼

山锚地。另一方面在调查大量航道水位及镇江五峰山电缆水域净高资料,稳妥地制订避开电缆最低点,把握当日最低水位过五峰山电缆方案,最终争取到船长的同意,使该轮安全进入南京,并顺利驶出长江。第一次来长江的"亚海明"轮船长对南京港监局良好服务表示称赞。1996年起,针对进出南京港的集装箱船、客班轮和装运扬子石化、南京炼油厂急需化工原料的船舶,以及装运"小野田"出口水泥等物资船舶,南京港监局均优先完成进出口岸联合检查、相关手续办理、引船员引领等,确保船舶航班时间正点和企业生产正常开展。枯水期,南京港第一公司码头水深不足,南京港监局监管人员实地测量水深,经精密计算,利用潮水高峰期,确保安全前提下准许船舶靠泊。洪水期,除落实拖轮协助和监督艇维护外,还让引航员科学计算船舶进出港时间,保证船舶安全靠离泊位。

### (四)简化监管手续,改进船舶登记制度

1991年起,南京港监局改变申请船舶登记必须提前一周的习惯做法,对出口创汇船舶办理临时国籍证书申请,做到不分假日,随到随办。随时办理金陵船厂、新华船厂等省内船厂出口驳船的船舶登记手续。1992年下半年,又主动上门,到上海、浙江省市,对船舶单位船员进行培训、考试,同时采取"一事一议、急事急办"原则,为企业排忧解难。

### (五)拟出《港监交通安全行政行为及其依据》,进一步增强服务意识

1993年7月起,从有利于政府和企业,尽快适应市场经济体制需要,有利于港监适应航运事业发展需要,有利于港监与企业加强安全管理需要出发,南京港监局按照1993年国务院《关于加强安全生产工作的通知》规定的"企业负责,行业管理,国家监察,群众监督"安全生产管理体制,列出港监逐条逐项具体行政行为,拟出《港监交通安全行政行为及其依据》,列出船舶、船员管理、港口和航道通航环境、海难救助、打捞、通信共23个方面70项港监安全管理行为,进一步明确港监管理范围、内容、程度职责和权限,不包办代替企业安全工作管理,履行好港监的"国家监察"职能。

## 第四节 水上搜救中心始建与开展工作

### 一、南京水上搜救中心成立的起因

20世纪90年代中期,我国水上交通安全问题凸显,内河重大交通事故约占全国水上重大交通事故总数的90%,其中长江干线重大事故约占全国70%。交通部在两次(1991年、1992年)全国性会议上指出,要抓好内河特别是长江水上安全管理工作。以1991年为例,南京辖区就发生一般以上事故36件。特别南京港已成为我国内河第一大港,全国第四大港,年吞吐量近5000万吨。港区内有各大专业港务公司,还有沿江各大中型企业货主码头,港内有大宗煤炭、矿石运输,还有年吞吐量近2000万吨的石油及其他危险化学品运输。有来自国内海上及内河各类船舶,以及来自境外近50个国家和地区船舶进出港。特别是南京长江大桥及第二大桥、液化天然气过江管道及水下过江输油管道,导致通航环境十分复杂,使易发海难危险性增大。1979年1月30日"江峡"轮与"东方红3号"碰撞沉船事故,震惊中外的1989年1月2日长江油船失火爆炸特大海难,1993年南京炼油厂310号油罐特大火灾等,均给人们敲响了警钟。

鉴于以上情况,根据国务院、中央军委1973年以国发〔1973〕187号文下发的《关于成立海上安全指挥部的通知》的精神,1993年10月11日南京港监局向南京市政府报送成立"南京长江海难救助指挥部"的请示。

## 二、水上搜救中心成立与救助及更名

1994年10月21日,南京市政府就建立南京水上搜救组织,在南京港监督局召开南京市长江海难救助领导小组第一次会议。会议由南京市政府副秘书长奚永明主持,专题研究成立海难救助指挥部及其相关问题:

第一,决定于11月15日正式成立"南京市长江海难救助指挥部",对内称海难救助领导小组,对外称海难救助指挥部,办公室设在南京港监局内。由黄孟复副市长任组长,南京市口岸委、南京市劳动局、南京港监局、南京港公安局、南京市公安局水上分局、南京港务局为副指挥成员单位。指挥部的职责主要是负责对人命安全的救助和涉及公共安全及公共利益的救助,或采取强制性处置措施。督促有关单位加强水上救助力量和设备的建设、储备。

第二,海难救助成员单位由江苏省气象台、南京市公安局水上分局、南京港监局、南京航道分局、南京港务局、南京长江油运公司、南京扬子石化公司、金陵石化公司、南京炼油厂、南京热电厂、上海梅山冶金公司、长江航务管理局南京通讯导航处、南京港公安局、江苏省江海航运公司、南京市轮船运输公司、南京市人民保险公司、太平洋保险公司、盐城市秦南打捞公司等18家单位组成。

第三,经研究,原则通过《南京市长江海难救助指挥部工作职责》《南京长江海难救助紧急处理办法》。要求进一步落实海难救助奖励基金。

1994年11月15日,经南京市政府批准,南京长江海难救助指挥部正式成立。南京市政府副市长黄孟复主持召开南京长江海难救助指挥部成立大会,并指出:"海难救助指挥部的成立,必将增强长江这一国际通航河流的开放性和安全性,必将增强南京这一国际商港的竞争性和吸引力,必将更好地服务于南京经济的发展和国际大都市的建设。"

海难救助指挥部成立之日,举行了第一次海难救助暨首次监督艇综合演练,20艘船艇全面出动,在现场进行综合演习。演练活动分3个部分:一是监督站、艇人员的实际操作比赛和理论考试;二是船艇维修保养和五好设备评比;三是监督艇完成水上编队演练和消防、救生等海难救助演练。通过现场综合演习,监督艇现场应变能力、机关指挥能力、后勤保障能力、整体配合能力得到全面提高。搜救中心成立不到一年的时间内,共组织施救12起,救助落水者23人,挽回经济损失约1000万元,收到锦旗15面。1995年5月19日,靠泊在南京扬子石化8号码头的"福州中钢16号"轮发生火灾,海难救助指挥部迅速调派施救力量前往抢救,减少了该轮的损失。这是海难救助指挥部成立后首次海难救助行动。同时,海难救助指挥部还拟订"海难救助暂行办法""指挥部工作职责""办公室工作职责"等管理规章制度。1997年6月4日,"大庆243"号轮与3艘过驳的油驳在南京栖霞油运锚地碰撞发生爆炸后,海难救助指挥部立即组织消防、拖轮与抢救人员,前往现场疏散油轮、油驳、灭火、防污,并调集5艘监督增援,实施封航、监控、指挥,从而将事故损失降到最低程度。

1998年7月31日,经南京市人民政府批准,"南京长江海难救助指挥部"更名为"南京长江水上搜救中心"。

## 第五节 航政监管设施(备)建设初具规模

### 一、建成20世纪世界前列的交管系统(VTS)

南京海事信息化最早的工程建设,就是至今仍让人们津津乐道的南京—浏河口船舶交通管理系统

(VTS)中的重要组成部分——南京船舶交通管理系统(VTS)(以下简称"南京交管中心")。南京—浏河口船舶交通管理系统(VTS),是交通部"八五"期间批准兴建的支持保障系统重点建设项目。

20世纪80年代初,南京与沿江8个主要港口相继对外开办贸易物资运输,尤其1983—1987年长江江苏段张家港、南通、南京、镇江港口相继对外开港,迎来外国籍船舶(外轮)。其中,南京港自1986年3月迎来新中国成立以来的第一艘外轮。中外各类船舶大量地涌入,给水上安全形势带来严峻的考验。正如南京市政府给交通部函中所述:"船舶航行、停泊秩序混乱,各类事故潜在隐患较多,恶性事故、水域污染事故时有发生,严重制约了港口综合功能的发挥,影响了港口对外开放和发展。"但是,作为当时监管水上交通安全的机构——南京港监局因监管设施差,无法保证监管需求。对此,南京市政府也觉得水上交通安全管理手段差,不能适应港口管理需要。南京港必须建立水上雷达交管系统,配备相应的管理手段。

为迅速改变南京港水域严峻的水上安全局面,南京港监局通过考虑和权衡,决定建设与引进当时全球通用的、具有20世纪90年代世界先进水平,且在我国沿海一些港口已建成并运转、具有一定效能、初步积累建设经验的船舶交通管理系统(VTS)。

1990年上半年,南京港监局经过大量前期工作后,拟定出《南京港水上交管系统(VTS)总体方案》。10月,向南京市政府汇报并介绍这一总体方案。11月22日,南京市政府以宁政函〔1990〕12号专题向交通部行文《关于商请在南京港建立水上交通系统工程的函》。1991年8月18日,长江港监局在南京召开会议,开始研究南京—浏河交管工程(VTS)前期工作。1991年9月27日,交通部以〔91〕交计字673号文批准"建设长江下游南京—浏河口船舶交通管理系统。其中,南京一带建设南京船舶交通管理中心,并在仪征、摄山、天河口、长江大桥建设4个雷达站(称"四站一中心"),大桥雷达站与南京交管中心合并。随后,南京港监局开始了南京交管中心建设的前期准备工作。位于江边路3号的南京港监局办公楼占地面积仅1375平方米,是无法满足建设南京交管中心(VTS)的需要。在南京市政府协调下,征用了局办公楼东侧南京第二商业局糖烟酒公司仓库(在局办公楼东面,下关区公共路13号)占地2570.75平方米的土地。1992年4月30日,南京港监局办理了征地的相关手续。1993年2月13日,南京交管中心设计任务完成,建筑物称"南京水上交管雷达大楼"。6月,南京交管中心(VTS)工程正式开工建设。1994年11月18日,3594平方米的中心主体封顶(建筑面积4570平方米),第19层机房及控制室装修完工。栖霞微波中继站设备改造、摄山雷达站收尾工程、天河口微波中继站征地、外接电和铁塔基础工作,进口设备国内配套设施接运、保管工作也相继完成。1996年9月10日,南京交管中心连同镇江、张家港、南通交管中心,即南京—浏河船舶交通管理系统工程全部建成,所有设备安装完毕、调试及投入试运行。

南京—浏河船舶交通管理系统,共设有4个交管中心、12个雷达交管站、1个微波中继站、1个甚高频无线电通信(VHF)中继站,覆盖从南京至浏河口364公里的长江干线水域,由雷达信息子系统、微波传输子系统、雷达数据处理及显示子系统、全频VHF子系统、自动气象服务子系统和船舶航路信息及模拟子系统等组成,是一项集高科技、多专业为一体的综合性系统工程,其规模、功能等均居20世纪90年代世界内河VTS系统前列,具有90年代世界先进水平。这一系统可对航行在系统覆盖水域内船舶实施实时监控、交通组织管理和协调、纠正和处理船舶违章、防止水域污染、支持海难救助行动、应船舶要求提供助航服务,为船舶代理、港口及引航调度、外轮供应等港航单位提供船舶静态和动态信息咨询服务等。

经过近一年设备调试和试运转,1997年6月14—15日交通部在南京召开南浏交管系统竣工验收会并通过验收。7月20—21日,长江港监局在南京主持召开长江南浏交管系统管理研讨会,研究部署该系统开通运行管理相关问题。9月23日,长江港监局批准成立南京、镇江、张家港、南通交管中心(VTS)和南浏交管维修中心,业务隶属长江港航监督局航保处,明确为正科级单位。南京交管中心(VTS)编制21人。维护中心挂靠南京交管中心。交管中心主要职责是:贯彻国家有关水上交通安全管理的法律、法规、规章及上级指令;制订年度和月度计划;负责日常值班工作;负责辖区通航秩序管理;负责防风、防汛、春运、战枯水等季节性安全工作;收集、评估、处理水上安全信息;组织实施船舶动态报告;组织实施船舶交通;调动和指挥在岗监督艇及现场监督员;组织协调突发性事件和救助工作,支持联合行动;负责操作、使用、管理、维护和保养 VTS 设施(备)等。12月4日,长江港监局公布《长江干线南京至浏河口段船舶交通管理系统安全监督管理办法》《长江干线南京至浏河口 VTS 系统用户手册》。1997年12月18日,南京至浏河口交通管理系统开通典礼在南京举行。自此,我国内河最大的交通管理系统(VTS)正式启动运行。

南京交管中心(VTS)及南浏交管系统(VTS)的运行,改变了长江下游水上安全监督管理的面貌,是南京水上交通监管工作迈向现代化一个重要标志。

### 二、用于现场巡航的监督艇配备齐全

这一时期,由于交通部、长江港监局加大水上安全监管设施、设备建设力度,1991年南京港监局拥有8艘监督艇,即监督80、81、85、028、029、030、033、034号,以及2艘囤船(港监囤84、73号)。2艘囤船上配备无线电话各一台。1995年4月26日,新建的监督92号艇调配给南京港监局。至1998年底,南京港监局有监督艇16艘,即监督37、48、66、68、74、80、81、85、92、99、028、029、030、033、034、060号。除060号监督艇为玻璃钢艇外,其他均为钢质船。另有港监囤船10艘,即24、38、45、56、59、65、73、76、84、100号。至2000年底,监督艇、囤船分别增至18艘、10艘。监督艇分布情况是:梅山、大胜关、下关、大厂、新生圩、栖霞、仪征站监督各1艘,大桥监督站4艘,二桥监督站2艘。

进入20世纪90年代,南京市港航监督处监管设施与装备逐步完善,先后增添2艘功率较大的港监艇和4辆公务用车。为方便乡镇渡口巡查,南京市港航监督处还购置一批适应乡村道路行驶的摩托车。1992年,建成外秦淮河7个船舶较密集航段的电视监控。1996年,购置10艘摩托艇。1994年,为方便船员培训考试,在三汊河桥旁建成1700平方米的南京市船员培训中心,配置船舶轮机柴油机房和船舶驾驶部无线电模拟驾驶室等教学培训机具设备。同时,完成六合县港航监督所1170平方米的新建办公用房。1996年,又购置10艘摩托艇。

为加强对监督艇、港监囤船的管理,南京港监局于1995年1月起建立船艇管、修、养、用的经济责任制和经济核算制度,对监督艇、囤船管用养修工作提出具体目标:监督艇、囤船完好率达95%以上;杜绝重大机、海损事故,力争全年无一般以上事故;精心组织设备检查评比活动并创优异成绩。同时采取措施,确保艇囤完好率。开展扩大自修工作,运用设备点检制和状态监测等现代化管理办法,逐步推行视情维修、报废转变用途等方式,淘汰技术状况恶劣的老旧船,加快设备更新。开展五好设备创优活动。

### 三、水上安全监管信息化试行与全面推进

20世纪90年代之后,随着科学技术的迅速发展,全国水上安全监管系统信息化起步,并逐渐加快发展步伐。1996年,中国港监局开始提出港监信息化建设建议。1997年,又下发《水上安全监督信息系统总体规划》,部署全国直属水监系统信息化建设工作。长江港监局亦开始重视信息化建设工作,1998年成立信息系统规划编制小组。

20世纪90年代之前,南京航政分局水上安全监管通信联络最多是甚高频无线电话、单边带及办公设备计算机、四通打字机、传真机、909打字机、复印机等。1992年2月23日,南京港监局申请组建 VHF 无线电话二次拨号网。经协调南京市无线电管理委员会,同意分配150MHz甚高频(VHF)陆用异频信道一对,使船舶引领人员使用多年的手携式对讲机更新与本项目(VHF无线电话二次拨号网)同步进行,减少重复投资,达到一机二用的目的(用于水上作业和市内选呼)。1996年9月17日,南京港监局又与镇

江、张家港、南通港监局委托大连建华技术发展有限公司开发适合业务需要的内部管理软件,主要为交管数据库、人事管理、往来发文登记、固定资产设备管理、材料核算、各管理子系统等,委托完成期限为该年的11月17日。1997年12月18日,南京船舶交通管理系统试运行后,除船舶交通管理系统外,其他业务管理系统建设被提上日程。1998年11月18日,南京港监局信息化工作领导小组和领导小组办公室成立。领导小组职责是制订局信息工作指导思想和工作方针;制订局信息发展规划以及具体实施方案;审议局信息化工程项目建设方案和可行性报告;制订局信息化工作相关标准、信息工作程序和相应管理制度;统一管理局信息化工作,协调解决局内信息化工作中存在的重大问题。这一年,南京港监局充分利用VTS交管的信息服务及监控功能,24小时不间断为船舶提供全方位服务。同时,加强计算机管理和应用,港监业务初步实现联网,港口国监督(PSC)检查与部联网,海员证管理与部联网,船港费征收系统软件在全线推广。1999—2000年,进一步应用计算机和办公软件,90%以上科室配备计算机,绝大部分人员能够上机操作,尤其业务部门办公自动化软件得到开发和应用,推进港监办公现代化进程,信息收集储存量逐年增加,大部分基层监督站配备计算机,栖霞、新生圩两个监督站自行开发软件。

2000年4月7日,经国家信息产业部批准,国家邮政电信总局在中国电信固定电话网统一启用12395作为全国统一水上搜救专用电话号码。为此,南京水上搜救中心正式启用水上搜救专用电话号码"12395"。

### 四、业务用房和职工福利房进一步改善

1993年12月17日,南京港监局在上报《关于江边路3号业务楼拆除报废的申请》报告中称:"江边路3号业务楼4层,计1375平方米。根据'长江干线南京—浏河口船舶交通管理系统工程'的初步设计,南京交管中心、南京长江大桥雷达站合建一处,确定在江边路3号业务楼原址。为保证交管工程建设施工如期顺利进行,要求及时拆除该楼。"1994年1月12日,长江港监局批复,同意在江边路3号建设"南京水上交管雷达大楼"。1996年11月5日,南京水上交管雷达大楼建成,局机关从下关区热河南路71号引航业务大楼迁回江边路3号。

为解决职工的住房问题,1991年11月15日长江港监局批复同意南京港监局在南京市茶南小区购置商品房23套,1996年分配。1993年10月,南京港监局购置商品房姜家园185号商品房12套。1993年12月,南京龙池庵、热河南路、白云亭职工宿舍接通管道煤气。

到20世纪90年代末,南京港监局职工住房欠账严重。为解决局职工住房困难,该局通盘考虑后,决定将热河南路71号(引航站办公业务设施)改造成职工住房。1999年10月20日,经长航局批准,南京港监局就热河南路71号引航业务用房改造进行前期调查、规划、设计,与南京市规划局、住房办联系,确定改造规划方案、商品房分配方案和要求。12月8日,热河南路71号业务用房改造工程完成,共改造23套职工住房,总面积1717平方米,较好地解决一批特别困难人员、单身职工住房问题。

## 第六节 港监管理队伍行政执法与培训教育

### 一、港监队伍行政执法进一步规范

#### (一)实行持证上岗制度

为维护港航监督机关依法行使职权,严格依法行政,交通部于1990年11月16日下发《关于发放〈港

航监督证〉通知》,决定对全国从事现场港航监督检查的执法人员进行培训考核,合格后由中国港监局审批颁发统一的港航监督证,1991年3月1日起正式启用。根据规定要求,南京港监局对符合港航监督证申领条件的人员进行审核把关。1996年3月《中华人民共和国行政处罚法》实施后,1997年1月24日交通部下发《关于统一制发水上安全监督行政执法证的通知》,对行政执法证的申请、审批和发放等相关事宜作出规定。1997年7月1日,行政执法证正式启用。1997—1999年,南京港监局完成了执法人员发证材料的审查、上报。至2000年底,全局共有200多人取得行政执法证,持证上岗,佩戴名牌执行公务。同时,南京港监局对执法人员持证上岗实行动态管理。调离执法岗位的,收回执法证,由执法督察部门保管。执法人员病故、退休的,注销其执法证。

### (二)规范执法程序

为检查、考核监督站的港航监督、思想教育、内部管理工作和党纪行风,1992年5月3日南京港监局制定《南京港监局监督站工作考核标准》,通过检查考核,改变分配办法,体现按劳取酬、奖勤罚懒,促使监督站遵纪守法、履行职责,促使内外部管理达到制度化、标准化、程序化、规范化。1997年7月,又根据长江港监局《长江港监行政执法规范》,以工作职责为基本依据,对港监行政执法行为进行分类,在全面梳理基础上规范具体操作与工作程序。同时,汇集编撰《南京长江港航监督局职责汇编》《南京长江港航监督局内部管理规定汇编》。1999年,建立行政处罚统计报告制度、水上安全违法行为分析制度和水上安全违法行为通报制度,完善行政处罚统计台账、行政处罚明细表和行政处罚档案等。1998年,编制《行政执法公示》,于7月1日起实行,并将各监督站机构批文、收费许可、收费标准及监督电话上墙。建立每月公示一次通航环境制度,向社会提供通航安全环境信息,为航运企业服务。

### (三)进行执法监督检查

随着社会主义市场经济逐步建立,提高行政执法水平、树立良好行业风气成为南京港监局工作的重中之重。1997年5月21日,南京港监局成立港监督察队,并于6月1日起开展工作,每季度检查一次。港监督察队主要围绕船舶登记管理、船舶签证管理、船舶安全检查、船舶载运危险货物监督管理、船舶防污监督管理、通航秩序和通航环境管理、水工管理、水上交通事故管理、VTS运行管理、安全值班、水上搜救、季节性安全管理与专项活动、行政执法监督、处罚与费收等14项工作进行督察。1997年,南京港监局因行政执法工作成绩突出被交通部评为直属水监系统法制工作先进集体。成立执法督察队,取得规范执法行为、行业作风、文明执法等效果,并在直属水监系统交流。

## 二、港航监管队伍培训教育进一步深入

### (一)对港航监管人员文化、技术的培训

20世纪90年代初,南京港监局有大学学历18人,大专学历78人。1992年7月,南京港监局针对职工文化普遍不高的情况,有计划、分层次、多渠道开展职工文化培训工作,下发《职工教育管理实施细则》,对"职工就读申报手续""学习人员待遇""教育经费管理及使用""业余学习奖励标准及管理办法""学习时间""职工学习的管理"等做了相应规定。还就举办各类短期专业培训班,明确了授课老师专业技术职务或职称、培训时间、待遇。经过多种形式的不断培训、培养与教育,南京港监局职工队伍基本达到专业结构较为合理、技术人员相对集中、文化水平有所提高。到1995年底,全局326名职工,大专以上学历124人,占职工总数38%;中专、高中学历158人,占职工总数48%;35岁以下职工全部完成高中补

习任务。同时,南京港监局还开展监督艇、趸船船员岗位技术与技能比武活动,在提高岗位技能、操练岗位技术的基础上,促使船员逐步向一专多能、一人多用方面发展。1998年9月,南京港监局举办监督艇船员技能比武。10月,在参加长江港监局组织的船员技能比武中,荣获团体第二名。

1998年,为解决局交管中心存在缺员、素质有待提高的问题,南京港监局经过培训的14名人员全部抽调至交管中心工作,充实交管监督员队伍。还有计划培训交管值班人员,开展岗位练兵,结合工作实例探讨改进方法。4月22日,局交管中心举行"导师带徒"责任书的签字仪式,有效地促进岗位技能的提高。并安排这些人到兄弟港监局交管中心学习交流,不断提高交管值班人员理论水平和实际操作能力。

### (二) 全员培训与普法教育

1996年2月,交通部公布实施《交通行政执法人员三年岗位培训工作规划》,决定用3年时间对全国交通系统执法人员,按交通行政执法岗位规范的要求,普遍进行一次任职资格性岗位培训,开展正规化法制教育、职业道德教育和业务知识教育。按照统一规划、分级管理、分工培训、分类指导的原则,南京港监局根据不同岗位采取集中与分散相结合的形式,分阶段实施行政人员岗位培训工作。据统计,1998年3月到1999年6月,共举办行政执法人员培训班6期,参训人员为360人次,合格率100%。同时,加强执法人员水上资历培训。2000年,选派4名业务骨干到大连海事大学专业学习,安排20名监督艇船员在宁申航线实习(其中10人参加适任证书理论考试),还组织20多名船员进行适任证书跟踪考前培训。此外,建立法制工作联系网络和专职法规员队伍,并在各基层处站、业务科室设法规员。"二五"普法(1991年11月至1996年12月)期间,重点学习《中华人民共和国宪法》《中华人民共和国国旗法》《中华人民共和国集会游行示威法》《中华人民共和国土地管理法》《中华人民共和国计划生育条例》《中华人民共和国行政诉讼法》《中华人民共和国义务教育法》《中华人民共和国环境保护法》《中华人民共和国内河安全管理条例》。"三五"普法,每年有计划、有布置、有总结、有检查,既集中面授又分散辅导,既结合岗位实际培训又开展专业法规研究,全局参学率、参考率均达99%。126人通过南京市干部学法考试。下关区普法办将南京港监局普法经验推广到南京市行政执法单位。

### (三) 专业技术干部人数逐年增加

1991年9月,依据长江航务管理局委员会《专业技术干部年度考核暂行办法》,南京港监局成立南京港监局专业技术干部考核委员会,对专业技术干部进行年度考核。考核分优秀、称职、基本称职、不称职四个等级。考核对象为已经受聘的专业技术干部。规定没有正当理由不参加考核的人员,不得参加专业技术职务的晋升和聘任。经过考核,全局134名专业技术干部,其中考核优秀的28人、称职的106人。

1992年8月,南京港监局专业技术职务评审委员会成立,每年对专业技术干部进行考核评审。1992年,对专业技术干部按系列进行分类,对职称进行评审考核。专业技术干部人数、职称、考核等次情况是:①工程系列:高级工程师5人(评审考核称职5人);工程师29人(评审考核优秀9人、称职20人);助理工程师69人(评审考核优秀13人、称职56人);技术员3人(评审考核称职3人)。②经济专业:助理经济师2人(评审考核称职2人)。③会计专业:助理会计师8人(评审考核称职8人)。④船舶系列:高级船长4人(评审考核称职4人)、中级职称13人(评审考核优秀6人、称职7人)。至2000年底,全局专业技术干部146人(其中高级职务7人、中级69人、初级70人)。按系列分类、职称等级考核情况是:①工程系列:114人(高级工程师6人、工程师54人、助理工程师54人);②科学研究:3人(助理研究员3人);③经济专业:3人(经济师3人);④会计专业:10人(助理会计师10人);⑤图书档案1人(助理馆员1人);⑥政工系列:14人(高级政工师1人、政工师8人、助理政工师5人)。

此外,1998年推荐选拔21人参加长江港监局97—98年度"111人才工程"后备人选,其中第二层次3人、第三层次18人,并从中推荐3人参加研究生考试,其他人员参加"交通运输航政管理"专升本函授学习,为港监人才成长创造条件。

长江港监局还于1995年11月在南京召开系统首届档案工作会议。会上,南京港监局档案工作受到与会代表的肯定。之后,南京港监局制定《南京长江港航监督局档案管理实施细则》,统一管理档案,构成一个全宗。1997年1月起,利用4个月时间,按照文书、人事、会计、基建、设备、水工、海事、声像等进行对档案分类,归档率、完整率、合格率均达到标准。为此,南京港监局被认定为1997年度南京市企事业单位档案工作目标管理达标单位(档案管理市一级单位),同时被认定为1997年度江苏省档案工作目标管理省级标准企业、科技事业单位。1997年,档案工作经南京市档案局和长江港监局验收,达省、部级标准。

## 第七节　党的建设和文明创建全面推进

### 一、党委班子和基层组织建设加强

1991年,为增进党委"一班人"整体素质,发挥政治核心作用,南京港监局党委建立健全党委会制度,建立和坚持党委中心组理论学习制度、党政联席会议制度和民主生活会制度。一般情况下,每月召开一次党委会。做到学习有计划、有落实。党委成员之间除在民主生活会上坦诚交换意见外,平常经常谈心、交心,相互尊重、相互信任、相互支持。1998年,严格按照党管干部的原则,选拔、任免、奖惩、交流,落实干部管理计划和措施。

这一时期,南京港监局党委以创建"五好支部"活动为主线,落实"三会一课"制度,开展创建活动、民主评议党员活动与争当"优秀党支部书记""优秀党员"活动。

### 二、开展时事政治教育活动

20世纪90年代初,面对苏联解体、东欧剧变,在一定程度上影响人们思想,动摇人们信仰,为贯彻落实中央有关精神,切实维护安定团结的政治局面,南京港监局党委在广泛开展基本国策、基本路线教育(简称"双基"教育),分期分批轮训教育干部职工,激发职工爱国主义热情。1991年,组织职工轮训,举办培训班5期,上党课6次。

1992—1999年,南京港监局党委开展一个中心、一条主线、一个标准、三个有利于、一个大政策、一个新体制等系列理论学习,并结合水上安全监管工作,增强职工改革意识、开放意识和中心意识。2000年,南京港监局党委开展以"讲学习、讲政治、讲正气"为主要内容的"三讲"教育活动,采取召开座谈会、发放征求意见表、民主评议、个别谈话等,制订出53条整改措施。

### 三、廉政与文明建设进一步加强

这一时期,南京港监局党委从增强党员党性和纪律观念入手,结合党员思想状况和发生的典型案例,开展多种形式的党风党纪教育,建立健全党风廉政建设责任制,使全局党风政风有所好转。

1991年1月,南京港监局党委依据有关规定,结合党员的实际情况,对犯有尚不够党纪处分错误的党员以警诫通知的形式,警示、告诫本人尽快改正错误。制定《党员警诫制度》,成立"加强廉政建设,纠正行业不正之风"领导小组,组建监察科。同时,发挥信访工作监督作用,设立纪委书记定期接待群众来访制度。1992年4月6日,设立"信访接待室",以及纪委书记周五接待日。1998年1月,制定"廉政勤政为企业改革服务十大措施",进一步做好水上安全监管执法中的依法行政工作。

南京港监局党委1991年提出"双文明"建设目标,并作出3年上3个台阶的规划。经过共同努力,1992年12月南京港监局被交通部授予"水上交通安全先进"称号。1998年2月,被长江港监局评为"文明执法达标单位",被南京市人民政府授予"1996—1997年度文明单位"荣誉称号。1998年,成为全国海事系统文明达标单位中的第一批"全国文明单位"(两年后又摘牌)。2000年,被南京市评为1998—1999年度"文明单位"和"文明行业"。

1994年,南京港监局学习全国交通系统精神文明建设标兵包起帆、"华铜海"轮。1998年,百年不遇的特大洪灾期间,南京港监局强化现场巡航与维护,避免航行船舶浪损长江大堤,共出航20多艘次,参与抗洪救灾人数3360人次,救灾捐款38334元,18名突击队员日夜坚守在江堤险段长达80多天。1999年10月,还开展"情系灾区,奉献爱心"募集冬季衣被活动。

# 第八章 南京海事的科学发展(2001—2010年)

自2001年起,南京海事进入新的发展期。到2010年,前后共10年,南京海事局面对江苏省暨南京市实施"跨江发展战略"和海事职能转向服务社会公共事业,坚持水监体制改革规定分支机构以海事业务管理为主的定位,用海港模式全面履职,服务社会经济,完善监管机构,有的放矢开展监管工作,加强队伍自身建设,推进监管设施(备)及信息化新发展,较好地完成海事监管和服务地方经济的两大主体任务,得到社会的广泛好评,被南京市委、市政府批准列入发文单位和参加会议单位,接入"南京政务网"接收电子文件和信息,还被中国海事局列为直属海事系统中内河唯一的较大分支机构。南京市地方海事局海事监管水平有了全面提升,辖区2000—2008年实现水上事故、沉船、死亡、经济损失均为零。

## 第一节 南京海事局与南京市地方海事局分别组建

### 一、南京水上安全监管体制的改革

南京水上安全监督管理体制改革(以下简称"南京水监体制改革"),是全国水上安全监督管理体制改革的一个部分,也是1989年长江港航监督体制改革的深化和继续。

早在20世纪90年代,国家就对水上安全监督体制进行一系列改革。1992年、1994年,交通部在广东省深圳市、海南省进行同一水域、同一港口设立"一水一监"管理模式改革试点。1998年6月18日,国务院批准组建"三统一"(统一政令、统一布局、统一监管)的直属、地方海事系统。10月13日,国务院办公厅下发《关于做好合并中央与地方水上安全监督机构的通知》,标志中央与地方水上安全监督机构合并工作启动。1999年6月5日,国务院办公厅转发交通部《水上安全监督管理体制改革实施方案》。该方案提出水监机构划转与合并的原则。在机构合并和划转中,一律按照1998年6月18日在册情况进行人员划转,与其他机构合署办公,原则上从事水上安全监督业务的人员全部划转,综合管理人员和离退休人员按照水上安全监督业务人员占所有业务人员的比例划转。1999年6月14日,交通部召开第一次水上安全监督管理体制改革电话会议,在全国开展水监体制改革的组织实施工作。10月27日,国务院批准《交通部直属海事机构设置方案》,决定在中央管辖水域内设置交通部直属海事机构。直属海事机构在所辖重要港口设置分支机构。名称统一为"中华人民共和国××(港口或地名)海事局";直属海事机构及其分支机构可在所辖地域设置派出机构,名称统一为"中华人民共和国××(港口或口岸名)海事处(科)",行政级别为处(科)级。12月14日,交通部下发《关于规范地方水上安全监督机构名称的通知》,按全国地方水上安全监督机构共分3级,即省(自治区、市)地方海事局、省(自治区、市)市(地、州、盟)地方海事局、省(自治区、市)县(市、区、旗)地方海事处。根据工作需要,地方海事处可下设站点。2000年6月5日,中央机构编制委员会办公室批复同意《交通部沿海直属海事机构的分支机构设置方案》。

根据全国水监体制改革统一部署,国家决定在南京新组建直属交通部的江苏海事局,统一管理江苏沿海、长江干线的水上交通安全监管事务。1999年10月14日,交通部副部长洪善祥同江苏省副省长陈必亭在南京签署《关于在江苏实施水上安全监督管理体制改革的协议》,次日联合下发实施。该协议规定:江苏省沿海(包括岛屿)水域和港口、长江干线(江苏段)水域和港口的水上安全监督工作(包括海船管理、海船船员管理)由交通部设置机构管理,原由江苏省交通厅管理的长江夹江的航道、航标养护工作一并移交交通部管理,相应机构、人员、资产划转交通部,江苏省其他内河(湖泊、水库)水域水上安全监督工作由江苏省设置机构负责管理。沿海水域和内河水域的划分原则上以河口第一港港界划界,河口没有港口或港界未明确的,依据现状和有利于管理的原则予以划定;长江干线与通航支流的划界原则上以河口长江堤岸岸线连线划界,但河口处设有港口(码头)且该港口(码头)在干线与支流上连接在一起的,以港口(码头)由一个水上安全监督机构管理为原则划定,具体划分方案由联合工作组协商确定。

2000年7月26日,"中华人民共和国江苏海事局"在南京正式挂牌成立,对外办公。江苏海事局成立后,加紧落实以上交通部、江苏省签订相关协议。11月8日,江苏海事局与江苏省交通厅联合下发《关于做好江苏长江干线水监体制改革人事、资产、业务和管理水域交接工作的通知》。2001年4月24日,江苏省编委办和省交通厅下发《关于调整全省地方海事机构设置、人员编制的通知》,调整江苏省原设置港航监督机构,规定省、市、县三级地方海事机构名称统一规范为省地方海事局、市地方海事局、县地方海事处。

作为江苏水监体制改革一部分,这时的南京港监局,从2000年上半年在选派人员成立专门工作组筹建江苏海事局的同时,按步骤开展南京水监体制改革方面的工作,与南京市交通局、南京市地方港监处就地方划转机构、人员进行交涉、协商。划转原则主要按照交通部《水上安全监督管理体制改革实施方案》要求执行。划转时间上,"按照1998年6月18日在册情况进行人员"划转;划转人员上,"从事水上安全监督业务的人员全部划转,综合管理人员和离退休人员按照水上安全监督业务人员占所有业务人员的比例划转"。划转协商后签订了协议,确定:南京市港监处和六合县、江浦县、江宁县等3个港监所为部分划转,浦口区、大厂区、雨花台区、栖霞区等4个港监所为整建制划转。2000年11月8日,江苏海事局与江苏省交通厅联合下发做好交接工作通知。之后,南京港监局开始分别与南京市确定划转的8家单位的主管单位交通局与南京市港监处进行划转人员、财产、物品与档案等的移交、接受工作。至2000年11月30日,先后接受划转的南京市港监处和六合县、江浦县、江宁县3个港监所的一部分,以及成整建制划转的浦口区、大厂区、雨花台区、栖霞区4个港监所,共接收地方划转人员86人,其中在册74人、离退休12人。另外,根据江苏海事局要求,先期接收仪征市港监所22名人员。

2000年10月,交通部、江苏省执行水监体改协议联合工作组经友好协商,对江苏海事局管辖水域与地方海事管理机构管辖水域之划界问题形成意见:江苏段长江干线水域(含夹江水域)为江苏海事局管辖水域;江苏段长江干线与江苏省内河相通的支流河口,以长江主江堤堤岸岸线的连线为界,界线侧长江水域由江苏海事局管辖,界线侧内河水域由省地方海事管理机构管辖。按照协议,南京长江支流河口主江堤堤岸连线长江一侧水域为南京海事局辖区。同时,根据江苏海事局安排,南京海事局先行代为管辖扬州仪征长江水域,管辖八卦洲船闸河口、燕子矶港池、栖化港池、南钢港池等天然或人工港池,大年河右岸至其河口内水闸为界。至2010年12月31日,南京海事局管辖水域范围150公里,岸线308公里,上自江苏与安徽交界水域的长江慈湖河口与乌江河口连线,下至长江新河口与仪征十二圩河口连线。

其间,2008年6月30日,江苏海事局将南京海事局管辖的扬州仪征海事处及其所属泗源沟办事处调整为扬州海事局管理,7月1日起执行。但相关水域仍由南京海事局管辖。至2010年底,南京海事局辖区干线与支流划界地点:以长江主江堤堤岸岸线连线划界支流河口。

以左岸主江堤堤岸连线划界:乌江河、七坝河、城南河、马汉河、通江河、皇厂河、划子口、大河口、小河口、胥浦河、仪扬河、金斗河、十二圩河。

以右岸主江堤堤岸连线划界:慈湖河、铜井河、板桥河、新秦淮河、三汊河、老江口、七乡河、九乡河、治江口、三江口、杨家沟、新河口。

## 二、中华人民共和国南京海事局的组建

### (一) 南京海事局机构的逐步调整

2000年6月5日,中央机构编制委员会办公室批复同意《交通部沿海直属海事机构的分支机构设置方案》,决定设立中华人民共和国南京海事局。2000年12月15日,在南京海事局筹备组成立的同时,江苏海事局下发《关于成立中华人民共和国南京海事局的通知》,称:"定于2000年12月18日成立中华人民共和国南京海事局"。12月18日,以南京港监局为基础,与划转接受的南京市港监处和六合县、江浦县、江宁县3个港监所的一部分及成整建制划转的浦口区、大厂区、雨花台区、栖霞区4个区港监所合并,挂牌成立"中华人民共和国南京海事局"(以下简称"南京海事局"),为正处级单位。图8-1-1为南京海事局揭牌。

至2000年12月31日,南京海事局在编人员有287人。局机关内设机构暂时沿用原南京港监局机构编制,即办公室、人事教育科、财务科、装备科、党委办公室、纪委、工会、船舶监督科、船员证件管理科、通航保障科、交管中心、计划基建科、机关服务中心;派出机构为梅山、下关、新生圩、栖霞、大厂、仪征6个监督站。

图8-1-1 南京海事局揭牌

南京海事局成立至2010年,除按交通部2007年9月26日《关于设置中华人民共和国南京龙潭海事处等海事机构的批复》,成立"中华人民共和国南京龙潭海事处"(为南京海事局派出机构,正处级单位)外,经江苏海事局批准,以海事监管服务需要为原则,先后对所属机构进行过3次大的、多次小的调整,使机构设置进一步合理、科学。

第一次调整为2001年4月。为适应南京水监体制改革需要,规范机构设置,按照江苏海事局《关于中华人民共和国南京海事局机构编制有关事项的批复》,南京海事局内设机构设通航管理科、船舶监督科、综合办公室、政工科、财务会计科、危管防污科、人事教育科、交管中心(值班室)。其中,交管中心与通航管理科归并管理。上述机构均为正科级。机关科室由原来的13个减少至7个,工作人员减少2/3。派出机构设梅山、大厂、新生圩、栖霞、浦口、扬州仪征6个海事处。其中,梅山、大厂、新生圩、栖霞海事处为副处级;浦口、仪征海事处为正科级。6个海事处下设18个办事处。附属机构设后勤服务中心,为正科级。

第二次调整为2004年5月。按照交通部海事局、江苏海事局执法管理模式改革指导意见,南京海事局按照"三分离、三分开"原则,重新设置内设机构、分配职能、设计管理模式和工作流程,开始执法管理模式改革,并在6月底完成。改革后,撤销船舶监督科、危管防污科、通航管理科,成立船舶交通管理(VTS)中心、调查督察处和政务中心。船舶交通管理(VTS)中心同时挂海事执法支队牌子。执法支队下设水上执法第一、第二、第三执法大队,各基层海事处也相应设海事执法大队。这次改革,主要是按照水监体制改革原则,即分支机构以业务管理为主,派出机构以现场管理为主,从而形成动态管理、静态管理、执法督察有效分离、互相制约、密切配合,以VTS监控为主线、突出现场、兼顾全局,行政许可行为规范统一,巡航与救助一体、执法与服务一体的新的执法管理模式。2006年4月27日,南京海事局实行"科"改"处",将相关内设机构更名为党委工作部、人事教育处、财务科技处、执法督察处,增设业务管理处、装备建设处。之后,江苏海事局相关分支机构也"科"改"处",并在直属海事系统推开。

第三次调整为2006年12月。12月25日,交通部海事局下发《关于完善海事执法管理模式改革工作的意见的通知》,将南京海事局与大连、青岛、宁波、广州海事局并列为直属海事系统较大分支机构,同时规定:较大分支机构的内设机构设置和机关人员控制数,由负责管理的直属海事局提出方案,报部海事局审批。较大分支机构可以根据工作需要和相同的归类原则,经部海事局批准设置1~3个监管处,名称分别为监管一处、监管二处、监管三处。其中,监管一处为综合性业务管理处室,监管二处或监管三处为根据该海事局业务需要设立的专门业务管理处室。较大分支机构党工部加挂组织部牌子,经交通部海事局批准,可根据工作需要设置人事教育处和装备与信息处。较大分支机构,根据批准内设机构设置,人员控制数可适当增加,最多不超过50人。南京海事局根据以上对较大分支机构有关设置的规定,进一步调整内设机构。2000—2010年南京海事局内设机构调整情况详见表8-1-1。

**2001—2010年南京海事局内设机构调整一览表** 表8-1-1

| 调整时间 | 机构调整情况 |
|---|---|
| 2001年4月18日 | 内设机构:通航管理科、船舶监督科、综合办公室、政工科、财务会计科、危管防污科、人事教育科、交管中心(值班室)。交管中心与通航管理科归并管理。<br>派出机构:南京梅山、大厂、新生圩、栖霞、浦口、扬州仪征海事处。<br>附属机构:后勤服务中心 |
| 2001年5月23日 | 办事处:梅山海事处的铜井、三山、双闸、上新河办事处;浦口海事处的三汊河口、九袱州、大桥办事处;大厂海事处的南钢、南化、玉带办事处;新生圩海事处的上元门、二桥办事处;栖霞海事处的摄山、三阳、龙潭、张子港办事处;扬州仪征海事处的仪化、泗源沟办事处 |
| 2003年1月16日 | 南京海事局工会办公室 |
| 2004年5月13日 | 撤销船舶监督科、危管防污科和通航管理科。<br>成立船舶交通管理(VTS)中心、调查监督处和政务中心。其中船舶交通管理(VTS)中心挂执法支队牌子。执法支队下设水上执法一大队、水上执法二大队、水上执法三大队。<br>海事处设置相应的海事执法大队,海事处与海事执法大队实行"一门两牌" |
| 2006年4月24日 | 内设机构调整:办公室、党委工作部(含纪检监察室、团委)、工会、人事教育处、财务会计处、装备建设处、执法监督处、业务管理处、政务中心。<br>直属机构调整:船舶交通管理中心(执法支队)和第一、二、三、四水上执法大队。<br>派出机构调整:梅山海事处、浦口海事局、新生圩海事处、栖霞海事处、大厂海事处、仪征海事处作为附属机构的服务中心和作为南京市政府派驻机构的水上搜救中心办公室(值班室) |
| 2007月9月11日 | 内设机构:办公室、人事教育处、党群工作部(组织部)、财务处、装备与信息处、监管处、督察处、指挥中心(南京市水上搜救中心办公室)。<br>办事机构:政务中心。<br>动态执法派出机构:执法支队,下设第一、二、三、四执法大队。<br>静态执法派出机构:梅山海事处、浦口海事处、新生圩海事处、栖霞海事处、大厂海事处、仪征海事处、龙潭海事处。<br>临时派出机构:大胜关长江大桥海事处 |
| 2008年6月30日 | 扬州仪征海事处及其所属泗源沟办事处隶属关系自2008年7月1日起调整至扬州海事局。同时在原交管中心仪征雷达站设立大厂海事处征洲办事处 |
| 2009年4月15日 | 撤销监管处,设立监管一处、监管二处、监管三处,均为正科级 |
| 2010年6月17日 | 设纪检监察室,为纪委工作机构,正科级 |
| 2010年7月1日 | 江宁海事处(筹),正科级 |
| 2010年9月6日 | 六合海事处(筹),正科级 |

至2010年底,经过多次充实调整,南京海事局内设机构逐渐完善,且进一步合理、科学。2010年南京海事局下设机构详见表8-1-2。

**2010年南京海事局下设机构一览表** 表8-1-2

| 机构属性 | 内设机构 |
|---|---|
| 内设机构 | 办公室、人事教育处、财务处、装备与信息处、督察处、监管一处、监管二处、监管三处、指挥中心、党群工作部(组织部)、纪检监察室、工会 |
| 派出机构 | 梅山海事处及下设三山办事处,浦口海事处及下设下关、九袱洲办事处,新生圩海事处及下设上元门办事处,栖霞海事处及下设摄山办事处,大厂海事处及下设南钢、南化办事处,龙潭海事处及下设三阳、张子港办事处 |
| | 执法支队,下设第一、二、三、四执法大队 |
| 办事机构 | 船舶交通管理中心、政务中心 |
| 筹备机构 | 江宁海事处筹备组、六合海事处筹备组及下设仪化、征洲办事处 |
| 临时机构 | 基建办公室、治理超载检查站 |
| 委托管理机构 | 南京监管救助综合基地管理处、后勤管理中心 |
| 政府办事机构 | 南京市水上搜救中心办公室(南京海事局)及其值班室(指挥中心) |

## (二)南京海事局及其所属海事处基本职责

2000年4月,交通部下发《交通部直属海事机构设置指导意见》,明确分支机构、派出机构基本职责。根据这一指导意见,南京海事局作为分支机构,以业务管理为主;所属的海事处作为派出机构,以现场管理为主。2001年9月,交通部海事局下发《交通部直属海事系统各级海事机构主要职责分工的暂行规定(业务部分)》。作为分支机构,南京海事局两级机构海事业务管理职责,从内部详细分工,以避免层级之间职能交叉、工作错位。2004年1月《中华人民共和国港口法》实施后,又微调部分海事职责,南京海事局基本职责为:

(1)贯彻执行国家海洋管理、环境保护、水上交通安全、航海保障、船舶和设施检验方面的法律、法规和规范。

(2)按照授权,负责辖区内船舶登记工作,以及规定范围内船舶法定配备的操作手册与文书审核签发工作;负责受理外国籍船舶及港澳地区船舶进入本辖区未开放水域或港口的申请工作,并上报上级海事机构批准后执行。

(3)按照授权,负责辖区内船员和海上设施工作人员适任资格、培训、考试和发证管理工作,船员服务簿发放及管理,船员专业与特殊培训管理及考试发证工作;负责所辖海事派出机构船员管理业务指导工作。

(4)负责组织辖区内船舶防台、水上搜寻救助工作;按照管理权限,负责辖区水上交通事故、船舶污染事故、水上交通违章案件的调查处理工作。

(5)按照授权,负责实施辖区内港口国管理、船舶安全检查、国际航行船舶进出口岸查验、国内航行船舶进出港签证、强制引航监督、船舶载运危险货物和其他货物安全监督、靠泊安全监督、防止船舶污染水域监督等工作。

(6)负责辖区内通航环境管理与通航秩序维护工作;按照授权,负责辖区水上水下施工安全技术状况审核、锚地和重要水域划定、港区岸线使用审核、航行警(通)告发布等工作。

(7)按照管理权限,负责本局财务、资产、规费征收、基本建设、干部人事、劳动工资、计划装备、科技教育、党群和精神文明建设等工作。

(8)承担国家有关法规规定和上级布置的其他工作。

### (三)南京海事局所属各海事处、执法大队辖区

依据同一水域、同一港口只设立一个监督机构原则,2001年4月江苏海事局下发《关于公布局属分支机构、派出机构水域、陆域岸线管辖范围的通知》,划定南京海事局管辖区域为上至长江江苏与安徽交界水域的慈湖河口与乌江河口连线,下至长江新河口沿岸标与仪征十二圩测点连线,干线长98公里,通航里程约150公里,沿江岸线长308公里。之后,南京海事局随着派出机构各海事处、执法大队的调整,又重新划定各海事处、执法大队的管辖范围。其中,海事处负责陆域,执法大队负责水域。2001年南京海事局各海事处管辖范围详见表8-1-3。2010年南京海事局各执法大队辖区详见表8-1-4。

**2001年南京海事局各海事处辖区一览表**　　表8-1-3

| 序号 | 海事处 | 管辖范围(以上界为准) |
|---|---|---|
| 1 | 梅山 | 慈湖河口—梅子洲头垂直连线水域,以及南岸一侧陆域岸线、码头、停泊区、装卸点等 |
| 2 | 浦口 | 乌江河口—八卦洲上口、梅子洲头垂直连线—西方角过河标与对岸垂直连线水域,以及南岸和梅子洲全岛陆域岸线、码头、停泊点、装卸点等 |
| 3 | 新生圩 | 西方角过河标与对岸垂直连线—乌龙庙过河标与对岸垂直连线水域,以及沿江两岸陆域岸线、码头、停泊点、装卸点等 |
| 4 | 大厂 | 宝塔水道水域,以及两岸陆域岸线、码头、装卸点、停泊点等 |
| 5 | 栖霞 | 乌龙庙过河标与对岸垂直连线—乌鱼洲锚地下界与两岸垂直连线水域,以及陆域岸线、码头、停泊点、装卸点等 |
| 6 | 扬州仪征 | 乌鱼洲锚地下界与两岸垂直连线—新河口过河标与仪征十二圩测点连线水域,以及沿江两岸陆域岸线、码头、停泊点、装卸点等 |

**2010年南京海事局各执法大队辖区一览表**　　表8-1-4

| 序号 | 执法大队 | 管辖范围(以上界为准) |
|---|---|---|
| 1 | 第一执法大队 | 乌江河口与慈湖河口连线—梅子洲头垂直连线水域 |
| 2 | 第二执法大队 | 梅子洲头垂直连线—南京长江大桥桥区下界线水域 |
| 3 | 第三执法大队 | 南京长江大桥桥区下界线—乌鱼洲锚地9号系船浮与张子港塔形岸标连线水域 |
| 4 | 第四执法大队 | 乌鱼洲锚地9号系船浮与张子港塔形岸标连线—新河口塔形岸标与仪征十二圩测点连线水域 |

## 三、南京市地方海事局的组建

### (一)南京市地方海事局机构调整

2000年11月10日,南京市港航监督处成立水监体制改革交接工作领导小组,主要任务是做好本市水监体制改革人事、资产、业务和管理水域交接工作。11月16日,根据交通部与江苏省1999年10月14日签订的《关于在江苏实施水上安全监督管理体制改革的协议》,南京市交通局与南京港监局确定涉及南京市地方港监人事、财务及资产交接问题。11月30日,南京市交通局同南京港监局就人事、财务及资产的交接问题签署备忘录:①南京市港航监督处8个单位已于11月14日始至30日止先后同南京港监局就人事、财务及资产交接问题签订了协议。②南京市、区、县港监机构所属86名人员已于2000年11月16日正式划转南京港监局。这次改革涉及南京市港航监督处、所共8个单位和86名人员正式划转交通部南京港监局。其中,四个区(雨花、大厂、栖霞、浦口)级港监机构整建制划转,市港航监督处及江宁、六合、江浦3县港航监督所部分人员、资产划转。

2001年1月8日,南京市交通局同意南京市港航监督处调整内设机构:行政办公室与政工科合并,改设党政合一的办公室;设船务科,原港监科有关船舶登记、船员培训及各类证书的审核发证职能并入办证中心,对外仍称办证中心;设航行监督科,承担原港监科有关渡口管理、危险品船舶管理、船舶防污染、水上水下施工监查等水上安全管理职能;保留财务科、船检科,撤销港监科、城区港监所。调整后的内设机构为一室四科,即:办公室、财务征收科、航行监督科、船务科、船舶检验科。4月24日,江苏省编委办公室和省交通厅联合下发《关于调整全省地方海事机构设置、人员编制的通知》,调整全省原设置的港航监督机构。省、市、县三级地方海事机构名称统一规范为省地方海事局、市地方海事局、县地方海事处。6月27日,南京市机构编制委员会下发通知:①撤销江苏省南京市港航监督处,分别组建南京市地方海事局和南京市城区地方海事处。市地方海事局为全民事业性质(相当于市处级),隶属市交通局领导,核定事业编制23名;市城区地方海事处为市地方海事局直属分支机构。②南京市船舶检验局与市地方海事局合署办公,"两块牌子,一套班子"。③高淳县、溧水县、六合县按照规定相应调整地方海事机构设置和人员编制。江宁区暂按县级管理权限调整。江浦县不再设地方海事机构,其业务统一划归市城区地方海事处负责管理。江苏省船舶检验局通知:自2001年7月1日起撤县设区和区划调整后,调整区划的地方海事机构,不再设立船检机构,由南京市地方海事局执行船舶检验业务。同日,南京市交通局党委同意中共南京市港航监督处支部委员会更名"中共南京市地方海事局支部委员会"。6月28日,南京市地方海事局正式成立并举行揭牌仪式。7月1日,对外统一使用新的机构名称。9月5日,江苏省地方海事局通知本省设置的港航监督站统一更名为海事所,南京市地方海事局下属为4个海事处、8个海事所:三汊河海事所、马汊河海事所、秦淮河海事所、江浦海事所,隶属南京市城区地方海事处;河定桥海事所,隶属南京市江宁区地方海事处;定埠海事所、费家嘴海事所,隶属高淳县地方海事处;滁河闸海事所,隶属六合县地方海事处。改革后全市地方海事机构独立建制设置的市、县(区)两级海事机构有5个,主要管理长江之外的内河、湖泊、水库及风景旅游区水域。2001年南京市地方海事局机构设置和人员详见表8-1-5。

**2001年南京市地方海事局机构设置和人员一览表** 表8-1-5

| 机构名称 | 隶属关系 | 编制人员(人) |
|---|---|---|
| 南京市地方海事局 | 南京市交通局 | 23（辖市区及江浦县） |
| 南京市城区地方海事处 | 南京市地方海事局 | 18 |
| 南京市江宁区地方海事处 | 南京市地方海事局 | 6 |
| 高淳县地方海事处 |  | 20 |
| 溧水县地方海事处 |  | 6 |
| 六合县地方海事处 |  | 6 |

经2001—2010年,部分迁址、更名、调整,至2010年12月31日南京市地方海事局共设三汊河、马汊河、秦淮河、河定桥、城南河、定埠、费家嘴、滁河闸8个海事所。

江苏省三级验船机构与港监机构同时调整名称,省船检机构名称为江苏省船舶检验局(以下简称"省船检局"),市改称为"××市船舶检验局"(以下简称"市船检局"),县改称为"××县(市)船舶检验处"(以下简称"县船检处")。南京市船舶检验局下设溧水县船舶检验处、六合县船舶检验处、高淳县船舶检验处。此外,2001年组建秦淮新河水上巡航执法大队,统一沿河巡航执法资源,集中力量有计划、分航段开展巡航执法。

### (二)南京市地方海事局基本职责

1999年6月14日,交通部部长黄镇东在水监体制改革电话会议上指出:"地方水监机构依据法律、行政法规规章实施该辖区的水上交通安全管理。按照法律、行政法规授权,地方政府可指定适用于其管辖水域的水上交通安全管理规定。"2001年12月14日,交通部下发的进一步明确水上交通安全管理工作职责的通知中,就有关地方海事职责作出规定:"各地方海事局(港航监督)是地方各级交通主管部门设置的辖区水上交通安全监督管理机构,负责所辖水域内实施水上安全执法监督工作。"

依据以上会议和通知精神,2001年12月25日江苏省地方海事局进一步明确市直属海事机构行政管理职能:①市直属地方海事机构系省编办批准设立的机构,具有海事行政执法主体资格,应以本单位名义对外开展海事行政管理工作。②行使行政执法、辖区内水上交通事故调查处理、船员考试发证、船舶防污染等海事行政管理职权。业务分工原则上按现行省、市、县三级地方海事机构业务分工规定执行。③对市直属地方海事机构作出行政行为复议,由市交通局或当地政府管辖。这样,南京市地方海事局基本职责是:

(1)贯彻和实施水上交通安全的方针、政策、法规和技术规范、标准;参与全市有关地方海事法规、规章的拟订和相关政策的研究;参与拟订并组织实施全市地方海事系统发展规划和计划;负责全市地方海事统计工作和信息引导工作;推进全系统科技进步。

(2)负责全市内河辖区(长江除外)水上通航秩序监督管理;组织开展水上交通安全检查;调查处理水上交通事故;负责通航水域的划定;负责通航安全评估,核准水上水下施工、作业,管理发布航行通告和警告;负责全市船舶进出港签证管理和渡口的安全监督管理。

(3)负责全市(长江除外)船舶载运危险货物的安全监督管理和船舶防污染监督管理工作。

(4)负责船舶登记和船员适任资格培训、考试、发证管理;核验和监督船员培训机构资质;负责船员证件的管理工作;协助做好船舶及船公司安全管理体系审核工作。

(5)负责船舶、船用产品法定检验、图纸审批工作;负责验船师的资质审定及监督管理;做好全市船舶修造业管理工作。

(6)组织协调全市内河通航水域(长江除外)重大水上人命救助、船舶防抗灾害性天气以及防治船舶大面积污染的预防和应急反应工作;负责制定并组织实施内河水上搜寻救助应急预案;组织指导内河水上搜寻救助演练。

(7)负责全市地方海事系统规费征收管理、财务预决算管理和海事资金的申请、拨付及使用监管;负责全市地方海事系统制服申报和领发工作;负责全市地方海事系统装备的规划和配置管理工作;负责全市地方海事系统收费票据申领、发放和管理;指导全市地方海事系统内部审计工作。

(8)组织、指导全市地方海事系统队伍建设、精神文明建设和行风建设工作。

(9)完成市交通局布置交办的其他工作。

## 第二节　海事发展规划(计划)及年度工作目标

### 一、《南京海事局发展规划(2005—2020)》编制

根据1996年、2001年交通部公布的《中国水上交通安全监督工作发展纲要(1996—2010)》《中国海事工作发展纲要(2001—2015)》,以及江苏海事局2005年1月的《江苏海事局发展战略纲要(2005—2020)》,南京海事局结合长江南京段以执法模式改革为中心的改革实际,经过反复调研、讨论,于2005年编制出《南京海事局发展规划(2005—2020)》,并上报。该规划分总则、现状和形势、战略目标、保障措施4个部分。

该规划将 2020 年前南京海事局海事发展分为 4 个阶段：2000—2003 年为打基础、上台阶；2004—2007 年实现跨越发展，建成江苏海事系统内海事强局；2008—2010 年创全国一流海事强局；2011—2020 年为建设国际一流水平的海事强局阶段。

按照以上 4 个阶段的划分，第一阶段(2000—2003 年)打基础、上台阶阶段任务基本完成。而后 3 个阶段的每个阶段发展目标不一样。2005—2007 年发展目标为："人、事、法"管理理念确立，各种资源得到有效整合，内部体制改革和 VTS 及信息化建设取得突破性进展，创造力、适应力明显增强，海事文化建设取得明显进步，辖区安全形势保持稳定，实现"全程监控一体化、巡航搜救一体化、监管服务一体化"，建设成江苏海事系统内的海事强局。2008—2010 年发展目标为：建成政令统一、结构合理、执法规范、装备先进、办事高效的现代化海事机构，全面建成海事强局；完成"三个一流"建设，实现"监管立体化、反应快速化、执法规范化、管理信息化"，基本实现海事管理现代化，基本适应航运和区域经济、社会发展的需要，基本与国际海事管理水平接轨。2011—2020 年发展目标为：全面提高南京海事局在国际国内社会中地位和作用，建成符合我国国情，全面适应地方和航运经济发展需求的现代化海事队伍，总体水平达到或超过中等发达国家水平，打造"现代化、法治化、人文化、国际化"现代海事强局。

## 二、两个五年发展规划及地方海事规划

2004 年 2 月，南京海事局启动《南京海事局十一五发展规划》编制。经过研讨、充实、完善，于 2006 年 4 月形成《南京水上搜救与海事发展十一五规划》定稿，上报江苏省水上搜救中心、江苏海事局，并于当月获得批准。2009 年 3 月，南京海事局启动"十二五"规划编制工作。2010 年 4 月编制《南京海事局十二五发展规划》。该规划分发展基础和环境、指导思想和发展目标、发展任务、规划实施机制四大方面，提出"风清气正、和谐强局"总体目标；提出全面实现"监管立体化、反应快速化、执法规范化、管理信息化"监管服务能力目标；力争实现"管理规范、环境和谐、监管有效、服务优质"管理目标；努力达到"全国文明单位"建设目标；在体制机制、监管能力、搜救能力、基础设施、装备与信息化、人才队伍、正规化、海事文化等 8 个方面提出具体目标及发展任务。

2006 年 1 月，南京市地方海事局编制出台《南京市地方海事局十一五规划纲要》，提出了实现"监管手段立体化、应急反应快速化、执法行为规范化、海事管理信息化"建设目标，布置"内河交通安全形势持续稳定、船舶检验质量稳步改进、完成撤渡建桥工程新一轮五年计划、组建南京市内河搜救中心、提速海事信息化建设步伐、完善海事法规体系建设、提升装备更新质量、加强行风作风与廉政建设、实施海事文化品牌战略、开展诚信海事行业建设"等 10 项具体任务。2009 年 9 月，完成"南京船舶产业发展规划"课题研究，提出抓住"扩内需、调结构"有利时机，充分发挥南京造船技术与规模优势，引入内河船舶建造，填补海船市场"真空"，推动建立南京船舶修造业三园一区基地的构想。2010 年 6 月，编制出台《南京市地方海事局十二五规划纲要》，提出"以有效监管、优质服务为主题，以理念先进、队伍精干、管理规范、装备精良为主线，努力建成装备现代化、监管立体化、反应快速化、执法规范化、管理信息化机制，率先基本实现海事船检工作现代化"的奋斗目标，明确了"实施科学有效监管、强化船舶检验质量、坚持依法行政管理、提升行业服务水平、加快推进信息化建设、着力文化和队伍建设"的 6 项 24 个具体任务。

## 三、一年一度海事工作会议及目标

2001 年起，南京海事局沿用之前一年召开一次水上交通安全监管工作会议的方式，总结一年工作成就、经验、教训，根据确立的主要工作目标，分解下达新的一年工作任务，并组织实施。从 2004 年海事工作会议起，实行目标管理，由局主要领导与各基层海事处、执法大队领导签订目标管理责任书，至年底进

行自查、审核、评估、检查等,考核各单位、各部门目标任务完成情况。2001—2010年南京海事局年度主要工作目标详见表8-2-1。

**2001—2010年南京海事局年度主要工作目标一览表**　　表8-2-1

| 年份 | 会议时间 | 主要目标 |
|---|---|---|
| 2001 | 3月30日 | 开展水上运输安全管理年活动,力争避免重特大恶性责任事故的发生,确保水上安全形势稳定,为新世纪工作开好头、起好步 |
| 2002 | 2月8日 | 围绕水上安全管理中心任务,在提高职工素质上花力气,在对外树立形象上下功夫,在管理创新上动脑筋,在为港航企业发展上多服务,进一步稳定安全形势,全面推进两个文明建设 |
| 2003 | 1月24日 | 保障水上交通安全,提高职工素质,全面提升单位形象 |
| 2004 | 2月26日 | 实现辖区安全形势稳定、管理模式创新、资源充分整合、监督手段加强、队伍素质提升、文明创建成效显著 |
| 2005 | 2月3日 | 执法管理模式改革运行机制完善,资源整合利用更加合理;水上交通安全管理长效机制基本建立,安全形势稳定;海事监管效率和服务水平进一步提升,规费征收稳中有升;内部管理规范,工作运转顺畅;三个文明协调发展 |
| 2006 | 2月26日 | 围绕水上交通安全监督管理和口岸开放监督管理为中心,提高执行能力,抓好规范化、精细化管理,巩固执法模式改革、通航环境建设、文明创建成果,开展南京监管救助基地、局搜救和办公大楼、油污应急防控中心前期工作以及VTS改扩建前期工作 |
| 2007 | 2月8日 | 安全监管实现"五零"目标,水上搜救成功率90%,完成监管救助基地建设,全面实施海事管理体系,行风社会满意率95%以上 |
| 2008 | 1月28日 | 推进管理信息化、执法规范化、反应快速化、服务人性化,加强服务型海事建设 |
| 2009 | 2月25日 | 全面推进服务型、责任型、法治型海事建设,加强监管能力建设,继续完善与航运经济、社会发展水平相适应的水上交通预控、应急和服务体系,基本实现监管立体化、反应快速化、执法规范化、管理信息化 |
| 2010 | 2月10日 | 加快队伍建设,提升依法履职能力,加快推进学习型、服务型、责任型、法治型、创新型海事建设,力争跟上江苏海事局跨越式发展的整体步伐 |

这一时期,南京市地方海事局也召开一年一次地方海事船检工作会议,总结一年工作,部署新的一年工作。2001—2010年南京市地方海事局年度主要工作目标详见表8-2-2。

**2001—2010年南京市地方海事局年度主要工作目标一览表**　　表8-2-2

| 年份 | 会议时间 | 主要目标 |
|---|---|---|
| 2001 | 2000年11月8日 | 确保全市水上交通安全形势稳定,遏制重特大责任事故,控制一般事故,交通事故4项指数争取保持零目标;确保干线航道安全畅通,不发生48小时以上因管理不善而造成的航道堵塞事故 |
| 2002 | 3月1日 | 以"三保一防"为中心,深入开展"水上运输安全管理年"活动,进一步规范通航秩序、船舶秩序、船员管理秩序和市场准入秩序,确保水上交通安全形势持续稳定;以"三学三建一创"为载体,强化精神文明和行风建设,努力推进地方海事的管理创新、机制创新和科技创新,全力塑造地方海事新形象 |
| 2003 | 2月16日 | 以改革创新为突破口,努力实现"三个转变",加快地方海事船检发展;以创建文明行业为抓手,努力提高海事队伍素质;以"三保一防"为中心,保障和服务于富民强市,全面建设小康社会,率先基本实现现代化 |
| 2004 | 2月13日 | 继续围绕"三保一防"中心工作,实行"用人和分配制度"改革,推进"安全从处理型向预防型、管理从经验型向科学型、执法从处罚型向依法行政型、服务从被动型向主动型"转变,打造"争先进位、绿色海事、优质船检、数字海事、文明海事和廉洁海事"六大工程,完成十大目标任务,求真务实、争先进位,为交通现代化保驾护航 |
| 2005 | 1月20日 | 按照"交通海事、阳光海事、数字海事、优质船检、廉洁海事"发展要求,围绕"三保一防"中心工作,团结、依靠和带领全系统干部职工,努力加强和推进安全监管能力、依法行政能力、科技创新能力、质量监控能力和廉洁保障能力建设,为构建负责任海事船检和"一流、平安、文明、和谐"水上辖区作出更大贡献 |

续上表

| 年份 | 会议时间 | 主要目标 |
|---|---|---|
| 2006 | 2月23日 | 落实"三精两关键",以"三保一防一提高"为中心,凝心聚力,攻坚克难,实现管理信息化、反应快速化、执法规范化、监管立体化,服务南京水运,服务地方经济社会发展 |
| 2007 | 1月7日 | 围绕"安全、质量、文明、廉政"建设任务,全面落实"安全第一,预防为主,质量优先"方针。切实推动南京市地方海事船检"十一五"规划纲要的落实,以又好又快发展和安全、和谐的水上交通环境迎接党的"十七大"胜利召开 |
| 2008 | 2月8日 | 进一步强化"三个意识",即风险意识、责任意识和执行意识;做好"三个服务",即服务于水运事业、服务于内河通航安全、服务于船民(公司)的实际需求,为南京市地方海事船检事业又好又快发展作出新的贡献 |
| 2009 | 2月8日 | 秉承"发展海事,成就个人"的理念,实现"两个一流"的目标(即一流的执法队伍、一流的工作业绩),着力提升"三个方面"的能力(即有效监管、服务发展、管理创新),全力推进"三创三服务"[即管理创新,服务内河交通安全;海事创优,服务船员(公司)需求;船检创牌,服务船舶工业发展] |
| 2010 | 3月19日 | 以文明诚信海事创建为载体,以规范化管理暨加强队伍建设为抓手,以质量管理体系持续改进为主线,以科技信息化建设为支撑,努力推行"学习型、责任型、服务型、创新型"海事船检建设,努力推进"十一五"目标任务的完成,努力推动南京市地方海事船检"转型发展、创新发展、跨越发展",力争为海事船检现代化建设开好头、起好步 |

## 四、一年一度海事实施工作绩效考核

自2002年起,为确保实现局年度各项目标任务完成,南京海事局全面推行海事执法责任制。5月16日,成立责任制领导小组、办公室,组建考核与评议、责任认定、责任追究、文件审核小组,下发岗位职责、责任制文件、工作程序和考核办法,恢复季度工作考核。2003年7月1日起,开始实施全员责任制管理,包括局、部门(单位)工作职责与职位职责、责任分解、工作程序与流程、考核、评议、奖惩、责任追究、首问负责制等。2004年,制定《南京海事局责任目标考核办法》,以全员责任制考核为基础,与党风行风建设暨综合治理考核和工作人员年度考核相结合,采用定量分析与定性分析的办法,对各海事处和机关各部门责任目标完成情况进行考核。各海事处考核内容包括安全监督管理、规费征收管理、内部管理、队伍建设、精神文明建设等。机关各部门考核内容包括目标任务、内部管理、精神文明建设等。责任目标考核结果与被考核对象经济利益挂钩,履责奖励,违责追究。2005年,南京海事局要求执法人员通过竞争考核上岗,进一步完善分配机制,实施不同类别、不同层级职位享受不同津贴待遇,充分调动职工爱岗敬业、争先创优、建设海事强局积极性。

## 第三节 协助新(修)订涉及海事法规及规范执法

### 一、协助南京市新订与修订涉及海事法规

2000年之后,正值我国加强法治建设时期。这一时期,南京市进一步加大沿江沿河的开发,重视水上交通安全生产、生态环境保护。南京海事局抓住这一机遇,主动推动南京市人大新订或修订涉及海事管理地方性法规,并协助南京市政府制定有关规范性文件,使其成为海事监管法律法规的一种补充。在此过程中,注意突出海事监管地位,从海事角度提出各种建议和要求,以便依据地方性法规开展海事监管工作。如在制定2001年1月起实施的《南京长江第二大桥管理办法》中,南京海事局从海事监管角度,主动向南京市政府提出水上交通安全监管要求,并最终使"通过南京二桥水域的船舶应当满足南京二桥设

计净空高度的要求,谨慎驾驶,确保安全通过。因南京二桥养护、维修和检测,实行水上临时交通管制的,船舶应当按照港航监督部门发布的航行通告通行"要求被纳入了该管理办法。

2005年10月,《南京市长江公路桥梁隧道管理办法》开始实施。其中有关赋予海事机关管理职责权限,就是在采纳南京海事局提出的具体建议基础上明确的,即规定"南京海事管理机构按照职责权限,对桥梁隧道水域实施水上交通安全监督管理。"2009年12月1日生效的《南京市气象灾害防御管理办法》,规定"气象……海事……部门和单位应当实现资源共享,互通与气象灾害防御有关的气象、水文、环境、生态、实景监控等信息。"

南京海事部门协助南京市人大、政府制定涉及水上交通安全与防污染的地方性法令、法规,有利于提高海事社会知名度,使海事监管更具权威性。如2001年4月施行的《南京市环境噪声污染防治条例》,明确港航机构对交通运输噪声污染防治实施监管,"港航监督机构可以规定船舶禁止行驶及禁止鸣号的地段和时间。""机动船舶违反禁鸣规定的,由港航机构给予警告或处以一千元以下的罚款。"又如2002年4月施行的《南京市水污染防治管理条例》,明确规定,"运输有毒有害物质、油类、粪便的船舶,一般不得进入饮用水源保护区。"2005年6月施行的《南京市大气污染防治条例》,明确海事部门应当按照职责加强对船舶大气污染防治的监督检查。"船舶禁止新安装含有破坏臭氧层物质的设备。"

## 二、协助南京市制订与发布应急计划和预案

2001年之后,南京海事局将长江南京段船舶溢油应急能力建设作为重中之重来抓。2003年9月,编制成《长江南京段船舶溢油应急计划》,提请南京市政府批准实施。12月4日,经南京市政府同意,上述应急计划由市政府办公厅转发,要求有关单位结合实际认真执行。该应急计划包括总则、组织管理、溢油应急反应、信息发布、附则5个部分,由南京市政府组织协调,南京市水上搜救中心组织实施。这一由南京海事局牵头编制的船舶溢油应急计划,成为南京地区船舶溢油应急反应主要指导性文件,进一步规范了船舶溢油应急反应监管。

2006年7月,江苏省政府办公厅公布施行《江苏省水上搜救应急预案》,要求各市水上搜救中心编制相应应急预案。之后,南京海事局针对长江南京段水上搜救应急工作特点,着手《南京市水上搜救应急预案》拟订工作。2007年2月,完成拟订任务,并上报南京市政府。3月,南京市政府批准这一应急预案并开始实施,将名称调整为《长江南京段水上搜救应急预案》。该预案包含人员落水、船舶搁浅、船舶失控、船舶进水、船舶火灾事故、船舶沉没事故、客船事故人员疏散、液化气船舶火灾事故、液化气船舶货物泄漏事故、集装箱落水事故、集装箱船舶危险货物泄漏事故、集装箱船舶载运危险货物火灾事故等12个方面的应急处置预案。2007年2月,南京市交通局起草《南京市内河交通重大事故应急救援预案》,由南京市政府发布施行。这两个应急预案实施后,南京市水上搜救工作逐步纳入法治化轨道。

这一时期,南京海事局和南京市地方海事局作为水上交通安全与防污染主管机关,还参与其他部门的部分预案研讨与拟订工作,并在其中担负某一方面应急职能。如2006年7月,南京市环保局主导起草《南京市突发环境事件应急预案》,由南京市政府公布实施。又如9月,南京市安全监督局主导起草《南京市安全生产重特大事故应急预案》,由南京市政府公布实施。2007年2月,南京市港口局主导起草《南京港口码头重特大事故应急救援预案》,由南京市政府公布实施。

## 三、海事法制学习与执法进一步规范

### (一) 法制教育与学习

这一时期,南京海事局从强化执法人员法治意识和执法能力出发,开展法制教育,主要是做到"六个

结合",即通识培训与专门培训相结合、集中学习与个人学习相结合、线上学习与线下学习相结合、学习培训与评估测试相结合、理论学习与具体实践相结合、岗位练兵与知识竞赛相结合。如2001年7月起,开展历时3个月"四项教育"活动,将依法行政、文明执法的法制教育作为主要内容。2002年,集中执法人员学习处罚程序,提升文书、档案制作能力,开展"四五"普法教育。2003年,集中开展《行政许可法》《港口法》学习。2004年,结合执法管理模式改革,侧重培训提升"三分离、三分开"海事业务水平。2005年,重点学习行政执法方面的行政许可实施、行政许可监督检查及责任追究、行政执法过错和错案责任追究等执法制度。2006年,启动"五五"普法教育,组织执法人员参加"全国百家网站法律知识竞赛活动"。2007年,组织普法教育培训14次,开展法制预审员培训。2008年,坚持逢培必考原则,对参加法制培训人员组织测试。2009年,按南京市要求,启动全面推进依法行政五年规划工作,开展"学习型组织"建设,系统开展法制教育与学习。2010年,侧重学习《中国海事局关于深化海事行政执法政务公开的意见》,进一步提升海事执法人员依法行政意识。

南京市地方海事局这一时期对领导干部和执法人员法制学习次数与时间做出硬性规定。并建立和完善领导干部法制讲座制度、中心组学法制度、法律培训制度、岗前培训制度等一系列规章制度,邀请专家、学者和业务骨干授课等,举办相关法律、法规、规章的讲座。

### (二) 执法规范和相关管理制度制(修)订

2001年5月,中国海事局公布《海事行政执法人员守则》后,南京海事局组织执法人员逐条领会守则精神,对照执行。2004年10月,编制出政务指南,公布20项政务公开内容,以后又不断更新。

为进一步规范海事执法活动和执法行为,2007年9月南京海事局依据《江苏海事管理体系规则》,编制南京海事管理体系文件(包括《海事管理手册》《程序文件手册》《职责手册》《党群管理手册》《行政综合管理手册》《行政执法手册》《应急手册》等3个层次的文件),同时将若干国际公约、国家法律、行政法规、党团文件,以及国家部委、交通部海事局、江苏海事局和江苏省、南京市的规范性文件,包括本局基本制度,列为受控文件,规范全局海事管理活动尤其是执法行为。自9月18日起,开始按照管理体系开展海事监管工作,尤其海事执法行为。并发布"依法履行海事职能、持续提供公共服务"管理方针,作为海事监管工作宗旨和努力方向,以及海事监管各项工作追求的最终目标,将对社会郑重承诺作为海事执法规范总的要求。2009年,修改体系文件72个。至2010年底,有海事管理体系有程序文件22个、须知类204个。其中执法行为规范程序类11个、须知类98个,以强化执法规范。

与此同时,随着2000年水监体制改革后海事管理职权、职能、职责的变化,海事监管工作的改变,南京海事局对原有内部管理制度一些不适应或无法适应海事发展需要的管理制度着手进行梳理,可用的继续保留或修改,不适应或无法适应的则废除,并根据实际制定了一些新的管理制度。2002年,制(修)订各种管理规定、办法、制度36个。2003年起,又制定《南京海事局工作规则》,并对2000年以来各种管理规章、制度进行收集、整理和修改,汇集筛选各种规章、制度90多件,同时编印《南京海事局规章制度汇编》,完成全员目标责任制文件修改、汇编,建立政务工作督查制度。2004年,针对海事工作目标责任管理,加大计划、督察、考核力度,落实全员责任制。2005年5月起,全面修订内部管理制度,在原有148件制度基础上,新建立39件,修改44件,废止12件。2007年8月,重新设计管理制度框架,废止77件内部管理制度,将原有148件内部管理制度精简到36件。2009年,制定《南京海事局正规化指导意见》。2010年,遴选2006—2010年有关通航、船舶、船员、危防及应急处置、行政管理等海事业务和法规"通告"71件,汇编成《南京海事局通告类文件汇编(2006—2010年)》。

这一时期,南京市地方海事局先后制定《南京市船员考试与培训分离管理暂行规定》《秦淮新河船舶进出港报港规定》《船舶设计单位资质管理暂行规定》《风景园林水域交通安全管理规定》《秦淮河水域交通安全联动管理办法》《南京市地方海事系统渡(游)船管理规范》。还相继制定出《船舶制造检验程序》《船员考试、发证程序》《水上交通事故调查处理程序》《船舶违章处罚程序》等18个海事执法程序。2004年1月1日,南京市船检局试行ISO 9000质量管理体系。9月3日,通过英国劳氏第三方认证。12月22—23日,举行第二次质量管理体系内审,这是船检质量管理体系自9月3日通过英国劳氏审核后的首次内审。2009年,又编制出《南京市内河海事安全监管规范手册》,规范海事监管"如何巡、如何查"。同时,制定《南京市地方海事船检行政处罚权限规定》《船舶安全检查常见内容及缺陷处理指导意见》《船员违法记分管理规范》等,统一船舶安检和船员违法记分处理标准。

### (三)海事执法监督

2002年5月16日,南京海事局全面推行海事行政执法责任制工作,成立责任制领导及其办公室,组建考核与评议、责任认定、责任追究、文件审核小组,下发岗位职责、责任制文件、工作程序和考核办法,恢复季度工作考核,促进执法责任制的落实。2003年7月1日,开始启用海事政务受理中心,初步实行行政许可受理与审核、审批相分离。2004年7月,南京海事局下发《南京海事局执法督察实施办法》,明确执法督察分为综合执法督察和专项执法督察,确定执法督察分为执法检查和执法随访两种方式,并确定执法督察的主要事项和内容、责任追究、处置程序。同时,直属海事系统业务工作综合评价指标体系开始运行,从工作数量和工作水平两方面评价海事执法工作。9月,南京海事局下发《江苏海事局行风建设及行政执法社会监督员管理制度》,提出执法督察具体落实措施:除局聘请社会监督员外,各海事处也聘请社会监督员,任期3年。凡社会监督员提出问题均及时答复。2007年9月,南京海事局将《南京海事局执法督察实施办法》转换为《海事执法督察程序》,进一步优化执法监督程序。2009年,16个政务窗口坚持24小时值班,节假日无休,受理各类许可申请。2008年7月,南京海事局为规范依法行政和合理行政,出台《南京海事局海事行政处罚指南》,指导和规范辖区内处罚行为,特别明确自由裁量权内部工作规范。2006—2010年,共实施行政处罚16569件,未收到行政相对人有理投诉,无执法错案,未发生违法行政处罚、行政强制行为。

从2001年7月开始,南京海事局开展持证上岗培训,执法人员经考试考核合格后方可持证上岗。2005年1月1日,开始统一使用新版海事行政执法证。6月,统一换发新证,共有203名执法人员换发新证。2010年12月,共有持证执法人员218人。

这一时期,南京市地方海事局每年按照执法责任制,要求行政主要负责人与基层海事处、局内各部门负责人签订《南京市地方海事系统行政执法目标责任书》,确立行政领导、各部门和基层海事处的执法责任、工作目标、工作内容和具体要求。并实施行政执法公示制度,推进执法考核评议制度,建立违法责任追究制度。还坚持持证上岗,严格证件管理,对违法执法、以权谋私和年度执法行为考核不合格者,坚持取消继续从事执法资格。2008年,南京市地方海事局获得交通部"交通行政执法责任制示范单位"光荣称号。

## 第四节 有的放矢开展海事监管工作

### 一、开展以现场为主的通航管理

2001—2010年,南京海事部门面对辖区水文气象变化多端,"大船顶天立地、小船铺天盖地",通航环境复杂多样的实际状况,把握南京地区水上交通运输业特点,有的放矢地开展海事监管工作,推进水上交通安全形势稳定发展。南京海事局辖区除个别年份外,一般以上事故5项指标总体逐步下降,辖区安全形势趋于稳定。2006—2010年"十一五"共发生一般及以上水上交通事故24.5起,死亡(失踪)21人,年均4.9起,死亡(失踪)4.2人,与2001—2005年"十五"相比,分别下降60%、32%。南京市地方海事局辖区2000—2008年间水上事故、沉船、死亡、经济损失均为零。

### (一)建立"四位一体"巡航机制

2001年之后,南京地区沿江开发和航运业进入高速发展时期,水上各类活动日趋频繁,海事现场巡航范围从港池扩大到航道、锚地、施工现场、桥区、通航密集区、事故多发区等所有通航水域,监管方式也从侧重静态管理向侧重动态管理转变。为此,南京海事局在栖霞海事处探索巡航方式改革,从港池巡航向管段巡航拓展。之后,结合南京龙潭港区开发,继续拓展通航管区和巡航区段,在张子港水域监管方面取得较好成效。从2003年开始,按照实施船舶定线制要求,结合创建"文明平安畅通"航段活动,坚持"两个覆盖"(24小时全天候、全辖区覆盖巡航)、"三个交叉"(艇与艇之间、执法大队管区之间、定线制水域与非定线制水域的巡航交叉)、"三个结合"(巡航与驻守、巡航与查处违章、一般巡查与重点水域巡查相结合),高强度开展水上交通安全巡航工作。2004年,着力推进巡航救助一体化。在2006年开展3次空中巡航,在其他年份不定期利用固定翼飞机、直升机、无人机开展巡航,形成水上、陆域、空中、VTS等信息化监控设备四位一体巡航。到2007年,已基本形成监管救助一体化巡航格局,15艘海巡艇均衡配置。2008年,进一步细化巡航机制,重点加强"五区一线"(桥区、锚泊区、水上服务区、施工作业区、事故多发区、渡线)现场巡航。同时,与相邻海事部门开展联动巡航,建立相关机制。2005年9月,与长江芜湖海事局签订《苏皖定线制相邻水域巡航搜救联动协议》,施行跨辖区联动巡航、搜救和执法。还利用船舶交通管理系统(VTS)开展电子巡航,跟踪船舶,提供助航、信息服务,查处船舶违章。至2010年,基本上建立起"四位一体"巡航机制。2000—2010年南京海事局船舶交管系统(VTS)监控服务详见表8-4-1。2001—2010年南京海事局海巡艇辖区巡航详见表8-4-2。

2001—2010年南京海事局船舶交管系统(VTS)监控服务一览表　　表8-4-1

| 年份 | 跟踪船舶(艘次) | 信息服务(艘次) | 助航服务(艘次) | 交通组织(艘次) | 支持联合行动(艘次) | 航行警告(次) | 维护三超船(艘次) | 维护"A、B"物质船舶(艘次) | 特殊维护(艘次) | 发现并纠正违章(艘次) |
|---|---|---|---|---|---|---|---|---|---|---|
| 2001 | 47158 | 94732 | — | 5278 |  |  | 97 |  | 1 | 187 |
| 2002 | 47479 | 87790 | 16956 | 1908 | 377 | — | — | — | — | 780 |
| 2003 | 55155 | 88278 | 24215 | 1860 | 976 |  | 88 | 78 |  | 976 |
| 2004 | 110614 | 134989 | 32633 | 3368 |  | — | 69 | 54 | 4 | 15247 |
| 2005 | 119617 | 164932 | 43053 | 1290 |  |  | 110 | 107 | 6 | 1808 |
| 2006 | 131056 | 314327 | 87556 | 1726 |  | — | 144 | 91 | 70 | — |
| 2007 | 127239 | 285611 | 169555 | 894 | 1202 | 2204 | 185 |  |  | 939 |
| 2008 | 138786 | 348991 | 318066 | 520 | 784 | 4216 | 195 | — |  | 287 |
| 2009 | 106780 | 356068 | 321747 | 217 |  | 22071 | 159 | 165 | 3 | 1283 |
| 2010 | 123152 | 504304 | 161186 | 204 | 588 | 860 | — |  |  | 1283 |

这一时期,作为南京非长江水域巡航,南京市地方海事局制定《南京市地方海事系统水上巡航管理规范》,就地方海事巡航水域、巡航工作职责、巡航方式与计划、巡航工作部署及巡航工作统计上报与评估作出相应规范性规定。2001年,组建秦淮新河水上巡航执法大队,统一沿河巡航执法资源,集中力量有计

划、分航段开展巡航执法。2001—2010年南京市地方海事局海巡艇辖区巡航详见表8-4-3。

**2001—2010年南京海事局海巡艇辖区巡航一览表**　　表8-4-2

| 年份 | 巡航（次） | 巡航时间（小时） | 巡航里程（海里） | 发现并纠正违章（艘次） | 维护重点船舶（艘次） |
|---|---|---|---|---|---|
| 2001 | 7516 | 8059 | 100661 | 6411 | |
| 2002 | 7852 | 11043 | 152649 | 15002 | |
| 2003 | 10638 | 14753 | 159320 | | 166 |
| 2004 | 11917 | 21550 | 233622 | | 127 |
| 2005 | 10096 | 20090 | 256250 | | 223 |
| 2006 | 11908 | 27917 | 288448 | | 305 |
| 2007 | 11211 | 27849 | 204614 | | |
| 2008 | 13689 | 34132 | 268250 | 6826 | 322 |
| 2009 | 10501 | 24129 | 239814 | 6300 | 326 |
| 2010 | 8554 | 20050 | 190442 | 3928 | 391 |

**2001—2010年南京市地方海事局海巡艇辖区巡航一览表**　　表8-4-3

| 年份 | 巡航次数（次） | 巡航时间（小时） | 巡航里程（公里） | 检查船舶（艘次） | 纠正违章（艘次） |
|---|---|---|---|---|---|
| 2001 | 499 | 9340 | 16812 | 25298 | 6239 |
| 2002 | 437 | 7898 | 17013 | 26673 | 1350 |
| 2003 | 351 | 5480 | 23128 | 20118 | 3624 |
| 2004 | 256 | 2811 | 11215 | 9992 | 10476 |
| 2005 | 265 | 2894 | 12159 | 2105 | 3024 |
| 2006 | 343 | 5329 | 25195 | 3639 | 1653 |
| 2007 | 336 | 5389 | 29119 | 3291 | 1233 |
| 2008 | 310 | 4642 | 18422 | 9608 | 1740 |
| 2009 | 599 | 13791 | 29057 | 8154 | 1850 |
| 2010 | 318 | 4366 | 39025 | 10026 | 2189 |

### （二）推进实施长江江苏段船舶定线制

船舶定线制源于国际海事组织1985年通过的《船舶定线制的一般规定》及1995年通过的相应修正案。2000年7月江苏海事局成立后,就决定开展航路改革,在长江江苏段推行船舶定线制。2001年起,南京海事局参与、配合江苏海事局推行船舶定线制的前期准备、航法形成、落地生根和持续改进工作。5月,江苏海事局成立辖区通航环境调研组,并设立课题组,将南京海事局辖区通航环境整治和航路改革走位作为试点先期研究,按照各自靠右航行思路,率先提出《南京海事局辖区通航环境整治和航路改革方案》。9月,江苏海事局在南京召开长江江苏段各大航运公司、内河中小航运企业、航道部门专家和有关人员参加的座谈会,研讨南京海事局辖区改革方案,提出《江苏海事局辖区通航环境整治和航路改革方案》。由南京海事局提交的长江南京段船舶靠右航行方案,得到与会者认可。2002年5月20日之后,南京海事局按照在长江南京段实船试验部署,先后组织大型船队在中、洪水期进行3次30个多小时靠右航行试验,为实施船舶靠右航行提供原始数据。上述试验经验进一步充实、完善了长江江苏段航路改革方案,促使江苏海事局《长江江苏段水域航路改革方案》于11月形成并定稿。随后,江苏海事局对南京海事局辖区长江桥梁、张子港及西方角、宝塔水道、大胜关水道等提出特殊改革要求,并决定在南京长江大桥以下水域先期实施《长江江苏段船舶定线制规定(2003版)》。

为保证2003版长江江苏段船舶定线制在南京长江大桥以下水域实施首战告捷,南京海事局拟订出《南京长江大桥至慈湖河口段船舶航行规定》,从4个方面加以落实:①成立以局长为组长的定线制实施工作领导小组,下设办公室,加强对定线制规定实施工作的组织领导,协调解决定线制规定实施中的问题和困难。②制订定线制规定实施工作方案,明确工作任务和措施。③将定线制规定实施工作方案做进一步分解,实行目标责任制,做到定艇、定人、定水域、定责任(简称"四定")。④成立实施工作督查组,定期对规定的实施情况进行督查,并通报督查情况,作为全员目标责任制考核的重要内容。

南京海事局对定线制的宣传、试行及保障设施建设等,为长江江苏段定线制的推广奠定了良好的基础。仅2003年,就发放各种定线制规定、实施指南等1500多套、相关资料9424份,开展船员调查1200人次,多次组织中央、省市级媒体实施现场报道。尤其遵照新的航法,指导、督促过往航行船舶试行,实行"四定"(定艇、定人、定区域、定责任)、"三不减"(热情不减、力度不减、质量不减)、"三个加大"(加大夜间和船流高峰期的巡航执法力度、加大违章处罚与记分力度、加大内部督查力度),对重点水域、时段、航段重点巡查、引导、驻守、纠正违章,建立包括夜航在内的24小时巡查制度。这些举措使新的航法在实践中得到进一步完善。还在西方角等地建设4个LED警示牌、信息牌,为大小船舶指明航路。2005年9月,乌江水道上行船舶航路开通,标志着长江南京段船舶定线制全线贯通。此外,南京海事局还多次与芜湖海事局等上游单位交流沟通,就苏皖水域定线制衔接做了大量工作,为2005年长江安徽段船舶定线制实施提供建设性意见。

南京海事局实施长江江苏段船舶定线制3年后(即2006年),经济效益和社会效应凸显。一方面为江苏海事局推行《长江江苏段船舶定线制规定(2005版)》,在长江江苏段全程推广船舶定线制,起到有序衔接作用,另一方面促使长江南京段海损事故大幅度降低,通航效率明显提升。2006年较2002年,南京港口货物吞吐量增长45%,辖区水上事故发生件数降低50%。

### (三)强化大桥(隧道)水上施工和通航监管

2001年之后,为适应南京外向型经济发展需要,国家在长江南京段上兴建了一批桥梁(隧道)工程。至2010年底,已建成大桥4座、隧道2条,按开工时间顺序为第二大桥(1997年10月开工,2001年3月通车)、第三大桥(2002年12月开工,2005年10月通车)、大胜关长江大桥京沪铁路跨江高铁桥(2006年9月开工、2011年1月通车)、第四大桥(2008年12月开工,2012年12月通车)和位于纬七路的长江隧道(2005年9月开工,2010年5月开通)、位于纬三路的扬子隧道(2010年11月开工,2016年1月开通)。

作为保障南京长江大桥(隧道)水上施工和通航安全的"国家队",南京海事局在这一时期围绕以上水上水下工程施工安全,找准自己位置,保驾护航。尤其在4座桥梁水上施工期间,设立维护与保障施工现场的专门维护、监管机构,做到事前制订周密维护方案,全面落实维护责任制,抽调骨干精心组织,昼夜现场监控和施工水域维护,较好地完成了施工现场的监管与维护任务,保障大桥水上施工作业与船舶通航两不误。2007年,就为大桥、隧道水上施工安全维护出艇1983艘次,巡航维护4157小时,监控船舶32444艘次,进行工程节点专项维护191次。2006—2010年,保障近400万艘次船舶安全通过跨江桥梁施工水域。第三大桥水上施工作业的3年间,未发生一起因安全监管而影响大桥施工作业的事件,做到水上施工作业期间"不封航、零事故、创一流",受到时任交通部部长张春贤的肯定。

值得一提的是,在大胜关长江大桥建设期间,南京海事局针对该桥水上施工作业特点,先后拟定17个桥梁施工作业水上交通安全维护分标准、10个通航船舶水上交通安全维护分标准、13个海事政务管理工作分标准、12个应急分预案。2007年,编制出《大胜关长江大桥海事监管服务标准》,成为我国首个大桥建设期间水上施工的海事监管服务标准,以及后来长江上大桥水上施工安全监管服务标准范例。图8-4-1为大胜关长江大桥海事监管服务标准。

图8-4-1 大胜关长江大桥海事监管服务标准

为保障长江大桥(隧道)水上通航安全,南京海事局加强大桥防风险研究,并制订相应对策。南京这一时期已建成通车或在建的长江大桥设计通航尺度和防碰撞能力各不相同。始建于1968年的南京长江大桥,无设计代表船型,通航尺度和防碰撞能力在已建成的所有桥梁中最小。2001年之后,相继建成的南京长江二桥、三桥和大胜关大桥设计通航尺度和防碰撞能力的代表船型均为5000吨级海轮,而芜湖、马鞍山等大桥通航尺度和防碰撞能力的代表船型均为万吨级海轮,长江中上游大桥设计通航尺度和防碰撞能力的代表船型超过5万吨级。这些船舶均需经过南京长江水域,远远超过桥梁设计代表船型和防碰撞能力。船舶的大型化、快速化和船种多样化,使桥梁遭受碰撞概率越来越大,桥梁安全风险越来越高。

为此,南京海事局坚持研究、制订、落实桥梁防风险与安全防范措施,提升大桥防抗风险能力。2001年,与航道部门共商洪水期第6桥孔不封航尝试,落实2000年提出的南京长江大桥第6孔安全防范措施,并将这一洪水期不封航作为通航基本要求纳入2001年实施的《南京长江第二大桥管理办法》及以后的2005年实施的《南京市长江公路桥梁隧道管理办法》。2003年的《长江江苏段船舶定线制规定》附件六,就二桥桥区船舶航路作了规定,明确上下行船通航桥孔。二桥营运方根据实施定线制要求,调整桥涵标。2008年4月,南京海事局下发《关于加强南京长江桥梁安全保障的通告》。2009年2月,又下发《关于发布南京长江水域跨江桥梁安全信息的通告》。这些均为船舶安全通过已建成的南京大桥提供了必要的航行规则。

与此同时,南京海事局极力推动桥梁建设和运营单位对大桥资金投入。2007年7月,开展防碰撞防泄漏专项活动,将桥梁防碰撞列为重要内容,详细调查桥梁通航孔设置、通航标准、桥墩防撞能力、助导航设施、警示标志、背影灯光、防撞设施等,分析存在的通航安全隐患,并向业主和管理单位提出安全管理建议和整改通知,督促设置明显的警示标志、防护设施和监视设备。2008年9月,上海铁路局南京桥工段采纳南京海事局意见,集中维护大桥桥涵标、桥柱灯,并健全应急预案。2009年5月,第二大桥营运方加装桥柱灯。2010年4月1日,大胜关长江高铁大桥防碰撞设施安装工程结束。

2001—2005年,南京市地方海事局就为外秦淮河凤凰桥、引马桥水工作业出动执法人员1100人次,护航300小时,护航里程3600公里,保障施工、通航两不误。2001—2002年,还与南京海事局签订水上安全维护责任书,实行重点工程安全维护责任制。参加维护职工昼夜在现场维护,保证了水上重点工程施工作业无事故。

### (四)保障南京港口水上建设工程施工安全

进入21世纪,南京港迎来发展黄金期,物流型港口初见雏形。2001年,新生圩港区汽车滚装泊位开工建设,2003年12月竣工。同年,大龙潭深水港区开始大规模建设。10月,一期工程集装箱码头开工,

2004年3月试产。2005年11月,二期工程通用码头开工建设,2007年11月试产。2005年11月,三期工程散货码头开工建设,2008年6月试产。2006年,四期工程集装箱码头开工建设,2010年底主体工程完工。2007年6月,仪征油港605、607码头改扩建工程开工,2008年完工。2008年1月,惠洋液体化工码头开工建设,2009年5月试产。3月,大龙潭深水港区五期工程多功能码头开工建设,2010年11月试产。这一时期,还有西坝、扬子巴斯夫化工、龙翔化工、欧德油储、大唐电厂等码头开工建设。

针对以上南京港工程建设的水上施工安全,南京海事局根据维护保障工作要求,逐步优化巡航方式,推行驻点维护与管段维护相结合,整治贴岸航行秩序。2008年2月,就南京港龙潭第四、第五期水上工程施工,南京海事局向在港施工单位宣传安全知识,排查安全隐患,提供恶劣天气信息与应对突发事件预案,为施工作业船舶提供安全指导。10月5日,主动加强与码头和浮动设施作业单位联系沟通,签订安全作业诚信承诺书,形成良好互动,为双方共同治理安全隐患奠定基础。10月31日,又开门征求服务意见,邀请辖区部分船公司座谈,进一步联合辖区港航单位开展文明创建活动。

这一时期,南京海事局加强水上水下施工项目安全监管研讨,努力做好水上水下施工作业审批和许可证发放工作。2002年,核发水上水下施工作业许可证128份。2003年,核发水上水下施工作业许可证115件。2006年,审核发放水工作业许可88份。2009年,办理水工审批90件,现场检查水工作业93起,受理各类作业报备383件。

**(五)整治碍航渔船和非法采砂船**

2001年,针对长江南京段通航水域仍存有无序养殖、捕捞和非法采砂,蚕食和侵占港区、航道、锚地,以及船舶被困和碰撞、搁浅等事故险情时有发生的状况。南京海事局依据2000年5月《国务院办公厅关于遏制无序养殖、保障航行安全的通知》精神,参加集中打击长江非法采砂专项活动,与水政等部门联合行动9次,打击采砂船244艘,摧毁采砂设备246套、沉江吸砂管2000米。2002年《中华人民共和国内河交通安全管理条例》修改重新颁布后,走访安徽、江苏两省的市(县)政府及航运单位,宣传安全法规,通报辖区安全形势,了解船舶单位、船舶对安全监管意见,并首次推行安全隐患动态报告制度,变被动管理为主动管理。2003年,整治凡家矶、南京、龙潭水道等事故多发地段的安全隐患,联合水利、渔政执法机构遏制非法采砂及占航道捕捞。2006年2月,联合镇江、扬州海事局对交界水域联合执法,纠正占用航道抛锚船舶10艘,驱赶吸砂船3艘。逐渐形成较为成熟治理非法采砂、违章捕捞的办法:第一,长期驻守与弹性巡航相结合。盯着交界水域打两头。紧盯非法采砂船活跃的苏皖交界水域、宁镇扬交界水域,如仪征、凡家矶、乌江等水道,驻守靠近非法采砂活跃水域,根据采砂船活动时间特点,加大夜间巡查打击力度。第二,单独执法与联合执法相结合。以水政部门牵头执法为主,打击各类水域非法采砂行为;以海事执法为主,打击侵占航道和锚地水域行为。2009年,南京海事局联合市水利局打击凡家矶水道、乌江水道、南京水道部分航段的非法采砂船。2010年8月,又与江宁区水政监察大队、水上公安协作驱赶11艘采砂船离开南京长江水域。至2010年底,南京长江水域非法采砂、违章捕捞等碍航行为得到有效揭制。

与南京海事局一样,南京市地方海事局这一时期有针对性地整治内河船舶航行秩序。2000年,联合航道、运管等部门以秦淮新河、外秦淮河、固城湖、石臼湖为重点水域,以小型船舶为重点,突出检查乡镇客渡船及危险品船,严厉打击"三无"船舶非法营运、船舶超载,查处水上交通安全违法行为。9月20—30日,开展为期10天全省水上统一执法大行动,每天出动140人次、海巡艇25艘次,拉网式开展渡口渡船、游览船舶及重点运输船舶检查。2002年3月,又出动86人,检查乡镇渡口64道次、风景园林水域4处,查处船舶违章行为27起,强制拖离3艘非法载客渡船。4月,又联合市水利、航道、渔政等部门综合治理外秦淮河沿河农杂船、住家船、渔船,一个月共清理农杂船198艘,对60余艘渔船进行集中指泊。2004年,出动船艇1247艘次,检查船舶7151艘,处理超载船舶2886艘,强制卸载791艘,处罚严重超载船舶1257艘。图8-4-2为2009年地方海事对船舶证书进行"一巡六查"整治的场景。

### (六)开展"三无船"集中整治

由于南京港为长江上最重要的中转枢纽港,到港船舶数量众多,带来不少依附这些船舶生存的"三无"船。这些"三无"船在航道、锚地、码头前沿水域等肆意穿行、靠泊,恶化了通航环境。为此,南京海事局从2001年起持续加大"三无船"打击力度,两次清查出"三无船"174艘,滞留18艘。2008年3月,整治渔船、货郎船、无资质废油回收船及"三无船"等。另在梅子洲锚地排查出28艘非法航修站点,并向当地政府通报有关情况,督促其取缔非法航修站点。图8-4-3为集中整治"三无船"的场景。

图8-4-2 2009年地方海事对船舶证书进行"一巡六查"整治

图8-4-3 2009年集中整治"三无船"

### (七)打击船舶超载运输

随着长江下游各地基建市场日趋活跃,黄沙、水泥、钢材等建材水上运输日趋繁荣。中小型船舶为谋取利益最大化,普遍超载运输,甚至到了猖獗地步,有的集中闯关,有的集中夜航,造成水上航行秩序混乱,引发多起事故。为此,2002年12月至2003年2月,南京海事局参加11家直属、地方机构组织的"百日安全无事故"活动,重点治理超载。2004年9月,在梅中锚地设立反水上运输超载长效基地,在当年治超活动中共检查船舶16148艘次,主动卸载758艘次,强制卸载298艘次,处罚703艘次。此后,在江心洲的第二执法大队承担超载检查站职能。2004年4月1日至6月15日,南京海事局利用新生圩检查线,集中打击水上运输超载行为,有效打击船舶超载嚣张气焰(详见表8-4-4)。2009年,在江宁设治理超载检查站,集中力量治理超载现象。2010年,查处超载船舶2034艘次。其间,对183艘次船舶开展吨位丈量专项活动。经过持续治理,辖区超载行为逐年下降,由超载船舶引起的事故日趋减少。

此外,南京市地方海事局以秦淮新河、外秦淮河、固城湖、石臼湖为重点水域,以小型船舶为重点,突出检查乡镇客渡船及危险品船,严厉打击"三无"船舶非法营运、船舶超载,严厉查处水上交通安全违法行为。通过整治,进入辖区内河船舶基本达到最低干舷要求,消灭"零干舷"或"负干舷"船舶,没有一艘超载船舶获签证出港。2004年,南京市地方海事局调查登记全市12590艘乡镇农用自备船,并进行安全评估和分类管理;督促签订区县、镇、村到船舶所有人的四级安全责任书;对进入通航水域的农用自备船舶喷涂统一编号、核定装载定额、培训操作人员,并颁发省统一监制的证书和证件。

2004年4月1日至6月15日统一打超行动情况一览表　　　　　　　　表8-4-4

| 项　　目 | | | 单　　位 | 数　　量 |
|---|---|---|---|---|
| 检查船舶 | | | 艘次 | 5304 |
| 超载船 | 检查发现超载船 | | 艘次 | 779 |
| | 其中:沿海船舶 | | 艘次 | |
| | 内河船舶 | | 艘次 | 779 |
| | 纠正情况 | 主动卸载/其中:卸载到位数 | 艘次 | 511/511 |
| | | 强制卸载/其中:卸载到位数 | 艘次 | 154/154 |
| | 处罚情况 | 处罚起数/其中:船员资格罚起数 | 起 | 581/13 |
| | | 罚款 | 万元 | 98.19 |
| | | 暂扣适任证书(证件) | 本 | |
| | | 吊销适任证书(证件) | 本 | |
| 出动船艇 | | 航次 | 次 | 910 |
| | | 航时 | 小时 | 2473 |
| 出动人员 | | 监督人员 | 人次 | 1946 |
| | | 其他人员 | 人次 | 1396 |
| 宣传报道情况 | | 发放宣传资料 | 份 | 9825 |
| | | 对外宣传报道 | 次 | 1/45/1 |

### (八) 开展季节性安全管理

2001—2010年,每年4月之后受三峡库区泄洪及长江上游地区连续降水影响,长江南京段水位上涨迅速。为此,南京海事局适时调整监管重点,提出应对措施,督促船舶防范搁浅及触碰码头风险,严查船舶超载等,强化桥区等重点水域防控。要求港航单位和船舶防范寒潮、大雾、大风等恶劣天气,提醒船舶扎锚避险,加强查处冒雾航行等。2005年,"海棠""麦莎""泰利""卡努"等台风先后过境,南京海事局采取"台风来临抓防范、台风过境严监控、台风过后勤疏导"等安全监管措施。台风来临时,派出海巡艇疏散船舶,避免台风过境辖区时发生事故。枯水期,又持续抓防船舶搁浅。2009年7月22日,为防百年一遇日全食易发生水上事故或险情,集中调派执法力量驻守重点水域。另外,"两会"、"4·23"渡江战役胜利暨南京解放60周年、"6·6"水上增殖放流、江心洲葡萄节和清明江祭等大型会议、活动及法定节假日,强化现场监管,确保水上交通安全。

南京市地方海事局每年在汛期或冬季集中对航行船舶开展安全大检查,每月对客船、乡镇渡船和风景游览船舶进行一次安全检查。2001—2008年,全力排除滁河闸、秦淮河、运粮河、外秦淮河等航道出现的97次因枯水搁浅导致的堵航,涉及受堵船舶4366艘。

### (九) 引航行为的监管与规范

2001年交通部公布《船舶引航管理规定》之后,南京海事局就进入长江南京段海轮增多,引航需求旺盛,一度出现不规范引航而引发引航责任事故多、险情多等问题,从源头管理和动态监控两方面入手,持续加强引航行为监管。2003年11月,对发生的3起船舶引领事故,通报长江引航中心和芜湖海事局,并提出6条有针对性监管措施。2005年12月,又专题研究引航监管问题,要求掌握引航员资质和适任情况。2006年1月,发通告明确辖区内引航安全监管5项措施,并执行引航前报备制、引航中报告制。2008年1月,整治引航资质与引领船舶要求不符问题。10月,就规范引航行为发布12条监管措施通告,建立引航作业计划提前报告制度。2009年8月,就引航日常监管提出8项要求,健全引航员检查制度。2010年8月,公告辖区引航员名单。10月,建立出港海船引航员100%现场检查制度,使引航行为监管逐步规范化。

### (十)南京长江水域沉船沉物打捞

这一时期,长江南京段因发生事故,导致沉船沉物,影响船舶航行、生产作业,给水域环境带来潜在危险。为此,南京海事局加强沉船沉物打捞:①建立沉船沉物数据库,定期跟踪沉船沉物变化情况;开展沉船定位、扫测,设置沉船位置标志,及时向航行船舶发出安全警示信息,防止发生次生事故。②根据沉船对通航安全影响的严重程度,及时督促沉船所有人或者经营人采取措施消除危害。③规范沉船沉物打捞行为,防止发生污染等事故发生。在沉船沉物打捞中,南京海事局采取多种方式,确保相关打捞活动的开展。2002年,"高淳机2329"在栖霞山油轮锚地碰撞沉没,南京海事局两次责成其经营人尽快打捞、设标。2004年,就沉没在仪征油轮锚地上游500米的"浙定58063"轮打捞事宜专门在相关媒体刊登打捞作业通告,以及发布"宁东湖78号"轮打捞通告。2006年,就"皖宣城货3859"沉船可能碍航通报长江南京航道局。2007年,两次函告六合区政府,就"鄂洪湖A-242"轮沉船打捞受阻提出交涉。2008年,完成"皖含山货0596""弋江318"沉船打捞工作。2010年,规定兴化市鸿达运输有限公司限期打捞"兴鸿机1018"。此外,高淳县地方海事处2000年对东坝河航道内2艘沉船强制性打捞,使原来通而不畅的河道恢复正常航行功能。

## 二、有重点地开展船舶监督管理

### (一)完成船舶登记任务

2001年,南京海事局依据中国海事局启用新版船舶登记证书的要求,于12月31日完成辖区所有新老证书换发工作。5月1日起,根据《关于实施运输船舶强制报废制度的意见》,逐艘核查登记的老旧船舶。2001年12月31日前,共接收南京市地方海事局移交海船登记档案227份,次年进行入籍船清理。2003年6月,完成所有内河船舶各种登记证书换发工作。同时,按照2003年印发的《船舶登记工作规程》要求,严格遵守初审、复审和审批三级审批制度,规范船舶登记行为。2004年12月,启用由中国海事局发布的新版船舶登记系统(05版船舶登记系统),进行船舶登记。2001—2010年南京海事局船舶登记情况详见表8-4-5。

2001—2010年南京海事局船舶登记一览表(单位:件)  表8-4-5

| 年份 | 登记类别 | | | | | | |
|---|---|---|---|---|---|---|---|
| | 所有权 | 国籍 | 抵押权 | 光船租赁 | 船舶注销 | 船舶变更 | 核发船舶最低安全配员 |
| 2001 | | | | | | | |
| 2002 | 147 | 83 | 5 | 20 | 103 | 11 | |
| 2003 | | | | | | | |
| 2004 | | | | | | | |
| 2005 | 112 | — | 51 | 19 | 88 | | 336 |
| 2006 | 181 | 294 | 64 | 28 | 148 | 177 | 338 |
| 2007 | 202 | 342 | 97 | 60 | 226 | 115 | 224 |
| 2008 | 277 | 530 | 101 | 52 | 265 | 145 | 255 |
| 2009 | 186 | 504 | 120 | 53 | 169 | 232 | 356 |
| 2010 | 144 | 434 | 143 | 45 | 243 | 302 | 307 |

南京市地方海事局自2000年在局内设置统一对外船舶登记办理窗口,运用计算机管理,进一步提升船舶登记程序中各环节质量,根除了双重产权和一船多港籍等现象。2003年,按照船名审核程序流程、船舶登记程序流程,建立登记工作各环节岗位责任制,强化初审、复审。2001—2010年南京市地方海事局船舶登记情况详见表8-4-6。

2001—2010年南京市地方海事局船舶登记一览表(单位:件)　　　　表8-4-6

| 年份 | 登记类别 | | | | | | |
|---|---|---|---|---|---|---|---|
| | 所有权 | 国籍 | 抵押权 | 光船租赁 | 船舶注销 | 船舶变更 | 船名核准 |
| 2001 | 137 | 121 | 54 | 7 | 81 | 19 | 176 |
| 2002 | 152 | 143 | 61 | 8 | 78 | 23 | 210 |
| 2003 | 194 | 177 | 85 | 10 | 96 | 16 | 289 |
| 2004 | 366 | 333 | 103 | 11 | 189 | 10 | 423 |
| 2005 | 312 | 253 | 265 | 24 | 95 | 25 | 513 |
| 2006 | 128 | 75 | 112 | 8 | 256 | 36 | 838 |
| 2007 | 180 | 105 | 77 | 9 | 229 | 48 | 277 |
| 2008 | 261 | 190 | 78 | 6 | 459 | 88 | 220 |
| 2009 | 445 | 304 | 156 | 13 | 569 | 125 | 549 |
| 2010 | 457 | 293 | 284 | 12 | 408 | 125 | 629 |

## (二)船舶签证由手工转向电子

2001—2010年,随着南京港口经济和航运快速发展,南京长江水域形成密集"港区群",作业点增多。为此,南京海事局加大巡查力度,督促船舶办理签证手续,并从2003年起增添集巡查、签证等于一体的执法车,开展流动签证。2004年,实施诚信码头和诚信船舶制度,鼓励码头督促船舶办理签证和船舶主动办理签证。2007年,随着新的《船舶签证管理规则》实施,南京海事局进一步规范船舶定期签证、年度签证及航次签证。2001—2010年南京海事局对进出南京港船舶签证情况详见表8-4-7。2001—2010年南京市地方海事局对进出港船舶签证情况详见表8-4-8。

2001—2010年南京海事局对进出南京港船舶签证一览表　　　　表8-4-7

| 年份 | 进港船舶(艘次) | | 出港船舶(艘次) | |
|---|---|---|---|---|
| | 国内航行海船 | 国内航行河船 | 国内航行海船 | 国内航行河船 |
| 2001 | 3779 | 32048 | 3536 | 31666 |
| 2002 | 8657 | 38604 | 8646 | 38442 |
| 2003 | 5864 | 42788 | 5890 | 42845 |
| 2004 | | | | |
| 2005 | 7557 | 135003 | 7614 | 130673 |
| 2006 | 7172 | 84193 | 7196 | 82684 |
| 2007 | 7662 | 91582 | 7612 | 90270 |
| 2008 | 7557 | 135003 | 7614 | 130673 |
| 2009 | 8090 | 168026 | 8132 | 165476 |
| 2010 | 9110 | 225383 | 9151 | 221380 |

2001—2010年南京市地方海事局进出港船舶签证一览表　　　　表8-4-8

| 年　份 | 国内航行河船进出港(艘次) | 其中:危化品船舶进出港(艘次) |
|---|---|---|
| 2001 | 24676 | 172 |
| 2002 | 27209 | 804 |
| 2003 | 18660 | 370 |
| 2004 | 9842 | 278 |
| 2005 | 15377 | 102 |
| 2006 | 35167 | 512 |
| 2007 | 33075 | 748 |
| 2008 | 37695 | 521 |
| 2009 | 42677 | 752 |
| 2010 | 40137 | 614 |

南京海事局是我国实施船舶一卡通(IC卡)签证的第一个单位。IC卡具有船舶身份标识、船舶基本信息、船舶证书信息、安全检查等现场监督信息、进出港信息存储和船舶签证管理等功能。2003年,南京海事局主动参与中国海事局船舶一卡通工程,为研发方收集相关数据,提供大量一卡通功能系统开发的基础资料。2004年11月中国海事局在长江三角洲地区试行船舶一卡通(IC卡)签证后,于12月16日在南京海事局办公大楼一楼政务大厅举行全国第一张船舶IC卡发行仪式,向第一批船舶单位发放船舶IC卡。仅2005年,南京海事局就发放IC卡424张。之后,各签证站点均可采用船舶IC卡办理船舶进出港签证。

2005年,南京市地方海事局在江苏省长江以外水域首推内河船舶IC卡(船舶海事管理信息卡)电子签证,制发船舶IC卡500余张,实现固定点与移动点的船舶签证一体化。2001—2008年,共办理船舶签证118631艘次。2008年5月21日,为"南炼化1"发放第一本新版船舶签证簿。

### (三)国际航行船舶进出口岸的监管

1. 进一步规范对外开放码头或水域的监管

自1986年南京港迎来第一艘外轮起,到2000年南京港区有22个泊位可供外轮停泊。2005年,南京市口岸委《关于上报南京港口岸开放依据及开放范围的报告》中,称鉴于涉及南京港对外开放的所有文件均未划定开放范围,遂依据宁政发[1986]170号文、交通部[86]交函河字559号函,确定南京港的港口水域划分,并明确2005年开放码头泊位、浮筒52个及锚地10个,其中大年锚地为联检锚地。同时,对开放口岸新建码头审批事权,2002年以前由国务院批准,2002年之后国务院将这一权力下放给省级人民政府。随着南京经济发展与对外贸易量增大,南京港对外开放码头泊位亦不断增加。经江苏省人民政府批准,至2010年底南京口岸先后已有扬子-巴斯夫、龙潭港、龙翔、欧德、中石化扬子石化及其他11家公司的21个码头对外开放,泊位达40个。

为加强对南京港对外开放码头、泊位的监管,南京海事局依据国务院有关开放口岸监管规定及江苏省经贸委、江苏海事局有关管理规定,努力从几个方面做工作:①力争将码头纳入全省口岸发展规划和岸线利用规划;②码头业主在码头立项前,就开放所需查验配套设施等条件征求海事等有关机构的意见,并与码头主体工程统一规划、统一设计、同步建设;③码头经验收符合交通部港口工程技术规范以及消防、安全、防污等标准,具备口岸现场办公、查验业务等设施和封闭式装卸现场等监管条件。同时,进一步规范开放码头查验设施,健全规章制度,落实安全措施,以保证开放码头作业安全。2007年3月,南京海事局牵头建立市级查验单位联席会议制度,召开4次联席会议,强化对进出口岸船舶、船员、旅客、货物监管,协调解决问题。2008年,全面清查辖区接靠国际航行船舶码头和浮动设施,并发布公告要求整改8家未持有效证书的浮动设施。还要求临时开放码头泊位就申请正式开放提交开放计划和承诺,给出正式开放准备期限。2009年,针对临时停靠国际航行船舶的码头,为17家码头企业、2家船厂共38个泊位办理备案手续,进一步规范临时开放码头管理。2010年,开展梳理、编印《南京水运口岸对外开放文件汇编(1979—2010)》工作,进一步规范临时停靠国际航行船舶码头管理,决定自12月31日起停止国际航行船舶临时进入未开放码头或水域。5月,检查对外开放码头,主要涉及海事公告牌设立、CCTV系统接入、码头相关设施设备及安全措施落实情况等。

2. 进一步加强国际航线船舶进出口岸手续审批

2001年7月1日起,南京海事局加强国际航线船舶进出口岸手续审批,进一步规范申办时间、船舶高度及长度、船舶吃水、引航等。2008年7月1日《江苏海事局国际航行船舶进出口岸管理办法》公布后,进一步加强对国际航行船舶进出口岸申请许可的监管,重点规范申办时间、船舶高度及长度、船舶吃水、引航等。如就申办进口时间,要求船方或其代理人应在船舶预计抵达口岸7日前办理进口岸申请许可手续……申请办理出口岸手续,应提交船舶概况表、总申报单、货物申报单、船员名单、旅客名单、危险货物舱单、经过批准的船舶载运危险货物申报单、船舶出口岸手续联系单……船舶开航前,引航员应确认船舶是否办妥进出口岸许可手续。未经批准进口岸或离口岸的船舶,引航员不得引领。此外,按照国家有关国际航行船舶临时进出非开放区域的规定,对口岸委允许临时接靠外贸船只的码头,采取国际航行船舶临时靠泊"一船一议"方式,由各口岸查验机构会签后进港,正常办理进出口岸手续。载运危险货物的船舶,则要按规定办理相关申报手续。特殊船舶采取特别办法,如在台湾海峡两岸间营运的船舶需提交台湾海峡两岸间船舶营运证。

2003年长江江苏段船舶定线制实施之后,进出南京港的航行国际航线船舶进一步增多。海轮进入长江里程运输港(国际海上运输)上溯推进365公里,直抵南京口岸,致使南京港区逐步转变为真正意义上的国际海港区。2004年3月19日开始,中海油运、货运等海轮全面夜航上溯至南京港,南京以下长江江苏段不能夜航成为历史,到港的国际航行船舶、船型也呈现多样化趋势。2001—2010年,除个别年份外,进出南京口岸航行国际航线船舶数量呈稳步上升趋势(详见表8-4-9)。

2001—2010年进出南京口岸航行国际航线船舶一览表　　表8-4-9

| 年份 | 进出港船舶(艘次) | | | 货物吞吐量(万吨) | | |
| --- | --- | --- | --- | --- | --- | --- |
| | 进港 | 出港 | 合计 | 到达量 | 发送量 | 合计 |
| 2001 | 1082 | 1078 | 2160 | 619.93 | 242.04 | 861.97 |
| 2002 | 1158 | 1464 | 2622 | 511.30 | 285.19 | 796.49 |
| 2003 | 983 | 952 | 1935 | 525.87 | 203.10 | 728.97 |
| 2004 | 1280 | 1085 | 2365 | | | |
| 2005 | 1394 | 1478 | 2872 | 620.37 | 311.76 | 932.13 |
| 2006 | 1437 | 1483 | 2920 | 497.52 | 407.41 | 904.93 |
| 2007 | 1621 | 1653 | 3274 | 564.77 | 482.51 | 1047.28 |
| 2008 | 1602 | 1657 | 3259 | 511.81 | 471.17 | 982.98 |
| 2009 | 1527 | 1576 | 3103 | 764.24 | 309.87 | 1074.11 |
| 2010 | 1549 | 1600 | 3149 | 710.03 | 399.73 | 1109.76 |

## (四)有重点地开展港口国监督(PSC)大会战

始于1991年授权港口国监督(PSC)检查,始终是南京港监局船舶监管的重点之一。进入21世纪之后,南京海事局更是强化此项工作。2002年4月5日,南京海事局根据中国海事局授权可与国外海事当局联系相关工作,按照新生效国际公约,进一步规范港口国监督(PSC)的检查工作。2004年9月,明确船舶交通管理中心负责港口国监督的检查工作。2008年10月,在新生圩设立专门安全检查组,具体负责港口国监督(PSC)检查。

南京海事局这一时期积极参与港口国监督(PSC)会战大检查,并落实各项检查举措。2002年7月国际安全管理规则(ISM规则)实施后,所有国家航行船舶强制执行。南京海事局参与PSC会战大检查,2002年实施普查84艘次,复查44艘次,滞留外轮3艘。9月,开展液货船专项安全检查。2003年9—11月,又参加散货船机构安全PSC会战大检查。2004年7—9月,参加国际船舶和港口设施保安规则(ISPS)实施的PSC会战大检查。2005年9—11月,参加东京备忘录对船舶操作性要求统一开展的PSC会战大检查。2006年,参加低质量船舶挂"方便旗"专项整治活动。2007年9—11月,参加海运包装有害物集中检查活动。2008年9—11月,参加亚太地区PSC集中检查活动。2009年,开展国际航行船舶救生设备集中检查会战。此外,将日常PSC检查与集中会战大检查相结合,完成港口国监督(PSC)检查任务。2001—2010年南京海事局开展港口国监督(PSC)检查情况详见表8-4-10。

**2001—2010年南京海事局开展港口国监督(PSC)检查一览表** 表8-4-10

| 年 份 | 检查船舶(艘) | 有缺陷(项) | 缺陷(数) | 滞留船(艘) |
|---|---|---|---|---|
| 2001 | 82 | — | — | — |
| 2002 | 80 | — | — | — |
| 2003 | 84 | 69 | 334 | 5 |
| 2004 | 71 | 52 | 225 | 0 |
| 2005 | 73 | 63 | 386 | 7 |
| 2006 | 74 | — | 454 | 8 |
| 2007 | 71 | 69 | 536 | 9 |
| 2008 | 66 | 59 | 495 | 11 |
| 2009 | 40 | — | 283 | 4 |
| 2010 | 108 | — | 1119 | 16 |

## (五)以"降滞"为主开展船旗国监督(FSC)检查

为防止在南京注册的中国籍船舶在国外接受PSC检查中被滞留,南京海事局在每次PSC会战大检查开展之前,都要做好中国籍船舶在国外接受PSC检查的准备,采取多种开航前检查措施,实行船舶安全检查缺陷反馈制度,不让存在缺陷的中国籍船舶从管辖港口航行到国外,以降低国外滞留率。2001年,南京海事局按照中国海事局2000年2月、4月下发有关国轮开航前检查、范围调整的两个通知规定,建立降低中国籍船舶滞留率目标责任制,加强对国轮开航前检查,避免了中国籍船舶因开航前检查问题而在国外被滞留。2002年,根据中国海事局部署,南京海事局采取"重点检查、企业负责、船级社跟踪"对策,继续对中国籍船舶进行开航前检查,使中国籍船舶未有在国外被滞留。2003年,接待韩国仁川地方海洋水产厅首席PSC官员两周的交流访问,并组织回访。2005年,参加或参与渡口渡船、船舶载运危险货物、船员持假证、低质量船舶、船舶超载共"五项"专项整治活动,取得一定成效。2006年,开展客运船专项检查、保护长江工程集中执法检查、水上危险品运输百日会战、船舶消防专项检查、小型液货船专项整治等活动。2007年，开展防船舶碰撞防泄漏专项整治。2008年，开展海船安装和使用AIS情况集中检查。北京奥运会、残奥会期间，从5月15日至10月15日开展为期5个月船舶保安集中检查活动。2010年5月1日至10月31日上海世界博览会前后，开展远端控制工作。8—12月，又开展为期5个月"大船小证"综合治理工作。这一时期，通过持续严格开航前检查，本港开航中国籍船舶质量得以提升。2001—2010年南京海事局中国籍船舶开航前检查情况详见表8-4-11。

2001—2010年南京海事局中国籍船舶开航前检查一览表　　　　表8-4-11

| 年份 | 检查船舶(艘) | 缺陷总数(艘) | 单船缺陷(项) | 滞留(艘) |
|---|---|---|---|---|
| 2001 | 42 | 302 | — | 11 |
| 2002 | 35 | — | — | 0 |
| 2003 | 46 | 215 | 7.41 | 9 |
| 2004 | 19 | 142 | 7.47 | 0 |
| 2005 | 9 | 65 | 7.22 | 0 |
| 2006 | 1 | 10 | 10 | 0 |
| 2007 | 2 | 8 | 4 | 0 |
| 2008 | 0 | 0 | 0 | 0 |
| 2009 | 1 | 12 | 12 | 0 |
| 2010 | 2 | 24 | 12 | 0 |

此外，从1999年起南京市地方海事局在船舶签证站点开展专业船舶安全检查，从最初每年检查300~400艘，到2008年检查近1000艘，查处船舶缺陷平均每年约7500项。

**(六) 积极推进"黑白名单"管理**

2001年5月，中国海事局开始建立重点跟踪船舶检查制度。8月1日，公布首批48艘船舶"黑名单"，其中有13艘是南京籍船舶，被重点跟踪检查的原因包括存在严重缺陷被禁止离港、未签证离港和违法逃逸等。为此，南京海事局8月20日起在辖区范围内开展重点跟踪检查，按照相关要素确定是否应纳入重点跟踪船舶。2003年，南京海事局上报并经上级海事机构核准，将7艘船舶纳入"黑名单"。2009年4月，为南京恒瑞海运公司"恒瑞3"和南京江海油运公司"旗胜8"办理脱黑手续。2010年1月，中国海事局公布"全国重点跟踪船舶名单"，其中南京籍船舶有5艘（详见表8-4-12）。

2010年南京籍船舶重点跟踪一览表　　　　表8-4-12

| 序号 | 船名 | 建造年份 | 船舶种类 | 船舶所有人/经营人 | 列入时间 |
|---|---|---|---|---|---|
| 1 | 高淳机627 | 1993 | 杂货 | 江苏高淳县淳溪船务公司 | 2001.8.1 |
| 2 | 宏扬188 | 1986 | 杂货 | 江苏省宏扬船务公司 | 2001.8.1 |
| 3 | 恒顺兴5号 | 1999 | 杂货 | 安徽芜湖市晨光船务公司 | 2001.11.2 |
| 4 | 强泉68 | 1999 | 干货 | 南京强泉运输贸易公司 | 2008.4.3 |
| 5 | 苏铁3号 | 2005 | 干货 | 江苏铁路发展股份公司 | 2009.9.10 |

与"黑名单"相对应是"白名单"。这一时期，南京海事局根据中国海事局"安全诚信船舶、安全诚信船长"评选规定，协助辖区船公司报名参加评选，评选出南京籍的安全诚信船舶、船长，以推动船公司航运安全文化建设，促进公司、船员自觉执行水安全管理法律法规及规章、规范性文件。2006—2010年南京地区安全诚信船舶、船长评选结果详见表8-4-13。

2006—2010年南京籍安全诚信船舶、船长一览表　　　　表8-4-13

| 年份 | 安全诚信船舶（艘） | 安全诚信船长（人） |
|---|---|---|
| 2006 | 宁化412、宁化410、大庆439、环洲、大庆435、大庆434、大庆451、大庆452、大庆453、天兴洲、大庆454、大庆455、大庆456、宁化401、宁化411、大庆433 | 苏雪明、刘俊楚、陈光明 |
| 2007 | — | 张正华、张志、孙党人、曹友、陆国章、薛宝、蔡镭、陆志、徐宏明、张福 |
| 2008 | — | 孙衷、付中炎、程石根 |
| 2010 | 宁化412、长航探索、长航希望、宁化419、永兴洲、大庆452、大庆455、宁化418、大庆456、大庆454、大庆453、大庆437、长航发现 | 蔡善安、朱伟涛、王建新、王凯、王义春 |

值得一提的是，2004年4月19日南京海事局查获重点协查船舶"金海虹87号"，进行后续处置直至该轮被拆解。后又查获"东海768"轮，按照有关要求进行处置。另外，根据辖区相关船公司脱离重点跟踪的申请，针对列入重点跟踪的原因，组织相关单位开展船舶安全技术状况评估工作，将拟脱离船舶评估情况上报并进行审核。

### （七）船舶检验的规范及其质量监督

南京市地方海事局在履行水上交通安全监管职责的同时，负责地方船舶建造质量检验、营运检验和船用产品检验职责。2001—2005年，船检部门就完成建造船舶检验824艘、营运船舶检验9136艘。同时，重点对船舶修造检验。2002年，创新船舶监理制，形成船舶"设计技术支持—船厂质量负责—监理过程检测—船东监督建造—船检有效监管"建造责任链，加强建造中关键节点控制和管理，受到船东、中小船厂和各航运单位的接受和欢迎，中小船厂船舶监理率达90%，其中有的实施双监理。2008年，南京已建立5支专业监理队伍，初步形成船舶设计、建造、检测3方负责和船舶检验严格把关的"三负责一把关"船舶建造质量控制机制，为船舶修造检验质量控制探索出一条新的管理思路。此外，推进船厂建立质量管理体系。2006年末，有5家一级船厂、3家二级船厂建立其质量管理体系。2007年，南京市船舶检验局根据江苏省船舶检验局授权，负责船长不超过30m、主机单机功率不大于150kW、客位不超过150人的常规内河船舶的图纸审查，审图工作实现由原来的轮审制向会审制、评审制的转变。并探索由船检机构牵头，组织高等院校和整合本系统已有专业审图技术力量，采取集中时间、联合会审的模式审核，极大地提高了审图效率。至2007年9月底，南京船检年度检验船舶总吨突破100万，取得历史性突破。2004年，南京市地方海事船检质量体系通过英国劳氏认证，这是获英国劳氏认证的全国首家市级船检机构（见图8-4-4）。

这一时期，南京地方船检部门加强低质量船舶的检验。2005年4月，将辖区6家船厂、34艘船舶列入重点专项治理名单，并将所有2002年1月1日建造完工出厂海船船长≥60米、河船船长≥50米钢质船舶列入专项治理范围附加检验。同时，在秦淮新河船闸、滁河船闸设置2个专项治理检查点，专项检查低质量船。图8-4-5为2008年地方海事船检机构成立驻厂工作站的场景。

至2005年底，有300艘船舶实行附加检验，完成任务83%，其中7艘船舶进坞整改，3家船厂取消认可资质，另责成3家船拿出进入工业园区计划。此外，南京船检主动与江苏科技大学航海学院联合，分别在高淳和市区开办"船舶制造与管理"专业培训班，共培训120余人。2006年，与市交通局、市农林局、市安监局对辖区内2005年列入重点专项治理名单的船厂、重点专项治理船舶进行附加检验。此外，还采取措施防止外地低质量船舶进入本市。如验船人员发现"通海集16"轮无大开口抗扭强度计算、无装载手册，船体部分焊缝达不到规范要求，立即要求该船上坡重新进行补焊、无损探伤和密性试验，补充计算资料，合格后方准入籍。2001—2010年南京市地方海事局船检工作情况详见表8-4-14。

图 8-4-4 2004年南京市地方海事船检质量体系通过英国劳氏认证

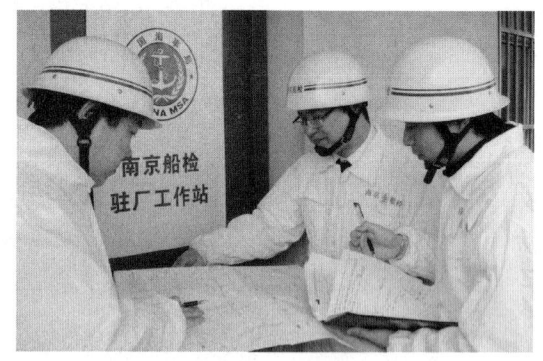
图 8-4-5 2008年地方海事船检机构成立驻厂工作站

**2001—2010年南京市地方海事局船检工作一览表**　　　表 8-4-14

| 年份 | 船舶建造检验发证(艘) | 船舶营运检验发证(艘) | 船用产品检验发证(件) | 船舶及船用品图纸审批(套) |
|---|---|---|---|---|
| 2001 | 99 | 1419 | 1001 | 17 |
| 2002 | 111 | 1390 | 1270 | 133 |
| 2003 | 132 | 1367 | 3436 | 249 |
| 2004 | 322 | 1306 | 6971 | 382 |
| 2005 | 404 | 1238 | 11483 | 550 |
| 2006 | 119 | 1315 | 8631 | 253 |
| 2007 | 58 | 1365 | 1424 | 208 |
| 2008 | 34 | 1227 | 3086 | 203 |
| 2009 | 228 | 1178 | 27140 | 771 |
| 2010 | 304 | 1277 | 30039 | 727 |

### (八) 渡运安全监管的全面加强

1. 南京海事局渡运安全监管

这一时期,南京海事局管辖长江南京段渡口,到2006年共有12个长江客汽渡口,渡线12条,其中汽渡航线2条、客渡航线10条。这中间由南京市板桥汽渡管理处、南京市轮渡公司等6家航运公司经营属南京市行政区划的渡口有11条,属于扬州市行政区划的有1条,分布在长江南京、大胜关、草鞋峡、宝塔、龙潭、仪征6个水道。这些渡口主要承担南北交通中大量货运车辆过江和江心洲车辆进出,以及市区来往浦口、江心洲、八卦洲等人员过江交通。由南京市地方海事局管辖乡镇渡口到2002年达66个。

以上这些渡口设施、渡船年久失修,老旧化现象比较严重,其中10年以上船龄渡船站占到一半以上,少数渡口趸船没有检验。当时中山轮渡水泥趸船使用近百年,长期存在内部结构变形、船体锈蚀等严重安全隐患,渡运安全风险较高。据船舶流量观测,2005年长江南京段每天就有近万艘次船舶与渡船发生交叉相会,极易发生碰撞事故,甚至可能引发群死群伤恶性事故。针对以上情况,南京海事局、南京市地方海事局结合各自辖区渡口、渡船、渡运特点,将这作为这一时期水上交通安全监管的重点,有针对性地开展监管。2002年12月,推动板桥汽渡通过国内安全管理体系(NSM)审核,成为长江渡口中第一家取得安全管理证书的渡运单位。2006年10月,在分析前些年海事监管措施的基础上,编制出台《渡口渡船安全监督管理指南》,重新确定渡口、渡船安全监管机构及责任分工,包括监管一般要求、检查、签证、汽渡车载危险品、应急反应、督查、渡口档案、渡船安全检查等多项安全监管要素。督促渡运企业落实《江苏省长江渡口管理暂行办法》与渡运公司安全制度,监督渡运公司与所在城市或乡镇签订安全责任状。2009

年4—12月,将中山轮渡"中山""浦龙"渡运趸船列入南京市重大安全隐患。2010年12月,更新"中山码头""浦口码头"趸船定位,彻底消除这一重大隐患。其间,就南京长江桥梁(隧道)建设机遇期,推动撤销渡运人员少且存有较大安全隐患的渡口,如2007年12月撤销南厂门渡口、2009年4月撤销划子口渡口、2010年暂时停运江心洲汽渡。

与此同时,南京海事局加强渡运水域和渡运通道的巡查力度,为辖区渡船无偿安装船舶自动识别系统(AIS)。由于2003年之后长江南京段实施定线制,通航航路内行驶的船舶具优先航行权,横江渡轮航行受到限制,若渡船违反定线制航行而造成事故,判定渡船为事故主要责任方。如2010年,"板桥汽渡1"轮冒雾航行与他船碰撞,"板桥汽渡5"轮与正常航行下水船碰撞,"中山11"轮与正常航行上水船发生碰撞,渡船均承担事故主要责任。为减少渡船渡运事故发生,南京海事局加强渡运水域、通道的海巡艇现场巡查,每日保持巡查2次以上。VTS中心在恶劣气象、船流高峰期等时段,发布航行安全信息,提醒过往船舶安全通过渡运区域。2006年起,南京海事局采取"划区、定线、亮牌"方式,划定辖区内的板桥汽渡等渡运区域,并设置警示牌,无偿为渡船安装AIS船站设备,督促中山码头等建设CCTV系统。2009年,开展渡口渡船整治,出动检查组139个,对辖区9个渡口计19座码头设施进行500余次检查,检查渡船305艘次,纠正渡口渡船缺陷和隐患141个。2010年10月,29艘渡船更新AIS设备,渡运单位24小时开通运行,使VTS中心随时掌控渡船航行状态,减少渡船渡运发生事故的概率。

2. 南京市地方海事局渡运安全监管

这一时期,南京市地方海事局在前期推进乡镇渡口"安全达标"行动中,对一些日客流量少、渡口间距较小、渡船维修费长期得不到落实的乡镇渡口进行撤并,清除部分安全隐患,逐年减少乡镇渡口数量。21世纪初,全市88个乡镇渡口连续保持16年安全渡运无事故。为进一步贯彻落实国家安全生产法、内河交通安全管理条例,南京市港航监督处依据江苏省渡口管理办法、切实加强乡镇渡口安全工作的紧急通知及南京市政府有关渡口监管规定,牵头组建南京市乡镇渡口安全考核领导小组,编制《南京市安全文明乡镇渡口创建考核标准》,自2001年开始,发起为期2年"安全文明乡镇渡口"创建活动。在历时2年的创建中,南京市地方海事局制订安全文明乡镇渡口考核奖励办法,对建有候船亭、水泥坡道台阶、设置渡口安全责任告示牌,渡船有旅客座位、轻型遮阳棚,通过乡镇渡口安全考核小组验收的乡镇渡口给予奖励。同时,积极支持有条件县乡政府建桥撤渡。到2003年底,全市20个乡镇渡口达到"安全文明乡镇渡口"标准,通过市乡镇渡口安全考核领导小组的验收。2004年底,又有45个乡镇渡口通过验收。2005年,南京市交通局建造10条标准化渡船,更换10条船质较差的渡船。还对南京市"安全文明乡镇渡口"进行回头看。仅2005—2007年专项整治中,南京市各级政府交通、海事机构共组成184个渡口安全检查组,参加检查1352人次,检查渡口1012道次、渡船1532艘次,发现隐患116件,整改率达100%。

为从根本上消除渡口安全隐患,南京市地方海事局从2000年开始筹划建桥撤渡工程。仅2000—2001年,溧水县9个乡镇渡口被撤除5个。2003年,南京市地方海事局制定《南京市撤渡、建桥、创建奖励实施办法》,建成代渡桥3座,撤渡4个。2004年,南京市及所辖区(县)交通局和镇村开工建设代渡桥11座,完工7座,撤除渡口8个。2005—2006年,建造内河桥梁11座,撤销乡镇渡口24个。江宁区、溧水县建桥6座,撤渡6个,到2005年率先成为南京市无内河渡口县(区)。栖霞区、浦口区分别于2006年、2008年成为无渡区。不久,六合区也成为无渡区。到2010年,全市仅剩高淳6个乡镇渡口。

### (九)管理风景园林区游览船舶

至21世纪,南京内河开发的风景游览水域主要有玄武湖、莫愁湖、夫子庙内秦淮河、溧水天生桥胭脂河、六合金牛湖以及一些水库共10处。2001年,这些风景园林水域共有大小不等游览船54艘,从业人员100多人。但水上游船游览项目一些船员未经考试,不具有适任资格,有些水上游览设施没有经过质量检验,这些船员和此类设施因此不被准许开业,如2000年"五一"前夕准备开业的玄武湖公园引进"水上降落伞"和"乌篷船"两个项目。玄武湖、莫愁湖原有的水上快艇和自驾艇在同一水域混航,极易发生碰撞、浪损事故。南京市地方海事局专门划分快艇和自驾艇的各自航行水域,使它们各行其道,避免事故发生。溧水胭脂河天生桥景区游船停泊码头置于通航河道的弯道处,水面狭窄,极易发生船舶碰撞事故。鉴于码头迁址涉及众多部门,2001年南京市地方海事局向市政府做了专门汇报,市领导批示要求溧水县政府解决。次年,码头迁址上游,消除了碍航事故隐患。2002年"五一"黄金周,夫子庙水上游览日流量近万人,乘船游览秦淮河风光的游客人满为患。为防止游客上下船发生落水事故,南京市地方海事局在码头专门划定游客上、下船的通道。春节、国庆等节假日旅游高峰期,安排专人值班巡航,做好事故防范预案,保障风景游览水域水上交通安全。

### 三、船员管理关系调整与恢复开展管理

#### (一)船员管理关系的调整

2000年,南京海事局成立前局内设船员证件管理科,具有船员管理职能,开展相关工作。江苏海事局成立后,南京海事局船员管理职能整体移交给江苏海事局。2001年4月,南京海事局内设机构不再设立船员职能管理部门,该局仅承担船员履职现场检查职责。2005年10月,江苏海事局对船员管理工作开展"统一管理、分级操作"模式,将部分事项或环节交由南京海事局办理,主要包括受理、初审、发证。具体工作由政务中心办理。2009年12月22日,江苏海事局发布《关于调整江苏海事局内河船员管理职能分工的通告》,自2010年1月1日起,将江苏海事局管辖范围内内河船员的适任考试发证的受理、实施和内河船员档案管理等工作均交由南京海事局负责,江苏海事局局属其他单位和部门不再受理内河船员考试发证相关工作。

此外,2001年南京市地方海事局海船船员培训考试划归交通部直属海事机构管理。2005年12月,部海事局直接授予南京市地方海事局内河一、二等船员考试发证权限。

#### (二)船员管理工作开展

2005年,南京海事局受理各类船员证件工作单93份,发放内河船员驾驶证书24本、轮机证书29本、海船船员驾驶证书82本、轮机证书49本,船员服务簿61本。对船员特殊培训证书进行再有效审验,共审核280人次,发放船员证书32本。2010年行使内河船员管理职能之后,南京海事局建立健全内河船员考试科目试题库,组织2010年内河船员理论全国统考第17—19期报名、审核、考务和监考工作,参加理论统考驾驶482人、轮机165人。完成内河船员驾驶实际操作考试共28期267人,内河船员轮机实际操作考试共22期145人。完成内河船员适任证书再有效知识更新培训考试,其中驾驶共14期2475人、轮机共47期1457人。完成内河船员基本安全培训考试共14期582人,内河油船船员特殊培训考试评估共6期212人,内河散装化学品船舶船员特殊培训考试1期12人,内河载运包装危险货物船舶船员特殊培训考试评估1期5人。完成内河船员注册审核、发证共4557本,内河船员适任证书审核、发证共4411本,内河船员特殊培训合格证审核、发证206本,内船员基本安全培训合格证审核、发证共569本。当年1月25日,南京海事局发放第一本内河船员适任证书。

这一时期,南京市地方海事局加强内河船员考试管理。2001年,制定《南京市船员考试与培训分离

管理规定》，实施船员考试、培训分离，确认长江船员培训中心、南京科协船员培训中心等2家社会培训机构。开展高淳县144名船员的升级等培训考试。2004—2005年，建成船员理论考试电子考场，制定《四等以下船员和特种培训电子统考实施办法》，在江苏省率先实施四等以下船员理论、船员证书再有效审验及特殊培训考试电子化。图8-4-6为2009年地方海事开展船舶船员考试的场景。

图8-4-6　2009年地方海事开展船舶船员考试

此外，南京市地方海事局改革原有船员考试现场评估模式，实行2名考官监考，循环流水作业，当场评分、当天核分、公布成绩，按时发放证书。2000—2005年，南京市地方海事局共登记在册船员2068人，其中一、二、三、四、五等内河船员分别为305人、445人、407人、228人、683人。2008年4月，第1期长江干线船员理论统考（南京考点）在高淳举办，来自江苏省11个市共330名高等级船员参加理论考试。2002—2010年市地方海事局船员考试发证情况详见表8-4-15。

**2002—2010年南京市地方海事局船员考试发证情况一览表**　　表8-4-15

| 年　　份 | 船舶船员考试（人） | 船员适任证书签发（本） |
| --- | --- | --- |
| 2002 | 847 | 987 |
| 2003 | 1647 | 2103 |
| 2004 | 3049 | 1799 |
| 2005 | 989 | 1563 |
| 2006 | 758 | 1132 |
| 2007 | 841 | 634 |
| 2008 | 1057 | 702 |
| 2009 | 2220 | 1756 |
| 2010 | 3443 | 2372 |

### （三）船舶船员持证现场检查

2001年、2002年，南京海事局分别处罚船员53起、177起。2003年，吊销船员证书1本，暂扣船员证书9本。通过船员履职现场检查，船员违法行为逐步降低。2005年4月16日，南京海事局开始参加长江干线及其相邻水域15个省市"整治船员持假证上船任职统一执法行动"。2个月内共检查船舶5014艘、船员适任证书19691本，查获假证46本，没收31本。2007年，检查涉及船员证书事件75个、涉及操作事件184个。通过对持假证上船任职船员整治，涉及船员事件逐年下降，船员守法意识进一步增强。2005年涉及船员事件28个，2009年降至14个，2010年降至13个。

## 四、船舶载运危险货物与防污染监管形成制度

### （一）进一步强化危管和防污监管制度

南京是全国重要的化工基地，沿江有扬子石化、金陵石化、南化、扬子巴斯夫公司及国家级化工园区等数家大型石化企业，化工原料和化工产品多经水路运输。至2010年，辖区危险品装卸、过驳作业的码头共计79座，年货物吞吐量4241万吨，危险品船舶进出港30149艘次。长江江苏段危险品货物吞吐量占长江江苏段货物吞吐总量2/3。为此，南京海事局从监管制度、监管模式、监管举措等方面进一步强化

危管和防污监管制度,以及码头与作业区(点)现场安全检查与监控,以保障危险货物进出口装卸和运输的安全。

1. 危险货物运输监管制度

2001年之后,南京海事局积极推进和落实危管与防污监管工作制度化,先后推行与调整小型液货船检查证明书制度等4个管理制度,把好载运危险品船舶申报关与现场检查关。对老龄液货船和装运A、B类有毒液体物质的船舶实施作业前检查和"三级审批制度"。严把危险货物装卸码头年审关。定期对辖区65座危险品作业码头全面检查,及时清除隐患。2003年6月28日通过的《中华人民共和国港口法》、8月27日通过的《中华人民共和国行政许可法》,以及2003年8月7日、11月21日交通部公布的《港口危险货物管理规定》《船舶载运危险货物安全监督管理规定》等法律、法规、规章相继出台后,南京海事局针对调整危管与防污监管工作管理方式,相应制定出台监管措施。2004年,针对国务院取消海事管理机构"危险货物码头资质核准"行政审批,改在监督管理中依法对危险货物码头的船舶安全靠泊条件和防止船舶污染水域条件进行审核。同时,及时对船舶垃圾接收处理单位资质、船舶供油作业单位资质、船舶残油接收处理单位资质和液货舱清洗单位资质等进行行政报备,重点强化现场检查和事后监督。

2. 船舶污染防治制度

2002年,南京海事局完成船舶溢油应急计划、船舶污染事故应急体系拟订工作。次年12月,南京市政府转发《长江南京段船舶溢油应急计划》。2003年,南京海事局按照标准,审批船舶防污计划。并建立海事处与职能部门联系制度,实施清污、残废油接收等分港区作业制度,避免接收市场无序竞争、恶性竞争,加强防污作业安全管理,在防污治理上迈出行业自律第一步。

### (二) 载运危险货物船舶监管

2001年,南京海事局全面检查辖区65座危险品码头设施装运危险货物的情况,着力消除安全隐患,把好危险品码头年审关。2002年,将小型液货船检查范围从500总吨以下扩大到1000总吨以下。2003年,由于我国开始履行实施ARPOL 73/78,对油类记录簿、防污设备、船上油污应急计划等不符合要求的船舶实行强制整改。另对载运A、B类有毒液体物体船舶实行三级审批,并由VTS中心实行跟踪和海巡艇全程监护。同时,进一步加强危险货物作业安全技术评估和危险品码头专项检查等制度。2004年,根据《危险化学品安全管理条例》禁止剧毒化学品在内河水域运输的规定,停止船舶载运剧毒化学品进入长江南京段的申报审批,并坚持船舶载运危险货物的申报审批制度,审核申报时限、种类、证书、资料、港口条件等。各海事处加大码头陆域检查,拓展监管范围。2005年,南京海事局用安全检查代替小型液货船检查证明书制度,将小型液货船检查纳入正常安全检查工作中,并作出长效化监管规定。此外,率先实施船岸界面检查制度,明确危险品作业时船岸双方责任。强化危险货物码头监管,如查处5艘违规装卸、运输梅山化工公司煤焦油系列产品的船舶,并要求港口码头管理部门取消相应的港口作业许可证。2006年,开展水上危险品运输"百日会战"专项整治行动。2007年,强化危化品船舶监管,加强对载运危险货物船舶现场检查和危险品特种船舶进出港维护。2010年,开始探索研究船舶载运危险货物有目的选择液货船机制,开拓载运危险品船舶的监管新思路。2001—2010年进出南京港载运危险货物量与船舶艘次详见表8-4-16。

**2001—2010年进出南京港载运危险货物量与船舶艘次一览表**　　　　表8-4-16

| 年　份 | 进出港货物数量 | | 进出港船舶 | |
|---|---|---|---|---|
| | 进港(吨) | 出港(吨) | 进港(艘次) | 出港(艘次) |
| 2001 | 10623218 | 24477667 | 4274 | 14412 |
| 2002 | 18800498 | 23898665 | 5516 | 17067 |

续上表

| 年份 | 进出港货物数量 | | 进出港船舶 | |
|---|---|---|---|---|
| | 进港（吨） | 出港（吨） | 进港（艘次） | 出港（艘次） |
| 2003 | 20331955 | 23732661 | 5021 | 17880 |
| 2004 | 52698800 | | 26020 | |
| 2005 | 19136265 | 26143050 | 6180 | 21364 |
| 2006 | 22000000 | 10129430 | 5169 | 18156 |
| 2007 | 13194626 | 9416173 | 5743 | 10460 |
| 2008 | 12191187 | 11900346 | 5213 | 11561 |
| 2009 | 18164683 | 20943047 | 6883 | 19749 |
| 2010 | 21860400 | 19821400 | 7579 | 19049 |

港航运输业危险货物申报员、装箱检查员（以下简称"两员"）履职，是危险货物管理的前置关口。为此，南京海事局加强两员管理。2006年12月，协助江苏海事局在南京举办两员培训班，包括南京辖区在内的150人参加培训。2007年4月，协助江苏海事局举办两员培训班，包括南京辖区在内205人参加培训。2009年，对两员实施诚信管理，将辖区30家申报单位、装箱检查单位和107名两员一一登记在册，同时按照规定的等级予以注册管理，严格规范申报和检查行为。

这一时期，南京市地方海事局对于装载危险品的船舶，按规定实施实船签证，进一步加强现场监管。2002年，实施油船整改，建立油船、危险品船的检验发证证书会签制度。2004年，对在册油船及危险品船舶全部按要求实施整改，从根本上消除船舶事故隐患。2006—2007年，进一步加强危险品运输船舶的安全检查，组织十多期危险品运输船舶船员特种培训，有494人完成新培发证和审验换证。督促11家危险品运输单位船公司建立安全管理体系，有19艘船舶取得SMS审核证书。监督37家企业安装GPS卫星定位系统，危险品码头配备围油栏，并建立事故应急预案。

### （三）开展危险品集装箱检查

2005年以前，南京海事局辖区集装箱业务主要在南京港二公司（浦口）、四公司（新生圩）、龙潭集装箱码头有限公司等地。2005年以后，重点向龙潭港区发展。南京海事局对集装箱按比例开箱检查，打击装载危险货物瞒报、谎报行为。2005年4月5、6日，查出14箱危险货物隐瞒不报，瞒报的广州一公司被依法处罚5万元。这是在全国集装箱载运危险货物中首次被查出的集装箱载运危险货物瞒报、谎报案件，南京海事局受到中国海事局高度肯定。2005年，南京海事局对载运集装箱船舶开箱检查2430箱，开箱检查率0.75%，查出瞒报、谎报案件14起。图8-4-7为2013年对危险货物开箱检查场景。

图8-4-7 2013年对危险货物开箱检查

此后，开箱检查转为常态工作，效果明显。2005—2010年南京海事局危险品集装箱监管情况详见表8-4-17。

2005—2010年南京海事局危险品集装箱监管一览表　　表8-4-17

| 年份 | 开箱检查数（箱） | 开箱检查率 | 查处违法数（件） |
|---|---|---|---|
| 2005 | 2430 | 0.75% | 14 |
| 2006 | 696 | 1.07‰ | 3 |
| 2007 | 719 | 0.67‰ | 1 |

续上表

| 年　份 | 开箱检查数(箱) | 开箱检查率 | 查处违法数(件) |
|---|---|---|---|
| 2008 | 618 | 0.54‰ | 5 |
| 2009 | 654 | 0.61‰ | 1 |
| 2010 | 587 | | |

### (四) 强化防止船舶污染监管

1. 审核油船作业与污染物接收手续

2001年之后,根据国家有关对液货危险品船舶监管规定,南京海事局负责审批载运危险货物船舶的装卸作业与污染物接收各种证书,核发供油作业许可证、污染物接收许可证、油污损害民事责任保险证书、船上油污应急计划、垃圾管理计划、办理废钢船拆解计划等,并审定清污作业单位、供油船(点)安全与防污资质等。为提升溢油应急救助能力,2003年12月4日南京市政府办公厅转发由南京海事局制定的《长江南京段船舶溢油应急计划》,为长江南京段船舶溢油应急反应和实施救助提供全面技术路径。

这一时期,为加强污染物作业人员培训,南京海事局于2001年分2期培训130名污染物作业人员,之后将范围扩展到对申报人员和检查人员的培训。2002年,举办防污染培训班15期,集中培训船员2200余人。建立船舶防污染社会信息网,聘请28名信息员。其间,就南京长江干线水域实际,划分防污船舶水域作业区。至2010底,辖区防污作业区共有仪征、新生圩、龙潭、栖霞、浦口、公司自用、大厂(钟翔3全港接收垃圾)、梅山、江宁港区(梅清2全港接收垃圾)等九大片区21家单位。

2. 液货船严格审批与污染事故处理

2002年,南京海事局在总结500总吨以下小型液货船检查经验的基础上,将检查范围扩大到1000总吨以下所有液货船,辖区内液货船全年未发生责任事故。2003年,对原有的13家清污作业单位和33处供油(船)点的安全与防污染资质重新审定,淘汰2家安全技术状况不达标的残油接收、清舱单位。2004年,根据国家《危险化学品安全管理条例》中禁止剧毒化学品在内河水域运输的规定,停止船舶载运剧毒化学品进入长江南京段的申报审批。2007年,深入开展"限制船舶污染物排放"专项行动,对辖区内119艘适封船舶的污染排放口实施铅封,并定期复查,将铅封工作纳入长效管理。2010年11月,取消干货船、散货船等不符合安全及防污染要求的船舶载运散装食用油。在现场监管中,持续加大船舶污染违法行为查处力度,2007—2010年涉及船舶污染行政处罚案件分别为4、5、6、7起。到2010年底,辖区防污作业共有仪征、新生圩、龙潭、栖霞、浦口、公司自用、大厂(钟翔3全港接收垃圾)、梅山、江宁港区(梅清2全港接收垃圾)9大片区21家单位。2005—2010年南京海事局防污染作业审批情况详见表8-4-18。

**2005—2010年南京海事局防污染作业审批情况一览表**　　　表8-4-18

| 年份 | 2005 | 2006 | 2007 | 2008 | 2009 | 2010 |
|---|---|---|---|---|---|---|
| 液货船过驳作业审批(艘次) | 1621 | 40 | 23 | 78 | 135 | 152 |
| 船舶洗舱作业审批(艘次) | 141 | | 143 | 175 | 154 | — |
| 油污水接收处理审批(艘次) | | 1166 | 852 | | | 606 |
| 船上油污应急计划审批(件) | 55 | 147 | 75 | 112 | 118 | 134 |
| 船上海洋污染应急计划审批 | 0 | 0 | 0 | 3 | 2 | 4 |
| 程序与布置手册审批(件) | 0 | 0 | 0 | 1 | 0 | 0 |
| 船舶垃圾管理计划审批(件) | 101 | 120 | 81 | 93 | 110 | 130 |
| 审核船舶油污水接收、船舶清舱作业单位(家) | | | 19 | 17 | 17 | — |

### 3. 市民饮用水取水口长效整治

2001—2010年,长江南京段是近700万市民饮用水主要水源地。至2010年,已有40个饮用水取水口,且大都分布在长江主航道上,较分散,易受船舶污油水及垃圾污染。一旦发生较大的危险品入江事故,水域环境将受到严重破坏,危害后果很难控制。为保证南京市饮用水取水口水域安全,南京海事局除参加南京市政府2005年3月集中对大胜关水道市民饮用水水源禁航与整治外,还将长江取水口水域作为监督艇巡航重点区域,及时驱离非法停泊船舶。同时,积极配合地方政府做好小码头拆除工作,如2008年8月,与仪征市政府合力拆除仪化取水口上游非法小码头,消除该取水口水域长期有小型船舶非法停泊顽疾。2010年9月,与仪征市环保局等有关部门联合对小河口"水上船舶配件销售中心"实行强制拆除,消除长期威胁仪征市民饮用水源的安全隐患。

长期以来,南京市乡镇水上交通运输工具以挂桨机船为主,但由于挂桨机船结构简单,易将油污水直接排入水中。为此,南京市地方海事局2000年对南京市近千艘座舱机船舶防污染设备全部实行技术改造,配备各种型号油水分离器和污油水储存柜,为600余艘挂桨机船配备积油盘和进行上齿轮箱改造。此外,全市26个水上加油站点全部配备油水分离器,负责接收挂桨机船舶排放的油污水。2007年,南京市地方海事局制定《南京市内河通航水域禁航挂桨机船舶工作实施方案》,经市政府批准公布实施,并出台挂桨机运输船舶落舱改造(或改驳)鼓励措施,为其开办绿色通道,终使挂桨机船退出水运市场。2008年,开展"净水迎奥运"宣传周活动,开展船舶防污染检查,查处船舶违章污染水域行为。

## 五、船公司安全管理进展与有序开展

《国际船舶安全营运和防污染管理规则》(简称ISM规则)在我国生效并开始实施始于1998年7月。

2001年,南京海事局在上一年开始对辖区从事油运的南京油运公司、南京水运公司实施安全管理体系试点的基础上,根据交通部7月12日公布的《中华人民共和国船舶安全营运和防治污染管理规则》(简称"NSM规则",也称"国内安全管理规则")和审核职责划分以及江苏海事局要求,协助江苏海事局做好辖区内航运公司和船舶审核工作,对南京籍沿海船舶公司进行ISM规则(也称"国际安全管理规则")国内化培训,并开始实施ISM规则。2002年,对辖区5家航运公司进行国内安全管理体系的审核工作。2003年1月1日起,NSM规则对第一批船舶生效,南京海事局审核7家船公司安全管理体系申报材料,完成9家船公司体系推进。2004年7月1日起,NSM规则对第二批船舶生效。至此,南京海事局共对15家航运公司进行安全管理体系的审核工作。2005年,进一步加强航运公司国内安全管理体系工作,开展公司审核15次、船舶审核87次。公司文件审核发现问题479个,平均每个公司31.93个;活动审核发现问题271个,平均每次18.07个。船舶审核发现问题539个,平均每船6.195个。2007年7月1日起,NSM规则对第三批船舶开始生效。辖区内共有34家第三批航运公司(有2家既有第二批船舶,也有第三批船舶)通过国内安全管理体系审核。2007年,南京海事局开展公司审核55次、船舶审核342次,文件审核、活动审核、船舶审核发现问题数量分别为3298个、1304个、1417个,平均数则分别为59.96个、23.71个、11.65个。发现的问题与开具不符合报告明显增多,表明第三批公司的管理水平较第二批公司有所降低。2009年,南京海事局检查指导30家航运公司体系运行情况,实施安全管理体系审核62次。

2007年,南京海事局根据江苏海事局要求,要求辖区内航运公司进行安全管理体系重要事项报告报备。2008年,改变对航运公司监管方式,对船籍港船舶管理,充分利用信息通报、网上查询等各种信息渠道,搜集辖区内航运公司所属船舶相关信息,如船舶滞留、行政处罚、水上交通事故等,形成航运公司管理信息档案,并及时向审核组通报。有2家公司未能通过审核,被收回符合证明;有7家公司由于在安全管理体系运行过程中存在严重不符合情况,被实施跟踪审核。在船舶审核中,有2艘船舶未能通过,被收回安全管理证书。并对1家未保持体系有效运行的航运公司,依法实施行政处罚。2009年,南京海事局检查辖区10多家航运公司,纠正存在的问题。2010年,5家航运公司在审核中被发现存在严重不符合规定的情况而被跟踪审核,3艘船舶未通过审核。至2010年12月底,对辖区实施NSM规则并持有江苏海事局签发的DOC证书的国内航运公司共有45家,比2005年14家增加221.4%;持有江苏海事局和中国船级社签发SMC证书的国内航线船舶有312艘,比2005年66艘增加372.7%。2008—2010年,通过航运公司安全体系管理,南京地区航运公司安全与防污染管理状况有所好转。2008—2010年审核发现的问题与2005—2007年相比有所下降。2008—2010年南京地区航运公司审核情况详见表8-4-19。

2008—2010年南京地区航运公司审核情况一览表　　　　表8-4-19

| 年份 | 船舶审核(艘) | 活动问题(个) | 平均问题(个) | 不符合(个) | 平均不符合(个) |
|---|---|---|---|---|---|
| 2008 | 99 | 1434 | 14.48 | 667 | 6.74 |
| 2009 | 108 | 1069 | 9.9 | 571 | 5.29 |
| 2010 | 141 | 1546 | 10.96 | 776 | 5.50 |

这一时期,南京市地方海事局积极指导辖区航运企业实施NSM规则。2002年底,南京江海轮运公司在全国内河航运企业中率先建立并实施SMS,通过江苏省SMS审核中心的公司SMS审核,并取得交通部审核中心颁发的安全管理体系"符合证明"和相应"船舶安全管理证书"。2004年,有11家油船、化学品船运输公司通过SMS审核;2家不符合规定的油船公司被取消挂靠、联营资格,并责令不得从事油品运输。至2006年,南京所有经营油品和化学品的船公司都建立了安全管理体系,通过SMS审核,并取得相应"符合证明"和"船舶安全管理证书"。

此外,2003—2004年南京市地方海事局组织全市所有经营和即将经营油品、化学品的船公司有关人员,分2批共50余人参加省地方海事局组织的专题培训。同时,2004年,指导、帮助11家油船、化学品船运输公司通过SMS审核,对2家不符合规定的油船公司取消其挂靠、联营资格,并责令其不得从事油品运输。至2006年,南京所有经营油品和化学品的船公司都建立安全管理体系,全部通过SMS审核,并取得相应"符合证明"和"船舶安全管理证书"。

## 六、水上交通事故处理的进一步规范

### (一)水上交通事故处理机制逐渐完善

2001年之后,针对辖区管段长,以及过境或在港船舶易发生事故的特点,南京海事局坚持海事分析制度,强化对水上交通的分析,研究辖区的事故预防和有效监管措施,突出主管机关在事故调查处理工作中的职能,使事故处理工作得到进一步加强。2002年10月,以交通部发布的《水上交通事故统计办法》为准,实行新的统计口径,保证统计资料的准确性和及时性。2004年6月起,以"水上交通事故调查处理通知书"形式,通知事故有关方,对预防类似事故再次发生起到积极作用。2005年12月起,安排事故调查人员参加培训、考试,加强专职调查官队伍。2008年,着重水上交通事故调查报告编写指南学习,提升撰写报告的水平。2010年3月,汇编2008、2009年度重大事故调查报告,形成《水上交通事故调查报告汇编》。此外,启用"水上交通事故调查处理文书格式、文书英文格式",及时调整文书样式。

### (二)水上交通事故中的重大案例

2000年6月9日,小油船"浙瓯油9号"发生爆炸事故。7月26日,"兴竹机518号"发生爆炸事故。

2002年3月27日,江宁新济洲水域发生农用船非法载客导致翻沉事故,死亡14人。

2006年7月28日,十二圩仪征康平船厂船台上待修油轮"苏剑南"轮发生爆炸事故,影响较大。

2010年8月22日,"板桥汽渡2号"由南向北渡运时,与下水船舶"皖无为货3237"在150浮水域发生碰撞,导致"皖无为货3237"在北岸冲滩后方脱险,进一步促使横江汽渡严格规范航行行为。

## 七、海事征收船舶港务费的连年增长

规费征管是海事部门一项重要职责和执法行为。2001—2010年,依据国家赋予的职权与交通部等部委有关船舶港务费征收的规定,南京海事局尽力做好规费征收工作。2001年,逐级分解规费征收任务,签订征收责任书,促使基层各海事处结合报港制、现场检查等,加大征收力度,对逃缴的实行补缴,较好地完成征收任务。2002年,将规费征收任务分解到各海事处,并签订责任书,同时与南京长江油运公司等20多家船舶单位签订年度征收协议。2004年,推进码头诚信管理,加大对小型船舶征管力度,同时持续打击逃缴规费行为。2008年1月1日起,在缴纳船舶港务费时,对长江航运(集团)总公司及其所属企业进出南京港的船舶实行按航次征收、定期结算的征缴方式,并协商确定具体结算周期和方式。加大对南京港不同港区之间短驳运输船舶征收力度,防止国家规费流失。2010年,严格执行收支两条线有关规定,及时解缴规费。一系列征收措施,使南京海事局船舶港务费征收逐年增长,并多年处于江苏海事局系统"第一"位置。2010年,南京海事局船舶港务费征收是2000年的2.96倍。规费征收仅"十一五"就比"十五"增长32%。2003年,南京海事局首次完成固定资产的整理和汇总,采用交通部固定资产管理软件录入,结束多年来固定资产账实不符的历史。

2006—2010年,南京市地方海事局规费征收持续增长,2010年规费征收数是2006年的2.5倍。

## 第五节 全力服务南京经济社会发展

### 一、全力服务南京经济发展和市民生活

进入21世纪以来,江苏省委、省政府提出"两个率先(即指率先实现全面小康、率先基本实现现代化)"战略决策,作为江苏省会的南京市更是一马当先,布局沿江港口,发展社会经济。2006年4月26—28日,交通部部长李盛霖视察长江江苏段时说:"目前我国内河水运发展最快最好的地区是长江南京下游一段,这一区域的港口布局和定位至关重要……"作为南京长江水域水上交通安全重要监管执法力量,南京海事局在2001—2010年围绕南京市"跨江发展"战略和国际航运物流中心建设,履行社会管理和公共服务职能,主动融入区域经济社会发展进程,扎实推进服务型海事建设,为南京水上安全生产状况好转提供强有力的安全保障。2006年7月10日,南京市委、市政府鉴于南京海事局服务南京地方经济发展的作为和贡献,批复同意南京海事局列入南京市委、市政府发文单位和参加会议单位。7月18日,南京市政府批复同意南京海事局接入"南京政务网"接收电子文件和信息。

#### (一)保证"西气东输"管线穿越长江勘探任务的完成

2001年3—5月,国家西部开发四大重点工程之一的"西气东输"管线在南京长江龙潭水道和仪征水道交汇的张子港水域进行水上勘探。针对主管线和备用管线的一次初步勘探和两次详细勘探,南京海事局组织44人,出动4艘海巡艇,克服施工水域地处偏僻、交通不便、自然环境恶劣和船舶航行密度大等困难,昼夜护航,历时62天,保证提前10天安全完成"西气东输"管道穿越长江52孔位钻探,确保"西气东输"穿越长江的主、副管线按期施工,创造在长江复杂航道最长时间维护无事故的奇迹,受到各级政府和中石化的好评。2008年10月,"川气东送"在南京张子港进行水上施工勘探作业。南京海事局主动与各

方协调,全面了解工程概况、船舶装卸作业要求,同时与建设单位华东管道管理处、三江口码头建设单位等联系,派执法人员到作业实地查看,掌握作业第一手信息情况,告知各方施工单位海事动静态监管要求和联系方法,严格落实施工维护方案,强化现场巡航检查,做好施工现场警戒与监护工作,及时疏导过往船舶,解决现场各种不安全因素,历时20天以"零事故"确保了这次作业任务完成。2008年11月3日,南京长江隧道工程钻探施工作业开工后,南京海事局成立现场安全监管和维护小组,向施工单位介绍作业水域自然环境、水流、过往船舶的航行规律及安全施工常识等情况,检查作业船舶设备、人员配备及昼夜信号配备状况等,昼夜巡查,保证施工船舶钻探作业安全。2010年,面对"川气东送"工程5次穿越长江,南京海事局积极做好工程前期准备工作,施工中与施工作业方紧密配合,强化现场安全监管,制订突发事件预案,确保施工水域安全。

### (二)保证"航工桩4号"船安全过长江大桥

2003年5月24日,南京长江三桥开工前夕,南京海事局接到中港第二航务工程局递交的承担打下第一桩的"航工桩4号"船过南京长江大桥的申请,并泊在长江大桥下游水域等待过桥。可当时是长江高水位期,24.6米高的"航工桩4号"船水上最大高度已超出南京长江大桥过桥安全标准,过桥是不可能的。且三桥开工期已通过媒体对外宣传,改变开工时间将会产生巨大影响。南京市领导和各方面专家十分焦急,多次打电话要求帮忙。面对从未遇到困难,南京海事局领导带领有关人员到大桥水域实地勘测,了解水情,向水文部门详细询问近期长江水位涨落情况。当得知26日凌晨3点30分为长江南京段最低水位,且天气状况良好时,就决定此时过桥,采用水压舱方法降低"航工桩4号"船水上高度,并制订了几个备选方案。可加水压载后,"航工桩4号"船仍达不到过桥的标准。这时离过桥最低水位不到一个小时,又用300吨钢锭和柴油进行压载。同时"海巡0801""海巡0812"艇加强现场维护,并不时地向"航工桩4号"船提供大桥桥孔动态,要求缓缓上驶。南京海事局交管中心时刻注视桥区动态,限制大型船舶通过大桥,以防产生巨浪,影响"航工桩4号"船过桥。凌晨3点30分(潮水上升前),"航工桩4号"终于通过大桥。

### (三)做好近700万市民饮水水源地的禁航工作

长期以来,南京河西地区与江心洲之间长13.6公里"夹江"为长江大胜关水道,也是南京市人民的生活用水水源地,分别建有北河口、城南和江宁三大水厂,自来水的供应量占全市80%。但因该水道两岸修造船厂(点)多、黄砂堆场多、加油站(公司)多、小船停靠多,导致船舶油污、铁锈、粉尘、生活垃圾等增多,使该水道水质污染严重,给周围水厂吸水口水域造成严重威胁。为此,根据南京市政府统一部署,南京海事局自2002年8月1日起全面禁止200总吨及以上船舶进入大胜关水道。4个多月后,航行秩序井然,江苏省、南京市及江苏海事局领导多次给予充分肯定。2004年下半年,南京海事局撤销长江南京段太平圩、子母洲航行警戒区,所有上水航行的船舶过太平圩警戒区后一律遵守各自靠右航行的原则行驶。同时,勘察大胜关水道上下口,选择在水道上口大胜关和下口梅子洲洲尾设置高达16米的警示牌,告示船舶禁止进入大胜关水道。

2005年初,南京市政府决定从3月1日起对大胜关水道进行全面整治,禁止船舶进入该水道。南京海事局被南京市政府列为水源保护第一道(禁航)把"关"牵头单位。为不辜负南京市政府和人民的期望,该局随后在太平圩警戒区、大胜关水道的上下口,安排巡逻艇在现场指挥过往船舶,在大胜关水道上、下口分别设立海事执法基地。2月16日,春节后上班第一天,又制订出禁航专题方案。17日,在江心洲召开船民大会。3月1日,南京海事局出动50多人、8艘海巡艇,在大胜关水道上、下口驻守,现场指挥与监控,禁止上、下口船舶进入大胜关水道,保证市政府"保护令"执行。经过4个月精心组织和尽心维护,禁航初战告捷。中央、省市领导及环保部门多次前来检查,对大胜关水道在短时间内禁航成功都给予较高的评价。南京海事局首战告捷,向南京人民交上一份圆满答卷,为后续保护南京人民饮水水源地开了个好头,也为2005年十运会召开及河西大开发创造良好的水上安全环境。6月20日,江苏省政府在南京召开全省集中式饮用水源保护区专项整治现场会。何权副省长要求全省各地学习南京市经验。图8-5-1为2005年保护南京市民饮水水源地安全实施大胜关水道禁航的场景。

图8-5-1 2005年保护南京市民饮水水源地安全实施大胜关水道禁航

此外,南京海事局在驻守巡查大胜关水道水源地确保安全的同时,还不断强化辖区沿江的40个取水口水源地监管检查,以保证南京市民饮用水安全。2006年,参与沿江环境综合整治,共出动执法人员1000人次、海巡艇200艘次,引导船舶15万艘次,阻止船舶在水源地抛锚停泊。

### (四)开辟"绿色通道",保障电煤运输

2001—2010年,南京海事局对于事关南京市经济发展和市民安全大事,从不讲条件,不计报酬,竭尽全力,努力交上满意答卷。2004年入夏后,华东等地区出现电煤运输紧张局面。南京附近长江两岸分布多家大型电力、化工、钢铁企业,原材料需求巨大,南京港作为重要的煤炭、石油中转港口,物资转运任务繁重。南京海事局按照要求,开辟电煤运输"绿色通道",同时加大对油船运输的维护。2008年1月,包括江苏在内的20多个省份发生大雪灾,部分陆路交通中断,电煤、电油等大批生产生活物资只能通过水路运输。南京海事局继续开辟"绿色通道",保障物资运输。年初3个月维护电煤油船1232艘次,涉及货物量160.7万吨。之后,为继续做好这一方面应急维护保障工作,南京海事局逐步形成包括健全信息通报机制、净化辖区通航环境、加强现场维护保障、改进规费征管服务、落实企业主体责任等内容的电煤船、油船保障长效机制,为电力企业等迎峰度夏(冬),缓解季节性用煤、用油紧张做出贡献。2010年,仅1季度就为到港的367艘次电煤船、1139艘次油船提供安全、便利的服务,累计保障电煤运输162万多吨、油品运输175万多吨。此外,2008年"5·12"汶川大地震期间,维护85646吨抗震救灾物资安全通过辖区。

### (五)为保障南京长江大桥安全提供建议

为系统地总结2001年以来南京长江水域的交通安全成就、经验、教训,南京海事局组织部分管理人员对涉及水上交通安全的相关问题进行研究分析,形成一系列分析与研究报告。到2008年12月,已撰写出南京水运口岸开放海事有关问题、南京海事改革发展成效及现实问题、关于建立和完善长江流动污染源防控机制、关于南京市八卦洲南岸船厂情况、关于第二执法大队辖区非法航修站(点)存在安全隐患、南京海事局与张家港海事监督管理对比、南京长江水域跨江大桥水上交通安全风险研究、人事管理与财务核算制度转型共8个报告。其中,南京长江水域跨江大桥水上交通安全风险研究分析报告较为突出。

为保障南京长江段建成、在建的南京长江大桥、二桥、三桥和大胜关铁路大桥4座桥梁的水上安全,南京海事局于2008年分析研究以上4座大桥桥梁水域存在的风险,根据河段通航环境,提出具体对策建议。主要是:合理化解大桥安全与水运发展的矛盾,合理规划南京港区的发展战略,通过立法限制或禁止

有关船舶通过大桥水域,督促大桥业主切实履行安全管理职责,提醒船舶通过大桥应当谨慎驾驶等。特别对1968年12月通车已40年的南京长江大桥水域存在的风险进行分析与研究后,根据大桥历年发生的事故情况、通过大桥船舶流量、恶劣天气情况、国内外大桥事故情况、大桥防撞能力、风险因素出现的新变化,提出6个针对性的对策和建议:①合理调整大桥通航桥孔;②适当调整大桥通航标志的设置;③推进过大桥的船型研究;④加强大桥防碰撞能力和日常监控管理设施的建设;⑤规范大桥业主单位日常安全管理;⑥提高大桥业主单位应急处置能力。上述对策建议上报南京市政府,以供南京市政府领导决策,以及有关单位与相关部门加强管理时参考。

2010年,南京海事局按照交通运输部海事局课题要求,开展VTS对过桥船舶监管课题研究。以南京长江大桥为保障样板,提出以"信息化系统量化过桥风险,分区域实施保障措施"的VTS过桥监管理念,并在实践中运用。同时,向南京市政府报送《关于大型船舶通过南京长江大桥存在重大安全隐患的报告》,以引起市政府领导高度重视。10月,与南京市安全委员会、桥梁单位共同召开大桥安全会议,建议南京市政府对大桥存在安全隐患施行政府挂牌督办。

## 二、推动南京港向国际海港区转变

### (一)大力支持建设国际航运物流中心

2003年7月,长江江苏段实施船舶定线制后,海轮进江推进到南京港,推动南京港转型为国际海港区。为此,南京市政府提出把南京港建设成为长江流域航运中心和现代物流中心的目标。2004年4月1日,交通部令第5号公布的《港口深水岸线标准》中,第一条第一项规定沿海港口岸线范围指:"沿海、长江南京长江大桥以下、珠江黄埔以下河段及各入海口门、其他主要入海河流感潮河段等水域内的港口岸线。"10月,交通部令第29号将长江江苏段南通、苏州、镇江、南京港界定为沿海主要港口。自此,南京长江大桥以下河段被纳入沿海深水岸线管理,南京港被定为沿海主要港口。2005年,江苏省委到南京集体调研,明确南京市"十一五"期间建设"国际航运物流中心"战略构想,由此南京长江航运物流中心建设迈上快车道。

为推动南京港向国际海港区转变,南京海事局积极服务南京长江航运物流中心建设,并于2006年6月向南京市委报送《关于建设南京长江国际航运物流中心有关建议的报告》,就推进实施12.5米深水航道建设、调整取水口、设立南京海事法院、水上搜救办公经费等问题提出具有前瞻性建议,引起南京市委、市政府的重视,为此后逐步推进解决相关事项奠定基础。2007年4月,就推进长江国际航运物流中心建设实施意见提出具体建议,并开始主动协调待开放码头的地方政府,共同推动码头对外开放,取得相应成效(多个码头获江苏省政府批准对外开放)。2009年5月,就非法采砂危害桥梁、江堤和航运安全等情况向市政府提交专题报告,建议南京市政府统一组织打击非法采砂行动。此后,又与水政、海事等部门针对非法采砂开展联合执法行动。9月,上报《关于加强南京长江水域渔船安全管理建议的报告》。南京市政府作出重要批示,肯定南京海事局在促进长江国际航运物流中心建设中的贡献。

与此同时,南京海事局主动与各港航单位共商安全良策。2004年以来,依托南京宝塔水道的扬子石化公司等一些大型与特大型企业,准备利用现有的长江岸线筹划发展。对于这些单位前来要求审批和咨询的规划方案,南京海事局根据职能要求,先到现场进行考察,再按照长江现时水质特点,提出具体的运输和安全方面的建议,供企业参考和整改。扬子石化有限公司的两套岸线码头发展规划设计方案经设计部门提出后,南京海事局结合现有水域实际,从为扬子石化长远利益与节省建设费用出发,提出方案没有考虑长远生产发展的观点,并就水域特点和河床变化趋势提出了一些改进意见,得到规划、设计部门的肯定。

## (二) 助力大型船舶进出南京港区

2001—2010年,随着航运业的发展,进出长江的"三超船"、试航船舶、交付船舶以及其他有特殊需求维护的船舶越来越多。南京海事局在确保航行安全的前提下,积极主动对进出南京港各类特殊船舶(尤其超高、超宽、超吃水的"三超船")实行现场维护,办理各种进出港口手续。2001年7月,南京海事局针对船舶试航提出规范试航条件、试航维护等基本要求。另外,对交付船舶也采取类似管理。随着进江海轮的增多,狭窄航道内海船失控成为引发事故险情一个重要因素。南京海事局建立海船进江前安全技术状况申报制度,对相关代理、引航机构和船舶提出明确要求,做好失控水域现场交通组织和维护,就近安排拖轮参与协助。2002年,南京海事局从有利于方便船舶进出口和企业发展出发,采取特事特办,及时审核、批准、维护大型船舶和特殊物资船舶进出南京港59艘次。特别保障了在南京举办的全国第十届运动会的水上项目的安全,得到运动组委会称赞。

对于"三超船"安全维护,南京海事局着力规范检查标准、规范评估程序、规范安全措施。2006年,建立健全以引航、航道、资深船长、船舶代理和码头业主、航运公司等参加的安全进江评估机制。2007年3月,当时世界第二大沥青船"沥青光荣"号在海巡艇现场维护下顺利靠泊新生圩码头。2009年3月15日,台湾麦寮港的"澎湖湾"号,安全靠泊新生圩404号码头。这是南京港在两岸隔绝数十年后迎来的第一艘直航船。"澎湖湾"号从台湾至南京港,至少节约1天半航程,单航次节约成本1万美元。此外,南京海事局还负责维护"紫金山1号"浮船坞、马鞍山长江公路大桥钢吊箱拖带、武家嘴57000吨船体通过长江南京段的长江大桥。此后,南京海事局为直航开辟了绿色通道,提供全方位的安全维护服务。

## (三) 持续出台公共服务措施

2003年10月10日,南京海事局结合南京长江水域辖区特点,在江苏海事系统率先出台23条便民措施,最大限度地简便手续、简化程序。23条便民措施包括船舶监督、水上通航、危险品运输及水域防污、水上维护、提供信息、安全技术咨询、提供应急服务等方面,旨在简化审批程序。如以前船舶定期签证,要相对人到局机关申请审批,便民措施改为由就近的海事处审批,报局备案等。同时推出多项便民服务。如为方便船舶签证,仪化海事办事处改为24小时签证,恢复摄山签证点。增设仪征油港、栖霞大年港流动签证点,每天结合巡航或安检,为偏远水域船舶办理现场签证;在辖区水域显著位置、海事囤船、海巡艇标注水上遇险救助电话(025)12395,方便船舶遇险报警求助等。

特别2008年金融危机爆发之后,南京海事局落实江苏海事局的"三便利"(便利超大型船舶进出长江南京段、便利船舶停航锚泊、便利船员培训考试)措施,帮助航运企业渡过全球金融危机。

2005年,南京市地方海事局贯彻落实"保增长、促转型"7项便民惠企服务举措,促进航运业和造船业的逆势发展。

此外,2002年南京港六公司开展硫酸运输业务,南京海事局积极帮助推进此项工作,提出海事管理专业建议,帮助牵线搭桥。2004年,推行码头和船舶诚信管理,提升码头营运率和船舶周转率。设立政务中心,对外实现一个窗口办事,实行承诺制。2005年6月,南京海事局与江苏省气象台签订"互联网气象远程终端服务协议",以及时向长江南京段的港航企业、船舶单位提供全天候的气象服务。9月,为南钢急需建设新码头相关的水上安全方面的技术问题进行现场办公。2008年10月,龙潭海事处向大型码头单位作出4项承诺,即:海巡艇每天巡航大型码头不少于2次,船舶安全检查、报备、签证、申报等当天完成,尽可能做到船舶申请即落实办理,对要求海事部门解决的问题立即答复。同时,大胜关监督站到中铁大桥局四公司装卸码头,为运送钢梁船舶"皖安庆货9098"轮送去已办妥手续的船舶签证簿,方便船舶报港签证,缩短钢梁运输周期。

## 三、帮助解决行政相对人实际问题

### (一)帮助解决民营修造船舶企业困难

2006年,南京海事局开展建造中船舶抵押登记,支持企业融资。2006—2010年,帮助企业融资69.91亿元。仅2010年就帮助企业融资22.91亿元。2007年,实行节假日预约办理制度,全年仅船舶登记一项,就累计提供服务520次,为企业节约时间64896小时,节约资金近亿元。同时,大力扶持江宁滨江港区和修造船产业建设。2009年8月,指挥中心与南京武家嘴船舶制造有限公司签订"青年文明号挂钩服务协议书",首次开展"一助一"定点挂钩服务。

这一时期,南京市地方海事局加强地方修造船厂的电焊工的培训,对民营船厂给予扶持。20世纪90年代起,南京市地方海事局就根据船舶修造企业需要,每年组织船舶焊工培训考试。2008年,组织举办两期电焊工培训评估班和一期造船工艺专题培训班,免费培训船厂急需的专业人才770名,其中电焊工589名。2009年,新设今达船厂、高淳阳江造船基地2个固定的焊工考点,免费培训电焊工322人。举办船厂技术工人培训班2期,培训造船人才120人,促进农村富余劳动力转移。同期,南京市地方海事局鼓励条件成熟的船厂整合重组和技术改造,促进转型和提档升级,打造金达、乘浪等一批民营造船的龙头企业。通过规划、协调和引导,将高淳阳江造船基地培育成3个厂、40个船台、年造船150艘规模、具有示范吸引作用的内河造船聚集区。此外,每年南京市地方海事局都制定《南京市船舶修造业发展指导意见》,引导南京船舶工业进一步向规范化、规模化方向发展。2008年,造船企业减少到36家,而造船业总产值却由前年的80亿元增长到近216亿元。2007—2008年,南京市地方海事局负责检验的开工建造船舶120艘,达72万总吨,其中海船119艘,万吨级以上60艘。检验发证的营运船舶由2002年的84万吨扩展到2008年的245万吨。南京地区造船从造内河船发展到造海船,并由整体造船向分段造船转变。

### (二)为行政相对人提供法制宣传教育

2001年4月26日,南京海事局通过集中培训、送法进企业、送法上船头、办理海事业务释法等多种方式相结合,贴近相对人开展法制宣传教育活动,将海事法律知识宣传到航运企业、个体船主、船员和渔民等不同群体,增强行政相对人的法律意识。如2006年在栖霞开展法制宣传,4月27日向相对人发放《船行如歌》杂志。2007年在新生圩、2008年在龙潭、2009年在大厂,先后集中开展安全与环保等多方面法制宣传教育活动。2010年,组织青年作为水上交通安全咨询员积极参加"安全生产宣传咨询周"启动仪式,现场发放《水上交通科普宣传》画册资料800多份,接受现场咨询350人次。2010年4月2日,与南京广播电台联合制作的《海事之声》专题栏目第一期顺利直播。此外,2002年集中培训小型液货船船员2200人。2006年,为大胜关高铁桥水上施工作业工人上门送法。此后,开展类似培训活动多次。2008年10月,就大量南京市民乘坐客渡前往六合龙袍镇品尝蟹黄汤包,南京海事局在加大渡口水域巡航频次基础上,安排执法人员现场驻守,登渡船宣传安全知识。

这一时期,南京市地方海事局面向社会,利用每年安全生产月活动和各类水上交通安全专项整治活动,深入企业、码头,采用现场宣讲、发放宣传资料等形式,广泛宣传水上交通安全法规和规章。还不定期举办新颁布法律法规的宣贯会、座谈会、船员安全培训、法律知识竞赛等,使广大水运从业者及时了解法律法规内容和规定要求,不断提高法律观念和知法、守法意识。图 8-5-2 为 2000 年建立的首个政务服务窗口"阳光工程"对外提供服务。

### (三)力所能及帮助船员、乘客

这一时期,南京海事局坚持济危救困,力所能及地帮助船员。2005 年 3 月,长江 62024 轮上水航行至南京水道梅子洲时,一船员突然发病昏迷,情况紧急。第一执法大队前往救助,并在中山码头开辟绿色通道,使病人在第一时间得到治疗,转危为安。2006 年,大厂海事处积极应对签证系统突发故障,主动将签证船员接驳到南化办事处办理签证。2007 年 12 月,仪征海事处凌晨给 6 名事故落水船员购置棉衣和食物。2008 年 10 月,第二执法大队为情绪不稳的怀孕船员垫支罚款,并为其支付回家路费。2009 年 3 月,"海巡 0807"艇救助"平安达 26 号"轮病危船员,使其得到及时救治。2010 年 4 月,"海巡 0815"艇紧急救助"皖永安 8799"生病孕妇,使其转危为安。特别 2001 年,南京海事局做好新济洲 1200 户居民大迁移的水上交通安全保障工作,2003 年非典期间制订预防措施,在全国海事系统第一个发布预防船舶传播非典的通告,在中央电视台播出,受到南京市政府及交通部海事局好评。2009 年,通过船舶传播预防预控 H1N1 甲型流感,为南京市疫情防控做出贡献。

图 8-5-2 地方港监处首个政务服务窗口"阳光工程"对外提供服务

## 第六节 推进水上搜救工作不断发展

### 一、水上搜救体制健全与设立一体化基站

南京市水上搜救中心的前身为 1994 年 11 月 15 日成立的南京市长江海难救助指挥部。1998 年 7 月 31 日,更名为"南京长江水上搜救中心"。2003 年,开始承担南京市水上搜救中心办公室日常工作。2006 年 8 月 24 日,经南京市人民政府同意,"南京长江水上搜救中心"更名为"南京市水上搜救中心",为南京市水上搜救应急的领导机构,主要负责研究南京市水上搜救工作重要事宜,组织领导南京市水上搜救应急反应工作。指挥长由市政府分管副市长担任,常务副指挥长由市政府分管副秘书长担任,副指挥长由南京海事局、市安监局、市交通局负责人担任。成员包括市经信委、农委、公安、民政、财政、环保、水利、卫生、气象、台办、对外友协以及长江南京通信管理局等部门负责人。内设办公室,挂靠南京海事局,负责日常工作;下设内河分中心,挂靠市交通运输局。由此,进一步明确南京市水上搜救管理体制,落实地方各级人民政府要预防与应对水上突发事件的属地责任,基本健全水上搜救组织、协调、指挥和保障体系。南京长江水域以外的内河水域,2006 年成立南京市内河水上搜救中心,承担内河水域水上搜救职责。2010 年,南京市《市政府办公厅关于调整南京市水上搜救中心成员的通知》,明确分管副市长为南京市水上搜救中心指挥长,南京海事局局长为常务副指挥长,

作为统一负责并实施南京水上搜救日常工作的办事机构,南京海事局根据《长江南京段水上搜救应急预案》,代表南京市人民政府,结合南京水上搜救实际,制订各种实施方案,并组织贯彻实施;统一领导南京市内河水上搜救工作,负责全市水上遇险人员救助、船舶防抗灾害性天气,以及防治船舶大面积污染的预防和应急反应工作;统一部署和协调全市船舶防抗灾害性天气的工作;组织力量应对重大水上突发

事件；组织建立和完善水上搜救应急反应保障机制；制订全市水上搜救预防、应急反应所需专业资源和社会资源的组织、动员、储备计划、调动方案；负责与邻近区域的搜救部门进行水上搜救业务的联系、协调和交流，积极参与跨辖区重大水上突发事件的应急反应行动。2004年7月交通部下发《关于实行长江干线海事巡航与救助一体化管理的通知》，明确长江救助力量的建设以"海事巡航与救助一体化"作为方向，不再另设专业救助机构。为此，南京市政府决定以海事部门执法站点依托，以"海事巡航与救助一体化"为核心，调整水上搜救模式，开展南京水上搜救工作。2004年之后，南京海事局根据市政府这一水上搜救工作思路，以现有海事执法站点为依托，在长江两岸设立监管救助一体化基站，保持24小时应急待命，实施搜寻救助网格化管理模式。2005年，南京水上搜救中心办公室按照南京市领导和搜救成员单位要求，调整现有监管救助一体化基站，将原来6个增至12个，新增江宁、大胜关高速铁路桥、江心洲、栖霞、龙潭、仪征十二圩等6个监管救助一体化基站，确保站点之间直线距离小于20公里，港区内应急到达时间不超过15分钟，应急反应时搜救力量能在15分钟内赶到事件发生现场。2007年，调整为13个监管救助一体化基站。2010年，又调整为11个监管救助一体化基站。

南京市内河水上搜救中心，负责长江南京段154公里（含两道夹江）之外内河645.04公里通航水域，主要包括秦淮新河、马汊河、滁河、固城湖、石臼湖以及夫子庙内秦淮河、玄武湖、溧水县天生桥、六合区金牛湖等风景旅游区水域水上搜救应急反应工作。

## 二、水上监管搜救一体化管理制度建立

2001—2003年，南京长江水上搜救中心制订水上救助应急程序，主要包括：水上救助一般工作程序，重大沉船事故救助程序，重大搁浅事故救助工作程序，失控船舶救助工作程序，重大污染事故救助工作程序，客船重大人员伤亡救助工作程序。2003年12月4日，南京市政府办公厅转发实施《长江南京段船舶溢油应急计划》，为长江南京段船舶溢油应急反应和实施救助提供全面技术路径。2004—2005年，南京海事局代市水上搜救中心编制和完善11个水上应急预案，即：人员落水应急预案；船舶搁浅应急预案；船舶失控应急预案；船舶进水应急预案；船舶火灾事故应急预案；船舶沉没事故应急预案；客船事故人员疏散应急预案；液化气船舶货物泄漏事故应急预案；集装箱落水事故应急预案；集装箱船舶载运危险货物及集装箱火灾事故应急预案；集装箱船舶危险货物泄漏事故应急预案。2007年3月，南京市政府批准实施市水上搜救中心编制的《长江南京段水上搜救应急预案》，包含人员落水、船舶搁浅、船舶失控、船舶进水、船舶火灾事故、船舶沉没事故、客船事故人员疏散、液化气船舶火灾事故、液化气船舶货物泄漏事故、集装箱落水事故、集装箱船舶危险货物泄漏事故、集装箱船舶载运危险货物火灾事故等12个方面应急处置预案。2008年，结合北京奥运会管控，南京海事局制订船舶保安事件应急预案，健全三级应急值班待命机制。2009年，编制《南京市内河水上搜救应急反应手册》。南京市水上搜救工作趋向制度化。

2007年2月，市政府发布施行南京市交通局编制的《南京市内河交通重大事故应急救援预案》。7月，经市交通局批准，由市地方海事局制定的《南京市内河"红、橙、黄、蓝"四级颜色预警机制》发布。2009年，《南京市内河水上搜救应急反应手册》编制完成。南京市内河水上搜救工作也趋向制度化。

此外，自2001年起南京市水上搜救中心启用中国海上搜救中心2000年公布的全国统一、简单、易记的水上搜救专用电话"12395"。2002年，南京海事局向市政府请示，设立水上搜救奖励基金（市政府同意拨付20万元，到2008年增至65万元），并列为市财政专项经费。水上搜救经费采取专项经费专项申请办法，一年一度向南京市政府申请，由市财政单独下发，专款专用，这一时期的年度费用由30万元逐渐增长至150万元。

## 三、水上搜救能力逐步提升与队伍成形

南京水上搜救力量,除南京海事局、南京市地方海事局所拥有船艇、监管设施(备)外,还有各港航、船舶单位的拖轮、作业船舶及消防两用船。到2001年初,南京水上搜救中心搜救力量共有15艘监督艇、37艘拖轮、4艘拖消两用船、15艘工程及打捞船。2006年,南京监管救助基地开工建设,2009年投入使用,其中包含救助直升机停机坪及救助船舶码头。2006年5月,38米级水上搜救指挥艇建成。至2010年,南京长江水域搜救应急资源主要包括:海巡艇(其他公务船)、拖轮、工程船、消防船、清污船、客汽渡船。负有水上搜救责任的人员,2000年为287人,2010年增至307人。值班室实行"五班三运转"制,实现应急救助值班常态化。这一时期,南京社会搜救队伍基本成形,应急救援队伍相继组建,并在历次搜救中发挥出突出作用,产生明显经济和社会效益。南京水上搜救中心被授予"2008—2009年度江苏省水上搜救工作先进单位"。2001—2010年长江南京段水上搜救情况详见表8-6-1。

2001—2010年长江南京段水上搜救主要指标一览表　　　　　表8-6-1

| 年份 | 险情(起) | 遇险(人) | 成功救助(人) | 搜救有效率(%) | 遇险船舶(艘) | 成功救助船舶(艘次) | 搜救成功率(%) | 经济损失(亿元) |
|---|---|---|---|---|---|---|---|---|
| 2001 | 81 | 141 | 139 | 98.58 | 93 | 92 | 98.92 | |
| 2002 | | | | | | | | |
| 2003 | 105 | 214 | 208 | 97.20 | 121 | 117 | 96.69 | |
| 2004 | 128 | 308 | 297 | 96.43 | 182 | 174 | 95.60 | |
| 2005 | 194 | 321 | 315 | 98.13 | 194 | 188 | 96.91 | |
| 2006 | 137 | 458 | 456 | 99.56 | 157 | 155 | 98.73 | |
| 2007 | 154 | 984 | 982 | 99.80 | 262 | 256 | 97.71 | |
| 2008 | 175 | 1011 | 1002 | 99.11 | 260 | 256 | 98.46 | 1.2 |
| 2009 | 234 | 1358 | 1345 | 99.04 | 397 | 378 | 95.21 | |
| 2010 | 269 | 1664 | 1645 | 98.86 | 403 | 390 | 96.77 | |

这一时期,南京长江干线以外的内河水上搜救,是由南京市地方海事局牵头负责。内河水上搜救中心业务用房从2004年开始筹建,2006年底启用。中心基础网络平台专线共有16条,连接各值班站点基础网络平台,基本满足内河水上搜救指挥工作所涉及的图像、语音和数据的传输需求。搜救技术平台包括7路CCTV视频监控系统、2套VHF语音传输系统、搜救车辆与船舶GPS系统等。2008年,南京市地方海事局投资300万元,建成全省内河水域第一艘装备6套搜救应急包的新型搜救指挥艇。2007年,南京市内河水上搜救中心实行预警机制,发布大风、大雾、台风等预警预报信息78次,长江水深、内河汛期水位重要通告53期。还接听车、船GPS报警,并及时处理紧急事件200起。

## 四、多层次开展水上搜救演习演练

2001—2010年,南京水上搜救进行多层次演习演练,其中较为突出的是2003年由南京市政府主办和2006年由国家安监总局、国务院国资委主办的两次水上搜救演习演练。

2003年10月22日,经南京市政府批准,南京长江水上搜救中心在长江宝塔水道举行新中国成立以来全国内河规模最大的"2003年南京长江水上搜救防污综合演习",动用22艘船艇及1艘直升机、2辆救护车。通过1个多小时综合演习,进一步检验了搜救中心在搜救、消防、防污染等方面的快速反应能力和组织协调能力。图8-6-1为2003年在南京长江上举行新中国成立以来规模最大的水上搜救演习的场景。

图 8-6-1　2003 年在南京长江上举行新中国成立以来规模最大的水上搜救演习

2006年9月23日,国家安全生产监督管理总局和国务院国有资产监督管理委员会主办"南京扬子石化苯储罐泄漏重大事故应急演练"。在此次活动中,南京市水上搜救中心组织15艘海巡艇、12艘消防船(防污船8艘及拖轮、消防各2艘)、100余艘社会船舶、2架救助直升机、2000多人参与水上原油围控和清除项目,并在演习过程中投放4000米围油栏、吸油毡及消油剂等。此次演练规格之高、规模之大、参与部门之多,创下我国内河各类应急演练之最,充分检验企业、市与省三级应急预案的启动衔接和处置突发公共事件的能力。

这一时期,由南京市水上搜救中心举行的水上搜救联合演习有:2007年大胜关桥区消防救生演习和苏皖交界水域水上搜救联合演习;2008年南京长江大桥水域船舶失控应急演习;2008年板桥汽渡"消防、救生、防破坏"实战应急演练;2008年大胜关高铁桥水域预防钢箱梁吊装坠落演习;2010年南京长江四桥施工水域人员落水、船舶失控应急演练。除组织或参加综合性演习外,南京市水上搜救中心还组织内部演练。2001—2002年冬春之际,对海事巡逻艇驾驶员进行3期夜航和能见度不良情况下的训练。2002年1月14日,组织一次雾航演练,令6个值班站点巡逻艇进行调防,就近海事处巡逻艇在能见度不足50米情况下互找,以达到锻炼队伍目的。还组织多次无脚本演练,同时指导辖区企业进行相关涉水演练。2007年,指导城北水厂防油污应急演习,并开展2257次船舶消防救生及防污演习检查。2008年,指导北河口水厂防污演习。

2003年,南京市地方海事局在高淳固城湖举行首次南京市内河水上仿真搜救大演习,共出动海事巡逻艇7艘、摩托艇4艘、直升机1架、救护车2辆。2008年6月,六合地方海事处承办"法泊尔危险品码头水域船舶污染水域突发事件防污染演练"。

## 五、开展有影响的水上搜救活动

2001—2010年,南京市水上搜救中心尽最大的努力进行水上搜救,水上搜救成功率一直保持在高位,尤其是长江水域搜救成功率保持在95%以上。

其他水域实施20余起船舶交通事故的防控。其中,2008年接、处警20起,发布大雾蓝、橙色等预警信息116条,成功组织4次水上救助,搜救成功率达100%。2006—2010年,南京市内河水上搜救中心组织救援21起,成功救助28人,搜救成功率达100%。有影响水上搜救如下:

2002年7月6日,长江82019船队下水过南京大桥时,因避让而碰撞南京大桥8号墩,导致"甲21052"驳缆绳崩断后脱离船队,在大桥8孔下艏部开始下沉并右倾。水上搜救中心调集"海巡0812""海巡0811"艇及"长江41004""宁港拖901"等到现场救助。18时,"甲21052"驳脱离危险。

2006年5月19日13时11分,长江宝塔水道的扬子石化公司原油管线铺向14号码头,连接陆地与码头软管突然爆裂,近10吨原油从岸上流入长江。水上搜救中心调集海巡艇3艘、执法人员37人、防污船5艘、围油栏2000米、吸油毡1600千克、清污人员213人,围控和清污,未造成大面积污染。

2008年4月14日,长江马鞍山段发生"东方王子"与"江达169"两船碰撞溢油事故。水上搜救中心组织海事、环保、市政及社会清污力量围控、清污,未造成对长江水域水源地的污染。此次行动中,水上搜救中心共出艇41艘次、人员200人次;南京金帆、南京梅清防污两公司出动防(清)污船舶8艘,铺设围油栏920米,调集吸油毡3200余千克。

2009年6月14日,南京长江水域连续发生12起风灾险情,其中有效应对圣达船厂4艘驳船漂移险情,受到南京市市长蒋宏坤的批示表扬。

2010年7月26日23时38分,"皖池州货1158"触碰大胜关高铁桥桥墩,在冲滩过程中沉没。经搜救,落水4人被全部救起。

## 第七节 海事监管设施(备)建设进入快车道

### 一、海事业务用房建设进一步加快

2001年之后,南京海事局通过上级拨款、本单位自筹、口岸开放配套等渠道筹措基础建设资金,并重心向下倾斜,以购置、迁建、新建等方式,进一步加快了海事业务用房建设步伐。2001年,大桥监督站业务用房交付,梅山海事处业务用房竣工。自2001年起,随着南京港口经济的迅速发展,南京龙潭港区大规模建设,其配套的海事监管设施同步开始建设,到2005年龙潭海事处业务用房工程建设完成,次年12月交付使用。新生圩海事业务用房2005年开工建设,2007年交付使用。2005年购置浦口海事处业务用房,并于2007年10月投入使用。2007年7月,栖霞海事处业务用房改造完成,12月投入使用。大厂海事处业务用房在原址重建,建筑面积1573平方米,2008年12月投入使用。梅山海事处业务用房维修2007年10月开工,次年12月投入使用。为解决职工用餐不便问题,2008年11月南京海事局开工建设职工食堂,建筑面积553平方米,次年6月投入使用,使机关职工不再借用外单位食堂就餐。2010年底南京海事局业务用房情况详见表8-7-1。

**2010年底南京海事局业务用房情况一览表** 表8-7-1

| 序 号 | 业务用房单位 | 建筑面积(平方米) | 使用面积(平方米) |
|---|---|---|---|
| 1 | 船舶交通管理中心 | 4318.86 | 3066.40 |
| 2 | 龙潭海事处 | 2574.00 | 1827.00 |
| 3 | 大厂海事处 | 1500.00 | 1065.00 |
| 4 | 新生圩海事处 | 1746.73 | 1500.00 |
| 5 | 栖霞海事处 | 977.60 | 698.00 |
| 6 | 梅山海事处 | 900.00 | 860.00 |
| 7 | 浦口海事处 | 1409.73 | 1006.95 |
| 8 | 监管救助基地 | 8105.73 | 5755.00 |

此外,为实行长江干线海事巡航与救助一体化,依据江苏海事局统一规划,南京海事局2005年完成江苏海事局南京监管救助综合基地工程可行性报告并上报,11月3日交通部批准立项。该工程建设内容有一座固定码头,一座长120米、宽14米、103米长、7米宽的引桥,新建办公业务用房及库房等4000平方米,预留培训用房、训练场地及直升机临时停机坪用地,占用岸线200米。2006年完成相关审批手续与码头招标并开工建设,2007年完工工程主体,2008年完成有关建设工程并竣工收尾,2009年5月通过验收并投入使用。这是全国内河第一个监管救助综合基地,拥有水上训练、培训考试、应急靠泊等功能。

这一时期,南京市地方海事局于2002年将原位于三汊河桥下南侧的船员培训中心改建成新的办公用房,建成交通政务服务中心,12月26日完工。2001—2010南京市地方海事局业务用房情况详见表8-7-2。

2001—2010南京市地方海事局业务用房情况一览表　　表8-7-2

| 序号 | 单位 | 建设时间(年) | 竣工时间(年) | 建筑面积(平方米) | 用途 | 地点 |
|---|---|---|---|---|---|---|
| 1 | 地方海事局 | 2002 | 2002 | 1777 | 业务 | 南京江东北路420号 |
| 2 | 高淳海事处 | 2002 | 2003 | 3634 | 业务 | 高淳淳溪镇固城湖北路62号 |
| 3 | 滁河闸海事所 | 2003 | 2003 | 235 | 业务 | 滁河闸 |
| 4 | 马汊河海事所 | 2004 | 2004 | 93 | 业务 | 马汊河 |
| 5 | 溧水海事处 | 2005 | 2005 | 540 | 业务 | 溧水县永阳镇宝塔路1号 |
| 6 | 江宁海事处 | 2005 | 2006 | 640 | 业务 | 江宁区天元中路109号 |
| 7 | 城区海事处 | 2006 | 2007 | 500 | 业务 | 秦淮河船闸 |

## 二、海巡艇建造加快与结构升级

2003年之后,为应对水上执法和应急处置需要,南京海事局对海巡艇配置结构提出更高标准,主要是常规艇和玻璃钢艇、高速艇和中低速艇、传统巡航和智能巡航相结合,海巡艇配置原则为结构合理、反应迅速、监管有力。这一时期建造的海巡艇主要以玻璃钢艇为主。2002年改造、监造海巡艇5艘,2003年新增高速海巡艇2艘。至2005年,新增5艘高速玻璃钢海巡艇,有14艘海巡艇装上雷达和GPS,水上快速反应能力有较大提高。同时开工建造"海巡081"艇,2006年4月交付使用。该艇配备有功能完备的搜救指挥系统、视频会议系统、网络视频和CCTV系统、多功能导航系统。2007年新建1艘17米玻璃钢海巡艇。2009年新接收1艘14米级玻璃钢海巡艇。2010年移交镇江海事局1艘14米级玻璃钢海巡艇,报废1艘17米级玻璃钢海巡艇。至2010年底,南京海事局共有各类海巡艇16艘(详见表8-7-3)。

2010年底南京海事局海巡艇一览表　　表8-7-3

| 序号 | 船名 | 材质 | 航速(节) | 出厂时间(年) |
|---|---|---|---|---|
| 1 | 海巡0801 | 钢质 | 11 | 1986 |
| 2 | 海巡0802 | 钢质 | 11 | 1986 |
| 3 | 海巡0803 | 钢质 | 11 | 1988 |
| 4 | 海巡0804 | 钢质 | 11 | 1991 |
| 5 | 海巡0805 | 钢质 | 11 | 1992 |
| 6 | 海巡0806 | 钢质 | 11 | 1993 |
| 7 | 海巡0807 | 钢质 | 10 | 1996 |
| 8 | 海巡0813 | 钢质 | 14 | 2000 |
| 9 | 海巡0809 | 玻璃钢 | 22 | 2002 |
| 10 | 海巡0810 | 玻璃钢 | 22 | 2002 |
| 11 | 海巡0811 | 玻璃钢 | 22 | 2002 |
| 12 | 海巡0816 | 玻璃钢 | 26 | 2002 |
| 13 | 海巡0808 | 玻璃钢 | 25.7 | 2003 |
| 14 | 海巡081 | 钢铝 | 40 | 2006 |
| 15 | 海巡0815 | 玻璃钢 | 22 | 2007 |
| 16 | 海巡0817 | 玻璃钢 | 22 | 2008 |

2001—2010年,由于巡航由港区向管区拓展,一线执法和应急处置增多,逐步改变过去趸船仅满足于用来接靠海巡艇、临时值班、临时生活等基本条件的状况,建造和改造一批大型化、工作区和生活区功能区划明确、后勤保障和智能化水平较高的趸船,使其成为海事一线执法良好窗口。2005年10月,南京海事局开工建造60米海事基地钢质趸船。2006年4月,上述钢质趸船在执法支队基地投入使用,编号为

"苏海事趸12号",首次实现办公与生活设施一体化,成为多功能、信息化、智能化的海事执法基地。2009年,按照这一标准开工建造3艘60米级和1艘40米级趸船。

南京海事局还于2006年按照多功能、信息化、智能化标准,改造"苏海事趸11号"和"苏海事趸2号"2艘40米钢质趸船,改善现场执法大队工作和生活环境。2007年,又改造"苏海事趸4号"和"苏海事趸13号"。至2010年底,已改造完原有老式趸船。加上新建造趸船,此时南京海事局共有17艘海事趸船(详见表8-7-4),形成综合性执法基地,较好地改善了海事监管人员的工作与生活条件,为海事监管与应急提供了坚实的保障。

2010年南京海事局趸船一览表　　　　　　　　　表8-7-4

| 序　号 | 船　名 | 材　质 | 建造时间 | 吨　位 |
|---|---|---|---|---|
| 1 | 苏海事趸01 | 钢质 | 1982.12.08 | 200 |
| 2 | 苏海事趸02 | 钢质 | 1984.01.10 | 200 |
| 3 | 苏海事趸03 | 钢质 | 1988.11.02 | 261 |
| 4 | 苏海事趸04 | 钢质 | 1988.05.29 | 261 |
| 5 | 苏海事趸06 | 钢质 | 1989.10.24 | 261 |
| 6 | 苏海事趸07 | 钢质 | 1990.08.20 | 261 |
| 7 | 苏海事趸08 | 钢质 | 1991.01.02 | 150 |
| 8 | 苏海事趸09 | 钢质 | 1991.06.28 | 261 |
| 9 | 苏海事趸15 | 钢质 | 1991.09.07 | 264 |
| 10 | 苏海事趸10 | 钢质 | 1997.11.20 | 261 |
| 11 | 苏海事趸11 | 钢质 | 1999.12.25 | 261 |
| 12 | 苏海事趸13 | 钢质 | 2002.12.27 | 237 |
| 13 | 苏海事趸12 | 钢质 | 2006.06.08 | 772 |
| 14 | 苏海事趸75 | 钢质 | 2010.05.12 | 379 |
| 15 | 苏海事趸71 | 钢质 | 2010.05.24 | 938 |
| 16 | 苏海事趸72 | 钢质 | 2010.05.24 | 938 |
| 17 | 苏海事趸73 | 钢质 | 2010.05.24 | 938 |

这一时期,南京市地方海事局加大海巡艇建造力度,共建造7艘统一标准巡逻艇,购买9辆海事巡逻车,并在车、艇上安装了GPS系统,在海巡艇上安装了VHF语音传输系统。2008年,建成全省第一艘装备6套搜救应急包的新型搜救指挥艇。图8-7-1为地方海事统一标准的执法车。

图8-7-1　地方海事统一标准的执法车

2010年底南京市地方海事局海巡艇情况详见表8-7-5。

2010 年底南京市地方海事局海巡艇一览表　　　　　表 8-7-5

| 序　号 | 船　　名 | 建造年份 | 总　吨　位 | 功率(kW) |
|---|---|---|---|---|
| 1 | 苏宁监 11 | 1985 | 8 | 22 |
| 2 | 苏宁监 21 | 1988 | 16 | 88 |
| 3 | 苏海巡 A10 | 1988 | 12 | 60 |
| 4 | 苏海巡 A06 | 1989 | 24 | 80 |
| 5 | 苏宁监 01 | 1992 | 80 | 360 |
| 6 | 苏海巡 A08 | 2000 | 21 | 90 |
| 7 | 苏海巡 A03 | 2000 | 21 | 110 |
| 8 | 苏海巡 0108 | 2000 | 21 | 90 |
| 9 | 苏海巡 A05 | 2000 | 21 | 85 |
| 10 | 苏海巡 0103 | 2000 | 21 | 110 |
| 11 | 苏海巡 A04 | 2001 | 14 | 61 |
| 12 | 苏海巡 A02 | 2002 | 17 | 72 |
| 13 | 苏海巡 A09 | 2003 | 29 | 105 |
| 14 | 苏海巡 A010 | 2005 | 3 | 73 |
| 15 | 苏海巡 0110 | 2007 | 37 | 486 |
| 16 | 苏海巡 0111 | 2008 | 82 | 338 |
| 17 | 苏海巡 0112 | 2010 | 27 | 195 |

### 三、海巡艇管用养修工作成效明显

2002 年,南京海事局有 2 艘海巡艇获得江苏海事局优胜艇。2005 年 5 月,该局继续开展海巡艇管用养修工作,其中临近报废的"海巡 0803"艇仍保持良好适航性能,被树立为老旧船艇管用养修示范艇。2006 年,开展"达标创先"安全竞赛活动,"海巡 0807"在南京海事局管用养修大检查中获评第一名,代表江苏海事局参加交通部海事局检查活动。2007 年,南京海事局开办 2 期海巡艇船员培训班。2008 年,制定《海巡艇管用养修工作自查细则》,进一步明确管用养修标准。

2001—2010 年,南京海事局对海巡艇日常维护中出现的问题,一般以自修为主,必要时让厂家上门维修,实在无法解决或需更换关键性设备才送出去修理(根据与厂家协议,以厂家售后维修为主)。2001 年修复设备 246 台次。2003 年自修船舶电器故障 109 台次,有 3 艘海巡艇厂修,9 艘趸船维修和 8 座栈桥保养。2006 年,4 艘海巡艇进厂修理,"海巡 0811"主机彻底检修。2007 年,3 艘海巡艇全面维护。2008 年,停航检修 9 艘海巡艇,排除较大故障 7 艘次,维修保养趸船 6 艘次,开展电器自修 113 艘次。2009 年,维修船电器故障 82 次,维修通信导航故障 43 次。2010 年,排除机务故障 90 次、船舶电器及导航设备故障 100 次。通过上述努力,南京海事局的海事船舶保持良好的技术状态,海事监管和突发事件应急处置能力得到全面提升。

## 第八节　海事信息化加快建设与网络全覆盖

### 一、船舶交管(VTS)扩建成"八站一中心"

南京海事局海事信息化起步始于 20 世纪末。1998 年水监体制改革之后,中国海事局开始将传统水上交通安全监管模式向以信息资源为基础的智能化新型海事监管模式转变,全面规划海事信息系统建设。

南京海事局信息化建成的最早成果,是1996年建成的船舶交管系统(VTS)。进入21世纪之后,已运行多年的VTS已不适应监控船舶安全的需要。这一VTS在初建时就存在"先天不足",覆盖范围不足70公里,无法覆盖南京长江大桥以上长江慈湖河口段至大胜关跨江电缆的20多公里主航道,无法监控长江大桥与二桥之间近10公里的长江主航道,形成雷达监控盲区。为此,2002年南京海事局决定改造、扩建VTS,全面实现国产化。6月,与南京724所组建"利赛"科技有限公司,共同研制国产VTS设备。2003年,启动VTS升级改造工程,增设下三山雷达站,以扩大VTS覆盖面,2004年5月19日,利赛科技有限公司研制的VTS设备经深圳、烟台海事局与江苏省航海学会的专家现场测试,效果良好,获得江苏省科技厅认可。2005年,已有VTS大部分设备出现老化状态,性能下降,导致整套系统性能降低,雷达有效覆盖范围日趋萎缩。如大桥雷达站运行初期可有效监管到板桥汽渡附近,而此时只能监管到梅中锚地上界附近,监控范围只有原来50%,跟踪状态的雷达目标丢失现象严重。而这时辖区内断面船舶流量每日为2500~2700艘次。处于监控空白区域的凡家矶水道、龙潭水道的太平圩水域,仪征水道的张子港水域,船流繁杂,事故险情多发,且又是新港区建设重点区域。为此,迫切需要改扩建VTS系统。2005年,南京海事局先期开工建设辅助VTS监控系统——船舶自动识别系统(AIS)南京岸站,次年完成。该系统是由船台、岸上基站、数据链、控制网络、应用系统组成,具有船—船、船—岸之间自动进行船舶静态、动态信息的播发、接收和处理以及识别船只、协助追踪目标、简化信息系统、提供其他辅助功能以避免碰撞发生等功能,可以进一步拓展VTS监控功能。2006年,南京海事局启动南京VTS改扩建工程,完成工程工可编制,通过交通部海事局组织的专家评审。2007年11月,交通部海事局批复南京VTS改扩建工程初步设计,包括:新建江宁、江浦雷达站,维修改造仪征、摄山、西方角3个雷达站及VTS中心;重建天河口雷达站;因京沪高铁南京大胜关长江大桥建设影响VTS信号覆盖,新增加高铁桥雷达站;推广使用地理信息系统(GIS),集成江苏省地图和航道图,可查询安装AIS船只和安装全球定位系统(GPS)车辆的动态,以便对船舶进行精准监管。2008年,VTS改扩建工程完成,形成"七站一中心"格局。2009年,VTS系统在"七站一中心"基础上再次扩建,先后完成微波设备安装调试和所有雷达站的VTS雷达设备吊装安装工作。至此,以各雷达站、VTS中心、微波中继站为节点,利用数字微波专用线路传输信号,以VTS中心为核心形成广域数据传输网。建成江宁雷达站,完成安装高铁桥、天河口雷达站铁塔。同时接入江宁、江浦、高铁桥、天河口4个站点供电、供水。还采用以各雷达站、VTS中心、微波中继站为接点,利用数字微波专用传输线路,组成以VTS中心为中心的广域数据传输网。2010年,各雷达站、VTS中心及监管救助综合基地培训中心信号调试,VTS中心监控平台软件调试工作均告结束。并完成CCTV联动系统建设,新建固定监控站点10处、水上移动监控站点5处。整合进原有海巡081监控视频信号,可实现对船舶目标的全辖区联动跟踪。VTS系统形成"八站一中心"格局。建成后的VTS系统融入CCTV联动功能,实现VTS值班人员对部分水域异常雷达回波、轨迹的视频实时监控。该系统集成了VTS、AIS、GIS、GPS、CCTV等多种技术手段,实现了对长江水域南京航段的全面监管,覆盖全局网络视频监控和本地视频会议系统,基本实现"数字海事"建设目标。

南京VTS改扩建为"八站一中心",成为国内规模最大VTS系统,使南京海事局辖区海事监管能力迈上新台阶。位于南京大胜关长江高速铁路大桥上游的江浦雷达站,监控长江南京水道上游段,乌江水道和凡家矶水道下游段,以及三桥与大胜关大桥桥区水域。江宁雷达站能监控到凡家矶水道和乌江水道的上游段,并能将监控信息与上游芜湖VTS系统共享,完成与邻近VTS系统无缝连接。高铁桥雷达站弥补当地水域监控空白。西方角雷达站消除南京长江大桥与二桥之间雷达盲区,并兼顾到宝塔水道监管。南京 VTS 系统可有效监管辖区98公里长的长江主航道,实现全辖区覆盖,雷达站之间也实现了无缝衔接。图 8-8-1 为 2009 年建成的江浦雷达站。

图 8-8-1　2009 年建成的江浦雷达站

## 二、基层实现 CCTV 为主的监控系统覆盖

南京海事局下设海事处以 CCTV 系统为主的监控系统建设始于 1996 年。当时的南京港监局完成整个水上安全网络监控系统(CCTV)建设工作,随后进入各基层水上安全监督机构业务用房的改造和建造,以及加快建造与改造巡逻艇、趸船。2001 年之后,南京海事局推进各海事处和船艇、趸船信息化建设,进一步建设 CCTV 网络监控系统。2004 年 3 月,南京海事局委托中国船舶重工集团第 724 所进行长江南京段视频网络监控系统工程的工程可行性报告编制工作,并与该所共同成立项目小组。4 月初,项目小组调研长江南京段水域的通航情况,现场勘查数字化视频监控系统一期工程中需布置的监控点及无线网络基站布置点。5 月,完成整个报告编写。获得批准后,监控系统工程陆续开工建设。2006 年,浦口、新生圩、龙潭 3 个海事处与海事执法支队和第二、三执法大队信息化建设任务完成,包括:CCTV 网络监控系统、办公用房综合布线系统、本地视频会议系统、有线电视系统和办公楼外围周界等。2007 年,栖霞、浦口海事处和摄山、泗源沟办事处信息化建设相继完成,包括:CCTV 网络监控系统、办公用房综合布线系统、本地视频会议系统、机房系统、LED 系统等。至此,南京海事局 CCTV 监控系统已覆盖浦口、栖霞、新生圩、龙潭海事处,泗源沟、摄山办事处和执法支队、4 个执法大队等 10 个监控节点。2008 年,大厂、梅山

海事处信息化建设竣工并通过验收,办公室综合布线、安防监控、视频会议、机房、LED 等系统建成。新增征洲、仪征、三山、南钢办事处 4 个视频监控网点。至此,CCTV 网络监控系统基本覆盖至南京海事局所有管辖区域。2010 年,雷达站和中心机房环境监控系统的建设工作完成。该系统包括供配电、环境、保安和消防 4 个部分,实现对远端机房无人化管理,保障主要设备的安全运行。此外,局中心机房改造工程完成。这是一个按照现代化机房标准构建的海事通信和信息枢纽。

2008 年,南京市地方海事局完成全市辖区内重点水域 8 个固定电视监控点、4 个移动监控点的设置。

## 三、海事办公信息系统建设步伐加快

2001 年 7 月 25 日,南京海事局就开始研发海事局行政办公软件系统,召开"海事监督管理系统"软件应用研讨会。当年,完成开发海事管理软件任务。这标志长江上第一个海事监督管理软件系统开发成功。由此,在以往信息化硬件配置基础上,南京海事局继续添置以计算机为主的先进办公设备,应用海事管理软件,初步实现海事监管业务计算机化。2002 年,初步建成局域网,开始运行电子签证和船港费征收等办公网络系统,通过新配备的笔记本计算机、台式计算机、复印机、摄像机,实现办公现代化、信息化。2003 年,实现局机关与海事处网络信息互通,初步开发政务大厅办公、海事处定期签证、监督科法规输入 3 个应用软件。同时还以 VTS 为龙头,组织开发 VTS、通航、事故与应急管理、危险货物运输、EDI 申报审批、航行警告、通告等软件。2004 年,南京海事局继续加快海事信息化建设步伐,落实中国海事局水监一期法规和行政处罚软件项目、海事费收信息系统项目;实施江苏局网络安全建设项目、办公自动化软件项目、长江江苏段地理信息系统项目。此外,还自主开发并实施了互联网电子政务项目、办公场所视频监控,实现 VTS 信息和 CCTV 信息共享,以及局车辆、船艇的网上监控和调度。2005 年,又部署交通部海事局统一开发实施的海事费收信息管理系统(MFS)的建设工作,建成网络版用户 8 个、单机版用户 9 个,使规费档案管理基本实现自动化。海事费收信息管理系统(MFS)完成票据管理、费收核算与管理、汇缴、账户结算、会计核算等相关功能。同时,还自主开发并实施行政处罚软件系统。该软件系统能根据一些信息自动完成行政处罚文书的制作、所有的报表统计,并根据违法类型自动生成违法依据、处罚依据、处罚幅度和日期的智能输入及数据的查询、修改,极大地提高了工作效率。2008 年,南京海事局相继推广运行海事非税收入信息管理系统、船舶动态管理系统 2.0 版等。同时,电子政务建设发展步伐加快。南京海事局陆续向辖区 18 家代理公司开放使用船舶进口岸申报网上审批系统,为代理单位开通危险货物网上申报功能。借助江苏海事局电子政务大厅、船舶进出口岸申报系统平台,南京海事局开始向辖区相关船舶单位开放使用网上受理与审批系统。该系统整合了海事业务电子申报的网上受理、流程查询、相关表格下载等功能。船舶单位可以直接通过上网进行申报审批。危险货物申报、进口岸申报实现网上受理与审批,极大地方便了行政相对人。2009 年,COPA 海事执法信息流转平台基本完成,并在基层海事处、执法大队及各业务部门试运行。试运行范围涵盖船舶登记类、通航安全类、水工作业类、危防管理类等九大类数百项执法信息内部流转,简化了内部程序,减少了内部流转时间,提升了对外办理海事业务的效率。

这一时期,南京市地方海事局也加快信息网络系统的建设。2002 年,构建地方海事局域网,形成上至省地方海事局、市交通局,下至各基层海事处的信息互通平台。南京市地方海事局行政许可审批系统研发成功,实现海事船检行政许可受理、审核、审批网上运行,一举通过省厅科技成果鉴定,并与南京交通电子政务大厅无缝对接,实现资源、结果的共享。服务窗口利用 96196 服务平台进行执法服务电话回访,有效完善"事前服务、事中透明、事后监督"行政许可阳光操作机制。2003 年,新建高淳县地方海事处办公楼,建筑面积为 3634 平方米。2004 年,与东大敏思公司一起研制开发计算机辅助执法系统。同时,还利用电子信息技术、计算机技术、图像技术等,实施辖区现场依法行政信息化管理,实行数据集中传送,提高了工作效率。

### 四、海事其他网络系统建设和应用

2007年,南京海事局浦口无纸化考场建成,并于10月通过验收。该考场配置应用服务器、数据库服务器、考试终端、监控设备,可同时容纳48人参加考试。江苏海事局利用这一系统进行2场船员考试。为扩大无纸化船员考试,借鉴浦口无纸化考场经验,南京海事局又开始着手江心洲监管救助综合基地无纸化考场建设准备工作,2008年9月,建成江心洲无纸化考场。此考场具有身份鉴定、考试系统、监控系统等多种功能,建成后当年内进行了6场船员考试。

2007年,南京海事局在局机关大楼统一部署数字通信系统,实现电话会议、回拨、来电转接、强插等功能,具备以往模拟电话所欠缺的智能管理功能。数字通信系统配备录音系统,可同时记录12部数字话机通话。2008年7月4日,南京海事局要求各单位、各部门高度重视OA系统的运行工作,制订OA系统试运行工作方案,规定从8月1日起停止流转纸质文件,所有收发文程序一律通过OA系统进行,除存档和送至外单位或行政相对人需要外,不再印发纸质文件。这标志着海事行政办公进入无纸化时代。2009年,公文处理电子化得到进一步推进,文件基本实现OA流转,无纸化程度与办公效率进一步提高。在2008年,还应用了群贤档案管理系统。

2007年,南京市地方海事局完成电视电话会议系统的集成,实现与省地方海事局互联互通。完成业务辅助管理系统的开发,行政许可受理延伸至各有关区县。启用39个考位的船员电子考场。2009年,建成65个座位电子考场。2010年,整合船舶修造、船舶配套、人才技术、航运管理、船舶交易等信息资源,研发南京造船信息管理平台,经运行调试,3月开通启用,实现南京船舶修造业资源全面共享,方便客户和厂商选择。

### 五、海事内网与外网网站全面开通

2001年之后,为积极响应"政府上网"号召,南京海事局开始内、外网站的建设。2002年11月,完成局机关、海事处局域网建设,建成局内部网站网址。初步开发政务大厅办公、海事处定期签证、监督科法规输入3个应用软件;以VTS为龙头,开发VTS、通航、事故与应急管理、危险货物运输、EDI申报审批、航行警告、通告等软件。这标志着南京海事局内网开通。2003年9月28日,局外部网站网址建成,即"WWW.NJMSA.GOV.CN"。这标志着南京海事局外网开通。2005年,南京海事局开通局机关与龙潭海事处的数字专线,集中建设外网电子浏览室,实现局内、外网物理分离。2006年,完善局内、外网站内容,建设浦口海事处和执法支队基地CCTV监控系统,实现机关与12个基层单位的网络互联。大胜关大桥海事处通过租用专线接入局内网,第一执法大队通过微波接入局海事内网,二、三、四执法大队通过租用专线接入局内网。2009年,南京海事局进一步推进内、外网及时公开各类信息。

## 第九节 海事队伍建设全面推进与人才分类培养

### 一、加快执法队伍建设与"凡进必考"

#### (一)开展各种层次的业务培训

2002年5月8日,南京海事局成立海事能力学校,开展以"一精六会"为主的海事业务培训,先后开培训班9期,培训800多人次。就执法人员英语水平普遍较低,设置监督员英语提高班。2003年,出台职工教育培训管理办法,要求培训分类、分内容、分课时等。2006年,开展规范管理试点工作,分类更新职工基础知识,逐步形成和完善"逢培必考"制度。2007年,编写《综合素质提高班讲义》。2009年,让新进非航海类专业的24名青年人参加为期60学时的海事基础知识培训,聘请江苏海事职业技术学院老师授课。2010年,内部培训考试17次,发放培训效果评价表153份,满意度90%以上。2005—2010年,南京海事局有830人次参加中国、江苏两级海事局组织的海事调查官、国际公约、SMS等培训。在此期间,先后举办各类内部培训班96期,培训3040余人次,主要内容有:船舶、通航、船员、危管与防污、事故调处、船公司安全管理体系等海事业务及文档、公文写作、新闻报道、普法教育等。同时,积极鼓励海事人员在职深造,推荐选派业务骨干及优秀人员到专业院校深造,选派参加世界海事大学安全与环境管理硕士班学习。设立专项资金奖励学习,鼓励更多海事人员立足岗位成长成才。至2010年底,南京海事局共有大专以上学历343人,占总人数84.3%。其中,研究生或硕士学位学历32人;博士生学位学历2人;本科学历136人,比2005年增加36人;本科以上学历人数超过在编在职人员总数的50%。具有专业技术职称的达186人,其中具有中、高级职称人数比2005年增加31人。2001—2010年先后有102人取得新学历。2005—2010年南京海事局教育培训及新学历情况详见表8-9-1。

2005—2010年南京海事局教育培训及新学历情况一览表　　　　表8-9-1

| 年　份 | 内部培训(人) | 外部培训(人) | 取得新学历人员数(人) | | |
|---|---|---|---|---|---|
| | | | 专科 | 本科 | 研究生 |
| 2005 | 192 | 201 | 8 | 10 | 0 |
| 2006 | 302 | 100 | 5 | 9 | 2 |
| 2007 | 274 | 124 | 3 | 7 | 2 |
| 2008 | 443 | 103 | 0 | 6 | 2 |
| 2009 | 601 | 158 | 0 | 0 | 5 |
| 2010 | 618 | 144 | 0 | 2 | 2 |

从2001年起,南京市地方海事局实施海事行政执法队伍改善结构工程,从执法人员引进、岗培、考评到交流、辞退等10个方面着手行政执法队伍建设,改善文化和年龄结构,把好进人关。新进交通海事行政执法队伍的人员必须具备大专以上文化程度,船舶检验岗位引进本科生和研究生。2007年,南京市地方海事局有2人取得本科学历,4人参加在职研究生课程学习。至2008年,先后从大专院校引进本科生4名、研究生4名。45岁以下的执法人员全部达到大专以上文化程度。

### (二)实施执法人员考任制改革

2001年起,南京海事局按照中国海事局2000年在直属海事系统开始实行"5项改革"(领导干部试任制、中层干部任期制、执法人员考任制、其他人员聘用制、干部任前公示制)的要求,着手部署适任考相关工作,培训骨干、集体辅导,学习海事业务知识,先后集中12天举办通航、交管、船舶管理、危防管理业务的培训班。学习之后,参考人员考试及格率由摸底20%上升到第一模拟考试72%和第二模拟考试95%。参加江苏海事局统一执法考试的173人次,平均及格率达95.2%,列江苏海事局各直属局(处)之首。2002年中国海事局选定江苏、连云港、上海海事局为执法人员考任制考试点单位之后,南京海事局在机构设置不变的情况下,按需设岗,总量控制、双向选择、择优上岗、优化配置、轮岗交流、公平公开公正、持证上岗等6项原则,进行考任制改革。10月,制订职位设置方案、船员职位设置方案。2003年5月

27日,工会会员代表大会审议通过"双向选择、竞争上岗""人员转岗分流""内部退养人员返聘"3个实施方案。5月29日,在完成前期准备工作后,南京海事局考任制改革正式开始。6月18日,初步确定转岗分流人员名单。7月1日,所有海事人员到位。随后开始退休、退养和返聘相关工作,直至年底。对于改革中出现各种问题,局领导坚持按章办事、有情操作原则,通过谈心与谈话,以情感人、以理服人,妥善处理。对提前退休的给予经济补助或重新返聘。

执法人员考任制改革分为适任考、录用考和晋升考3类,主要是通过对在执法职位的人员进行定期的适任资格考试(或考核),并经竞争上岗,重新确定其执法职位的管理制度,从而精简人员,优化机构与人员配置。南京海事局289人的一般工作人员中,上岗237人,占82%。改革后在编293人,其中执法与管理类的海事人员208人、其他85人,执法与管理类海事人员由改革前68.5%上升到71%,在职海事人员平均年龄由改革前43.2岁下降至41.5岁,大专及以上学历由改革前47%上升到50.5%。这对人尽其才、才尽其用的用人激励机制起到推动作用。到2010年底,执法队伍各类持证专业人才139人,其中海事调查官20人(中级7人、助理13人)、船舶安全检查持证96人(A证13人、B证62人、C证21人)、审核员22人(A证主任级5人、A类普通16人、A类见习1人)、水上污染事故中级调查官1人。

南京市地方海事局这一时期对科级以下各岗位人员实行双向选择、竞聘上岗制。同时在船检人员的管理上,实行船检人员全市统一管理,调整充实船检人员,充分调动全系统验船人员的积极性,改善验船人员结构。实行执法人员竞争上岗制度,进一步优化海事(船检)人力资源,保持海事(船检)队伍活力和发展后劲。

### (三)实行"凡进必考"机制

2001—2010年,南京海事局按照中国海事局、江苏海事局有关录用人员的规定与规范性文件,先后通过录用考试、航海及相关人才引进、军转等途径共录用了78人。一批学有专长、素质全面的新兴力量充实进入职工队伍,使南京海事局人员队伍整体素质得到显著提升。2001—2010年南京海事局录用工作人员详见表8-9-2。

**2001—2010年南京海事局录用工作人员一览表** 表8-9-2

| 年 份 | 国家公务员考试录用(人) | 考核录用和其他方式录用(人) |
|---|---|---|
| 2001 | 0 | 1 |
| 2002 | 3 | 0 |
| 2003 | 1 | 3 |
| 2004 | 5 | 0 |
| 2005 | 2 | 0 |
| 2006 | 6 | 0 |
| 2007 | 14 | 3 |
| 2008 | 12 | 1 |
| 2009 | 15 | 3 |
| 2010 | 5 | 4 |

这一时期,南京海事局队伍年龄结构更趋合理,整体素质有一定提高。到2010年底,在职人员310人,平均年龄43.6岁,35岁以下人员比2005年增加23人。2001—2010年南京海事局部分年份海事队伍年龄结构变化情况详见表8-9-3。

2001—2010年南京海事局部分年份海事队伍年龄结构一览表　　　　表8-9-3

| 年份 | 30周岁以下 | 31~35周岁 | 36~45周岁 | 46~55周岁 | 56周岁以上 |
|---|---|---|---|---|---|
| 2001 | 11.30% | 6.25% | 28.13% | 35.32% | 19.0% |
| 2005 | 5.78% | 11.56% | 36.73% | 36.05% | 9.86% |
| 2006 | 6.91% | 9.21% | 37.5% | 33.22% | 13.16% |
| 2007 | 9.21% | 8.89% | 30.8% | 35.55% | 15.55% |
| 2009 | 13.92% | 8.74% | 27.18% | 38.19% | 11.97% |
| 2010 | 14.33% | 7.49% | 25.73% | 40.72% | 11.73% |

## 二、海事各类人才定向培养

2001年之后，南京海事局广泛宣传发动符合条件的职工参加专业技术职务职称资格评审，严格把控报名人员相关资格，积极向江苏海事局推荐，并依据岗位需求，考核、聘任符合条件的人员。2001年，推荐评审35人次，新办理聘任手续20人。具有专业技术职务职称资格为165人，占总人数346人的47.7%。2005年，推荐评审10人次，新办理聘用手续9人。具有专业技术职务职称资格的为151人，占总人数294人的51.4%。2010年底，新聘用职务任职资格34人。具有专业技术职务职称资格的为194人，占总人数307人的63.2%。

此外，积极做好技术工人升级考核工作。2006年，首聘37名技术工人，其中技师1名、高级工24名。2007年，推荐12名技术工人参加技术工人升级考核，有11名职工通过考核取得新的技术工人等级岗位证书。

南京海事局十分重视人才选拔与培养。根据交通海事局、江苏海事局有关拔尖人才（学术带头人）培养工作实施意见与三层次人才培养目标等规定，南京海事局2005年推荐12名人员经考核成为第一期江苏海事局拔尖人才培养对象，24名人员成为第二期拔尖人才培养对象。2006年，又推荐13人成为第二期江苏海事局拔尖人才培养对象，完成对拔尖人才培养对象双向目标责任书签订工作，并加强对培养对象的跟踪培训，建立拔尖人才培养对象定期汇报制度。2007年，又推荐12人成为第二期江苏海事局拔尖人才培养对象，安排拔尖人才培养对象参与课题研究。对拔尖人才的选拔、培养和使用，加快了优秀人才的成才进程。2008—2009年，又选拔一批骨干担任业务主管，享受副科或正科级待遇，为专业技术人员开辟了新的上升通道。至2010年底，有各类持证专业人才139人，其中海事调查官20人，船舶安全检查持证人员96人，审核员22人，水上污染事故中级调查官1人。

从2008年起，南京海事局成立安检、体系审核、事故调查和危防管理等学习兴趣小组，汇编《分析与研究（2008）》。其中部分研究成果获全国海事履约论文优秀论文奖和中国航海学会船舶防污染专业委员会国际公约学术研究论文一等奖。

至2008年，南京市地方海事局获得高级职称的有8人，中级职称的有21人，初级职称的有35人。2009年，成功组建"黄金山劳模团队创新工作室"。

## 第十节　党的建设常态化与文明创建成效明显

### 一、南京海事局党委与党支部建立

2001年3月，首届"中国共产党南京海事局委员会"成立。4月10日，党委印章正式使用。南京海事局党委班子建设主要坚持党委民主生活会制度，开展各种理论学习教育。党委理论中心组坚持个人自学与集中学习相结合,并坚持制度化、层次化。2003年,南京海事局党委持续开展相关建设工作,被南京市委评为"先进基层党组织";党委理论学习中心组被南京市组织部、宣传部评为2001—2002年度的党委理论学习先进集体。同时,设立局机关、基层海事处党支部,到2010年共有17个党支部,并代管南京引航站党支部。2001年共产党员数为154人,到2010年底共产党员数为250人。2010年南京海事局基层党支部详见表8-10-1。

2010年南京海事局基层党支部一览表　　　　表8-10-1

| 序号 | 党支部名称 | 序号 | 党支部名称 |
|---|---|---|---|
| 1 | 机关一支部 | 10 | 大厂海事处支部 |
| 2 | 机关二支部 | 11 | 第一执法大队支部 |
| 3 | 机关三支部 | 12 | 第二执法大队支部 |
| 4 | 机关四支部 | 13 | 第三执法大队支部 |
| 5 | 龙潭海事处支部 | 14 | 第四执法大队支部 |
| 6 | 梅山海事处支部 | 15 | 监管救助基地支部 |
| 7 | 浦口海事处支部 | 16 | 离休干部支部 |
| 8 | 栖霞海事处支部 | 17 | 退休职工支部 |
| 9 | 新生圩海事处支部 | 18 | 引航站支部 |

## 二、局党委与基层党支部进一步规范运作

### (一)局党委进一步规范运作

2001年,南京海事局党委制定《党委成员守则》《党委会工作规则》等。班子成员坚持重大问题集体研究,民主决策,抓大事、抓决策,工作讲程序、讲民主、讲原则。2002年3月,南京海事局党委下发《南京海事局2001—2005年基层领导班子建设规划》,提出把基层领导班子建成意志统一、开拓进取、务实高效、团结奉献、廉洁公正的领导集体。2004年10月,制定南京海事局党委成员工作联系点制度,明确党委成员参加联系点民主生活会,强化民主集中制的执行。2005年,下发《南京海事局2005—2007年领导班子三年任期目标》,对领导干部任期内目标提出要求。2007年,为进一步规范党委工作,制定《中共南京海事局委员会工作规则》。2008年,严格落实班子成员联系点制度,班子成员下基层,到联系点指导工作、调研、谈心、谈话。2010年,征集对党委班子意见与班子成员意见,并按照上级要求逐项进行整改。

### (二)基层党支部进一步规范运作

2005年,南京海事局党委深入开展党员创先锋岗、党支部创模范责任区的"双创"活动,提升支部班子能力。2007年,推进"五好"党支部建设,支部党建纳入季度考核,党建工作由"软任务"变"硬指标"。2008年,安排11人参加江苏海事局组织的处级干部培训班,安排18人次参加江苏海事局及南京市委工交工委举办的党支部书记培训班。2010年,落实党支部工作定期汇报制度,建立党支部书记定期向党工部汇报党建工作和党工部定期调研基层支部工作情况机制。加强对支部工作检查指导,突出量化考核,督促党支部书记履行党建工作第一责任人职责。集中培训科级中层干部,邀请江苏省委党校、南京大学、河海大学专家学者授课。委派1名班子成员参加南京市新兴媒体沟通培训班,组织4人参加江苏海事局党务干部培训班,组织处级干部2人参加交通运输部党校培训班,选派1名基层党支部书记参加南京市经信工委党支部书记培训班。

与此同时,南京市地方海事局建立和完善领导干部法制讲座制度、中心组学法制度等。

## 三、海事系列主题教育活动的开展

这一时期,南京海事局党员队伍思想教育由普遍性教育向群体性乃至个体性教育转变。2001年,南京海事局党委开展理想信念、宗旨、法治和职业道德"四项教育",并组织培训考核。开展"三个代表"教育。2002年,侧重开展公民道德建设纲要学习与教育,成立思想政治工作研究小组。2003年,开展"思想大解放、作风大转变、推动建强局"大讨论活动,完成"四项教育"回头看工作。2005年,14个党支部196名党员参加"保持共产党员先进性"教育活动,先进性教育满意度为95.5%。2006年,南京海事局党委开展"学党章、学习社会主义荣辱观、学习刚毅同志先进事迹"和"创新、创优、创一流"的"三学三创"活动。2007年,开展为期一年"牢记党的宗旨,主动做好服务"主题实践活动,共学习112次,1419人次参加学习,走访船舶单位186次,提供业务咨询76次,组织大型海事法规咨询活动5次。2009年,查找出13个影响南京海事科学发展突出问题,研究制订23项86条整改措施,整改率达97%。2010年,以"五好、五强、五带头"为标准,开展"创先争优"活动。

## 四、海事精神文明创建取得明显成效

2001年之后,南京海事局走出"两条腿"文明创建之路。2002年,落实创建工作责任制,开展南京口岸海运片文明共建活动。3月,下发《南京海事局精神文明建设"十五"规划》,争取用4年时间,将南京海事局建设成为全国海事系统文明达标单位。4月,下发《南京海事局法制宣传教育第四个五年规划》,以加强法治宣传强化制度化、规范化和阵地化建设,促进海事由行政管理向法治管理转变。2002年,南京海事局被评为"江苏省文明单位",获"全国海事系统文明执法达标单位"称号。2004年,一批基层单位被评为江苏海事局或南京市口岸先进。2005年,南京海事局与南京港口岸19家单位结对共建。该局连续4届9年、2届5年荣获南京市、江苏省文明单位称号。2006—2010年,南京海事局先后获得"全国精神文明建设先进单位""全国交通运输系统先进集体""2008年度交通依法行政示范单位""全国海(水)上搜救先进集体""全国直属海事系统先进集体""全国海事系统文明执法达标单位""江苏省文明单位""南京市文明单位""中共南京市委先进基层党组织"及"江苏海事局2008年先进党委"等称号。

2006年,南京海事局用近4个月开展保持党的先进性教育活动,并创建"安全文明畅通"航段,继续开展自建共建活动,除局与南京口岸海港片成员单位结对共建外,还以基层6个海事处为基础成立了6个工作站。2007年,浦口海事处获中华全国妇女联合会"巾帼文明岗"称号。

从2001年开始,南京市地方海事局以"服务人民、奉献社会"为目标,以"一建三创一保"为载体,深入开展"文明诚信海事工程",规范执法行为,提高服务质量。2007年4月,南京市地方海事局获南京市政府颁发的"南京市服务质量奖",成为全市获此殊荣的首家事业单位。至2010年底,获江苏省、南京市"文明单位"、南京市政府"服务质量奖"和江苏省"青年文明号"、省、市两级"工人先锋号"。该局精心打造的"金质船检"入选第三届江苏交通十大服务品牌和南京市第三批服务品牌。

## 五、落实海事党风廉政建设责任制

2001年,南京海事局、海事处两级领导分别签订廉政建设责任书,并健全监督网络,聘请18名特邀廉政监督员。2002年,中国共产党南京海事局纪律检查委员会成立。2003年,南京海事局落实海事廉政告知制度,开展规费征收与海事执法的监察活动。2004年,全面推行海事行政执法"三分开""三分离",逐步建立执法权力制约平衡机制。2005年,率先试行廉政保证金制度。2006年,开展反人情干扰公正执法专项活动。2007年起,制定纪检、监察、政风建设责任制和党风廉政建设责任制4个管理办法,形成

"一规则三办法"(《南京海事局纪律检查委员会工作规则》《南京海事局党风廉政建设责任制实施办法》《南京海事局监察工作管理办法》《南京海事局政风建设责任制实施办法》)为主的纪检监察制度体系。8个海事处聘请77名政风监督员,聘请20名政风监督员,先后召开政风监督员会议7次。2008年,局加强重点领域廉政督察,组织签订廉政合同7份,复核各类经济合同4个。2009年,增设纪检委员,进一步健全纪检网络。2010年,开展船舶安全检查情况反馈工作,收到相关反馈37份。开展明察暗访70次。通过多年持续不断的抓早、抓小、抓覆盖,党风廉政建设取得较好成效。2006—2010年,社会对海事行风满意率连续4年保持95%以上。

2001年之后,南京市地方海事局层层签订行风建设责任状,建立行风建设岗位负责制,聘请社会行风监督员10人。南京市开门评机关各项测评中,市地方海事局满意率达92.6%。南京市地方海事局新聘10名行风监督员,明察暗访局机关、基层海事处政风、行风、作风,评议社会满意率达95%。2010年,启动"南京地方海事船检文化建设"工作调研,探索提炼海事船检核心价值观。

# 第九章　南京海事的跨越发展(2011—2020年)

2011年起,随着全国直属海事"离事归政",南京海事开始从事业管理转为公务员管理,进入跨越式发展时期。2011—2020年,南京海事局坚持运用法治思维和法治方式规范行为、协调利益,建立起以海巡执法大队为基本单元的现场监管模式,水上安全监管能力、生态保护能力、服务人民与服务地方经济发展能力、队伍综合执法能力、政治保障能力、综合发展能力均得到显著提升。尤其2016—2020年间,南京海事局践行共建共治共享、双重预防、严管3个理念,监管方式从被动应付到主动作为再到全方位综合管控,辖区水上交通事故发生率显著下降,前进在现代化强局的道路上。特别在长江经济带发展、助力南京社会经济、南京亚青会与青奥会重大国际体育盛会等重大水上安全保障中,贡献了南京海事力量,展示中国海事的新形象。国际奥委会主席巴赫对海事部门保障亚青会、青奥会水上安全作出的贡献表示感谢。

## 第一节　南京海事管理体制改革进一步深化

### 一、"离事归政"与实现公务员管理

2011年之后,南京海事局面临一项重要体制改革任务,就是跟随国家海事局全面启动优化海事体制机制步伐,全面实施"离事归政"有关"核编转制"准备工作。

早在2010年5月12日,中共中央编制委员会办公室正式批复《交通运输部直属海事系统人员编制和机构设置方案》,直属海事系统"核编转制",实行公务员管理工作正式开始。2011年3月23日,《中共中央国务院关于分类推进事业单位改革的指导意见》发布,明确提出对承担行政职能的事业单位,逐步将其行政职能划归行政机构或转为行政机构。2012年,交通运输部下发《交通运输部关于印发交通运输部直属海事系统机构编制规定的通知》。2013年,交通运输部印发《交通运输部关于中华人民共和国江苏海事局主要职责机构设置和人员编制规定的通知》,中国海事局印发《中华人民共和国海事局关于江苏海事局有关机构主要职责机构设置和人员编制规定的通知》。2013年4月16日,交通运输部在北京召开直属海事系统"三定"方案视频动员会议。至此,为期3年多的直属海事系统"核编转制"工作结束。从此,直属海事系统政事分开,正式进入行政序列,纳入公务员管理。

根据以上有关实现海事核编转制的规定,南京海事局自2011年起就开始"核编转制"工作,通过考试和考核过渡两种方式,并于当年年底完成江苏海事局系统内规模最大的人员转制的过渡工作,149人应考人员全部通过直属海事系统转制考试,为稳定职工队伍提供了保障。2012年,在2011年做好295人考核、考试人员转制相关工作基础上,做好公务员转制登记,以及核实转制人员基本信息等工作。2013年4月16日,组织职工收看交通运输部于当天召开的直属海事系统"三定"方案视频动员会议,并开展讨论,领会有关规定的主要精神。这标志着南京海事局与全国直属海事局系统一起进入转制为国家行政机关的开始。5月31日,江苏海事局下发《关于印发中华人民共和国南京海事局主要职责机构设置和人员编制规定的通知》,规定海事局由参照公务员管理的行政执法类事业单位转制为国家行政机关。6月5日,南京海事局下发《南京海事局"三定"工作实施方案》。6月25日,召开"三定"工作实施推进会,宣布江苏海事局对南京海事局主要职责机构设置和人员编制规定。至此,南京海事局核编转制工作顺利完成,

核定编制为330人,实际在编324人。2014年4月,完成一般工作人员双向选岗工作,158名一般工作人员参加双向选岗,有84人岗位变动,落实公务员轮岗交流相关规定。人员过渡后,海事行政机构退休人员执行行政机关退休人员基本退休费和津补贴政策,事业单位退休人员实行事业单位退休人员相关政策。

## 二、公务员管理后内设机构首次设置

2013年6月26日,南京海事局下发《南京海事局机构设置》方案,进一步调整局机构设置。第一,在机关设11个内设机构、3个办事机构。内设机构为办公室、人事教育处、装备信息处、财务会计处、指挥中心(搜救办公室)、通航管理处、执法督察处、船舶监督处、船员管理处、危管防污处、党群工作处(纪检监察处)。处室办事机构为政务中心、船舶交通管理中心、海巡执法支队。第二,设立派出机构(即南京龙潭、南京新生圩、南京栖霞、南京大厂、南京梅山、南京浦口海事处),以及该局管理的江宁、六合、下关3个办事处。派出机构实行扁平化管理,不设内设机构;办事处不作为独立机构管理,不列海事机构序列,不定行政级别。另设南京海事局后勤管理中心,作为江苏海事局后勤管理中心的派出机构。2014年,将下关办事处改为浦口海事处,履行海巡执法大队动态执法职能。2017年8月,将原六合办事处调整为六合海巡执法大队,隶属南京大厂海事处。11月,龙潭海事处设三江口、龙潭海巡执法大队,大厂海事处设六合、扬子海巡执法大队,新生圩海事处设新生圩、上元门海巡执法大队,栖霞海事处设栖霞山、西坝海巡执法大队,梅山海事处设江宁、下关海巡执法大队,浦口海事处设乌江海巡执法大队。11月,根据江苏海事局和宿迁市政府宿迁港二类口岸开放合作备忘录,筹备设立南京海事局宿迁办事处。2020年6月12日,新增南钢海巡执法大队。8月,调整龙潭海事处和大厂海事处管辖范围,原大厂海事处管辖仪化小码头上端至仪征海事码头下150米之间的左岸陆域划归龙潭海事处三江口海巡执法大队管辖,相关业务同步移交龙潭海事处。

## 三、公务员管理后海事监管职责调整

2013年6月全国直属海事系统正式实施公务员管理后,南京海事局根据有关规定,明确海事监管职责。调整后的海事监管主要职责有:

(1)贯彻和执行国家海洋管理、环境保护、水上交通安全、航海保障、船舶和水上设施检验等方面的法律、法规和规章。

(2)按照授权,负责辖区内船舶登记工作;负责规定范围内船舶法定配备的操作性手册与文书审核签发工作;负责受理外国籍船舶(包括港澳地区船舶)进入本辖区未开放水域或港口的申请工作,并上报上级海事机构。

(3)按照授权,负责辖区内船员和海上设施工作人员适任资格、培训、考试和发证管理工作、船员服务簿发放及管理、船员专业与特殊培训管理及考试发证工作。

(4)负责组织辖区内船舶防台、水上搜寻救助工作;按照管理权限,负责辖区水上交通事故、船舶污染事故、水上交通违章案件的调查处理工作。

(5)按照授权,负责实施辖区内港口国管理、船舶安全检查、国际航行船舶进出口岸查验、国内航行船舶进出港签证、强制引航监督、船舶载运危险货物及其他货物的安全监督、靠泊安全监督、防治船舶污染水域监督等工作。

(6)负责辖区内通航环境管理与通航秩序维护工作;按照授权,负责辖区水上水下施工安全技术状况审核、锚地和重要水域划定、港区岸线使用审核、航行警(通)告发布等工作。

(7)按照管理权限,负责本局机关和所属机构的海事业务、法制、财务、资产、规费征收、基本建设、干部人事、劳动工资、计划装备、科技教育、党群和精神文明建设等工作。

### 四、南京市地方海事局改为第五执法支队

2016年5月,国家决定在江苏等省先行试点开展承担行政职能事业单位改革。2017年,江苏省下发《江苏省省级承担行政职能事业单位改革实施方案》,省编委发出《关于对省交通运输厅所属承担行政职能事业单位职能和机构编制调整事项的批复》,其中包括撤销省地方海事局(省船舶检验局、省水上执法总队),整合组建省交通运输综合行政执法监督局。2018年9月25日,江苏省交通运输厅召开"一局两中心"成立大会,宣布省交通运输综合行政执法监督局、省交通运输厅公路事业发展中心、省交通运输厅港航事业发展中心正式挂牌办公。

按照江苏省行政职能事业单位职能和机构编制调整精神,2019年12月26日,南京市委编委下发《南京市交通运输综合行政执法监督局职能配置、内设机构和人员编制规定的通知》,确定市交通运输综合行政执法监督局为市交通运输局所属全额拨款事业单位,暂划入公益一类,相当于副局级,主要职能是以市交通运输局的名义,依法统一行使公路路政、道路运政、水路运政、内河航道行政、港口行政、地方海事行政、工程质量监督管理等执法门类的行政处罚以及与行政处罚相关的行政检查、行政强制等执法职能。2020年4月,南京市交通运输综合行政执法监督局及所属各支队相继配置、调整到位,进入过渡期运转状态。按照市委编委关于《南京市交通运输综合行政执法监督局职能配置、内设机构和人员编制规定的通知》精神,该局设有办公室和执法指挥、执法监督、执法勤务保障及第一至第七共10个支队。

南京市地方海事局职责、职权、职能由新成立的执法第五支队取代,负责行使市管水域的水路运政、港口行政、内河航道行政、内河地方海事行政的行政处罚以及与行政处罚相关的行政检查、行政强制等执法职能;负责本市船舶及船用产品检验的监督检查;承担交通运输领域相关生态环境保护、安全生产的日常监督检查工作。第七支队承担本单位24小时备勤工作,负责重大突发事件现场应急处置工作,以及跨区域和具有全市影响复杂案件的查处工作,支援其他支队工作。

## 第二节 海事发展规划和计划的制定及年度目标

### 一、制定"十二五"和"十三五"发展规划

2011年7月4日,南京海事局根据江苏海事局2011年2月17日下发的《江苏海事局发展战略纲要(2010—2020)》,再次确定本阶段为建设国际一流水平海事强局阶段,并完善主要目标任务的要求,调整2010年4月的《南京海事局"十二五"发展规划》,重新下发《南京海事局"十二五"发展规划》,提出"十二五"期间发展总的目标:坚持走科学发展之路,走"四化"海事强局之路,持续推进科技兴局、人才强局、正规化建设和海事文化战略,持续推进机构机制完善,持续提升南京海事局在区域经济社会发展上的影响力,基本建成"全方位覆盖、全天候监控、快速反应"的辖区水上交通安全监管、海事公共服务和水上应急系统,基本实现"管理规范、环境和谐、监管有效、服务优质"的管理目标,稳步迈向发达国家管理水平。4月20日,又下发《南京海事局"十二五"专业人才培养规划》,提出经过3—5年努力,使专业人才理论水平和业务技能得到较大提升。

2015年12月,南京海事局下发《南京海事局"十三五"发展规划》,提出到2020年末基本实现管理机制科学完善、监管能力显著提升、应急救助统筹高效、技术装备先进便捷、人力资源结构合理、海事服务优

质高效、党的建设与时俱进,"三化"建设重点目标有序完成,海事依法行政能力全面增强,为建成与南京长江物流航运中心相适应的全国一流海事分支机构打下坚实基础。同时,部署管理体制机制、依法行政、水上安全监管、水上应急搜救、公共服务、装备设施与信息化、海事队伍、党的建设和文化建设等8个方面发展任务,以及建立规划实施保障机制、推进重点工程实施、建立评价体系等3项保障措施。

2016年5月,南京海事局牵头编制的《南京长江水域"十三五"水上突发事件应急体系建设规划》,提出打造一个智能化应急指挥平台、一支现代化应急救援队伍、一套科学化应急管理机制,到"十三五"末形成统筹指挥、结构合理、反应迅速、运转高效、资源共享和协同应对的水上突发事件应急体系,更好地服务于长江经济带建设、服务于南京枢纽型经济发展。并提出完善水上搜救工作机制、实现南京长江水域应急力量均衡化、加强水上搜救队伍建设、强化应急反应联动机制、加强港口配套设施建设等5项主要任务和重点项目。

2015年,南京市地方海事局下发《南京市地方海事局"十三五"规划》,提出总体目标:到2020年末,基本实现管理机制科学完善、监管能力显著提升、应急救助统筹高效、技术装备先进便捷、人力资源结构合理、海事服务优质高效、党建工作与时俱进,"三化"建设目标有序完成,海事依法行政能力全面增强,为建成与南京长江物流航运中心相适应的全国一流海事分支机构打下坚实基础。规划明确"十三五"地方海事局7个方面的主要任务:提升监管能力,保障水上交通安全;强化船舶检验质量管理,保障船舶安全;加快科技信息化建设,提高海事管理水平;完善海事依法行政管理,推进为民执法;加强人才队伍建设;提高精神文明建设和行风廉政建设;加紧装备设施建设。2016年4月,又制定出台《南京地方海事"十三五"规划纲要》,提出"实施智慧、法治、惠民海事建设,推进管理机制科学完善、监管能力显著提升、应急救助统筹高效、技术装备先进便捷、人力资源结构合理、海事服务优质高效、党建工作与时俱进"的基本目标。

## 二、制定"三化"建设工作实施方案

2014年10月13日,根据交通运输部2013年下发的"三化"建设意见和江苏海事局下发的"三化"建设纲要(2014—2010)及分两个阶段实现"三化"建设目标,南京海事局下发《南京海事局"革命化、正规化、现代化"建设工作实施方案(2014—2020)》,提出到2020年基本建成江苏省内一流的经济执法机构和海事系统内一流的分支机构。到2016年,新时期的南京海事核心价值观基本形成,凝聚力明显增强;改革创新驱动作用初步显现,发展力明显增强;安全监管、应急救助、公共服务三大体系全面构建,履职力明显增强;人力资源结构更趋合理,战斗力明显增强;党的建设、法治建设、综合效能、装备与信息化、海事文化五大保障系统基本建成,支持力明显增强。到2020年,南京海事精神引领发展能力一流;改革创新驱动增长能力一流;社会管理与公共服务职责履行能力一流;人力资源智慧支持能力一流;党的建设、法治建设、综合效能、装备与信息化、海事文化支撑保障能力一流。主要举措有:培育新时期的南京海事核心价值观、深化改革和创新、构建全面正确的履职体系、打造素质精良的海事队伍、建设坚强有力的保障系统、形成统一协调的工作机制。同时明确4个保障措施,对"三化"建设重点任务进行分解。

南京市地方海事局2010年制定《南京地方海事现代化推进方案》,成立现代化推进组织,明确现代化建设与质量管理体系运行、年度工作任务分解、综合目标考核和文明创建相结合,抓住重点、突破难点,着力对现代化指标未达标项进行改进与提升。2011年,现代化建设取得阶段性成果:《现代化研究与实践》项目获市交通运输系统工作创新奖;现代化综合指标达标率为61.11%,较2010年上升8.33个百分点,关键性指标维持在60%。到2012年,现代化综合指标达标率为66.67%,较2011年提升5.56个百分点;关键性指标达标率达80%,较2011年提升20个百分点。2016年4月,出台《南京地方海事"十三五"规划纲要》,提出"实施智慧、法治、惠民海事建设,推进管理机制科学完善、监管能力显著提升、应急救助统筹高效、技术装备先进便捷、人力资源结构合理、海事服务优质高效、党建工作与时俱进"的基本目标。

### 三、海事发展战略实施纲要相继出台

2016年,南京海事局先后编制《"十三五"人才发展战略实施纲要》《"十三五"信息化发展战略实施纲要》《"十三五"文化发展战略实施纲要》《"十三五"创新发展战略实施纲要》,作为"十三五"发展的纲领性文件。

《"十三五"人才发展战略实施纲要》提出,到2020年建成一支素质精良、结构合理、作风过硬、与"三化"建设要求相适应的职工队伍,高端人才数量显著增加,实现南京海事局在江苏海事系统内由人才大局向人才强局的转变,并提出以"考核机制为抓手,提升公务员整体素质;以监管模式转变为契机,优化现有人才结构;以创新手段为载体,深化高端人才培养;以提升实效为目标,改善教育培训质量"等4项重点任务和4个保障措施。

《"十三五"信息化发展战略实施纲要》明确"十三五"期信息化发展目标:在顶层设计的统一框架下,发挥科技信息化的引领作用,建立全面感知、广泛互联、深度融合、智能应用、安全可靠和机制完善的信息化体系,构建"智慧海事",满足监管布局网格化、执法服务规范化、巡航救助一体化、辅助决策智能化的海事建设需求,最终达到数字化的立体监管、智能化的便民服务和国际化的一流水平。并提出加快推进基础设施建设、完善水上安全监管系统建设、提高公共服务及信息互通互享能力、构建网络安全管理体系、完善管理机制及运维保障能力等5项重点任务和4个保障措施。

《"十三五"文化发展战略实施纲要》提出,至"十三五"末南京海事文化建设跃上新台阶,文化建设工作格局和机制更加规范流畅,文化建设发展更加均衡,文化辐射效应更加明显,文化品牌知名度更加提升,省部级和国家级典型培树取得重大进展。文化建设对提升全面履职的海事综合能力、营造全面发展的海事人文环境、树立广泛认同海事社会形象起重要作用。为此,上述文化纲要还提出努力打造在系统内外具有较高知名度的海事文化强局,以及重点建设完善文化导向引领平台、文化环境培育平台、文化载体支撑平台和文化影响传播平台等4项发展任务及5个保障措施。

《"十三五"创新发展战略实施纲要》提出,到2020年末基本实现管理机制科学完善、监管能力显著提升、应急救助统筹高效、海事服务优质高效,"三化"建设重点目标有序完成,海事依法行政能力全面增强。并提出理念创新、海事监管创新、综合管理创新、信息化创新等4项重点任务及4个保障措施。

针对上述发展战略实施纲要,南京海事局分解每年重点任务,开展分析评估,持续改进不足,巩固提升发展成果,确保发展战略能在正确轨道上实施。

### 四、海事年度工作会议与目标任务

2011—2020年,南京海事每年都对当年工作提出目标,作出部署。2011—2020年南京海事局年度工作目标详见表9-2-1,2011—2020年南京市地方海事局年度工作目标详见表9-2-2。

**2011—2020年南京海事局年度工作目标一览表**　　　表9-2-1

| 年份 | 会议时间 | 年度主要目标 |
|---|---|---|
| 2011 | 1月25日 | 建立以网格化管理为核心的高效可靠的水上动态监管体系,科技信息化工作要有新成效,海事监管业务要积极探索新举措,海事公共服务要拓展新思路,设施装备建设要有新突破,队伍建设和人才培养要完善新机制,内部科学管理要迈上新台阶,党群保障能力要有新提升 |
| 2012 | 1月16日 | 着力强化正规化建设和海事文化建设,继续推进由传统管理模式向以科技信息化为支撑的现代海事管理模式转变,努力把南京海事局建设成为理念创新、管理科学、方便精简、运转高效、环境和谐的现代化强局 |

续上表

| 年份 | 会议时间 | 年度主要目标 |
|---|---|---|
| 2013 | 1月23日 | 全面提升信息化应用水平,全面增强依法行政能力,全面提升海事文化建设效能,全面融入地方经济社会及民生发展,确保水上安全形势持续稳定 |
| 2014 | 1月21日 | 落实"三化"建设要求,创新监督管理机制,加强党风廉政建设,全面正确履行海事职能,全面增强依法行政能力,助推地方经济社会发展,确保水上安全形势稳定 |
| 2015 | 1月26日 | 以水上安全监管为中心,以"三化"建设和依法行政能力建设为主线,强化依法治局、从严治局,深化职能转变,优化服务举措,健全管理机制,提升监管效能,确保南京长江水域安全形势稳定,推进治理能力现代化 |
| 2016 | 1月27日 | 落实"创新、协调、绿色、开放、共享"五大新发展理念,按照江苏海事局和南京市委市政府工作部署,紧紧围绕水上安全监管工作,全面推进"三化"建设,着力提升安全监管、应急搜救和服务发展能力,实现"十三五"时期南京海事发展良好开局 |
| 2017 | 1月20日 | 全面加强依法行政,全面从严治党,全面推进"三化"建设,全面实施四大发展战略,开启二次创业新征程,推动南京海事治理体系和治理能力现代化,以优异的成绩迎接党的十九大胜利召开 |
| 2018 | 1月18日 | 坚持以人民为中心的工作导向,全面从严治党、从严治局、依法行政,深化实施"人才、信息化、文化、创新"四项发展战略,践行"12345"科学安全监管体系,推进共建共治共享机制建设,全面提升安全监管能力、生态保护能力、服务人民能力,奋力推进新时代南京海事现代化强局建设,在攻坚江苏海事"二次创业"新胜利和服务"强富美高"新南京建设征程中焕发新气象、展现新作为、作出新贡献 |
| 2019 | 1月25日 | 树立高质量发展目标,着力强基固本,加快推进南京海事治理体系和治理能力现代化;着力科学监管,建设严管示范区,在污染防治攻坚战和"平安长江"建设中彰显海事担当作为;着力创新服务,建设人民满意海事。努力以保障水上交通和长江生态安全、促进社会经济发展、服务大局服务人民的新作为建功新时代 |
| 2020 | 1月17日 | 瞄准"出经验,建强局,当领头羊"的定位,以治理体系和治理能力建设为主线,坚定不移走共建共治共享、风险管控和隐患治理、严管严治之路,坚定不移实施"四项发展战略",持续增强安全治理、生态保护、服务发展、综合管理能力,谱写高质量建设南京海事现代化强局新篇章,为江苏海事"二次飞跃"担当示范。 |

**2011—2020年南京市地方海事局年度工作目标一览表**　　表9-2-2

| 年份 | 会议时间 | 年度主要目标 |
|---|---|---|
| 2011 | 2月16日 | 以贯彻"十二五"规划为主线,以推动现代化建设为目标,以落实《廉政风险防控手册》为平台,以开展海事文化建设研究为载体,进一步提高海事监管能力、水上搜救应急能力、服务发展能力和船舶检验水平、科技信息化应用水平,不断推动南京地方海事船检更好更快发展 |
| 2012 | 2月15日 | 围绕以"基本实现海事现代化"为目标,以"三争一创"实践活动为主线,以增强公共服务能力为关键,以提升科技信息化应用水平为保障,以加强队伍建设为基础,力争在新的起点上实现海事发展创新的新跨越 |
| 2013 | 2月27日 | 以海事现代化建设为主线,以科技信息化为手段,以"四型海事"建设为载体,以让"航行更安全,水域更清洁,检验更优质,服务更高效"为己任,在新的起点上加快推进海事现代化建设新步伐 |
| 2014 | 2月20日 | 紧紧围绕海事"三保一防一提高"中心,重点保障青奥水上交通安全,深入开展"321工程",全面落实行业诚信体系,全力推进海事现代化建设,提升整个行业文明水平 |
| 2015 | 3月10日 | 主动适应新常态,全面深化改革,把严格执法、履职尽职、提升能力作为关键点,以推进海事三化建设为着力点,强化海事船检法治建设,严格规范执法,全面提高海事船检履职能力和现代化管理水平,为南京交通运输迈上新台阶作出新贡献 |

续上表

| 年份 | 会议时间 | 年度主要目标 |
|---|---|---|
| 2016 | 1月8日 | 围绕南京交通运输现代化发展总目标,全面推进海事"三化"建设,全面提高海事履职能力和现代化管理水平,将"三严三实"专题教育成果转化为全体海事执法人员的良好精神状态,转化为保障水上交通安全的实际成效,为推进南京交通运输现代化提供有力支撑 |
| 2017 | 2016年12月30日 | 以"四个交通"和"三化"建设为统领,围绕"六大行动"要求,以安全监管为中心,以信息化为抓手,推进改革创新,推进职能转变,提高队伍素质,不断提升全面履职能力、依法行政能力和管理服务能力,高水平开创海事船检工作新局面 |
| 2018 | 2017年12月29日 | 以对标找差距为龙头,以问题和目标为导向,以环保督查为突破口,以改革转型为契机,认真谋划、扎实推进海事船检的安全、绿色、高质量发展 |
| 2019 | 1月4日 | 坚定不移地围绕市局战略部署,坚持目标、问题、需求、责任、实践导向,投身交通综合体制改革,为交通强市建设贡献海事力量 |
| 2020 | 1月8日 | 提高"深融合"地方经济保障能力、构筑"高质量"海事安全监管格局、打造"高水平"船舶污染防治体系、推进"零距离"惠民公共服务体系、建设"高水平"党风作风廉洁体系 |

## 五、推进年度目标实施绩效考核工作

南京海事局于2011年、2014年、2017年在制订目标任务绩效考评办法、绩效考评办法(试行)、日常绩效考核管理办法的同时,分解年度工作任务,落实到各单位、各部门,在年底时进行量化考核,排出工作绩效位次。2014—2018年,还针对基层海事处开展业务指标季度考核。另外,在每月一度局务会上,由职能部门通报相关工作指标完成情况,形成日常考评机制。

这一时期,南京市地方海事局推行综合目标考核。2012年完善综合目标考核体系,推行绩效管理,及时修订《综合目标考核暂行办法》,在全省地方海事船检2012年度综合考评中排名第一。

## 第三节 推进新(修)订地方法规与持续规范执法

### 一、参与协助南京市政府新(修)地方法规

#### (一)推动两个条例纳入海事监管内容

2011年之后,南京海事局继续协助南京市立法机关,开展涉及海事工作地方性法规制(修)订工作,注重地方法规与海事法律法规及辖区监管状况的衔接,填补涉及海事法律法规在地方立法中的空白。

至2011年,南京涉及桥梁安全管理的地方性法规共有3个,除1986年南京市政府发布的《南京长江大桥水上交通安全管理规定》、2006年南京市政府公布的《南京长江大桥安全管理办法》外,2011年2月25日南京市第十四届人大常委会通过了《南京市长江桥梁隧道条例》。其中,《南京市长江桥梁隧道条例》侧重于规范桥梁道路交通,《南京长江大桥安全管理办法》仅限于南京长江大桥且责任主体不明,《南京长江大桥水上交通安全管理规定》因制定历史久远已不能满足需要。

鉴于上述情况,南京海事局推动南京市制定涉及长江桥梁水上交通安全相关法规,请求在《南京市长江桥梁隧道条例》中加入通航安全保障条款。2011年11月4日,向南京市政府请示制定《南京市长江桥梁水上安全管理规定》,并提交了初稿。11月9日,市政府将初稿批转法制办公室。11月26日,市政府

法制办公室经征求市交通运输局、水利局等部门意见后,提出相应修改意见。2012年1月5日,市政府批示法制办公室修改意见,要求南京海事局修改后再报市政府。2012年2月2日,南京海事局向市政府报告《南京市长江桥梁水上安全管理规定》修改情况。2017年7月31日,又以《关于协调桥梁建设与管理单位建设桥梁防护设施的请示》,恳请市政府协调安装有关桥梁防碰撞信息化系统。8月5日,市政府批准上述请示,并要求市公建中心做好相关工作,为相关要求纳入地方立法提供实践基础。2018年,南京市人大法制委员会就《南京市长江桥梁隧道条例》修订开展调研。8月9日,南京海事局就调研提纲涉及内容答复7条意见。2019年8月22日,南京市第十六届人大常委会第十七次会议通过上述条例修订稿。2019年9月27日,江苏省第十三届人大常委会第十一次会议批准《南京市长江桥梁隧道条例》修订版,于11月1日起施行,并废止2011年版条例。该条例修订版部分采纳南京海事局有关意见,其中相关条款对长江桥梁隧道安全保护区的通航安全保障作出界定:第一,范围包括公路桥梁主桥和引桥下空间及垂直投影面外侧200米范围内水域。安全保护区标桩、界桩由市交通运输行政主管及时设置,任何单位和个人不得擅自占用、挪动。第二,防撞保护系统应当与工程同步设计、同步施工、同步验收;运营管理单位应当保护养护范围内交通信号灯、交通标志、交通标线等交通设施完好无损。第三,运营管理单位应当加强与海事等部门联动协调,定期组织相关专项应急演练。条例还明确了涉及交通标志、非法系揽与驳船等条款的罚则。

南京海事局还率先推动船舶使用岸电,并主动协助南京港开展此项应用研究。2017年9月1日,南京港实施靠岸停泊船舶排放控制区管理,对船用燃油含硫量作出明确要求,并开展相关检测。这些措施是为了落实2016年1月1日起生效的《中华人民共和国大气污染防治法》有关要求。此外,鉴于2005年6月5日施行后又在2012年1月12日修正的《南京市大气污染防治条例》,对这方面的规定条款可操作性不强,2018年5月14日南京市决定重新修订《南京市大气污染防治条例》。南京海事局结合辖区防治船舶污染状况,提出7条修改意见,包括燃油销售行业监管责任、高污染燃料销售限制、船舶大气污染防治措施、岸电使用政策鼓励、挥发性有机物回收处理、船用燃油超标处罚等。2018年12月21日,南京市第十六届人民代表大会常务委员会第十次会议通过该防治条例再次修订稿。2019年1月9日,江苏省第十三届人民代表大会常务委员会第七次会议批准《南京市大气污染防治条例》再次修订版,于2019年5月1日起施行。该条例再次修订版部分采纳了南京海事局的意见,将船舶大气污染防治纳入相关条款。

**(二)协助修订、制定地方规范性文件**

这一时期,南京海事局经常从海事监管出发,对南京市政府修订或制定的大量规范性文件主动提出海事建议,较好发挥海事事权作用。2014年7月,针对制定《南京市港口口岸开放管理暂行规定》,建议进一步明确配套设施等内容。2015年6月1日,该规定施行,相关条款明确南京海事局等口岸查验机构依法履行南京港口口岸码头开放监管职责;明确开放码头口岸监管配套设施,应符合有关标准、规范要求,具备查验监管、现场办公以及装卸现场监管等条件,并与码头主体工程统一设计、统一投资、同步建设。同时,还明确了开放码头验收、日常监管、停止开放等条件及程序。2015年2月,针对制定《南京市水文管理实施办法》,提出5条具体修改意见,建议明确水文测量行为水上安全管理要求。6月1日,该办法施行,相关条款明确在河道进行水文检测时,应按照国家有关规定设置警示标志,并由海事管理机构协助维护通航秩序。2016年4月,针对制定《关于征求推进南京市全域旅游发展的指导意见》,提出2条具体意见,建议增加长江水上旅游安全与基础设施建设,以及明确海事部门监管责任。

## 二、调整海事行政执法事权层级与施行

2013年11月12日,党的十八届三中全会通过《中共中央关于全面深化改革若干重大问题的决

定》，提出进一步简政放权，深化行政审批制度改革。2014年4月，中国海事局启动海事行政执法业务层级权限调整工作。12月29日，《直属海事系统行政执法事权层级调整方案》下发，对44项事权层级进行划分。2015年5月7日，江苏海事局下发通知，决定对行政执法事权实施调整，共涉及60项事权。

根据国家和主管领导机关有关行政执法事权层级调整方案的规定，南京海事局2015年7月6日调整行政执法事权层级，将15项事权由局下放到海事处（办事处），主要涉及：内河通航水域安全作业备案，国际航行船舶出口岸审批，船舶安全证书文书补换发（核发除外），船舶在港区水域内安全作业备案（船舶试航除外），船舶污染港区水域作业审批（船舶水上拆解、海上修造船舶作业除外），船舶载运危险货物和污染危害性货物进出港口审批，船舶进行散装液体污染危害性货物水上过驳作业（含年度许可以外水上服务区燃料补给作业），船舶污染物接收和处理情况备案，港口、码头、装卸站应急预案备案，船舶载运固体散装货物（A组和C组）报告，船舶污染物接收处理证明签发，内河码头、装卸站污染物接收处理能力备案，调查与处理辖区内一般等级及以下水上交通事故（事故调查报告的审核和结案核准除外），水上交通事故简易程序的结案核准，船舶检验质量监督管理等。并将国际航行船舶进口岸审批（需上级机关审批的除外）、船舶登记的受理、船舶识别号授予的受理、船名使用核准的受理、船舶建造重要日期确认的受理、航运公司（临时）符合证明签发的受理、船舶（临时）安全管理证书签发的受理等7项事权的电子申报审批及受理由职能部门调整至政务中心。另外，取消辖区内"岸壁式码头船、车危险货物装卸作业"审批，船舶污染物接收处理证明由船舶作业所在地的海事处（办事处）签发，根据授权海事处（办事处）可开展港口国监督检查工作。

南京海事局在2015年7月15日前完成上述事权调整下放基层海事处之后，又制定《南京海事局权力清单》，确定海事权力事项及工作流程中审批事项19项、海事行政强制7项、船舶登记5项、船舶文书签注及核发5项、海事行政备案7项，各权力事项包含事项名称、受理方式、办理期限、受理部门、许可机关、提交材料目录等内容，并绘制出权力运行流程图。2016年1月4日，《南京海事局权力清单》以通告形式对外发布。2017年6月30日，南京海事局又以通告形式，明确由政务中心集中履行静态审批报备职能，集中办理外网的57项海事行政许可（报备），实现"一站式"服务。至此，行政执法事权层级调整宣告完成，两级海事机构权责边界理清，实现了事权纵向分配相对统一，便利了行政相对人办事。

## 三、推行长江干线水上综合执法改革

2014年10月，党的十八届四中全会通过《中共中央关于全面推进依法治国若干重大问题的决定》，明确提出推进综合执法。2016年4月，江苏海事局转隶长江航务管理局后，交通运输部、长江海事局、江苏海事局相继下发有关长江干线水上综合执法试点方案与实施细则、试点工作的通知。6月1日，长江航务管理局将南京海事局大厂海事处作为试点单位，启动长江干线水上综合执法改革试点工作。

为保证水上综合执法改革试点工作顺利开展，南京海事局发挥执法点多面广的特点，通过各海事处、办事处、局政务中心的窗口显示屏、慈湖河口显示屏、船员QQ群、公众微信号等方式下发实施长江干线水上综合执法的公告，使行政相对人及时了解水上综合执法改革精神和相关内容。2016年7月1日起，南京海事局与长航局在南京的长江南京公安、航道、通信等水上综合执法实施工作启动。至12月10日，首战告捷，共开展航道类现场巡查2000余次，发现浮标漂移、灭失、局部损坏等76起，查处船舶因碰撞引起航标损坏或移位行为4起，纠正在航道内采砂、倾倒建造废料违法行为17起，现场检查船舶4643艘次，发现376起船舶电台执照、无线电入网证过期，查处52起船舶非法安装大功率电台行为，执法窗口检查船舶营运证10000余艘次。9月28日，长航局下发《建立区域工作联动协调机制通知》，并在同一区域基层单位间建立联席会议制度,将综合执法作为联席会议的重要内容。南京海事局与长航局在宁的公安分局、航道工程局、通信管理局、南京航道处、南京引航站6家单位组成江苏区域联席会议制度第一片区(南京片区分会),并作为召集、牵头单位。图9-3-1为2016年南京海事局与长航公安等联合执法的场景。

自此,南京海事局作为长航在宁的区域联席会议制度召集、牵头单位,积极推行长江干线水上综合执法工作。2017年1月26日,牵头与南京航道局、长江公安南京分局、南京通信管理局从监管机制、巡查方法、整治措施、预防预控4个方面建立水上综合执法联席会议7项制度(联

图9-3-1 2016年南京海事局与长航公安等联合执法

席会议制度、保障制度、信息通报制度、突发事件应急处置制度、联合巡航制度、重点违法行为查处制度、人员培训制度),以全面统一规范南京片区联席会议分会单位执法行动,形成有效工作机制,保证水上综合执法改革试点工作顺利开展。编制《南京海事局水上综合执法手册》,以提升规范执法能力。8月8日,召开首次联席会议制度工作会议,并作"同饮一江水,同谋一江事,携手打造'百里宁江,船畅人和'好风景"主题讲话。之后,定期召开专题片区联席会议,就片区内日常工作、专项工作统筹、突发事件联动进行集中统一行动。总结出具长江中下游水上综合执法特色的"联、查、纠、预""四字诀",使执法效能明显提高。8月10日,下发《长航局江苏区域联席会议南京片区联席会议分会工作规则》。2018年6月7日,下发《南京海事局水上综合执法示范区建设方案》,决定建立水上综合执法示范区,明确建立科学的综合执法工作机制,建成一个成熟、高效、专业的水上综合执法示范区,以实现"集中统一、权责一致、协调有序、运转高效"的目标。制定《水上综合执法示范区建设工作任务分解表》,以抓好工作落实。确定6项主要任务:深化水上综合执法现场检查和违法行为查处、建立水上综合执法信息分析决策指挥系统、加强水上综合执法队伍建设、进一步深化海事与长航公安的协作、完善制度保障、做好经验积累和新闻宣传工作等。

2017—2020年长江干线水上综合执法期间,南京海事局协调南京航道、公建中心、桥工段等单位,综合施策,落实亮桥孔、调航标、护桥墩、设警示、严监管"五大举措",实现桥区助航标志同步闪烁,建设"桥卫士",引导六孔下水船过桥、桥区超高预警、水位自动监测等功能基本实现,发挥示范作用。2018年7月4日,南京海事局召开南京地区分会2018年度工作会议,联合长航在宁单位,从服务"交通强国"战略和长江经济带高质量发展的高度,解放思想、革新理念、深度合作,提出"在保护长江生态环境中担当作为、在'平安长江'建设上充分履职、在综合执法示范建设中先行引领、在争取地方政府支持上协同发声"4点要求。2019年8月8日,召开2019年第一次联席会议,除学习交通运输部推进长江航运高质量发展意见外,通过了《长航局江苏区域第一片区联席会议工作规则》,就下一步推进水上综合执法、安全工作协同创新、生态环境保护、突发事件应急联动、服务港航企业、优化营商环境、深化区域党建等进行座谈,研究第一片区下阶段工作思路和任务。

## 四、海事诚信管理的全面推进

早在2003年4月,南京海事局就根据中国海事局下发的"安全诚信船舶"评选规定,开展诚信管理。2004年,实施诚信码头和诚信船舶制度。2011年之后,就辖区实际推进船舶进出港许可业务代理、集装箱绿色通道等诚信管理,规范安全诚信公司、安全诚信船舶、安全诚信船长的管理。2014年,航运单位诚信管理系统上线。2015年,明确提出推进辖区航运公司的信用建设,运用好航运单位诚信管理系统。

2016年7月18日长江海事局下发有关行政处罚信息录入长江水系省际客船、危险品船运输经营人诚信监测系统的通知之后,结合2015年12月18日南京市政府发布的《南京市创建国家信用示范城市行动计划》规定,南京海事局进一步拓宽诚信管理范围,从10月起推进海事行政检查"双随机、一公开"工作,建立健全海事行政检查随机抽查制度,巩固完善海事执法信息公开制度,初步构建海事社会信用管理体系。2017年,根据交通运输部海事局4月20日下发的《海事信用管理办法》,将监管与服务由诚信管理转变为信用管理,并于12月20日下发《实施守信激励和失信惩戒措施的通告》,明确4类13个守信激励措施、5类10个失信惩戒措施。还将信用主体确定在局管辖范围内的港航单位、船员、海员外派、船检等与海事管理职责相关的社会法人及自然人,实现海事信用管理行政相对人全覆盖。12月26日,又下发"海事信用信息管理工作实施方案",于2018年1月1日起全面实施信用信息管理。2018年,在江苏海事系统率先构建守望信用联合激励和失信联合惩戒机制,共开展海事信用记分312起。

与此同时,自2018年起南京海事局接轨南京市社会信用系统,共录入信用记录250起。2019年,海事信用记分486起。2020年4月,借助南京市信用信息服务平台开展信用报告审查,对5家信用不佳的航运公司进行约谈,对申而不来或来而不申、不按照规定地点、时间停泊等行为实施记分,记分达到上限,将会在一定时间段内被限制锚泊。同时与辖区体系内内河危险品航运公司签订船舶配员管理信用承诺书。6月,配套危险品船选船机制,实施行政处罚信息公开。7月,为增加海事信用管理影响力,又纳入地方社会信用体系建设工作考核。

## 五、进一步规范行政执法及查考一体督察

2011年,南京海事局继续采取相关措施,规范海事行政处罚,并按CX0901要求对局各部门、各海事处体系监控112次,发现问题40个,均得到整改。2013年9月10日,根据机构设置调整,进一步明确相关行政处罚主体,即执法大队行政处罚归口相应海事处管理,超出海事处权限范围内行政处罚按规定通过法制系统移送到局处理。2014年4月,更新自由裁量标准,明确局、处两级处罚权限,实施调查、处罚、缴款"三分离"制,建立行政处罚合议制。强化执法责任追究,针对7种情形追究相关人员执法过错责任。有违反政风和廉政相关规定行为的,移交局纪检监察处调查处理。2018年起,打造严管示范区,行政处罚量呈持续上升趋势。2011—2020年共查处违法行为16563起,未发生行政复议被更改或行政诉讼败诉案件。2011—2020年部分年份南京海事局依法行政工作数据详见表9-3-1。

2011—2020年南京海事局部分年份行政执法督察一览表　　　　表9-3-1

| 年份 | 内部督察 | | | 职能督察 | | | 专项督察 | | |
|---|---|---|---|---|---|---|---|---|---|
| | 次数(次) | 件数(件) | 发现不合规数(件) | 次数(次) | 件数(件) | 发现不合规数(件) | 次数(次) | 件数(件) | 发现不合规数(件) |
| 2011 | 198 | 50027 | 9 | 23 | 4940 | 327 | 5 | 6990 | 201 |
| 2013 | 185 | 53148 | 9 | 29 | 10793 | 134 | 4 | 3270 | 56 |
| 2015 | 236 | | | 176 | | | | | |
| 2017 | 162 | 5285 | 132 | 27 | 1854 | 121 | 8 | 802 | 65 |
| 2019 | 12 | 3124 | 30 | 4 | 2454 | 168 | 3 | 836 | 73 |

南京海事局除将督察结果运用于不合规行为整改外,2007—2008年还将其运用于基层海事业务指标考评,通过主要工作数量和工作质量来衡量基层海事处业务工作完成情况,每季度通报一次,初步构建

查、考一体的督察机制。

与此同时,南京海事局2011年之后继续依据海事管理体系,规范开展行政执法工作。2011年,修改体系文件35次,新增体系3个。2015年,形成南京海事管理体系(3.0版)。2019年,根据最新法规及执法业务流程,组织修订体系文件19份,涉及船舶管理、危防管理、综合管理、财务管理、执法监督等事项,完成海事管理体系(4.0版)文件升级换版。

### 六、建立公职律师制度和行政诉讼

2018年5月,为切实提高南京海事依法行政水平,有效防范海事执法法律风险,建设高效公正法治部门,南京海事局组建公职律师团队。至2020年,共有在册公职律师2名,审查合同206份,合同标的额11809.75万元,处置涉法涉诉案件4起,参与局扣押基地、拆迁房安置等多次重大工程项目谈判及经济复核,有效提升运用法律知识分析解决海事重大问题的能力。特别2020年与南京海事法院合作,成立长江江苏段第一个水上交通事故一站式解纷中心,形成问题联治、工作联动、平安联创的格局。

其间,南京海事局顺利应对海事行政诉讼。2017年7月5日,东台磊达运输有限公司所属"磊达003"轮在长江南京段草鞋峡捷水道上行过程中触碰南京川田船舶修造有限公司"聚宝山"船坞上游侧操纵甲板处。事故造成"磊达003"轮沉没,"聚宝山"船坞前操纵甲板及辅操纵甲板受损,无人员伤亡,无水域污染。南京海事局通过询问当事船舶船员、勘查事故现场、调阅相关资料等途径,对该起事故判定事故责任。磊达运输有限公司不服,于2018年3月26日向武汉海事法院提起行政诉讼并提出答辩,认为这一事故调查结论书系海事部门根据水上交通安全管理法规,运用专业技术作出的水上交通事故责任认定结论。其作用是在相关当事人提起的民事赔偿诉讼中,经法院审查是否作为证据使用,因此事故调查结论书对原告权利义务并没有产生影响。2018年5月29日,武汉海事法院作为一审法院审慎审理,采信南京海事局答辩意见,裁定驳回原告起诉。后东台磊达运输有限公司不服武汉海事法院的裁定,向湖北高院提起上诉。湖北高院亦作出维持原判的裁定。该起诉讼奠定水上交通事故调查结论不可诉的基础,对日后水上交通事故责任认定的可诉性产生深远影响。

## 第四节 海事监管工作转向海事全面治理

### 一、深化通航环境与秩序的综合治理

2011—2020年,南京市政府抢抓沿江开发机遇,不断增强南京作为长江流域江海转运枢纽的地位。南京辖区待建泊位125个,铜井、七坝、龙潭、西坝等新港区吞吐量均达3000万吨以上……面对口岸开放、通航管理、船舶安检、海事调查、水上污染监督处置、应急搜救、船员培训等监管与服务任务日益繁重,南京海事局不断改革海事监管模式,完善监管体制机制,深入开展船舶定线制、渡运安全、"打非治违"等专项整治,健全事故隐患排查治理机制,逐步实现从事前监管向事中、事后监管转变,从"签证+巡航"向"智能化监管+精确打击"转变,加快推进海事治理体系和治理能力现代化的进程。"十二五"辖区共发生险情910起,其中一般及以上事故21件,小事故和水上险情比"十一五"相比下降14.28%,一般及以上等级事故率在0.003%以下。"十三五"水上交通事故件数、死亡失踪人数、沉船艘数、直接经济损失等4项指标又较"十二五"分别下降61.7%、38.8%、25%、5.9%。长江南京段水上安全形势持续稳定。

## (一)率先在全国海事系统实施网格化管理

党的十八届三中全会提出以网格化管理为导向,推进社会治理创新。网格化管理,是依托统一的城市管理以及数字化的平台,将城市管理辖区按照一定的标准划分为单元网格,通过加强对单元网格的部件和事件巡查,建立一种监督和处置互相分离的形式。2011年4月1日,南京海事局借鉴城市网格化治理模式,开始试运行网格化管理。其一,先后完成海事管理要素及执法与应急资源的摸底普查及数据库更新,对辖区3类32项1167个通航环境要素、3类24项1084个执法与应急资源进行数据采取及编码,将江苏所有要素按照实际位置在GIS电子海图上进行定位标示,建立属性信息管理数据库和地理编码数据库。此次将辖区水域和陆域分别划分为23个、39个网格,并将辖区网格按主次顺序分为24个1级网格、20个2级网格、18个3级网格,实现网格分类、分级、分层、分人管理。其二,建立以指挥中心为核心层,VTS中心、执法支队、海事处为紧密层,监管一处、二处、三处和督察处、政务中心为支持层,机关其他部门为保障层的4个层级的网格化动态监管体系。建立包括信息收集、信息核实和评估、流程发起、任务派遣、任务处理、处置情况反馈、核实结案等7个环节的信息流转机制。其三,配套制定《南京海事局海事执法信息处置规定》《海事执法信息流转平台应用指南》,设定动态监管流程处置的标准与责任。确定《网格巡查指南》《VTS网格监视指南》《CCTV网格监视指南》等工作标准。出台《网格化管理巡查质量督察情况处理规定》,实行约谈制度和动态监管跟踪督察机制,建立评价指标体系。其四,为提升网格化管理效能,建立指挥协调系统、辅助决策系统、集中监控系统、移动办公系统、信息发布系统、便捷通信系统6个信息系统。网格化管理实施一年后,取得明显效果:巡航时间和巡航次数减少,查处的违章、排查出的隐患以及解决的问题数量增加("两减少三增加");事故数和安全风险降低,辖区通航环境、通航秩序优良度以及安全形势稳定度提升("两降低三提升")。其五,从2012年起,进一步深化网格化管理理念和手段,落实网格巡查、水上救助区制度。2014年,以构建二级监控指挥平台为重点,推进动态监管新模式建设,提升全程掌控能力。

## (二)推进"四位一体"巡航机制和项目化监管

这一时期,南京海事局进一步完善水上、陆域、空中、电子四位一体巡航机制,践行边界水域联合巡航机制、水上执法部门联动巡航机制。2011年,开展"苏皖""宁镇扬"边界水域联合巡查,建立边界水域应急执法联动机制。联合水政、水上公安、渔政等部门开展联动巡查,打击非法采砂、碍航捕鱼等行为。2012年,完善上述两个机制,并开展联合、联动巡航。2015年,以电子巡航为主,进一步实施高峰巡航、错时巡查和重点水域驻守,充分发挥指挥中心和现场执法联动作用,提升巡航效率。2016年,制定《南京海事局巡航管理办法》,全面推进水上综合执法,形成由海事主导的长航公安保障巡航执法新机制。2017年,进一步明确巡航执法和应急反应网格责任区,统筹巡航救助一体化。2018年,进一步规范海巡艇巡航工作,开展全时段巡航,设立重点水域监控台,24小时值守,保障长江五桥、浦仪大桥、和燕路过江通道勘探、建宁西路过江通道勘探等重点工程水上施工安全。2019年,严格落实船舶报告制度,优化错时巡航安排,每日巡航覆盖全辖区、全时段。

特别2020年上半年,南京海事局突出客汽渡、桥区、锚地等重点水域内附管控。同时,加强流态复杂、汊河口等高风险水域动态监控,推行重点风险项目化管理。南京长江大桥桥区水域、西坝角水域、天河口水域、栖霞油轮锚地、仪征水道、乌江水道等7处重点水域风险管控实行定责任、定分工、定措施、定期限,使巡航更加精准化。由于南京海事局强化了现场巡航与监控,促使长江南京段水上交通安全形势持续稳定向好。2011—2020年南京海事局船舶交管系统(VTS)监控情况详见表9-4-1,2011—2020年长江南京段海巡艇辖区巡航情况详见表 9-4-2。

**2011—2020 年南京海事局船舶交管系统（VTS）监控情况一览表**　　表 9-4-1

| 年　份 | 船舶动态报告 | 跟踪船舶（艘次） | 助航服务（艘次） | 交通组织（艘次） | 重点船舶监控 | 发现处置违章（艘次） |
|---|---|---|---|---|---|---|
| 2011 | 222663 | 88735 | 246914 | 1104 | 18765 | 2175 |
| 2012 | 186687 | 92520 | 102095 | 1297 | 19747 | 3286 |
| 2013 | 202581 | 93973 | 108729 | 1229 | 26681 | 1446 |
| 2014 | 169366 | 92998 | 155355 | 1862 | 21942 | 792 |
| 2015 | 167615 | 122474 | 180541 | 2331 | 33810 | 900 |
| 2016 | 160750 | 92574 | 202454 | 2174 | 33744 | 710 |
| 2017 | 159897 | 88178 | 216086 | 2233 | 35533 | 1403 |
| 2018 | 156098 | 84892 | 271303 | 4428 | 33684 | 1487 |
| 2019 | 117786 | 116060 | 203916 | 21025 | 42129 | 1298 |
| 2020 | 112912 | 139701 | 196919 | 19404 | 58265 | 2657 |

**2011—2020 年长江南京段海巡艇辖区巡航情况一览表**　　表 9-4-2

| 年　份 | 出艇次数(次) | 巡航时间(小时) | 巡航里程(海里) |
|---|---|---|---|
| 2011 | 7766 | 17694 | 192834 |
| 2012 | 9098 | 18473 | 190831 |
| 2013 | 8787 | 20751 | 176947 |
| 2014 | 8194 | 18392 | 160999 |
| 2015 | 7409 | 16095 | 152231 |
| 2016 | 7421 | 15229 | 150953 |
| 2017 | 7826 | 19515 | 158595 |
| 2018 | 8927 | 24129 | 183279 |
| 2019 | 8990 | 24086 | 158101 |
| 2020 | 9054 | 29198 | 295155 |

这一时期，南京市地方海事局制定水上巡航工作规范和电子巡航标准。每月制订巡航计划，由各区海事处按计划定期开展水上巡航和电子巡航检查。在全省率先制定无人机巡航标准，扁平化分配监管资源，对辖区通航水域实施网格化监管，重点检查辖区水域通航环境、通航秩序和涉水作业活动。2011—2020 年南京市地方海事局海巡艇辖区巡航情况详见表 9-4-3。

**2011—2020 年南京市地方海事局海巡艇辖区巡航一览表**　　表 9-4-3

| 年　份 | 出艇次数(次) | 巡航时间(小时) | 巡航里程(公里) |
|---|---|---|---|
| 2011 | 398 | 2706 | 26911 |
| 2012 | 581 | 3952 | 38158 |
| 2013 | 576 | 3608 | 38102 |
| 2014 | 837 | 5184 | 54867 |
| 2015 | 581 | 3165 | 33354 |
| 2016 | 590 | 3216 | 36120 |

续上表

| 年 份 | 出艇次数(次) | 巡航时间(小时) | 巡航里程(公里) |
|---|---|---|---|
| 2017 | 541 | 2364.5 | 24554 |
| 2018 | 537 | 2287 | 18447 |
| 2019 | 495 | 1583 | 27565 |
| 2020 | 472 | 2273 | 27109 |

## (三)进一步强化大桥与-12.5米航道水上施工安全保障

这一时期,南京海事局加强对南京第四大桥施工水域24小时巡航驻守,以保证大桥施工安全。2011年,对四桥先导索过江、钢箱梁吊装等节点工程提前介入,精心谋划,有力组织,保障四桥施工进展。加强对浦口滨江大道吹填作业工程、西坝四项等重点水工项目现场监管,保障现场作业船舶与航行船舶安全。2012年12月24日,南京长江四桥正式通车。在四桥4年多的水上施工作业期间,南京海事局实现"四零"(零事故、零封航、零等待、零干扰)的监管目标。2018年,加强对仪征、新生圩、上元门、浦口、铜井、龙潭、西坝、七坝等8个港区建设的现场安全维护,并保障南京长江五桥、浦仪公路大桥、建宁西路隧道等9处重大市政工程施工与通航"双安全"。2019年,继续牵头联合航道和桥梁业主等各方,加强南京长江大桥通航安全保障,落实"设警示""亮桥孔""护桥墩""调航标""严监管"等5大措施,建成"桥卫士"系统,有效降低船舶碰撞大桥风险,打造长江桥梁通航安全保障的"南京样板"。2020年6月28日,南京长江五桥正式合龙,标志着该大桥水上工程施工结束。南京海事局在五桥建设3年多时间里,实行全天候现场驻守维护,多举措保障过境船舶航行安全与施工船舶作业安全,共巡航驻守15000多小时,保障主桥123块钢箱梁成功吊装,检查施工船舶400余艘次,保障施工单位30000多人次水上往返安全,确保136万艘各类船舶安全往返五桥水域,实现大桥开工初期既定的"吊装零事故、人员零伤亡、水域零污染"的目标。

值得一提的是,2013年南京海事局曾发现纬三路过江通道工程的水上安全问题,并在该工程紧急抢险中给予有力保障。2013年2月4日,南京海事局在巡航执法时发现143号红浮下游北侧水域出现大量气泡和泛花水,遂向纬三路过江通道建设和施工单位通报。经过建设和施工单位自查,发现其原因为S线盾构机停机检修时发生击穿冒顶现象,所幸发现及时,未酿成对纬三路过江通道的灾难性影响。随即,停止盾构作业,由中交上海航道局实施盾构施工紧急抢险工程。南京海事局全力支持抢险工程,出动多艘海巡艇维护施工作业,落实施工作业期间警戒措施和联系机制,强化VTS监控和现场巡查力度,联合航道部门优化航标和施工水域警示浮筒设置方案,最大限度降低施工作业和船舶通航的相互干扰。3个多月抢险施工中,南京海事局派海巡艇24小时驻守现场,维护约10.8万艘次船舶通过,保障抢险工程顺利完成。5月24日,中交南京纬三路过江通道工程建设指挥部向南京海事局发来感谢信,感谢南京海事局为抢险工程认真监管、悉心服务。

2011年5月23日,长江-12.5米深水航道建设工程开始施工。为保障该工程的水上安全,南京海事局就南京燕子矶至慈湖河口的长江航道问题,与南京长江航道局进行协商,并提出要求。2012年10月,建议南京市政府组织海事、交通等部门开展-12.5米深水航道安全保障及研究,系统分析南京-12.5米深水航道开通后水上安保工作的要求与保障措施。南京海事局的建议得到市政府领导肯定,并指示由南京海事局牵头组织研讨。2015年8月,南京海事局又与扬州海事局、镇江海事局成立-12.5米深水航道施工间联合作业工作组,明确各自现场监管分工,落实相关安全工作。2016年7月5日、2018年3月1日,现场维护-12.5米深水航道水文测验作业。为此,长江下游水文水资源勘测局2019年5月4日专门拜访南京海事局,并赠送"热忱服务黄金水道 文明执法保驾护航"锦旗(见图9-4-1)。

图9-4-1 向南京海事局赠送锦旗

**(四)推进新版船舶定线制实施**

2014年1月20日,交通运输部公布《长江江苏段船舶定线制规定(2013)》,自2014年4月1日起施行。该规定2013版增加允许短时占用分隔带追越、允许靠离码头船舶选择航路航行的规定,取消超大型船舶概念,改变大型船舶和小型船舶尺度划分标准、航速限制设置标准和部分航段航路设置标准,将南京燕子矶以上深水航道枯水时期(每年10月1日至次年5月31日)的维护水深由6.5米提高至9.0米。

为确保上述规定2013版顺利实施,南京海事局开展辖区涉水单位定线制规定的宣贯与培训,下发《关于船舶航行乌江水道有关注意事项的告知》等宣传资料,开展对29家外地船舶公司分管安全的领导及主管的专题培训。同时,调派海巡艇进行全天候的船流疏导,引导船舶按照新的大型船舶和小型船舶尺度划分标准选择深水航道和推荐航路航行,在涉及推荐航路范围变化水域引导船舶按新航法航行,避免在新旧规定更替期间发生水上交通秩序混乱情况,提醒船舶遵守新规定,及时纠正违反定线制规定的违法行为。2017年,利用VTS积极跟踪重点船舶动态和重点行为,核对船舶报告信息,对船舶追越、占用分隔带行驶、违反禁限航管制措施等实施严格管理。针对违反定线制行为的船员进行违法计分,共有246人次记530分。2018年9月,又就2013版定线制实施向江苏海事局提出9条具体建议,并被纳入2019年9月份江苏海事局关于定线制规定修改集中办公会讨论。

**(五)水上水下施工作业许可件数增加**

这一时期,南京海事局办理水上水下施工作业许可件数增加。2011年,办理水上水下施工作业许可76件,办理水工报备688件;2012年,对6家单位11个泊位结构加固改造进行管理,完成通航核查6项;2013年,办理水上水下施工作业许可94件,办理水工报备449件;2017年,发放施工作业许可证139件,开展通航安全评估评审34个,发布各类航行通告101份;2018年,发放施工作业许可证129件,其中浮动设施类58件、疏浚清淤类25件、码头工程类5件、桥梁建设类5件、抛石抛砂类7件、沉船打捞扫测类5件、水上勘察类1件、其他类6件;2019年,发放施工作业许可证的有127件,完成工程项目通航安全影响技术报告预审报告报送江苏海事局15项,开展通航安全保障方案评审32起,发布各类航行通告118份。

与南京海事局一样,南京市地方海事局这一时期依据上级关于水上水下活动管理政策的变动,持续调整优化监管服务。2011年,实施通航安全评估和通航安全论证11次,核发水上水下施工作业许可证

14件。2012年,核发水上水下施工作业许可证4件。2013年,开展淳芜高速公路、宁高城际轨道、宁丹公路、宁天城际公路等8个涉水工程通航安全评估。2014年,审核审批、服务保障芜申运河改造和马汉河冶南铁路桥、宁高新通道跨石臼湖大桥建设等15项水上重点工程。2015年,核发水上水下施工许可证14件。2016年,成功保障红苗桥拆除、340省道改扩建、宁丹公路改造、秦淮新河自来水管线工程等与民生密切相关的重点工程,共审批水工作业许可12件,进行通航安全评估11起、通航安全论证1起,发布航行通告13起。2017年,优化行政许可程序,确保通航安全评估一次性通过。

### (六)"三无船"专项整治成效突出

长江南京段长期以来存在大量"无船名船号、无船籍港、无船舶证书"的"三无"船舶。2011年之后,南京海事局加大对"三无船"整治力度。2012年6—8月,参加"打非治违"专项行动。2014年,联合交通运输、水上与长航公安、水利、农业等部门集中整治"三无船",重点对汊河口、入江船闸、锚地等水域实施拉网式检查。2016年,就停泊在划子口水域106艘货郎船存在的重大安全隐患,专函六合区政府。2017年2月17日,就梅子洲水域发生"三无"船舶爆燃的"2·17"事故,向南京市政府作出专题汇报。11月8日,南京市政府下发《做好长江南京水域三无船舶专项整治工作的通知》,部署推进长江南京水域"三无"船专项整治工作,成立由分管副市长任组长,分管副秘书长任常务副组长,交通运输局、南京海事局局长任副组长的整治工作领导小组。随后南京海事局与市农委、公安、水务、财政、市政府督查室及沿江各区政府等单位和部门对"三无船"进行综合整治,基本上解决影响南京长江水域安全"灰犀牛"现象。2018年1月9日,南京市政府又下发《关于取缔三无船舶的通告》,并在长江南京水域开展为期一年"三无船"专项整治工作。在整治中,南京海事局联合相关部门采取强力措施依法打击"三无船",以行政强制扣押为手段,以点带面推动整治工作开展;将拒不配合整治的"三无"船舶集中清拖至船厂水域,本地船舶予以拆解,外地船舶限期离境;对拒不离境外地船舶,强迫其停泊到"三无"船舶集中停泊区,并雇佣保安公司集中看管。以上措施实施后,对拒不配合整治"三无"船和后期进入南京水域"三无"船形成有效震慑。2019年,沿江海事机构借鉴南京整治"三无船"模式,大力整治"三无船"。2020年,南京海事局又与南京市交通、环保、城管、公安等执法部门合作,建立治理"三无船"长效机制,并先后集中联合执法13次,使长江南京段"三无船"清零。

2014年,南京市六合地方海事处与多个部门联动,清除金牛湖水上餐饮船。2015年,南京市地方海事局开展包括打击"三无船"在内的非法运输行为"打非治违"专项整治活动。2020年9月,组织对全市内河水域开展水上交通安全"拉网式"专项整治。溧水地方海事处积极配合属地政府部门,加强"三无船"整治宣传,在码头显著位置悬挂条幅标语,严厉禁止"三无船"进港,对港口停泊船舶证书、配员进行详细检查。

### (七)非法采砂、捕捞碍航痼疾的根除

2011年之后,南京海事局辖区所在地政府协调、组织相关部门开展打击长江非法采砂活动,有效遏制了非法采砂行为。但在局部水域(主要是上游的苏皖交界水域和下游的南京、镇江、扬州交界水域),非法采砂行为有所增多,并呈蔓延趋势,危及船舶航行安全。例如,采砂作业船强行横越航道,与正常行驶的船舶发生碰撞,导致船舶沉没和人员落水失踪的事故。为此,南京海事局除通过宣传、教育、驱赶、联合整治等综合整治非法航行为外,密切关注水域内通航环境与秩序变化,采用多种防范措施以防事故险情发生,并推动政府执法部门开展统一整治行动。2013年12月、2015年4月,南京海事局分别向扬州、南京市政府报告有关情况并提出建议;2014年11月和2015年2月、3月,又分别向仪征、镇江水政部门通报有关情况。2016年5月,再次向仪征、南京水政部门通报有关情况。此外,2015年3月还将有关情

况向江苏海事局做专题报告,建议在长江水域开展全省打击非法采砂行动。2016年8月15日至9月30日,根据江苏省水利厅、江苏海事局统一行动要求,南京海事局在苏皖边界水域、宁镇扬交界世业洲头水域、板桥汽渡线至长江153号浮水域,其他出现非法采砂现象的水域,开展打击非法采砂、维护长江安全"汛期集中整治"专项行动。2017年1月3日晚,在仪征水域驱离3艘非法采砂船。2018年,与水政部门协调配合,拆解停泊在南京水域13艘采砂船。2019年8月,江苏省政府发布通告,规定长江江苏段全面禁止采砂后,南京海事局持续与水政、公安等部门开展联合清江行动,防止采砂船死灰复燃,巩固禁采成果,从而使影响长江南京段通航秩序一大痼疾得到根除。

这一时期,南京海事局还加大碍航渔船整治力度。2014年4月,走访仪征市渔政监督大队及真州镇城南社区,就渔船作业达成管理共识。2020年7月,江苏省政府发布通告,规定长江干流江苏段水域禁捕。南京海事局与渔政、公安等部门合力推动拆解长江南京段渔船,督促渔民上岸。至此,影响长江南京段通航秩序的另一大痼疾渔船碍航也得到根除。

### (八)整治非法浮吊船并实现清零

2011年后,长江南京段的非法浮吊船主要集中在上游梅山、江宁等水域,以及中下游的栖霞等水域,少部分在二桥、三桥之间零星分布。其主要是用于砂石、建材以及煤炭的装卸。鉴于这些浮吊船已纳入码头配套设施管理,南京海事局要求浮吊船配备相应的证书和船员,落实安全作业措施。2013年7月,南京海事局根据南京市政府开展滨江风光带码头整治,禁止船舶在南京长江二桥、三桥之间不具备港口经营证等相关证书的部分码头靠泊作业,与有关部门联合执法,查处擅自在上述码头的停泊及作业行为,共关停或迁移36座码头,并将其所附带的浮吊船清理出该水域。2015年1月,南京市政府开展沿江及内河黄沙码头环境专项整治,全面取缔无证非法码头,规范持证码头。南京海事局对辖区46座黄沙码头进行拆除,督促52艘浮吊船离开此前作业水域,使南京长江水域基本没有浮吊设施从事砂石过驳作业。2017年2月15日,向南京市政府专报,提供发现镇江、扬州交界水域多艘浮吊有可能进入长江南京段水域的情况,并提出相关管控建议,得到市政府高度重视。4月1日,市政府办公厅下发开展南京长江干线水域非法浮吊设施专项整治工作的通知,要求在6月30日前全面清理、清退、取缔南京市长江干线水域非法浮吊设施。南京海事局从4月1日开始执行南京市政府通知起至5月11日,共出动执法人员约500人次、海巡艇200余艘次,巡航600余小时,护送69艘浮吊设施全部驶离南京长江水域,最终护送150艘浮吊设施上行离开长江江苏段。同时,清理辖区在泊的并列入整治建议清单的15处26艘浮吊船。6月28日,划定并公布子母洲、三江口两处非法浮动设施临时集中停泊水域,供过渡期停泊。2018年9月,辖区最大过驳平台——南远平台证书到期,被依法驱离辖区水域,此阶段浮动设施整治总体结束。2019年初,南京海事局在日常巡航中,发现下行浮吊船增多,至4月28日共发现17艘,责令其中4艘扣押在基地停泊,2艘向上遣返。2020年3月24日,又督促7艘浮吊船驶离乌江河口水域,进入安徽和县内河水域抛锚。7月,还在长江158号浮、南京长江大桥水域设置两道拦截线,落实VTS、CCTV专人盯防,实施非法浮吊船下行有奖举报,联合交通、公安等部门开展集中查扣行动,对查扣的非法浮吊船实行最高处罚,坚守长江江苏段"西大门",严防非法浮吊船回流。

与此同时,南京海事局还开展船舶超载运输长效治理。2011年起,南京海事局充分发挥江宁治超站的桥头堡作用,抓源头、堵中间、查到港,逐步建立起船舶超载运输长效管理机制。2012年,派员到长江上游九江等黄沙生产地调研,摸清船舶超载运输的规律及治超经验,有效提升治超针对性和效果。2013年,着重打击超载船舶在锚地停留躲避检查的行为,将治超工作模式上升为"控、查、纠、教、罚"。2015年,对上游下行船舶(尤其是重载砂石运输船)拦截检查率达到10%以上。2016年,会同公安部门查处长江 120 号浮超载运输行为,并在夜间在 158 号浮苏皖交界水域派艇驻守,通过开启探照灯抵近观察等方式对过境重载砂石运输船进行重点检查。2017 年,将超载船通报始发港,以建立链式管理机制。

南京市地方海事局 2019 年 12 月在全市辖区内河通航水域开展打击超载统一行动。按照水域特点,此次行动设 3 个固定检查点,分别是秦淮河船闸检查点、六合玉带工作站检查点、高淳杨家湾船闸检查点,行动首日检查船舶 12 艘,查处超载船舶 2 艘。

### (九)进一步加强季节性海事监管工作

2011 年以来,南京海事局以"早准备、早安排、早落实、早检查"为防抗恶劣水文气象原则,做到思想认识到位、预防措施到位、应急响应到位,尤其针对洪水期、枯水期易发生搁浅险情全力加强监管,将因恶劣水文气象造成水上交通安全事故的频率降到最低。2015 年 7 月,发布易搁浅水域信息通告,并附上水域示意图,提醒航行船舶避开此类水域。2018 年 10 月,继续发布相关通告,并要求各码头单位应对码头前沿水域进行扫测,对浅点进行清淤,确保水深满足靠泊要求。2019 年 11 月,督促船舶进一步落实防搁浅措施,严禁贴岸航行,避免发生搁浅事故;同时熟练掌握西方角水域、张子港水域、划子口水域、五桥施工区北侧上行通航分道等易搁浅水域的航路航法,加强船舶搁浅应急培训和演练。此外,还安排海巡艇就近驻守,以应对搁浅事故的突然发生。

每年度船舶防台风监管工作,是南京海事局通航管理重点工作。2015 年 6 月 1 日"东方之星"灾难性事件发生后,南京海事局更加重视防台防风工作。2018 年 8 月防抗台风"温比亚"期间,制发防抗 18 号台风告知书 500 多份,临时交通管制 40 小时,督促船舶停航 500 余艘,督促抛锚船舶 2000 余艘次。8 月 17 日,查处违反禁限航管制规定冒险航行行为 21 起,安排社会救助船舶 25 艘次应急待命。2019 年 8 月防抗台风"利奇马"期间,协调乌江、秦淮河船闸做好出闸入江船舶管控工作,协调芜湖海事局协助控制下行船舶,协调南京港锚调中心做好离泊海轮锚泊工作。同时,督促靠泊船舶加带缆绳、风暴缆和备车准备,危化品码头停止作业、拆除管线,水上施工人员撤离现场,锚地锚泊船单锚改双锚,水上服务区撤离靠泊船舶。台风过境后,安排海巡艇现场疏导,有序放行船舶。针对大雾天气,实施临时交通管制措施,要求所有航行船舶选择安全水域锚泊,安排海巡艇现场引导船舶抛锚扎雾。2016 年 11 月 19 日,因江面大雾,对渡运停航管控。2019 年 1 月 5 日中午,南京江面突降大雾,督促宁浦线轮渡全部停航。

特别 2020 年因长江流域连续普降大雨,长江南京段多日维持洪水红色预警。南京海事局立足防大汛、抗大洪、抢大险、救大灾,抓好汛期水上交通安全监管工作,成功应对历史最高水位危情。7 月 7 日起,根据南京市政府有关长江南京段客汽渡航线停航封渡水位的通告,督促宁浦客渡、燕八客渡、新济州渡口、棉花堤渡口、板桥汽渡等 5 条渡运线全部停航,要求停航渡船加强值班,加固缆绳,做好汛期渡船安全管理工作。还强化船舶交通组织,做好八卦洲和天河口段应急抢险工程施工通航安全保障工作。7 月 18 日,下发长江南京段水位突破历史最高值的航行通告,禁止船舶贴岸航行和在近岸水域抛锚,避免影响长江堤坝安全,被央视新闻客户端采用。8 月 18 日 6 时,随着宁浦客渡、燕八客渡和棉花堤客渡准时复航,南京海事局辖区所有渡线全面复航。

这一时期,南京市地方海事局进一步加强季节性海事监管工作。2012 年 8 月 8 日,面对固城湖、石臼湖等湖区通航水域气候复杂多变的情况,密切关注台风路径和实时水情,加强重点部位现场值守,加大巡航力度,及时发布禁航通告、告船民书,迅速处置各类险情,督促辖区船舶、设施采取应急防范措施,成功防范台风过境影响。2016 年夏季,面对秦淮河、滁河、水阳江、固城湖、石臼湖等内河水位大大超出警戒水位,密切关注台风带来的降雨和汛情的叠加影响,有效保障汛期辖区水上交通安全。

### (十)引航行为监管的持续加强

2011—2020年,南京海事局对长江南京引航站进行连续9年督查,下发引航安全工作督查通报,对出港海船引航员实行100%检查制度,对因引航不当导致违法航行或发生事故险情更是紧抓不放。2015年3—9月,连续发生5起因引航进出锚地、靠离泊、横越航道等而导致的引航事故,按照2014年12月交通运输部有关要求规范引航行为的规定,将这5起事故案例汇总,函告长江引航中心,提出5项安全整改建议。2018年12月,又专门列出因引航不当导致违法航行或发生事故的详情,要求加大对引航员的处罚力度。2020年,对引航员引领不当而导致发生水上交通事故的,除向长江引航中心通报与要求加强引航员管理外,并给予引航员一定行政处罚。

## 二、推进船舶监管各环节源头治理

### (一)防范船舶登记潜在风险

2011—2020年,南京海事局对长江南京段监管的重点为"四季七节""五区一线"和重点船舶、重点时段,并形成监管体系。特别2016年取消船舶签证后,迅速改变监管方向,强化事中、事后监管,促使海事监管向现代化方向发展。

2011年12月,南京海事局虽在"长旺门"船舶所有权登记一案中胜诉,但其中存在的风险也促使其持续采取措施,化解风险。全面清理和评估船舶抵押权登记风险,共排查232艘未注销抵押权登记的船舶。2012年,限制未办国籍证书或国籍证书过期的船舶办理抵押登记。2013年,建立对特殊、疑难或重要的登记事项集体讨论会审制,开展船舶登记申请主体资格及其审查研究。2014年,严防在押船舶产权登记疏漏。2015年,进一步强化执行印章备案制度。2016年,运用现场询问等辅助手段,充分发挥窗口受理审查作用。2019年,采用纸质和网上办理一体化方式办理船舶登记,防范风险。以上监管措施,保证2011—2020年所办理的船舶登记业务未发生一例违规行为、一例越权办理及无船舶登记有理投诉等,也未发生因船舶登记责任的行政诉讼案件。2011—2020年南京海事局船舶登记情况详见表9-4-4。

**2011—2020年南京海事局船舶登记一览表单位(单位:件)** 表9-4-4

| 年 份 | 登记类别 | | | | | | | |
|---|---|---|---|---|---|---|---|---|
| | 所有权 | 国籍 | 抵押权 | 光船租赁 | 注销 | 变更 | 最低安全配员证书核发 | 船舶名称核准 |
| 2011 | 126 | 476 | | | 235 | 138 | 32 | |
| 2012 | 75 | 300 | 119 | 31 | 177 | 149 | 224 | |
| 2013 | 124 | 368 | 140 | 42 | 261 | 220 | 284 | |
| 2014 | | | 142 | | | | | 379 |
| 2015 | 169 | 304 | 88 | | 258 | | | |
| 2016 | 77 | 195 | 58 | 42 | 169 | 138 | 183 | 121 |
| 2017 | 80 | 158 | 68 | 28 | 189 | 175 | 0 | 100 |
| 2018 | 86 | 227 | 56 | 36 | 153 | 155 | | 88 |
| 2019 | 97 | 211 | 43 | 36 | 139 | 155 | 0 | 126 |
| 2020 | 95 | 214 | 58 | 42 | 145 | 206 | | 117 |

南京市地方海事局这一时期加强船舶登记方面风险防范。2017年4月中国海事局新版船舶登记系统全面上线后,该局边培训、边摸索、边试用,进行船舶登记工作。面对船舶运输许可部门要求800艘南京籍船舶在7月31日前必须采用光船租赁的经营模式的问题,采用加班加点、分类梳理、耐心沟通等多种方式,使船东在最短时间内用光船租赁证书换取营运证。由于航运市场低迷,船东无力还贷,造成法院诉讼执行。南京市地方海事局为给服务对象提供准确、及时、真实的资料信息和服务,严格按照业务流程,实行线上、线下三级审批,确保零差错率。2011—2020年南京市地方海事局船舶登记情况详见表9-4-5。

2011—2020年南京市地方海事局船舶登记一览表单位(单位:件)　　　表9-4-5

| 年　份 | 登记类别 | | | | | | | |
|---|---|---|---|---|---|---|---|---|
| | 所有权 | 国籍 | 抵押权 | 光船租赁 | 注销 | 变更 | 最低安全配员证书核发 | 船舶名称核准 |
| 2011 | 288 | 180 | 146 | 16 | 324 | 143 | 298 | 413 |
| 2012 | 220 | 166 | 123 | 16 | 233 | 113 | 345 | 297 |
| 2013 | 222 | 189 | 125 | 26 | 356 | 232 | 405 | 364 |
| 2014 | 252 | 194 | 185 | 35 | 416 | 157 | 536 | 373 |
| 2015 | 217 | 292 | 136 | 19 | 250 | 146 | 693 | 330 |
| 2016 | 117 | 276 | 71 | 162 | 162 | 181 | 355 | 170 |
| 2017 | 132 | 301 | 35 | 551 | 294 | 372 | 281 | 220 |
| 2018 | 149 | 204 | 56 | 82 | 310 | 137 | 934 | 282 |
| 2019 | 169 | 306 | 42 | 219 | 547 | 97 | 414 | 285 |
| 2020 | 164 | 434 | 26 | 314 | 674 | 112 | 454 | 271 |

## (二)迅速确定取消船舶签证后监管内容

2014年11月15日,根据2013年国家行政审批制度深化改革,取消船舶进出港签证制度,中国海事局下发《取消船舶进出港签证及海事监管模式改革实施方案》。2016年11月7日,全国人大常委会修正《中华人民共和国海上交通安全法》(2016年版),规定国内航行海船全部实施报告制。11月22日起,国内航行海船实施进出港报告制度。11月25日,中国海事局发文决定自当年12月1日起,内河航行船舶进出港实施电子签证,与窗口签证并行。

根据以上国家取消船舶签证制度规定,南京海事局迅速调整船舶签证制度取消后的监管方向,并于2016年12月14日发文安排此项工作。制定《国内航行海船进出港报告流程及注意事项》《内河船舶电子签证流程及注意事项》,全面规范取消船舶签证后的相关船舶监管工作,集中准备实施内河航行船舶电子签证,随后便进入试行阶段。经过一段时间试行后,发现有一定效果。12月25日前,管辖登记内河船舶电子签证注册率高于80%,内河船舶电子签证使用率高于50%。

2017年,南京海事局全面实施进出港海船、内河船报告制。2月,采取网上核查和现场核查,开展海船进出港报告和内河船舶电子签证信息核查,并就核查对象、内容、方式、处置等提出明确要求。2018年4月24日,按照交通运输部海事局与江苏海事局开展的国内航行船舶进出港报告专项整治活动方案,开展国内航行船舶进出港报告核查专项行动。2019年1月15日,建立船舶进出港报告核查长效机制,就范围与对象、船舶进出港报告一般规定、船舶进出港报告特殊情形、核查方式、核查内容、问题处置等作出明确规定。12月11日起,全面运行新版船舶进出港报告系统。2020年2月13日,为整治"报而不来、来而不报"等进出港报告违法行为,继续开展船舶进出港报告专项整治巩固提升年活动,分3阶段2大类15项工作任务具体实施。

### (三) 国际航行船舶进出口岸监管模式的优化

2014年之前,国际航行船舶进出南京口岸检查,由南京海事局政务中心办理相关审批手续。2014年之后,南京海事局调整国际航行船舶进出口岸审批运行模式:国际航行船舶进口岸审批实行网上申请和接收审批结果,即国际航行船舶或其代理单位通过江苏省电子口岸国际航行船舶申报系统提出国际航行船舶进口岸申请和接收审批结果,局政务中心窗口原则上不再直接接收申报;国际航行船舶或其代理单位按船舶停靠区域就近指定原则到局所属政务中心与龙潭、大厂、新生圩3个海事处办理船舶进口岸手续和出口岸审批,原则上不得跨区域办理。2016年12月28日,交通运输部、公安部、海关总署和质检总局下发《建立国际航行船舶联合登临检查工作机制的通知》,恢复国际航行船舶联合登临检查。为落实该通知要求,2017年5月19日南京海事局会同海关、检验检疫、边检等口岸查验执法人员登临利比里亚籍"塞米拉斯"轮,完成南京口岸第一次船舶联合登临检查。2014—2020年南京海事局部分年份国际航行船舶监管情况详见表9-4-6。

2014—2020年南京海事局部分年份国际航行船舶监管情况一览表　　表9-4-6

| 年份 | 国际航行船舶监管(艘次) | 国际航行船舶货物吞吐量(万吨) |
|---|---|---|
| 2014 | 2526 | 1317 |
| 2015 | 2785 | 1653 |
| 2016 | 3149 | 1902 |
| 2017 | 3225 | 2306 |
| 2018 | 3200 | 2094 |
| 2019 | 3170 | 2342 |
| 2020 | 2876 | 2215 |

### (四) 港口国监督(PSC)开展和实施新的检查机制

2011—2020年,南京海事局在进一步优化港口国监督(PSC)检查选船标准和流程,PSC检查质量不断提高的同时,主要是实施东京备忘录,在亚太地区推行港口国监督新检查机制(简称"新检查机制")工作。

2011年9—11月,开展为期3个月"船舶结构安全和载重线"检查集中会战,共检查船舶16艘次,查出缺陷总数172项,滞留船舶2艘次。

2014年1月1日,东京备忘录开始在亚太地区推行港口国监督新检查机制。鉴于2月14日新检查机制采用全新风险评估机制和检查策略,南京海事局利用航运公司走访、体系审核及船舶进出口岸审批、现场监督检查与PSC检查等方式,做好新机制中船舶记分方法、风险等级划定、检查时间窗口等核心内容的宣传工作。PSC检查时,严格按照《港口国监督检查程序(2011)》要求组织实施,按照东京备忘录新检查机制标准做好选船工作,避免造成船方的投诉。对检查出的所有缺陷,留有充分反映缺陷存在真实性的文字或照片(视频)证据,定期开展内部自查。2016年11月14日,对马绍尔群岛籍外轮"米尼"(TOMINI DIGNITY)进行检查,签发首份海事劳工公约履约PSC检查报告,提出开航前纠正处理意见。图9-4-2为2015年对外轮港口国监督(PSC)安全检查场景。

图9-4-2　2015年对外轮港口国监督(PSC)安全检查

2014—2020年南京海事局实现新检查机制PSC检查情况详见表9-4-7。

**2014—2020年南京海事局实现新检查机制PSC检查一览表**　　表9-4-7

| 年　份 | 检查艘次（艘次） | 缺陷总数（项） | 单船缺陷数（项） | 滞留数（艘次） | 滞留率 |
|---|---|---|---|---|---|
| 2014 | 69 | 378 | 5.48 | 6 | 8.7% |
| 2015 | 50 | 101 | 2.02 | 3 | 6.0% |
| 2016 | 58 | 108 | 1.86 | 0 | 0 |
| 2017 | 53 | 83 | 1.57 | 4 | 7.55% |
| 2018 | 64 | 119 | 1.65 | 2 | 2.77% |
| 2019 | 84 | 201 | 3.14 | 2 | 3.12% |
| 2020 | 因新冠肺炎规定港口国监督检查不作为指标要求 | | | | |

## （五）船旗国监督（FSC）检查与新选船机制实施

2016年之前，船旗国监督检查选船比较粗放，主要靠船方申请，或者在窗口办理签证时核查安检文书，或者巡航、巡视时随机发现并确定目标船。2016年之后，船舶签证取消，确定的FSC监管方式已不适应。中国海事局7月1日起在上海、天津、山东海事局试行船旗国监督检查新选船标准。12月12日起，在国内航行海船和航行于长江干线、珠江、黑龙江的内河船舶实施船旗国监督检查新选船标准。

根据以上船旗国监督（FSC）检查方式改变与新定标准，南京海事局依据辖区实际，开展船旗国监督（FSC）检查，并将其纳入船公司绩效管理之中。2017—2020年南京海事局新选船制度后海船FSC检查情况详见表9-4-8，2017—2020年南京海事局新选船制度后内河船FSC检查情况详见表9-4-9。

**2017—2020年南京海事局新选船制度后海船FSC检查一览表**　　表9-4-8

| 年　份 | 检查船舶（艘次） | 缺陷总数（项） | 单船缺陷数（项） | 滞留数（艘次） | 滞留率 |
|---|---|---|---|---|---|
| 2017 | 260 | 1799 | 7.71 | 2 | 0.77% |
| 2018 | 355 | 1968 | 5.54 | 2 | 0.56% |
| 2019 | 311 | 1765 | 5.68 | 1 | 0.32% |
| 2020 | 171 | 887 | 5.19 | 5 | 2.92% |

**2017—2020年南京海事局新选船制度后内河船FSC检查一览表**　　表9-4-9

| 年　份 | 检查船舶（艘次） | 缺陷总数（项） | 单船缺陷数（项） | 滞留数（艘次） | 滞留率 |
|---|---|---|---|---|---|
| 2017 | 930 | 7990 | 9.62 | 24 | 2.60% |
| 2018 | 738 | 4903 | 6.64 | 26 | 3.52% |
| 2019 | 1401 | 9414 | 6.72 | 51 | 3.64% |
| 2020 | 613 | 4008 | 6.54 | 28 | 4.57% |

### (六)船舶质量检验的全面加强

2011年,南京海事局根据江苏海事局加强辖区船舶检验管理工作的实施意见的通知,被授予部分船舶检验管理职能。10月,将设立的江苏船舶安全技术分中心南京工作站与监管一处合署办公。2012年3月,南京工作站通过验收正式履行船舶吨位复核、船舶建造重要日期确认等相关职能。同时,走访辖区船厂,检查驻华外国检验机构检验行为。2013年,船舶进入坞修检查高峰期,船舶吨位复核量大幅增长,南京海事局完成112艘船舶现场吨位复核,29艘外地复核,上报重大质量缺陷船舶9艘。2014年,与韩国船级社南京办事处开展交流,规范外国船舶检验机构业务开展,建立共同监督和举报非法船舶检验机制。2015年,发现"皖涡阳液128"轮持有多份不同危险品适装证书,验船师涉嫌违规发证问题。2016年5月1日起,吨位复核丈量模式调整,海事机构不再对新建船舶进行全面吨位丈量复核和发证,改为随机抽样检查,新建或改建船舶的新版吨位证书由船检机构签发,南京海事局要求船检机构及时提请复核申请,保证已有海船吨位丈量复核发证工作于2016年9月1日前完成,河船则于2017年9月1日前完成。2017年9月1日,海事机构不再发放船舶吨位证书,船舶吨位丈量管理模式调整到位。2011—2020年南京海事局船舶检验情况详见表9-4-10。

**2011—2020年南京海事局船舶检验一览表** 表9-4-10

| 年份 | 船舶检验质量监督 | | | 重要日期确认(艘) | 吨位复核与抽查(艘) |
|---|---|---|---|---|---|
| | 监督数(艘) | 发现缺陷(项) | 重大缺陷数(项) | | |
| 2011 | 488 | | 5 | 22 | |
| 2012 | 406 | | 8 | 38 | 38 |
| 2013 | 343 | 615 | 9 | 27 | 112 |
| 2014 | 194 | 408 | 7 | 19 | 73 |
| 2015 | 192 | 129 | 6 | 18 | 54 |
| 2016 | 258 | 161 | 7 | 30 | 23 |
| 2017 | 194 | 67 | 4 | 30 | 25 |
| 2018 | 213 | 62 | 4 | 38 | 5 |
| 2019 | 343 | 42 | 6 | 38 | 7 |
| 2020 | | 5 | | | |

这一时期,南京市地方海事局在采取严把开工关、狠抓过程检验、关键节点专人把关等措施的同时,针对油船、化学品船、客渡船、老旧运输船舶等重点船舶的检验则以专项检查为突破口,不断强化企业安全生产主体责任落实,实现对船舶检验质量主要关口的有效控制,形成"以我为主、质检公司提供支持"建造检验新局面,辖区船舶按图施工率和一次检验合格率逐年提升。2013年,定期开展辖区内船舶公司工程质检监督检查,组织航运企业和船舶修造单位安全知识讲座、培训和座谈。2015年,制定内河船舶检验项目预检制,加强内河船在机电方面的检验,堵住检验漏洞,组织技术攻关,完成高淳生态避风港观光平台图纸审查,坚决杜绝该设施滩涂建造,确保检验程序合法。2016年,梳理船检行政职能和权力,清理和规范各项执法行为规范化流程。出台23个新的内河船建造检验作业文件,启用新的内河船舶建造检验验船师日志、内河船舶和海船营运检验验船师日志,规范船检技术服务。2017年,船检规费取消后,

大量"脱检"船舶要求复检。为此,南京市地方海事局对"失联失检"船舶坚决予以注销,对脱检海船和内河船存在检验缺陷要求整改到位。2019年,持续完善现场验船师日志制度,严格开工前检查、材料校验和船体装配、焊接检验质量控制,加强无损检测、"坞内检验"流程到位率、完工资料的管理,建立船检质量责任传导机制,有效实现船舶检验的闭环监督,并引入风险管理。图9-4-3为2017年地方海事验船师检验修造船质量的场景。

此外,在运用ISO 9000质量管理体系管理14年基础上,南京市地方海事局努力推进船检管理精细化。2011—2020年南京市地方海事局船检工作情况详见表9-4-11。

图9-4-3 2017年地方海事验船师在检验修造船质量

2011—2020年南京市地方海事局船检工作一览表　　表9-4-11

| 年　份 | 船舶建造检验发证(艘) | 船舶营运检验发证(艘) | 船用产品检验发证(件) | 船舶及船用品图纸审批(套) |
|---|---|---|---|---|
| 2011 | 184 | 1544 | 21365 | 612 |
| 2012 | 115 | 1467 | 15405 | 624 |
| 2013 | 80 | 1200 | 10932 | 630 |
| 2014 | 151 | 1586 | 17574 | 1242 |
| 2015 | 162 | 1514 | 23026 | 537 |
| 2016 | 60 | 1500 | 8697 | 256 |
| 2017 | 6 | 707 | 6700 | 247 |
| 2018 | 22 | 1200 | 7181 | 203 |
| 2019 | 40 | 1319 | 5259 | 726 |
| 2020 | 48 | 1017 | 11005 | 702 |

### (七)治理渡运实施"五位一体"方法

至2010年,南京海事局辖区共有4家航运公司经营9道长江渡口,江宁区新济洲管理办公室管理1道内部专用渡口。因大胜关水道江心洲大桥开通,上新河渡口、有恒渡口、棉花堤汽渡停止渡运。以上渡口共有各类渡船29艘,其中21艘在用,船龄10年以上老旧河船15艘;从事渡运人员354人(含渡运管理人员);年旅客渡运量1200万人次,车辆渡运量74万台次。

面对以上辖区渡口、渡船、渡运情况,南京海事局2011年8月深入渡运单位内部,检查各项安全管理制度建立及落实情况。2012年2月1日至4月30日,开展客汽渡船安全专项检查活动,发现各类缺陷及安全隐患210项,整改180项。11月6日,南京市政府在南京海事局推动下召开南京长江渡口安全管理现场会。2013年,南京海事局编写《渡口渡船安全监管指南》,开展渡运水域"电子斑马线"构建研究。2014年,推动《内河渡口渡船管理规定》于8月1日正式实施,并推动沙洲桥渡口于9月撤渡。2015年,跟踪检查渡船抗风等级标注落实情况,推动关闭燕子矶至通江集渡线。2016年7月1日,推动通江集至八卦洲"八通线"裁撤。2017—2020年,协调气象部门在辖区渡口布设4处气象观测点,推动淘汰"中山8""板桥汽渡3"等2艘老旧渡船,联合公安、交通等部门现场劝离超载车辆876辆,推动辖区5道渡口建成岸基监控系统。这些措施,打造渡运"安全共同体",拧紧主动监控、闭环管控和智慧施控三道阀,控住安全,管出实效,减少了辖区渡船事故险情发生。2017年起,又推进"规范渡船航行避让行为、落实渡运企业主体责任、改善渡船安全技术条件、推广渡口实施自主管控、提升渡船船员履职能力"的"五位一体"22项工作措施,以努力实现渡船"七不"(不超、不混、不碰、不倾、不破、不滑、不沉)目标,辖区渡运源头治理迈开新的步伐,辖区夜航船名亮化率100%,新投入4艘客汽渡船,中山轮渡公司建设安全预警平台,板桥汽渡建设"航行岛"渡船智能监控和驾驶系统。2018年,又指导渡运单位建立渡船航行与避让"一渡一策"和渡船流量与密度控制机制。2019年,实施渡运区域和渡船7×24小时电子巡查,查处违章行为22次,有效规范渡船航行避让行为,避免渡船"带病航行"。开展15场次渡船船员个性化培训。用"空管"方法管理渡船,落实自主监控、"一渡一策"、船名和船体亮化、渡船更新、发布渡口停航封渡水位公告等27条措施。2020年,继续实施"五位一体"22项工作措施,共同打造渡运"安全共同体",率先实现长江南京段5条渡线停航封渡水位发布全覆盖。全年保障辖区渡船安全航行7.39万艘次,渡运旅客192万人次,渡运车辆46万辆次,其中危险货物车辆70辆次,渡运货物708万吨,其中载运危险品车辆货物0.23万吨,未发生一起险情事故。

南京市地方海事局于2013年落实渡口安全监管责任,免费发放渡船救生附具210件,补助更新的渡船。2015年,全面检查辖区6艘汽渡船、14艘客渡船。对整改客后汽渡船展开倾斜试验,重新核准稳性、乘客定额和抗风等级。在江苏省内率先对汽渡船的跳板结构进行有限元分析和现场起吊负荷试验。2016年,在南京长江大桥封闭大修前派出验船师对中山码头"中山15"等4艘渡船开展特殊"体检",覆盖救生、消防、通信、信号等四大方面54个项目等。对渡运时大量电瓶车需要减少乘客定额情况,要求轮渡公司会同设计部门提出新方案,在乘客定额证书中重新签注。2019年,与地方政府签订渡口渡工四级安全管理责任状及属地政府农用自备船责任状,压实渡运企业和农用自备船安全管理主体责任。

### (八)规范水上游览经营活动安全管理

2011年,面对南京长江以外水域游客年接待量100万人次左右的情况,南京市地方海事局持续加强对水上游览活动的安全监管,实施水上风景旅游区安全检查119次,检查旅游船舶1368艘次,纠正船舶违章1962项次。2014年,修订旅游客船安全监管规范标准,检查景区114次、旅游船舶680艘次。2015年,溧水地方海事处联合安监等部门,消除卧龙湖游艇存在安全隐患。2016年,开展旅游船检查1316艘次,并逐一排查水上旅游区安全隐患,对旅游船船员进行不少于4小时安全教育。2017年,进一步明确县乡政府和旅游、交通、海事、安监、住房城乡建设、园林等部门,对水上游览经营活动区域管理机构、旅游经营者等明确管理责任和主体责任,各负其责。开展内部培训,及时通过走进旅游企业发放宣传材料、进行景区安全培训、召开评估会等途径做安全宣传。还开展夫子庙、玄武湖景区游船安全整治执法行动。2018年,开展法制交通民声有约——送《省内河水上游览经营安全管理办法》进水上风景游览企业活动。2019年,开展第三方安全检查,检查辖区所有海事执法机构和10个水上游览经营活动场所。

## 三、进一步推进船员适任链式治理

### (一)不断调整船员管理事权

2011年之后,全国船员管理事权发生了几次调整。2010年10月,中国海事局下发《关于调整内河船舶船员培训考试发证管理权限的通知》,调整各地方海事局及有关直属海事局内河船舶船员培训、考试、发证管理权限,规定南京海事局负责航行长江干线一类船舶上工作的山东、浙江、河南省户籍船员的适任考试发证工作。2015年11月,交通运输部公布《中华人民共和国内河船舶船员适任考试和发证规则》,于2016年5月1日施行。为落实这一内河船员管理规章,中国海事局2016年4月26日下发内河船舶船员适任考试和发证规则的实施办法,进一步调整船员适任考试发证工作权限:即参加全国统考的船员可以选择任意符合条件的考点考试并获取证书,打破船员考试发证行政管理限制,让船员就近选择海事机构参加各类考试和办理相关手续。

根据以上船员管理事权调整,南京海事局自2016年5月1日起不再对山东、浙江、河南省籍船员进行培训、考试、发证等管理。2017年12月,江苏海事局下发《关于调整有关船员业务行政执法事权的通知》,发布关于调整部分船员业务办理事权的通告,规定自2018年1月1日起,南京油运海培中心海船船员特殊培训合格证的考试评估工作,由南京海事局负责;海船船员注册管理、船员培训合格证、中初级专业技术资格证书、海船船员内河航线行驶资格证明和非自航适任证书签发等5项船员证件的签发,由南京、镇江、南通3个海事局负责。2018年3月1日起,这5项职能授权扩大至扬州、泰州、常州、江阴、张家港、常熟、太仓海事局。另外,沿海船舶船员适任证书的签发,由南京、镇江、南通3海事局负责。

### (二) 船员培训考试发证流程的规范管理

2011年起,南京海事局全面实施2010年内河船员和考试发证规则,两次升级改造内河船员管理系统。新升级的内河船员管理系统包含考试、发证、培训监督等船员管理工作流程,体现船员管理各项活动,将所有通过考试发证的内河船员培训项目纳入其中,实现培训开班计划审核、人员资质审查、培训监督检查、培训合格证打印等环节与考试管理相衔接,使整个培训过程得到有效控制。2012年,全面梳理和修订内河船员管理的体系文件,把原22个文件修订整合为20个文件,新增2个须知文件,并于11月通过部海事局船员管理质量体系审核小组的审核。2013年,根据中国海事局的《内河船员管理质量体系编写指南》《内河船员教育和培训质量管理体系编写指南》,重新修改船员管理体系部分文件,使船员管理体系流程更加顺畅。2014年,在体系文件中专门增加实操考试须知文件。8—11月,受部海事局委托,起草《内河船员管理改革方案》。在2015年11月中国海事局调整船员考试、发证方式和2016年交通运输部深化内河船员管理改革的若干意见出台之后,按照内河船员管理改革要求,积极调整船员考试标准和模式,升级换代内河船员服务系统,创新内河船员证书发证模式。同时,对内河船员管理质量体系进行相应的调整。2017年起,开始对进入长江的海船船员进行培训与考试,2018年,江苏海事局将沿海船舶船员适任证书签发和海船船员注册管理(服务簿受理与签发)、船员培训合格证、中初级专业技术资格证书、海船船员内河航线行驶资格证明和非自航适任证书等5项船员证件的签发,开始下放南京海事局负责。根据以上下放的海船船员管理规定,南京海事局2018—2020年做好海船船员的培训、考试工作,取得明显成效。对海船船员特殊培训,2018年3416人次,2019年1548人次,2020年2318人次;海船船员证书发放,2018年14806本,2019年23003本,2020年13454本。

### (三) 船员培训机构监督检查的加强

2011年,南京海事局监督南通航运职业技术学院、南京油运海培中心、江苏海事职业技术学院等3家培训机构。2018年,因江苏海事局调整,变为监督南京油运海培中心、江苏海事职业技术学院2家培训机构。

2011年起,南京海事局对3家培训机构每期培训至少进行一次监督检查,对培训时间较长的培训班进行不定期、不定次的出勤率检查,防止培训机构或学员出现培训时间不足的情况。对不满足90%出勤率学员,不予发放培训合格证,取消本次考试资格,从而使南京海事局2012年起的辖区船员适任考试合格率在长江统考区名列前茅。2015年,实施船员培训机构监督检查49次,检查率达到109%,远远超过上级规定的5%要求。

此外,南京市地方海事局也加强对船员培训机构的监督检查。2019年,对所管辖的船员培训机构进行资质及船员培训管理体系中间审核。

### (四)船员考试、发证工作的开展

2011—2020年,南京海事局负责对一、二类内河船员适任理论无纸化统考,通过信息化手段开展内河船员适任考报名、审核、考务、监考、成绩发布等考试工作。其中,因交通运输部2015年11月11日公布、次年5月1日实施的内河船舶船员适任考试和发证规则,打破辖区管辖,导致南京海事局辖区2017年进入换证高峰期,船舶船员适任证书发生量同比下降34.7%,内河船员特殊培训合格证发证量同比下降56.5%,但由于南京地理位置优越及海事部门服务到位,内河船员晋升理论考试同比上升52.1%。2011—2020年南京海事局船员考试、发证情况详见表9-4-12。

2011—2020年南京海事局船员考试、发证情况一览表　　表9-4-12

| 年份 | 船员考试 | | | 船员发证 | | | |
|---|---|---|---|---|---|---|---|
| | 参加内河船员适任考试(人次) | 参加内河船员特殊培训考试(人次) | 参加内河船员基本安全考试(人次) | 内河船员适任证书(本) | 内河船员服务簿(本) | 内河船员特殊培训合格证(本) | 内河船员基本安全合格证(本) |
| 2011 | 2389 | 196 | 228 | 5207 | 3397 | 206 | 656 |
| 2012 | 1807 | 369 | 178 | 3301 | 815 | 237 | 210 |
| 2013 | 1749 | 920 | 54 | 1591 | 606 | 944 | 76 |
| 2014 | 2328 | 822 | 110 | 1154 | 299 | 732 | 100 |
| 2015 | 2050 | 882 | 120 | 1631 | 262 | 691 | 116 |
| 2016 | 1963 | 135 | | 3759 | 58 | 181 | |
| 2017 | 1757 | 426 | | 2462 | | | 103 |
| 2018 | 1845 | | 51 | 2015 | | 1066 | 51 |
| 2019 | 2576 | 571 | 80 | 5267 | | | |
| 2020 | 2441 | 570 | | 2839 | | 584 | |

这一时期,南京市地方海事局也积极探索新的举措,提高船员及焊工考试发证效率。2012年,培训各类船员732人次,组织船员889人次参加考试,发放各类船员证书2113本。2014年,组织923人次参加各类船员考试,发放证书1122本。组织近百名船舶电焊工参加"海事杯"技能竞赛。2015年,设置江北、江南、高淳基地3个固定的现场焊工考试点,采取船厂报名、随到随考的方式,举行考试6场次,参考183人。与江苏科技大学合作,完成36家企业超500种焊接工艺认可。2016年,开展船员档案清理整顿,完善船舶船员信息化系统功能模块和运行管理制度。2017年,开展"船员口袋工程",逐步配置船员自助服务终端,彻底实现零待时发证,发放"幸福船员"和"船员口袋工程"宣传彩册近千份,将船员安全教育网上课堂的参与方式在QQ群中予以发布,提醒公司要求船员积极参与。2011—2020年南京市地方海事局船员考试发证情况详见表9-4-13。

2011—2020年南京市地方海事局船员考试发证情况一览表　　　　表9-4-13

| 年份 | 船舶船员考试（人次） | 船员适任证书签发（本） | 年份 | 船舶船员考试（人次） | 船员适任证书签发（本） |
|---|---|---|---|---|---|
| 2011 | 1123 | 1706 | 2016 | 294 | 981 |
| 2012 | 1147 | 1889 | 2017 | 508 | 1547 |
| 2013 | 899 | 1468 | 2018 | 670 | 1036 |
| 2014 | 923 | 1122 | 2019 | 795 | 1747 |
| 2015 | 710 | 834 | 2020 | 566 | 992 |

#### （五）船员履职现场检查的强化

2011年起，南京海事局继续加强船员履职能力检查。2015年，根据部海事局《关于进一步规范船员任解职管理工作的通知》和2016年起实施的"船员违法记分办法"，进一步加强船员管理业务培训，推进规范任解职信息登记、任解职信息修正等事项。2016年，对船员违法记分231人次684分。2017年，在建立和运行任解职信息登记办理的内部二级确认制度的同时，对船员违法记分1362人次3571分，覆盖18类违法行为。2018年4月，继续实行海船船员任解职"二级确认"制度，共办理任解职9683人次，开展履职检查1213人次，对船员违法记分1770人次5044分。2019年，办理船员任解职时，填写船员任职/解职信息（补录）内部登记单，共办理海船船员任解职12696人次，对船员履职检查3174人次，对履职不到位船员处罚193人次，并对船员违法记分2955人次8664分。2020年，对船员违法记分3358人次9182分。

这一时期，南京市地方海事局于2015年开展船舶配员专项检查，有针对性地治理船舶配员不足、人证不符等顽症，严厉打击船员服务资历、见习记录造假等突出问题，督促航运公司落实船员管理主体责任，努力维护市场秩序。

### 四、船舶载运危险货物与防污染的系统治理

#### （一）推进危险货物运输监管

1. 进一步推进载运危化货物船舶监管

2011年之后，南京港危化品运输常年维持在4000万吨以上，2015年接近5000万吨，2018年超过5800万吨，危化品船年均作业量2万艘次。危化品船大型化趋势明显，与长江南京段航道狭窄、通航密度大、危险品锚地紧张等形成了矛盾。大量的危化品船进出南京港，频繁靠离码头，导致事故风险增加，给海事监管带来巨大压力。

为此，南京海事局全面加强危化品运输监管。2011年，重点加强对混合芳烃、重芳烃、植物油等货物运输监管，加大对煤炭、矿石等散装固体货物申报管理。2012年，开展沿江危化品储运安全专项检查，排查出危险品码头隐患266项。2013年，对辖区船载危险货物申报单位、集装箱装箱单位及人员诚信情况进行评定。2014年，开展水上危险化学品运输安全专项整治活动，开展液货船、集装箱船海事监管示范区建设，建立集装箱装箱检查示范点、集装箱海事监管教学基地。2015年，推行危险品运输电子申报，规范危险品运输审批。当年"8·12"天津滨海新区爆炸事故后，实施集装箱开箱检查659个标准箱。2016年，着力构建"1+2+2"（危化品全程监控一体化、两个机制、两个能力）水上危化品监管机制。7—10月，为深刻吸取天津港"8·12"特别重大事故教训，集中开展危险品安全专项整治，开展液货船装卸作业检查919艘次、危险货物集装箱现场检查147次、固体散装船装卸作业检查33艘次。开展"2016危险品安全专项整治"，进行船舶安检194艘次，发现并纠正各类缺陷1420项。开展航运公司检查22次，水上服

务区检查30次;集装箱开箱检查105箱,查处谎报瞒报1起、包装危险货物未按规定申报1起。2017年4月1日至2018年5月1日,开展船舶载运危险货物安全综合治理行动,对船舶载运散装液体化学品分类分级监管,实施国内航行油船和散化船专项安全检查。2019—2020年,继续强化船舶载运危险货物安全综合治理。2011—2020年进出南京港危险货物吞吐量详见表9-4-14。

2011—2020年进出南京港危险货物吞吐量一览表　　　　　表9-4-14

| 年份 | 散装液体(万吨) | | | 散装固体（万吨） | 包装货物（万标准箱） |
| --- | --- | --- | --- | --- | --- |
| | 散装油类 | 散装化学品 | 散装液化气体 | | |
| 2011 | 3450.9 | 1088.7 | 38.83 | 4047.1 | 2.76 |
| 2012 | 3193.7 | 1007.53 | 35.97 | 3703 | 1.44 |
| 2013 | 3089 | 1109.5 | 84.5 | 3567 | 0.59 |
| 2014 | 3236 | 1261 | 56.9 | 3993 | 0.47 |
| 2015 | 3824 | 1024 | 79.3 | 1777 | 3.45 |
| 2016 | 4163 | 1117 | 96 | 3743 | 4 |
| 2017 | 4488 | 1209 | 195 | 2062 | 4.3 |
| 2018 | 4462 | 1359 | 172 | 2278 | 4.3 |
| 2019 | 4211 | 1155 | 139 | 2277 | 4.4 |
| 2020 | 4240 | 1188 | 117 | | 3.7 |

2. 借鉴国际模式建立载运危险品船的选船机制

2011年之后,南京海事局开始对危险品选船机制进行探索研究,借鉴国际上三大液货船运输管理非营利组织——石油公司国际海事论坛、独立油船船东国际协会、欧洲化学品分类协会有关选船模式,开拓危险品船管理新思路。2011年6月,南京海事局召集辖区主要危险货物货主和码头单位,对危险货物选船机制进行研讨。之后,组织有关企业编制相应的标准和运行机制。2012年3月,下发《南京长江水域危险化学品船舶选船检查指导意见》,于4月份在辖区内启动危化品船选船机制,并就南京港、中石化扬州码头、欧德油储(南京)、扬子石化、南京源港石油化工等港航企业新增作业品种,提出开展危险品船舶选船要求,建立新增危化品艘次作业之前海事、码头、货主3方检查制度。2012年10月30日,江苏海事局召开选船机制推进会议,充分肯定南京海事局的做法。该机制在南京港推行一年,覆盖南京港区11个码头、中石油等4大货主企业、360余艘船舶,受到货主、码头和承运人的欢迎。

特别2019年6月,南京海事局深入推进实施危化品货主(码头)高质量选船机制,对辖区内18家危化品码头单位(包含货主单位140家)实行选船机制,形成4种选船方式:即以码头作为实施高质量选船检查主体、以码头与相关货主单位共同实施选船检查、以组建选船联盟体共同开展选船检查、以码头为选船检查主体同时聘请第三方作为补充。2020年,升级完善危险品码头(货主)高质量选船机制,辖区20家码头单位、23座加油站、约140家货主单位全面落实高质量选船要求,选船率达92.8%,初步形成"船舶、港口、货主"三位一体船舶污染物治理管理链,从而推进公司自主监控和船岸界面检查制度高质量执行。危化品选船机制在南京率先实施,随后在江苏海事局和全国海事系统逐步推广。

这一时期,南京市地方海事局加强危化品运输船舶监管。2014年,开展水上危化品运输安全专项整治,检查危险品运输船舶49艘次。2015年,开展危化品运输船舶专项安检,核准船舶装运危险品申报201艘次、8.3万吨,进出港申报达100%。为吸取天津港"8·12"特别重大事故教训,集中开展危险品安全专项整治,查处32艘装运危险品集装箱船违法行为。2016年,首次联合企业所在地的区级政府、行业主管部门对辖区内3家危险品船舶运输公司进行检查,明确相关监管单位的安全监管责任。2019年,对单壳化学品船和600载重吨以上单壳油船实施禁航。严格危化品运输船舶申报制度,结合进出港报告对危化品运输船舶加强监督检查。

## (二)对船舶污染水域实施全面治理

1. 防治船舶污染全面治理机制形成

2011年之后,尤其党的十八大以后,国家将长江环境保护摆在长江水运管理的重要位置,推进长江经济带船舶和港口污染问题整治。特别2016年起实施长江大保护、不搞大开发之后,长江经济带高质量发展成为国家重要战略。而此时南京港危化品水上运输量持续增长,如2011年就达4601.3万吨,船舶油污水、洗舱水接收处理568艘次16420吨,压载水排放作业142艘次31742吨,垃圾接收处理140艘次,其他涉及船舶排放污染气体和生活污水难以计数。

面对如此的压力,南京海事局这一时期将全力保护长江南京段"干净"作为海事防治船舶污染监管工作的头等大事,由内到外、由易到难,以系统思维统领治理思路和实现路径,将大气、水环境保护等国家法律、法规及地方大气、水环境保护法规作为对进出南京长江水域船舶污染水域的监管法律依据,逐步建立船舶污染系统治理机制。2011年,持续强化船岸界面管理,并引导船岸双向制衡,落实船岸双方责任。2015年,与水利、环保、住建等部门结合,形成水源地保护联合检查机制。特别在2017年江苏省开展"两减六治三提升"行动和南京市推行"船舶污染物联单制度和联合监管制度",明确海事执法部门与相关部门治理责任和企业主体责任之后,南京海事局协调推进辖区小型危化品运输企业联合自主监控。2018年,督促32家运行体系的危化品航运公司全部建成AIS监控系统,其中11家建设CCTV监控平台。实行船舶污染物接收单位准入制度,淘汰11艘不符合标准接收船舶。在江苏省内率先建成船舶洗舱水和生活污水岸上公共接收设施。特别是船舶洗舱水处理相关建议被列入南京市政府工作报告,并编制《船舶防污染手册》。落实国内首家水上LNG加注站监管措施。

这一时期,南京海事局在形成防治船舶污染全面治理机制的同时,全面强化防治船舶污染治理责任,加强现场监督检查。2011年,及时制止"集海顺"轮载运剧毒化学品二异氰酸甲苯酯进江。2015年,与市环保局共同推动制订船舶排放清单,并委托复旦大学等院校和科研院所开展相关调研工作。2016年,通过不予进出港签证、不予进出港申报许可等方式,禁止内河单壳化学品船和600载重吨以上单壳油船进出南京长江段。2017年起,着力治理固体废物非法转移,对码头单位固体废物接收配套设备设施检查338次,形成对辖区码头检查的全面覆盖。2018年,重点对21处水源保护区、省市交界水域等潜在风险水域和临时停泊区、锚地、水上服务区等水域停泊的小型内河船舶、浮吊作业船舶以及运输渣土、泥浆、垃圾及其他固体散货船舶进行排查。同时,联合市港政处对36座散杂货码头排查梳理,联合环保、城管、水务等部门建立疑似固废通报、移交、鉴别、处置联动机制。其间,2011年南京海事局整合优化以围油栏布设单位、污染物接收队伍为骨干的资源,形成社会应急力量。2016年起,推动船舶、码头卸油油气回收治理工作。2017年,督促码头企业配备垃圾收集设施。

此外,南京市地方海事局持续推行《船舶污染水域事件举报奖励办法》,鼓励公众参与对水域环境保护的监督,打击南京内河船舶污染水域行为。

2. 危化品船洗舱治理矛盾基本缓解

危化品船舶洗舱,是一种与危化品水上运输共生共存业务,是一个不可或缺生产环节。南京海事局这一时期辖区有散装液体危化品作业码头22座54个泊位,经港口管理部门核定的危化品作业品种94种。随着工业生产发展需要,化学品种类不断增多,到2017年船载危化品进出南京港5892万吨中有化学危险品1209万吨,涉及80多个品种,70%的为产品或原料,到港装卸危险化学品作业船舶9000多艘次,载运强制预洗类货物船舶30多艘次。仅2011—2018年,南京港区有审批记录的洗舱作业数为2698艘次,由此每年大约产生1.5万多吨化学品洗舱水。因南京港码头泊位多不具备洗舱水的接收处理条件,内河船舶不具备污液舱,且洗舱成本比较高,合法洗舱难以实现,所以就存在非法洗舱或者非法排放洗舱水行为。

为此,南京海事局这一时期强化防污作业申请主体严格洗舱水接收船的船型和舱型要求。2011年,明确船舶洗舱水船舶接收洗舱水品种,禁止洗舱水接收船舶接收不适装的危化品洗舱水。要求码头启动船舶洗舱水接收装置,保证X类及高黏度Y类物质洗舱水的妥善处理。建立船舶洗舱水排放台账,对洗舱水去向进行跟踪调查。2012年,着力推动政府和民营资本建设船舶污染物公共设施,并督促南京炼油厂完善船舶污染物接收管网,多次成功接收危化品船洗舱水。2013年,针对海船未经许可在长江航行时洗舱的情况,注重核对船舶相关文书记录以及船舶AIS轨迹线等数据,核对船舶污液舱中洗舱水去向,规范船舶洗舱及洗舱水排放行为。建立向始发港、船籍港通报机制,开展船舶污染应急处置区域联动,推进辖区船舶污染物集中处理,并联合环保部门对船舶污染物后续处置进行跟踪。2014年,开展危险品船舶洗舱及洗舱水处理专项整治活动。2016年5月,呼吁南京市政府投资建设专业的公共洗舱站点,对不能提供洗舱水接收的码头建议限制作业品种及规模。2017年1月,向南京市政府报送《关于提升南京长江水域危险货物运输安全和防治船舶污染相关工作建议报告》,提出5个方面15条建议,以引起市政府的重视。2月,市政府出台《南京沿江港口和船舶污染物接收转运及处置设施建设方案》。7月,南京港船舶洗舱水接收、转运及处置方案形成,明确船舶洗舱水就地上岸处置的要求,并随即由市交通局牵头,海事、环保等部门参与,启动船舶化学品洗舱水、生活污水公共接收设施的建设。

特别2017年10月31日,南京海事局推动南京市政府建成江苏省首个船舶化学品洗舱水岸上公用接收设施,船舶洗舱水通过龙翔液体码头就地上岸处置,缓解了多年船舶洗舱水排放污染水域的监管矛盾。2017年底,经南京市政府批准,南京海事局与交通环保、水务、城市管理等部门共同实施船舶污染物综合监管。2018年4月,进一步推动洗舱水岸上长效接收设施和能力建设,实行月度推进机制和"挂图作战"工作模式,落实18条工作措施。2019年,推进市政府恢复船舶洗舱水上岸处置,积极争取市财政拨款补贴水、陆转运费用,船舶仅承担洗舱水处理费用。7月,又率先实现洗舱水手机App电子联单填报。2020年,全面推广应用长江干线船舶水污染物联合监管和服务信息系统。现场检查船舶水污染发现率由16%提升至23%。

3. 船舶生活垃圾、生活污水污染治理取得突破

船舶生活垃圾、生活污水自然排放,相当长一段时间是长江船舶污染治理的短板。仅南京海事局辖区2011—2017年对长江船舶生活垃圾接收处理就达7863艘次,且由船舶垃圾接收单位实施。

为此,南京海事局这一时期跟踪船舶垃圾上岸接收处理,推进垃圾接收由船到岸的监管闭环。2016年,检查辖区4家船舶垃圾接收单位,跟踪船舶垃圾上岸接收处理,推进垃圾接收由船到岸的监管闭环。2017年7月,结合打击固体废物非法转移专项行动,排查辖区码头防污染情况,推进辖区所有码头配置船舶垃圾分类接收设施,收集所有到港船舶的船舶垃圾,集中送往垃圾处理厂、垃圾站进行处置。跟踪垃圾接收处理单位的船舶垃圾去向,针对辖区干散货码头、自然泊岸、河汊及交界水域开展常态化巡查,防止船舶垃圾偷排现象出现。2018年,重点加强港内停泊、作业船舶及浮趸船、水上修造船舶污染物排放监管,率先提出并推进"船上储存、岸上接收"零排放治理模式,当年就转运上岸船舶垃圾2.3万吨、生活污水0.3万吨(9月,海事监督艇全部实现垃圾、生活污水上岸处理)。2019年,在推动码头率先建成长江江苏段首座水上绿色服务区和污染物接收设施的同时,从7月起推行江苏海事局提出的船舶污染物"一零两全四免费"(即靠港和锚泊船舶污染物零排放、全接收,在航船舶污染物排放全达

标。免费生活垃圾接收、免费生活污水接收、免费水上交通、免费锚泊)的接收模式。12月,59家港口企业所属114座码头均具备船舶生活垃圾接受能力,86座码头具有生活污水接收能力,并承诺对内河船舶实施免费接收。港口企业共配置203组船舶生活垃圾接收容器,可覆盖全部码头泊位。建成76套船舶生活污水接收设施,覆盖88座码头,其余26座码头暂时采取委托有资质的污染物接收单位替代接收的临时措施。2020年,船舶污染防治"江苏模式南京样板"逐渐成形,率先实现锚地全覆盖。南京海事局与69家体系航运公司签订船员防污染责任状,使辖区20家危险品码头、23座加油站、140家货主单位实现选船机制,选船覆盖率达98%,辖区连续3年未发生船舶污染事故。据统计,自2018年推进"船上储存、岸上接收"零排放治理模式运行起至2020年底,接收到港船舶生活垃圾42408艘次、278.23吨和船舶生活污水21695艘次、19891立方米。图9-4-4为南京市船舶污染物接收转运处置联合监督联席会议召开时的情景。

图9-4-4 南京市船舶污染物接收转运处置联合监督联席会议

与此同时,2019年5月1日南京海事局建成长江体量最大、服务功能最全的长江汇兴隆洲水上绿色综合服务示范区,为绿色服务区内和临近栖霞油轮锚地内的内河船舶提供"四免费"服务。辖区23个水上加油站具备船舶生活垃圾、生活污水接收能力,且对内河船舶实施免费接收。9个锚地、3处停泊区均实现免费锚泊。仪征油轮、乌鱼洲、新生圩、上元门锚地由南京港委托苏港航务公司对内河船舶提供定点、定线、定班次的免费水上交通服务,以及预约制的船舶生活垃圾、生活污水(内河船免费)接收服务。栖霞山油运锚地、扩建锚地由兴隆洲长江水上绿色综合服务区提供与苏港航务公司相似的免费水上交通、接收服务,后期将推动金陵石油化工有限公司提供服务。船员可通过"船E行"App或长江汇自行研发的"锚地网"App进行污染物接收或水上交通服务预约。

值得一提的是,南京海事局在2016—2020年持续加强船舶污染防治。①加强船舶污染物接收设施建设,建成113套固定式船舶生活污水接收设施与205套船舶生活垃圾接收设施。②完善"一零两全,四免费"长效机制,成立南京海事局锚地长效化管理工作推进专班,3个锚地、停泊区实现由码头单位众筹聘请第三方单位提供内河船舶生活垃圾、生活污水免费接收和船员水上交通免费服务。③推进绿色综合服务区建设,改造长江汇兴隆洲水上绿色综合服务区,新建中长燃南京新生圩水上绿色综合服务区。④建立信息互通、执法联动的船舶污染物接收、转移、处置"联单"运行机制,实行船舶污染物转运处置"大联单"。如2018年先后建立236座浮动设施防污染工作台账,推进非航行船舶生活污水"零排放"治理。30艘加油趸船完成储存、排放设施改造,18艘海事趸船全部实现"零排放"。

这一时期,南京市地方海事局开展秦淮河防治船舶污染管控和全市内河船舶污染防治。2016年,开展秦淮河防治船舶污染管控和全市内河船舶污染防治专项行动。2017年,将界河水域及通江口门作为巡航重点,采用电子巡航、车巡、艇巡,重点检查遮舱船舶。同时,重点管控秦淮河断面船舶防污染情况。2019年,会同环保、水务、城管、财政等部门,在全市内河水域全面运行"内河船舶污染物电子联单平台"。至2019年底,南京市内河现有码头全部配备船舶垃圾和含油污水接收设施。此外,在全省率先开展内河码头船舶生活污水智能回收系统设施建设,在六合区完成安装和调试,逐步向全市内河水域码头、服务区、船闸待闸区推行,形成以岸上接收为主、流动船接收为辅的船舶污染物接收体系。

此外,南京市地方海事局推进船舶生活污水设施改造。2015年,历时6个月完成全部273艘南京籍船舶生活污水改造项目。安排专人负责检验和资料整理,协助船东将资料送至市财政申领补贴。对没有明确安装意向船舶,由船主主动签订承诺书,保证船舶不再进入管控区。2017年,108艘船舶安装生活污水设施。2018年,381艘船舶安装生活污水设施,内河船舶生活污水装置改造工作完美收官。2019年,南京市地方海事局完成183艘400总吨以下船舶的生活污水处理装置及储存柜改造检验。2020年,提前3个月完成100艘总吨以下船舶生活污水处置装置信储存柜改造检验。

4. 船舶污染大气的从严控制

2011—2015年,南京海事局推进船舶与港口应用LNG燃料和辖区码头建设岸电系统。2013年,推动中国首个水上LNG(液化天然气)加注站"海港星01"于9月26日在南京八卦洲投产试运行。2014年5月26日,在南京海事局推动下,交通运输部核准"武家嘴57"作为LNG燃料动力试点船舶。该轮成为我国第一艘获得批准的LNG燃料动力改造海船,标志着我国海船LNG燃料动力试点正式启动。

2015年8月29日,全国人大常委会颁发《大气污染防治法(2015年修订)》,明确海事机构的监管职责。12月2日,交通运输部下发《珠三角、长三角、环渤海(京津冀)水域船舶排放控制区实施方案》,南京水域被纳入长三角水域船舶排放控制区。为此,南京海事局在做好以上防污染法律与规章宣传的同时,2015年开展船用燃油摸底抽样检查65次。2016年,下发内河和江海直达船舶使用燃油标准的通知,开展船用燃料油抽样检查82次。2017年,推动9家大型化工企业28座危险品码头配备尾气回收装置,12月燃油快速检测设备投入使用。2018年,对辖区6片水上服务区21座加油站所属23艘加油趸船和7艘流动供油船全覆盖现场检查、燃油抽检。建立船用燃油检测室,抽查4345艘船舶实施燃油使用情况,对未按规定使用低硫燃油7艘船舶与未按规定记录燃油使用文书的149艘船舶实施行政处罚。对在长江水域航行内河船舶实施货舱封舱管理。2019年7月,首次利用桥基船舶尾气遥测站查获尾气超标船舶。2020年,通过现场快速检测与法定认证机构检测相结合的方式,提高取样送检效率,共实施船用燃油取样快速检测139艘次,送法定检测75艘次,实施燃油硫含量超标行政处罚5艘次。

南京市地方海事局于2015年投入精干船检力量确保在武家嘴船厂建造的10条LNG船顺利建造,并完成9套LNG单、双燃料长江水系及京杭运河、淮河水系过闸运输系列标准船型审图。2018年,完成66艘次船舶实施燃油使用情况抽查。并开展为期两个月的船舶载运货物封舱检查,检查船舶213艘,未封舱船舶要求船主现场整改。

5. 靠泊船舶使用岸电的推进

船舶停靠港口作业期间,需要开动船舶的辅助发电机发电,以提供必要的动力,维持生产生活需要,由此产生大量有害物质排放,是影响港口及所在城市空气质量的重要因素。

为解决这一问题,南京海事局于2011年起率先推动靠泊船舶使用岸电,以减少船舶靠泊时发电产生的大量空气、噪声污染。2014年,提出的"在南京港推广靠泊作业船舶使用岸电"提案,被南京市人大常委会列入当年重点督办的28件代表建议案,并交由南京市交通运输局承办。7月,南京海事局与南京市交通运输局派人联合赴连云港港口考察岸电建设使用情况。2015年2月13日,长江水域首个岸电入江项目在南京西坝港区投入运营。2016年11月,岸电"一卡通"系统在南京龙潭集装箱码头试运行。该系统基于港口岸电运营服务平台,可实现码头任意岸电桩的刷卡用电,以调动船舶使用岸电积极性。2019年起,南京海事局开展使用岸电及替代措施的检查工作。至年底,南京港56家港口经营单位114座码头201个泊位(其中非散装液体危险货物泊位135个)已建成港口船舶岸电设施114套(其中部分为港口经营单位自建的非标准岸电设施)。2020年5月,长江南京段首套高压岸电系统在南京天宇码头正式投入运行。7月,新生圩港区首次船舶连接岸电运行成功。7月起,南京海事局对到达南京港的海船(不包括油/化船),要求船舶和码头双方须将到港使用岸电承诺书作为附件在一网通办平台中进行提交,对每一艘承诺到港使用岸电的大型海船下达现场核查指令,现场核查使用岸电情况,确认相关船舶、码头确实接驳岸电后,方可装卸作业。另外,联合南京市交通综合执法局,对港口码头提供岸电的设备设施技术状况进行评估,督促港口码头开展岸电设施使用情况评估,积极推进岸电设施的改造升级。

南京市地方海事局于2018年以夫子庙游船为试点开展全国首次锂电池旅游客船应用技术攻关,以解决锂电池清洁新动力能源在小型旅游客船上商用的技术难点和规范壁垒。2019年,南京重要水域52艘旅游客船全部使用锂电池新能源,每年节约能耗和管理成本500余万元。

## 五、船公司管理进一步发展与强化

2011年之前,南京海事局辖区航运公司安全管理体系审核经过多年实施NSM规则,取得一定成效。2011年,审核航运公司61次,并持有江苏海事局签发的DOC证书的国内航运公司46家,持有江苏海事局和中国船级社签发的SMC证书的国内航线船舶317艘。2012年8月,推广"航运公司安全管理体系审核通用项目标准应用",并按照标准开展审核活动。至2015年,航运公司安全管理体系运行情况有所改善。2015年5月1日,中国海事局公布新版《航运公司安全管理体系审核发证规则》,12月又调整安全管理体系审核发证权限,不再委托地方海事管理机构开展安全管理体系审核发证工作。将在地方海事管理机构登记船舶及其公司的安全管理体系审核发证权下放至分支海事管理机构,江苏海事局负责江苏省辖区内公司及船舶。公司注册地有分支海事管理机构的,由该分支海事管理机构负责公司及船舶的审核发证工作。同时明确,航运公司、船舶安全管理体系审核发证不收取任何费用,各航运公司不负责审核员的交通食宿费用。2016年,南京海事局按照要求接收地方海事局划入的11家航运公司。年底,在南京辖区实施NSM规则,并持有江苏海事局签发的DOC证书的国内航运公司60家,持有江苏海事局和中国船级社签发的SMC证书的国内航线船舶491艘。2018年1月起,对辖区航运公司开展约谈工作,并逐步将其扩展到非本辖区但存在较大安全管理问题的航运公司。2019年5月,制定航运公司安全管理体系运行综合评价与管理制度并予以实施。公布当年满足评定条件的64家航运公司综合评价排名,劝退并收回船舶SMC证书19份,收回航运公司临时DOC证书1份。2020年,第二次公布满足评定条件的67家航运公司排名,劝退并收回船舶SMC证书36份,劝退航运公司并收回DOC证书1份。对于排名前5位"管理水平较高"的航运公司落实相应激励措施,排名倒数后5位"管理水平有待提高"的航运公司落实相应严格管理措施。

南京市地方海事局2011年开展8家航运公司、13艘船舶安全管理体系审核,全年共免费教育培训航运企业75家、船舶修造单位36家、船舶设计公司5家。2014年,全面运行"省内河航运公司安全管理体系管理系统"。召开全市航运公司安全生产分析评估会,建立基础台账,进一步划定安全源头管理边界。2015年,先后对63家公司实施监督检查85次,督促企业落实安全生产主体责任。2019年,首创航运公司分级安全管理模式,进一步督促航运公司落实安全主体责任。通过多种形式强化航运公司安全监管,促进内河船舶纳入公司化管理,合法经营。

## 六、水上事故调查处理进一步规范

2011年,南京海事局进一步规范事故调查处理工作,修改事故调查体系文件并重新发布。2012年2月起,将造成人员死亡失踪的事故信息通报给涉案中国籍船舶船籍港海事管理机构,优先保证海事调查人员的海事调查取证工作。2013年1月,对实施水上交通事故调查处理有关规定进行微调,将经事故各当事方书面申请、海事管理机构认定和案情简单、事实清楚、因果关系明确的水上交通小事故,纳入水上交通事故调查处理简易程序,同时进一步细化证据收集保存、调查报告报送等要求。2月,南京海事局根据中国海事局事故调查统计分析系统规定,指定专人负责,配备专用硬件设施,规范用户账号管理,做好事故信息上报和事故报告上报。2014年,及时开展调查处理,杜绝事故迟报、瞒报和随意放弃事故调查权等行为发生,避免因失职渎职被追究责任。2017年1月,新版事故调查统计分析系统运行后,在较短时间内做好新旧系统衔接工作。2018年,深入开展典型事故案例进航运公司、进船员培训机构的"双进"活动。2020年上半年,与南京海事法院加强合作,成立长江海事系统首个水上交通事故一站式解纷(解决纠纷)中心,进一步规范水上交通事故的调查和处理解决。

这一时期,南京海事局规范开展水上交通事故调查工作。2011年,组织召开事故分析会6次,办理事故结案20起。持续开展水上交通事故调查,对事故能够按规定开展立案、成立调查组、调查处理、结案审批、实施行政处罚和签发安全管理建议等工作。2012年,参加江苏海事局水上交通事故调查处理案卷评审,南京"1·18""浙萧山货23822"轮与"顺海6"轮碰撞事故案卷获得三等奖,但"7·3""鑫联"轮与"油港1号"轮碰撞事故案卷得分靠后。此后,在2013年度水上交通事故调查处理案卷评审中,南京"4·24""苏晨龙"轮火灾事故案卷获得并列第三名。2017年适用一般程序调查的事故案卷评审中,南京"7·5""磊达003"轮与"聚宝山"浮船坞触碰事故案卷被评为优秀案卷,2019南京"3·15""诚兴化153"轮、"川维5号"轮清舱作业爆炸事故案卷同样被评为优秀案卷。

这一时期,辖区发生的较有影响事故案例如下:

2012年9月6日23时17分许,芜湖引航站引航员引领"兴隆3"轮在长江南京段板桥水域发生一起4船碰撞事故,造成3人失踪,"芜湖通达228"当场翻扣江中,并漂移至南京长江大桥4孔和5孔中桥墩处,造成恶劣的社会影响。

2013年5月12日4时零5分,山东省威海市乳山鑫川航运有限公司所属"鑫川8"轮从安徽铜陵装载石灰石12300吨开往福建罗源途中,因操作失误,在南京长江大桥附近水域与南京长江大桥6号墩发生触碰事故,造成"鑫川8"轮沉没,自用油部分溢出,构成重大等级水上交通事故。

2017年2月17日,安徽省怀远永裕油轮有限公司所属的"楚淇18"轮停靠在长江南京水道145号红浮上游约960米处的航道右侧岸边,在与"晓顺2"轮交易货物过程中发生爆炸,爆炸飞溅物引燃并绑船舶"楚淇9"轮、"楚淇16"轮、"晓顺2"轮及一艘废弃船舶,造成4人死亡,5艘船舶不同程度损坏。

2018年8月13日19时41分,上海国金租赁有限公司所属的"嘉洋6"轮在长江仪征水道123号红浮附近水域由南向北右转掉头过程中,与沿上行通航分道上行的"华润电力8"轮构成紧迫局面。事故造成"江顺2827"轮沉没,2人失踪。事故发生后,有针对地开展横越航行行为监管。

## 七、水上交通安全双重预防机制的建立

建立水上交通安全风险分级管控和隐患排查治理双重预防机制,是南京海事局排查出辖区主要水上危险源后,建立起分级评估制度,进而精准管控安全风险、消除潜在隐患,提升水上本质安全水平的重要举措。

2011年之后,南京海事局更加侧重于风险管控、隐患排查治理的跟踪管理及闭环管理。2012年,对

重大事故隐患确立分级评估制度,在局内部组织执法人员进行专门培训,讲解事故隐患排查、治理、分级评估及上报等要点及流程,有效地规范事故隐患的排查治理工作。同时,切实开展"打非治违"和"四项排查"等专项治理行动。2013年8月,将航行和停泊于栖霞区行政区划内泗源沟—大划子渡线事故隐患情况函告栖霞区人民政府,督促推进渡口撤销。2016年5月,函告中石油南京公司,督促整改"宁中油01"加油趸船存在的安全隐患。2018年,根据江苏海事局构建双重预防机制要求,建立长江南京段水上交通事故隐患数据库,实行海事处长挂图作战,完成4艘遗留"三无船"清理工作,建立长效机制,遏制反弹回潮。2019年7月、11月,分别就存在的重大隐患、南京长江大桥桥墩缺乏防撞设施等,建议南京市安委会列为市级安全生产重大事故隐患挂牌督办。更新风险清单,编制船舶横越风险防控手册。从风险致因可能性和风险事件后果严重程度评估风险等级,形成风险清单,并将水上交通安全风险录入江苏海事局水上交通安全信息系统,绘制"红橙黄蓝"4色安全风险空间分布图,实现辖区事故隐患排查"一表清"和安全风险防控"一张图"的精准化管控,构建水上交通安全风险分级管控和隐患排查治理双重预防机制。2020年,对乌江水道、南京长江大桥桥区水域、西方角水域、天河口水域、栖霞油轮锚地、仪征水道等6处重点水域管控进行定责任、定分工、定措施、定期限的项目化管理,进一步充实双重预防机制的内涵。

这一时期,长江南京段主航道日均船舶断面流量约1200艘次,船流密集。辖区内渡口、汊河口、码头、锚地、水上服务区、洲岛众多,船舶靠离码头、进出锚地、进出河口即"三进三出"横越航行行为频繁,渡运水域、天河口水域、龙潭水道、新生圩港区、栖霞港区等水域,船舶横越风险较大,极易发生碰撞事故。2018年,在天河口发生"3·6"和仪征水道发生的"8·13"事故,均是典型的船舶横越引起的水上交通事故。为此,南京海事局更加注重横越船风险管控重点监管,根据江苏海事局防范船舶横越风险要求,自2018年起以"8·13"事故为案例"解剖麻雀",分析研究制定相关防范措施。3月26日,下发《天河口水域船舶航行安全告知书》,开展27号临时停泊区停泊秩序整顿。9月5日,召开港航单位参加的仪征港区船舶航行风险管控专题会议,研究该水域船舶横越航行风险防控工作。10月4日,出台《仪征港区船舶航行风险管控工作方案》,就原油中转风险管控、船舶横越航道风险管控、上行船舶紧贴危化品码头航行风险管控制定了15条具体措施。10月12日,又召开相关辖区企业推进会,议定加快预警与监控系统建设、制定完善锚地管理制度、实施科学安全调度、强化靠离泊船舶管理、开展集中专项整治活动等相关工作。12月,在对天河口、仪征港区水域横越风险管控的基础上,南京海事局防范船舶横越风险工作方案分解落实4类17项工作任务,以逐步建立健全横越航行风险管控长效机制。2020年,制定西方角、天河口、南京长江大桥、仪征港区等7处重点水域风险管控"项目书",实现任务清、责任明、效果好,险情数量同比下降40%。

南京市地方海事局于2018年在全省率先开展内河水上交通安全双重预防机制课题研究,编制完成《水上交通运输安全风险辨识分级管控指南》和《南京市内河水上交通运输企业隐患排查治理工作指引》。还牵头全市防范船舶碰撞桥梁专项整治活动,组织完成《助航、警示标志制作参考标准》编制,督促各区交通局和相关部门完成187座统计桥梁的隐患排查,高淳、溧水、江宁等区先后完成管养桥梁整治。2019年,南京市地方海事局组织开展船舶救生消防设备、防范船舶碰撞桥梁、船舶污染防治、内河水上交通安全等专项整治和检查行动,全面排查并消除重点行业领域安全隐患。继续推进防范船舶碰撞桥梁专项整治活动。通过与周边海事部门联合执法,联防联控推进专项治理成效。

## 八、港口建设费征收与取消7项事业性收费

2011年5月4日,财政部会同交通运输部公布《港口建设费征收使用管理办法》,10月1日起施行,废止1985年国务院印发的《港口建设费征收办法》。其中重要规定,就是港口建设费征收由港务局

改为海事部门负责。8月30日,交通运输部海事局制定《港口建设费征收管理工作规程(试行)》。根据以上规定,南京海事局开展港口建设费征收的前期准备工作。2011年6月10—30日,进行征收软件试运行。7—9月,组织开展3次征收人员集中培训,并先后与南京外代、江苏中外运、金陵石化等10多家公司完善工作管理制度和办法。9月28日,南京海事局正式接管了南京港有关港口建设费的征收工作。

2011年10月起,南京海事局开始征收港口建设费,委托7家代收单位征收。2012年,按照"先接管单位、后规范运转"指导思想,在持续做好港口建设费日常征收的同时,加强资金监管,每天通过网银实时监控到账资金,建立规费缴库联动机制,确保开票征收收入100%到账。2013年,辖区集装箱货物港口建设费征收,凡是经过龙潭港中转、装卸的集装箱,全部由龙潭港集装箱公司代收。除此以外的,由各海事处按照规定征收。这样就基本解决了港内过驳箱和定期签证船舶集装箱征收难题。针对水路中转货物管理难题,进一步明确中转货物征管要求、核销申请工作流程,编制《办理中转货物港口建设费核销指南》,于11月1日起开始实行。2014年,开发港口建设费中转核销辅助系统,分类按照流程办理核销工作,实现业务数据一次录入。2015年12月,按照财政部、交通运输部《关于完善港口建设费征收政策有关问题的通知》要求,及时调整中转货物管理方式,进一步规范港口建设费征收管理。对代收单位开展2次稽核工作,并从适时执行政策情况、票据管理情况、资金解缴情况、协议履行情况等方面进行综合评价,确认其代收行为是否符合规定。之后,南京海事局持续完善港口建设费征管工作,做到应收皆收、应征不漏。2019年,港口建设费征收额为2012年的1.3倍。2020年,为应对新冠肺炎疫情与复工复产,自3月1日零时起至12月31日24时止,对进出口船载货物免征港口建设费。

这一时期,南京海事局还做好取消有关水运涉企行政事业性收费征收工作。2015年,财政部、国家发展改革委联合下发《关于取消有关水运涉企行政事业性收费项目的通知》,明确自10月1日起,取消船舶港务费、特种船舶和水上水下工程护航费、船舶临时登记费、船舶烟囱标志或公司旗注册费、船舶更名或船籍港变更费、船舶国籍证书费、废钢船登记费等7项国家设立的行政事业性收费。南京海事局通过电子屏显示、张贴宣传、发放宣传单、上门走访、现场告知等多种形式向码头装卸作业单位、航运企业、船舶代理公司和船员宣传现行征收规费的种类、标准、依据、实施部门和监督电话,以及免征、取消征收的规费种类等。同时,严格按照时间节点把好停征关。船舶港务费以2015年10月1日零时后船舶进出港为停征时点;特种船舶和水上水下工程护航费以2015年10月1日零时后实施护航为停征时点;船舶临时登记费等五项登记费以2015年10月1日零时后实施发证为停征时点。对于2015年9月30日24时之前进出港口的船舶应缴未交的船舶港务费和其他行政事业性收费,及时进行结算和追缴;对拒绝执行的,依法依规进行处理。图9-4-5为2020年局财务人员正在研究工作。

图9-4-5　2020年局财务人员正在研究工作

# 第五节　服务重大活动和助推南京经济发展

## 一、保障重大活动的水上安全

### (一)完成亚洲青年运动会水上安保任务

2013年8月16—24日,亚洲青年运动会(以下简称"亚青会")在南京举行。根据南京市政府安排,南京海事局、南京市公安局水上分局、南京市地方海事局和长航公安局南京分局组成亚青会水上安全组(以下称"水上安全组")。南京海事局为长江水域交通管控和应急处置的牵头单位。

为完成亚洲青年运动会水上安保任务,南京海事局在亚青会举行之前,就于2013年6月28日召开首次亚青会水上安全组单位会议,深入排查、强化治理,营造水上安全环境。7月25日亚青会水上安保工作启动后,与其他水上安全组成员单位做到"四到位":即超前部署,确保组织到位;健全机制,确保协调到位;注重设计,方案措施到位;舆论引导,安全宣传到位。

特别自2013年5月7日起,南京海事局启动水上安全大检查和迎亚青百日整治专项行动,重点强化客渡口渡船和旅游船大检查、危化品安全检查和船舶违章行为治理等,共检查辖区85座危化品码头、船舶157艘次,发现各类缺陷1881项。亚青会期间,南京海事局还协调联动、多措并举,严密构筑"环苏环宁"水上安全圈。协调江苏海事局下属13个分支海事局,配合做好进入南京水域船舶的安全检查工作。同时,在"环宁"水域布设检查站点和应急待命点13个,全面加强对航经南京长江水域船舶安保检查,共出动执法人员6535人次、海巡艇3523艘次(巡航时间7000余小时),检查船舶近5000艘次,处罚各类违法行为257起,打造"环宁"水上安全屏障。在三级安保启动之后,3艘海巡艇24小时驻守大胜关水道,严防无关船舶进入核心管制区。另外,按照"一风险一预案、一区域一预案"思路,建成"统一指挥、专业处置、反应灵敏、运转高效"突发事件应急体系,并根据最新的分幅航拍图对1420个海事管理要素和480个执法与应急资源进行数据采集和编码,建立属性信息管理数据库和地理编码数据库。以上安全保障措施,保证亚青会期间未发生一般以上水上交通事故。

### (二)完成第二届夏季世界青年奥林匹克运动会水上安保任务

2014年7月15日至8月31日,第二届夏季世界青年奥林匹克运动会(以下简称"青奥会")在南京举办。与亚青会一样,南京海事局、南京市公安局水上分局、南京市地方海事局和长航公安局南京分局组成"青奥会"水上安全组(以下称"水上安全组")。南京海事局为青奥会水上安全组组长和牵头单位,按照"水域分区、管控分级、远端控制、近端核查、外围防范、区域联动"工作思路,依照赛事时间节点,对南京水域实施三级、二级、一级和一级加强4个层级的水上交通管控措施。

青奥会之前,从2014年2月28日开始,南京海事局开展为期200天"迎青奥"水上整治活动,强化重点目标防控,强化危险品、客汽渡、桥梁、水源地、渔船作业(非法载客)等5类重大风险源的防控措施。同时对辖区内13家单位30泊位100艘次油船实施管制,驱离300余艘不在南京长江水域作业停泊船舶。制定青奥会24个专项管控工作方案、强化水上交通管控10项内部规定和奖惩措施,开展16次督查,形成一级抓一级、层层抓落实的管控体系。利用宣传图册、执法窗口、VTS、海巡艇VHF等多种形式,通过请进来、走出去、上船头等方式,广泛宣传青奥会水上安全相关要求。其中向辖区120余家港航企业传达水上安全管控要求,向全国各地海事机构发放宣传资料3万多份,向船民发放2000把宣传扇,并建立5000余名船员参与的QQ群和微信群,组织100名船民青奥志愿者参与青奥会水上安保工作。

青奥会期间,南京海事局从2014年7月15日起依托船舶信息系统,建立4个检查站、6道检查线、12

个信息核对点,对进入南京船舶实施24小时不间断检查。按照"逢疑必查"原则,强化在港船舶和危险品船舶检查,做好在港200余艘船舶备案管理。青奥会期间,共出动执法人员1.2万人次、海巡艇1029艘次、执法车1121次,检查进入南京船舶1.1万艘次,专项检查975艘次,发现各类缺陷6484项,滞留27艘船舶。在此期间,注重信息化手段应用,在核心管制区大胜关水源保护区安装高清摄像头,并在南京长江大桥至大胜关高铁桥水域之间的重点管控区新建全覆盖的无线网络信号覆盖(WIFD系统),实现CCTV视频信号实时传输。全面强化应急反应工作,部署13个应急单元、37艘公务船、20艘拖轮、8艘起重船、5艘清污船等搜救应急力量,配置8000米围油栏等应急防污物资。一级管控期间,实行应急资源动态日报制度,指定安排应急拖轮驻守大桥。按照"一区域一预案、一风险一预案"思路,制定10项应急预案,并组织实施闯关船舶现场拦截、危险品泄漏、失控船舶碰撞大桥等8个专项和1个综合性应急演练。针对水上管控初期夜间船流陡增的情况,确定"疏船流,守重点、定责任、保安全"工作方针,组织数个小组随船夜访船民,倾谈交流,以消除过境船舶顾虑,主动选择白天航行。还请青奥安保部协调全省公安做好船流调整工作,致函周边海事管理机构开展联动协作,加强夜间聚集航行船舶的宣传和监管,减少船舶夜间聚集航行现象。图9-5-1为2014年保障南京青奥会水上安全的场景。

图9-5-1　2014年保障南京青奥会水上安全

特别2014年8月,南京海事局接到青奥会组委会有关国际奥委会主席巴赫一行乘坐海巡艇游览长江的保障任务后,立即谋划,从护航人员职责的明确、艇内环境的清洁、礼仪礼节规定的学习、船艇航行线路的规划等方面精心准备,以求万无一失。8月21日,国际奥委会主席巴赫一行在南京市领导陪同下乘坐南京海事局海巡艇,游览下关滨江段、江心洲、南京眼、大胜关京沪高铁桥及南京长江大桥水域。在游览中,巴赫饶有兴趣地参观乘坐的海巡艇,登上驾驶台甲板远眺长江风光,并与随行人员交流。当了解到南京海事局是青奥会安保的成员单位和整个青奥会水上安全的牵头单位时,巴赫对海事部门为保障青奥会安全的付出表示感谢。巴赫对海事赠送的船模纪念品回赠了礼物,并与海巡艇全体船员合影。随行的国际奥委会官员和南京市委、市政府领导,还高度评价海事人员所展现出的专业、细致的工作态度和服务举措,称赞他们展示了中国海事良好形象。

### (三)做好国家公祭日安全保障工作

2014年12月13日,南京大屠杀死难者国家公祭日仪式在南京举行,党和国家主要领导人及省、市主要领导,各民主党派中央与各界群众代表1万多人参加。

为保障国家公祭日水上安保工作,南京海事局提早做好准备工作。11月27日,下发《国家公祭日期间环境质量保障水上管控方案》。12月10日,为防辖区水源地发生意外,集中检查南京市民饮用水主要水源地大胜关水道,对各大取水口周边水域环境逐一巡查,发现问题的进行跟踪,以保证南京大屠杀死难者国家公祭日的水上安全。12月11日,根据南京市政府有关工作要求,专门部署公祭期间水上安全工作,下发《国家公祭日活动期间水上交通管控工作方案》,并要求各海事处与所在地水上公安派出所做好对接,向其提供报港船舶签证信息,联动开展船舶船员检查和监控工作。国家公祭日当天,南京海事局取消休假,在下关江边举行以"悼念同胞、珍视和平"为主题的江祭仪式。江祭仪式长约1小时,包括奏唱国歌、鸣笛默哀、抛撒花瓣、宣读祭文、宣誓立志、祈愿和平等环节。同时,主动为南京市民江葬、江祭活动提供安全保障服务。

## 二、积极参与长江经济带高质量发展

### (一)向市政府提出长江经济带与航运高质量发展建议

2017年6月23日,南京海事局围绕长江南京段港口危化品装卸作业风险与船舶污染防治等热点难点问题,向南京市政府提出控制长江南京段的危化品装卸作业安全风险、管控载运危化品船舶作业安全和污染风险、完善港口污染物接收与转运和处置公共设施建设、加强船舶载运危化品污染水域突发事件应急处置能力建设四大方面建议。

2018年12月4日,南京海事局就服务长江经济带发展、生态文明建设向南京市政府提出三大方面建议:即建设长江航运物流中心,要从加强长江航运物流中心建设、提高口岸便利化服务水平、发挥-12.5米深水航道经济效益3方面着力;建设绿色港区,要从做好绿色港区顶层设计、建设绿色示范港区、推动港区重点行业污染整治、提高水上突发事件应急反应能力4方面下功夫;发展绿色生态岸线,要从重点打造开放的滨水公共活动空间,进一步清理非法码头整治,完善码头护坡,种植各类绿化亲水植被,形成南京滨江带洲地、田园、山林、城市、港区、大桥等景观,打造桥梁亮化工程,升级改造绿色生态休闲区等6方面努力。

### (二)推动共建共治共享有关协议的签订

2014年11月26日,江苏海事局与南京市政府在南京举行《共同加快推进南京长江航运物流中心建设合作备忘录》签字仪式,标志着江苏海事局与南京市政府合作进入一个新的阶段。按照双方签署的合作备忘录,江苏海事局将从南京长江航运物流中心建设、港口建设和发展、航运物流产业及港机重工产业发展、南京海事机构编制和监管设施建设等方面给予南京市重点支持;南京市政府将从创造海事良好执法环境、配套资金保障与水上安全保障设施建设、安全生产责任制落实、海事基础设施建设、水上应急救助能力建设、海事软实力建设等方面支持海事发展。双方决定成立"合作协调工作领导小组",实行定期会议制度。

南京海事局牵头与南京口岸查验机构签署《共同推进南京长江航运物流中心建设合作纲要》。2014年12月24日,南京海事局与金陵海关、南京出入境检验检疫局、南京港边防检查站4家口岸查验机构在南京举行《共同推进南京长江航运物流中心建设合作纲要》签字仪式。根据纲要内容,4家查验单位决定实行定期会议制度,加强沟通研究,遇重大事项发起临时会议,并从5个方面服务南京长江航运物流中心建设,即:推动南京市港口口岸新建码头泊位对外开放;推进口岸监管服务资源整合和互享;完善口岸监管服务机构设置,优化监管服务工作机制;推动南京港成为长江中下游综合性现代物流中心及江海转运主枢纽港;破解对外开放尤其是通关运作中存在的体制机制性障碍。

图9-5-2为2013年国际航行船舶监管合作备忘录签字仪式。

此外,2012年4月25日,南京海事局与南京长江国际航运中心开发有限公司签订《合作推进航运中心建设发展意向书》。

图9-5-2 2013年国际航行船舶监管合作备忘录签字仪式

2017年2月10日,南京海事局与南京大学环境规划设计研究院签订战略合作协议,成立联合技术或者政策课题研究组,对船舶防污染领域的难点和新增点进行研究,提出有效的管理政策建议和技术处理手段,推动长江南京段船舶防污染综合能力的提高,为双方共抓长江南京水域大保护搭建制度化平台。

### (三)助推南京港航经济转型发展

2011—2020年,面对南京地区大型港航、化工企业发展形势严峻的状况,南京海事局主动融入国家、省市发展战略,充分发挥海事专业优势,全力服务地方经济发展,主动上门与企业座谈,进一步做好服务地方社会经济发展这篇大文章。2012年5月19日,南京海事局与海关、边防、引航共同努力,引领巴哈马籍国际邮轮"汉莎蒂克"安全停靠南京港五马渡码头。这是2010年之后进入南京的第一艘国际邮轮。图9-5-3为2019年"海巡06205"护航旅游客船"世纪荣耀"安全靠泊南京五马渡游轮码头。

图9-5-3 2019年护航旅游客船"世纪荣耀"靠泊南京五马渡游轮码头

2012年6月13日,南京海事局为江苏瑞华投资控股集团公司的"瑞华1"轮办理所有权登记并核发国籍证书。这是海事部门首次为游艇办理登记。11月1日,南京"新长江游"水上观光游览线开始试运营后,南京海事局全力保障水上观光游览线水域水上安全。11月26日10点,船舶"凯通7"通过手机短信签证方式,向南京龙潭海事处提交船舶进港签证申请,随后南京海事局签证人员审批通过该船舶提交的进港签证申请。至此,全国首次船舶远程电子签证在南京实现。

2014年3月起,南京海事局全面实施船舶载运危险(污染危害性)货物及船舶防污染作业电子申报,从此又开展网上电子申报政务。4月1日起,实现内河船员适任考试、特殊培训考试无纸化。6月11日,南京海事局启动"百千万"活动,旨在积极贴近船舶、船民、船企,登访百艘船舶(百家企业)、走访千名船员、发送万条信息。2016年,推动辖区码头对外开放,新增7座开放码头通过市级预验收,3座码头通过省级验证开放。2017年,启动建设"美丽政务窗口",制定网上政务操作手册,推出在线预约、上门服务、邮递送达举措,解决外地船员来往不便、业务受理排队等候时间长的问题。其间,南京海事局还开展"守规矩、开好船、争当好船员"活动,将船员实操考试引入模拟器考试平台,降低实船考试风险。2019年5月,通过开辟绿色通道、优化审批程序,利用3天时间完成招商局南京油运股份有限公司提交的近百份船舶登记信息变更和防污文书核发申请,实现船舶"不停航"换证。2020年上半年,持续试点海轮进出长江途中不停直靠直离,统筹码头生产、引航等环节,先后完成铜精矿、大豆、铁矿石、煤炭等大宗散货及原油、集装箱等共140个航次直航联动。

此外,2013年南京海事局对港航单位提出10项服务措施:协调推进大船进出港口、支持港口码头对外开放、支持烟花爆竹集装箱过境、新增危险品化学品种简化评审手续、支持龙潭四期发展汽车滚装业务、支持龙潭集装箱航线发展与有关手续下放、合理调整仪征办事处办公时间、对经上游海事部门查验的中转集装箱原则上免于查验、适时走访部分码头客户、支持开辟集装箱及其他货种的新班轮航线。

2012—2013年,受南京市政府委托,依据《南京市城市总体规划》和《南京市"十二五"旅游产业发展规划》,南京海事局牵头组织江苏省旅游局、南京市旅游委员会、南京市交通局等单位,多次进行"南京邮轮经济发展战略研究"课题研讨,与课题研究单位协调沟通,确定研究方向、研究框架,并多次组织研讨会、现场勘查及内部审核,确保课题研究顺利开展,并从海事角度就长江岸线使用和通航安全情况与邮轮码头岸线规划及建设提出建议。6月8日,"南京邮轮经济发展战略研究"课题通过专家评审,为南京发展邮轮经济提供决策参考,获得南京市政府领导高度评价。

特别2020年面对新冠肺炎疫情和"百年洪水"双重影响,南京海事局积极做好疫情防控和助力港航企业复工复产。①建立动静紧密协同核查机制,保证重点区域、进港重点船舶的"全覆盖、零疏漏",并督促辖区 70 家体系航运公司、549 艘船舶落实船员防疫主体责任,筑牢群防群治防线。②严防水路疫情输入,构建六大联防联控机制,成立应对境外疫情应急专门班子进行紧急情况处置,共协调 7 名中国籍和 3 名外国籍船员下船就医。并向国家境外疫情联防联控工作组通报并联合监管重点国家、地区入境船舶 512 艘、船员 9989 人,未发生境外疫情从南京水运口岸输入情况。③开辟"绿色通道",优先保障来往湖北载运防疫物资船舶 868 艘次。④全力支持复工复产。自 3 月 17 日率先打通国际航行船舶中国籍船员换班通道,实施 1765 人次换班,实施 555 艘次大型海船直进直靠、直离直出,减少 5028 艘次船舶滞港。还签发临时船舶安全管理证书 78 份,办理船舶安全管理展期 75 次,换发船舶安全管理证书 35 次。保障南京长江五桥、浦仪公路大桥等重点工程建设复工,及时解决疫情期间港航企业复工复产遇到的问题。

### (四)全力参与滨江风光带整治工程

2013 年 4 月起,根据南京市政府的南京长江二、三桥间 58 公里的滨江风光带岸线整治工程计划,南京海事局以 3 项举措配合对沿江码头综合整治:①从海事监管职能出发,主动做好政策咨询与建议服务;②主动做好迁出的企业、码头在船舶签证、规费征收、应急反应等海事方面承接服务,对先期搬迁码头、企业开展跟踪服务;③主动做好后续的联合执法整治的协调服务工作。依据沿江码头综合整治要求,对外发布航行通告。7 月 23 日,为配合南京市滨江风光带码头整治,下发《关于禁止船舶在南京长江二桥三桥之间部分码头靠泊作业的通告》。7 月 26 日,又与南京市交通局、江心洲街道办、扬子航务公司等一起清拖滨江风光带浮码头。9 月 25 日,参加联合执法行动,劝导和驱散违规靠泊船只,并总结交流情况。

## 三、成立港航协调指挥中心与启用全天候政务服务区

### (一)成立江苏首家长江港航综合协调指挥中心

水上交通安全治理涉及海事、交通、港口等多方事权。一直以来,长江南京段的船舶航行安全、防止船舶污染水域、港口生产及安全等密不可分,但管理对应不同部门,相关事权边界虽然比较清晰,但真正实施起来就互相交叉、互相影响,在实践中经常遭遇船舶锚泊困难,水上交通区域集中、靠离泊多点并行等冲突与矛盾,通航秩序、港口生产秩序、引航资源供给等亟待优化调整。为此,南京海事局与相关部门协商,秉承"共建共治共享"理念,着手建立水上交通安全治理新机制。图 9-5-4 为 2017 年南京海事局与南京港文明共建签约仪式。

图 9-5-4　2017 年南京海事局与南京港(集团)有限公司文明共建签约仪式

2019年7月25日,南京海事局牵头组织市交通运输局、引航站共同修订南京长江港航综合协调指挥中心建设方案,探讨人员配备和运转模式。8月23日,组织南京港(集团)、南钢公司、扬巴公司、南化公司、扬子物流公司、南京明豪船舶公司等企业推进"南京长江港航综合协调指挥信息系统"。8月27日,会同市交通运输局确立工作机制,发布《关于成立"南京长江港航综合协调指挥中心"的通知》《关于印发"南京长江港航综合协调指挥中心"建设方案的通知》,明确组织机构、工作职责、工作目标和组建方案等。9月1日,江苏省首家长江港航综合协调指挥中心成立并试运行。为支撑其有序运行,该中心成功打造了南京长江港航综合协调指挥信息系统。该系统具备申报、查询、管理等基本功能,主要包括"船舶规范管理""航次任务办理""航次任务查询"三大模块。港航综合协调指挥中心的成立,推动了海事、交通、引航、港口企业等多方信息共享,促使相关各方精准掌握船舶动态,实现船舶引航、靠离泊、起抛锚统一调度、统筹管理,提高长江南京段港口资源利用效率和公共服务水平,发挥了南京港区域枢纽功能。同时,通过建立有效的协调联动机制,增强长江南京段安全与环境风险防范能力、水上突发事件应急反应能力。

从运行一年的成效看,港航综合协调指挥中心发挥了较好作用。如在畅通海轮直航南京绿色通道方面,从2019年10月底开始试点海轮进出江直靠直离工作。由港航综合协调指挥中心统筹港口、码头、引航调度,畅通衔接环节,实现海轮从上海吴淞口直航南京,减少海轮对长江沿线有限锚地资源的占用,大大提高船公司经济效益及港口运行效率,也提升了南京港综合竞争力。2020年11月,交通运输部部长李小鹏调研长江大保护工作时,对南京海事局的海事政务自助服务、智能指挥决策系统等给予充分肯定。

值得一提的是,2020年之后长江南京段4块危险品船舶停泊水域实行集中统一管理。2020年2月20日,南京海事局建立"南京港锚地管理平台"微信公众号,对辖区内龙潭油轮锚地、栖霞油轮锚地、栖霞山锚地、扬子临时停泊区等4个危险品船舶停泊水域实行集中统一调度管理,所有在长江南京段有抛锚需求的危险品船舶,均须通过该平台进行锚泊申请。试运行以来,长江南京段危险品船舶锚泊数量较以往下降30%,大幅提升码头、锚地周转效率,有效降低危险品船舶事故风险。首创的南京港锚地统一调度管理,有效压降锚地事故风险,并作为南京市安全生产专项整治典型经验得到了推广。同时,港口作业的危险品信息和船舶信息为港政管理提供可靠依据,统筹港内拖轮等应急力量的动态信息和应急资源,提高了水上突发事件应急处理效率。

### (二)启用24小时海事政务自助服务区

2011—2020年,南京海事局坚持服务重点和惠及广大行政相对人相结合,突出提升服务质量。2013年之后,南京海事局依托交通运输部海事局开设的协同管理平台、综合服务平台和江苏海事局建成的综合管理信息平台、门户网站政务大厅系统,对照权责清单和通航、船舶、船员、危防四大类共20多项业务,实现网络平台申请、全程不见面办理。其他需提交纸质材料的业务,还需申请人到窗口现场办理。2018年,南京海事局落实通关一体化改革要求,会同海关等口岸监管部门将"串联式"通关模式改为"并联式",通过设立"单一窗口,一单多报",让国际航行船舶申报系统与省电子口岸平台对接,共享省电子口岸数据,使手续办结时间大幅缩短20%,通关效率大幅提升。发挥口岸查验单位联席会议牵头作用,促使国际航行船舶联合登临检查常态化。2020年,在疫情防控、助力复工复产中,率先推广实施"不接触"审批,利用"24小时海事政务自助服务区",在海事处、水上服务区、航海院校布点10个终端。并开展线上船员培训考试,实施海员证信息远程采集。试点发出江苏辖区第一张全程网上申请、审批的船舶国籍证书,海事政务在线办理率超过80%。探索船舶登记申请无纸化及审批智能化工作,结合"申请人员身份认证模式""船舶登记示范文本"等研究成果,解决相对人对所需材料"摸不着头脑"、多次往返政务大厅、办证周期较长等问题,真正实现让数据多跑路、群众少跑腿。图9-5-5为2019年起24小时政务自助服务站受理首件申请材料的场景。

特别值得一提的是,2019年南京海事局推进"互联网+政务服务"工作,将船员相关证书、油污损害民事责任保险或其他财务保证证书、备案业务、行政处罚、港建费征收、申办员信息采集等日常业务量大、流程单一、需要窗口办理的业务,全部纳入自助服务范畴,并在6月份启动相关建设工作。12月6日,"24小时海事政务自助服务区"正式启用,成为全国海事系统首个为社会公众提供全天候、全方位、智能化的海事综合一窗办事服务区,填补办公时间外服务盲点,在非工作时间和节假日期间为群众提供一条方便、快捷的办事渠道。该自助服务区有4台自动服务终端和2组智能文件柜。自助服务终端作为一种前端的政务受理设备,与现有海事系统集成,体现的功能包括:行政许可自助、便捷性申请;行政许可结果的自助查询和文书自助打印、取件;违法行为公示、自助查询;处罚结果自助式确认及后续处理,海事相关情况自助查询等。12月25日,政务中心收到首件通过自助服务区提交的船员业务申报材料,材料申报时间显示的是当天中午,工作人员在确认材料齐全无误后即刻受理申报材料。2020年5月14日,港口建设费中转核销自助政务服务模块正式上线。图9-5-6为2019年10月新政务中心正式启用。

图9-5-5 2019年起24小时政务自助服务站受理首件申请材料

图9-5-6 2019年按"便民利民、高效智能"打造的新政务中心正式启用

## 第六节 水上搜救应急体系进一步健全

### 一、水上搜救应急管理机构健全

2011—2020年,南京市水上搜救中心加强水上搜救中心各成员单位自身应急救助工作,与全市水上应急救助工作衔接,形成"政府领导、统一指挥、属地为主、专群结合、就近就便、快速高效"应急救助工作格局。2011年,南京市公安局水警支队完善《水上巡防工作规范》《水上重特大治安灾害事故应急处置方案》《防汛救灾工作预案》《重大水环境污染处置预案》,与水上应急救助工作相衔接。2014年,南京市水上搜救中心调整搜救成员单位,补充搜救力量,完善市区两级搜救体系。2016年,利用各种途径,推动码头附加污染物接收设施,推动南京港集团在水上交通、洗舱服务、可锚水域等配套设施建设及应急资源投入。按照反应快速、布点科学、指挥得力、运作高效、成本节约的基本原则,完成南京长江水域设置的12个巡航应急待命站点优化调整,同步实现巡航执法船艇配置、巡航应急人力资源优化。2018年,编制"水上突发事件应急预案",将长航系统在宁单位纳入水上搜救成员单位,使机构更加完善、职责更加清晰、运转更加顺畅。

由南京市地方海事局负责的水上搜救中心内河分中心,这一时期全力开展长江以外内河水上搜救应急工作。2011年,内河分中心制定《南京地方海事系统重点物资水上运输保障方案》,规范长江以外内河水上重点物资运输、安全保障和应急服务。2012年,内河分中心制定《南京市内河水上搜救应急反应手册》,完成水上应急救助力量整合工作,形成以海事救助资源为核心,公务船艇、专业打捞清污船艇为主要救助力量的综合应急搜救网络。另外,应急反应长期协作机制基本建立,海事、公安、水利、安监等部门在联动响应方面紧密协作,实现苏、皖与宁、镇、扬水域搜救联动常态化。2013年,内河分中心与安徽省滁州、宣城等城市签署应急联动协议,跨界地域、相邻水域水上搜救应急反应能力再次得到提升。2014年,内河分中心调整搜救成员单位,补充搜救力量,完善市区两级搜救体系。2015年,强化苏、皖环南京等地水上搜救机构应急联动联防机制,消除搜救盲区。

## 二、水上搜救应急体系预案制(修)订

2011年之后,南京水上搜救应急管理机构调整、职能转变加快,以及水上应急救助受重视程度提高,水上相关应急预案的修订频次也比较高。2012年,作为南京市水上搜救中心办公室,南京海事局启动《南京市水上搜救应急预案》修订工作。2013年8月,征求有关方面意见和建议。11月,报送南京市人民政府审批。12月31日,南京市政府办公厅公布《南京市水上搜救应急预案》。2018年4月,废止2013年版预案,并修订形成2018版预案。2019年,南京海事局着手修订《南京市水上搜救应急预案》,主要调整是:将新生圩海关纳入南京市水上搜救成员单位;并根据职能变化情况,将市安监局、市卫计委、市环保局、市农委、市旅游委分别调整为市应急管理局、市卫生健康委员会、市生态环境局、市农业农村局、市文化和旅游局,明确各单位职责。同时,按照规定在9月17日征求有关单位意见,在12月20日征求专家意见,并于12月27日向市政府请示发布该预案。2020年6月10日,南京市政府发布《南京市水上搜救应急预案》。此外,2013年修订《南京市内河交通重大事故应急救援预案》。

2018年,南京市政府要求南京海事局牵头编修《长江南京水域船舶载运危险化学品事故应急预案》。为此,南京海事局成立《长江南京水域船舶载运危险化学品事故应急预案》编制工作组,收集大量资料,全面梳理南京市水上应急预案构建体系、环境保护应急预案体系,对其他省市地区类似预案进行研究和分析,并在充分分析长江南京段船载危险化学品事故风险的基础上起草了预案的初稿。5月3日,就预案初稿向相关成员单位广泛征求意见,收集到相关修改意见11条,形成预案修改稿。2019年12月20日,组织召开专家评审会,并在会后按照专家意见进行修改。2020年1月2日,向市政府请示发布该预案。2020年6月10日,南京市政府下发《长江南京水域船舶载运危险化学品事故应急预案》。该预案共分总则、组织体系及职责、预警预报、信息报告、应急响应、应急保障、应急管理、附件等8个部分,适用于长江南京市行政管辖区域内发生的船载危险化学品事故的应急处置。

这一时期,南京市水上搜救中心协助相关部门、行业进行应急预案的制(修)订,做到与市水上搜救中心职责、水上搜救预案的衔接。2012年,协助市渔政渔港监督管理处完善《南京市渔业安全生产事故应急预案》。2013年8月,针对修订《南京港口突发事件应急救援预案》提出6条具体修改意见,侧重于突发事件应急救援及善后处置时海事作用的充分发挥。11月,就制定《南京市航空器事故应急预案》,提出3条具体意见。12月,针对制定《南京市集中式饮用水源地突发污染事件应急预案》,提出5条具体修改意见。2017年3月,针对制定《南京市生产安全事故应急预案》《南京市危险化学品生产安全事故应急预案》,提出明确市水上搜救中心办公室职责定位有关意见。11月,针对修订《南京市公路(长江桥隧)突发事件应急预案》,提出2条修改意见。这些意见在有关应急预案中不同程度被采纳,一定程度上与市水上搜救工作保持连续性。

## 三、水上搜救应急装备的充实

2011年之后,南京海事局出于持续应对全市水上应急反应需要,进一步均衡布点水上应急救助力量,形成以12个应急待命点、16艘海巡艇、17辆执法车、8个雷达基站、298个CCTV监控点为支撑的"以点带线、以线拉面"水上应急救助核心力量格局。同时,南京船舶溢油设备库陆续购进一批设备,包括汽车吊车、普通叉车、应急运输车、拖车、多功能车、货架集装箱、单梁起重机、应急卸载泵、船用消油剂喷洒装置、快速布放围油栏、应急卸载泵、收油机、凸轮转子泵、分散式喷洒装置、固体浮子式围油栏、便携式油份测定仪、收油网、高压热水清洗机、浮动油囊、防化服、防护服、防爆对讲机、气体检测仪、防爆手电筒、应急照明系统、测距仪等设施设备,具备中小型规模溢油应急救助能力。其间,南京海事局在南京油运公司、长燃供应站、南炼码头、港务局六区码头、扬子石化码头,设置应急器材的库外存放点。2017年,南京市水上搜救中心新增1艘大型水上应急指挥船。到2019年,南京市水上搜救应急装备已初具规模,能够在预定的时间内迅速反应,及时处置中小型突发险情事故。

2012年,南京市地方海事局以高淳、六合、城区为三个立足点,全面推进建设内河搜救分中心,并在2014年青奥会前形成江南、江北和城区长江以外水域两级监管搜救网络体系布局。2014年,新增1艘高速救助艇。2016年,购置一批水上救生抛投器。

## 四、着力建设现代化水上搜救队伍

2011年,南京水上搜救中心组织搜救人员参加应急管理、应急值班培训,举办AIS操作、气象终端软件系统培训,派员赴深圳学习大运会安保经验,举办水上搜救技能培训。2012年,组织水上搜救成员单位联络员来局水上搜救中心学习。2013年,开展搜救业务培训15次,参培人员360人次,涉及信息传递、应急处置、人员救助、案例分析、心理救助等课程。12月份,邀请江苏海事职业技术学院、南京市气象局等专家,开展搜救专项技能培训。2014年6月,开展应急救护培训。此后,一直延续开展涉及水上搜救各方面业务知识培训,持续提升应急救助人员专业技能。

此外,南京水上搜救中心发挥商船、渔船、社会志愿者等社会力量的作用,鼓励引导社会搜救队伍和志愿者队伍有序发展。2016年,将南京油运公司水上搜救队伍纳入应急救助力量管理,完善以南京港口集团、南京油运公司等重点企业为主要力量的社会专业救助队伍。2018年,与金汇通航开辟水上救援"空中ICU"通道,弥补长江南京段空中社会救援队伍空白。同时,组建跨地区、跨部门、多专业的水上搜救专家队伍。

2013年6月,南京水上搜救中心将31名专家充实进水上搜救专家库。2019年,建立相对稳定的应急专家库,为水上搜救工作提供技术支撑。

## 五、开展水上搜救应急演练

2011年后,南京市水上搜救演练演习向纵深发展,既承担上级安排的演习任务,又组织水上搜救成员单位开展演练演习,还指导辖区企业开展相关演练活动。其中比较有影响的是2014年"青奥会""公祭日"前开展的系列演练活动、2018年江苏省水上搜救综合演习。

2014年4月23日,南京市水上搜救中心指导并参加了板桥汽渡消防、救生应急演习,模拟"板桥汽渡6号"火灾弃船科目,开展自救和人员疏散演练。5月22日,南京海事局在栖霞港区组织防污染应急演练,模拟陆域发生柴油泄漏入江,海事部门组织清污力量在水面进行围控和清除,4艘防污船、1艘消拖两用船、2艘海巡艇参加演练。6月20日,参与江苏省交通运输厅港口局、南京市港口局主办的"迎青奥·南京港反恐暨危化品事故应急处置演习",强化多部门联合应急处置能力。9月30日,在148号浮开展无预案演练,模拟两船碰撞导致人员落水,检验基层应急救助能力。当年,累计组织开展各类搜救演练15次,指导并参加长江水域生产经营单位演练26次,配合外单位演练6次,为青奥会、国家公祭日期间事故险情应对提供坚实的准备。

2018年4月,江苏省水上搜救中心将当年水上搜救综合演习交由南京市水上搜救中心具体实施。南京海事局用2个月组织市水上搜救中心相关成员单位和社会救助单位做好准备,完成脚本编写及其他准备工作。6月6日,江苏省水上搜救综合演习在长江南京宝塔水道扬子码头水域成功举行。该演习由江苏省水上搜救中心主办,江苏海事局及省交通厅、环保厅、安监局承办,南京海事局负责演习具体实施工作,演习内容包括应急自救、险情报告与评估、预案启动、船舶和岸上码头人员疏散、消防灭火等十多个科目,共协调21家企事业单位、30艘船艇、300余名人员参与,是江苏省近年来举行的规模最大、参演船艇最多、涉及科目最广的一次水上搜救综合演习。演习开展分项演练和两次预演,圆满完成各项任务,有效地检验了长江江苏段水上突发事故应急救援和组织指挥协调能力,得到江苏省政府肯定。

此外,南京市水上搜救中心还开展一些重大的演练演习活动。2011年6月,南京海事局与水上公安、板桥汽渡、国际关系学院联合举办水上救生、消防应急演练。2012年10月,与南京市环境保护局联合开展由8家单位、21艘船艇、150余人参加的水上搜救与防污染大型综合演练。2013年7月,联合公安部门开展的水上消防与安保演练,有10船艇、70多人参加。2015年7月,开展内河水上搜救综合演习。12月,开展长江江苏段水上搜救综合演练,有28艘各类船艇、240人参加。

这一时期,南京市地方海事局为切实提高快速反应和应急处置能力,连续筹划开展相关的水上搜救实战演习。2011年,在六合金牛湖水域组织开展专项搜救技能培训及"水上搜救应急技能比武竞赛"。2015年,在秦淮新河入江口水域成功举行内河人命救助和溢油围控水上搜救演习,展示了"水上救生抛投器"水上搜救新装备。2017年,与省地方海事局联合在秦淮新河入江口水域进行"1+N"水上搜救演习。此次演习中,由南京市地方海事局8名搜救队员组成的"水上应急救援队",经过国际搜救教练联盟培训后,首次与社会救助、清污处置、打捞疏浚、堵漏排险等单位合作,并有无人机等辅助。2019年,南京市地方海事局在秦淮河入江口水域成功举办代号为"护城河行动"的内河水上防污染应急联动演习。这是以苏皖环宁海事跨省联防联控为背景,协调组织苏皖环宁部分市县区地方海事机构,检验环宁护城河水域突发性水污染事件备战、临战、实战状态的一次演习。

## 六、水上搜救成效进一步向好

这一时期,南京市水上搜救成效进一步向好。2011—2020年南京长江水域水上搜救主要指标详见表9-6-1。

**2011—2020年南京长江水域水上搜救主要指标一览表**　　　　表9-6-1

| 年份 | 水上搜救行动(起) | 险情(起) | 遇险人员(人) | 成功救助人员(人) | 搜救有效率(%) | 遇险船舶(艘) | 成功救助船舶(艘) | 搜救成功率(%) | 挽回经济损失(元) |
|---|---|---|---|---|---|---|---|---|---|
| 2011 |  | 135 | 955 | 952 | 99.69 | 191 | 188 | 98.43 |  |
| 2012 |  | 124 | 1013 | 1005 | 95.53 | 179 | 171 | 99.21 |  |
| 2013 |  | 150 | 931 | 927 | 99.6 | 227 | 218 | 96 |  |
| 2014 |  | 163 | 1318 | 1312 | 99.54 | 205 | 203 | 99.02 |  |
| 2015 | 101 | 101 | 1358 | 1350 | 99.4 | 164 | 160 | 98.2 |  |
| 2016 | 117 | 117 | 927 | 914 | 98.6 | 164 | 156 | 95.1 |  |

续上表

| 年份 | 水上搜救行动(起) | 险情(起) | 遇险人员(人) | 成功救助人员(人) | 搜救有效率(%) | 遇险船舶(艘) | 成功救助船舶(艘) | 搜救成功率(%) | 挽回经济损失(元) |
|---|---|---|---|---|---|---|---|---|---|
| 2017 | 83 | 83 | 771 | 765 | 97.4 | 117 | 114 | 99.2 | |
| 2018 | 58 | 58 | 498 | 495 | 99.4 | 92 | 86 | 93.4 | |
| 2019 | 54 | 54 | 237 | 235 | 99.1 | 66 | 60 | 90.9 | |
| 2020 | 32 | | 210 | | | 52 | | 100 | |

这一时期,长江南京段有影响的水上搜救活动有:

2013年5月12日,乳山鑫川航运有限公司所属"鑫川8"轮碰擦南京长江大桥桥墩后沉没,造成该船自用油部分溢出。市水上搜救中心快速应对,协调出动各类船艇400余艘次、2000余人次参与应急处置,成功救起18名船员。布设围油栏2340多米、吸油拖(围)栏6520米,使用吸油毡6.515吨,回收含油污水100余吨、含油垃圾167.22吨。同时,抽取55吨油污水。2014年5月7日,"鑫川8"轮被打捞出水。

2016年5月9日,散化船"苏东油0020""苏东油0021"在长江南京段宝塔水道扬子锚地检修高位报警装置时突然闪爆,船上8人遇险。市水上搜救中心立即启动应急预案,协调4艘海巡艇、2艘消防船、6艘水警艇、1艘清污船、2艘交通船和200多名救援人员参与救援,第一时间控制火势,成功救出6名遇险人员,并避免水域污染等次生事故发生。

2018年8月13日,"嘉洋6"轮在长江仪征水道123号浮横越,与下行船舶"江顺2827"轮发生碰撞,造成"江顺2827"轮2名船员落水,下落不明。市水上搜救中心调派4海巡艇,协调2艘海巡艇与3艘拖轮、2艘公务艇前往现场搜寻。

2019年6月10日,"瑞北5001"轮船主报告,该轮在下行通过南京长江二桥水域时,船舶舵机出现故障,船头触碰138号北岸蓝昇船厂船坞闸门。市水上搜救中心调派3艘海巡艇前往现场处置,调派拖轮1艘、工程船1艘、清污船1艘赶往事故现场救助。"瑞北5001"轮沉没,3名船员获救,未造成水域污染。

## 第七节 海事设施(备)建设标准化与船艇升级换代

### 一、海事业务用房的进一步改善

2011年之后,南京海事局除海事后续业务用房工程外,积极响应国家控制兴建办公场所的有关号召,通过置换、迁建等方式,进一步改善业务用房和办公条件。2011年,六合海事处业务用房工程完成主体施工,2012年12月5日通过装修竣工验收,实际建筑面积1596.8平方米。2014年,南京海事局以置换方式取得1栋面积约1200平方米业务用房的长期使用权,解决栖霞海事处业务用房不足问题。同时,通过与江宁滨江开发区管委会协调,解决江宁办事处没有业务用房问题。2018年12月份,因扬子石化爆炸影响,大厂海事处迁址办公,同时保留原有业务用房作为海巡执法大队用房。7月,承担的江苏海事局浦口老干部活动中心暨青年职工宿舍项目通过竣工验收。

这一时期,南京海事局较大的新建基本建设项目为南京船舶溢油应急设备库工程。该工程从2007年初开始前期工作。2010年12月25日,项目开工建设。这是由国家发改委和交通运输部共同编制规划,并经国务院批准的长江干线第一个国家级中心船舶溢油应急设备库。该工程一期建设船舶溢油应急库及辅助用房、工作场地和附属工程,购置溢油应急卸载、围控、回收、储运、监视监测设备和溢油分散、吸附物资及其他配套设备。工程二期建设项目包括船舶防污协调指挥中心、实操训练和监测化验业务用房，以及配备油污回收工作船等。2011年11月17日，该工程土建及附属工程完工，并通过交工验收。2012年12月13日，顺利通过交通运输部海事局组织的竣工验收。2013年，南京海事局编制该工程附属码头项目规划并上报。2016年9月20日，该项目码头配套工程开工，主要为新建高桩梁板码头1座（长120米、宽18米），后方陆域通过1座长35米、宽9米的固定引桥连接。2017年5月，码头主体工程施工完成，12月19日通过验收。

这一时期，另一个大的项目为南京海事局综合业务用房及南京市水上搜救中心业务用房置换工程。2011年，南京海事局与下关区政府就局业务用房迁建事宜达成初步意向。当时南京市政府推进下关滨江地带开发，并决定建设南京长江航运中心，引导航运单位入驻。南京海事局以此为契机，推动业务用房置换事宜。2012年6月6日，南京市政府以51号会议纪要，明确南京海事局业务用房置换总体思路和要求。以此为依据，经多次协商，当年南京海事局与下关区政府签订《南京海事局综合业务用房购置意向书》，新购置郑和路以东航运中心1号楼面积11000平方米左右业务用房。2013年2月，南京下关区政府并入鼓楼区政府，南京海事局谈判对象变为鼓楼区政府。2014年，南京海事局与鼓楼区政府完成置换框架协议签订工作。2015年，在框架协议基础上，进一步深化置换细节细项谈判。2016年9月，完成房屋征收安置、精装修、车位购置及租赁、建设资金使用管理、监管救助设施建设等补充协议签订工作。同时12月，完成平面布置图、装修效果图设计。2017年7月，完成食堂购置协议签订工作。8月，完成装修、消防、暖通、隔层和机房加固施工图设计。11月，又完成相关施工招标。2018年1月18日，南京海事局局机关置换的业务用房开始装修和进行暖通、隔层和机房加固施工。9月28日，完成装修项目交工验收，具备入驻条件。10月8日，正式入驻。多年渴望、多次反映要求改善局机关业务用房的问题终于得以解决。新置换的局机关业务用房包括郑和路以东航运中心1号楼17~22层8893平方米、23层隔层900平方米，以及二楼食堂租赁663平方米。同时，各基层海事处业务用房面积也有增加，条件也得到改善，如龙潭海事处建筑面积2574.00平方米，新生圩海事处建筑面积1746.73平方米。至2020年底，南京海事局共有办公用房29300平方米。

## 二、海事船艇再次升级换代与新建

2011年，南京海事局已拥有15艘海巡艇、18艘趸船，代管江苏海事局40米级钢铝结构指挥艇"海巡081"。此后，南京海事局在海事船艇建设上着重升级换代。2012年，由于报废，至年底仅有海巡艇12艘。面对船流迅猛增长，海事巡艇总体续航能力小、抗风等级差、组成结构不尽合理、布设站点比较少等情况，2013年、2014年海巡艇有5艘到达服役年限，如不及时更新换代和增添新艇，2015年将面临艇力严重不足的局面。

为此，南京海事局除通过国家规定经费渠道外，积极争取港口建设费海事保障项目经费来建造海巡艇。2013年，2艘新建玻璃钢海巡艇投入使用，分别为"海巡06209""海巡06215"，同时完成1艘36米级钢铝混合指挥艇招标并开工建造。2014年，增加现代化海巡艇"海巡0609"，8月11日全国内河第一艘现代化、信息化程度高的"海巡0603"正式列编。2015年，4艘新建海巡艇投入使用，分别为"海巡06216""海巡06217""海巡06218""海巡06219"。2018年，新建并投入使用40米级海巡艇1艘，命名为"海巡0605"。2019年，新增2艘海巡艇，命名为"海巡06220""海巡06221"。至2020年底，南京海事局共有海巡艇16艘（其中2011年之后新建12艘），并全部配备北斗单模块AIS（北斗船载智能终端），成为长江首批拥有国产导航技术的公务船。图9-7-1为2014年8月举行0603现代化海巡艇列编仪式的场景。2020年底南京海事局拥有的海事巡逻艇情况详见表9-7-1。

图 9-7-1　2014 年 8 月举行 0603 现代化海巡艇列编仪式

**2020 年底南京海事局海事巡逻艇一览表**　　　　　　　　　　　　　　　表 9-7-1

| 序　号 | 艇　　名 | 出厂年份 | 配　置　点 | 抗风等级(级) | 航速(节) |
|---|---|---|---|---|---|
| 1 | 海巡 0603 | 2014 | 执法支队 | 8 | 18 |
| 2 | 海巡 0605 | 2018 | 执法支队 | 6 | 28 |
| 3 | 海巡 06207 | 1996 | 江宁执法大队 | 5 | 10 |
| 4 | 海巡 06209 | 2013 | 三江口执法大队 | 6 | 25.7 |
| 5 | 海巡 06210 | 2007 | 乌江执法大队 | 5 | 22 |
| 6 | 海巡 06212 | 2008 | 江宁执法大队 | 5 | 22 |
| 7 | 海巡 06213 | 2000 | 下关执法大队 | 5 | 14 |
| 8 | 海巡 06215 | 2013 | 栖霞山执法大队 | 8 | 28 |
| 9 | 海巡 06216 | 2015 | 新生圩执法大队 | 6 | 25.7 |
| 10 | 海巡 06217 | 2015 | 上元门执法大队 | 6 | 13 |
| 11 | 海巡 06218 | 2015 | 扬子执法大队 | 6 | 28 |
| 12 | 海巡 06219 | 2015 | 执法支队 | 8 | 30 |
| 13 | 海巡 06220 | 2019 | 下关执法大队 | 6 | 23 |
| 14 | 海巡 06221 | 2019 | 执法支队 | 8 | 28 |
| 15 | 海巡 06222 | 2020 | 龙潭执法大队 | 6 | 19 |
| 16 | 海巡 06223 | 2020 | 梅山西坝执法大队 | 6 | 19 |

这一时期,南京海事局进一步调整海事趸船布局,新建造功能齐全的趸船。2016 年,新建造 4 艘趸船,分别为苏海事趸 1、76、77、78 号,供海巡执法支队、扬子海巡执法大队、下关海巡执法大队、新生圩海巡执法大队使用。至 2020 年,南京海事拥有海事趸船 18 艘,均衡分布在辖区各监管与应急待命点。2020 年南京海事局海事趸船码头详见表 9-7-2。

**2020 年南京海事局海事趸船码头一览表**　　　　　　　　　　　　　　　表 9-7-2

| 序　号 | 名　　称 | 竣工时间 | 使用单位 |
|---|---|---|---|
| 1 | 苏海事趸 1 号 | 2016 年 11 月 | 局执法支队 |
| 2 | 苏海事趸 02 号 | 1984 年 1 月 | 六合执法大队 |
| 3 | 苏海事趸 03 号 | 1988 年 11 月 | 下关执法大队((临时) |
| 4 | 苏海事趸 04 号 | 1988 年 5 月 | 西坝执法大队 |
| 5 | 苏海事趸 07 号 | 1990 年 8 月 | 江宁执法大队 |

续上表

| 序号 | 名称 | 竣工时间 | 使用单位 |
|---|---|---|---|
| 6 | 苏海事趸 09 号 | 1991 年 6 月 | 新生洲 |
| 7 | 苏海事趸 10 号 | 1997 年 10 月 | 龙潭执法大队 |
| 8 | 苏海事趸 11 号 | 1999 年 12 月 | 六合执法大队(临时) |
| 9 | 苏海事趸 12 号 | 2006 年 6 月 | 乌江执法大队 |
| 10 | 苏海事趸 13 号 | 2002 年 12 月 | 五马渡 |
| 11 | 苏海事趸 15 号 | 1991 年 9 月 | 三江口执法大队 |
| 12 | 苏海事趸 71 号 | 2010 年 5 月 | 上元门执法大队 |
| 13 | 苏海事趸 72 号 | 2010 年 5 月 | 局执法支队 |
| 14 | 苏海事趸 73 号 | 2010 年 5 月 | 龙潭执法大队 |
| 15 | 苏海事趸 75 号 | 2010 年 5 月 | 栖霞山执法大队 |
| 16 | 苏海事趸 76 号 | 2016 年 9 月 | 扬子执法大队 |
| 17 | 苏海事趸 77 号 | 2016 年 9 月 | 下关执法大队 |
| 18 | 苏海事趸 78 号 | 2016 年 9 月 | 新生圩执法大队 |

南京市地方海事局这一时期紧抓"亚青会""青奥会"等重大水上安全活动,争取添置海巡艇。至 2020 年 12 月,在原有 14 艘基础上又增加 6 艘。2011—2020 年南京市地方海事局新增海巡艇详见表 9-7-3。

**2011—2020 年南京市地方海事局新增海巡艇一览表**　　表 9-7-3

| 序号 | 船名 | 建造年份 | 总吨位(吨) | 功率(千瓦) | 造价(万元) |
|---|---|---|---|---|---|
| 1 | 苏海巡 0116 | 2011 | 27 | 168 | 100 |
| 2 | 苏海巡 0118 | 2012 | 49 | 176 | 130 |
| 3 | 苏海巡 012 | 2013 | 2 | 110 | 40 |
| 4 | 苏海巡 015 | 2013 | 5 | 110 | 49.6 |
| 5 | 苏海巡 0119 | 2013 | 30 | 272 | 152 |
| 6 | 苏海巡 0101 | 2016 | 84 | 522 | 380 |

## 三、基础设施(备)建设与管理规范化

2011 年之后,南京海事局基础设施的建管进一步规范化。2012 年建设南京船舶溢油应急设备库和六合海事处业务用房工程时,指派专人作为现场代表驻守工地。在项目开工时,针对项目特点修改和完善工程管理制度,并将制度上墙。现场管理负责人在设计变更、合同外签证等方面严格把关,从组织上、制度上保障工程程序合规,按计划进度施工。在与施工、建立单位签订施工合同的同时,签订廉政合同并按合同执行。2013 年,南京海事局将船艇管理纳入《南京海事局正规化建设工作标准》,规范落实层级管理制度,明确海事船舶使用单位主要负责人为海事船舶管理第一责任人,推行分管负责人抓实施、船长抓落实机制。2014 年,针对船舶管理活动量增加情况,进一步增强管理的计划性,开展季度管用养修考核,并编写督察通报,提出整改意见 1000 多条。2015 年,通过规范化管理,使船艇适航率达到 99%。

这一时期,南京海事局还在基础设施绿色化上下功夫,形成具有自己特色的做法和标准。2014 年,开展海事趸船节能环保生态化建设的研究和应用工作,在梅山海事处海巡执法大队趸船试点建设分布式光伏发电系统,探索海事趸船使用绿色能源新模式。从 9 月趸船光伏发电系统实现并网起,月平均发电

1015.75度,实际电费开支减少1241.61元,基本达到预期效益。2018年,南京海事局制定《南京海事局海事船舶防污染管理规定》,推进趸船生活污水上岸处理。7月2日,大厂海事处所属3条趸船生活污水排入岸上设施效用验收,其中扬子海巡大队和征州办事点趸船生活污水直接实现并入岸上生活污水池。至此,南京海事局所属18条趸船生活污水集污柜改造全部完成。此外,至9月1日,率先在江苏海事局范围内实现趸船污水上岸处理,2个应急待命点3条趸船生活污水并入市政污水管网,8个应急待命点9条趸船生活污水并入附近生活污水集污池,另有4个应急待命点4条趸船生活污水排放方与生活污水接收资质单位签订相关协议,由接收船接收后送交市政污水处理。

## 第八节　海事信息化全面快速发展

### 一、海事信息化服务平台提档升级

2011—2020年,南京海事局秉承"人民少跑腿、数据多跑腿"理念,着力推进海事信息化服务平台提档升级。2012年,完成无纸化考场指纹识别系统升级,开发内河船员考试外网查分系统。在江心洲考试机房对内河船员考试服务器进行升级改造,并在江心洲和浦口考场全面安装配置指纹识别仪,加强考生身份验证。2013年,继续完善内河船员考试系统,升级江心洲和浦口船员考试系统。推广船公司管理平台,扩展网上行政审批项目。2014年11月29日,为做好船舶签证许可取消后船舶监督管理工作,掌握进出南京港船舶的动态和货物装卸情况,在做好前期大量准备工作基础上,全面推广"江苏省电子口岸船港货综合信息服务平台",为行政相对人办事提供便利。同时,龙潭海事处与龙潭集装箱公司、南京港EDI中心研发基于辖区集装箱运输监管的船港货一体化平台,极大提升了集装箱开箱检查及港口建设费征收工作效率,为行政相对人节约时间成本。2017年,研发港口建设费中转核销业务系统,并初步完成建设工作,次年12月试运行,2019年推广应用,从而提高办理港口建设费征收手续效率。

2018年,南京海事局按照江苏海事局要求开展船E行系统推广工作,购置4台政务自助服务系统,于2019年12月试运行,建成全国海事系统首个"24小时政务自助服务区"。该系统通过"互联网+政务服务",实现海事政务在线办理率超过80%;构建成绿色通道、并联办理、容缺办理机制,使船员培训合格证签发、海员船员内河航行资格证明、水上水下活动许可等办结时限压缩30%;推动船舶港口建设费、行政处罚远程电子缴费,实现一网通办、24小时自助办理,方便行政相对人办理各类业务,改善港航发展环境。2019年,船E行系统基本满足船公司、船员的需要。

与南京海事局一样,南京市地方海事局这一时期信息化水平得到迅速提升。2012年,推行阳光政务,启动"网上海事局"项目,初步完成行政审批子系统建设。2013年,该项目实现网上申请、网上提醒、网上缴费、网上测评等服务功能。2016年,南京市地方海事局完成电子考场改建,在新电子考场更新防静电地板、会议系统和63套考试终端。完成局内无线Wi-Fi系统建设,实现全局全方位无死角的信号覆盖。2017年,"船员口袋工程"实现突破性进展,配备船员自助服务终端,彻底实现零待时发证,吸引大批非南京籍船员前来进行信息采集。

### 二、CCTV视频系统实现辖区全覆盖

2011—2020年,南京海事局持续开展CCTV视频监控系统(以下简称"CCTV监控")补点和升级改造工作,使海事走向可视化监管。2011年,各海事处设立监控分中心,建大屏显示监控室,将码头作业监控图像由各码头单位接入海事处,再上传至局指挥中心。在八卦洲西方角水域建成无线视频监控及扩声一

体化系统,完成对该水域实时监控的同时,实现指挥中心对该水域现场远程喊话。整合视频监控系统,自建 CCTV 监控系统监控点 307 个,接入码头单位 CCTV 监控监控点达 230 个。2012 年,完成西方角、天河口两个复杂水域的 CCTV 监控补点工程建设,并加强实时监控;完成南京长江第四大桥通航环境 CCTV 监控补点建设工程,实现桥区水域上游和下游航道实时监控。同时,在重点监控水域,引进带透雾及夜视功能摄像系统,提高夜晚及雾天情况下监控能力。2013 年,完成 5 个区域通航环境 CCTV 监控系统补点工程建设,并投入使用。新建南京四桥 CCTV 监控系统监控点,使辖区重点水域基本得到全覆盖。之后,继续在重点监控水域引进带透雾功能的高清摄像系统,提高雾天情况下监控能力。完成海巡艇船载移动视频监控系统建设。8 月 18 日,在慈湖河口水域大型全彩色 LED 警示屏建成开启。这是江苏海事局系统首个超大型多功能 LED 警示屏。2014 年,CCTV 监控系统已覆盖通航环境、执法窗口、内部安保和码头作业 4 个大类,共建有 CCTV 监控探头 180 个,外部接入监控探头 193 个。大胜关水道夹江桥及步行桥特别安装 CCTV 监控系统,实现南京长江大桥至三桥核心管制水域 MESH 网络全覆盖。加上配发语音集群通信和海事通系统,从而使这一区域监控实行全覆盖,保障了青奥会期间水上安全。2015 年,江宁海事处 CCTV 监控系统监控室大屏工程、西坝码头 CCTV 监控系统竣工验收,使 CCTV 监控系统建设渐成规模。2016 年,南京海事局推进南京长江四桥、局业务大楼及 3 艘海巡艇 CCTV 监控系统及江宁、桥林雷达站改造与建设。2017 年,整合沿江视频监控系统,逐步建成覆盖沿江桥区、复杂航道、事故多发地段和渡运水域的 CCTV 监控系统。同时,完成四桥桥区热成像视频监控系统安装,配合江苏海事局完成高铁桥桥区抓拍系统安装调试。2018 年,协调推进小型危化品运输企业联合自主监控,32 家运行体系的危化品航运公司全部建成 AIS 监控系统,其中 11 家建设 CCTV 监控平台,扬子巴斯夫公司试点建设危化品宣传信息共享平台。同时,推进"桥卫士"系统建设,完成超高预警模块安装调试工作,持续开展系统功能优化和显示屏及桥区设备安装调试工作。2019 年,组织推进海事处二级监控平台软硬件建设,完成龙潭、梅山、栖霞二级监控中心升级改造。此外,2019 年在江边路 3 号老大楼已建的 AIS 基站基础上,新增建设摄山、仪征、江宁 3 个 AIS 接收站,完成南京辖区 AIS 信号接收冗余覆盖。为一线执法人员配备警翼、海事通、照(摄)像等个人执法装备。大胜关水道、南京水道实现无线网络覆盖。ATS 南京岸站建成。

2016 年,南京市地方海事局完成现场视频监控系统一期 28 路监控安装,新系统可以实现外网终端(包括苹果和安卓的手机和平板)实时查看,信号存储分为前段存储和海康信息中心 2 处存储。2017 年,以"看得见、喊得到、管得住"为目标,完成视频监控点扩充、甚高频广播系统建设以及中心机房网络设备等智慧海事平台更新改造。2018 年,基于"智慧海事"海事现场管理"感知化"建设成果,实现长江以外内河重点水域的 CCTV 监控系统全覆盖、VHF 全覆盖、AIS 基本覆盖。2019 年,出台"电子巡航"制度,在全省率先制定无人机巡航标准,采取车艇巡航和电子巡航相结合的方式,扁平化分配监管资源,网格化监管辖区通航水域。

## 三、信息化再次推进并趋向智能化

这一时期,南京海事局一方面积极主动应用上级推广的办公应用系统,另一方面积极探索实践办公智能化应用。2011 年,完成机关政务大厅智能化改造。2012 年,升级改造现有签证执法窗口监控系统,配置录音系统,与视频图像同步摄录。2013 年 3 月,推进综合管理信息平台运行,使日常办公更加标准化、自动化和智能化。2014 年,完成海巡 0603、海巡 06216 智能化改造。完成溢油设备库 3D 可视化仓库管理平台,提高应急物资管理能力。另外,完成网格化辅助系统二期基本功能开发,基本实现全局海事动态业务工作顺畅流转。其间,整合内外网管理,完成新版外网建设,优化信息发布机制,拓展综合管理信息平台功能。2015年,组织完成江宁海事处智能化改造及配套设施建设,完成基层海事处触控屏系统网络化升级改造工作。组织完成海巡06217、06218、0603等巡逻艇的信息化改造工程,完成3艘60米及1艘80米趸船信息化工程设计、招标、实施等工作。组织完成梅山处、六合处安防系统完善工程。配合综合管理信息平台的使用,开发PDE档案管理系统,实现电子文件在线归档,实现综合信息管理平台与档案管理系统无缝对接。2016年,对海巡0603进行信息化改造,解决海巡0603会议系统噪音及服务器配置过低问题。同时,推动网络安全建设,根据二级等保要求,完成一批防火墙、入侵防御、网络审计等安全设备的采购和安装工作。2017年,全面推广中国海事协同管理平台(4A系统),主要为船舶登记、船舶识别号、船舶吨位丈量管理、中国PSC计算机信息、航运公司安全管理、中国海事局电子签证服务网、法制等系统,并入协同管理平台中应用。2018年4月2日,局机关新的业务用房智能化工程开始建设,10月26日竣工验收,共有机房、布线、网络、安全等九大系统。2019年11月5日,局档案通过江苏省档案局主持的档案工作获江苏省五星级规范及5A数字档案室测评。这标志着南京海事局实现"档案规范化管理五星级"和"5A数字档案室"双丰收。图9-8-1为2019年局档案获江苏省五星级规范及5A数字档案室。2020年,南京海事局完成政务自助服务系统的开发、上线、运行,升级完善智能指挥与决策系统,实现船、港、货等全要素智能感知和精准管理。同时,开工建设5个雷达站,完成5个气象站改造,长江四桥抓拍探头、海巡艇4G探头、沿江通航探头等92路CCTV监控投入使用。船E行、信用信息、行政检查系统等得到推广应用。

图9-8-1 2019年局档案获江苏省五星级规范及5A数字档案室

## 四、海事数据交换平台初步应用

2011年之前,囿于海事治理理念局限性,相关信息化技术不够成熟,海事信息化交互平台应用基本上是空白。2013年,南京海事局先从内部交互着手,完成视频会议系统整体设计及项目上报工作,以及各海事处、会议室现场勘查调研工作。该项目在2014年完成建设工程和培训使用工作。2013年,覆盖南京长江大桥至高铁桥区域的无线网络,以及应急指挥通信系统建成。到2017年,内网、视频专网的割接工作完成,内网提速至20M,视频专网提速至50M,建成覆盖南京海事局三级机构的高速有线网络体系。云数据中心虚拟化工程建设完成。完成局服务器虚拟化池的扩容和完善。逐步完成局数据中心的基础架构平台的搭建。在此基础上,2017年南京海事局通过持续推动综合执法平台建设,完成与航道局、长航公安和通信管理局的网络连通及数据接口测试。按照南京市网信办要求,改造政务专网办公环境,完成政务专网的接入工作。逐步完善对外服务平台,加快对接南京市信用信息系统,完成政务外网接入工作。完成基层海事数据交换平台搭建,实现与外单位数据交换和共享从无到有的突破。与南京水上公安分局实现视频监控信息资源互联互通,24路通航环境摄像头信息通过数据专线实时传输至水上公安指挥大厅。2018年,又推进与防汛防旱抢险中心视频数据共享工作,完成数据对接和设备安装调试工作,完成与水上公安视频数据对接,探讨研究VTS数据对接。升级海事行政检查电子数据管理系统,实施龙潭、栖霞、新生圩二级指挥平台改造,提高监管效率。2019年,完成与南京市防汛防旱抢险中心、南京水上公安、南京航道局的视频数据共享工作。继续推动与南京市大数据局数据对接工作。在完成视频数据对接基础上,进一步开展船舶、船员、危防和人证信息、工商管理信息等其他数据的对接。

### 五、海事单兵执法终端配备与应用

2011年,南京海事局配发海事通271部,具备初步的单兵执法能力。2013年,在一线执法人员中配备35个单兵执法终端,强化单兵移动执法终端应用。2014年,推进执法全程信息化建设,在局机关和龙潭、栖霞、大厂、江宁4个处试点应用警翼单兵执法装备,配置40套单兵执法装备,完善执法信息记录档案,为取消签证后执法监管模式改革试点工作提供技术支撑。2015年,加快推进执法全程信息化建设,普及单兵、海事通等移动装备。2016年,完善8个海事处单兵执法装备的配备,对4G无线实时回传设备及防爆设备开展试点应用。2017年,单兵执法全程信息化系统建设持续完善,在大厂、栖霞等有危险品码头的海事处配备防爆终端。2018年,组织开展辖区水上4G专网建设,新配置25台新型手持单兵终端,实现执法现场联动、海巡艇高清视频回传、水上执法现场办公等实用的功能,同时解决行政检查电子数据系统的终端安全接入问题,实现执法人员现场填报信息。2019年,组织完成辖区水上4G专网建设。实现与南京市政务无线专网的融合共享,水上信号覆盖优化效果显著。为各海巡大队、执法支队和指挥中心配备12台工作站,更新并配发具有4G通信模块的执法记录仪64台(含物联网卡),实现单兵执法全程信息化。

此外,南京市地方海事局2016年完成执法记录仪采集系统的安装调试工作。

## 第九节 依照公务员管理推进海事队伍建设

### 一、稳妥推进队伍过渡公务员管理

2011年之后,南京海事局依据中央编办2010年5月12日下发的《交通运输部直属海事系统人员编制和机构设置方案》,以及中国海事局下发《关于做好交通运输部直属海事系统转制人员过渡有关工作的通知》《关于印发交通运输部直属海事系统人员编制和机构设置实施方案的通知》精神以及江苏海事局核编转制相关工作要求,稳步开展政事分开、调整机构设置工作,完成人员过渡、实施分类管理等。

为确保核编转制工作的顺利开展,南京海事局2011年成立领导小组,集中研讨政策,制订核编转制工作方案,并了解大家对核编转制工作看法,正确引导,确保人心不散、工作不断、秩序不乱。领导小组逐一核实人员信息,明确考核过渡、考试过渡等相关人员名单。符合核编转制条件有294人,其中考试过渡203人,然后公示信息,确保填写信息的准确性。

面对考核过渡、考试过渡人员多、相当部分年龄偏大、基础薄弱等实际情况,南京海事局组织开展两期培训班,邀请国家公务员考试资深专家就行政职业能力测试进行授课,于2011年10月18—23日开展两批次集中脱产培训,156人参加。编制两期模拟试卷,购置公务员考试专用答题卡,对大家的复习情况进行摸底测试,以掌握重点,做具体指导。开展"一对一帮扶结对"活动,组织青年职工(特别是通过公务员考试招录的人员)与成绩暂时落后的人结成46对帮扶对子,帮助成绩暂时落后的人复习迎考。由于准备充分,措施得力,参考人员全部通过笔试。随后,全面考核过渡人员德、能、勤、绩、廉,提出拟录用人选,将人员名单上报江苏海事局。

### 二、海事队伍年龄与知识结构趋向平衡

2013年6月,南京海事局完成核编转制,转入公务员管理之后,加大引进年轻高素质人才的力度,通

过公务员招录及工作人员公开招聘弥补在职职工自然减员,优化执法队伍年龄结构和知识结构。同时,依据海事发展需要,通过公务员招录方法,引进各种不同类型的人才、人员。自2003年按照国家公务员标准,通过统一招考录用管理人员共228人。仅2011—2020年录用134人。2019年,在编人员文化程度在大学本科及以上的已达93%。从岗位结构上看,执法人员比重进一步增大。2015年末,全局在编在岗职工中,具体执法人员242人,占职工总数的77.1%;2019年末,一线执法人员269人,占职工总数的84%。从年龄结构上看,开始实现职工年轻化。2019年末全局35周岁以下职工人数比2010年末增加23人,职工平均年龄下降1.6周岁。2020年,南京海事局仍坚持"资源向一线倾斜,力量向安全监管集中",优化人员结构,执法人员占在编职工总数86%,海事处35周岁以下年轻人比例超过39%。2011—2020年南京海事局部分年份人员学历情况详见表9-9-1。

**2011—2020年南京海事局部分年份人员学历一览表** 表9-9-1

| 年 份 | 硕士(包括博士研究生) | 大学本科 | 大学专科 | 高中(含中专) | 初中及以下 |
|---|---|---|---|---|---|
| 2011 | 12.1% | 47.2% | 21.5% | 11.7% | 7.5% |
| 2013 | 16.3% | 58.9% | 10.1% | 9.7% | 5.1% |
| 2015 | 17.8% | 65.6% | 6.7% | 7.6% | 2.2% |
| 2017 | 20% | 65% | 7% | 7% | 1% |
| 2019 | 19% | 74% | 5.4% | 1.6% | 0 |

## 三、新进人员培养与执法人员再教育

2011年之后,南京海事局立足实践,规范培训工作,每年制订具体培训计划,对招聘新进人员实行岗前培训。2012年,下发《南京海事局新进人员培养实施方案》,明确新进人员见习期、定岗培训期和定向提高期3年具体学习任务、培养目标和责任措施。帮助新进人员迅速适应岗位,并完善老带新机制,明确责任人和培养目标,签订师带徒责任书。健全定期监督检查机制,首次配套设计《新进人员培养记录簿》,定期检查新进人员学习、工作记录情况,帮助其更快成长。

与此同时,结合"十二五""十三五"南京海事局专业人才培养规划,将包括船舶安检、船员管理、危防管理等海事业务知识以及新闻写作、政务礼仪、保密知识等管理技能的培训内容分类设置,梯度化授课难度,满足更多执法人员的学习需要。在安排职工参加外出培训及学术交流时,充分考虑职工自身发展意向,加强选培人员的针对性,努力提高教育资源的利用率。同时,继续选派优秀人员到世界海事大学深造。至2020年已有5人被选派前往学习。2015年起,在综合平台上线教育培训模块,推动职工在线学习,明确每人每年需完成80学时培训任务。2018年以后,进一步重视培训质量管控,将有限的培训经费更多应用于邀请外部高水平老师前来授课上,并统筹外出培训,确保参训名额向基层、向青年人倾斜,如选派近3年入职青年人及有潜力的基层执法人员参加船员适任评估主考官、VTS操作等培训。2011—2020年部分年份南京海事局各类执法人员培训情况详见表9-9-2。

**2011—2020年南京海事局各类执法人员培训情况一览表** 表9-9-2

| 年 份 | 执法人员内部培训 | | | 执法人员外部培训 | |
|---|---|---|---|---|---|
| | 培训班次 | 培训人次 | 考试(次) | 培训班次 | 培训人数 |
| 2011 | 16 | 915 | 16 | | |
| 2012 | 20 | 735 | 17 | 53 | 207 |

续上表

| 年 份 | 执法人员内部培训 | | | 执法人员外部培训 | |
|---|---|---|---|---|---|
| | 培训班次 | 培训人次 | 考试(次) | 培训班次 | 培训人数 |
| 2013 | 18 | 1073 | 15 | 71 | 423 |
| 2014 | 18 | 926 | 14 | 37 | 198 |
| 2015 | 29 | 1315 | — | — | 198 |
| 2016 | 20 | 954 | — | — | 96 |
| 2017 | 15 | 688 | — | — | 124 |
| 2018 | 19 | 1632 | — | — | 74 |
| 2019 | 16 | 1531 | — | — | 50 |

为提升执法人员"法定职责必须为、法无授权不可为"的法治观念及依法行政的水平,南京海事局对执法人员开展统一计划、分层次、多形式的公务员法治培训。2014年,邀请江苏省委党校、南京市人社局等多位教授专家就公务员奖惩、工资组成、廉政反渎职等知识进行授课,培训分3期共15天,全局314名公务员参加。2015年,邀请南京市安监局、交管局、市委党校有关专家及局内业务骨干对安全生产法、依法行政、突发事件处置及新生效的海事法规进行授课,305名公务员接受培训。

这一时期,南京海事局首创开展执法人员"执驾合一"培训。2014年,南京海事局挑选部分青年执法人员及中层干部共38人举办第一期"执驾合一"培训工作,通过内河船舶驾驶技能理论培训以及实操培训,使培训人员逐步掌握通导设备性能及使用、日常巡航、靠离泊、应急处置等技能,通过考试取得内河船员适任证书及高速船适任证书。2015年,成立"执驾合一"领导小组,以大厂海事处为试点单位,明确随艇执法人员在驾、机、监等方面的职责,并细化训练项目、保障措施和相关工作机制。同时,每年组织新录用公务员进行小型公务船理论、实操培训与考试,提升新进人员海事执法能力。

与此同时,南京海事局自2013年起定期开展全员军事训练。2013年,在江苏陆军高射炮预备役第一师营地开展5期(每期5天)封闭式军训。2016年,分3期在某驻军部队举办军训,主要进行基本的军事常识训练,如立正、稍息、停止间转法等军姿科目,齐步、正步、跑步等队列科目,并开展国防教育、拔河、拉歌等活动。2018年,在滁州市委党校组织2期(每期6天)封闭式军训,共有5批259人参加。

南京市地方海事局2011年以来推进依法行政工作,突出骨干队伍建设;扩大岗位交流面,加快培养有实力、善谋划、能创新的复合型人才,每年举办两期综合执法培训。2014年,组织船舶安全检查、海事搜救、危险货物运输监管、内河交通事故调查处理等海事业务知识培训。2017年,开展两期以提升海事监管实际操作能力为主要内容的综合培训。按江苏省地方海事局"两转两树"要求,对海事执法人员进行军训。

## 四、海事人才培养规划与定向教育

2011年之后,南京海事局在已初步建成一支覆盖主要业务领域、基本适应日常业务的专业人才队伍的基础上,根据中国海事局2006—2020年人才发展规划与江苏海事局发展战略纲要,分别于2011、2015、2016年制订"十二五"专业人才培养规划、专业人才选拔实施方案、"十三五"专业人才培养规划、人才发展战略规划(2016—2017年)等,加大对专业人才的培养力度。

根据以上一系列人才培养和教育计划,南京海事局2011—2020年明确项目人才培养方案,实施船舶安全检查、海事事故调查、VTS等3个项目培训。如针对船舶安全检查项目人才培养,制订"123计划",通过开设"微课堂",定期组织研讨,开展岗位技能竞赛等,对人才实施分类培养。确定首批"十二五"专业人才32人次,签订专业人才培养责任书,包括专家级培养对象9人次、骨干级培养对象23人次。2011年,确定4人为江苏海事局领军人才,2人次参加世界海事大学学习,1人赴澳大利亚参加工作交流,15人次参加部海事局以上层次培训。2012年,确定第二批专业人才培养对象共25人。2013年,选派4名人员分别参加交通部海事局安检A证、B证培训。2015年,制定《南京海事局青年人才培养方案》,统筹建立导师队伍和以各职能部门牵头的业务团队。2018年,推行项目人才培养模式,人才团队项目增至7个,安检、危防等7个团队开展理论研讨、现场教学37次。制定《船员考试评估员人才培养方案》《船载危险化学品与集装箱安全监管人才培养方案》《海事调查人才培养方案》等人才培养方案。2019年,因材施教,集中一批"志同道合"职工,通过分享自己所擅长领域促进共同提升,先后新增持船舶安检B证9人、A证3人,持VTS值班长证书2人,安全体系审核员13人。2011—2020年部分年份南京海事局各业务骨干情况详见表9-9-3。

2011—2020年部分年份南京海事局各业务骨干情况一览表　　　　　　　　　表9-9-3

| 年份 | 安检员 | | | 海事调查官 | | | 安全管理体系审核员 | | VTS值班员 | |
|---|---|---|---|---|---|---|---|---|---|---|
| | A证 | B证 | C证 | 高级 | 中级 | 助理 | 主任审核员 | 普通审核员 | 值班长 | 值班员 |
| 2011 | 19 | 65 | 32 | | 7 | | 5 | 17 | 3 | 18 |
| 2013 | 19 | 67 | 25 | 1 | | | 4 | 18 | 4 | 28 |
| 2015 | 19 | 84 | 24 | 1 | 14 | 27 | 2 | 19 | 6 | 12 |
| 2017 | 19 | 89 | 23 | 1 | 13 | 28 | 8 | 20 | 9 | 26 |
| 2019 | 18 | 87 | 20 | 1 | 11 | 29 | 8 | 20 | 8 | 31 |

这一时期,南京市地方海事局注重以赛代训,加大人才培养力度。2013年,开展全局范围内的公务艇操作技能竞赛、信息化管理知识与应用能力竞赛及审图竞赛等活动。2014年,与南京海事局共同组织船舶安全检查官技能竞赛,参加江苏省"履职尽责,建功在岗位"海事船检知识竞赛。2015年,承担南京市LNG燃料动力、多功能海船、海上甲板运输船等技术含量高、特种用途类船舶图纸审查任务,为此安排4批次人员,赴马浪岗海事所、济宁湖区、南通船检、安庆湖区,进行安全监管、船舶检验、水上搜救等交流学习。2016年,创立综合培训考试体系,开展海事调查、质量管理体系知识、"船舶动态监控与海事在线服务系统"、船载自动识别系统(AIS)应用及检查、部海事局船舶动态管理系统使用、水上应急救援等各类专项培训及考试。

此外,做好专业技术职称资格评审工作。至2012年末,南京海事局具有专业技术职务任职资格人员共217人,占在职总人数的68.2%。2019年8月、10月和2020年8月3次人员晋升,覆盖283人次。2019年,完成200人次职级套转工作。2020年1月,完成327名在职人员与199名退休职工加入江苏省、南京市医疗保险工作。

## 第十节　进一步推进党建工作与文明创建

### 一、党的组织进一步发展与优化

2011年之后,南京海事局着力推进基层党组织建设,进一步理顺党组织关系。2013年5月,中共南京海事局党委改为中共南京海事局党组。6月,中共江苏海事局党组发文,明确启用中国共产党南京海事局党组印章,原中国共产党南京海事局委员会印章同时废止。8月,中共南京海事局机关党委选举产生。2014年2月,局党组纪检组成立,同时设立纪检监察处,作为内设办事机构。2018年9月,根据长航局党委、长江海事局党委有关党组改党委的通知要求,中共南京海事局党组制订南京海事局党组改党委工作实施方案。2018年11月,中共南京海事局党组改为中共南京海事局党委,党组纪检组调整为中共南京海事局纪委,机关党委同步撤销。原隶属机关党委领导的党支部,改由局党委直接领导。2019年8月,纪检监察处与党群工作部合署办公,不再作为内设机构。

这一时期,南京海事局党委(组)根据党组织关系调整优化党支部,到2012年有18个党支部。2013年7月"离事归政"、核编转制后,因南京海事局内设机构和派出机构调整,党支部再次调整,共设16个党支部。2014年4月,党支部调整为18个。2017年3月,调整为25个。2018年8月,按照分类管理原则,将机关原14个党支部进行资源整合和机构优化,又调整7个党支部,共有16个党支部。至2020年12月,共有15个党支部(含代管引航站党支部),党员365人,其中在岗党员227人。2020年底南京海事局党支部详见表9-10-1。

**2020年底南京海事局党支部一览表** 表9-10-1

| 序号 | 支部名称(党支部) | 序号 | 支部名称(党支部) |
|---|---|---|---|
| 1 | 综合管理 | 9 | 浦口海事处 |
| 2 | 综合监督 | 10 | 新生圩海事处 |
| 3 | 综合保障 | 11 | 大厂海事处 |
| 4 | 静态业务 | 12 | 栖霞海事处 |
| 5 | 政务中心 | 13 | 龙潭海事处 |
| 6 | 指挥中心 | 14 | 离退休 |
| 7 | 执法支队 | 15 | 引航站 |
| 8 | 梅山海事处 | | |

2014年9月,中共南京市地方海事局支部升格为总支部,并加强海事船检党建工作。至2019年12月31日,共设有党总支1个、党支部4个,有党员43人。

## 二、党委(组)建设的加强与渐趋标准化

2011年之后,南京海事局继续加强党委(组)自身建设,并建立领导班子成员赴联系点、基层单位调研制度,共调研指导213次。制定领导干部民主生活会整改措施表。2012年,贯彻"三重一大"重要事项决策规定,加强干部调整、海事文化建设、党风廉政建设、职工休疗养等议题研究决策。建立联系点领导点评制度。2013年,制定《南京海事局"五好"领导班子建设措施》,全方位加强自身建设。通过选举机关党委,使党组织结构正规化,运转合法化。2月,探索实践"查研定改评"党建工作法,加强党组织建设。2014年10月,下发"党组工作规则""党组会议事制度"和"党组理论学习中心组学习制度"和党务公开实施办法、领导干部谈话制度实施办法、"三重一大"事项工作规定等,进一步推动党组工作标准化。2016年,该局党组强化问题导向,带着问题下基层,帮助基层单位解决工作、生活、学习中存在的问题。落实领导干部谈话制度实施办法,还对8个方面29个问题进行专题整改。2018年,进一步完善党委运作模式,实施"班子"建设"五十条"措施。2020年,制定党风廉政建设工作措施20条,逐条签订党风廉政建设责任书与承诺书。同时,探索建立"党政企共建"融合模式,发挥南京长江港航综合协调指挥中心、宁

马交界水域航运高质量发展、宁扬交汇区安全与生态的党建联盟载体作用，打造党建与业务深度融合样板。

与此同时，南京海事局2011年下发创先争优"五好、五强、五带头"活动标准和考核细则，明确量化指标。开展"为民服务创先争优、作人民满意公务员"活动，增强党支部的组织力。2012年，建立党组织和党员"创先进争优秀、促进海事发展"制度，以及基层党组织和党员公开承诺制度、群众评议制度、党员密切联系群众制度、党员示范岗管理制度、支部党员考评制度等一系列党支部活动制度。2013年，加强对党支部书记培训，安排党支部书记及骨干党员46人外出培训。同时，全面开展党员亮身份活动，提高党员意识。2014年，编撰《党支部标准化建设手册》，夯实基层党建基础。基层海事处"五星"工作法实践成果获得上级党组织认可。2015年5月起，南京海事局实施支部"统一活动日"制度，同时将亮身份活动升级为"亮身份、亮业绩"活动。2016年，加强支部建设考核工作，实施日常电子台账检查、季度现场走访查看、年度支部现场考评机制，促进支部标准化发展。2017年，推出支部共建"10+x"标准化流程，推进"政企共建、区域共建、城乡共建"三位一体共建模式，完成长航系统党支部规范化验收。2018年，严格落实"支部主题党日"制度，激发基层党建活力。2019年，坚持"1+1+X"党建督查方法，确保支部组织生活规范开展。2020年，各支部开展让党旗在一线高高飘扬活动。龙潭海事处党支部延续2014年青奥会期间"设岗立哨组队"做法，组织党员战斗在一线，被评为"交通运输部先进基层党组织"。

南京市地方海事局党总支2015年制订年度政治工作意见，确立年度党建工作十大目标和十项具体任务，确定总支、支部和党小组职责分工，制订、发布"支部统一活动日"计划安排，确定学习内容、活动形式、讨论专题。2016年，结合基层支部规范化建设要求，开展年度干部职工个人重大事项报告和廉政承诺实施情况回头看，建立支部"8+X"工作制度，建立在职党员的争先承诺公开制。2017年，选举产生第二届总支部委员会，制定出台《议事决策规则》《内部控制制度建设若干规定》等管理办法。2018年，强化支部"三会一课"建设，明确党员活动证纪实管理。2019年，发布年度《政治工作意见》，明确党建、党风廉政和中心工作的路线图、时间表、任务书。推进党建业务双向融合，以"'高质量发展促升级，绿水青山贯始终'——'联学共建'提速基层党建与业务管理全方位融合"为主题，与浙江舟山船检处开展联学共建互学互研活动。

## 三、系列主题教育实践活动的开展

2011年之后，南京海事局通过系列主题教育实践活动，开展对全局干部职工尤其是党员的教育，并延续开展创先争优"五好、五强、五带头"活动。2012年5月，与"四型海事"建设、基层组织建设年活动、"三争一创"实践活动相结合，在全局党员干部中开展"保持党性纯洁、永葆先进本色"主题教育活动。2013年8月，围绕"除'四风'，践行'三化'，建设群众满意海事"，开展党的群众路线教育实践活动。同时，还制定督导工作方案，扎实推进活动开展。12月，开展整改落实、建章立制工作。2014年1月，列出6类16项68个整改任务，定时限、定班子成员、定牵头部门及协助部门进行分工整改。2015年5月，开展"三严三实"专题教育活动，着力查找班子存在不足，发现问题27个，并开展"党组书记点题、领导干部破题"活动。2016年，全面开展"两学一做"学习教育活动，建立学习清单和党组书记、支部书记责任清单，以及个人问题清单和党员业绩清单。活动中，推出17期"每周一测"，参与党员996人次；开办"微党课"29次，参与党员400人次。各支部开展专题讨论38场，参与讨论发言党员326人次。2017年，南京海事局建立"两学一做"学习教育常态化制度化机制，同步推进学习型党组织，开展"争当学习型干部、倡导研究型工作"活动，增强解决问题的能力。2018年，坚持问题导向，继续开展"两学一做"学习教育、学习型党组织建设及大学习大调研活动，推进解决"三无船"治理、港口调度集中管理等问题。2019年，开展"不忘初心、牢记使命"主题教育,坚持以上率下,突出"学习理论""调查实情""研讨问题""整改落实",以刀刃向内勇气查找33项问题,17项整改落实到位,15项需长期整改的已落实并持续推进。2020年,深化"不忘初心、牢记使命"主题教育活动并引向实践,在持续巩固"水上安全共同体"、防止船舶污染、疫情防控与支持企业复工复产等方面起到了引领作用。

这一时期,南京市地方海事局也按照上级党组织要求,开展系列主题教育实践活动。其中,2015年通过"内部找、外部评、对标查、自己列"等,开展"三严三实"专题教育活动。2016年进行"两学一做"学习教育活动,制订出"对党忠诚、学以致用、行动有力、上下联动、制度保障、统筹兼顾、有效监督、两转两树"等8项整改举措。2017年,开展"七排查七解决七强化"活动,并通过"五项清单",逐步建立长效机制。2019年,开展"不忘初心、牢记使命"主题教育,以"守初心、担使命、找差距、抓落实"为要求,以"小口径切入、多角度挖掘"为抓手,自觉展开"理论学习、研讨交流、走访调研、谈心谈话、检视剖析、整改落实"等规定动作和"红色教育、警示教育、党日党课及走基层、进现场、访企业"等特色活动,把"学、研、检、改"贯穿于主题教育活动的全过程,实施"水工规范修订、服务事项抽检、污染专项整治、应急救援演习"等即知即改强弱项行动,推出"联学共建、服权加减、互联网+"等立行立改补短板举措,促进执法队伍干事创业的新变化、新突破。

### 四、推行廉政风险全方位防控措施

2011年之后,南京海事局着力一体推进不敢腐、不能腐、不想腐,尤其是侧重于扎紧不能腐的笼子。2011年,按照规定开展领导干部述职述廉63人次,登记上交礼品礼金103人次。并按"个人排查、部门审查、机关核查、纪委督查"4级排查工作机制,排查出27个工作类别、73个工作环节存在中122种廉政风险表现形式,提出171条风险防控措施。2012年,建立廉政"大宣教"格局,明确局领导、机关职能部门、基层单位3个层面廉政宣教主体工作重点,完善"151"惩防体系。2013年,通过视频音频监控和CCTV监控等信息化手段,加强对基层廉政风险防控重点领域的监督。同时制定《改进工作作风有关规定》,严格机关下基层考评和检查、公务车和船艇使用、执法人员言行和行政审批等10个方面的规定。2014年,组织签订《职工遵守政风纪律承诺书》《八小时外遵守公民道德承诺书》。此后每年均开展此项工作,将廉政建设拓展到8小时以外。同时,还建立局务会廉政教育制度、海事处长讲政风制度、干部党员带班大队巡查制度、基层监督检查和回访制度等廉政规章制度,开通了QQ网络监督平台。5月,落实纪检监察"转职能、转方式、转作风"要求,进一步明晰纪检监察工作14条职责,将重点放在执纪上。2015年,推进"一岗双责"和"两个责任"相关要求落地生根,开展政风"大走访"活动,聘任15名政风监督员。2016年,修订党组纪检组工作规则、政风建设责任制实施办法、行政效能监察管理办法等4个规章制度,完善廉政风险防控体系。2017年,组织签订家属助廉承诺书,召开家属助廉座谈会,继续拓展8小时以外监督方式。召开"作风建设大会",开展"知民情、破难题、办实事、树形象"主题大走访活动,走访共建单位、港航企业、海事基层站点共124次,解决突出问题36个。2018年,编写《南京海事局廉政风险防控手册》,明确廉政风险防控工作机制。该手册结合海事工作实际,全面梳理海事公权力事项,绘制廉政风险防控思路总览表、廉政风险防控图和防控表,明确廉政风险防控工作机制。同时,南京海事局按照交通运输部海事局要求,编写基层执法机构廉政风险防控表。廉政风险防控思路总览表归纳思想道德、制度机制、岗位职责存在的风险点,分析其成因,提出防控思路。廉政风险防控图涵盖监管责任主体、主办责任主体、相关责任主体3个要素。廉政风险防控表包括所处环节、责任主体、廉政风险点、防控措施、防控措施实施主体、防控措施复核主体6个内容,明确了廉政风险防控措施和责任,进一步落实"一岗双责"和"两个责任"要求。另外,南京海事局将涉及廉政风险防控的制度和文件进行汇总,形成廉政风险防控文件制度总目录,以便于对防控措施的查索和对照。2019年,深入开展8个方面专项整治,聚焦党风廉政问题和机关作风建设问题,锚定重点领域,全面排查。2020年,首次实现零信访,干事创业氛围进一步得到优化。

与此同时,南京海事局还着力推进廉政文化建设,筑牢不想腐的思想堤坝。2011年,结合江苏海事局"清风杯"廉政综合知识竞赛,在全局范围兴起学习廉政知识热潮,同时获得竞赛团体和个人第一名,并在直属海事系统廉政知识竞赛中获得第二名。2012年,在全局推广使用廉政屏保,在内网开辟廉政专栏,一直延续至今。2013年,初步提炼形成"江南可采莲"廉政文化品牌,形成了以"知荣知耻,慎独慎微"为内容的廉政文化理念。2014年6月,建成南京海事局廉政教育馆,并对外开放,展厅展示的主体分为4个篇章,分别是历史篇、传承篇、实践篇和警示篇,分别从4个方面表达廉政建设的主题。开馆至今,共接待系统内外2000余人次参观学习。同时,建成"江南可采莲"廉政文化品牌,明确了"植根、厚壤、活水、含苞、绽放、结蓬"廉政文化建设思路。2015年,着力推进龙潭海事处开展廉政文化示范点和"潭扬清"廉政文化品牌建设,同步推进形成海事处"燕之洁""梅清""廉之枫""厂洁""红胜火"廉政文化品牌。2017年,龙潭海事处被授予"全国海事系统廉政文化示范单位"和"江苏省廉政文化示范点"称号。12月,南京海事局在全局深化廉政文化建设,明确2018—2022年廉政文化建设,开展为期5年的廉政文化活动。目标、路径和方式、举措。南京市委纪委拍摄《文化引领廉洁保航——南京海事局廉政文化建设纪实》专题片在南京电视台新闻综合频道《钟山清风》栏目中播出。2019年7月,局纪委与栖霞区纪委联合开展"红枫印初心、青莲伴使命"廉政文化主题活动。这已是连续5年开展此类活动。2020年1月,局纪委开展党纪党规知识测试活动,8月,开展"廉政教育月"活动,从而构建南京海事局"文化入魂""教育入耳""警示入脑""读书入心"的廉政文化建设体系,起到了以文化人、以文养廉的作用。

这一时期,南京市地方海事局有效运行廉政风险防控体系。2011年,制定实施《廉政风险防控手册》,实现月度测评、年度考评。2013年,通过"自己找、领导点、群众帮"、廉洁从政自查自纠,加强党风廉政教育。2015年,该局先后获得鼓楼区"预防职务犯罪活动先进单位"、南京市"无职务犯罪先进单位"称号。2016年,南京市地方海事局组织签订"党风廉政和作风行风建设责任书"。2017年,编制《党风廉政建设五项清单》。采取"年初个人承诺,月度实施监控,半年进行评估,年度完成考核"的方法,年度收到个人廉政承诺书129份,按月对系统内廉政风险进行防控。同时,申报部海事局和南京市廉政文化建设示范单位。2018年,建立"清风扬帆、心随船行"廉政文化示范园等廉政文化项目,建立廉情舆情报送制度,组织第三方明察暗访全系统5处7所和各海事窗口行风作风执行情况,并及时通报发现问题。2019年,逐步建立起"权力阳光运行、监督全程跟踪、风险动态防控、腐败有效预防"廉政风险防控机制。

## 五、海事文化建设全面推进与成效明显

### (一) 南京海事局文化建设系统推进

2011年,南京海事局系统推进海事文化建设。7月,下发《南京海事局"十二五"发展规划》,提出海事文化建设8个方面的发展任务:构建"热爱祖国、服务人民、依法行政、廉洁高效、科学发展"的南京海事核心价值观,弘扬社会主义主流文化,建设海事廉政文化,建设海事品牌文化,深化南京海事文化载体建设,加强人文关怀,进一步营造生动活泼的青年工作局面,突出抓好宣传工作。11月,下发《"十二五"精神文明建设和海事文化建设指导意见》,并对海事文化建设指导意见进行细化和微调,提出至"十二五"末海事文化发展目标:即局精神文明建设和文化建设跃上新台阶,文化建设形成顺畅有效的工作格局和

机制,形成若干在全国、行业、地方有一定影响的文明品牌,全国和省部级重要典型培树取得重要进展,在各个层次涌现出一批先进模范典型,知名度和美誉度进一步提高,市民充分了解南京海事局服务地方的职能和成效,港航单位和行政相对人充分理解支持和配合海事监管和服务工作,职工队伍精神面貌进一步提升,职工幸福感进一步提高,单位内部和谐稳定。在已有海事文化建设品牌基础上,力争在"十二五"末期,再形成3~5个层次较高、社会影响力较好的海事文化建设品牌。同时,提出4个方面建设任务:发展海事文化品牌,建设海事精神文化,构建海事文化阵地,加强海事人文关怀。还提出加强文化建设资金保障力度,每年度资金投入要保持在全局经费3%以上。根据规划和指导意见要求,2012年3月南京海事局下发《2012年度海事文化建设工作任务》,规定此后每年均通过一定方式安排相关工作任务,形成海事文化建设与全局工作同部署、同开展、同检查的机制。2015年6月,开展深入推进廉政文化进家庭活动。

值得一提的是,南京海事局自2009年起孕育"守航百里·船行如歌"文化品牌体系创建基本成形,2012年中国航海日开幕式上海事之歌响彻全场,2014年编制出《南京海事局文化手册》,2015年5月编制出"守航百里·船行如歌"品牌文化手册。同时"一处一品牌"海事处文化建设成果不断:龙潭海事处的"海龙"、栖霞海事处的"枫叶红了"、浦口海事处的"江花红胜火"、江宁办事处的"扬子前哨"、梅山海事处的"梅"等文化品牌初步形成。其间,南京海事局与高淳区武家嘴村、江宁区汤山街道鹤龄社区、宿迁市湖滨新区皂河镇龙岗村、江宁区禄口街道尚洪社区结成共建单位,不断深化城乡文明共建活动。

"十三五"之后,南京海事局更加注重海事文化建设的系统推进。2016年8月,编制下发《南京海事局十三五文化发展战略实施纲要》,并以此为指导性文件,编制历年海事文化发展重点任务。2017年,确定4个方面24项重点工作任务。2018年,确定4个方面17项重点任务。2019年,确定5个方面16项重点任务。2020年,确定6个方面31项重点任务。这些重点任务明确由党群工作部(纪检监察处)牵头负责统筹安排、组织协调和专项督查。各单位、各部门进行任务分解、全面推进,将工作责任落实到人,明确时间节点,做到全员参与、全过程融合、全方位覆盖。

"十三五"期间,南京海事局海事文化建设各项重点任务总体完成,海事文化呈现繁荣发展局面。2016年,南京海事局深化"社会主义核心价值观教育实践月""爱岗敬业明礼诚信""诚实守信倡导"主题活动,完成新生圩海事处"燕"文化品牌建设和支队趸船水上安全文化宣教室建设,"守航百里、航行如歌"文化品牌荣获江苏海事局首届示范文化(服务)品牌,"让爱远航"服务品牌获市服务品牌三等奖,建立劳模工作室。2017年,该局被授予"全国交通运输文化建设卓越单位",浦口海事处"江花红胜火"及新生圩海事处"燕"文化文化展厅建设完成,局大楼文化展厅设计完成,大厂海事处文化展厅建设接近完工。2018年,南京海事局建成局新业务大楼文化展厅,建设3处文化长廊,发布新版文化宣传片、文化手册2.0版,情景剧作品《"三无船"整治,听我说》选送参加长航江苏片区马克思主义青年说演出获好评。2019年,该局以"我与祖国共奋进""弘扬爱国主义、传承家国情怀""弘扬法治精神、感知道德力量"等为主题开展4期道德讲堂,开展绿色航运环保行、"绿水青山、共同守护"植树活动、"青春拥抱夕阳红"敬老活动、水上安全进校园等8个志愿公益活动。还完成下关执法大队、新生圩执法大队趸船文化长廊建设,《中国梦·起航》《巾帼心》《长江的守望者·昼》《幸福航路你我共创》等一批书画摄影作品在南京市"中国梦、劳动美、幸福路"主题职工书画摄影作品大赛获奖,拍摄制作《金陵水秀百里航区》《铸平安长江护碧水蓝天》《安全发展船畅人和》《服务船员成长建成交通强国》等宣传片10余部。2020年,以"树清廉家风、创最美家庭""冲锋在一线、青春在闪光"为主题开展2期道德讲堂,依托微信公众号制作小程序开展"让爱远航·走进大凉山""微心愿认领活动",《金色玄武湖》《绿水青山守航有我》等一批书画摄影作品在南京市"生态文明、绿色创新发展"主题比赛中获奖,抗洪工作先后两次被中央电视台采访报道。南京海事局官方抖音号推送抖音短视频69条,并收获粉丝量2万人。此外,2013年2月16日该局指挥中心(VTS)指挥长左增来作为我国第14批海军护航编队成员,成为该局参加亚丁湾护航第一人。

这一期间,南京海事局除自2015—2020年蝉联"全国文明单位""江苏省文明单位""南京市文明单位"外,2011年被江苏省委、省政府评为"上海世博会水上交通安全保障工作先进单位",2015年被南京市政府评为"第二届夏季青年奥林匹克运动会先进集体"。局工会2011年被全国总工会评为"全国模范职工之家"。局指挥中心被共青团中央评为2013—2014年度"全国青年文明号"。局团委2015年被南京市评为"第二届夏季青年奥林匹克运动会先进集体"。新生圩海事处2018年被中共南京市委评为"先进基层党组织"和"新时代先锋"先进基层党组织。龙潭海事处党支部2020年被交通运输部评为"先进基层党组织"。

### (二)南京市地方海事局海事文化建设成效突出

2011—2015年,南京市地方海事局着力培育海事特色文化,初步形成具有海事船检特色的文化体系。提炼"海德兴航,事正和畅"核心理念,确立"安全优质、执法公正、管理卓越、服务诚信"质量方针,形成"唱道德歌、看道德片、诵道德典、讲道德事、送道德祥、评道德观"讲堂流程,培育"在和谐中奋进、在奋进中和谐"行为准则。开展船舶安检比武、现场执法竞赛、职工文艺汇演、读书征文比赛、摄影知识讲座、海事辩论竞赛、安康杯劳动竞赛、篮球羽毛球比赛、职工体能测评、献爱心捐款、牵手扶贫行动等活动。坚持每年举办一场党课讲座、开展一项党性教育、实施一次助困行动、观看一部教育影片、表彰一批先进党员等专题行动,展开党建主题纪念活动。坚持举办"身边人讲身边事"演讲,把身边先进人物先进事迹展板公示上墙,将全员征集的廉政格言和道德感言印制成册,积极扩大"道德讲堂"影响力。推进海事共建、牵手帮扶和城乡共建等活动,支持高淳东湖村建社区服务中心、改村容村貌、建社区幼儿园等项目,使该村顺利建成省级新农村建设示范村、南京市百强村和高淳"强基工程"达标村,成功迈入省社会主义新农村建设的第一方阵。南京市地方海事局连续5次获评省、市文明单位。

2016年,南京市地方海事局海事文化建设进入快车道,确定以"文化建设、品牌建设"为重心,集中做好廉政文化景观建设、廉政文化手册编制、廉政主题上墙和诚信海事课题研究工作。以志愿服务、社区帮扶、社会评议等形式,指导助力群团组织开展各项社会公益活动,17次开展以水上交通安全知识进校园活动为主题的安全宣传活动。2017年,围绕"一局一品"创建要求,强化金质船检增值服务项目建设,注重提炼便民服务特色,成功组织劳模创新工作室申报市级品牌。同时,制作《廉政文化手册》,打造"清风廉道"人文景观,展开部级廉政文化示范点创建。2019年,在提炼升级"金质船检"2.0版的同时,一手抓黄金山劳模创新工作室全面改造,一手推进"泊爱童行"志愿服务新品牌建设。该品牌名称与内涵、品牌使命与职责、品牌理念识别体系与LOGO设计等基本成形。

### (三)"守航百里·船行如歌"文化品牌建成

早在2008年,南京海事局就提出"抓文化建设是抓单位发展的根本动力问题,是一项管长远的工作,是治本的工作",将文化管理作为最先进管理理念,启动文化品牌创建工作。2009—2010年借鉴2006年创刊杂志《船行如歌》名称,形成共识,初步确定以"船行如歌"为南京海事局文化品牌名称。同时,明确文化品牌价值理念体系构成包括"明德""至善""汇流""致远"4个部分。这一时期为该品牌"孵化"期。

2011—2016年,为品牌成长期。南京海事局2011年11月下发"十二五"精神文明建设和海事文化建设指导意见,推进海事精神文化建设、海事文化阵地建设,加强海事人文关怀。2012年3月,下发海事文化建设工作任务,提出建设"百里航区·船行如歌"海事文化品牌。2014年5月,再次将品牌名称调整为"守航百里·船行如歌",更加契合南京海事行业特点和地域特点,沿用至今。其中守航,即以顽强坚韧的毅力和担当保卫守护水上交通安全;百里,是指辖区150公里水域。同时,阐述"明德""至善""汇流""致远"真实内涵。明德,即引导全体职工认同发展愿景,体认核心价值观,投身海事使命,遵守精神、制度、物质和行为文化规范,协同实现个体价值和组织战略目标,展现南京海事局良好精神风貌。该部分由核心价值观、南京海事局精神、使命追求、共同愿景、战略目标等内容组成。至善,即通过文化熏陶,使职工理解海事文化丰富内涵,感受文化影响力,把海事文化转变为自觉价值标尺和自发的行为规范,激发心灵内省和思维活力,优化心智和行为模式,保持个人和组织勃勃生机。该部分由制度、行为、物质、安全、公仆、执行、创新、和谐、廉政9个文化等内容构成。汇流,即通过文化培育,激发向善向上、求真求美的人性之光,以价值观念和文化理念有效整合个体、组织、资源,打破身份和心灵隔阂,强化职工参与意识,汇聚起每个职工、每个团队的正能量,融汇成推动发展的澎湃动力。该部分汇集南京海事文化典型、文化阵地、文体活动、文化作品以及荣誉。致远,即通过文化构建,打造愿景时空,启迪战略性思考,不断突破思维和视野的局限,引导职工更充分的理解小我与大我、本位与全局、当下与未来多维关系,为个人和单位同步发展开辟更广阔的全新境界。图9-10-1为2019年12月局以多种形式开展"国家公祭日"悼念活动的场景。

图9-10-1 2019年12月局以多种形式开展"国家公祭日"悼念活动

2017—2020年,为品牌成熟期。南京海事局围绕"守航百里·船行如歌"文化品牌,进行子品牌的全面创建和推广,发展"江南可采莲"廉政文化品牌及"星耀宁江"党建品牌,进一步深化"一处一品牌"。"守航百里、船行如歌"荣获"全国交通运输优秀文化品牌"。在这个品牌体系下,确定南京海事局使命追求为"守护百里水域平安、服务一方民生经济",共同愿景为"打造一流现代化海事",核心价值观为"忠诚、尽职、为民、清廉",海事精神为"包容博爱、求真务实、创新创优",战略目标为"建设现代化、法治化、人文化、国际化的海事强局",从而为进一步推进南京海事特色文化繁荣兴盛提供引领作用。

### (四)开展"金质船检"服务品牌创建

"金质船检"品牌,是南京市地方海事局这一时期文明创建的突出成果。该品牌起源于"执法者"向"服务者"转型,为南京船舶建造质量检验的一种模式。2002年之后,南京市地方海事局率先在交通政务大厅设立船舶检验服务窗口,推广以"值班科长负责制"为核心的"船检窗口一门式"服务,形成船舶设计、建造、检测3方负责的检验模式。2005年,这一"金质船检"得到国家"四部委"和江苏五厅局督查组的充分肯定。2003—2008年,金质船检团队在建造检验上总吨位达604万吨,在营运检验上总吨位达3342.9万吨。2009年,"黄金山团队创新工作室"成立,并开始从"金质"到"精致"的提升。2018年,金质船检在全国范围内首次开展锂电池新能源的使用研究,完成前期方案设计、图纸审查等一系列工作。并与中国船级社武汉规范研究所联学共建,为船检技术标准与规范的制定创造条件。2019年,成功提炼升级"金质船检"2.0版。

**（五）各类技能竞赛的全面开展**

从 2010 年起,南京海事局连续 11 年举办厨艺大赛,每年选定一个主题,分组展开竞赛,促进厨艺提升,改进餐饮质量,以保障职工工作环境。2011 年,通过组织和参加职工(行业)技能竞赛,激励职工岗位练兵,提升业务技能,走出一条以赛代练、以赛轮英雄的新路子,拓展海事文化的范畴,在单位内部形成学先进、争先进的浓厚氛围。参加直属海事系统第一届船舶交通管理系统职工技能比武大赛。2012 年,首次承办南京市职工职业(行业)技能大赛海巡艇船员技能竞赛。2014—2019 年,先后承办船舶安全检查、航运危险货物管理技能、公务船驾驶、航运公司安全管理、船员服务技能等竞赛活动。从 2016 年开始连续参加江苏省总工会主办的船舶交通管理技能、现场执法检查、港口国监督等多项省一级职工职业(行业)技能大赛。

# 大 事 记

### 周显王四十六年(前323年)

楚怀王下令铸造"鄂君启节",作为鄂君启经商通行凭证。其中舟节规定了以鄂城为起点的长江中下游船舶(船队)航线、货物装卸限制、沿途停泊管理事项。船队航行线路是循江而下,途经南京,至扬州然后入邗沟终抵淮安。这标志着南京海事的开始。

### 黄龙元年(229年)至天纪元年(277年)

吴水军战船航行、编队与入港停泊等均有规定。战船按船队阵形航行,左右前后严禁串位。战船泊营地水边高竖旗帜标志,船队开航与停泊以旗帜依次进行。若夜航,则燃火炬,同旗帜标志一样,按顺序开航或入港停泊。这是对舟船航行、停泊和引航、导航等监管的具体表现。

### 东晋(317年)—南北朝(589年)

东晋,朝廷在建康(今南京)两津"各置津主一人,贼曹一人,直水五人,以检察禁物及亡叛者。其获炭鱼薪之类过津者,并十分税一以入官。其东路无禁货,故方山津检察甚简。淮水北有大市百余,小市十余所。大市备置官司,税敛既重,时甚苦之。"

石头津和方山津是我国较早设置的港口和海事管理机构。津关除征税外,还对民间商船或个体船户实行安全监管,主要包括舟船建造检丈、维持航行安全及码头治安检查等。

### 唐宝应二年(763年)

代宗政府在进一步改革漕运制度中,对漕船航行安全在立法上加以规定。这在南京航政及中国航政管理史上尚属第一次。

### 南宋绍兴元年(1131年)—景定元年(1260年)

建康府为长江下游南北交通要冲,朝廷在长江上共置6渡,上自采石,下达瓜步(今六合东南)。

### 南宋嘉定五年(1212年)

建康守臣黄度奏请朝廷批准在建康设监渡官,整顿境内的渡口运费,规定渡运人数和装载货物数量,以保证渡运安全和维持码头秩序。

### 明永乐三年(1405年)

朝廷规定凡需要驶往京都的外国商船须实行强制性引航。外船进长江后,先泊于太仓"六国码头",再由朝廷"令军卫有司封籍其数,送赴京师"。即由中国官吏,登船检查,同时选聘有航运经验"火长"(船长)指引该船驶往南京。永乐三年,因太仓距南京太近,"恐生他变",从此不许外国商船驶入南京。

朝廷疏浚燕子矶以西的长江水域,作为郑和下西洋宝船试航和操练的稳船湖,供船队船舶试航、编队和靠泊。

### 明永乐五年（1407年）

明成祖令在南京静海寺建立天妃宫。后出海时屡遭波涛惊扰之险，"舟几没飓风黑浪中，赖天妃显护帖息归。"明成祖朱棣于永乐十四年（1416年）亲撰《通番事迹记》碑文，立于天妃宫内。

### 明宣德四年（1429年）

朝廷在南京长江上设上新河钞关（也称户关），还在扬州设钞关。钞关主要征收船税和负责个体船只的检查丈量。嘉靖六年（1527年），罢上新河钞关。

### 清嘉庆八年（1803年）

清代，南京本地有位名叫叶钊培的绅士，出于行善与救生目的，在舟船往来频繁的下关捐屋数间，创立救生会，义务进行水上救捞。嘉庆十一年（1806年），江宁布政使李尧栋"初立救生总局于信府河，草鞋峡、黄天荡皆有红船。"救生局为民间慈善组织。嘉庆二十五年（1820年），江宁府颁布《南京港口救生条规》21条，主要针对在港区内失事船舶和落水人员的抢险、救助。

### 1842年

英国舰队先遣"皋华丽"号等12艘军舰进泊南京下关江面，以胁迫清政府接受中国近代史上第一个不平等条约——中英《南京条约》（亦称"江宁条约"）。南京成为这个耻辱的不平等条约签订的之地。

### 1853年

太平军攻克南京，改南京为天京并定都后，太平军在仪凤门外下关江边的大王庙设军事性质的天海关，有上、中、下三关（提中关、提头关、提下关），负责征税和对船舶安全监管等。

### 1858年

6月26日 《中英天津条约》签订，规定我国水上安全监管事务由西方列强控制的海关兼管，水上安全监管称"航政"。

### 1882年

招商局出资建成的一艘趸船，泊于下关，命名为"功德船"。另建木质栈桥连接，上下客货。这为南京港第一座轮船码头。

### 1895年

两江总督张之洞在下关主持建设南京港第一座公用轮船码头，命名为"接官厅码头"，并批准共《搭客条规》6条，维护乘客上下轮船的安全。

### 1899年

5月1日 清政府宣布南京开埠，并在南京设立金陵关，即所谓洋关，由江南盐巡道兼任关督。金陵关下设南京口理船厅，管理南京港区的水上安全等航政事务，并设大胜关、划子口、救生局、浦口

4个子口办公处(相当于分局)。同时制定《南京口理船厅章程》共19款,首次划定南京港界:下游自草鞋夹口直抵浦口为止,上游自大胜关夹江口直抵浦口。南京口理船厅管辖下关惠民河以西,沿长江5华里区域的"中外通商场所"。

## 1912 年

6月 金陵关税务司公布《南京口港务章程》,对锚泊、信号和危险品保险等方面做了规定。

是年 英德等国领事迫使浦口10月26日对外开放通商。

## 1931 年

11月 上海航政局在南京港口成立"南京航政办事处",孙抒情为南京航政办事处主任,管辖范围自长江十二圩以西起,沿江上溯,经南京、浦口至苏皖交界点止,并管辖江宁、句容、溧水、高淳、江浦、六合等县的航政事务。办事处职责包括:船舶检丈、登记、发照,船员及引水员的考核监督,港务码头和趸船堆栈监督管理、港内险难救助,航道测量疏浚和航标管理等。

## 1932 年

2月 裁撤南京航政办事处,并入镇江航政办事处。不久,镇江航政办事处改为"镇江船舶登记所"。

3月 鉴于南京是水路、铁路要冲地带,在南京设立"南京船舶登记所"。

## 1933 年

2月28日 裁撤南京船舶登记所,归于镇江航政办事处管理。

3月 国民政府南京市政府公布《南京市水上交通管理规则》,共8章58款。

## 1939 年

侵华日军在南京设立日本中国派遣军总司令部,南京港为日本海军长江舰队的基地港,因战略要地而受到特别控制。日军将包括航政事务在内的大部分港区划为军事用地(称为碇泊场),实行军事管制。

## 1940 年

5月 日军规定由设在南京的日本航业——"扬州驳运公司"负责办理南京、镇江、扬州等港埠的驳船登记,发放营业许可证等事宜。

是年 汪伪傀儡政府在南京成立南京船舶管理所(又称南京航政处),后改为"南京船舶登记所",行使对驳船运输和港务等的部分航政管理权,主要管理港内渡船和驳船。

## 1945 年

10月17日 因首都南京无专设航政机构,国民政府就将芜湖航政办事处暂迁南京,改名"上海航政局南京航政办事处",在下关商埠街157号办公,辖区为长江南京段和长江安徽段及淮河水域,主要办理船舶检丈登记、指泊、航务管理、运价评定、海事处理、公用码头管理等。

## 1946 年

3月16日 为统一长江全线航政管理,国民政府交通部将上海航政局南京、镇江两航政办事处划归长江区航政局管理,调九江航政办事处主任王立恒任南京航政办事处代主任。南京航政办事处下设技术、监理、港务、总务、会计5个组,辖区调整为安徽芜湖至镇江瓜江的长江段,以及长江安徽段与淮河安徽段。

12月 国民政府行政院批准恢复芜湖航政办事处建制,将南京航政办事处扩编为特别办事处,管辖水域为安徽省和县至镇江瓜江的长江水域。

## 1947年

2月3日 国民政府交通部将接收的招商局南京分局第四、五、六、十一等码头辟为公用码头,依次改为一、二、三、四号码头,由长江区航政局南京办事处管理。

3月4日11时 下关招商局三号码头崩塌,造成沉船19艘,死亡50余人的重大事故。南京航政办事处会同军警维护事故现场,并展开事故原因调查。

4月25日 长江区航政局成立"南京航政办事处驻蚌埠技术员办公处",管理淮河安徽段流域的航政事务。1948年12月5日该办公室撤销,淮河航运事务由南京办事处掌握。

7月 南京办事处在江边路一号码头处建造船舶指挥塔及办公用房,后因物价飞涨,预算超出甚巨,经费仅够用于建造办公楼。11月,建筑工程由新南营造厂承包。1948年2月6日建成,共2层5间约680平方米,地址位于现江边路3号。随后,南京航政办事处迁入办公。

8月15日 南京航政办事处设立"南京港船舶碰撞纠纷处理委员会"。

是年 南京航政办事处对200吨位以下的轮船船员进行核定考试。南京成为长江4个考区之一。此次船员考试为抗战胜利后的第一次。

## 1948年

3月29日 交通部长江区航政检讨会在南京召开,讨论航政推行成效、有何困难及今后改善等中心工作。长江区航政局所属各航政办事处有关人员与会。

## 1949年

4月23日 南京解放。

4月27日 南京市军事管制委员会航运部派出军代表宋香浦、助理军代表王秀峰接管国民政府长江区航政局南京办事处,共接管南京航政办事处在册职员25人、各类文书档案600多个卷宗、2层5间680平方米办公楼(现江边路3号办公楼的前身)。5月7日,接管工作结束。

5月 南京市军事管制委员会公布《船舶管理登记暂行办法》共9条,这是南京军管会作出的第一个航政管理规定。

7月 南京航政办事处与招商局南京分局合并,组建"南京市航政局",隶属南京市政府建设局。

## 1950年

3月12日 政务院发布《关于1950年航务工作的决定》,规定长江航务与航运实行统一管理,航政统一于航务。在南京市航政局基础上成立南京航务局,下设航政科,主要进行船舶登记、丈量、检查和进出口批准、船员考试、引水及海事处理等航政事务。军事助理代表王秀峰为首任航政科科长。航政机构由独立全能局开始变为政、事、企合一的航务、港务机构下的职能部门。此为新中国成立后南京航政管理体制形成之始。

## 1951 年

6—11 月　南京航务局对南京、镇江及当时兼管的芜湖、安庆地区共 217 名船员进行统一考试。这是新中国成立以后长江航政系统对船员的首次考试。

10 月 27 日　南京航务局航政部门成立沉船调查队,调查南京港沉船,共查出沉船 22 艘。

## 1952 年

7 月　实行港航分管,南京航务局改为南京港务局,主管航政事务的监督科改为航行监督科,仍为南京港务局下职能部门。航政业务接受长江航运管理局航行监督室指导。

## 1953 年

南京市成立交通处航务科,管理木帆船。随后南京港务局航行监督科将木帆船检查、丈量、登记等航政管理工作移交南京地方政府,由市政府交通处航务科管理。另在小型非机动船舶适当集中地点,设立签证点实行船舶签证。

## 1954 年

7 月 13 日　南京市人民政府批准成立交通运输管理局航运管理处,统一管理南京地方航运及水上安全监督业务。8 月,南京市交通运输局航运管理处在中华门、水西门、老江口、三汊河、龙潭分别设立 5 个航运管理所(签证站),实施船舶签证工作。后又在上新河、燕子矶、栖霞设立 3 个航管站(签证点),由处内所设航监股专司木帆船航政管理及负责对上述所、站进行航政业务指导与检查督促。

11 月 24 日　在南京港务局航行监督科基础上设立"港航监督室",派 2~3 名港航监督员驻镇江港务局。

## 1955 年

7 月 15 日　南京港务局公布实施《南京港内火车轮渡与过往船舶避让办法》。

是年　南京港务局成立"港口危险品装载监督检查小组",开始对载运危险货物的船舶进行安全监管,并逐渐形成监管制度。

## 1956 年

6 月　南京市人民委员会在市交通局基础上设立交通办公室,其下设航运管理局。航运管理局下设航运管理处,并在南京重要港口、码头共设立 7 个航运管理所(站);处内设航监科,专司南京地方航政事务。

10 月 3 日　长江航运管理局宣布船舶登记工作归各港所在分局自行办理。

## 1957 年

12 月底　南京市航运管理处随市交通局一起并入市城市建设局,改名"南京市城市建设局航运管理处",并从南京港务局接管隶属地方的港航监督、船舶检验业务。

南京市交通局成立,下设航运管理处,专司地方航政管理和水上安全监督,既是交通局的职能部门,又是交通局的派出机构。

## 1958 年

7月1日　南京港务局下放南京市,航政机构和人员随之下放。南京港务局将管理航政的航行监督科及下属股改安全监督科。

7月　南京市航运管理处撤销,除木帆船归各区分管外将全市机动船舶管理和船舶检验业务又重新委托南京港务局代管,而以木帆船为主的非机动船监理事务仍由所在区政府管理。

8月13日　进出南京港船舶签证停止。

## 1959 年

4月15日　经南京市人民委员会批准,市交通运输委员会决定自当年4月21日起,凡属南京市船舶监理与安全宣传教育工作均由南京港务局统一管理。

是年　南京市人民政府批准公布《南京港火车轮渡与过往船舶避让暂行规则》。这是新中国建立后第一个轮渡渡运安全监管规则上升为地方法规。

是年　南京港务局航政船检部门在国家船舶检验局首次公布《船舶检验规则》后,增加对定型成批建造的船舶图纸、重要工艺的审核。

## 1960 年

1月1日　南京长江大桥水上施工开始。南京港务局航政部门组织管理人员和船员驾驶一艘小艇,到大桥水上施工现场进行现场安全维护。

12月24日　"江苏"号火车轮渡与"安徽拖45"号在浦口轮渡码头附近发生碰撞,"安徽拖45"号沉没,3人死亡。

## 1961 年

7月1日　恢复1958年中断的船舶签证工作。南京港务局安全监督科负责船舶签证,并在新河、大厂镇、燕子矶等增设签证站,派员昼夜签证。

7月　南京市航运管理所(签证站)恢复内河和长江的船舶签证制度。另在三汊河、草场门、汉中门、水西门、上新河、栖霞山设立签证站,对内河船舶进出口办理签证。

12月28日　南京市人民委员会下发通知,在市交通局下建立车船安全监督机构、加强车船监理工作。

## 1962 年

2月　南京港务局安全监督科开始派出船检人员进驻金陵船厂及其他船厂,与厂检验部门共同把好船舶修造过程中的质量关。这一检验办法沿用至20世纪末。

是年　南京市人委明确南京地区长江干支流分工原则。南京港务局负责长江干线,南京市交通局负责长江支流。

是年　南京市人民委员会批准成立"南京市交通局安全监督处"。负责以航政监管工作为主的水陆监管业务。并收回由南京港务局代管的地方航政业务。

## 1963 年

4月1日　南京港务管理局港务监督科对外称"南京港务监督",一个机构、两块牌子。

## 1964 年

12 月　南京市交通局安全监督处改为"南京市交通局港务管理处"。

4 月　交通部从上海港机厂抽调一艘木质船"飞岗"号,按照长江监督艇顺序号改编为"监督 3"号;从武汉军区后勤部调用一艘 150 马力小拖轮,改编为"监督 6"号;从芜湖轮船公司抽调一艘木壳小拖轮,改编为"监督 7"号;从大桥管理处调派的一艘拖轮,改编为"监督 23"号。这 4 艘钢质、木质船负责维护南京长江大桥施工水域现场安全。

9 月 1 日　南京船舶检验站成立,负责南京、镇江、江阴、芜湖地区的船舶检验工作。其行政上仍归南京港务局航政部门管理,业务上接受国家船检局长江区办事处指导。

11 月 12 日　南京市政府公布实施《南京长江大桥施工期间水上安全管理办法》。这是南京长江第一个桥区管理规定,并上升为地方行政法规。

## 1965 年

9 月 24 日　国务院以"国经字 332 号"文,"同意成立长江航政管理局,由交通部直接领导……。长江航政管理局为事业单位。"

11 月 17 日　长江航运公司党委以党发〔65〕067 号文下发《关于长江航政局机构的设置和编制的通知》,拟在南京、重庆、芜湖设置长江航政管理局分局,其中南京航政分局设在南京港。南京航政分局管理镇江、南通航政处和高港、江阴航政站。

## 1966 年

3 月 25 日　满载 10888 吨原油的"建设 17"(后改为"大庆 17")进入长江。26 日抵达南京炼油厂码头。卸载后又安全出江。此事开创万吨级海轮直达长江港口的先例,为后来海轮及外轮进江提供航政监管经验。

4 月 4 日　交通部下发《关于长江航政管理局实施方案》,明确在南京设置的南京航政分局,分管江苏省境内长江航段(包括南京、镇江、高港、江阴、南通以及所属的小港)。下辖镇江、南通航政处和江阴、高港航政站。

4 月 15 日　南京航政分局与镇江、南通航政处,江阴、高港航政站,即日成立,正式对外办公。分局机关设立港务监督科、船舶检验科、办公室。长江江苏段航政实行"统一领导,分级管理"。同日,"中国共产党南京航政分局党支部"选举产生,由南京港务局党委领导。南京航政分局直辖救济洲至龙潭航段;镇江航政处管辖龙潭至河口与新桥连线(不含河口、新桥);高港航政站管辖河口与新桥连线至夹港与利港线航段;江阴航政站管辖夹港与利港连线(不包括夹港、利港)至张家港与东兴港连线航段;南通航政处管辖张黄港与东介港连线(不含张黄港、东介港)至宝山咀(左岸至九坪)航段。

9 月　南京航政分局经与海军学院协商,购买该院一块长 25 米、宽 8 米的地,建设"南京大桥红卫(监督)站"。下半年建成混合结构 4 层共 200 平方米炮楼式的瞭望塔(包括瞭望、信号及附设设备等)。1967 年初,"南京大桥红卫(监督)站"正式成立。

是年　南京航政分局开始编写《长江下游航行参考(南京—吴淞口)》。这一航行参考图文并茂,系统地介绍各类型船舶航法及航行规律和注意事项等 12 个方面,是一本较为翔实的航行指南。

## 1968 年

9 月　南京航政分局"革命委员会"成立,随后机关除留守少部分人外,大部分人下放南京港务局第三作业区劳动或打杂。分局"革命委员会"和党支部基本上停止工作。

12月29日　南京长江大桥建成通车。大桥水上施工的5年多时间里创造"全天候不断航"无重大事故发生的纪录。

## 1969年

6月28日　解放军南京警备区公布《南京长江大桥水上交通安全管理暂行规定》，于公布之日起实施。

## 1970年

8月12日　恢复南京航政分局"革命委员会""中共南京航政分局党支部"，统一由南京港务局"革命委员会"、党委会领导。

是年　江苏省交通厅下发《关于在江湖、河口地区恢复船舶签证通知》，南京市港监部门在外秦淮河的三汊河口恢复签证工作。

## 1971年

2月19日　"东方红6"号轮与"长江707"号拖驳船队在南京下关江面相撞，致"货1007"号驳沉没，死亡4人。

12月7日　南京航政分局公布《南京港枯水时期船舶安全注意事项》。

是年　"南京市交通局港务管理处"与公路养护段合并，改称"南京市公路、港务管理处"。1972年8月，又将公路养护职能划出，单独成立"南京市港务管理处"，内设航政科，为市交通局专司地方港航监督工作的机构，与监督站合署办公。

## 1972年

南京大桥监督站与现场巡逻艇实行统一管理，大桥站负责桥区维护工作的巡逻艇船员值班与管理，改为3艘巡逻艇船员轮流值班，从第3季度起实行，进一步摸索桥区监管经验。

是年　南京市港务管理处成立，隶属南京市交通局，统一管理南京市地方港口。内设航政科，与监督站合署办公，主要负责船舶检验签证、水上安全、现场安全管理等。

## 1973年

4月12日　南京航政分局内机关科室由"组"改为"科"，设有航政管理科（之前为港航监督科）、船舶检验科、办公室等，各科室领导人为负责人。

是年　南京市港航监督部门恢复船员考试制度，对原有船员考试制度进行补充和完善。船员考试笔试和现场同时进行，以现场操作为主，现场考试不及格者不予录用。

是年　南京市属和陆续划归南京管辖的江宁、江浦、六合、溧水、高淳5县的船舶检验实行合理分工。原则上40马力或50总吨以上机动船属市检验范围；县属航运企业、有船单位40马力或50总吨以下船舶由县检验部门检验。

## 1974年

7月1日　南京航政分局机构管理关系理顺，重新宣布对外办公。分局本部设航政监督科、船舶检验科、办公室。相应恢复"南京航政分局"名称，不再使用南京航政分局"革命委员会"名称。

## 1975 年

12月2日　南京航政分局本部办公楼仅装有一部外线自动电话，修缮后又申请电信部门安装一部。

是年　南京航政分局在港航监督科内成立"防污染组"，增加3名专职人员。这标志着长江江苏段防止船舶污染水域工作肇始。

是年底　南京航政分局对本部在南京江边3号共680多平方米的办公楼改造完成。改造后办公楼共5层1375平方米。分局机关共3个科室（港监科、检验科、综合科）结束分散办公（港监科在江边的趸船上办公，检验科挤在8平方米小屋办公），均迁入新楼办公。

## 1976 年

4月　第一届中共南京航政分局党总支委员会选举产生。下设机关、5号艇、10号艇、11号艇4个党支部。

是年　南京大桥监督站在抓住长江大桥桥区过往船舶频繁特点，坚持出船早、出船快，总结出桥区现场维护"四掌握""四及时"管理经验。长江航政局及时推广这一保证长江大桥安全监管经验。

## 1977 年

6月2日　南京市交通局港航监理所建立，下设三汊河、汉中门、上新河、大厂镇、龙潭港航监理站，在江宁、江浦、六合3县建立交通安全管理站（负有水陆交通安全监管职能）。港航监理所与南京港务管理处航政部分合署办公，负责全市港航安全监理及船舶检验工作，指导3县交通安全管理站的水上安监工作。11月24日，市交通局将市港务管理处中的航政划出，单独成立"南京市港航监理所"，办公地点设于下关三汊河口（石梁柱大街47号），并于12月1日启用印章。

9月20—23日　南京航政分局在南京主持召开金陵船厂、南京船厂等35家船厂与船用产品泰州电焊条厂、镇江锚链厂等共70名代表参加的"船舶和使用船用产品的质量经验交流会"。这是"文革"结束后长江江苏段首次召开的船检工作会议。

## 1978 年

1月30日　南京航政分局制定《长江南京段防止船舶污染水域暂行规定》，这是长江下游第一个防止船舶污染水域管理规定。

3月1日　"文革"中断的船舶进出口签证恢复。南京航政分局先后在栖霞、下关设立签证站。

8月28日　经南京市编委批复同意，南京市渡口管理所建立，统一管理渡口、渡船、渡运，并与南京市港航监理所合署办公。江宁、江浦、六合3县渡口管理所与3县交通安全管理站合署办公。南京市革命委员会还公布《南京地区渡口管理办法》共18条，规定了渡口设置、渡船及人员配备、渡船安全航行、乘客上下渡船等。这是南京市第一个涉及渡口安全监管的地方性政府规章。

是年底　位于南京市热河南路39号的1800多平方米的职工住房修建完成。这是为南京航政分局本部建的第一幢职工福利房。

是年底　南京航政分局有5、8、10、11、19、34、35、37号共8艘巡逻艇，其中5、8、10、11、19、37由分局本部使用，其他2艘巡逻艇归镇江处使用，其他处、站未配置。次年1月1日，巡逻艇名由"江监巡"改为"监督艇"。

## 1979 年

1月30日22时　"江峡"轮载客78人上行至南京草鞋峡捷水道燕子矶红浮上游200米处,与载客1412人下驶的"东方红3"号轮相遇,因没有明白避让意图而造成碰撞,导致"江峡"轮次日上午沉没。事故发生后,引起交通部、江苏省等领导重视并展开事故调查。最后确定此起事故责任方为"东方红3"号。

4月　南京市交通局、市公安水上分局和市港航监理所首次联合开展全市长江渡口安全检查。这是南京市港航监理所设立后第一次实施跨行业联合检查。

6月　南京航政分局在长江航政系统率先制订《船舶违章罚款暂行办法》,共6条14款。11月取得经验后,重新修改为10条16款。这是长江全线第一次把经济制裁手段引入到航政监管工作中。

## 1980 年

3月28日　"长江470"号轮拖带浮吊"1519"号下水,通过南京长江大桥时碰撞大桥钢梁。这是大桥建成以来首次发生碰撞钢梁事件。

4月26日　南京航政分局对外称"中华人民共和国南京港务监督"。

4月29日　南通航政处对外称"中华人民共和国南通港务监督"。

是年　南京港务监督首次对14名航行长江的航行国际航线中国籍船舶船员进行船员考试,并举办福建、浙江、上海、山东等省市进江船舶的船员延伸长江航线的船员考试。

## 1981 年

6月8日　交通部港务监督局批准在南京成立引航站。这是长江航政(港监)系统成立的首批引航机构。

6月　南京市港航监理所组织举办全市水运企业"船舶技术点将台"活动。这是市港航监理所设立后第一次开展的水运企业船员个体安全技术比武活动。

10月13日　南京航政分局设置甚高频电话台,在南京长江大桥监督站设置6频道,局内设置9频道,主要服务于过往南京长江大桥的船舶。

10月　南京航政分局撤销监督站,成立船队,统一管理监督艇。

是年　南京航政分局加强防止船舶污染长江监管工作,主要是配备监测设备水质化验室,派防污人员到油港码头、船上调查取样,检查船舶油类跑、冒、滴、漏和有毒物质的排放。长江航政局推广这一防污管理经验。

是年　船员考试共分9批在8个考场(南京、镇江、江阴、南通、上海、福州、浙江象山)举办,应考船员和补考船员共1340人。

## 1982 年

6月5日　瑞典塞林公司经营的香港至南京航线的1600吨旅游船"耀华"轮在长江、上海引航员通力协作下,6日抵达南京新生圩码头,隔日出江。这标志长江航政引航员已具有引领多类型船舶的能力。

11月19日　第五届全国人大常委会第25次会议决定:"批准南通港、张家港港对外国籍船舶开放"。这为新中国建立以来我国内河首次对外开放港口。

12月18日　国务院、中央军委发出《关于南通港、张家港对外国籍船舶开放的通知》。

## 1983 年

3 月　张家港港航政站改为张家港港航政处。4 月 2 日设立"浏河航政站"。

6 月 23 日,浏河航政站改为"浏河航政处",高港航政站也改为航政处。

5 月 7 日　巴拿马籍的"日本商人"号货轮由陈守德、吴民华、施歧元 3 名引航员引抵张家港一号泊位。这是新中国成立以来进入长江的第一艘外国籍货运船舶。

是年　南京航政分局开始使用甚高频无线电话 6 频道 24 小时工作,12 频道 7~20 小时工作。

## 1984 年

2 月　"南京市交通监理处"成立,负责全市港航监理、船舶检验业务,并指导市属 5 县(增加高淳、溧水 2 县)港航监督事务。

3 月　交通部决定:长江船检部门与长江航政实行分管,自成体系。4 月 9 日,南京航政分局的船检科及局下属航政处的船检组,完成船检移交工作。9 月,"中华人民共和国船舶检验局南京分局"成立。次年 1 月 15 日,正式挂牌。

8 月　南京市委工交部认可南京航政分局为县团级单位。12 月 31 日,首届中共南京航政分局委员会成立。

## 1985 年

2 月 28 日　南京市交通局将南京市航政管理处、南京市交通局港航监理所和南京市渡口管理所实行合署办公。5 月 6 日,南京市交通局港航监理所改名南京市港航监督处,隶属南京市交通局,下设江宁、六合、浦口、溧水、高淳港航监理所。

3 月　南京市港航监理所与南京热电厂就"南热"号资产进行交接,入列改装后命名为"苏宁监 11"。

7 月 25 日　交通部批示成立全国船员报务员南京考区办公室。南京航政分局负责江苏、安徽两省的长江及沿海船舶单位的报务员考试。9 月,对报务员进行第一次考试。

10 月　南京航政分局率先在江苏仪征筹建船员考试基地,开创全国内河船员"基地化"培训的先河。

12 月　中国船级社南京分社在南京船检分局基础上宣告成立,一个机构、两块牌子。

## 1986 年

1 月 20 日　第六届全国人大常委会第 14 次会议批准南京对外轮开放。

3 月 26 日　巴拿马籍"星辉"货轮由阮国兴、朱宏元、张中才 3 名引航员引领抵达南京。这是新中国成立以来进入南京的第一艘外轮。

5 月　南京市港航监理所联合市渡口管理所开展全市乡镇渡口普查。这是市港航监理所专司水上交通安全监管业务后首次大规模、全方位地开展乡镇渡口普查。

6 月 9 日　南京市港航监理所完成劳氏船级社的香港"奥登道夫"号轮的检验。当年还首次完成对入级社船舶建造质量的检验工作。

12 月 16 日　国务院颁发的《中华人民共和国内河交通安全管理条例》,规定航政统一改名"港航监督"。这是首次以法律形式将"航政"名称统一改为"港航监督"

## 1987 年

1 月 1 日　交通部批准南通航政处升格,改组后的交通部南通港航监督局归长江航政局直接领导。

随之,浏河航政处亦划归该局领导。

6月9日 沿鉴真东渡航线来华的日本帆船"宾特7"号首次被安全引抵南京,开创13.6米无动力帆船被引进南京的纪录。

5月6日 南京市交通局港航监理所改名南京市港航监督处,隶属南京市交通局,下设江宁、六合、浦口、溧水、高淳港航监理所,负责内河港航业务、船舶检验发证工作。

7月 南京市港航监督处组织的全市船舶航行安全知识竞赛活动在下关大兴码头圆满结束。这是市港航监督处成立后首次举办船舶航行安全知识挑战选拔赛。

## 1988年

1月 中共南京市交通局党委同意"中共南京市交通局港航监理所支部委员会"更名为"中共南京市港航监督处支部委员会"。

8月 市港航监督处由石梁柱大街47号正式迁至热河南路154号新址办公。由此实现机关办公与现场管理的分离。

8月24日 交通部批准《进江海轮夜间航行(移泊)安全措施》。这标志长江夜间引航开始试行。

10月1日 南京港务监督联合南通港监局制定和公布《进江海轮夜航试行细则》,共8部分。这是长江开展夜间引航的第一个规定。

## 1989年

3月 南京市县(区)、乡(镇)、村三级责任合同书签订率首次达到100%,县、乡镇政府、村委会和渡工4级安全管理责任制初步健全。

8月1日 按交通部统一规定时间,长江航政管理局南京分局从即日起改为"交通部南京长江港航监督局"。对外仍称"中华人民共和国南京港务监督"。

8月 南京市三汊河港航监督站增挂南京市城区港航监督所牌子,不增加人员编制。

9月14日 南京市政府以第1号令公布《南京市内河交通安全管理办法》,作为南京市水上交通安全管理主要地方性法规依据。

9月 南京港监局大胜关监督站获"交通部部级优秀质量管理小组"称号。

同月 南京市港航监督处牵头起草的《南京市内河交通安全管理办法》由南京市人民政府1号令公布发布。该"管理办法"上升为地方性法规。

## 1990年

2月 南京市雨花台、栖霞、浦口、大厂等4个郊区港航监督所建立,隶属区交通局领导,负责本区港航监督和水上交通运输管理工作。至此,南京市港航监督机构一处九所格局形成。

3月 南京市港航监督处首次在全市涉水乡镇配备38名乡镇专职船舶监督管理员。

4月 南京市港航监督处首次对水运行业和乡镇渡口的年度安全管理行为进行评判。

10月26日 长江第一座雷达站——镇江大沙雷达监督站建成,正式投入运行。

12月1日 长江江苏段正式实行部分海轮进江夜间引航。

## 1991年

6月 南京航政分局机关迁入新建成的南京引航办公楼(下关区热河南路71号)办公。

7月19日　中国港监局授权南京港务监督开始实施港口国检查(PSC)。这是长江第一个对外籍船舶实施港口国管理的港务监督。

8月8日　南京港务监督开始研究南京—浏河交管工程(VTS)前期工作。9月27日,交通部批准,主要建设南京、镇江、张家港、南通4个交管中心,十处雷达站……。建设南京船舶交通管理中心和仪征、摄山、天河口、长江大桥建设4个雷达站(也称"四站一中心"),其中大桥雷达站与南京交管中心合署。

8月　南京市、县港航监督机构增挂"南京市船舶检验处""县船舶检验所"牌子,内部一套班子,不另增人员编制。

10月　南京市、县渡口管理所分别划归市、县港航监督处、所领导,渡口安全监督管理工作由市、县(区)港航监督处、所全盘承担。

12月　南京市港航监督处历时5年完成市乡镇渡口89艘渡船标准化更新改造、渡口码头台阶化建设和渡船安全救生设施配备。

## 1992 年

3月　江苏省交通厅明确江苏省船舶检验局及其下辖各市船舶检验处、县船舶检验所工作职责,规定与同级港航监督机构实行"二合一"建制,对外两块牌子、对内一套班子。这是省交通厅首次统一省内各级船检机构名称、职责。

4月10日　长江干线南京地区第一期轮机部船员统考培训班开学。

4月　南京市港航监督处在南京组织开展港监、船检、登记、船员管理等业务文书资料归档学习班。这是市港航监督处成立以来首次举办的台账、档案管理类业务知识专题培训。

11月17日　南京港监局动用9艘监督艇实施昼夜水上现场封航维护,保障为期10天南京西江水道500千伏跨江电缆施工安全。

是年　南京港监局下发《交通部南京港监局为搞好大中型企业服务十条措施》,开始为大中型企业做好服务工作。

是年　南京港监局被交通部评为"水上交通安全先进单位"。

## 1993 年

6月　南京船舶交管系统(VTS)土建开工。次年,VTS工程3594平方米的中心主体工程封顶。第19层机房及控制室装修工作。并完成栖霞微波中继站设备改造、摄山雷达站收尾工程、天河口微波中继站征地、外接电和铁塔基础工作,完成进口设备国内配套设施接运、保管工作。

12月23日　长江港监局浏河调度中心成立。自此,南京港监局引航站结束负责长江江苏段各引航站引航调度的使命。

## 1994 年

4月1日　南京港监局建立规费征稽站,并明确各监督站监督员为兼职船港费征稽员。

5月1日　国家环保局和海关总署联合发出通报,表彰南京港监局自始至终对有害废物实施监装及维护工作。

11月15日　"南京市长江海难救助指挥部"成立。

## 1995 年

5月19日　靠泊在扬子8井码头的福州"中钢16"号发生火灾,海难救助指挥部迅速调派施救力量前往抢救。这为南京长江海难救助指挥部成立后的首次海难施救行动。

11月　由南京市港航监督处牵头制定的《南京市船舶修造业管理条例》,在南京市第十一届人大常委会第二十次会议审议通过。

## 1996年

10月11日　"南京市交通局水上交通稽查支队"成立。五县四区分别成立区(县)交通局水上稽查大队。新组建的水上稽查支队、大队与同级港航监督机构合署办公,一个机构、两块牌子,分属市、区、县交通局。

11月5日　南京港监局"水上交管雷达大楼"(即"交管中心")落成。随后,南京港监局机关迁至江边路3号办公。次年6月14—15日,交通部在南京召开南浏交管系统工程竣工验收会。12月18日,"南浏交管系统"开通典礼在南京举行。自此,长江南京—浏河口船舶交管系统投入运行,南京交管中心开始实行对过往南京水域船舶监控、助航和水上交通管制。

是年　南京港监局被南京市委、市政府评为"1996—1997年度文明单位"。

## 1997年

2月20日　南京港监局开始接受南京长江油运公司申请夜行国际航线船舶安全证书的审核。这是长江片区第一家夜航申请审核,标志长江区对航行国际航线SMS船舶的审核正式开始。

6月4日　"大庆243"号油轮在栖霞锚地起火爆炸。南京港监局组织8艘监督艇现场维护,为扑灭大火赢得了时间。

12月　南京市105道渡口全部达到"制度健全、责任落实、设施良好、渡运规范"的文明渡口标准。这标志市港航监督处在全市范围发起的"文明渡口"创建活动圆满落幕。

是年　南京港监局被交通部评为"直属水监系统法制工作先进集体"。

## 1998年

2月　南京市港航监督处圆满完成一期国家内河二等船员培训考试。这是市港航监督处成立以来首次接受省港航监督局委托并实施完成的高等级船员培训考试。

7月31日　南京市长江海难救助指挥部更名"南京长江水上搜救中心"。

10月26日至11月6日　南京港监局与江苏省港监局联合检查《防止船舶沿岸固体废物污染长江水域管理规定》的执行情况。这是该规定公布实施后的首次联合检查。

是年　南京港监局被南京市委、市政府评为"文明单位"。

## 1999年

3月　南京市港航监督处启动全市渡口、渡船、渡工普查工作。这是市港航监督处实施乡镇渡口整顿和撤渡建桥后首次开展渡口、渡船、渡工普查工作。

7月　南京市港航监督处首次在全市辖区水域开展"南京市港监系统行风建设千人问卷调查"活动。

10月14日　交通部与江苏省在南京签署《关于在江苏实施水上安全监督管理体制改革的协议》(次日联合下发实施),并成立交通部与江苏省执行水监体改协议联合工作组。

12月14日　交通部下发《关于规范地方水上安全监督机构名称的通知》,港航监督名称改为"海事局""海事处"。

是年　南京港监局被南京市委、市政府评为"文明单位"。

## 2000年

6月　南京市港航监督处办证中心对外办公,开始全面推行行政执法公示制、实施"阳光工程"。

7月26日　"中华人民共和国江苏海事局"在南京正式挂牌,对外办公。

10月　经交通部与江苏省执行水监体制改协议联合工作组协商,江苏海事局管辖江苏段长江干线水域(含夹江水域)。江苏段长江干线与江苏省内河相通的支流河口,其划界以长江主江堤堤岸岸线的连线为界,界线侧长江水域由江苏海事局管辖,界线侧内河水域由省地方海事管理机构管辖。南京市港航监督人员划转江苏海事局原则是:南京市港监处、六合县、江浦县、江宁县等4个港监部分划转,浦口区、大厂区、雨花台区、栖霞区等4个港监整建制划转。

11月8日　江苏海事局与江苏省交通厅联合下发《关于做好江苏长江干线水监体制改革人事、资产、业务和管理水域交接工作的通知》。至11月30日,南京港监局分别与南京市确定划转的8家单位进行划转人员、财产、物品与档案的移交、接受工作。先后接受划转的南京市港监处与4个港监所的部分人员划转,4个港监所的成整建制划转。

11月　南京市港航监督处与南京港航监督局就"一港一监"水监体制改革中的人事、财务及资产移交问题达成协议并签署备忘录。南京市雨花台、栖霞、浦口、大厂等4郊区港监机构整建制划转,江宁、江浦、六合等郊县(区)部分划转。16日,86名市、县(区)港监划转人员正式向南京海事局报到。

12月18日　以"交通部南京长江港航监督局"为基础,南京市部分划转与成建制划转的机构和人员合并,成立"中华人民共和国南京海事局"(简称"南京海事局"),为正处级单位。局机关内设机构暂时沿用原南京港监局机构编制。

## 2001年

3月　首届"中国共产党南京海事局委员会"选举产生。

3月　南京长江二桥1200多天的水上施工作业期间未有因安全维护而发生水上交通事故,受到交通部、省市政府的好评,二桥监督站被江苏省评为"南京长江第二大桥建设有功单位"。

4月　南京海事局因船员管理职能整体移交给江苏海事局,不再设立船员管理部门。

6月28日　"南京市港航监督处"更名为"南京市地方海事局"举行揭牌仪式,与市船舶检验局合署办公,"两块牌子、一套班子"。其下设城区地方海事处、江宁区地方海事处、高淳县地方海事处、溧水县地方海事处、六合县地方海事处。7月1日,统一对外使用新的机构名称。

7月25日　南京海事局召开"海事监督管理系统"软件应用研讨会,开始研发海事局行政办公软件系统,并于当年完成开发海事管理软件任务。

8月21日　中共南京海事局纪律检查委员会成立。

11月　南京市地方海事局船舶修造业生产技术条件认可领导小组成立,依据地方性法规授权开展船舶修造业生产技术条件认可工作。

## 2002年

3月　南京海事局下发《南京海事局精神文明建设"十五"规划》。

4月　南京市地方海事局联合市水利、航道、渔政等执法力量,开展对外秦淮河沿河的农杂船、住家船、渔船的综合检查治理。

8月　南京市地方海事局按中国海事统一着装。

11月　南京海事局初步建成局域网,并建成内部网站网址。这标志着局内网开通。

12月　南京市地方海事局由热河南路154号迁至江东北路420号新址办公。

是年　南京海事局规费征收任务分解到海事处,签订责任书,同时与南京长江油运公司等20多家船舶单位签订年度征收协议。

是年　南京海事局被评为"江苏省文明单位",获"全国海事系统文明执法达标单位"称号。

## 2003年

1月1日起　NSM规则对第一批船舶生效。南京海事局审核7家船公司安全管理体系申报材料,完成9家船公司体系推进。

5月24日　南京海事局采用多种压载方法与加强现场维护,保障"航工桩4号"船趁潮水上升前上行通过南京长江大桥,保证三桥准时施工。

6月　南京市地方海事局启用新版交通行政执法证。

7月1日　南京海事局开始实施《长江江苏段船舶定线制管理规定》。

7月1日　南京海事局开始启用海事政务受理中心,初步实行行政许可受理与审核、审批相分离。

9月28日　南京海事局外部网站网址建成,标志着局外网正式开通。网址:"WWW.NJMSA.GOV.CN"。

9月　南京海事局编制的《长江南京段船舶溢油应急计划》,经南京市政府批准实施。并由市政府办公厅转发有关单位执行。

10月22日　南京海事局举行新中国成立以来全国内河规模最大的水上搜救防污染综合演习。

10月　"南京内河交通特大事故应急救援仿真演习"在高淳固城湖取得圆满成功。这是市地方海事局成立以来承办的首个水上交通安全综合性仿真演习。

12月4日　南京市政府办公厅转发实施《长江南京段船舶溢油应急计划》,为长江南京段船舶溢油应急反应和实施救助提供全面技术路径。

是年　非典期间,南京海事局制定预防措施,在全国海事系统第一个发布预防船舶传播非典的通告,在中央电视台播出,受到南京市政府及交通部海事局好评。

是年　南京海事局开始承担南京市水上搜救中心办公室日常工作。

## 2004年

1月1日　南京市船检局试行ISO 9000质量管理体系。

5月13日　南京海事局按照"三分开,三分离"原则,撤销船舶监督科、危管防污科、通航管理科,成立船舶交通管理中心(VTS)、调查督察处和政务中心。船舶交通管理中心(VTS)同时挂海事执法支队牌子。执法支队下设水上执法第一、第二、第三执法大队。各基层海事处也相应设海事执法大队。

7月　南京市政府决定以现有海事执法站点为依托,在长江两岸设立监管救助一体化基站,保持24小时应急待命,实施搜寻救助网格化管理模式,开展南京水上搜救工作。

9月3日　南京市船检局通过英国劳氏第三方认证。

10月　交通部将长江江苏段南通、苏州、镇江、南京港界定为沿海主要港口。南京长江大桥以下河段被纳入沿海深水岸线管理。

12月22—23日　南京市船检局举行第二次质量管理体系内审。这是船检通过英国劳氏第三方认证审核后的首次内审。

12月　南京海事局举行全国第一张船舶IC卡发行仪式。

## 2005年

1月1日　南京海事局开始统一使用新版海事行政执法证。

3月1日起　南京海事局做好市政府对大胜关水道禁航工作,禁航初战告捷。

7月　南京市地方海事局成功签发长三角地方船舶第一张IC卡。

8月　南京市地方海事局开启船舶船员适任无纸化考试。

10月　南京板桥汽渡等11家单位成为市地方海事系统"三信工程"首批文明诚信船务、文明诚信机务和质量信得过船厂。

10月　南京海事局保障南京长江三桥水上施工作业3年未发生一起影响大桥施工水上事故,实现水上施工作业期间"不封航、零事故、创一流"目标。

11月　由南京市地方海事局牵头制定的《南京市风景园林水域交通安全管理办法》,得到市交通局、市政公用局等8家政府部门认可,11月1日实施。

12月　南京市地方海事局完成年度"撤渡建桥"计划,共建桥5座、撤渡11道,江宁、溧水成为首批无渡区县,全市乡镇渡口由45道减至34道。

## 2006年

2月　南京市地方海事局行政审批系统与南京市交通局电子政务大厅首次实现互联互通。

6月　南京市地方海事局第一艘执法趸船"苏海特A02"投入使用。

7月10日　南京市委、市政府鉴于南京海事局服务南京地方经济发展的作为和贡献,批复同意南京海事局列入南京市委、市政府发文单位和参加会议单位。

7月18日　南京市政府同意南京海事局接入"南京政务网",接收电子文件和信息。

12月25日　南京海事局被交通部海事局列为全国海事系统较大分支机构,成为全国内河海事系统唯一的较大分支机构。

是年　南京市地方海事局编制出台《南京市地方海事局"十一五"规划纲要》。

是年起　南京海事局开展风险源调查评估制度,深入查找辖区内重大危险源并定期评估,总结出长江南京段10类水上危险源,于2010年3月拟定出整治南京长江水域10类水上危险源的对策。

## 2007年

9月26日　交通部批准成立"中华人民共和国南京龙潭海事处",为南京海事局派出机构,正处级单位。

10月　南京海事局浦口无纸化考场建成并通过验收。该考场配置应用服务器、数据库服务器、考试终端、监控设备,可同时容纳48人参加考试。

12月　南京市地方海事局船检审图工作实现轮审制向会审制、评审制转变。

是年　南京海事局编制出《大胜关长江大桥海事监管服务标准》,成为我国首个大桥建设期间水上施工的海事监管服务标准。

是年　南京市地方海事局完成电视电话会议系统的集成,实现与省地方海事局互联互通。39个考位的船员电子考场正式启用(2009年建成65个座位电子考场)。

## 2008年

4月　南京海事局在高淳举办第一期长江干线船员理论统考(南京考点),来自江苏省11个市共330名高级船员参加理论考试。

7月1日　扬州仪征海事处及其所属泗源沟办事处隶属关系调整归属扬州海事局。

8月1日　南京海事局停止流转纸质文件,所有收发文程序一律通过OA系统。这标志着海事行政办公进入无纸化时代。

8月　南京市地方海事局举行有农民焊工参加的首届"地方海事杯"技能竞赛。

9月　南京海事局建成江心洲无纸化考场。此考场具有身份鉴定、考试系统、监控系统等多种功能。

12月　南京市地方海事局在八卦洲、乌江、高淳等基地建立7家驻厂工作站,实行船舶建造质量检验。

是年　南京市地方海事局获交通部"交通行政执法责任制示范单位"称号。

是年底　南京市地方海事局辖区从2000起连续9年水上事故、沉船、死亡、经济损失均为零。

## 2009年

1月　南京市地方海事局首次表彰10家"质量诚信船厂"、9家"安全诚信公司"、15艘"安全诚信船舶"和10名"安全诚信船长"。

3月　南京市地方海事局成为江苏省地方海事首家通过部海事局内河船员发证机构资质评审单位。

5月　南京海事局历时5年完成江苏海事局南京监管救助综合基地建设任务,并通过验收投入使用。该基地成为全国内河第一个监管救助综合基地,具有水上训练、培训考试、应急靠泊等功能。

6月　南京市地方海事局成为江苏省地方海事系统唯一一家由部海事局授权船舶建造中抵押的登记机关。

7月1日起　南京海事局作为长航局在宁区域的牵头单位,与长江南京公安、航道、通信等单位开始实施长江干线水上综合执法工作。

7月　南京船检首次形成"船舶设计、建造、检测三方负责,船检把关"的"三负责一把关"责任链。

8月　南京市地方海事局接受英国劳氏为期3天的第三方认证审核,成为江苏省首家运行全局质量管理体系的地方海事机构。

11月21日　由南京市地方海事局在高淳举办第2期全国内河船员考试,参考人员达895名。这是江苏省历史上规模最大、考试人员最多的一次船员适任理论集中考试。

12月　南京市地方海事局开展2009内河船舶遇险救援综合演习。这是市地方海事局引入GPS、VHF、CCTV、数字网络、搜救指挥通信系统等高科技信息支撑后,首次实现搜救指挥中心CCTV适时监控、数字网络同步录播。

## 2010年

1月　由南京市地方海事局与武汉理工大学联合开发的"南京造船信息管理平台"正式挂网运行。这是市地方海事局首次面向船舶产业研制开发信息管理系统。

1月　南京市地方海事局"金质船检"服务品牌荣获"江苏交通十大服务品牌"荣誉。这是该局服务品牌建设首次获得行业认可。

是年　南京市政府下发《市政府办公厅关于调整南京市水上搜救中心成员的通知》,明确分管副市长为南京市水上搜救中心指挥长,南京海事局局长为常务副指挥长。

是年底　南京海事局船舶港务费征收连续多年为江苏海事局系统"第一"。

是年底　南京海事局历时7年将VTS系统由"四站一中心"扩建为"八站一中心",成为国内规模最大VTS系统。建成后的VTS系统融入CCTV联动功能,实现VTS值班人员对部分水域异常雷达回波、轨迹的视频实时监控。

## 2011年

6月29日　依托南京市水上搜救中心平台,南京搜救中心联合相关单位在大胜送水道北河口水厂开展饮用水源专项演练。

8月　"首届水上搜救应急技能比武竞赛"在六合金牛湖落下帷幕。

10月　南京市政务服务中心正式运行。南京市地方海事局的船舶登记、船舶及船用产品检验(含审图)、船员考试发证、水上水下施工作业影响通航安全的批准和危险货物适装证书的颁发等5项行政审批事项首批进驻。

12月　"南京市船舶修造企业焊接工艺认可及焊工操作技能评估管理信息系统"通过专家组验收,并正式投入使用。

是年底　南京海事局按照"三位一体"巡航模式,自建CCTV监控点307个,接入码头单位CCTV监控点230个,完成西方角水域无线视频监控及扩声一体化系统建设,配发海事通271部。

## 2012年

4月11日　南京市政府同意南京海事局用原有用房置换新用房。

4月　南京市地方海事局"苏海巡0118"海巡艇正式列编。这是市地方海事系统首艘全天候、全时段的海巡艇。

8月21日起　南京海事局受南京市政府委托,牵头与南京市旅游园林局、南京市交通运输局等共同召开"南京邮轮经济发展战略研究"课题专家研讨会。为南京市开展水上旅游提供决策。

## 2013年

2月25日　南京海事局党委正式启动"查研定改评"活动。

4月16日　南京海事局组织收看直属海事系统"三定"方案实施动员视频会议。这标志着直属海事系统"离事归政"。6月4日,又召开"三定"工作动员部署会。6月5日,下发《南京海事局三定工作实施方案》。自此,南京海事局正式实行公务员管理。

4月　水上加气站"海企港华1"号正式开工建造。这标志由南京船检独家完成图纸审批的南京首个LNG水上节能减排项目正式启动。

8月18日　南京海事局在慈湖河口水域建成大型全彩色LED警示屏。这是江苏海事局系统首个超大型多功能LED警示屏。

9月26日　全国首家水上LNG加注站"海港星01"号试运行加注演示暨新闻发布会在南京海事局辖区宝塔水道成功举行。

11月15日　南京海事局启用船员考试指纹识别系统,并完善内河船员考试系统,升级江心洲和浦口考场船员考试系统。

12月　南京市地方海事局正式启用"网上海事局"服务平台,首次实现网上受理、网上审批、网上缴费、船员适任证书与船舶检验证书到期提醒和网上业务办理进度查询等功能。

## 2014 年

4月11日　南京海事局完成首次内河特殊培训无纸化考试。

5月26日　交通运输部核准"武家嘴57"作为LNG燃料动力试点船舶。这标志着在南京海事局推动下我国第一艘获得LNG燃料动力改造批准的海船LNG燃料动力试点启动。

8月11日　全国内河第一艘现代化、信息化程度高的"海巡0603"列编仪式在南京监管综合救助基地举行。

8月21日　南京海事局完成南京市委、市政府交办的维护和保障国际奥委会巴赫主席一行乘坐"海巡0603"艇游览长江的任务。巴赫对海事部门为青奥会水上安全保障工作付出的辛劳表示感谢。

7月15日至8月31日　南京海事局在青奥会举行期间先后开展百家单位平安签名活动,建成核心管制区江面无线网络全覆盖,转运电视转播物资,管控夜间过境船流等,为青奥会水上安保作出贡献。青奥组委、南京市委、市政府发来感谢信。

9月　中共南京市地方海事局支部升格为总支部。

10月13日　南京海事局下发《南京海事局"革命化、正规化、现代化"建设工作实施方案(2014—2020)》。

10月21日　南京海事局召开"三化"建设暨党风廉政建设推进会。

10月21日　南京海事局下发《中共南京海事局党组工作规则》及会议制度、学习制度、党务公开实施办法、领导干部谈话制度实施办法与"三重一大"等6项党的建设制度。

10月　南京市地方海事局船检首次组织完成国内最大内河货船"156m内河干散货船"建造图纸的会审工作。

11月10—12日　南京海事局举办"执驾"合一首期集中培训,14名执法人员参加培训。

12月13日　首个南京大屠杀死难者国家公祭日,南京海事局在下关江边举行以"悼念同胞、珍视和平"为主题的江祭仪式。江祭仪式长约1小时,包括奏唱国歌、鸣笛默哀、抛撒花瓣、宣读祭文、宣誓立志、祈愿和平等环节。取消休假,全员上岗,保障国家公祭活动期间南京长江水域安全。

12月24日　南京海事局与金陵海关、南京出入境检验检疫局、南京港边防检查站4家共同签署《共同推进南京长江航运物流中心建设合作纲要》,建立紧密合作机制,服务南京经济社会发展。

12月　南京首批LNG双燃料动力船在南京武家嘴船厂举行开工仪式,实现南京市LNG内河船舶建造"零"突破。

是年　南京海事局全面实现辖区内河船员理论考试无纸化。

是年　南京海事局建成应急指挥通信系统和覆盖南京长江大桥至高铁桥区域的无线网络。

是年　南京海事局编制文化手册《守航百里船行如歌》。

## 2015 年

3月1日　南京海事局获"全国文明单位"称号。

5月18日　南京海事局举办以"水上平安交通,安全伴我成长""水上交通安全知识进校园"为主题的活动。

6月4日—10月26日　中共南京海事局党组下发《南京海事局"三严三实"专题教育实施方案》,组织开展"三严三实"专题研讨、党性教育活动等系列活动。

7月　南京市地方海事局在秦淮新河入江口水域成功举行水上搜救新武器"水上救生抛投器"装备后的首次内河人命救助和溢油围控水上搜救演习。

9月　南京市地方海事局圆满完成首批次273艘南京籍船舶生活污水防污项目改造任务。

10月1日　南京海事局取消船舶港务费、特种船舶和水上水下工程护航费、船舶临时登记费、船舶烟囱标志或公司旗注册费、船舶更名或船籍港变更费、船舶国籍证书费、废钢船登记费等7项国家行政事业性收费。

12月18日　南京海事局数据处理中心验收会召开。南京海事局历时近一年建设,完成数据处理中心汇聚综合管理信息平台、江苏电子口岸船港货系统、南京局网格化辅助管理系统、船舶登记系统、船舶管理动态2.0系统、船员管理系统、AIS系统、船载客货系统等18个系统建设任务。

## 2016年

1月4日　《南京海事局权力清单》对外公布,接受社会各界监督。该清单包括海事权力事项及工作流程,船舶文书签注、核发,海事行政备案3个部分。

6月　南京市地方海事局完成南京交通首个涵盖海事6类项目、143项行政职权事项的安全监管权责体系的编制。

8月　南京市地方海事局船检受理南京海友船厂化学品船不锈钢板材焊接工艺认可申请,开启江苏省船检机构不锈钢的焊接工艺认可先河。

8月22日至9月14日　南京海事局下发《南京海事局"十三五"文化发展战略实施纲要》《南京海事局"十三五"信息化发展战略实施纲要》《南京海事局"十三五"创新发展战略实施纲要》。

12月　南京市地方海事局水上交通安全视频监管系统第一期升级改造工程完工,覆盖重点航段、水上风景区和重点码头的28个视频监控可通过手机、平板电脑、笔记本电脑等移动终端和异地终端实时查看,在实现"看得见""喊得到""管得住"智慧海事建设征途上迈出坚实一步。

## 2017年

1月　南京市地方海事局成立课题组,首次与武汉理工大学合作开展锂电池在旅游客船的应用研究,着手解决锂电池清洁新能源动力在旅游画坊船上应用的技术难点。

2月10日　南京海事局与南京大学环境规划设计研究院签订战略合作协议,成立联合技术或者政策课题研究组,研究船舶防污染领域的难点和新增点,提出有效的管理政策建议和技术处理手段,推动长江南京段船舶防污染综合能力的提高。

2月14日　南京海事局全面排查梳理船舶航行安全和水域环境安全风险和隐患162项,实施海事处长"挂图作战"。

2月　历时3年的南京内河水域"263专项行动"攻坚战收官。南京市地方海事局共牵头完成船舶生活污水处理装置改造381艘次,南京籍在册400总吨以上内河运输营运船舶全部安装生活污水处理装置。

4月1日　南京市地方海事局自本日起正式免征船舶检验费,并向"宁双顺3308"签发船舶检验费停征后的第一本证书。

4月1日　南京海事局交管中心正式运行国产"PRIDE VTS 1000系统"。

5月18日　南京市地方海事局在市政务服务大厅将南京港龙潭港区滚装码头趸船图纸的批文交行政相对人,标志江苏省首批3艘滚装码头趸船图纸审结。

7月27日　南京海事局牵头长航在宁公安、航道、航道工程、通信、引航等6家单位召开首次联席会议,签署文明共建、"六小船"治理、水上交通安全保障等共建共治协议。建立片区联席会议7个制度。

8月8日　长航局江苏区域联席会议南京片区分会成立以来首次工作会议召开。南京海事局作为牵头单位,作"同饮一江水　同谋一江事　携手打造'百里宁江,船畅人和'好风景"主题讲话。

8月11日　南京海事局与中船重工第724研究所南京鹏力科技集团有限公司签订战略合作协议,承诺双方将在智慧海事建设中密切合作。

8月　南京地方海事首支"水上应急救援队"组建,主要实施辖区水域自然灾害救援及人命救助,协助地方政府开展水域救援行动。

11月　南京市地方海事局与省地方海事局联合在秦淮新河入江口附近水域完成首期地方海事与社会救助、清污处置、打捞疏浚、堵漏排险等社会单位合作进行的"1+N"水上搜救演习。12艘海事与社会船艇和无人机飞行队、水上应急救援队、国际搜救教练联盟等15个单元的80余人参与演习。

是年　南京海事局在江苏省内率先建成船舶化学品洗舱水、生活污水岸上公用接收设施,实现船舶化学品洗舱水就地上岸处置。

是年　南京海事局从外网办理的57项海事行政许可(报备)集中到政务中心办理,实现"一站式"服务,船员证件审批时限平均缩短3个工作日,船舶登记办结时限平均缩短2个工作日。

## 2018年

1月3日　接中央精神文明建设指导委员会文件通知,南京海事局经复查确认,继续保留"全国文明单位"荣誉称号。

1月16日　南京海事局机关新业务用房装修工程开工。9月28日完成装修交付验收,并搬入办公。

2月　南京市地方海事局在无锡设置通检通认试点基地,为全省首家营运船舶跨地区通检通认基地。

3月27日　南京海事局主持召开船舶污染物接收、转运、处置联合监管联席会议,研讨全面运行船舶生活污水、生活垃圾、含油污水接收、转运及处置联单制度的实施方案。

6月6日　2018年江苏省水上搜救综合演习在长江南京宝塔水道扬子码头水域成功举行。这是江苏省近年来规模最大、参演船艇最多、涉及科目最广的一次水上搜救综合演习。

6月　南京市地方海事局率先在江苏省地方海事系统开展内河水上交通安全双重预防机制课题研究。

11月6日　中国共产党南京海事局第一次代表大会胜利召开。大会选举产生第一届中共南京海事局委员会和第一届中共南京海事局纪律检查委员会。

11月　南京市地方海事局承担的南京市内河(长江除外)"推进船舶防污染系列制度建设"编制任务完成,并分别通过省市交通运输主管部门和港口、院校专家的评审。

12月　南京地方船检与武汉河船规范研究所开展的"联学共建"活动一举攻克锂电池清洁新动力能源水网地旅游客船应用的规范壁垒,在全国首次实现锂电池在小型旅游客船上的商用。

## 2019年

3月1日　南京海事局实现南京长江第五大桥现场维护"零事故、无污染、不伤害、创一流"的目标。

3月　南京地方船检与舟山船检签署以"支部共建、技术联建"为主题的"联学共建"协议,在国内首开长三角地区放管服改革和船检一体化工作的探索试点。

4月　南京市地方海事局在省内率先启动内河码头船舶生活污水智能回收系统设施建设。

5月4日　长江下游水文水资源勘测局感谢南京海事局对-12.5米深水航道水文监测工程给予的精心服务。

6月　南京市地方海事局与江苏科技大学达成合作开展"3000吨级散货船油改油关键技术课题研究"协议。

7月　南京市地方海事局在秦淮河入江口水域成功举办代号为"护城河行动"的内河水上防污染应急联动演习。这是该局首次进行的检验环宁护城河水域突发性水污染事件备战、临战、实战状态演习。

9月1日　江苏省首家"南京长江港航综合协调指挥中心"成立并试运行。该中心打造了南京长江港航综合协调指挥信息系统。该系统包括"船舶规范管理""航次任务办理""航次任务查询"三大模块，推进海事、交通、引航、港口企业等多方信息共享，精准掌握船舶动态，实现了船舶引航、靠离泊、起抛锚统一调度、统筹管理，提高了长江南京段港口资源利用效率和公共服务水平，发挥出南京港区域枢纽功能。

9月19日　来自中央电视台、江苏电视台、《中国交通报》、央广以及新浪微博自媒体等媒体一行40人，走进南京海事局辖区，开始为期一天的采访，对长江南京段的船舶污染防治、危化品监管、水上绿色综合服务区等亮点工作进行了集中采访报道。

10月8日　南京海事局新政务中心在南京长江国际航运中心公共服务大厅正式启用。该中心引入无人值守"自主政务服务系统"，全天候服务便利广大行政相对人。

10月9日　南京海事局7艘海巡艇完成北斗船载智能终端安装，通过设备入网监测，实现预期功能，成为长江首批享受国产导航技术红利的公务船。

10月29日　南京海事局长江港航综合协调指挥中心完成海轮进江直达首次测试。大型进江海船"天堂岛"轮经过约24小时连续航行，在海巡艇维护下安全靠泊南京新生圩码头。

11月5日　南京海事局档案通过江苏省档案工作五星级规范及省5A数字档案室的验收。

12月6日　南京海事局"24小时海事政务自助服务区"启用，成为全国海事系统首个为社会公众提供全天候、全方位、智能化的海事综合一窗办事服务区，填补办公时间外的服务盲点。

12月　南京市地方海事局"金质船检"2.0版通过上级评审验收，获得江苏省交通运输厅、南京市和江苏省优秀、优质服务品牌表彰，完成南京市交通运输局十三五精神文明项目"金质船检"优质服务品牌2.0版的升级创新任务。

## 2020年

2月　南京市地方海事局以电子巡航、无人机巡航、协同平台、VITS比对、视频监控和现场管控等"人防+机防"模式。这是市地方海事局首次以"智慧海事"建设成果，立体化构筑疫情防控防线、全方位检验防控实战能力。

4月20日　南京市交通运输综合行政执法体制改革正式实施。新组建的南京市交通运输综合行政执法监督局，为市交通运输局所属全额拨款事业单位。原南京市地方海事局改为第五执法支队。

6月24日　长江南京段水上交通事故一站式解决纠纷中心在南京海事局成立。

7月18日　南京海事局发布"长江南京段水位突破历史最高值"航行通告，禁止船舶贴岸航行和在近岸水域抛锚，避免影响长江堤坝安全。这一事件的报道被央视新闻客户端采用。

7—8月　南京海事局发挥港航资源统一调度优势，实施555艘大型海船直进直靠、直离直出，减少5028艘次船舶滞港。

7—8月　南京海事局率先打通国际航行船舶中国籍船员换班通道，累计实现1765人次船员换班。

7—8月　南京海事局推广"不接触"审批,拓展"24小时政务自助服务区",在海事处、水上服务区、航海院校布点10个终端。

7—8月　南京海事局协调7名中国籍和1名外国籍船员下船就医。向国家境外疫情联防联控工作组通报并联合监管重点国家、地区入境船舶512艘、船员9989人,未发生境外疫情从南京水运口岸输入情况。并优先保障来往湖北载运防疫物资船舶868艘次。

7—8月　南京海事局面对因长江流域连续普降大雨,长江南京段多日维持洪水红色预警,自7月7日起督促宁浦客渡、燕八客渡、新济洲渡口、棉花堤渡口、板桥汽渡等5条渡运线全部停航。8月18日6时,随着宁浦客渡、燕八客渡和棉花堤客渡准时复航,南京海事局辖区所有渡线全面复航。

是年　南京海事局在全国率先开展线上船员培训考试,实施海员证信息远程采集。

是年　南京海事局试点发出长江江苏段第一张全程网上申请、审批的船舶国籍证书。

是年　南京海事局辖区实现"三无船"和"非法浮吊船双清零"。

是年　南京海事局首次实现零信访。

# 附件一　长江南京段水域发生水上交通安全事故统计

**1973—2020年长江南京段水域发生的水上交通安全事故一览表**

（有统计数据确认1990年之前为长江江苏段）

| 年份 | 事故分类(起) | | | | | | | | | 事故等级(类) | | | 死亡(人) | 沉没船舶(艘) | 经济损失(万元) |
|---|---|---|---|---|---|---|---|---|---|---|---|---|---|---|---|
| | 合计 | 碰撞 | 搁浅 | 触礁 | 触损 | 浪损 | 火灾/爆炸 | 风灾 | 其他 | 重大 | 大 | 一般 | | | |
| 1973 | 11 | — | — | — | — | — | — | — | — | — | — | — | — | — | — |
| 1974 | 66 | — | — | — | — | — | — | — | — | — | — | — | — | — | — |
| 1975 | 65 | — | — | — | — | — | — | — | — | 19 | — | — | 13 | 6 | — |
| 1976 | 32 | — | — | — | — | — | — | — | — | — | — | — | 8 | 10 | 24.65 |
| 1977 | 93 | 51 | — | — | — | 3 | — | — | 39 | — | — | — | 14 | 27 | 46.50 |
| 1978 | — | — | — | — | — | — | — | — | — | — | — | — | — | — | — |
| 1979 | — | — | — | — | — | — | — | — | — | — | — | — | — | — | — |
| 1980 | 34 | — | — | — | — | — | — | — | — | — | — | — | 4 | 14 | 36.05(1-10) |
| 1981 | 113 | — | — | — | — | — | — | — | — | — | — | — | — | — | — |
| 1982 | 126 | 81 | 0 | 0 | 18 | 5 | 0 | 4 | 18 | 14 | 38 | 74 | 24 | 49 | 252.00 |
| 1983 | 148 | 79 | 3 | 0 | 23 | 1 | 2 | 4 | 36 | 24 | 34 | 90 | 39 | 42 | 395.23 |
| 1984 | 180 | 127 | 1 | 1 | 18 | 5 | 0 | 8 | 20 | 15 | 66 | 99 | 31 | 59 | 173.64 |
| 1985 | 161 | 98 | 2 | 3 | 19 | 4 | 0 | 19 | 16 | 28 | 65 | 68 | 47 | 99 | 329.747 |
| 1986 | 160 | 105 | 5 | 0 | 23 | 1 | 0 | 7 | 19 | 19 | 58 | 83 | 87 | 87 | 287.40 |
| 1987 | 177 | 94 | — | — | — | — | — | — | — | 12 | 33 | 132 | 42 | 117 | 517 |
| 1988 | 207 | 129 | — | — | — | — | — | — | — | 33 | 89 | 85 | 63 | 169 | 591 |
| 1989 | 130 | — | — | — | — | — | — | — | — | 30 | 45 | 55 | 26 | 66 | 351 |
| 1990 | 79 | 54 | — | — | — | — | — | — | — | 32 | 13 | 34 | 18 | 32 | 186.35 |
| 1991 | 61 | 59 | 0 | 0 | 1 | 1 | 0 | 0 | 0 | 15 | 9 | 37 | — | — | — |
| 1992 | 51 | 42 | — | — | — | — | — | — | — | 22 | 14 | 15 | 21 | 39 | 350 |
| 1993 | 38 | 30 | 0 | 0 | 2 | 0 | 1 | 1 | 4 | 7 | 9 | 22 | — | — | — |
| 1994 | 54 | 44 | 0 | 0 | 0 | 0 | 5 | 5 | — | 22 | 14 | 18 | — | — | — |
| 1995 | 49 | 44 | 1 | 0 | 0 | 0 | 0 | 2 | 2 | 20 | 19 | 10 | 24 | 13 | 773.07 |
| 1996 | 32 | 22 | — | — | — | — | — | — | — | 17 | 8 | 7 | — | 12 | 799.17 |
| 1997 | 46 | 36 | 0 | 0 | 5 | 1 | 0 | 1 | 3 | 19 | 10 | 17 | 20 | 25 | 8494.21 |
| 1998 | 32 | 19 | 1 | 0 | 6 | 1 | 0 | 2 | 3 | 20 | 6 | 6 | 13 | 24 | 903.80 |

附件一  长江南京段水域发生水上交通安全事故统计

续上表

| 年份 | 事故分类(起) | | | | | | | | | 事故等级(类) | | | 死亡(人) | 沉没船舶(艘) | 经济损失(万元) |
| --- | --- | --- | --- | --- | --- | --- | --- | --- | --- | --- | --- | --- | --- | --- | --- |
| | 合计 | 碰撞 | 搁浅 | 触礁 | 触损 | 浪损 | 火灾/爆炸 | 风灾 | 其他 | 重大 | 大 | 一般 | | | |
| 1999 | 41 | 32 | 1 | 0 | 4 | 0 | 2 | 0 | 2 | 15 | 5 | 21 | 18 | 30 | 1279.10 |
| 2000 | 29 | 20 | 0 | 1 | 2 | 0 | 2 | 1 | 3 | 11 | 10 | 8 | 16 | 11 | 542.60 |
| 2001 | 21 | 15 | 2 | 0 | 1 | 0 | 0 | 1 | 2 | 3 | 1 | 17 | 4 | 7 | 148.36 |
| 2002 | 14 | 10 | 1 | 0 | 1 | 0 | 0 | 0 | 2 | 4 | 0 | 10 | 16 | 13 | 562 |
| 2003 | 10 | 7 | — | — | — | — | — | — | — | 1 | 6 | 3 | 7 | 5 | 790.6 |
| 2004 | 10 | 7 | — | — | — | — | — | — | — | 1 | 6 | 1 | 3 | — | — |
| 2005 | 7 | 5 | 0 | 0 | 0 | 0 | 0 | 2 | 0 | 2 | 3 | 2 | 7 | 8 | 550.8 |
| 2006 | 5.5 | 4.5 | 0 | 0 | 0 | 0 | 1 | 0 | 0 | 0 | 2.5 | 3 | 2 | 2 | 500.5 |
| 2007 | 6 | 6 | 0 | 0 | 0 | 0 | 0 | 0 | 0 | 0 | 3 | 3 | 2 | 6 | 575 |
| 2008 | 2 | 2 | 0 | 0 | 0 | 0 | 0 | 0 | 0 | 0 | 2 | 0 | 1 | 2 | 146 |
| 2009 | 6 | 4 | 0 | 0 | 0 | 0 | 0 | 0 | 2 | 0 | 6 | 0 | 3 | 4 | 515 |
| 2010 | 5 | 5 | 0 | 0 | 0 | 0 | 0 | 0 | 0 | 0 | 4 | 1 | 12 | 5 | 830 |
| 2011 | 2 | 2 | 0 | 0 | 0 | 0 | 0 | 0 | 0 | 1 | 1 | 0 | 0 | 1 | 200 |
| 2012 | 3 | 3 | 0 | 0 | 0 | 0 | 0 | 0 | 0 | 0 | 2 | 1 | 6 | 3 | 481 |
| 2013 | 4 | 3 | 0 | 0 | 0 | 0 | 0 | 0 | 1 | 0 | 3 | 1 | 4 | 4 | 850 |
| 2014 | 4 | 3 | 0 | 0 | 0 | 0 | 0 | 0 | 1 | 1 | 2 | 1 | 4 | 2 | 150 |
| 2015 | 5 | 2 | — | — | — | — | — | — | 1 | 0 | 0 | 5 | 4 | 2 | 150 |
| 2016 | 3 | 0 | 0 | 0 | 0 | 0 | 0 | 2 | 1 | 1 | 2 | 0 | 6 | 2 | — |
| 2017 | 1 | 1 | 0 | 0 | 0 | 0 | 0 | 0 | 0 | 0 | 1 | 0 | 0 | 1 | 556 |
| 2018 | 4 | 3 | 0 | 0 | 0 | 0 | 1 | 0 | 0 | 0 | 0 | 4 | 3 | 0 | — |
| 2019 | 3 | — | | 0 | — | 0 | 0 | 0 | 0 | 0 | 0 | 3 | — | — | |
| 2020 | 2 | 0 | 0 | 0 | 0 | 0 | 0 | 0 | 0 | 0 | 0 | 0 | 2 | 22 | 545 |

# 附件二　南京海事获得南京市人民政府以上荣誉称号一览表

1992—2020年南京海事局获得南京市人民政府以上荣誉称号一览表

| 序　号 | 获奖时间 | 所获奖项(称号) | 授奖单位 |
|---|---|---|---|
| 1 | 1992 | 水上交通安全先进单位 | 交通部 |
| 2 | 1996—2009 | 南京市文明单位 | 中共南京市委员会<br>南京市人民政府 |
| 3 | 1997 | 直属水监系统法制工作先进集体 | 交通部 |
| 4 | 1998 | 全国文明单位 | 中央文明建设指导委员会 |
| 5 | 1998—1999 | 南京市先进行业 | 中共南京市委员会<br>南京市人民政府 |
| 6 | 2001—2020 | 江苏省文明单位 | 江苏省精神文明建设指导委员会 |
| 7 | 2001 | 江苏省文明单位标兵 | 中共江苏省委员会<br>江苏省人民政府 |
| 8 | 2003 | 全国海事系统文明达标单位 | 交通部 |
| 9 | 2003 | 南京先进基层党组织 | 中共南京市委员会 |
| 10 | 2004 | 南京市安全生产工作三等功 | 南京市人民政府 |
| 11 | 2006 | 南京市安全生产先进单位 | 南京市人民政府 |
| 12 | 2008 | 交通依法行政示范单位 | 交通运输部 |
| 13 | 2008 | 全国精神文明建设工作先进单位 | 中央精神文明建设指导委员会办公室 |
| 14 | 2009 | 全国交通系统先进集体 | 人力资源和社会保障部、交通运输部 |
| 15 | 2009 | 安全畅通文明航区 | 江苏省精神文明建设指导委员会 |
| 16 | 2010 | 全国五一劳动奖状 | 全国总工会 |
| 17 | 2010—2013 | 江苏省文明单位标兵 | 中共江苏省委员会<br>江苏省人民政府 |
| 18 | 2011 | 全国交通系统先进集体 | 人力资源和社会保障部、交通运输部 |
| 19 | 2011 | 上海世博会水上交通安全保障工作先进集体 | 中共江苏省委员会<br>江苏省人民政府 |
| 20 | 2015 | 第二届夏季青年奥林匹克运动会先进集体 | 南京市人民政府 |
| 21 | 2015—2020 | 南京市文明单位 | 中共南京市委员会<br>南京市人民政府 |
| 22 | 2015—2020 | 全国文明单位 | 全国文明创建委员会 |
| 23 | 2016 | 江苏省文明单位标兵 | 中共江苏省委员会<br>江苏省人民政府 |

附件二　南京海事获得南京市人民政府以上荣誉称号一览表

1992—2019 年南京市地方海事局获得南京市人民政府以上荣誉称号一览表

| 序　号 | 获奖时间 | 所获奖项(称号) | 授奖单位 |
|---|---|---|---|
| 1 | 1992 | 水上交通安全先进单位 | 交通部 |
| 2 | 1992—1995 | 南京市文明单位 | 中共南京市委<br>南京市人民政府 |
| 3 | 2002 | 文明达标单位 | 交通部 |
| 4 | 2003—2019 | 江苏省文明单位 | 江苏省精神文明建设指导委员会 |
| 5 | 2003—2004 | 南京市文明单位 | 中共南京市委<br>南京市人民政府 |
| 6 | 2004—2006 | 南京市服务质量奖 | 南京市人民政府 |
| 7 | 2005 | "迎接十运会,建设新南京"<br>工作先进单位 | 南京市人民政府 |
| 8 | 2006 | 行风建设示范窗口 | 中共南京市委<br>南京市人民政府 |
| 9 | 2006—2008 | 南京市服务质量奖 | 南京市人民政府 |
| 10 | 2007 | 江苏省精神文明建设工作先进单位 | 江苏省精神文明建设指导委员会 |
| 11 | 2007—2019 | 南京市文明单位 | 中共南京市委<br>南京市人民政府 |
| 12 | 2008 | 交通行政执法责任制示范单位 | 交通运输部 |
| 13 | 2011 | 南京市民主法治单位 | 南京市人民政府 |
| 14 | 2012 | 全国交通运输行业文明示范窗口 | 交通运输部 |
| 15 | 2013 | 南京市五一劳动奖状 | 南京市人民政府 |

# 后　　记

《南京海事史》为一部地区性的海事监管服务发展的专业史。该书借鉴了已出版的《中国海事史》《长江航政史》《长江航政史（江苏部分）》，特别系统地采用了《长江航政史（江苏部分）》中重要（点）内容。同时，本着严谨求真的原则，全面甄别收集来的大量资料与史实，确定了篇目，展开了编撰。本书的征求意见稿、送审稿完成后，又进行全面的审核，吸取与采纳反馈的各种有益建议与宝贵意见，对史稿做了补充与完善。

《南京海事史》全面、系统地勾勒出南京海事自远古萌发至2020年底的发展基本轮廓与演变过程。作为"以业务管理为主"的一个地区性海事分支机构，南京海事主要担负船舶管理、船舶检验、通航管理、船员管理、危险货物与防污染管理、应急搜救、船公司管理、水上交通事故处理等为中心的监管工作，服务南京社会经济发展和助推港航单位发展，并顾及与国家、特别南京地区经济、政治、文化、军事，尤其与航运、港口、造船、航道等相互关系，兼及与海事相关的自然、地理、其他交通方式关系的影响与制约等。为此，我们在收集和占有大量史（资）料基础上，分析它的各种发展形式，探寻这些形式的内在联系，从中得出规律性的认识，从个性中找出共性，从事物的表象中挖掘本质。

总结过去的历史，归根到底，是为了开创未来。当前，南京海事与全国海事一样，正以习近平新时代中国特色社会主义思想为指导，站在新的历史起点上，稳步推进高质量发展，以时不我待、只争朝夕的精神，奋力开创南京海事现代化发展新格局。